渭源年鉴

WEI YUAN NIAN JIAN

（2021）

渭源县地方志编纂中心　编

图书在版编目（CIP）数据

渭源年鉴. 2021 / 渭源县地方志编纂中心编. -- 兰州 : 兰州大学出版社, 2021.8
ISBN 978-7-311-06044-2

Ⅰ. ①渭… Ⅱ. ①渭… Ⅲ. ①渭源县—2021—年鉴 Ⅳ. ①Z524.24

中国版本图书馆CIP数据核字(2021)第166020号

策划编辑 梁建萍
责任编辑 梁建萍
封面设计 汪如祥

书　　名 渭源年鉴(2021)
作　　者 渭源县地方志编纂中心 编
出版发行 兰州大学出版社 (地址:兰州市天水南路222号 730000)
电　　话 0931-8912613(总编办公室) 0931-8617156(营销中心)
　　　　 0931-8914298(读者服务部)
网　　址 http://press.lzu.edu.cn
电子信箱 press@lzu.edu.cn
印　　刷 西安日报社印务中心
开　　本 880 mm×1230 mm 1/16
印　　张 29.75(插页16)
字　　数 740千
版　　次 2021年8月第1版
印　　次 2021年8月第1次印刷
书　　号 ISBN 978-7-311-06044-2
定　　价 168.00元

《渭源年鉴（2021）》

编纂委员会

《渭源年鉴（2021）》

编纂人员

主　编　朱平地　　　**副主编**　田芳红

《渭源年鉴（2021）》

编辑说明

一、《渭源年鉴（2021）》是渭源县人民政府主管、渭源县地方志编纂中心主办的系统记述全县自然、政治、经济、文化、社会、生态保护等各方面情况的大型年度资料性文献。

二、《渭源年鉴（2021）》的编辑坚持以马克思列宁主义、毛泽东思想、邓小平理论、“三个代表”重要思想、科学发展观、习近平新时代中国特色社会主义思想为指导，紧密围绕县委、县政府中心工作，突出时代特点和地方特色，全面、客观、真实、系统地记述全县各乡镇、各部门、各行业基本情况，展现县委、县政府领导全县人民打赢脱贫攻坚战、实现全面小康的历程和成就，为建设幸福美丽新渭源奋力谱写富民兴陇渭源发展时代篇章和县内外各界了解渭源、研究渭源提供基本资料和历史借鉴。

三、《渭源年鉴（2021）》采用分类编辑法。内文采用三级结构层次，以条目为基本表现形式。全书条目标题统一用黑体加【 】表示。

四、《渭源年鉴（2021）》记述2020年度的渭源县情。设特载、大事记、县情概览、脱贫攻坚、政治、民主党派人民团体、军事法治、农林水利、工业、商贸流通、金融保险、交通运输、邮政通信、经济管理与监督、城乡建设与生态环境保护、社会事业、民生保障、乡镇概况、2020年渭源县国民经济和社会发展统计公报、先进单位与先进个人、年度人物、附录共22个类目。

五、《渭源年鉴（2021）》所载内容和数据，由县直及省市驻渭各单位和各乡镇人民政府提供，经济社会发展统计资料由县统计局提供。插页及正文照片，凡无明确标注摄影者，均由资料提供单位提供。

渭源
年鉴
(2021)

渭源县城全景　　柳维军　摄

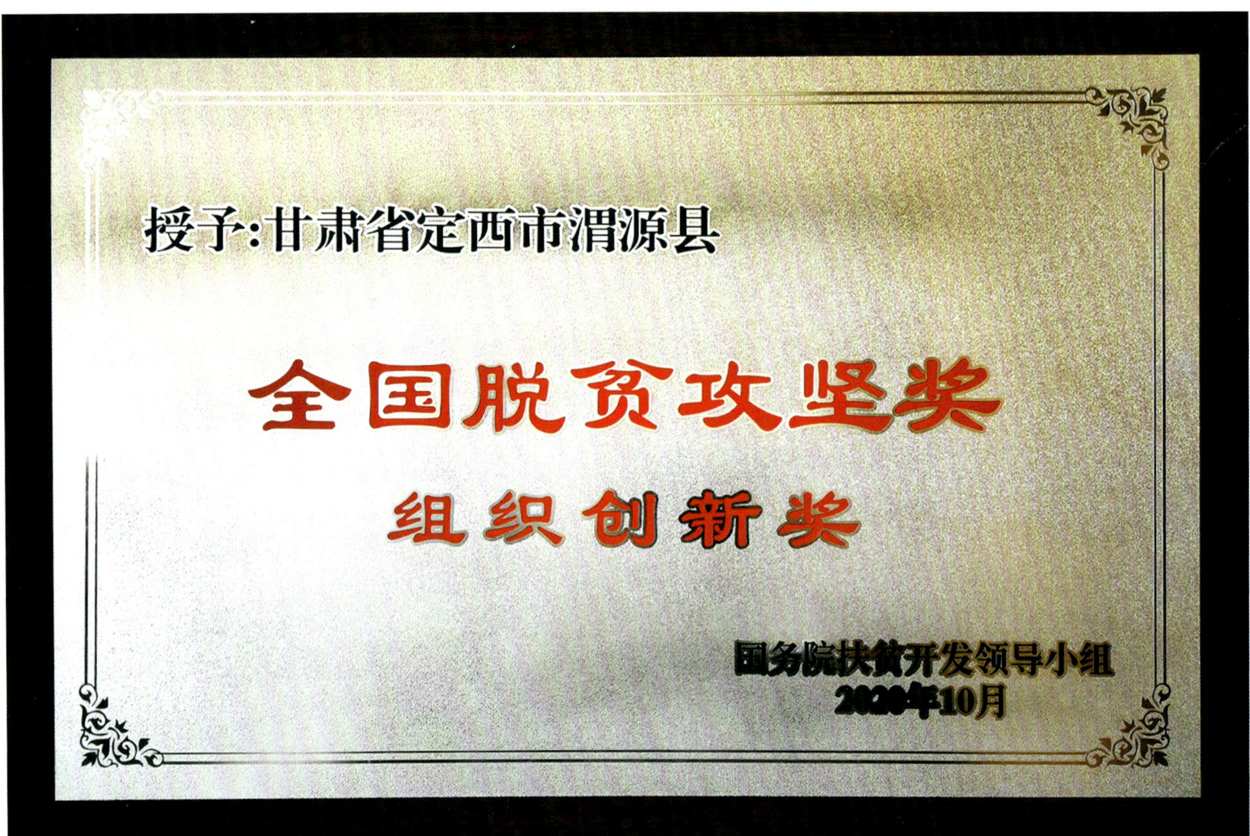

渭源县被授予全国脱贫攻坚奖组织创新奖

第三节渭水文化旅游节开幕式场景

渭源县田家河乡元古堆村美丽乡村建设

2020年，在新型冠状病毒感染的肺炎疫情防控期间，渭源县人民医院成立新型冠状病毒感染的肺炎医疗救治临时党支部

渭源县省级非物质文化遗产——麻家集镇羌蕃鼓舞

渭源县省级非物质文化遗产——麻家集高石崖花儿在渭河源大景区冰雪节演唱

渭源县上湾镇侯家寺村易地扶贫搬迁集中安置区国旗一条街

渭源县麻家集镇郭家山美丽乡村建设

渭源县上湾镇侯家寺村卫生室（旧）

渭源县上湾镇侯家寺村卫生室（新）

渭源县特殊教育学校

渭源县第四高级中学投入使用的艺体综合楼

2020年，渭源县总工会开展“冬送温暖”慰问活动

渭源县总工会开展“夏送清凉”慰问活动

渭源县幼儿园开展新型冠状病毒肺炎疫情防控知识培训

信访群众为渭源县信访局送锦旗

渭源县第四高级中学开展授课评优活动

渭源县第二幼儿园开展廉洁从教宣誓活动

中国少年先锋队渭源县清源镇第二小学第三次代表大会

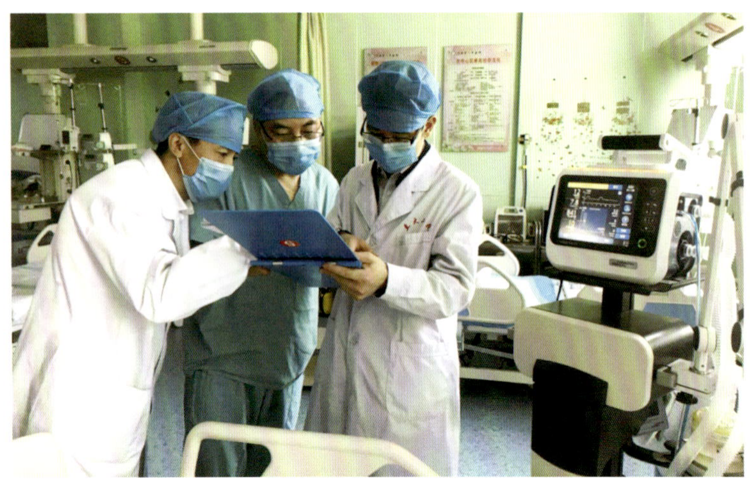

晋安区医院ICU专家在渭源县人民医院
重症医学科查房

渭源县市场监督管理局执法人员开展执法检查

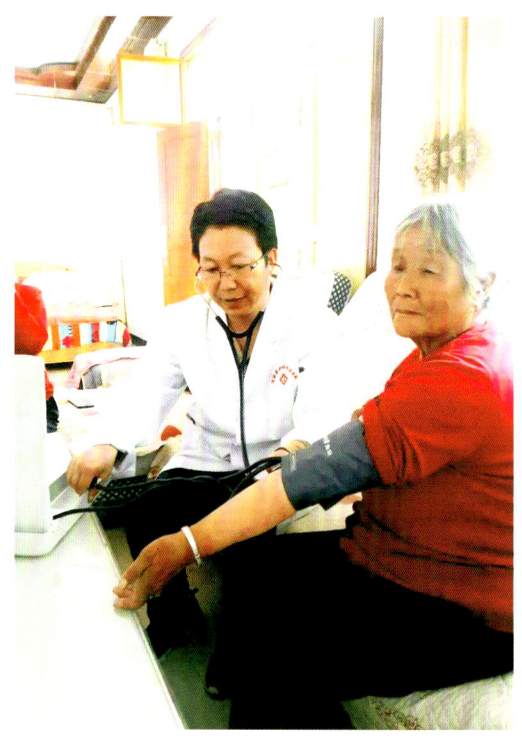

渭源县中西医结合医院县级专家为会川镇南沟村建档立卡户测量血压

渭源县工业集中区会川工业园衡顺堂药业有限公司扶贫车间

渭源县畜牧兽医服务中心组织开展非洲猪瘟防控应急演练

甘肃田地农业科技有限公司员工正在连栋温室内
采摘丰收的马铃薯原原种

渭源县种子站引进试验示范的杂交玉米
新品种——强盛51

渭源县种子站引进的油菜新品种（系）示范田

渭源县种子站依托国家食用豆产业体系引进的
蚕豆收割机进行现场作业调试

目　录

民生保障

乡镇概况

2020年渭源县国民经济和社会发展统计公报

先进单位和先进个人

特 载

在县委十四届十八次全体会议暨县委经济工作会议上的讲话

定西市人大常委会副主任、中共渭源县委书记　吉秀

（2020年2月21日）

今天，我们召开县委十四届十八次全体会议暨县委经济工作会议，主要任务是以习近平新时代中国特色社会主义思想为指导，全面贯彻落实党的十九大和十九届二中、三中、四中全会精神，深入贯彻习近平总书记对甘肃重要讲话和指示精神，认真学习贯彻落实中央经济工作会议和省委、市委全会暨经济工作会议精神，全面总结2019年工作，对今年各项工作进行安排部署，动员全县上下进一步振奋精神、坚定信心、鼓足干劲、砥砺前行，打好收官决胜之战，确保实现“十三五”规划目标，坚决夺取全面建成小康社会伟大胜利，为建设幸福美丽新渭源接续奋斗，奋力谱写富民兴陇渭源发展时代篇章。

下面，我讲三个方面的意见。

一、科学研判形势，在抢抓机遇、直面挑战中凝聚共识，激励斗志

新的一年，新的征程，新的挑战，新的机遇。要想在全年的工作中赢得优势、赢得主动，首先要准确把握大势，科学研判形势，找准我县发展中存在的短板和症结性问题，善于发现机遇、抢抓机遇，敢于直面问题、面对挑战，迎难而上、奋力拼搏，努力实现经济建设和社会发展的新突破。

首先，要在科学研判形势中保持战略定力。去年底召开的中央经济工作会议，习近平总书记发表了重要讲话，总结2019年经济工作，概括了形成的“四个必须”重要认识，研判了国内国际经济形势，分析了中华民族伟大复兴的战略全局和世界百年未有之大变局“两个大局”，总体分析认为，我国经济稳中向好、长期向好的基本趋势没有改变，指出要紧扣全面建成小康社会目标任务，坚持稳中求进工作总基调，坚持新发展理念，坚持以供给侧结构性改革为主线，坚持以改革开放为动力，推动高质量发展。要继续抓重点、补短板、强弱项，确保全面建成小康社会。省委全会暨省委经济工作会议强调全省经济发展

总的着眼点是解决发展不平衡不充分问题，重中之重是打赢脱贫攻坚战和全面建成小康社会，基本要求是确保经济运行在合理区间，当务之急是抢抓用好多重叠加的难得机遇。市委全会暨经济工作会议准确研判发展形势，对打好三大攻坚战、动能转换、基础设施、民生改善等重点任务作出了具体安排。我们一定要深入学习贯彻中央经济工作会议、省委和市委全会暨经济工作会议精神，特别是要深入学习领会习近平总书记重要讲话精神，科学把握经济发展稳中向好的基本面没有变这一趋势，保持战略定力，坚定不移贯彻落实党中央重大决策部署和省市委工作要求，聚焦重点，攻坚克难，全力推动2020年经济社会高质量发展。

其次，要在分析把握机遇中挖掘发展潜力。随着脱贫攻坚和全面小康建设的深入推进，随着新一轮西部大开发、黄河流域生态保护和高质量发展两大战略的交汇叠加，国家政策、资金重点向“三区三州”等深度贫困地区倾斜，各类要素加速向西部地区转移集聚。省委、省政府聚焦持续打好“三大攻坚战”、构建生态产业体系、推进乡村振兴等领域，谋划了一大批重点项目，出台了一系列利好政策，为我们加快发展提供了千载难逢的历史机遇。同时，作为典型的投资拉动型经济和农业县，我县受宏观经济影响波及的领域较少，加之经过多年持续发展，全县交通区位优势更加突出，经济发展基础更加稳固，产业体系更加健全，发展后劲日益增强，发展环境明显优化。特别是脱贫攻坚取得历史性成效，补齐了“两不愁三保障”和基础设施短板，推进乡村振兴、决胜全面小康的基础更加稳固。通过全面从严治党的纵深推进，“不忘初心、牢记使命”主题教育的开展，基层党组织凝聚力战斗力不断增强，各级党员干部作风持续好转，工作合力有效凝聚，这些都为今后发展注入了强劲动力。只要我们抓住机遇，挖掘潜力，坚定信心、鼓足干劲，就一定能够在巩固脱贫成效，全面建成小康社会，推动县域经济发展向更高质量、更高层次迈进中有新的作为。

再次，要在直面困难问题中激发工作动力。中央经济工作会议指出：“我国正处在转变发展方式、优化经济结构、转换增长动力的攻关期，结构性、体制性、周期性问题相互交织，‘三期叠加’影响持续深化，经济下行压力加大。”特别是受突如其来的新冠肺炎疫情影响，导致人流、物流与资金流的萎缩而带来需求紧缩，整个经济体系的生产、运行受到明显影响，各类企业面临巨大的经营压力，财政收支与信用扩张受阻，经济运行有所放缓。从统计部门的预测数据看，一季度我县地区生产总值、第三产业增加值、固定资产投资、社会消费品零售总额与上年度同期相比呈现负增长，特别是固定资产投资和社会消费品零售总额增速降低了80%和20%，这对全年目标任务的完成形成很大的压力。从我县发展现状看，县域经济总量偏小，经济发展质量亟待提高；特色产业规模性效益不高，新型经营主体带动能力不强，组织化市场化程度低，抵御风险能力较弱，助农增收作用发挥仍不充分；现有企业数量少、规模小，工业短腿问题十分突出，旅游基础设施和产业要素不够完善，生态、文化等资源优势尚未转化为经济优势，发展不平衡不充分的问题依然突出。个别干部作风庸懒散漫、消极懈怠，一些领导干部思想保守、观念落后，缺乏担当，工作闯劲不足，思想观念、精神状态和能力水平与新时代的要求、高质量发展的需求相比仍有较大差距等等。对于以上这些问题，我们必须要有危机意识，要坚持问题导向，全力抓重点、补短板、强弱项，在直面困难中激发斗志，在解决问题中践行使命，在推动发展中担当作为。

综合分析，可以说2020年机遇与挑战并存，但总体上仍是机遇大于挑战。全县上下一定要深入分析，准确把握，化挑战为机遇，变压力为动力，找准宏观战略与县域经济发展的契合点，抓住用好重大战略机遇，以舍我其谁的责任担当和奋发有为的精神劲头，坚定不移推动县域经济高质量发展。

二、明确目标要求，在把握重点、突破难题中聚焦用力，奋发作为

今年是决胜脱贫攻坚、全面建成小康社会和“十三五”规划收官之年，要实现第一个百年奋斗目标，为“十四五”发展和实现第二个百年奋斗目标打好基础，既是决胜期，也是攻坚期，做好经济工作十分重要，全县经济工作总的要求是：坚持以习近平新时代中国特色社会主义思想为指导，全面贯彻党的十九大和十九届二中、三中、四中全会精神，认真贯彻落实中央、省委、市委经济工作会议精神，深入贯彻落实习近平总书记对甘肃重要讲话和指示精神，坚决贯彻党的基本理论、基本路线、基本方略，增强“四个意识”、坚定“四个自信”、做到“两个维护”，紧扣全面建成小康社会奋斗目标，牢牢把握底线性任务，坚持稳中求进工作总基调，坚持新发展理念，坚持以供给侧结构性改革为主线，坚持以改革开放为动力，坚定不移推动高质量发展、绿色发展崛起，坚决打赢三大攻坚战，全面做好“六稳”工作，统筹推进稳增长、促改革、调结构、惠民生、防风险、保稳定，圆满完成“十三五”规划，全面建成小康社会，向建设幸福美丽新渭源迈进，奋力谱写富民兴陇渭源发展时代篇章。

围绕这一总体要求，我们要瞄准目标，抓住关键，重点抓好以下八个方面的工作。

第一，要把疫情防控作为当前首要任务，坚决打赢疫情防控的人民战争、总体战、阻击战。当前，仍然是疫情防控的关键时期。各乡镇、各部门和全县上下绝不能有任何松劲懈怠思想，坚持疫情防控和恢复生产两手抓、两不误。一方面，要毫不放松地抓好疫情防控。各乡镇、各部门、村、社区和居民小区包抓单位要认真落实非疫情防控重点地区实行分区分级精准防控的政策措施，把外防输入作为防控工作的重点来抓，坚决落实好各环节、各链条的网格化防控责任，持续开展返渭人员排查，坚决落实重点地区外来人员隔离留观措施，切断疾病传播途径，严防疫情输入扩散。另一方面，要有序平稳恢复经济秩序。要认真贯彻落实省委、省政府《关于坚决打赢新冠肺炎疫情防控阻击战促进经济持续健康发展的若干意见》，在全面落实疫情防控措施的基础上，有序引导各类市场主体恢复生产经营，特别是要围绕保障春耕生产、促进务工就业，抓紧组织农贸市场和农资经营门店正常营业，组织各类企业复工复产。各村社和居民小区要纠正偏颇和极端做法，改变防控策略，灵活管控方式，减少对群众生产生活的影响，确保将疫情对经济发展造成的影响降到最低程度，夺取疫情防控和经济社会发展的双胜利。

第二，要把高质量脱贫作为攻坚目标，坚决打赢脱贫攻坚战。对于我们深度贫困县来讲，脱贫摘帽后重中之重的工作还是脱贫攻坚，要围绕巩固提升脱贫质量和成效，重点抓好五项工作。一要全面完成剩余脱贫任务。要紧盯剩余的5个贫困村、369户1384人未脱贫人口，逐村逐户、逐人逐项摸清短板弱项，持续完善“一户一策”脱贫计划，精准确定到村、到户、到人帮扶措施，对特殊贫困群体要落实落细低保、医保、临时救助等综合保障政策，确保脱贫“不漏一村、不漏一户”。特别是对今年已经确定的扶贫项目，各乡镇、各部门要抓紧组织实施，6月底前必须完成。二要全力抓好脱贫监测巩固工作。要深入开展脱贫攻坚“回头看”，紧盯存在返贫致贫风险的不稳定脱贫户和边缘户，建立监测预警和应急救助机制，及时将不稳定脱贫户、返贫人口和新发生贫困人口纳入帮扶范围，制定落实巩固提升措施，防止返贫和新的致贫。同时，要对三保障问题持续进行排查，通过动态排查，动态解决，确保各类反馈问题和自查问题清零见底，把基础打得更牢靠，以高质量的脱贫成果迎接国家的普查验收。三要着力夯实稳定脱贫的基础。增加群众收入是巩固脱贫质量的核心和基础，要坚持因地制宜，因户因人施策。一方面，要突出产业扶贫。今年，各乡镇和农口部门要结合产业扶贫政策的落实和产业基地建设，把规范农村合作经济组织运营作为重点任务来抓，制定新型农村合作经济组织规范化建设的指导意见，健全完善利益联结机制，建立农业产业化联合体，通过订单农业、入股分红、托管服务等方式，将小农户融入产业链，提升新型农村合作经济组织带贫能力，提高产业的组织化、市场化程度。另一方面，要突出就业扶贫。通过实行“菜单式”培训，按照“注重精准、提升技能”的目标，增强培训实效，以东西扶贫劳务协作、扶贫车间就近吸纳、资产收益扶贫为重点，拓宽就业渠道，增加贫困群众收入。特别是今年的疫情，已经对群众务工收入造成影响，目前，全县已外出务工的仅有5646人，尚有1.56万人计划务工的人员没有出去，各乡镇和人社、劳务部门要抓紧对接，要用好省上关于对吸纳本地劳动力就近务工的各类生产经营主体给予一次性奖补的政策，动员各类企业吸纳本地贫困群众务工，通过点对点集中组织输送，畅通群众外出务工渠道。四要严格落实挂牌督战制度。要落实“四个不摘”的要求，保持乡镇指挥长、到村攻坚总队长、驻村帮扶工作队、帮扶责任人全责任链抓脱贫攻坚的强劲态势，今年还要进一步强化力量，推行脱贫攻坚巩固提升网格化管理制度，特别是要全面落实挂牌督战制度，围绕“两不愁三保障”问题的持续排查解决，紧盯剩余未脱贫人口、脱贫监测人口、边缘人口等三类人群，落实好帮扶政策和帮扶措施，巩固提升脱贫质量，决不能在迈入全面小康的最后关头“掉链子”“有闪失”“拖后腿”。五要加强扶贫资产管理。近年来，随着脱贫攻坚工作纵深推进，扶贫资金大量投入，全县已经形成规模庞大的扶贫资产。为防止资产流失，持续发挥扶贫效益，今年全县要将扶贫资产规范化管理作为脱贫攻坚工作重中之重。县扶贫办和财政局、农业农村局要抓紧制定扶贫项目资金、资产管理办法，各乡镇和相关部门要摸清脱贫攻坚以来扶贫资产底数，建立台账，进一步明确所有权、经营权、收益权、监督权、处置权等，确保所有扶贫资产一次确权到位，纳入国有资产及农村集体资产管理体系，确保扶贫资产不流失，实现保值增值，长期发挥效益。

第三，要把“三农”工作作为重中之重，实现脱贫攻坚与乡村振兴有效衔接。实施乡村振兴战略，是新时代做好“三农”工作的总抓手，也是当前和今后一个时期的主攻方向。要紧扣“二十字”方针和“五个振兴”的总要求，立足实际认真研究制定规划，合力抓好落实，努力探索乡村振兴新路子。“农业”要突出抓现代农业。乡村振兴的支撑是产业。一方面，要按照“南薯北药、薯药强县”的发展思路，突出抓好种养规模化产业基地和产业带建设，确保马铃薯种薯、中医药、草牧等优势产业提质增效，多元发展蔬菜、花卉、光伏食用菌等新兴产业。要在现有农业种植基础上，大力调整种植结构，推广旱作农业和设施农业，进一步压减低效农作物，逐步扩大高效农作物种植面积，增加农民种植业收入。这几年，养殖业发展比较迅速，但是饲草料加工技术培训没有跟上，玉米、苜蓿等饲草加工利用率不高，畜牧部门在今年要加大青贮氨化技术的培训和推广应用力度，推动草牧业持续发展。另一方面，要加快完善工业集中区配套设施，推动农产品加工由初级向精深转变，依托产业优势，引进一批农产品精深加工项目，实现由初级加工、单一加工向精深加工、综合利用转变，大力发展冷链物流、包装销售等配套产业，加快推动农业由增产向提质转变。要以发展乡村旅游为重点，抓好罗家磨“百美村宿”等旅游项目建设，实施文化旅游产业提质增效“十大行动”，打造全区域、全产业旅游格局，促进农村一二三产融合发展。“农村”要突出抓人居环境改善。一方面，要持续完善基础设施。今年中央1号文件中指出，要对标全面小康社会加快补上农村基础设施和公共服务短板。各乡镇、相关部门要抢抓国家加大这方面投资力度的良好机遇，争取实施"畅返不畅"路段整治、巷道硬化、安全用水保障、农村电网改造升级、清洁能源推广等基础设施建设工程，加快乡镇垃圾转运站和垃圾、污水处理站建设，全面改善城乡群众生产生活条件。另一方面，要持续推进人居环境整治。要扎实开展农村厕所、农村垃圾、农村风貌"三大革命"，大力整治和美化村容村貌，持续推进全域无垃圾专项治理，清理拆除废旧房屋、残垣断壁，动员农民群众开展村庄清洁和绿化行动，强化农业面源污染防控，努力改善农村环境面貌，推进"美丽家园"建设。"农民"要突出抓新型职业农民培育。鼓励农业企业建立新型职业农民实训基地，支持合作社、专业技术协会、龙头企业承担培训职能，加强以农村生产经营型人才、专业技能型人才和专业服务型人才为主的新型职业农民培育。要着力培树文明乡风，广泛开展农村精神文明创建活动，持续整治高价彩礼、大操大办等陈规陋习，加强健康知识宣传，引导群众养成良好的卫生习惯，提升健康素养，倡导乡村文明新风。

第四，要把项目建设作为根本支撑，持续增强发展后劲。按照大小齐抓、内外并举的思路，狠抓招商引资和项目建设，拉动固定资产投资稳步增长。一要全力谋划争取项目。充分利用脱贫攻坚、黄河流域生态保护和高质量发展等重大支持政策，着力在产业发展、社会事业、生态环保、基础建设、民生改善等领域进一步策划、筛选、论证、建设一批重大项目。要抢抓这次疫情结束后，国家加大公共卫生和应急管理领域项目投资力度的政策机遇，谋划论证这方面的项目。要重视项目库建设，科学编制"十四五"规划，将全县重点项目纳入到省市规划"大盘子"之中，并逐级提升项目生成能力和规划执行能力。二要精准对接抓招商。要紧盯重点领域、重点行业，大力开展外出招商、以商招商，多方引进一批龙头型、基地型、产业型、财源型项目，力争年内引进签约资金35亿元以上。三要加快项目建设进度。要围绕项目要素保障和落地建设，全面落实领导包抓、清单管理、集中开工等推进机制，确保续建项目3月底前全部复工，新建项目3月底前完成前期工作、6月底前全部开工，11月底前完成年度建设任务。四要严格抓好项目监管。认真落实项目法人责任制、招投标制、工程监理制等管理制度，严格审批程序，强化资金监管。充分发挥财政、审计等部门职能作用，强化项目绩效评价，确保各类项目规范实施。

第五，要把规划管理作为重点突破，提升城镇功能品位。要紧扣规划、建设、管理三个重点精准发力，加快开发建设，规范管理运营，着力打造宜居宜业宜游的现代化城镇。一要注重规划指导，本着突出前瞻、彰显特色、人文宜居原则，完成国土空间规划以及部门专项规划编制，进一步完善城镇空间布局和功能形态。二要完善服务功能。运用市场化手段，吸引更多社会资本参与城镇基础设施和公共服务设施建设，不断健全市政设施配套体系，全面加强县城道路、供排水、市场、停车场等基础设施建设，进一步完善城市功能、提升城市品位。三要提升管理水平。要持续加大违章建筑、市场秩序、环境卫生整治力度，全面提升城镇管理水平。特别是要针对这次疫情防控工作中，暴露出的城区社区管理服务不到位、居民小区物业管理服务不规范等各种问题，县委组织部、民政局、住建局和相关乡镇，要规范社区居民自治管理，加强社区党组织对业主委员会和物业企业的领导，全面推行网格化管理，提升社区管理服务水平。各乡镇也要结合人居环境整治，加强镇区管理，增强承载和服务功能。

第六，要把生态保护作为战略任务，改善生态环境质量。牢固树立和践行"绿水青山就是金山银山"的理念，持续加大生态文明建设力度，努力改善生态环境质量。一要扎实开展污染防治。坚决打好“蓝天碧水净土”保卫战，强化扬尘、餐饮油烟、秸秆垃圾焚烧等污染防治管控，全面淘汰燃煤小锅炉，推动大气质量持续改善。严格落实河（湖）长制，持续开展河湖“清四乱”专项行动，落实好饮用水水源地保护措施，积极谋划争取渭河、洮河流域综合治理项目。全面落实土壤污染防治行动计划，加强耕地土壤环境分类管理，加大废旧地膜和包装废弃物等回收处理力度，确保环境质量持续好转。二要大力推进生态治理。各乡镇、各部门要抢抓国家实施黄河流域生态保护和高质量发展战略的机遇，谋划、论证、生成一批符合国家政策导向和全县发展实际的项目，争取列入国家项目库。要精心实施天然林保护、水土保持等重点生态工程，统筹推进流域治理、梯田建设和土地整理，编制完善生态造林10年规划，开展大规模国土绿化行动。三要加大突出问题整改力度。对中央和省市各类环保督查反馈问题，要紧盯问题清单、任务清单和责任清单，已完成整改的要全面进行“回头看”，查漏补缺，切实提高整改标准和质量。没有完成整改的问题，要找准症结，精准施策，切实加大整治力度，确保按期整改、全面清零。四要健全长效监管机制。要强化环境保护执法监管，不断健全环境执法联动机制，支持检察机关开展公益诉讼工作，采取挂牌督办、集中曝光、约谈问责等方式，以零容忍态度严厉打击生态环境违法行为，形成齐抓共管、常抓不懈的工作机制。

第七，要把改善民生作为目标导向，努力提升人民群众获得感、幸福感和安全感。要始终坚持以人民为中心的发展思想，把改善民生放在重要位置，尽力而为，量力而行，着力解决好服务群众“最后一公里”难题。一要大力发展社会事业。持续加大投入力度，实施薄改与能力提升项目，着力解决县城和重点镇区学位紧缺的问题，全力抓好控辍保学工作，提升教育教学质量。进一步加强公共卫生服务和应急管理体系建设，全面落实健康扶贫各项政策，下功夫解决城乡教育医疗资源不均衡等普惠性民生问题。不断完善公共文化服务体系，广泛开展文化惠民活动，进一步丰富群众精神文化生活。二要努力提升社会保障水平。持续加大对特殊困难弱势群体的帮扶力度，不断提高城乡低保、农村特困供养人员救助标准。积极实施全民参保登记计划，扩大城乡居民基本医疗、养老保险覆盖面，不断完善社会保障体系。深入开展创业促就业行动，全力做好高校毕业生、困难家庭人员、退役军人等群体的就业帮扶工作，最大限度满足不同层次的就业需求。要开展农民工工资支付情况排查整顿，落实根治欠薪的各项措施，下大力气根治拖欠农民工工资问题。三要维护社会和谐稳定。要切实强化安全生产监管，严格落实安全生产“党政同责、一岗双责”，切实加强道路交通、消防安全、建筑施工、食品药品等重点领域监管，坚决杜绝安全生产事故发生。要深入开展矛盾纠纷排查调处，完善社会矛盾防范化解机制，畅通社情民意和信访诉求渠道，对合理诉求依法依规妥善解决，切实减少集体上访、越级上访。要全面加强社会综合治理，健全完善社会治安防控和应急救援体系，强化网络舆情监测管理，提升应急处置救援能力，深入推进扫黑除恶专项斗争，严厉打击黑恶势力，依法惩治“黄赌毒”“黑拐骗”等违法犯罪活动，全力维护社会和谐稳定。

第八，要把改革创新作为根本动力，持续提升治理能力。全县各级党政组织要深入贯彻落实党的十九届四中全会精神，按照这次会议审议通过的《决定》要求，抓住关键环节，积极探索创新，以改革增活力，以创新促发展，着力完善体制机制，破解瓶颈制约，进一步提升治理能力。一要健全完善治理机制。要建立“不忘初心、牢记使命”的制度，健全完善党的全面领导和从严治党制度，确保党和国家的根本制度、基本制度、重要制度在渭源落地落细落实。要积极创新社会治理，加快完善乡村治理体系，健全村民议事、村务监督等制度，推动村级事务管理规范化。要在保护生态、普惠民生、乡村治理、优化环境、综治维稳等方面补齐制度短板，实现城乡社会治理更加规范有序。要建立更加广泛高效的工作沟通协调机制，加强信息共享，形成全县上下“一盘棋”的整体效应。通过构建系统完备、科学规范、运行有效的制度体系，提升治理能力。二要全面深化各项改革。要根据国家和省市改革动向，承接好上级下放的各项改革任务，在完成规定动作的前提下，要结合县域实际大胆创新。要抓好农村“三变”改革，持续深化“放管服”改革，加快推进财税金融改革，高标准完成事业单位改革任务，着力提升“五大执法领域”执法能力，平稳推进农业、教育、医疗等行业改革，确保改革红利全面释放。三要多措并举防范化解风险。要着力防范化解政府债务风险，坚持疏堵结合，坚决遏制债务增量，稳妥化解债务存量，有效控制和降低政府债务风险。要切实防范化解金融风险，坚持底线思维，增强忧患意识，县金融办、人行要强化监督管理，规范金融机构经营行为，加强民间信贷机构管理，切实规范金融秩序。要切实强化廉政风险防控，加大审计监督力度，严格实行权责清单制度，规范权力运行，严肃查处各类违纪违规问题，努力营造风清气正的干事创业环境。

三、加强党的领导，在履行主体责任、主动担当作为中强化保障，推动落实

加强和改善党对经济工作的领导，是落实习近平新时代中国特色社会主义经济思想、推进经济社会高质量发展的根本保障。全县各级党政组织和党员干部要紧盯发展目标，强化组织领导，凝聚攻坚合力，狠抓工作落实，努力为推动经济高质量发展提供坚强保障。

*一要巩固提升主题教育成效。*将“不忘初心、牢记使命”与推动脱贫攻坚、高质量发展和全面从严治党的工作实践紧密结合，建立完善“学习提升、调查研究和问题整改”长效机制，推进主题教育常态化制度化。要持续加强党员干部理论学习和党性锤炼，大力推动习近平新时代中国特色社会主义思想在渭源发展中深入实践。要结合推进治理体系和治理能力现代化建设，经常性深入基层和群众之中发现问题，查找症结，制定措施。要推进问题整改，按照主题教育整改清单，重点解决好群众反映强烈的民生诉求问题，解决好制约发展的瓶颈问题，着力解决好党员干部在作风建设和担当作为方面存在的问题，以实际行动践行初心使命。

*二要加强思想政治建设。*要坚持把党的政治建设摆在首位，引导各级党员干部严守政治纪律和政治规矩，增强“四个意识”，坚定“四个自信”，坚决做到“两个维护”。要严格落实党委（党组）意识形态工作责任制，加大对各类意识形态阵地的管控力度，形成齐抓共管的意识形态工作合力。要注重加强网上舆论管控，监测舆情动态，做好正面引导，牢牢掌握意识形态工作主动权。要全面做好形象宣传和典型宣传工作，加快推进县级融媒体中心和新时代文明实践中心、站、所建设，有效整合电视台、门户网站等信息发布渠道，用好“两微一端”等宣传手段，经常性发布渭源声音。

*三要着力夯实基层基础。*党的基层组织是党的全部工作和战斗力的基础，要把抓基层、打基础作为固本之举，不断增强基层党组织的凝聚力、创造力、战斗力。要建强基层组织。牢固树立党的一切工作到支部的导向，强化分类指导，做好后进转化，持续推进党支部建设标准化，统筹推进机关、社区、企业、学校医院等各领域党建均衡发展。积极适应脱贫攻坚和乡村振兴需要，选好配强基层党组织班子特别是党组书记，狠抓软弱涣散党支部整顿转化，不断提升基层党组织的凝聚力和战斗力。要激发干部活力。认真贯彻落实激励广大干部新时代新担当新作为的《实施意见》，围绕推进脱贫攻坚、经济高质量发

展，把敢不敢扛担子、愿不愿攻难关、能不能干成事作为识别评价干部的重要标准，扎实做好干部培养管理使用，加大优秀年轻干部培养选拔力度，着力打造一支忠诚干净担当的干部队伍。要打造党建品牌。坚持以品牌化理念推进基层党建工作，注重在工作思路、内容载体、落实措施等方面积极探索创新，认真总结提炼，形成特色亮点，辐射带动党建整体工作提升。

四要持之以恒正风肃纪。纪律作风是抓落实的重要保证。要强化监督执纪问责，推动作风转变，努力营造风清气正的政治生态和心齐劲足的干事环境。要弘扬务实作风，各级干部要坚持从县情、乡情和民情实际出发，不好高骛远，不急功近利，多谋打基础、利长远的事情，多想管全局、惠民生的措施，真正做到谋实事、重实干、出实招、求实效。严格落实中央八项规定及实施细则精神，坚决破除形式主义官僚主义，落实为基层松绑减负各项措施，持续推进“四察四治”，大力纠治图形式走过场、表态好行动少、不担当不作为“三股歪风”。要压实主体责任。全县各级党组织要切实担负起主体责任，党组织书记要认真履行第一责任人职责，把责任传导给班子成员、传递到各级党员干部，班子成员要严格履行“一岗双责”，既要严以律己，遵守廉洁从政各项规定，又要敢抓敢管，切实抓好职责范围内的党风廉政建设工作。要从严执纪问责。深化运用监督执纪“四种形态”，重点突出“七个严查”，及时查处腐败问题。深入推进常态化巡察，对顶风违纪问题从严查处，典型案例通报曝光。深入推进扶贫领域腐败和作风问题专项治理，严肃查处向扶贫资金伸黑手的行为，严厉整治村组干部以权谋私、吃拿卡要、虚报冒领、优亲厚友等典型问题，重拳惩治群众身边的“微腐败”，推动全面从严治党向基层延伸、向纵深发展。

同志们，形势催人奋进，使命呼唤担当。让我们更加紧密地团结在以习近平同志为核心的党中央周围，深入贯彻党中央决策部署和省市委工作要求，不忘初心、牢记使命，只争朝夕、不负韶华，决战脱贫攻坚、决胜全面小康，努力建设幸福美丽新渭源，奋力谱写富民兴陇渭源发展时代篇章！

渭源县人大常委会工作报告

——2021年3月2日在渭源县十六届人民代表大会第六次会议上

渭源县人大常委会主任　李新定

各位代表：

受县人大常委会委托，我向大会报告工作，请予审议。

2020年工作回顾

刚刚过去的2020年，极不平凡、历尽艰辛。面对新冠肺炎疫情严重冲击、经济发展巨大下行压力，县人大常委会以习近平新时代中国特色社会主义思想为指导，全面贯彻党的十九大和十九届二中、三中、四中、五中全会精神，在县委的正确领导下，聚焦全面建成小康社会目标任务，突出打赢三大攻坚战，紧盯解决民生热点难点问题，主动担当作为，依法履职尽责，为全县改革发展稳定和民主法治建设、决战决胜脱贫攻坚和经济社会高质量发展做出了积极贡献。

——过去的一年，我们始终坚持党的领导，确保人大工作正确方向

人大是党领导下的政治机关，旗帜鲜明讲政治是第一位要求。县人大常委会全面贯彻落实习近平新时代中国特色社会主义思想，增强“四个意识”，坚定“四个自信”，做到“两个维护”，毫不动摇坚持党的领导，保证和发展人民当家作主。

强化理论武装，坚定不移坚持党的领导。常委会始终坚持以习近平新时代中国特色社会主义思想为指引，把党的十九大和十九届二中、三中、四中、五中全会精神、省市县委人大工作会议精神作为学习重点，认真贯彻落实，始终保持人大工作的正确政治方向。深入学习贯彻习近平总书记关于坚持和完善人民代表大会制度的重要思想，建立常委会党组成员、组成人员、人大代表和机关工作人员常态化学习机制，落实会前学法和活动开展前学法制度，以理论清醒保证政治坚定，以思想自觉引领行动自觉。班子成员积极参加县委理论中心组和县人大常委会党组理论中心组的集中学习。

加强政治建设，始终不渝坚定政治立场。常委会始终坚持把政治建设放在首位，自觉把坚持党的领导、人民当家作主、依法治国有机统一起来，保证党的理论和路线方针政策、重大决策部署得到全面贯彻落实。坚持把党的领导贯穿于人大工作的各方面和全过程，全面落实重大事项向县委请示报告制度，通过依法行使监督、重大事项决定和人事任免等法定职权，推动县委重大工作安排和各项中心任务的落实见效。常委会及其组成人员时刻坚定政治立场、政治方向和政治观点，在大是大非问题上头脑清醒、旗帜鲜明，紧紧围绕县委工作大局履职尽责，推进民主法治建设。

坚持依宪执政，坚决贯彻习近平法治思想。常委会以“深入学习宣传习近平法治思想、大力弘扬宪法精神”为主题，扎实开展宪法宣传教育活动，在第七个“国家宪法日”开展了宪法知识讲座和竞赛活动；组织4次宪法宣誓仪式，12名被任命人员进行宣誓，增强了国家工作人员的宪法观念；全面深入开展民法典学习宣传工作，着力推动法典精神走进基层、深入人心。依法开展规范性文件备案审查，按照有件必备、有备必审、有错必纠的原则，对县人民政府和各乡镇人大报送的34件规范性文件进行了备案审查，保证了规范性文件的合宪合法。县人大常委会始终把协助和配合上级人大做好立法调研工作作为自身工作的重要组成部分，按照市人大常委会的要求，做到积极配合、周密组织、认真办理、确保质量，配合和协助市人大常委会修改地方性法规草案3部，召开座谈会6次，反馈书面修改意见和建议16条。

——过去的一年，我们始终坚持依法监督，确保法定职权落地生根

人大监督是在党的领导下代表国家和人民进行的具有法律效力的监督，是党和国家监督体系的重要组成部分。县人大常委会牢固树立大局意识，围绕县委中心任务，主动依法履职尽责。一年来，县人大常委会听取和审议“一府两院”各项工作报告16项，开展调查视察12次、执法检查2次，作出决议决定8项，下发审议意见书3份。

聚焦重点议大事，认真行使决定权。面对新冠肺炎疫情影响和宏观经济下行压力持续加大的态势，常委会密切关注全县经济运行情况，聚焦“六稳”“六保”重点任务，组织开展了县人民政府2020年上半年财政预算执行情况和国民经济运行情况的专题调研，审议了县人民政府关于2020年上半年国民经济和社会发展计划执行情况的报告、关于“十三五”规划完成情况和“十四五”规划纲要草案编制情况的报告；听取和审议了县人民政府关于2019年全县财政决算和2020年上半年财政预算执行情况的报告、2019年财政预算执行情况及其他财政收支情况的审计工作报告，依法批准了2019年全县财政决算；听取和审议了县人民政府关于调整2020年新增地方政府性债务限额和转贷2020年地方政府债券及抗疫特别国债并相应调整全县财政预算的议案，批准了2020年全县财政预算调整方案；听取和审议了县人民政府关于不动产登记中有关问题的处理意见的报告和关于将清源路南侧西段、首阳路东段北侧、北环路中段北侧等建设项目列入2020年全县国民经济和社会发展计划的报告，并相应作出了各项决议决定。

聚焦中心抓落实，正确行使监督权。围绕巩固脱贫攻坚成果，常委会组织市县人大代表对全县脱贫攻坚成效情况进行专题视察、组织调查组对全县脱贫攻坚兜底保障工作进行调查。县人大常委会认为，县委县政府坚强领导、一线指挥，社会各界勠力同心、倾心支持，全县各级干部、广大人民群众不懈奋斗、苦干实干，我县脱贫攻坚取得历史性重大成就，为实现第一个百年奋斗目标打下了坚实基础，极大增强了人民群众的获得感、幸福感、安全感。围绕经济高质量发展，组织市县人大代表对全县重点项目建设情况进行了专题视察，提出了加大建设力度、抓好要素保障、做实谋划储备、夯实发展基础的建议。围绕改善民生福祉，开展了全县市场监督管理工作的调查。围绕生态环境保护和污染防治，听取和审议了县人民政府关于2019年全县环境状况和环境保护目标完成情况的报告；对县人民政府贯彻实施《中华人民共和国土壤污染防治法》和《定西市河道生态环境保护条例》情况开展了专项执法检查，针对存在的问题提出了建议。围绕公正司法，对县人民法院、公安机关非法集资和电信诈骗案件审理、公安机关规范化建设情况进行了调查，提出了注重沟通协调，形成攻坚合力，加大打击和破案力度，提高群众防诈识诈意识的建议；对县人民检察院公益诉讼开展情况进行调研，提出了进一步加大公益诉讼宣传力度，提升公益诉讼办案水平，切实维护国家利益和社会公共利益的建议；听取和审议了县人民政府关于“七五”普法决议落实情况的报告，对全县“七五”普法宣传教育整体推进情况进行了审议，要求进一步凝聚工作合力，注重普法实效，推动全社会不断提高学法、用法、守法、护法的意识和水平。

聚焦任命抓监督，依法行使任免权。常委会始终坚持党管干部和人大依法任免有机统一的原则，严格执行常委会任免国家机关工作人员办法，认真行使人事任免权，强化落实任前法律知识考试、任前供职发言、投票表决、颁发任命书、向宪法宣誓等各项制度，依法选举任命地方国家机关工作人员。一年来，增补代表资格审查委员会委员2名，依法任免地方国家机关工作人员12名，接受辞职3名，任命人民陪审员29名。建立和完善人大常委会任命的国家机关工作人员向人大常委会年度履职报告制度，听取了县自然资源局等3个政府工作部门主要负责人2020年度履职报告，强化了被任命干部任后监督环节，提升了人大依法任免和监督的质量和水平，增强了被任命干部的法治意识、服务意识和责任意识。

——过去的一年，我们始终坚持服务保障，确保代表主体作用发挥

人大代表是人民代表大会的主体，保障代表依法履职就是保证人民当家作主。常委会按照“人大工作的开展靠代表，人大工作的水平看代表，人大工作的潜力在代表”的目标定位，深入开展了“优秀人大代表”“先进人大代表之家”等为主要内容的“六创”活动，有效激发了代表的履职活力，促进了代表更好地履职尽责。

拓展代表培训举措，提升代表履职能力。常委会继续加大对常委会组成人员、乡镇人大主席和人大代表的培训力度，通过以会代训、专题座谈、参观考察和请进来与走出去等多种方式，有计划、有重点地开展各级各类履职培训，不断拓展培训的广度，增加培训的深度，实现由“全覆盖”向“精细化”的转变，促进代表政治素质、履职水平和引领发展能力的全面提升。一年来，常委会邀请市县人大代表48人次列席县人大常委会会议和参加视察调研、执法检查、工作评议，推荐县人大代表28人次参与了县人民法院庭审等活动。向代表书面通报了县人大常委会和“一府一委两院”上半年工作情况，拓宽了代表知情知政渠道，代表履职能力在实践中不断得到提高。

强化代表责任担当，激发代表作用发挥。常委会在抗击新冠肺炎疫情防控斗争中，全面贯彻落实县委各项工作安排，迅速投入到疫情防控战役第一线，强化责任担当，立足岗位职责，督促相关职能部门依法履职。全县各级人大代表坚决服从县委安排，积极响应县人大常委会号召，坚定站在疫情防控第一线，充分发挥宣传引导、稳控民情、监督落实等作用，推动形成全社会群防群控的强大合力，涌现出了李海东、李晓梅、沈琰、张富林、祁忠孝、杨学峰等市县乡三级人大代表与干部群众众志成城、上下一心、共同抗疫的感人场面，生动践行了“人民选我当代表、我当代表为人民”的铿锵誓言。常委会不断深化创新“两联系”和“4+1”述职活动的开展，进一步密切常委会组成人员与代表、代表与选民的联系，先后组织部分市县人大代表参加全县脱贫攻坚和重点项目建设视察活动，围绕群众反映比较强烈的城区学生“择校热”、易地搬迁后续产业发展滞后、城区餐厨垃圾乱倒和车辆乱停乱放等12个方面的突出问题，组织部分县人大代表集中约见了县人民政府相关部门负责人，并将约见提出的问题全部转交县人民政府进行了办理。

加强代表建议督办，回应代表履职关切。常委会高度重视代表意见建议办理工作，先后4次听取和审议了县人民政府关于代表意见建议交办和办理情况的报告，并组成督查组，对部分代表意见建议进行了重点督办、跟踪督办，确保了代表建议件件有回音、事事有着落。对涉及巩固脱贫攻坚成果的教育卫生、公共服务、道路建设、农村电力等8件重点意见建议作为常委会领导的督办件，进行跟踪问效督促办理。常委会领导带队深入基层一线，面对面听取群众意见建议，点对点持续深入推进工作落实，召开现场督办会议18次，事关全县人民群众生产生活的一批重点问题得到了一定程度的解决。在县人民政府的高度重视和承办部门的积极努力下，110件代表意见建议已经办结或基本办结和正在办理的94件，办结率85.5 %，答复率96.3%，代表满意率92%。

——过去的一年，我们始终坚持与时俱进，确保自身建设得到加强

打铁必须自身硬。县人大常委会紧扣人大“两个机关”职责定位，强化自身建设，主动适应新时代人大工作发展新形势，不断加强党的建设、制度建设，整体推动乡镇人大工作迈出新步伐。

加强党的建设，全面落实从严治党责任。常委会以政治建设为统领，进一步落实常委会党组全面从严治党主体责任，提升机关党建工作水平。认真落实新时代党的建设总要求，全面加强常委会机关政治、思想、组织、作风、纪律建设，把制度建设贯穿其中。认真学习、严格遵守党章党规，严肃党内政治生活和组织生活，严格执行民主集中制原则，扎实履行全面从严治党主体责任，落实意识形态工作责任制。巩固和深化“不忘初心、牢记使命”主题教育成果。常委会领导按要求积极参加机关党支部“三会一课”活动。一年来，共召开常委会党组会议14次，党组成员讲党课5次，机关党支部组织开展“主题党日+”活动12次，有效推动了常委会机关党内政治生活严肃正常开展。

加强制度建设，全面规范依法履职行为。常委会十分注重制度建设，进一步完善了常委会履职制度，加强了各专门委员会制度建设，充分发挥常委会组成人员、专门委员会和工作部门的职能，制定出台了《渭源县人民代表大会代表退出办法》《渭源县人大常委会提高会议质量办法》等23项制度，修订完善了《渭源县人大常委会人事任免办法》《渭源县人大常委会关于加强和改进乡镇人大工作的意见》等43项制度，并配套制定了3个工作程序、4个工作方案和10个工作流程图，县级层面人大工作“四梁八柱”的制度体系建立健全，规范有序、优质高效的运行机制基本完善，用制度规范职责、按制度行使职权的良好局面全面形成；修订印刷了《渭源县人大常委会工作制度汇编》《渭源县人大常委会工作报告汇编》，编印了《永不缺位的力量——渭源县各级人大代表抗疫纪实》《扶贫路上的担当与风采——渭源县脱贫攻坚人大监督与代表帮扶工作纪实》；《渭源县人大志（1949—2020）》历经两年多的不懈努力，现已编纂完成，即将见诸于读者，为纪念县人大设立常委会40周年交出了一份可以载入史册的满意答卷。

加强业务指导，全面提升乡镇人大工作水平。常委会强化工作指导，持续深化常委会领导分片包乡镇联系制度，对乡镇人大工作进行业务指导，采取邀请乡镇人大主席列席常委会会议、组织乡镇人大主席观摩交流学习、举办培训班等形式，有效提升乡镇人大工作者业务工作能力。一年来，16名乡镇人大主席列席常委会会议2至3次，共组织乡镇人大主席培训学习3次、观摩交流1次。7月份常委会组成督查组，对各乡镇人大上半年的工作进行了全面督查，对督查中发现的问题及时进行反馈，各乡镇人大认真进行了整改落实，进一步推进了新时代乡镇人大工作从“三化”向“四好”发展，积极开展“六创”活动，不断丰富“家”和“室”的活动内容，全面提升了乡镇人大工作者的能力和水平，县乡人大工作整体合力得到全面加强。

各位代表！过去的一年，对县人大及其常委会而言是紧张充实的一年，也是攻坚克难的一年。所有工作成绩的取得，是县委正确领导的结果，是“一府一委两院”通力合作的结果，是全体人大代表、常委会组成人员团结奋战和各乡镇人大密切协作的结果，更是全县人民热情支持的结果。特别在脱贫攻坚和疫情防控工作中，各级人大代表闻令而动、冲锋在前，勇敢地扛起应尽的责任，用实际行动践行了初心和使命，成为打赢脱贫攻坚战和疫情防控阻击战中一支永不缺位的力量。在此，我谨代表县人大常委会向所有关心和支持人大工作的各位领导、各位代表及社会各界人士表示衷心的感谢和崇高的敬意！

回顾过去一年的工作，我们深深地感受到，一年来的工作实践进一步深化了我们对习近平总书记关于坚持和完善人民代表大会制度重要思想的认识，也更加坚定了我们做好新时代地方人大工作的决心和信心。同时，我们也清醒地认识到，面对新时代党对人大工作提出的新要求和人民群众的新期盼，常委会工作还存在一些不足和短板，主要是：监督工作针对性和实效性有待切实增强，代表工作还需创新拓展，乡镇人大工作仍需用力加强，机关事多人少的矛盾急需解决等。对此，常委会将在今后的工作中认真调查研究，切实加以改进。

2021年主要工作任务

2021年，是伟大的中国共产党成立100周年，是全县人民乘势而上开启全面建设社会主义现代化国家新征程和实施国民经济和社会发展第十四个五年规划的开局之年，是渭源县人民代表大会设立常务委员会40周年，也是县乡两级人大换届选举之年，做好2021年人大工作意义重大、使命光荣。县人大常委会工作的总体要求是：以习近平新时代中国特色社会主义思想为指导，全面贯彻党的十九大和十九届二中、三中、四中、五中全会精神，认真学习习近平法治思想、习近平总书记关于坚持和完善人民代表大会制度重要思想，深入落实习近平总书记对甘肃重要讲话和指示精神，在县委的坚强领导下，坚持党的领导、人民当家作主、依法治国有机统一，围绕准确把握新发展阶段、深入贯彻新发展理念、加快融入新发展格局、不断推动高质量发展，不忘为民初心，牢记使命重托，聚焦群众关切，依法行使职权，以监督体现支持，用服务推动发展，为深入实施“十四五”规划和乡村振兴战略，奋力谱写全面建设社会主义现代化渭源发展时代篇章贡献人大智慧和力量。

——坚持党的全面领导，在提升政治能力上彰显新作为

要始终以党的政治建设为统领，把党的领导作为人大工作的生命线，增强“四个意识”，坚定“四个自信”，做到“两个维护”，不断提高政治判断力、政治领悟力、政治执行力，全面落实党中央重大决策部署和省市县委工作安排，自觉接受县委领导，确保人大工作正确方向。认真履行常委会党组政治领导责任，严格执行请示报告制度，及时向县委请示报告人大重点工作、重大问题和重要事项，坚决贯彻落实县委决定，自觉在大局中定位，主动在大局中履职，确保党的主张通过法定程序成为国家意志。不断加强政治建设、思想建设、组织建设、作风建设、纪律建设，切实增强政治领导能力，把常委会党组建设成为有政治定力、有工作活力、有责任担当，与新时代要求相适应的坚强战斗堡垒。

——坚持依法履职尽责，在增强履职实效上彰显新作为

要牢牢把握人大监督工作的定位和原则，完善人大监督机制，拓展监督方式，增强监督实效。要紧紧围绕县委中心工作，紧盯经济社会发展中的重大事项和关系人民群众切身利益的重大问题，深入开展调查研究，适时作出决议决定。要紧盯经济高质量发展，加强对国民经济和社会发展计划、政府全口径预决算、审计以及国有资产管理工作的审查监督，开展工业集中区建设调研，切实保障和推进“十四五”规划顺利开局；要紧盯巩固拓展脱贫攻坚成果，围绕特色产业发展、易地扶贫搬迁后续帮扶、扶贫资产管理工作等进行调研视察，大力弘扬伟大的脱贫攻坚精神，着力巩固拓展脱贫攻坚成果，接续实施乡村振兴，不断提高人民生活质量；要紧盯民生和社会事业，对全县公共卫生安全工作进行调查，有效防范重大公共卫生风险；要紧盯生态保护和污染防治工作，听取和审议县人民政府关于环境状况和环境保护目标完成情况的专题报告，开展矿山生态恢复、渭河河道生态修复等方面的调研视察活动，切实推进我县污染防治攻坚战取得明显成效；要紧盯法治建设，审查和批准“八五”普法规划，开展残疾人保障法、预算法等法律法规贯彻执行情况的执法检查，听取和审议年度规范性文件备案审查工作情况报告，开展对县人民法院、县人民检察院民事审判和民事检察工作情况的调查；同时，要配合省市人大常委会做好立法调研和陇原环保世纪行工作。要按照宪法法律赋予的职权，通过调查视察、专题询问、代表约见、质询罢免等监督手段，依法开展被任命干部履行职责情况的监督，树立“让有为者有位、请无为者让位”导向，确保县委工作部署真正落地生根，全力营造全县风清气正的政治生态和担当作为的干事氛围。

——注重发挥代表作用，在密切联系群众上彰显新作为

要始终按照“人大工作的开展靠代表，人大工作的水平看代表，人大工作的潜力在代表”的目标定位，深入推进“六创”活动提质增效。要强化新一届人大代表履职培训，积极组织各级人大代表参加常委会组织的执法检查、视察、调研和督办意见建议活动、列席相关会议，努力拓宽代表知情知政渠道，不断增强代表的政治意识、法律水平和业务能力。要加强智慧人大建设，推行“互联网+代表工作”模式，深入了解民情，充分反映民意，广泛集中民智，不断拓宽代表履职平台。要完善督办方式，采取重点督办、现场督办、跟踪督办等形式，不断提高代表建议办理质量。切实加强代表监督管理，继续推行县乡人大代表向原选区选民述职制度和退出制度，听取选民意见，接受选民监督，发挥代表作用。要认真实施新修订的选举法，扎实做好县乡人大换届选举工作。

——不断提升履职能力，在加强自身建设上彰显新作为

要旗帜鲜明坚持党的领导，按照新时代党的建设总要求，认真履行全面从严治党主体责任，落实意识形态工作责任制，全面加强常委会机关党的建设，持续巩固提升“不忘初心、牢记使命”主题教育成果，扎实开展党史学习教育活动，发扬红色传统、传承红色基因、坚定信仰信念，动员全县人民鼓起迈进新征程、奋进新时代的精气神和磅礴力量。要不断加强常委会机关干部能力建设，进一步健全人大工作制度，完善各专门委员会工作规范，加大预算联网监督、代表建议办理平台、网上备案审查力度，持续推进机关信息化和智库建设；全力推动《中共渭源县委关于加强新时代县乡人大工作的实施意见》全面贯彻落实，制定出台《渭源县人大常委会加强和改进县人大代表工作的具体措施》和《渭源县人大常委会新时代乡镇人大工作操作指南》，健全完善乡镇人大工作各项制度，规范乡镇人大工作，进一步提升全县人大工作整体水平。

各位代表！岁月不居，时节如流。渭源县人民代表大会自1981年1月设立常委会以来，已走过波澜壮阔的40年。40年来，县人大及其常委会始终坚持党的领导、人民当家作主、依法治国有机统一，履职尽责，开拓进取，为全县改革发展稳定作出了重要贡献；40年来，县人大常委会工作在探索中前进、在实践中发展、在创新中加强、在规范中提高，积累了许多宝贵经验。而最重要的经验是：坚持党中央集中统一领导、自觉接受县委领导，是做好人大工作的政治保证；坚持以人民为中心、维护民生民利，是做好人大工作的坚实基础；坚持依法治国、严格依法办事，是做好人大工作的基本原则；坚持围绕中心任务、服务工作大局，是发挥人大职能的重要途径；坚持完善体制机制、勇于探索实践，是做好人大工作的制度保障。我们要认真总结这40年的经验，在实现第二个百年奋斗目标的新征程中，不断丰富和拓展人民代表大会制度的实践特色、时代特色。

各位代表！风劲帆满图新志，奋楫扬波正当时。做好新时代人大工作，使命光荣，责任重大。让我们紧密团结在以习近平同志为核心的党中央周围，在中共渭源县委的坚强领导下，不忘初心使命，崇尚实干奉献，以强烈的政治责任感和时代使命感，奋力谱写新时代渭源人大工作的新篇章，以优异成绩庆祝建党100周年！

政府工作报告

——2021年3月1日在渭源县第十六届人民代表大会第六次会议上

渭源县人民政府县长 蔺红军

各位代表：

现在，我代表县人民政府，向大会报告工作，请连同《渭源县国民经济和社会发展第十四个五年规划和二〇三五年远景目标纲要（草案）》一并审议，并请各位政协委员和其他列席人员提出意见。

2020年及“十三五”时期工作回顾

2020年是极不平凡、极其不易的一年。面对严峻复杂的形势、艰巨繁重的任务，特别是新冠肺炎疫情的严重冲击，我们坚持以习近平新时代中国特色社会主义思想为指导，在市委、市政府和县委的坚强领导下，在县人大、县政协的监督支持下，全县上下同心协力、砥砺前行，战胜各种风险挑战，较好地完成了县第十六届人大五次会议确定的目标任务。

一年来，我们聚焦收官、精准发力，脱贫攻坚全面胜利。深入学习贯彻习近平总书记关于扶贫工作重要论述，严格落实“四个不摘”要求[1]，深入实施挂牌作战，全力以赴推动“3+1”“5+1”重点任务[2]落实。投资9905万元扶持2267户易地扶贫搬迁户发展产业，实现了后续扶持全覆盖。强化“点对点”“一站式”务工服务[3]，全年输转劳动力7万人次、创劳务收入15.23亿元。高质量完成脱贫攻坚普查和国家、省市评估验收工作，365户1374名贫困人口和5个贫困村全部脱贫退出，脱贫攻坚圆满收官，全面小康基础更加坚实。在甘肃省贫困县摘帽退出第三方评估中，我县群众认可度达到99.14%，脱贫攻坚成果得到人民认可。

一年来，我们众志成城、联防联控，疫情防控成效明显。面对突如其来的新冠肺炎疫情，我们始终把人民群众生命安全和身体健康放在第一位，按照“外防输入、内防反弹”“人物同防”要求，全面实行“四个一律”防控措施[4]，建立健全常态化管控制度和应急方案，强化应急物资储备，建成核酸检测中心4个，全县疫情防控阻击战取得了阶段性胜利。认真贯彻落实“1+6”“3+6”系列政策[5]，全力以赴帮助市场主体应对疫情共渡难关，累计为企业减税降费、减免税收504万元，优惠电费183万元，落实企业贷款2.47亿元，落实生产贷款贴息、一次性奖补等各类补贴1540万元，为贫困劳动力落实交通、稳岗等补贴3300万元。

一年来，我们狠抓投资、扩大消费，发展基础不断夯实。坚持把项目建设作为扩投资、稳增长的重要支撑，全面落实“1+1托5”机制[6]，安排项目前期费1462万元，争取项目资金10.2亿元，实施重点项目99项，总投资79.4亿元，完成投资27.03亿元。借助各大平台宣传渭源、推介项目，新签约招商项目14项，到位资金32.52亿元。开展系列促消费活动，大力发展夜间经济[7]、地摊经济[8]，实现线上线下销售总额9.23亿元，培育转化限上企业2家。完成《工业集中区总体发展规划（2020-2035）》修编，实施总投资6.9亿元的工业项目6项，新增省级高新技术企业5家，新培育小微企业12家、规上企业4家，盘活僵尸企业3家，德园堂获评全国专精特新“小巨人”企业[9]和省级企业技术中心[10]，亳春堂被认定为省级专精特新中小企业。

一年来，我们延链补链、提质增效，产业体系逐步健全。立足县情基础，做强传统优势产业，培育新兴产业，延伸产业链条，全力打造“甘味”农产品知名品牌，推动产业提质增效。特色产业增量提质，积极开展马铃薯新品种试验试种和优质品种推广，繁育能力逐步提高，产值达到3.9亿元。建设中药材标准化基地10.3万亩、集约化育苗基地483亩，产量和加工能力稳步提升，中药材产值达到4.3亿元，中药材溯源大数据平台基本建成。牛、羊、猪、鸡、蜂饲养量分别达到8.2万头、31.5万只、17.8万头、400万只、9800箱，实现草牧业增加值4.9亿元。文化旅游优势凸显，渭河源、渭河东源游客中心基本建成，罗家磨“百美村宿”全国乡村旅游扶贫示范项目顺利推进，元古堆、南谷新村成功创建为AAA级和AA级景区。文化旅游服务机构达到144家，从业人员2000余人，全年接待游客154万人次，实现旅游综合收入7.53亿元。新兴产业持续增效，蔬菜、食用菌、花卉标准化种植总面积达到8.2万亩，实现产值约1亿元。光伏电站总装机容量达到60.25兆瓦，全年获得收益6093万元。十大生态产业实现增加值9.28亿元，占GDP比重达到28.7%。

一年来，我们防治结合、强化治理，环境质量持续向好。扎实开展大规模国土绿化行动，完成生态绿化6.5万亩。集中力量打好“蓝天、碧水、净土”三大保卫战，完成“三小”改造[11]3090户，餐饮企业清洁能源及油烟净化改造完成率达到96.7%。县城区生活污水处理厂提标改造工程和莲峰镇污水处理厂建成运行，水资源保护利用成效明显。加强农业废弃物综合利用和农业面源污染防治，大力推进非煤矿山专项整治及绿色矿山建设，生态环境质量稳中向好。

一年来，我们统筹城乡、建管并举，基础条件明显改善。总投资68.8亿元的G310县城过境段、禹河治理等35个城市建设项目顺利实施，学府路等5条市政道路投入使用，完成城市危旧楼房改造1121套，县城集中供水工程建成通水。与市水投集团公司合作全面铺开，组建渭源城镇建设投资集团有限公司，启动渭河小镇项目。投资601万元实施县城区生态景观加密提升工程，新增城市绿地2.4万平方米。县城至渭河源景区旅游公路建成通车，朱韩路改造工程全面完成，新建村组道路308公里，完成“畅返不畅”和水毁灾损道路整治40.22公里。实施总投资4.5亿元的会川镇集中供热、渭武高速连接线等小城镇项目11项，中心城镇带动效应进一步显现。扎实开展农村人居环境治理，整治农村残垣断壁、私搭乱建成效明显，行政村卫生公厕实现全覆盖。

一年来，我们保障民生、共治共享，社会事业全面进步。认真落实稳就业政策举措，积极促进就业创业，新增城镇就业2348人，发放创业担保贷款9090万元。县劳务服务中心荣获“全国农民工工作先进集体”。投入资金7939万元，新建维修校舍3.6万平方米，2所新建幼儿园投入使用，15个农村学校教师周转房、“温暖工程”项目全面建成。新建乡镇敬老院2个，发放低保等各类社会救助资金3.8万人次1.26亿元。新增医疗业务用房2.6万平方米，县医院综合楼建成使用。公立医院全面实行药品零差率销售，即时结报系统与全省所有定点医疗机构互联互通。退役军人服务“一中心六站”[12]创建为全国示范性退役军人服务中心（站）。217个行政村农金室标准化建设实现全覆盖，第七次全国人口普查基本完成，县级融媒体建设走在了全省前列。禁毒、平安建设等工作深入推进，信访秩序持续好转。高层建筑消防安全治理成效明显，食品药品监管、应急管理、防灾减灾等工作全面加强，安全生产形势平稳有序。

一年来，我们尊崇法治、改进作风，行政效能持续提升。始终把政治建设摆在首位，把牢政治方向，传播主流意识形态，引导广大干部加强思想淬炼、政治历练、实践锻炼，锤炼忠诚干净担当的政治品格。严格执行县政府重大行政决策程序实施细则和常务会议工作规则，决策程序更加规范。“七五”普法顺利通过省市验收，普法宣传工作入选首批甘肃省法治政府建设示范项目。规范性文件和重大决策合法性审查机制进一步完善，依法行政水平有效提升。事业单位改革全面完成，“放管服”改革持续深化，竭力打造“渭您办”服务品牌。建立健全“1+1+N”政府履责管理督查考核体系[13]，抓落实的机制进一步完善。主动公开政府信息2万多项，17件省、市实事办理全面落实，人大代表建议、政协委员提案办理率分别达到85.5%、94.1%。各级巡视巡察、审计、督查反馈问题全部整改到位。严格落实中央八项规定及其实施细则精神，按照为基层减负各项要求，持续精简会议文件，在政府系统形成了实干担当的良好局面。

各位代表，“十三五”时期，是渭源城乡面貌变化最大、人民群众获得实惠最多的五年。“十三五”末，全县地区生产总值、社会消费品零售总额分别达到40.08亿元、9.23亿元，分别较“十二五”末净增12.46亿元、2.88亿元；固定资产投资近三年年均增长13.6%；一般公共预算收入、一般公共预算支出分别达到1.62亿元、31.35亿元；金融机构存贷款余额分别达到81.34亿元、56.92亿元；城乡居民人均可支配收入分别达到26562元、8815元，比“十二五”末净增8024元和3044元；粮食总产量达到18.4万吨。

脱贫攻坚圆满收官。按照“五个一批”脱贫路径，累计投入各类资金102.43亿元，精准落实“一户一策”帮扶措施，建档立卡户“两不愁三保障”全部实现，2.5万户10.24万名贫困群众全部脱贫。国务院扶贫办、福州市晋安区及省市各级帮扶单位守望相助、真情帮扶，为我县脱贫事业作出了突出贡献。2020年2月，省政府批准渭源县整县脱贫摘帽，10月，我县荣获“全国脱贫攻坚奖组织创新奖”，被确定为“全国脱贫攻坚交流基地”，元古堆村级光伏电站建设运营做法、田园牧歌养殖专业合作社带贫模式入选“全球最佳减贫案例”。

项目建设强势突破。全县实施各类项目576项，总投资达584亿元，比“十二五”净增80亿元；争取各类项目资金51.9亿元，较“十二五”净增19.3亿元。安排项目前期费6526万元，完成项目前期414项。兰渝铁路、临渭高速、渭武高速和S227、S229等公路建成通车。大力开展招商引资，累计引进项目73项225.7亿元，到位资金128.4亿元，落地项目和有效投资连年增长。

优势产业提质增效。实施马铃薯良种制种大县奖励等5个项目，年产脱毒瓶苗4.8亿株、原原种5亿粒、种薯80万吨。“渭源白条党参”企业质量标准即将颁布，实施佛慈红日等一批中药饮片加工、配方颗粒生产项目，中药材年加工能力达到7万多吨。金鸡、顶乐、陇玥等现代畜牧业全产业链项目迅速壮大，草牧业从粗放型转向集约型增长，8个商标和产品被国家、省上认证授牌。蔬菜、花卉、食用菌等新兴产业发展势头强劲，81座村级光伏电站建成并网，累计结算光伏收益1.03亿元，我县典型做法在全国光伏扶贫现场会上交流。

工业基础不断夯实。投资3.6亿元，实施工业集中区基础设施建设项目6项、重大产业项目42项，全县工业企业达到220家。帮助企业融资89亿元，8468.6万元民营企业欠款全部清零。“十三五”期间，完成工业增加值8亿元、规模以上工业增加值5亿元、工业固定资产投资31.67亿元，较“十二五”分别增长15%、24.7%、33%。

以中药材精制饮片加工、配方颗粒生产、机械设备制造、马铃薯主食化产品加工为主体的工业经济格局初步形成。

文旅活力持续增强。投资1.3亿元，加快渭河源、首阳山景区基础设施建设，首阳山景区成功创建国家AAAA级景区。组建成立渭河源大景区管理委员会，筹办渭水文化旅游节、全国山地自行车联赛等节会赛事，冬春季冰雪旅游逐渐兴起。五年接待游客604万人次、实现综合收入26.8亿元，分别是“十二五”的2.7倍、3.2倍。渭河源入选“2020新甘肃十大最治愈景区”[14]和省级旅游度假区，元古堆等3个村被评为省级乡村旅游示范村。

城乡面貌焕然一新。编制完成《渭源县城乡统筹规划（2018—2035）》，累计投资70多亿元推进城乡基础设施建设，建成清源路东段等市政项目52项，新增城市绿地6万平方米，完成棚户区改造90处，城镇化率达到28.86%。县城区、会川镇集中供热提标改造全面完成，供暖质量有效提高。14座垃圾低温磁化热解站和会川镇污水处理厂建成使用。创建清洁村庄137个，新增绿化面积31万亩，森林覆盖率达到15.88%。全面落实“河湖长+警长制”[15]，河湖治理和水污染防治成效明显。

民生福祉明显改善。新增城镇就业1.3万人，年均输转农村劳动力6.6万人（次）。成功创建全国义务教育发展基本均衡县，特教学校获评全国教育系统先进集体，县职专在省级中等职业学校评估验收中获得优秀等次，渭源一中、县幼儿园创建为省级示范性学校，高考本科上线率连续三年稳居全市前列。全县定点医疗机构全部实行分级诊疗、先诊疗后付费和“一站式”结报[16]。城乡低保、特困供养等政策全面落实。投资2亿元的综合文化场馆、全民健身体育馆建成使用。县食品药品检测中心成为全市唯一通过国家计量认证的县级食药检测机构。为期三年的扫黑除恶专项斗争取得压倒性胜利。安全监管持续加强，应急能力进一步提升，自然灾害防御水平有效提高。

各位代表，过去的五年，审计、人防、地震、气象、民兵兵役、地方志、供销改革、机关事务等工作取得新的成绩，老龄、慈善、民族宗教等事业全面发展，工会、共青团、妇联、科协、残联等群团组织为全县打赢脱贫攻坚战和经济社会高质量发展作出了积极贡献！

各位代表，过去的五年，渭源经验多次被人民日报、新华社、中央电视台等主流媒体宣传推广，渭源发展受到广泛关注、得到高度肯定。我县被评为全国避暑旅游样本城市、中国夏季休闲百佳市县、《小说选刊》创作基地，被列为全国光伏扶贫试点县、全国健康扶贫工程示范县。荣获全国基层中医药工作先进单位、“国家级出口食品农产品（中药材）质量安全示范区”“渭源白条党参中国特色农产品优势区”等众多含金量极高的荣誉。

这些成绩的取得，核心在于习近平新时代中国特色社会主义思想的定向领航，关键在于市委、市政府和县委的坚强领导、科学决策，得益于县人大、县政协和社会各界的监督支持、关心帮助，凝聚着全县广大干部群众的心血和智慧。在此，我谨代表县人民政府，向全县人民和广大干部群众，向各位代表、政协委员，向各人民团体、民主党派、工商联、无党派人士，向离退休老同志、渭源籍在外人士和广大民营企业家，向驻渭部队官兵和驻渭各单位，向支持和帮助我县脱贫攻坚的国务院扶贫办、福州市晋安区和各级帮扶单位表示衷心的感谢，并致以崇高的敬意！

各位代表，安不忘危，兴不忘忧。我们清醒地认识到，全县经济社会发展中困难和短板仍然不少。一是巩固拓展脱贫成果和推进乡村振兴任务艰巨。全县农业人口、低收入人口基数大，部分群众自我发展能力、持续增收能力和抗风险能力相对较弱，巩固脱贫成果、全面推进乡村振兴任务艰巨。二是高质量发展基础较为薄弱。经济总量小、结构单一，财政供应保障能力与发展目标不相适应，大项目、好项目落地储备少，大数据、人工智能等新技术应用水平严重落后，引领高质量发展的新动能不足。三是产业转型升级任重道远。传统优势产业占比大、链条短、集约化程度低，工业、旅游业、新兴产业发展层次较低、结构不优，重大项目对产业的支撑不足，经济质量和效益不高。四是绿色环保和城乡建设仍有欠账。县城和中心城镇承载和带动功能较弱、管理不到位，人居环境整治任务重，农村基础设施建设短板依然较为突出。五是公共服务保障能力较弱。社会事业发展不够充分，民生保障还有薄弱环节，城乡优质教育资源配置不均衡、基层医疗服务体系不完善，公共服务质量与群众日益增长的美好生活需要还有明显差距。六是发展环境仍需持续优化。市场主体少，科技创新能力不强，融资难题仍未有效破解，全县政务服务环境、市场环境、人文环境等整体发展环境不优。七是推动发展的能力水平亟待提高。“四风”顽疾没有根治，各行业人才稀缺，部分干部思想观念、担当作为、能力素质与新时代工作要求还有一定差距。对此，我们将坚持问题导向，以更加昂扬的斗志、更加有效的举措、更加务实的作风，努力把工作做得更实更好，不辜负全县人民的重托和期望！

“十四五”时期奋斗目标和主要任务

党的十九届五中全会绘就了宏伟蓝图，新型城镇化、乡村振兴、黄河流域生态保护和高质量发展、“一带一路”等重大战略部署，为我们提供了比以往任何时候都优越的发展机遇。同时，在脱贫攻坚的伟大实践中，我县的发展基础、优势、潜力、能力等各方面都有了明显提高。我们完全有能力、有信心跑好“十四五”这一程，让我们咬定青山不放松，脚踏实地加油干，努力绘就乡村振兴的壮美画卷，朝着新征程奋勇前进！

根据县委第十四届二十四次全体会议通过的《关于制定国民经济和社会发展第十四个五年规划和二〇三五年远景目标的建议》，县政府编制了《渭源县国民经济和社会发展第十四个五年规划和二〇三五年远景目标纲要（草案）》，审议通过后，我们将认真组织实施，指导全县做好未来5年和更长时期经济社会发展工作。

“十四五”时期，全县经济社会发展的总体要求是：高举中国特色社会主义伟大旗帜，深入贯彻落实党的十九大和十九届二中、三中、四中、五中全会精神，坚持以马克思列宁主义、毛泽东思想、邓小平理论、“三个代表”重要思想、科学发展观、习近平新时代中国特色社会主义思想为指导，全面贯彻党的基本理论、基本路线、基本方略，深入落实习近平总书记对甘肃重要讲话和指示精神，统筹推进“五位一体”总体布局，协调推进“四个全面”战略布局，坚定不移贯彻新发展理念，以高质量发展为主题，以供给侧结构性改革为主线，以满足人民日益增长的美好生活需要为根本目标，实施生态立县、科教兴县、文旅活县、产业强县、依法治县战略，坚持项目支撑、城乡融合、创新驱动、党建保障，努力打造渭河源生态保护和高质量发展先行示范县，华夏文明渭河源全域旅游示范区，建设全国马铃薯育种制种基地、道地中药材药源基地，西北绿色肉食品生产供应基地、休闲度假康养基地和寒旱特色产业基地，加快推进治理体系和治理能力现代化，为全面建设社会主义现代化开好局、起好步。

“十四五”时期全县经济社会发展主要预期目标是：全县地区生产总值达到56.2亿元，力争年均增长7%以上；固定资产投资年均增长8%以上；一般公共预算收入年均增长4%以上；社会消费品零售总额年均增长7%以上；城乡居民人均可支配收入分别年均增长7%和8.5%以上；单位生产总值能耗和污染物排放完成控制指标。（正式目标数据待全国“两会”之后，还要再次

衔接确定）

围绕上述目标，“十四五”时期，县政府将着力抓好十个方面的工作。一是着力巩固拓展脱贫成果，全面推进乡村振兴。严格落实“四个不摘”要求，保持主要帮扶政策总体稳定，逐步实现由集中资源支持脱贫攻坚向全面推进乡村振兴平稳过渡。聚焦“产业兴旺、生态宜居、乡风文明、治理有效、生活富裕”总方针，推动农村产业、人才、文化、生态、组织全面振兴。二是着力推动绿色发展，促进人与自然和谐共生。坚持“绿水青山就是金山银山”的发展理念，实施生态立县战略，继续开展大规模国土绿化行动，打好污染防治攻坚战，推动绿色高质量发展，打造渭河源生态保护和高质量发展先行示范县。三是着力优化空间区域布局，推进新型城镇化。严格执行国土空间规划和县城总体规划，促进农业转移人口市民化，推进城市治理精细化，打造宜居宜业县城。扎实推进会清一体化发展，打造一批各具特色的产业强镇、商贸重镇、旅游名镇，城镇化率达到46%。四是着力推动经济转型升级，构建现代化产业体系。紧盯打造“五大基地”[17]目标，突出种子种苗研发，推进中药材、马铃薯种薯和草牧业全产业链壮大，统筹蔬菜、花卉、食用菌等产业发展，规划建设一批各具特色的现代农业产业园，构建现代化农业发展体系。加快完善工业集中区基础设施，扶持创建一批亿元以上企业、规上企业和“专精特新”科技型中小企业，提升园区核心竞争力，把工业集中区打造成30亿级园区，并创建为省级经济开发区。五是着力构建全域旅游格局，打响文旅战略品牌。构建以县城为中心、各景区为节点的游客集散体系，加快补齐“吃住行游购娱”配套短板，办好渭水文化旅游节等系列活动，加强旅游品牌宣传推介，争创国家AAAAA级景区1个、AAAA级景区2个、国家和省级乡村旅游示范村10个以上，创建华夏文明渭河源全域旅游示范区。六是着力加快基础设施建设，完善发展支撑要素。积极推进兰渝陇海铁路连接线、定渭高速等重大交通项目，争取建设通用机场。改造提升农村饮水安全设施，加快小型农田水利建设，增强水利基础设施保障能力。合理布局风能、太阳能项目，推进电、气、热供应设施智能化，提升基础设施建设管理水平。七是着力深化改革创新，激发经济活力。深入实施科教兴县战略，搭建企业与高校、科研院所产学研合作平台，提高企业自主创新能力和核心技术竞争力。建立人才“留用培引”机制，做到待遇留人、才尽其用、后继有人、引才引智。推进国有企业混改和实体化运行，优化资源配置、要素保障、项目管理、政务服务体系，激发经济社会发展活力。八是着力增进民生福祉，优化公共服务供给。坚持以人民为中心的发展思想，千方百计稳定和扩大就业，落实就业保障和全面创业扶持措施。扩大普惠性教育资源供给，促进义务教育优质均衡发展，提升高中教学质量，推进职业教育品牌化。大力发展中医药康养产业，建设现代化医疗卫生健康服务体系，提升乡村医疗服务保障能力。健全社会保险制度，全面加强基本养老服务，保障特殊群体权益，不断增强人民群众获得感、幸福感、安全感。九是着力完善公共文化服务体系，推进文化事业产业发展。紧紧围绕满足人民群众精神文化需求，完善公共文化服务体系建设，加强党史教育，深度挖掘传承利用县域文化资源，完善渭河源头特色主题公园功能，促进文化产业与旅游、电商、金融产业融合，提升文化产业发展层次。十是着力提升社会治理水平，实现社会安定和谐。持之以恒加强政府自身建设，持续转变作风，优化营商环境。推进乡镇、社区行政管理体制改革，强化基层网格化服务管理，开展乡村治理示范村镇创建行动，建设法治渭源。深入推进平安渭源建设，强化高危行业安全监管，健全预警应急机制，坚决防范和遏制重特大安全生产事故。强化产品质量、食品药品安全、社会治安、民族宗教、金融、政府债务等领域风险管控，坚决打赢防范化解重大风险攻坚战。

2021年重点任务

2021年是建党100周年，是“十四五”规划开局之年，也是我们巩固拓展脱贫攻坚成果的关键之年，更是全面建设社会主义现代化国家新征程的第一年，我们必须牢固树立追赶发展理念，抓重点、补短板、破难题，确保实现精彩开局！综合分析各方面因素，今年经济社会发展主要预期目标是：地区生产总值增长7%、达到42.89亿元，固定资产投资增长10%以上，社会消费品零售总额增长7%以上，一般公共预算收入增长3%以上，城乡居民人均可支配收入分别增长7%、8.5%以上，单位生产总值能耗和污染物排放完成控制指标，经过不懈努力争取更好成绩。围绕这一目标，重点抓好六个方面的工作：

（一）全力巩固拓展脱贫成果，实施乡村振兴战略

实现脱贫摘帽、全面建成小康社会不是终点，而是新生活、新奋斗的起点。我们必须巩固拓展脱贫攻坚成果，全面推进乡村振兴，促进农业高质高效、乡村宜居宜业、农民富裕富足。

巩固拓展脱贫攻坚成果。进一步健全用好防止返贫动态监测和帮扶机制，精准落实帮扶措施，确保不出现规模性返贫。突出抓好产业带动和就业扶持，加强劳动力培训输转，认真落实稳岗就业各项政策举措，有效拓宽就地就近就业渠道，促进脱贫人口稳定就业。持续加强易地扶贫搬迁后续扶持，注重扶志扶智，激发脱贫群众内生动力，增强致富能力。强化扶贫项目资金资产监管，保障群众稳定增收。加强扶贫小额信贷管理，防范化解风险，确保更好发挥效益。持续深化东西部劳务协作、产业协作、消费协作。巩固兜底脱贫成果，建立完善对农村低收入人口常态化帮扶机制，兜实兜牢民生底线。

实施乡村建设行动。完成村庄建设规划编制，继续把公共基础设施建设的重点放在农村，启动实施农村人居环境整治提升五年行动，投资3.5亿元加快推进农村基础设施建设。统筹谋划实施农村资源路、旅游路、产业路建设项目，新建村组道路322公里，大力推行路长制，提升农路养护水平。启动实施人饮管网智能化改造提升工程，及时改建自然新增危房，实施11个行政村电网升级改造工程。持续改善乡村义务教育办学条件、医疗卫生基础条件，推进农家书屋和农金室规范运行，不断提升农村公共服务保障能力。抓好农村生活垃圾和污水收集处理，实施“厕所革命”50个村、新建卫生户厕8000座，创建清洁村庄80个，全面改善村容村貌。

深化农业农村改革。深度激发农村资源要素活力，巩固农村集体资产清产核资成果，大力扶持发展新型村集体经济。持续加强合作社规范提升，完善“村集体+合作社+农户”等发展模式，年内新增合作社50家以上，创建省级示范社2家以上。坚决遏制耕地“非农化”、防止“非粮化”，守好耕地保护红线和粮食安全底线，加大撂荒地整治力度，新建高标准农田5500亩。稳慎推进农村宅基地制度改革试点，培育高素质农民500人以上，鼓励各类人才到农村创业兴业。

完善乡村治理体系。践行新时代“枫桥经验”[18]，深入推行网格化治理，健全完善政治、法治、德治、自治、智治“五治”融合的基层社会治理体系，实现共建共治共享。引导广大人民群众坚定不移听党话、感党恩、跟党走。深入开展法律进农村活动，推动全民守法，创建民主法治示范村10个以上。加强社会主义精神文明建设，引导群众明是非、辨善恶、守诚信、知荣辱。完善基层群众自治机制，推动社会治理和服务重心向村组、社区下移。推进“雪亮工程”建设，提升社会治理智能化水平。

（二）聚焦扩大投资消费，增强经济发展后劲

始终坚持将项目建设作为稳增长的“生命

线”，充分发挥消费拉动作用，扩投资、强工业、促消费，持续抓好“六稳”工作、落实“六保”任务[19]，推动经济高质量发展。

全力以赴抓项目。紧紧围绕“一总五分”项目计划清单[20]，严格落实“1+1托4机制”[21]和“1346”工作要求[22]，用好领导包抓、清单管理、集中开工、进度和资金管控等推进机制，全力推动总投资88.9亿元的中医院南侧开发等100个重点项目建设，确保38个续建项目4月底前全部复工，62个新建项目3月底前完成前期手续、6月底前应开尽开，年内完成投资45亿元以上。紧盯中央和省市政策投资导向，高质量谋划储备项目130个以上，争取资金14亿元以上。巩固“六不”土地整顿[23]成果，加快闲置土地盘活利用，推动新增建设用地指标向大项目、好项目倾斜。常态化开展招商引资，精准对接引进项目14项，落实到位资金35亿元以上。

聚集动能强工业。认真履行“双五”职能[24]，实施总投资4.2亿元的物流园基础设施、污水处理和天然气等项目，争取完成物流园主体工程。创新园区融资平台体制机制，设立中小企业发展基金，通过降息、展期、无还本续贷等各类措施帮助企业贷款12.5亿元以上。全面落实工业“333”行动计划[25]，新培育小微企业15家以上、规上企业2家以上，盘活僵尸企业3家以上，将佛慈红日培育成亿元以上企业，渭水源药业通过“专精特新”科技型中小企业认定。实施总投资3880万元的工业企业技改项目7个，全年完成工业增加值1.4亿元以上，工业企业带动就业突破3000人。及时解决民营企业堵点难点问题，严格落实减税降费，扶持工业企业加快发展，贡献税收超过1000万元。争取将工业集中区创建为省级经济开发区。

协同推进促商贸。全面落实促消费优惠政策，深入推广消费扶贫“八种模式”[26]，扩大批零住餐基础消费，培育限上企业2家。实施国家电子商务进农村示范县升级版项目，完成县级电商同城配送平台基础建设，实现线上交易额2.3亿元以上。完善县城中心消费商业圈服务功能，持续提升夜市品质，设立早市1处。继续发挥好“晋渭农特馆”作用，巩固扩大“渭产晋销”成果。积极发展会议经济，推动节会消费升级。争取实施物流园综合运营中心项目，积极推进火车站商贸物流片区建设。完善中药材交易仓储物流体系，规范渭水源中药材市场管理运行，建设3000吨以上农产品冷藏库13座，改扩建乡镇农贸市场3处。培育壮大外贸企业，争取进出口总额增长10%以上。

持之以恒优环境。严格执行《优化营商环境条例》，对接用好定西市营商环境建设评估考核系统和金融综合服务平台，落实“六稳”“六保”、招商引资等各类政策措施，强化“双随机一公开”[27]监管，打造更优营商环境。协同推进“互联网+政务服务”和行政审批制度改革，落实重大项目“容缺受理”[28]“模拟审批”[29]“告知承诺”[30]“不来即享”[31]机制，持续深化商事服务效率提升、公共服务等领域改革，最大限度简化审批环节、压缩审批时间。开展“县乡村政务服务大厅标准化提升年”活动，优化“一站式”帮办代办服务，高层次提升政务服务水平。

（三）补齐产业短板弱项，全面提升发展质量

把产业兴旺作为乡村振兴的重要抓手，坚持“南薯北药、薯药强县、旅游富民”方向，以农业产业园建设为引领，固化推广产业发展“一模式三机制”[32]，走园区化、工业化、产业化“三化”引领的特色产业发展之路。

推进优势产业园区化。编制完成《省级现代农业（中药材）产业园建设规划》等9个产业发展规划，建设7个产业园和9类72个产业基地，力争创建国家农产品质量安全示范县。建设以路园为核心的现代农业产业园，完善金鸡产业链条，建设万亩高原夏菜基地，逐步形成蔬菜、畜牧、花卉、光伏等多元素集成的绿色产业长廊。

按照“三品”统一、“四业”融合、“六化”并进[33]思路，抓好马铃薯种薯标准化繁育和新品种引进推广，建好马铃薯产业园，年产马铃薯脱毒瓶苗5.4亿株、原原种6亿粒以上，马铃薯产值达到4.2亿元以上。在新寨、清源等9个乡镇建设标准化中药材基地10万亩，争取实施中药材优势特色产业集群建设项目，加强“渭源白条党参”中国驰名商标推广应用，实现中药材产值6亿元以上。构建现代化畜禽养殖、饲草种植加工体系，建设以北寨为中心的养殖业产业园，建成金鸡产业扶贫项目后续工程、生猪定点屠宰场、锹峪良种猪养殖场和北寨活畜交易市场并投入使用，完成草牧业增加值5.4亿元以上。

推进新兴产业标准化。加快建设白条党参种苗标准化繁育中心和花卉种球、食用菌制种研发中心。以莲峰为中心，建设集种球培育和花卉种植、加工、销售为一体的鲜切花卉产业园1000亩，建设万寿菊种植基地3万亩。在会川、田家河等乡镇建成食用菌产业园1000亩，并配套建设菌类产品加工厂和菌棒加工厂。在元古堆村建成食用菌产销研一体化研发中心，打造集生产、加工、研发、休闲、观光、服务于一体的特色休闲农业示范园。标准化种植高原夏菜8万亩，做好村级光伏电站维护运营工作。积极争取省市绿色生态产业发展基金，加快弥补生态产业短板，提升发展水平，完成十大生态产业增加值14.8亿元以上，占GDP比重超过30%。

推进文旅产业全域化。编制全域旅游规划和重点乡村旅游示范村发展规划，积极推进与省文旅集团合作，推动渭河源大景区企业化、市场化经营管理。加快渭河源生态田园综合体项目前期工作，完善旅游服务功能，提升景区承载能力。持续办好渭水文化旅游节、国际露营大会等重大节会。6月底前建成罗家磨“百美村宿”项目并投入运营。启动渭河源国家AAAAA级景区创建工作，力争创建省级全域旅游示范区。全年接待游客突破160万人次，实现旅游收入8亿元以上。

（四）贯彻绿色发展理念，筑牢生态安全屏障

坚持把绿色作为全县发展的“底色”，完成生态保护利用规划编制，严守生态功能保障基线、环境质量安全底线、自然资源利用上线三大红线，努力改善县域生态环境质量。

深化生态环境治理修复。加快建设黄河流域生态保护和高质量发展渭河源生态产业综合治理工程，实施好渭河风情线生态廊道、渭河源特色生态小镇等8个子项目，统筹推进山水林田湖草综合治理、系统治理、源头治理，促进渭河源头高质量发展。实施天然林保护、防护林体系建设、退化林修复、草原生态修复等国家重点生态工程2.9万亩，完成城乡面山绿化3万亩，义务植树150万株，森林覆盖率提高到15.93%，持续提升生态系统碳汇能力。严格实施封山禁牧，切实巩固造林绿化成果。开展东峪沟、秦祁河等小流域综合治理，治理水土流失面积40平方公里，进一步筑牢渭河源头生态安全屏障。

持续打好污染防治攻坚战。巩固蓝天保卫战成果，坚决完成10蒸吨以下燃煤小锅炉整治和“三小”改造年度任务，高质量实现碳达峰[34]、碳中和[35]指标。打好碧水保卫战，落实最严格的水资源保护制度，实施总投资6385万元的渭河流域源头水污染防治项目，持续开展河湖“清四乱”专项行动，年内治理河道40公里。扎实推进净土保卫战，积极创建废旧农膜回收示范县，持续推进农药化肥减量增效行动，建成年产1.5万吨的多元生物有机肥生产线，畜禽养殖废弃物综合利用率达到78%以上，秸秆饲料化利用率达到65%以上。

完善生态环境保护机制。严格落实“1+4”环境监管责任体系[36]和“3+”环境监管模式[37]，细化落实县级有关部门和单位生态环境保护责任，加强医疗废物集中规范化处置，坚决完成生态保护问题整改，加大对破坏环境、投诉举报问题的查处和督办力度，巩固保持整治成效。认真

推行林长制[38]，开展林业有害生物普查，维护林业生态安全。完善森林、草原等重点领域生态保护补偿机制，兑现草原生态保护奖补政策。

（五）加快城乡统筹发展，推进新型城镇化建设

坚持高起点规划、高标准建设、高质量管理，着力构建城乡融合协调发展新格局，努力建设有颜值、有魅力、有活力的大美渭源。

建设宜居宜业县城。按照“渭水为魂、渭河为轴、完善规划、提升功能、南游北居、闭环发展”思路，强力加速推进总投资20亿元的渭河小镇项目，争取一年成势、打开局面。建设总投资51.2亿元的北环路等重点项目33项，完成投资超过21亿元。启动实施灞陵桥北侧等棚户区改造1260户。投资4800万元，实施县城东区供暖提标改造工程，切实提升供热质量。投资1000万元，继续实施城市生态加密景观提升工程和“不体面”工程改造。加快推进灞陵桥周边改造提升和县城东区生态绿地提升工程，新增城市绿地60亩以上。G310县城过境段年内建成通车，新建停车场5处、新增停车位1000个以上。新建5G基站798个，实现县城和重点区域5G网络全覆盖。

提升城市治理水平。制定实施《推进城市精细化管理工作三年行动计划》，继续落实“门前五包”“网格化管理”制度，谋划实施城市“蜘蛛网”改造工程。加强出租车行业管理，加快推进城乡公交一体化进程，有序合理投放共享单车，不断提高公共交通服务能力。启动建设垃圾处理厂，推动保洁管控向背街小巷、城乡结合部延伸。加快建设“数字渭源”“智慧城市”“智慧交管”，坚持不懈开展交通秩序整治，强化县城区建筑工地施工管理。严格落实《物业管理条例》，加强对物业公司的监督管理，提升城市精细化管理服务水平。

加快建设特色小城镇。依托渭源建设投资集团有限公司，探索多元主体参与的特色小镇投融资运营模式。以会清一体化发展为统揽，建设投资16.3亿元的会川镇青年路棚户区改造、五竹镇镇区管网及生活污水处理、会川和莲峰镇区供水工程等城镇建设项目9个，不断完善中心乡镇配套功能。建成天然气长输管道、会川加气站等项目，全面完成北寨镇街道改造，积极争取建设路河四级公路[39]改建工程等县乡道路3条85.3公里，新建乡镇加油站7处，谋划启动建设大安风电场。

（六）努力发展社会事业，更好保障和改善民生。

始终坚持以人民为中心的发展思想，完善公共服务体系，推动社会事业全面高质量发展，全力做好普惠性、基础性、兜底性民生工作，办好省、市民生实事。

千方百计扩大就业。始终把就业摆在突出位置，全力强化稳就业和扩就业举措。全面落实创业贷款、就业补贴等扶持政策，支持下岗失业人员、退役军人、农民工等重点群体就业创业，鼓励引导高校毕业生到企业就业、到基层发展，新增城镇就业1800人以上。促进贫困劳动力稳岗就业，输转劳动力7万人（次）以上，实现劳务收入17亿元以上。

着力提升教育质量。全面贯彻党的教育方针，加强师德师风建设，重视青少年身体素质和心理健康教育。巩固义务教育均衡化成果，完善普惠性学前教育和特殊教育保障机制，促进高中阶段学校高质量发展。加大紧缺专业教师引进力度，重点资助引进渭源籍优秀大学毕业生。积极推进新高考改革，高考应届本科上线率提高3个百分点以上。持续加大教育投入，新建、改扩建校舍9000平方米，全面建成官堡小学、第五幼儿园，新建清源镇第三小学和第七幼儿园。建成县职专中草药种植实训基地一处，打造汽修等职业教育品牌专业。

加快建设健康渭源。坚持中西医并重，大力发展中医药事业，新建中医能力提升项目2个。推动大健康产业发展，鼓励企业研发中医药大健康产品和康养体验项目。县医院感染楼、二院中医综合楼年内建成并投入使用。组建成立清源社区卫生服务中心和清源卫生院。全面落实公职人员医疗补助政策。建设示范型居家养老服务中心以及路园、锹峪等4个乡镇敬老院，进一步加强养老服务工作。实施农村适龄妇女、城镇低收入妇女免费“两癌”检查及保险项目。抓好常态化疫情防控工作，坚决落实“四方责任”[40]和“四早”要求[41]，织紧织密织牢“防输入”网络。完善突发公共卫生事件监测预警处置机制，健全医疗救治、科技支撑、物资保障体系。深入开展爱国卫生运动，促进全民养成文明健康的生活方式。

全面建设平安渭源。启动“八五”普法，积极开展法治政府建设示范创建活动。依法依规提升退役军人服务工作质量，推进“双拥模范县”创建工作。加强宗教事务管理，铸牢中华民族共同体意识，促进各民族共同团结繁荣发展。加强立体化社会治安防控体系建设，坚定不移推动扫黑除恶专项斗争常态化，依法严厉打击金融诈骗、非法集资等违法犯罪活动，全面防范化解政府债务和金融风险。开展第一次全国自然灾害综合风险普查，实施全民防灾减灾“九大工程”[42]。严格落实安全生产工作责任制，扎实开展安全生产专项整治三年行动，坚决遏制安全事故。强化重点领域舆情监测监控，保障网络安全。持续加强产品质量和食品药品安全监管，积极创建省级食品安全示范城市。

建设人民满意的服务型政府

各位代表，打铁还需自身硬！踏上新征程，面对新挑战，肩负新使命，我们必须立足县情实际，保持战略定力，加快改革创新，完善落实机制，提高政府效率，努力建设人民满意的服务型政府。

坚定政治信仰，铸就忠诚之魂。认真落实新时代党的建设总要求，旗帜鲜明讲政治，坚持把党的全面领导贯穿政府工作全方位、全过程，扎实开展党史学习教育，不折不扣贯彻落实党中央、国务院决策部署和省市党委政府以及县委的工作要求，严守政治纪律和政治规矩，做到上下贯通、执行有力，确保政令畅通、令行禁止。

坚持依法行政，履行法治之责。认真执行县人大及其常委会决议决定，自觉接受人大、政协监督，加强政府信息公开，主动接受群众和舆论监督，高质量办好人大代表意见建议和政协委员提案。严格遵守宪法法律，严格按照法定权限和程序行使权力，强化重大行政决策权限意识、程序意识、责任意识和公开意识，进一步厘清政府权责边界，推进依法科学民主决策。

强化责任担当，弘扬实干之风。下大力气转变机关和干部的工作作风，持续纠治形式主义、官僚主义，加大基层减负力度，营造轻松活跃的干事创业氛围。对重点工作实行清单化管理，健全部门协调配合机制，防止推诿扯皮、相互掣肘，推动各项任务高效落实。学好用好市政府治理“五大系统一平台”[43]，强化跟踪问效，提高督查督办效率，在工作落实上下苦功夫，完善激励问责机制，不断提升干部队伍执行力、落实力。

筑牢纪律底线，恪守廉政之要。坚持把廉洁从政作为政府工作的第一保障，严格执行廉洁自律准则和纪律处分条例，锲而不舍落实中央八项规定及其实施细则精神。厉行勤俭节约，牢固树立“过紧日子”的思想，严控“三公”经费，严格预算执行。落实全面从严治党主体责任，压实“一岗双责”，拧紧廉政“发条”，营造风清气正的良好政治生态。

各位代表，征途漫漫，唯有奋斗。让我们更加紧密地团结在以习近平同志为核心的党中央周围，高举中国特色社会主义伟大旗帜，在市委、市政府和县委的坚强领导下，汇集全县人民智慧，凝聚社会各界力量，发扬“孺子牛、拓荒牛、老黄牛”精神，万众一心、奋发图强，乘风破浪、扬帆起航，加快建设幸福美好新渭源，为奋力开启全面建设社会主义现代化国家新征程而努力奋斗！

《政府工作报告》注释

1.“四个不摘”要求：指摘帽不摘责任，摘帽不摘政策，摘帽不摘帮扶，摘帽不摘监管。

2.“3+1”“5+1”重点任务：“3+1”冲刺清零指：义务教育、基本医疗、住房安全、饮水安全有保障清零行动；“5+1”巩固提升指：产业扶贫、就业扶贫、兜底保障、易地搬迁、交通扶贫、东西部扶贫协作和中央单位定点扶贫专项提升行动。

3.“点对点”“一站式”务工服务：指由各级政府、劳务服务中心及各中介机构通过包专列、专车，线上择业定岗，统一购买火车票等方式将有输转意愿的务工人员统一组织输转至对接联系的劳务基地转移就业。

4.“四个一律”防控措施：指所有公职人员在疫情防控期间，原则上不准离开本地，一律不准串门拜年，一律不准组织聚餐，一律不准参与聚餐，造成较坏影响或严重后果的，一律严肃追究纪律责任并通报曝光。

5.“1+6”“3+6”系列政策：“1+6”中的“1”指《“以投资补欠收”工作实施方案》，“6”指《关于支持工业企业应对疫情共渡难关的若干措施》《关于支持批零住餐文旅交运行业应对疫情共渡难关的若干措施》《关于有效应对疫情促进城乡劳动力转移就业的若干措施》《关于有效应对疫情促进城镇居民收入持续增加的若干措施》《关于有效应对疫情做好财税工作的若干措施》《关于有效应对疫情做好招商引资工作的若干措施》；“3+6”中的“3”指《关于进一步促进消费扩大内需的若干措施》《关于积极应对新冠肺炎疫情影响切实做好稳就业工作的若干措施》《关于推进金融服务小微企业促进融资畅通的若干措施》，“6”指《保居民就业工作方案》《保基本民生工作方案》《保市场主体工作方案》《保粮食能源安全工作方案》《保产业链供应链稳定工作方案》《保基层运转工作方案》。

6.“1+1”托5机制：指一名县级领导加一个县直责任部门，组建一支包抓团队，托起谋划一个项目、招引一个项目、推进一个项目、服务一个企业、解决一个融资难题的项目包抓机制。

7.夜间经济：指从当日下午6点到次日早上6点所包含的经济文化活动，包括晚间购物、餐饮、旅游、娱乐、学习、影视、休闲等。

8.地摊经济：指通过摆地摊获得收入来源而形成的一种经济形式。

9.专精特新“小巨人”企业：指中小企业中的佼佼者，是专注于细分市场、创新能力强、市场占有率高、掌握关键核心技术、质量效益优的排头兵企业。

10.省级企业技术中心：指以企业为主体，具有较强技术创新能力和技术竞争能力，创新业绩显著，在行业或区域起重要导向作用的示范体。省有关部门予以省级认定，并给予相应的政策扶持，以此引导和推动全省企业自主创新能力的提高和产业结构的调整升级。

11.“三小”改造：指“小土炕、小土灶、小火炉”改造。

12.退役军人服务“一中心六站”：指我县2020年确定并通过市级初审、省级复审和退役军人事务部验收的示范型退役军人服务中心和退役军人服务站。“一中心”指：渭源县退役军人服务中心；“六站”指：莲峰镇、路园镇、北寨镇、五竹镇、会川镇、田家河乡退役军人服务站。

13.“1+1+N”政府履责管理督查考核体系：指1个总考评办法，1个考评办法说明，N个单项考评细则。

14.2020新甘肃十大最治愈景区：指由甘肃日报社主办，甘肃新媒体集团联合各市州文旅局、旅游景区（点）共同承办，中国旅游网络媒体联盟特别支持，共同推出的“重构目的地、发现新文旅”2020新甘肃十大最治愈景区评选活动，共有98家景区参与，最终评选出“十大最治愈景区”和“十大最治愈提名景区”。

15.河湖长+警长制：“河湖长制”指：由各级党政主要负责人组织领导相应河湖的管理和保护工作的制度；“警长制”指在县级公安机关设置县级河道总警长，由公安局局长担任。在重点河湖沿线、库区，由属地派出所所长为乡、镇级河道警长，各派出所根据工作需要在相应河湖沿线、库区设置警务室，各河道警长在各级河长、河长制办公室和公安机关的统一领导下集中开展工作。

16.“一站式”结报：指城乡参保居民出院结算医疗费用时实行基本医保、大病保险、医疗救助一次性即时结报。

17.五大基地：指建设全国马铃薯育种制种基地、道地中药材药源基地、西北绿色肉食品生产供应基地、休闲度假康养基地和寒旱特色产业基地。

18.新时代“枫桥经验”：指坚持发展与稳定并重，形成党政动手、依靠群众、源头预防、依法治理、减少矛盾、促进和谐社会治安综合治理格局。核心是坚持党的领导，发挥基层党组织引领群众、凝聚群众、组织群众的中坚作用；灵魂是依靠人民群众解决基层问题；精髓是坚持“小事不出村，大事不出镇，矛盾不上交，就地解决”；追求是实现“捕人少，治安好”，人民安居乐业。

19.“六稳”工作、“六保”任务：“六稳”工作指稳就业、稳金融、稳外贸、稳外资、稳投资、稳预期工作；“六保”任务指保居民就业、保基本民生、保市场主体、保粮食能源安全、保产业链供应链稳定、保基层运转。

20.“一总五分”项目计划清单：“一总”指“十四五”重大带动性基础设施项目清单；“五分”指2021年投资项目清单、重点前期推进项目清单、地方政府专项债券储备项目清单、市列重点建设项目清单、省列重大建设项目清单。

21.1+1托4机制：指一名县级领导加一个县直责任部门，组成一个工作团队，负责推进一个建设项目、服务一个重点企业、招引一个产业项目、推进一个项目前期的项目包抓机制，是对“1+1托5机制”的优化完善。

22.“1346”工作要求：指1月底前新建项目完成可研批复，3月底前新建项目完成所有前期手续具备开工条件，4月底前续建项目全部复工，6月底前所有项目全部开工。

23.“六不”土地整顿：指对有而不储、批而不供、供而不用、用而不尽、建而不投、投而不达标的土地进行清理整顿，提高土地利用效益。

24.“双五”职能：指在经济开发区建设中，发改、统计、工信、商务、科技等部门严格落实“规划、指导、协调、考核、统计”五项职责，经济开发区和工业集中区严格落实“建设、管理、招商、孵化、服务”五项职责。

25.工业“333”行动计划：指市政府为加快工业企业转型升级，计划利用3年多时间，改造提升传统企业30家以上，围绕“十大生态产业”，引进新动能企业30家以上，逐步推动工业经济高质量发展。

26.消费扶贫“八种模式”：指政府采购支消、社会力量助消、龙头企业带消、商场超市直消、电商扶贫营消、旅游带动促消、网络达人追销、一日三餐配销等八种消费扶贫模式。

27.“双随机一公开”：“双随机”指在市场监管过程中随机抽取检查对象、随机选派执法检查人员；“一公开”指抽查情况及查处结果及时向社会公开。

28.容缺受理：指针对那些具备基本条件、主要申报材料齐全且符合法定条件，但次要条件或手续有欠缺的行政审批事项，职能部门可以先行办理，办事群众和企业只需在相应时间内补齐相应材料即可。

29.模拟审批：指重大投资项目由于前置条件不完备或相关资料不齐，而导致不能及时办理正式批复件时，各审批部门为项目主体单位按现行审批要求，对报送资料进行实质性审核审查，出具注有“模拟”字样的模拟审批文件，待所有手续完成并达到法定条件后，各审批部门对注有“模拟”字样的模拟审批资料进行补充、完善，再出具正式审批文件，将模拟审批转化为正式审批。

30.告知承诺：指申请人提出行政审批申请，大厅窗口一次性告知其审批条件和需要提交的材料，申请人则以书面形式承诺其符合审批条件、材料或资质真实性，并承担相应的法律责任及后果，行政审批机关直接作出行政审批决定的方式。

31.不来即享：指符合政策条件的纳税人依托国家税务总局甘肃省税务局电子税务局，实现税收优惠事项办理“自行申报、网上处理、先行享受、后续监管”，不再需要到税务机关办理，即能享受税收优惠政策的工作机制和流程。

32.一模式三机制：“一模式”指龙头企业+合作社+基地+农户“四位一体”的生产经营模式；“三机制”指市场主体“双层一体化”联合运营机制、“五统一保”带贫参与机制和“三保底再分红”管理分配机制。

33.“三品”统一、“四业”融合、“六化”并进：“三品”统一指马铃薯产业品种、品质、品牌“三品”统一；“四业”融合指农业、工业、产业、事业“四业”融合；“六化”并进指鲜食化、主食化、工业化、市场化、产业化、国际化“六化”并进。

34.碳达峰：指某个地区或行业年度二氧化碳排放量达到历史最高值，然后经历平台期进入持续下降的过程，是二氧化碳排放量由增转降的历史拐点。

35.碳中和：指某个地区在一定时间内人为活动直接和间接排放的二氧化碳，与其通过植树造林等吸收的二氧化碳相互抵消，达到相对“零排放”。

36.“1+4”环境监管责任体系：“1”指党政同责、一岗双责；“4”指责任清单、责任目标、责任督察、责任追究。

37.“3+”环境监管模式：指“河长+警长”制度、“驻地督察员+驻厂监察员”制度、“网络+网格”制度。

38.林长制：指按照“分级负责”原则，构建省市县乡村五级林长制体系，各级林长负责督促指导本责任区内森林资源保护发展工作，协调解决森林资源保护发展重大问题，依法查处各类破坏森林资源的违法犯罪行为。

39.路河四级公路：指五竹镇路麻滩村至祁家庙镇至会川镇河里庄村公路。

40.疫情防控“四方责任”：指在疫情期间，全面落实属地管理责任、部门监管责任、单位主体责任和公民个人社会责任，建立全社会共同防控体系。

41.疫情防控“四早”要求：指早发现、早报告、早隔离、早治疗。

42.全民防灾减灾“九大工程”：指灾害风险调查和重点隐患排查工程、应急救援中心建设工程、自然灾害监测预警信息化工程、全民防灾减灾能力素质提升工程、重点生态功能区修复工程、地震易发区房屋设施加固工程、防汛抗旱水利提升工程、地质灾害综合治理和移民搬迁工程、自然灾害防治技术装备现代化工程。

43.政府治理“五大系统一平台”：指定西市政府廉政建设评估考核体系应用系统、营商环境建设评估考核体系应用系统、政府履责管理督考一体化应用系统、政务服务一体化应用系统、政府智能移动办公应用系统、政务信息舱平台。

中国人民政治协商会议第九届渭源县委员会常务委员会工作报告

——2021年2月28日在政协第九届渭源县委员会第五次会议上

渭源县政协主席　陈栋

各位委员、同志们：

我代表政协第九届渭源县委员会常务委员会，向大会报告工作，请予审议，并请列席会议的同志提出意见建议。

2020年工作回顾

2020年，是全面建成小康社会和“十三五”规划收官之年，也是脱贫攻坚决战决胜之年。一年来，县政协及其常委会坚持以习近平新时代中国特色社会主义思想为指导，深入学习贯彻中共十九大和十九届二中、三中、四中、五中全会精神，认真学习贯彻习近平总书记关于加强和改进人民政协工作的重要思想、习近平对甘肃重要讲话和指示精神，在中共渭源县委的坚强领导下，坚持发扬民主和增进团结相互贯通、建言资政和凝聚共识双向发力，在把握新时代新使命中主动担当作为，在发挥专门协商机构作用中服务中心大局，在加强思想政治引领中广泛凝聚共识，推动各项工作取得新进步，为坚决打赢脱贫攻坚战和“十三五”规划圆满收官，促进经济社会高质量发展贡献了政协智慧和力量。

一年来，县委、县政府高度重视、大力支持政协工作。县委切实加强对政协工作的领导，召开了县委政协工作会议。县委常委会会议听取县政协常委会工作汇报和县政协党组工作汇报，研究政协年度重点工作和协商计划，县委、县政府领导同志出席县政协全体会议、常委会会议、调研视察等重要协商议政活动，向委员通报有关情况、听取委员发言、研究采纳委员意见建议、推进委员提案办理，对县政协的协商、视察、调研报告作出批示，并以县委文件批转相关部门在工作中参考落实，有力促进了县政协各项履职成果的有效转化，为县政协和政协委员更加积极履职尽责、加快政协事业发展增添了新的动力。

一、坚持党的全面领导，牢牢把握正确政治方向

常委会始终把坚持党的领导作为最高政治原则和根本政治规矩，旗帜鲜明讲政治，教育引导全体政协委员和政协干部增强“四个意识”、坚定“四个自信”、做到“两个维护”，始终在思想上政治上行动上同以习近平同志为核心的中共中央保持高度一致，不折不扣把中央决策部署和省市县委工作要求贯彻落实到政协工作全过程和各方面。

——**持续深入学习贯彻习近平新时代中国特色社会主义思想。**深入学习贯彻习近平新时代中国特色社会主义思想，认真学习贯彻中共十九大和十九届二中、三中、四中、五中全会精神，全面贯彻落实习近平总书记对甘肃重要讲话和指示精神，认真研究制定年度学习计划，健全以党组理论学习中心组学习为引领，党组会议、常委会会议、主席会议和办公室党支部集体学习为主干，以界别委员小组活动学习为补充的理论学习制度体系。一年来，举行24次县政协党组理论学习中心组学习、12次党组会议学习、4次常委会会议学习，6次主席会议学习，开展交流研讨4次，领导班子成员深入基层宣讲辅导16场次，举办了学习贯彻中共十九届四中全会精神暨委员履职能力提升培训班，实现了政协委员学习党的创新理论的全覆盖，全体政协委员和政协干部的政治理论素质得到了进一步提升。

——**认真贯彻落实中央政协工作会议和省、市、县委政协工作会议精神**。认真学习习近平总书记关于加强和改进人民政协工作的重要思想，及时传达学习习近平总书记在中央政协工作会议暨庆祝中国人民政治协商会议成立70周年大会上的重要讲话精神，深刻领会《中共中央关于新时代加强和改进人民政协工作的意见》和省委《实施意见》，全面贯彻落实中央政协工作会议和省委、市委、县委政协工作会议精神，结合县政协工作实际，细化贯彻落实举措，扎实推进各项重点工作，确保中共中央和省市县委对政协工作的要求落到实处。

——**坚持党对政协工作的全面领导**。把坚持党的全面领导作为政协工作的根本遵循和最高原则，始终做到思想上高度统一、政治上清醒坚定、行动上坚决有力。县政协党组始终坚持在县委领导下开展工作，及时传达学习县委重要会议和文件精神，贯彻落实县委对政协工作的各项要求。严格落实请示报告制度，年度协商计划、重要会议、重大活动、重点工作，都及时报请县委批准后实施，始终与县委、县政府在思想上同心、目标上同向、行动上同步，努力把党的主张通过民主程序转化为政协组织的决定。按照新时代党的建设总要求，不断加强人民政协党的建设，充分发挥政协党组在政协工作中把方向、管大局、保落实的作用和政协委员中中共党员委员的先锋模范作用，以党建工作新成效促进政协履职能力新提升。

二、积极主动担当作为，助力坚决打赢脱贫攻坚战

深入学习贯彻习近平总书记关于脱贫攻坚重要论述和重要讲话精神，坚决贯彻落实中共中央决策部署和省、市、县委工作要求，以坚定的政治担当和强烈的责任意识，为坚决打赢脱贫攻坚战做出了应有贡献。

主席会议成员把脱贫攻坚作为重要的政治任务来抓，认真落实县级领导挂牌作战督战职责，全面落实乡镇脱贫攻坚前线指挥部总指挥长、副总指挥长责任和总队长包村抓户责任，紧盯高质量打赢七场战役的目标任务，深入基层一线，坚持目标导向、问题导向和结果导向，积极为联系乡镇和包抓村衔接争取项目资金560多万元，扎实推进脱贫攻坚挂牌作战各项目标任务。机关帮扶干部认真开展脱贫攻坚“百日会战”行动，紧紧围绕实现“两不愁三保障”目标，补短板、强弱项，扎实开展“3+1”冲刺清零和“5+1”质量提升行动，积极为群众帮办实事好事，为帮扶户送去生产生活慰问物资100多件（套），化肥850多袋，农药2400多袋，书画作品500多幅，总价值24万元。凝聚攻坚合力，持续深入开展“脱贫攻坚·政协委员有作为”活动，重点在就业扶贫、产业扶贫、健康扶贫、文化扶贫上发力。企业、经济界委员通过优先安排困难群众就业、推荐联系就业、开展技能培训、建立扶贫车间等方式，继续加快中药材、马铃薯、百合等种植基地建设，投放化肥、种子、种苗等价值90多万元，帮助1000多贫困人口获得就业岗位，持续带动群众增收致富；政法、文化艺术、医药卫生等界别委员积极开展法律、文化、健康下乡活动34场（次），发放宣传资料3万多份；农业科技界委员积极推广农业新技术运用并广泛开展培训，累计培训2600多人次。

扎实开展脱贫攻坚监督性调研，重点围绕产业发展、专业合作社、脱贫质量巩固提升、扶贫项目建设、人居环境改善、与乡村振兴有效衔接等方面的问题，向县委、县政府提出18条工作建议，形成的监督性调研报告县委作了批转，为高质量打赢脱贫攻坚战贡献了政协智慧。

三、围绕中心服务大局，助推全县经济社会高质量发展

紧紧围绕县委、县政府中心工作，认真履行政治协商、民主监督、参政议政职能，充分发挥专门协商机构作用，为全县经济社会高质量发展积极建言献策。

——**全力做好疫情防控工作**。坚决贯彻落实党中央决策部署和省、市、县委要求，扎实推进疫情防控、复工复产工作。按照县委统一安排，认真落实县级领导干部疫情防控责任，为联系村筹措疫情防控资金2万多元，深入联系乡镇、村、社区、小区和企业走访调研、解疑释惑，落实防疫责任、指导疫情防控。全体政协委员响应号召，第一时间参与联防联控，发挥各自专业领域优势，在本职岗位上发挥示范表率作用。党员委员积极参加志愿服务活动，在各自小区认真做好摸底排查、值班值守、宣传工作；医卫界委员冲锋在前、奋战一线；文艺界委员义拍书画筹集抗疫资金13.2万元，创作抗击疫情文学作品20多件；经济、工商联等界别委员为抗击疫情捐款捐物40多万元；企业家委员坚持疫情防控和经济发展“两手抓”，带头复工复产，充分体现了政协委员的政治担当。

——**紧扣中心工作协商议政**。聚焦全县经济社会发展的重大问题、人民群众关注的民生问题，抓好重点协商计划落实。围绕全县经济社会发展暨“十四五”规划编制召开专题协商议政性常委会会议，10名委员就项目建设、产业发展、城乡统筹、教育卫生、文化旅游、生态建设、环境保护与治理等方面进行了专题发言，提出意见建议60多条，委员发言以参阅件形式报送县委、县政府参阅，一些意见建议在全县“十四五”规划编制中予以采纳。围绕“推进渭河流域（渭源段）生态保护与治理”、“全县工业集中区建设与管理”开展界别协商，围绕“第七个五年法治宣传教育工作”和“加强中小学思想政治教育工作”开展对口协商，委员们共提出意见建议50多条，较好地促进了相关工作，所形成的协商报告县委均进行了批转。加强提案办理协商，坚持把协商贯穿于提案办理全过程，形成了“党委重视、政府支持、政协主动、各方努力、社会关注”的提案办理协商格局，提案办理效果不断提升，为全县经济社会事业发展起到了积极的助推作用。截至目前，九届四次会议审查立案的51件提案，已经解决和基本解决的48件（其中已经解决的42件，基本解决的6件），占立案总数的94.1%，列入计划办理的3件，占5.9%，办复率100%。

——**紧扣重点任务建言资政**。围绕全县重点项目建设和新兴产业发展情况进行专项视察，从提高思想认识、找准发展优势、抓住发展机遇、做实项目储备、加快建设进度、优化项目环境等方面提出意见建议20多条，形成的视察报告县委予以批转，一些意见建议得到相关部门的重视和采纳。围绕农村劳动力培训和劳务输转、全县乡村道路建设与管理、农村“厕所革命”项目实施、文旅体结合推动旅游业发展情况开展专题调研，提出意见建议42条，所形成的调研报告县委均进行了批转，相关意见建议得到有关部门的采纳落实。围绕全县邮政寄递行业发展、乡村文化阵地建设、春季植树造林、电商物流业发展情况等开展委员小组活动，委员们提出的意见建议以政协通讯等形式报送县委、县政府，印送各乡镇和相关单位，供在工作中参考借鉴。加强社情民意信息工作，鼓励和支持政协委员深入基层和界别群众，广泛收集民意、倾听民声，协助党委政府做好解疑释惑、宣传政策、理顺情绪、化解矛盾的工作，切实担负起“落实下去、凝聚起来”的政治责任。全年共征集反映社情民意信息20余篇，其中被市政协采用10篇，编发5篇。

——**紧扣热点问题监督参政**。扎实开展专项监督性调研，按照县委领导安排，联合县人大常委会对县文化综合场馆和体育馆建设运行情况进行监督性调研，提出意见建议9条，相关部门在工作中积极采纳落实，有力改进了工作。按照县委统一安排，主席会议成员认真落实挂牌督战责任，及时发现和解决存在的困难问题，促进了一些工作的有效落实。围绕全县禁毒工作、公共卫生服务、优化营商环境促进县域经济高质量发展、垃圾分类处理情况开展委员约谈，委员们与相关部门的负责同志面对面提出意见建议，推动了相关工作。推荐政协委员担任司法机关、政府部门特邀监察员和行风评议员，参与党委和政府有关部门组织的巡察、检查、督查等活动，开展民主监督，助推工作改进。

四、团结协作凝聚共识，努力画好最大同心圆

把加强思想政治引领、广泛凝聚共识作为履职工作的中心环节，努力通过有效工作，使人民政协成为坚持和加强党对各项工作领导的重要阵地、用党的创新理论团结教育引导各族各界代表人士的重要平台、在共同思想政治基础上化解矛盾和凝聚共识的重要渠道。

——**强化思想政治引领**。落实与各民主党派、工商联、有关人民团体的联系制度，邀请党派团体同志参加县政协重要会议和重大活动，重点课题一起调研、重点视察共同开展、重点提案联合督办，努力为民主党派参政议政、开展监督创造条件。在委员履职活动中积极宣传中共中央大政方针，宣传县委、县政府在脱贫攻坚和推动经济社会高质量发展中采取的有力措施、取得的积极成效，引导社会各界准确把握渭源发展的“时”与“势”，增强贯彻落实中央决策部署和省、市、县委工作要求的政治自觉、思想自觉和行动自觉。探索发挥民族宗教界人士、非公有制经济人士、新的社会阶层人士作用的新途径，最大限度凝聚一切积极力量和因素，为全县经济社会高质量发展凝共识、聚合力、添动力。

——**发挥团结联谊职能**。重视和运用多样性的社会资源，充分调动政协各参加单位和全体委员的积极性，坚持求同存异、聚同化异，努力实现一致性和多样性的统一，收到了团结人、融合人、凝聚人的良好效果。积极参加市政协重要会议和各类协商活动，围绕全县产业发展、脱贫攻坚与乡村振兴有效衔接、渭河源头生态保护和高质量发展等方面作会议发言8次，一些意见建议得到市政协重视，并以参阅件形式摘编，供市委、市政府参阅。主动争取省市政协的指导和支持，积极配合完成省市政协来渭源调研视察活动16次。加强对外联系，全年配合完成省内外县（区）政协来渭源学习考察活动12次，为宣传推介渭源发挥了积极作用。

——**加强文史资料工作**。充分发挥文史资料存史、资政、团结、育人作用。编辑出版《渭源文史资料选辑第八集》和《渭源文史资料选辑第九集——金石文存》，展示了渭源悠久的历史和珍贵的金石遗存，得到了社会各界的一致好评。认真完成了《定西脱贫攻坚纪事》渭源县承担稿件的征集、撰写与报送。

五、全面加强自身建设，不断提升履职能力和水平

坚持以改革创新精神全面加强自身建设，进一步强基础、谋长远，在提升履职能力、提高工作质量上下功夫、求突破，使政协工作紧跟时代步伐、符合实践要求。

——**加强常委会自身建设**。主动适应新的形势和要求，规范常委会运行机制，教育引导常委会组成人员不断提高政治站位、加强理论武装、强化责任意识，在讲政治、勤学习、守纪律、建真言、聚合力、树形象上走在前、作表率，更好发挥对政协委员和各界人士的示范引领作用。

——**充分发挥委员主体作用**。认真落实“懂政协、会协商、善议政，守纪律、讲规矩、重品行”的根本要求，加强政协委员学习培训，定期召开全体委员情况通报会，让委员更好地知情明政。切实落实委员联络制度，认真听取委员的意见建议，建立主席会议成员走访联络委员制度，进一步增强了政协组织凝聚力。建立委员履职档案，细化量化委员履职考核管理制度，引导委员强化责任担当、更好履职尽责，切实提高了委员的政治把握能力、调查研究能力、联系群众能力和合作共事能力。

——**注重发挥专委会基础作用**。突出政协专门委员会“专”的优势、“联”的特点、“精”的实效，提高专委会建言资政的专业化和品质化。充分发挥专委会基础性作用，加强对界别委员的联系和指导，将全体委员编入专委会和各委员小组，进一步拓宽委员学习阵地、畅通联系渠道、搭建履职平台，真正使专委会在调研视察中唱主角，在协商议政、民主监督中挑重担。

——**着力加强制度建设**。按照坚持和完善中国特色社会主义制度、推进国家治理体系和治理能力现代化的要求，认真贯彻落实中共中央关于加强社会主义协商民主制度建设的决策部署，不断加强政协协商民主制度建设。一年来，先后修订制定了《政协渭源县委员会关于推进建言资政和凝聚共识双向发力的意见》《政协渭源县委员会关于加强和改进社情民意信息工作的意见》《政协渭源县委员会关于进一步提高协商议政质量的意见》等11项制度，进一步提升了县政协工作制度化、规范化、程序化水平，为政协更好履行职能、发挥作用提供了制度保障。

各位委员，同志们！

过去一年成绩的取得，是中共渭源县委坚强领导、高度重视的结果，是县人大常委会、县政府及社会各界大力支持、热情帮助的结果，是全县各乡镇、各部门、各单位紧密配合、积极参与的结果，也是政协各参加单位、全体政协委员忠诚履职、团结奋斗的结果。在此，我代表县政协常委会向所有关心、支持和参与政协工作的各位领导、各位委员、各位同志和各界朋友，表示衷心的感谢和崇高的敬意！

回顾过去一年的工作，我们深刻体会到：做好新时代人民政协工作，只有全面加强党对政协工作的领导，才能始终确保人民政协正确的政治方向；只有强化理论武装加强思想政治引领，才能筑牢团结奋斗的共同思想政治基础；只有准确把握新时代人民政协的性质定位，才能推动人民政协事业不断创新发展；只有围绕中心服务大局，才能做到建言资政和凝聚共识双向发力；只有强化“一线思维”和“一线标准”，才能切实担负起新时代赋予人民政协的新使命、新要求。

在总结成绩的同时，我们也清醒地认识到，与新时代人民政协工作的新形势、新任务相比，与县委的要求和广大人民群众的期望相比，我们的工作仍然存在差距和不足，主要表现在：政协党的建设还需进一步加强，理论武装还需进一步强化；凝聚共识的形式和渠道单一，方式方法还需进一步创新；履职能力还需进一步提高，建言资政质量还需进一步提升；协商成果转化还需进一步加强，委员责任担当还需进一步强化等。对此，我们将在今后的工作中认真研究并切实加以改进。也真诚希望各位委员及与会的同志们提出宝贵意见和建议。

2021年工作安排

2021年，是实施“十四五”规划的开局之年，是开启全面建设社会主义现代化国家新征程的起步之年，也是中国共产党成立100周年。县政协及其常委会工作的总体要求是：坚持以习近平新时代中国特色社会主义思想为指导，深入学习贯彻中共十九大和十九届二中、三中、四中、五中全会精神，全面贯彻落实习近平总书记关于加强和改进人民政协工作的重要思想及中央政协工作会议精神，坚持团结和民主两大主题，在中共渭源县委坚强领导下，贯彻落实县委十四届二十四次全会暨县委经济工作会议精神，把坚持和发展中国特色社会主义作为巩固共同思想政治基础的主轴，把开启实现现代化国家新征程奋斗目标作为工作主线，把加强思想政治引领、广泛凝聚共识作为中心环节，把巩固拓展脱贫攻坚成果同乡村振兴有效衔接、推动经济社会高质量发展作为履职重点，聚焦县委提出的“一县一区五基地”建设和实施“五县战略”，充分发挥专门协商机构作用，紧紧围绕中心，自觉服务大局，坚持双向发力，积极履职尽责，立足新阶段、落实新要求、开创新局面，为“十四五”开好局、起好步，加快建设幸福美丽新渭源、奋力谱写全面建设社会主义现代化国家新征程中渭源发展时代篇章作出更大贡献，以优异成绩庆祝中国共产党成立100周年。

一、加强党的领导，政治能力有新提升，正确政治方向更加坚定

人民政协是政治组织，坚持中国共产党对人民政协的领导，是人民政协成立时各民主党派、人民团体的共识和初心所在。要毫不动摇把坚持党的全面领导作为根本政治原则，贯彻落实到政协工作的全过程和各方面，确保人民政协事业正确的政治方向。要旗帜鲜明讲政治，不断提高政治判断力、政治领悟力、政治执行力，进一步增强“四个意识”、坚定“四个自信”、做到“两个维护”，始终在思想上、政治上、行动上同以习近平同志为核心的党中央保持高度一致。要切实发挥好政协党组在政协工作中把方向、管大局、保落实的作用，扛起管党治党责任，认真落实全面从严治党主体责任和意识形态责任制，严格执行重大事项和重要情况向县委请示报告制度，确保党中央决策部署和省、市、县委工作要求不折不扣贯彻落实到政协全部工作之中。要按照中共中央《关于加强新时代人民政协党的建设工作的若干意见》，进一步加强政协党的建设，发挥好党组织的战斗堡垒和党员先锋模范作用，探索建立政协党组成员联系党员委员、党员委员联系党外委员制度，实现党的组织对党员委员、党的工作对政协委员“两个全覆盖”。

二、强化理论武装，思想认识有新提高，思想政治基础更加牢固

牢固的共同思想政治基础是政协工作的根本基石，强化理论武装是提高政协工作水平的根本要求。要坚持把政治学习和理论武装摆在更加突出的位置，健全落实县政协党组理论中心组学习、常委会学习、委员学习培训等学习制度，持续深入学习贯彻习近平新时代中国特色社会主义思想，认真学习宣传贯彻中共十九届五中全会精神，领会精神实质、把握核心要义，切实用党的创新理论武装头脑、指导实践、推动工作，在事关道路、制度、旗帜、方向等根本问题上统一思想和步调。要认真学习贯彻习近平总书记关于加强和改进人民政协工作的重要思想，全面贯彻落实中央和省、市、县委政协工作会议精神，不断增强政协工作的针对性、时代性、实效性，切实做好中国特色社会主义事业的亲力者、实践者、维护者、捍卫者。要围绕纪念中国共产党建党100周年，开展中共党史学习教育活动，引导政协各参加单位和全体政协委员，进一步增进对中国共产党领导和中国特色社会主义的政治认同、思想认同、理论认同、情感认同，始终保持同中国共产党同心同德、团结奋斗的政治本色。

三、围绕中心大局，服务发展有新贡献，认真履职尽责更加有效

围绕中心、服务大局是政协工作的重要原则。要紧紧围绕县委和县政府中心工作，按照县委十四届二十四次全会暨县委经济工作会议确定的目标任务，认真履行政治协商、民主监督、参政议政职能，充分发挥人民政协作为社会主义协商民主重要渠道和专门协商机构的作用，切实提高建言献策的质量水平，增强人民政协制度效能。要紧扣高质量发展主题，围绕我县“十四五”时期经济社会发展目标任务，聚焦全面推进乡村振兴、加快产业转型升级、推动绿色发展等重点领域建言资政、献计出力，在新征程中以奋斗者的姿态展现新时代人民政协的新作为，助力“十四五”规划良好开局。要紧紧围绕巩固拓展脱贫攻坚成果同乡村振兴有效衔接、渭河流域生态保护和高质量发展召开专题议政性常委会会议，围绕全县经济社会高质量发展开展专题协商，围绕耕地地力保护与提升项目实施、城乡居民最低生活保障规范化管理、全县商贸流通市场建设与管理、巩固义务教育均衡发展成果全面提升基础教育质量、渭河风情线改造提升等开展对口协商和界别协商，按照省市政协的要求，有序有效推进政协协商向基层延伸。要进一步创新履职尽责的方式方法，认真开展调研视察和委员小组活动，围绕全县重点项目建设开展专题视察，围绕全县卫生人才队伍建设、中医药产业发展、提升城市服务功能和管理水平、城乡垃圾处理等开展专题调研，围绕平安渭源建设开展监督性调研，围绕提案办理开展专项监督，围绕政协各项履职成果的落实开展跟踪监督，力争向县委县政府报送高质量的调研视察和协商报告，做到参政参到要点上、议政议到关键处。

四、坚持双向发力，团结引领有新局面，广泛凝聚共识更加有为

人心是最大的政治，共识是奋进的动力。要坚持把加强思想政治引领、广泛凝聚共识作为履职的中心环节，不断创新完善建言资政和凝聚共识双向发力的工作机制，把凝聚共识融入政协组织的各项活动中，团结引领全县各族各界拧成一股绳、汇成一股劲，形成团结一致、众志成城的磅礴力量。要坚持大团结大联合，正确处理一致性和多样性的关系，求同存异、聚同化异，密切与各民主党派、工商联的联系交流，畅通党外知识分子、非公有制经济人士、新的社会阶层人士意愿诉求表达渠道，支持和保障他们在政协平台议政建言、发挥作用，努力寻求最大公约数、画出最大同心圆、凝聚最强正能量。要积极推动政协走进基层，委员贴近群众，宣传阐释党的方针政策，协助做好凝聚共识、化解矛盾、反映意见、维护稳定等工作，更好为新时代坚持和发展中国特色社会主义凝心聚力。要加强文史宣传工作，准确把握政协文史工作的社会功能和时代责任，传播渭水源头优秀文化，做好《渭源脱贫攻坚纪事》的编纂发行和《渭源文史资料选辑》（第十集）的征编工作，更好发挥政协文史凝聚共识的重要作用。

五、强化责任意识、自身建设有新活力，夯实履职之基更加有力

坚持不懈加强自身建设，既是政协工作适应时代发展的要求，也是不断开创政协工作新局面的必要措施和可靠保证。要按照新时代对政协工作的新要求，以改革思维、创新理念、务实举措，大力推进履职能力建设，着力提高政治把握能力、调查研究能力、联系群众能力、合作共事能力，以开拓创新精神不断提高政协工作质量和效能。要加强政协常委会建设，确保把常委会建设成为民主、团结、开拓、务实的领导集体，成为组织和推动政协工作向前发展的领导集体；要进一步优化政协专门委员会配置，解决好专委会基础工作薄弱的问题，不断改进专委会工作；要加强委员队伍建设，提高委员队伍素质，按照“懂政协、会协商、善议政、守纪律、讲规矩、重品行”的要求，着力加强委员学习培训，规范委员履职行为；要加强机关建设，完善各项规章制度，驰而不息加强作风建设，严格落实中央八项规定及其实施细则和省市县委相关要求，努力打造学习型、责任型、效能型、服务型、廉洁型机关。

各位委员、同志们！

奋进新时代、聚力新征程。新使命呼唤新担当，新征程要有新作为。让我们更加紧密地团结在以习近平同志为核心的党中央周围，不忘初心、牢记使命，在中共渭源县委的坚强领导下，团结带领政协各参加单位和全体政协委员，弘扬伟大的脱贫攻坚精神，积极投身巩固拓展脱贫攻坚成果同乡村振兴有效衔接，全力推动全县经济社会高质量发展，同心同德、砥砺前行、慎终如始、锐意进取，以更高的政治站位、更强的使命担当、更实的工作举措，书写新时代人民政协事业新篇章，为加快建设幸福美丽新渭源，谱写全面建设社会主义现代化国家新征程中渭源发展时代篇章而努力奋斗！

大事记

一　月

2日　全县领导干部警示教育（视频）大会召开。

2日　市人大常委会副主任、县委书记吉秀主持召开十四届县委第90次常委会（扩大）会议。

2日　市人大常委会副主任、县委书记吉秀主持召开十四届县委第91次常委会会议。

2日　党的十九届四中全会精神宣讲报告会在县统办七楼会议室召开。市人大常委会副主任、县委书记吉秀宣讲。

5—6日　全省重点项目谋划暨招商引资工作（视频）会议在兰州召开。县政府副县长潘学明收听收看会议。

6—7日　中国扶贫基金会副秘书长王军等一行9人，来渭源就“百美村宿”渭源项目开展第一期培训会。

7日　中国扶贫基金会“百美村宿”渭源项目总体规划沟通协调会召开。

7日　渭源县菜篮子市长负责制暨生猪稳产保供工作会议召开。

7日　全县脱贫攻坚调度工作会议召开。

7日　由欧美同学会（中国留学人员联谊会）指导的渭源县农产品推介会在北京市新发地市场扶贫馆成功举办。本次推介会由北京市欧美同学会、甘肃欧美同学会、渭源县人民政府主办，北京市新发地市场和渭源县商务局承办。推介会由国务院扶贫办处长、县委常委、县政府副县长张显峰主持。出席推介会的领导和嘉宾有欧美同学会（中国留学人员联谊会）党组成员、副秘书长程洪明；定西市委常委、市政府副市长薛振宇；北京新发地农产品批发市场常务副总经理顾兆学；北京市欧美同学会秘书长王璞；甘肃欧美同学会秘书长赵亮；欧美同学会（中国留学人员联谊会）社会服务部主任王彤；甘肃省驻京办联络处处长蓝羚；北京新发地农产品批发市场对外联络部部长刘德义；渭源县委常委、统战部部长王嵘及北京市丰台区商务局、北京新发地市场农产品批发大户、渭源县相关部门及企业负责人等150余人。推介会上，渭源县委常委、统战部部长王嵘向与会嘉宾详细推介了渭源县特色农产品，并代表中共渭源县委、渭源县人民政府向欧美同学会（中国留学人员联谊会）、北京市欧美同学会、北京新发地市场赠送了感谢状。渭源县相关部门和企业分别与北京瑞格宝祥商贸有限公司等5家京企现场签订了西芹、马铃薯、百合、娃娃菜、食用菌供销合作协议。会后，渭源县参展的相关部门和企业，积极与北京新发地等大型农产品批发市场洽谈对接，推动建立长期定向农产品采购合作机制和直供直销的产销对接关系，并热诚欢迎新发地企业家来渭源投资兴业。

9日 全县共创医保消费扶贫座谈会召开。

9日 县政协组织召开全县脱贫攻坚工作情况通报会。

9日 渭源县2020年“春风行动”暨东西部扶贫协作“晋渭”劳务输转大型招聘活动在渭河文化广场举行。

9日 渭源县渭源三宝、药枕、刺绣手包、刺绣化妆镜、手工麻鞋、手工香包等30余种渭源县巧手产品亮相北京新发地市场。

9日 渭源县科技创新研究中心成立大会召开。

11日 全省“不忘初心、牢记使命”主题教育总结会议在兰州召开。县委副书记张振亚，县委常委、县政府常务副县长张拴宝，县委常委、县政府副县长张显峰，县委常委左冬梅，县政府副县长郭凯、潘学明在县分会场收听收看会议。

11日 渭源县国土资源规划专题调研会议召开。

12日 全省贫困县摘帽退出第三方评估对接会议在县财政局六楼会议室召开。市人大常委会副主任、县委书记吉秀主持会议并讲话。评估组及总控督导组人员，县四大班子主要领导、分管领导及其他副县级领导，各乡镇党委书记，县直相关部门、单位主要负责人参加会议。

13日和21日 市人大常委会副主任、县委书记吉秀，县委副书记、县长蔺红军分别开展春节前慰问活动，为退休老干部、劳动模范、优秀人才代表送去党和政府的关怀，并向他们致以节日祝福和美好祝愿。

13日 全县招商引资联席会议召开。

14日 盘古集团常务副总裁谭宏伟一行3人来渭源县考察。

16日 2019年度渭源县市管领导班子和领导干部党风廉政建设考核暨政绩考核大会召开。市人大常委会副主任、县委书记吉秀主持会议并讲话。

16日 全国和省市县“两征两退”改革暨2020年征兵工作（视频）会议召开。

16日 第三方评估反馈会召开。市人大常委会副主任、县委书记吉秀主持会议并讲话。

16日 全市政府债券及外贷款项目工作会议在定西召开。县委副书记、县政府县长蔺红军，县委常委、常务副县长张拴宝在县统办二楼会议室收听收看会议。

16日 县政府与黄河财险战略合作协议签订仪式暨黄河财险渭源支公司揭牌仪式举行。

17日 2020年全省教育工作（视频）会议在兰州召开。县政府副县长郭凯在县统办楼二楼会议室收听收看会议。

17日 全县“不忘初心、牢记使命”主题教育总结会议召开。县委常委、组织部部长王世宴主持会议并传达省、市相关会议精神，相关责任单位和乡镇做交流发言。市人大常委会副主任、县委书记吉秀作总结讲话，市委第八巡回指导组组长孙淑芳讲话。

19日 全县脱贫攻坚领导小组办公室2020年第一次会议召开。会议讨论了脱贫攻坚相关项目实施方案、资金计划。

19日 中国共产党甘肃省第十三届纪律检查委员会第四次全体会议在兰州召开。县四大班子领导在县电信局三楼会议室收听收看会议。

19日 全县农民工工资协调推进会召开。

19日 渭源县脱贫攻坚领导小组办公室2020年第一次会议召开。县委副书记、县脱贫攻坚领导小组办公室主任张振亚主持会议。会议讨论了脱贫攻坚相关项目实施方案、资金计划。

20日 全市项目发展和招商引资工作（视频）会议在定西召开。县四大班子领导在县统办七楼会议室收听收看会议。

21日 市人大常委会副主任、县委书记、县脱贫攻坚领导小组组长吉秀主持召开全县脱贫攻坚领导小组2020年第一次会议暨中央脱贫攻坚专项巡视反馈问题整改工作领导小组第一次会议。

会议组织学习了习近平总书记在中央经济工作会议、中央政治局常委会议审议中央农村工作会议文件稿时对脱贫攻坚工作作出的重要指示精神，李克强总理在中央经济工作会议上对脱贫攻坚工作的指示精神；汪洋主席在四川脱贫攻坚调研座谈会上的讲话精神，胡春华副总理在全国扶贫开发工作会议和深度贫困地区脱贫攻坚座谈会议上的讲话精神，刘永富主任在全国扶贫开发工作会议上的工作报告及总结讲话精神，黄先耀、谷岩、林铎在中央第一巡视组对甘肃省开展脱贫攻坚专项巡视“回头看”进驻沟通会上的讲话精神；书面传达学习了国务院扶贫开发领导小组第九次会议精神、省市脱贫攻坚领导小组2020年第一次会议暨中央脱贫攻坚专项巡视反馈意见整改工作领导小组第一次会议精神。会议讨论和审议通过了《渭源县2020年脱贫攻坚工作要点》《渭源县2020年东西部扶贫协作工作要点》《渭源县2020年中央定点帮扶工作要点》《渭源县脱贫攻坚挂牌督战工作方案》和《渭源县2020年易地扶贫搬迁专项提升行动方案》《渭源县2020年产业扶贫专项提升行动方案》等6个行业部门2020年脱贫攻坚专项提升行动方案以及《渭源县2020年义务教育有保障冲刺清零后续行动方案》《渭源县2020年巩固农村危房改造冲刺清零后续行动方案》等5个行业部门2020年脱贫攻坚“3+1”冲刺清零后续行动方案。会议安排部署当前脱贫攻坚重点工作。

21日　渭源县2019年度党委（党组）书记抓基层党建述职评议大会召开。市委组织部部务委员、市考核办主任文斌到会指导并讲话。县委副书记张振亚主持会议。市人大常委会副主任、县委书记吉秀参加会议并讲话。

21日　全市新型冠状病毒感染的肺炎疫情防控工作电视电话会议在定西召开。县委副书记、县政府县长蔺红军，县政府副县长郭凯在县统办楼二楼会议室收听收看会议。会后，召开全县新型冠状病毒感染的肺炎疫情防控工作推进会。县政府副县长郭凯县长主持会议并讲话。县直相关部门负责人参加会议。

22日　全县老干部2020年迎新春座谈会召开。市人大常委会副主任、县委书记吉秀主持会议并讲话。县四大班子及其他副县级领导，县相关责任单位主要负责人，县城区离休干部，县级退休干部参加座谈会。

22日　2020年春节团拜会召开。县委副书记、县政府县长蔺红军主持会议。市人大常委会副主任、县委书记吉秀致辞。县四大班子及其他副县级领导，县直单位及省市驻渭部门负责人参加团拜会。

23日　市人大常委会副主任、县委书记吉秀，县人大常委会主任李新定，县委副书记、县政府县长蔺红军，县政协主席陈栋，县委副书记张振亚，县委常委、县政府常务副县长张拴宝集中慰问驻渭部队和应急救援大队官兵。

24日　市委副书记、市长戴超一下深入渭源县渭河源村、渭河源大景区、县人民医院、清源镇政府检查指导新型冠状病毒感染的肺炎疫情防控工作。

25日　全省新型冠状病毒感染的肺炎防控调度工作（视频）会议在兰州召开。县委副书记、县政府县长蔺红军，县政府副县长郭凯在县统办楼七楼会议室收听收看会议。会后由县政府副县长郭凯主持召开全县新型冠状病毒感染的肺炎疫情防控工作会议。

26日　市委副书记、市政府市长、市新型冠状病毒感染的肺炎疫情联防联控领导小组组长戴超主持召开全市新型冠状病毒感染的肺炎疫情联防联控领导小组领导小组第二次会议，全面贯彻落实中央政治局常委会会议精神和省委省政府部署要求，传达市委书记唐晓明批示精神，分析研判我市疫情防控形势，对重点工作进行再安排再部署。会议以视频形式开至各县区，县委副书记、县政府县长、县新型冠状病毒感染的肺炎疫情联防联控领导小组组长蔺红军，县委常委、宣传部部长、县疫情联防联控领导小组副组长何晓云，县政府副县长、县疫情联防联控领导小组副组长郭凯及相关部门、各乡镇党委政府主要负责人在我县分会场参加会议。

26日 县委副书记、县政府县长蔺红军主持召开全县新型冠状病毒感染的肺炎疫情联防联控领导小组第二次会议，迅速部署贯彻落实全市新型冠状病毒感染的肺炎疫情联防联控领导小组第二次会议精神工作，传达学习省市县委主要领导批示精神，并对我县疫情防控工作具体事项进行总结梳理，对我省启动重大突发公共卫生事件一级响应各级各部门应该落实的各项工作进行再安排。

26日 全县新型冠状病毒感染的肺炎疫情联防联控领导小组召开第三次会议召开。市人大常委会副主任、县委书记、县新型冠状病毒感染的肺炎疫情联防联控领导小组组长吉秀主持会议并讲话。县委副书记、县政府县长、县新型冠状病毒感染的肺炎疫情联防联控领导小组组长蔺红军就具体工作进行全面安排部署。县委常委、宣传部部长、县新型冠状病毒感染的肺炎疫情联防联控领导小组副组长何晓云参加会议，县政府副县长、县新型冠状病毒感染的肺炎疫情联防联控领导小组副组长郭凯通报全县防控工作情况。县直及省市驻渭各单位主要负责同志，县卫健局班子成员，县级医疗机构主要负责人在县主会场参加会议。会议以视频会议形式召开到乡村一级，各乡镇党委书记、乡镇长，乡镇全体干部，卫生院院长，各村驻村队长，党支部书记、村委会主任在各分会场收听收看会议。

26日 市人大常委会副主任、县委书记吉秀，县委副书记、县政府县长蔺红军先后深入县人民医院、汽车站、火车站、高速路口等地检查指导疫情防控工作。

28日 全县新型冠状病毒感染的肺炎疫情联防联控领导小组第四次会议召开。县委副书记、县政府县长、县联防联控工作领导小组组长蔺红军主持会议并讲话。县政府副县长、县联防联控工作领导小组副组长郭凯传达定西市新型冠状病毒感染的肺炎疫情联防联控领导小组关于加强新型冠状病毒感染的肺炎疫情防控工作的公告（第1号），并结合全县疫情防控工作实际提出相关要求。县领导张灵勇、张拴宝、何晓云、郭凯、李宝林，各乡镇党委书记、县联防联控工作领导小组各成员单位负责人参加会议。

28日 全省新型冠状病毒感染的肺炎疫情联防联控工作视频调度会在兰州召开。县领导蔺红军、张灵勇、张拴宝、何晓云、郭凯、李宝林，各乡镇党委书记、县联防联控工作领导小组各成员单位负责人在渭源县分会场收听收看会议。

28日 县委副书记、县政府县长、县联防联控工作领导小组组长蔺红军先后深入到县新型冠状病毒感染的肺炎疫情联防联控领导小组办公室、昌林小区、渭水源大酒店、百安超市等地，通过实地查看、听取汇报等形式，检查全县新型冠状病毒感染的肺炎疫情防控工作时。

29日 市人大常委会副主任、县委书记吉秀主持召开十四届县委第92次常委会（扩大）会议暨全县新型冠状病毒感染肺炎疫情联防联控领导小组会议，专题研究部署全县新型冠状病毒感染肺炎疫情防控工作。会议传达学习习近平总书记重要讲话精神、习近平总书记对新型冠状病毒感染肺炎疫情作出的重要指示精神、相关会议精神及省市新型冠状病毒感染的肺炎疫情联防联控领导小组会议精神。会议审议并原则同意《渭源县新型冠状病毒感染的肺炎疫情防控工作方案》（修改版）。会议听取全县新型冠状病毒感染的肺炎疫情防控工作情况汇报、安排部署下一阶段全县新型冠状病毒感染的肺炎疫情防控工作。县委各常委参加会议。县领导李新定、陈栋、郭凯、李宝林列席会议。

29日 县委常委、宣传部部长何晓云深入祁家庙镇检查指导新型冠状病毒感染的肺炎疫情防控工作。

30日 市人大常委会副主任、县委书记吉秀深入城区部分住宅小区、超市、社区及锹峪、莲峰、路园等乡镇检查指导疫情防控工作。吉秀一行深入渭水天华、渭锦佳苑住宅小区，新城社区，清源镇城关村等地，细询问小区物业、社区人员开展疫情防控及外来人员登记检测工作。

31日 全县新型冠状病毒感染的肺炎疫情联防联控调度工作视频会召开。市人大常委会副主任、县委书记、县新型冠状病毒感染的肺炎疫情联防联控领导小组组长吉秀参加会议并讲话。县委副书记、县政府县长、县新型冠状病毒感染的肺炎疫情联防联控领导小组副组长蔺红军主持会议。县新型冠状病毒感染的肺炎疫情联防联控领导小组副组长，县四大班子包乡镇领导，各成员单位主要负责人在县主会场参加会议，各乡镇党委书记、乡镇长、乡镇卫生院院长在乡镇分会场参加会议。

31日 市人大常委会副主任、县委书记、县新型冠状病毒感染的肺炎疫情联防联控领导小组组长吉秀深入北寨镇、大安乡督导检查疫情防控工作。

二　月

2日 省新型冠状病毒感染的肺炎疫情联防联控领导小组会议召开。县委副书记、县政府县长蔺红军，县政府副县长郭凯通过“陇政钉”参会。

2日 市委副书记狄生奎深入渭源调研督导新型冠状病毒感染的肺炎疫情防控工作，看望慰问一线医护人员和基层党员干部。

2日 市人大常委会副主任、县委书记、县新型冠状病毒感染的肺炎疫情联防联控领导小组组长吉秀主持召开渭源县新型冠状病毒感染的肺炎疫情联防联控领导小组会议，分析当前疫情防控工作形势，研究部署确诊病例救治和全县疫情防控工作。

2日 渭源县新型冠状病毒感染的肺炎疫情联防联控领导小组会议召开。市人大常委会副主任、县委书记、县新型冠状病毒感染的肺炎疫情联防联控领导小组组长吉秀主持会议并讲话。

4日 市人大常委会副主任、县委书记、县新型冠状病毒引发的肺炎疫情联防联控领导小组组长吉秀深入清源、新寨、庆坪、祁家庙等镇，督查指导各乡镇群防群治及检测点防控工作。

4日 市人大常委会副主任、县委书记、县新型冠状病毒引发的肺炎疫情联防联控领导小组组长吉秀随机深入高速公路会川出口监测点，会川镇沈家滩村，田家河路口，田家河乡西沟村，峡城路口，峡城乡杨家大庄、祁家寨村，麻家集镇乔家滩村等镇村防疫检测点，检查指导疫情防控工作，看望慰问奋战在一线的干部群众、医务人员和志愿者。

5日 市人大常委会副主任、县委书记、县新型冠状病毒感染的肺炎疫情联防联控领导小组组长吉秀主持召开渭源县新型冠状病毒感染的肺炎疫情联防联控领导小组第五次会议，传达学习了中央和省市会议精神，分析研判当前疫情防控工作形势，研究部署了下一阶段全县疫情防控和医疗救治工作。

5日 全县新型冠状病毒感染的肺炎疫情防控工作调度会议以“陇政钉”视频会议的形式召开，安排部署近期疫情防控工作。县委副书记、县政府县长、县新型冠状病毒感染的肺炎疫情联防联控领导小组组长蔺红军主持会议并讲话。

6日 市人大常委会副主任、县委书记、县新型冠状病毒感染的肺炎疫情防控工作领导小组组长吉秀深入秦祁、北寨、清源等乡镇检查指导疫情联防联控工作。

7日 市委书记、市新型冠状病毒感染的肺炎疫情联防联控领导小组组长唐晓明深入渭源调研督导疫情防控、市场供应和生产恢复等工作。

7日 市人大常委会副主任、县委书记、县新冠肺炎疫情联防联控领导小组组长吉秀深入县扶贫办、县发展和改革局、县委县政府职工家属楼、西美国际城等地，督导检查疫情防控工作。

7日　县人大常委会主任李新定深入路园、北寨、大安等乡镇，督导检查疫情防控工作，看望慰问抗疫一线工作人员。

7日　市委常委、市委宣传部部长、市疫情防控领导小组副组长陈月芳深入渭源县融媒体中心，看望慰问战斗在疫情一线的新闻工作者，督导检查疫情防控舆论宣传工作。

10日　省新冠肺炎疫情联防联控工作领导小组六次会议召开。县领导蔺红军、张拴宝、郭凯、李宝林通过“陇政钉”系统收听收看会议。

10日　县委副书记、县政府县长、县新冠肺炎疫情联防联控领导小组组长蔺红军在检查指导疫情防控工作。

10日　市人大常委会副主任、县委书记、县新冠肺炎疫情联防联控领导小组组长吉秀深入花园小区、西美国际城小区、甘肃佛慈红日药业公司，督导检查疫情防控和企业复工复产工作。

11日　市委副书记狄生奎深入渭源县督导调研疫情防控工作和春耕备耕等当前各项重点工作。

11日　县委常委会扩大会议暨全县新冠肺炎疫情联防联控领导小组第六次（视频）会议通过“陇政钉”移动办公平台视频会议方式召开。市人大常委会副主任、县委书记、县新冠肺炎疫情联防联控领导小组组长吉秀主持会议并讲话。会议传达贯彻习近平总书记在北京市调研指导疫情防控工作时的重要讲话精神、中央政治局常委会会议和省市会议精神，对全县疫情防控工作和脱贫攻坚、高质量发展等重点工作进行安排部署。县委各常委在县统办楼五楼会议室参加会议，其他县级领导干部，县直及省市驻渭各单位主要负责人，各乡镇党委书记、乡镇长乡镇全体干部，各村驻村帮扶队队长，党支部书记、村委会主任通过“陇政钉”系统收听收看会议。

11日　县委副书记、县政府县长、县新冠肺炎疫情联防联控领导小组组长蔺红军主持召开县政府第79次常务会议，专题研究部署新冠肺炎疫情防控和复产复工工作。会议传达学习中央政治局常委会会议精神、习近平在北京市调研指导新型冠状病毒肺炎疫情工作时的指示精神、省新冠肺炎疫情联防联控领导小组会议精神、省联防联控领导小组第六次会议和市贯彻落实会议精神、市委常委扩大会议暨市新冠肺炎疫情联防联控领导小组第五次会议精神、全市新冠肺炎疫情防控工作调度会议精神。

11日　县委副书记、县政府县长蔺红军主持召开县政府第80次常务会议。

12日　市人大常委会副主任、县委书记吉秀主持召开十四届第94次县委常委会会议。

12日　市人大常委会副主任、县委书记吉秀深入县教育局、县农业农村局调研指导疫情防控和重点业务开展情况。

12日　县政协党组书记、主席陈栋主持召开县政协党组理论中心组学习暨党组（扩大）会议。

13日　市人大常委会副主任、县委书记、县新冠肺炎联防联控工作领导小组组长吉秀督导调研疫情防控、企业复产、农业产业等工作。

14日　全市春耕备耕暨脱贫攻坚工作调度会议召开。县政府副县长潘学明通过“陇政钉”系统收听收看会议。

16日　全市发展和改革工作会议召开。县委常委、县政府常务副县长张拴宝通过“陇政钉”系统收听收看会议。

17日　全市地方政府债券争取工作推进会议召开。县委常委、县政府常务副县长张拴宝通过“陇政钉”系统收听收看会议。

17日　市人大常委会副主任、县委书记吉秀主持召开了十四届县委第95次常委会会议。会议分两个阶段召开，第一阶段以“陇政钉”形式召开县委常委（扩大）会议暨全县新型冠状肺炎疫情联防联控领导小组第七次会议。市人大常委会副主任、县委书记吉秀就当前疫情防控和各项重点工作作了讲话。县委副书记、县政府县长蔺红军安排部署疫情防控及当前重点工作。县委各常委在县统办楼五楼会议室参加会议，其他县级领导干部，县直及省市驻渭各单位主要负责人，各乡镇党委书记、乡镇长，乡镇全体干部，各村驻村帮扶队队长，党支部书记、村委会主任通过“陇政钉”系统收听收看会议。第二阶段召开县委常委会会议。

17日 县委副书记、县政府县长蔺红军主持召开县政府第81次常务会议。

18日 市人大常委会副主任、县委书记吉秀，县委副书记刘爱君一行深入大安乡邱家川村调研督导疫情防控、脱贫攻坚等重点工作。

18日 县政协党组书记、主席陈栋主持召开县政协党组（扩大）会议，传达学习中央和省、市、县委有关会议精神，安排疫情防控和当前重点工作。

19日 全省脱贫攻坚工作调度视频会议通过“陇政钉”移动办公平台视频会议方式召开。县上领导吉秀、蔺红军、张振亚、刘爱君、张拴宝、王世宴、张显峰、林柳强、左冬梅、郭凯、潘学明、李宝林，县政协副县级干部、县帮扶办主任艾国荣以及各乡镇党委主要负责人、相关单位主要负责人通过“陇政钉”系统收听收看会议。

19日 全市疫情防控工作调度（视频）会议召开。县领导吉秀、蔺红军、张振亚、张拴宝、左冬梅、郭凯在统办楼七楼会议室收听收看会议。

19日 全县春耕备耕暨脱贫攻坚驻村帮扶工作调度会议以“陇政钉”移动办公平台视频会议方式召开。会议对春耕备耕、脱贫攻坚、驻村帮扶重点工作进行调度安排。县政府副县长潘学明主持会议。县委副书记张振亚、刘爱君，县委常委左冬梅参加会议；各相关部门，各乡镇驻村帮扶工作队总队长、各乡镇党委书记、乡镇长、驻村帮扶工作队队长通过“陇政钉”系统收听收看会议。

19日 全县复工复产复市疫情防控工作会议召开。县政府副县长、县新型冠状病毒感染的肺炎疫情联防联控领导小组办公室主任郭凯主持会议并讲话。

20日 全县脱贫攻坚领导小组办公室召开2020年第二次会议召开。县委副书记、县脱贫攻坚领导小组办公室主任张振亚主持会议并讲话。会议讨论相关资金计划及项目实施方案。

20日 市人大常委会副主任、县委书记吉秀深入庆坪镇老王沟村调研督导疫情防控、脱贫攻坚等重点工作。县委常委、县纪委书记、县监察委主任张灵勇陪同调研。

21日 全县春耕备耕暨脱贫攻坚驻村帮扶工作调度会议以陇政钉移动办公平台视频会议方式召开，对春耕备耕、脱贫攻坚、驻村帮扶重点工作进行调度安排。

21日 中国共产党渭源县第十四届委员会第十八次全体会议暨县委经济工作会议召开。会议由县委常委会主持。市人大常委会副主任、县委书记吉秀受县委常委会委托作工作报告，并作了总结讲话。县委副书记、县长蔺红军作了《中共渭源县委贯彻〈中共中央关于坚持和完善中国特色社会主义制度推进国家治理体系和治理能力现代化若干重大问题的决定〉的实施意见》起草情况的说明，对2020年全县经济工作作出具体部署。会议传达了中央经济工作会议精神、省委十三届十一次全会暨省委经济工作会议精神和市委四届十二次全会暨市委经济工作会议精神。会议审议通过了《中共渭源县委贯彻〈中共中央关于坚持和完善中国特色社会主义制度推进国家治理体系和治理能力现代化若干重大问题的决定〉的实施意见》《中国共产党渭源县第十四届委员会第十八次全体会议决议》。会议以视频形式召开，在县上主会场参加会议的有县委委员、县委候补委员，不是县委委员、候补委员的其他副县级以上领导干部，县纪委常委、县监委委员，县第十四次党代会部分基层代表，县委部门和县直及省市驻各单位主要负责同志。

21日 全国恢复交通秩序（视频）会议召开。县政府副县长、公安局局长李宝林在县公安局会议室收听收看了会议。

21日 全县人大代表意见建议和政协委员提案交办暨劳务输转培训和森林草原防火工作会议通过“陇政钉”形式召开。县委常委、县政府常务副县长张拴宝主持会议并讲话。

23日 全县新冠肺炎疫情联防联控领导小组第八次会议召开。市人大常委会副主任、县委书记、县新冠肺炎疫情联防联控领导小组组长吉秀主持会议并讲话。会议分析研判当前疫情防控工作形势，研究部署春耕备耕、劳务输转、复工复产等当前重点工作。

24日 市人大常委会副主任、县委书记吉秀深入会川、莲峰等乡镇村、社，调研指导疫情防控和脱贫攻坚、春耕生产、复工复产、劳务输转等重点工作。

24日 县政协主席、清源镇脱贫攻坚前线指挥部总指挥长陈栋主持召开清源镇新冠肺炎疫情防控及当前重点工作推进会议。

25日 市人大常委会副主任、县委书记吉秀深入麻家集镇土牌湾村，调研指导疫情防控和脱贫攻坚、春耕生产、劳务输转等重点工作。县委常委、组织部部长、土牌湾村挂牌督战包抓领导王世宴参加调研。

25日 县委副书记、县长蔺红军深入庆坪镇调研脱贫攻坚、疫情防控、春耕生产等重点工作。

25日 全市劳务输转促脱贫攻坚工作推进会议召开。县委常委、县政府常务副县长张拴宝在统办楼二楼视频会议室收听收看会议。

25日 全国春季农业生产工作会议召开。县政府副县长潘学明在二楼视频会议室收听收看会议。

25日 县委副书记、县长蔺红军调研全县项目建设复工生产、新冠肺炎疫情防控、经济社会发展工作。

26日 县政协党组书记、主席陈栋深入县政协机关帮扶的清源镇马家窑村、上湾镇周家窑村，就疫情防控、春耕备耕等工作进行调研指导，并向220多户贫困群众送去价值5万多元的化肥物资。

26日 全县应对疫情促进经济健康发展推进会议召开。市人大常委会副主任、县委书记、县新型冠状病毒感染的肺炎疫情联防联控领导小组组长吉秀主持会议并讲话。

27日 全县新冠肺炎疫情联防联控领导小组第九次会议召开。市人大常委会副主任、县委书记、县新冠肺炎疫情联防联控领导小组组长吉秀主持会议并讲话。县委副书记、县政府县长、县新冠肺炎疫情联防联控领导小组组长蔺红军对全县防控工作进行安排。会议传达了中央政治局常委会会议、省委常委会会议和市委常委会会议精神，审议《渭源县新冠肺炎疫情三级应急响应防控工作方案》。县四大班子领导参加会议，县新冠肺炎疫情联防联控领导小组各成员单位负责人参加会议，各乡镇党委书记、乡镇长通过“陇政钉”系统收听收看会议。

27日 市人大常委会副主任、县委书记吉秀，县委副书记、县长蔺红军，县政府副县长郭凯分别看望慰问渭源县援鄂医护人员赵文武、冯淑芳、黄海峰的家属，为他们送去县委、县政府的关怀和问候。

28日 省脱贫攻坚领导小组2020年第二次会议暨中央脱贫攻坚专项巡视反馈意见整改工作领导小组第二次会议召开。县脱贫攻坚领导小组副组长，县四大班子相关领导及其他县级领导，各乡镇党委主要负责人，县脱贫攻坚领导小组有关成员单位主要负责人在县统办楼七楼会议室收听收看会议。

三　月

2日　市人大常委会副主任、县委书记吉秀深入秦祁乡调研脱贫攻坚、疫情防控、春耕备耕等重点工作。

2日　全县脱贫攻坚领导小组办公室2020年第三次会议召开。县委副书记、县脱贫攻坚领导小组办公室主任张振亚主持会议并讲话。

3日　全省体育工作（视频）会议召开。县政府副县长郭凯在县统办楼二楼会议室收听收看会议。

3日　县委副书记、县政府县长蔺红军主持召开县政府第82次常务会议。

4日　市人大常委会副主任、县委书记、县脱贫攻坚领导小组组长吉秀主持召开全县脱贫攻坚领导小组2020年第二次会议暨县中央脱贫攻坚专项巡视反馈问题整改工作领导小组第二次（视频）会议，会议分两个阶段进行。第一阶段会议讨论通过了《渭源县2020年第一批财政涉农整合资金项目计划》《渭源县2020年县级预算财政专项扶贫资金项目计划》《国务院扶贫办定点帮扶资金项目安排计划》《渭源县2020年东西部扶贫协作第一批区级财政帮扶资金安排计划》《渭源县2020年第一批财政专项扶贫资金安排调整计划》《渭源县2020年东西部扶贫协作和中央单位定点扶贫专项行动方案》《全县2020年东西部扶贫协作责任书》《渭源县应对疫情期间财政专项扶贫产业资金调整方案》《渭源县2020年扶贫领域腐败和作风问题专项治理工作要点》。第二阶段（视频）会议领学了《习近平扶贫论述摘编》部分章节和习近平总书记近期关于脱贫攻坚的指示精神；书面传达国务院扶贫开发领导小组积极应对新冠肺炎疫情决战脱贫攻坚电视电话会议、全国扶贫办主任电视电话会议和省市脱贫攻坚领导小组第二次会议暨省市中央脱贫攻坚专项巡视反馈意见整改工作领导小组第二次会议精神；书面通报2020年1—2月份“12317”扶贫领域投诉举报和建档立卡数据质量，签订了《渭源县2020年东西部扶贫协作责任书》；听取县扶贫办、县农业农村局有关单位当前重点工作进展情况和脱贫攻坚“回头看”排查问题整改工作进展情况汇报及莲峰镇、庆坪镇、麻家集镇、大安乡、秦祁乡重点围绕挂牌督战、“3+1”“5+1”方案制定落实、劳动力输转和“两不愁三保障”固强补弱进展情况的汇报。部分乡镇、县直及省市驻渭单位主要负责人通过“陇政钉”系统参加会议。

4日　市人大常委会副主任、县委书记吉秀深入上湾镇调研脱贫攻坚、疫情防控、春耕备耕等当前各项重点工作。

4日　定西市政府与东方龙商务集团举行网络招商引资对接洽谈会。县委副书记、县政府县长蔺红军通过智慧云平台参加会议。

5日　2020年全省河湖管理工作推进（视频）会议召开。县政府副县长潘学明在水务局三楼会议室收听收看会议。

5日　全省道路交通安全工作（视频）会议召开。县政府副县长、公安局局长李宝林在县公安局九楼会议室收听收看会议。

5日　市委农村工作暨全市脱贫攻坚推进会议召开。县四大班子主要领导、分管领导及其他副县级领导，各乡镇党委书记，县直及省市驻渭相关单位主要负责人收听收看会议。

5日　市人大常委会副主任、县委书记吉秀主持召开十四届县委第96次常委会会议。

5日　市人大常委会副主任、县委书记吉秀主持召开县委常委会“不忘初心、牢记使命”主题教育暨县委理论中心组学习会议。

5日　县委常委、统战部部长王嵘带队慰问奋战在抗疫一线的民主党派人士与党外干部代表。

6日　全国决胜决战脱贫攻坚座谈会召开。县四大班子领导及其他副县级领导，各乡镇党委书记，县直及省市驻渭单位主要负责人在县统办楼七楼会议室收听收看会议。

6日　中国共产党渭源县第十四届纪律检查委员会第五次全体会议召开。县委常委、纪委书记、县监委主任张灵勇主持会议，并代表县纪委常委会作工作报告。市人大常委会副主任、县委书记吉秀参加会议并讲话。县四大班子领导及其他县级领导参加会议。市监委委员张武到会指导。会议表决通过中国共产党渭源县第十四届纪律检查委员会常务委员会工作报告，表决通过中国共产党渭源县第十四届纪律检查委员会第五次全体会议决议。县监委委员，纪委监委和派出纪检组及县委巡察办负责人，县直及省市驻渭单位纪委书记、纪检组长、纪检员，县监委特约监察员在主会场列席会议。各乡镇党委书记、纪委书记，县直有关单位主要负责人在主会场参加会议。其他副科级以上干部、纪检专干，各村（社区）党支部书记、主任、监委会主任，驻村帮扶工作队队长，各站办所负责人，中学、学区、中心小学校长，卫生院院长在各乡镇分会场收听收看会议。

6日　全市生态环境保护暨全面从严治党工作（视频）会议召开。县政府副县长李宝林在市生态环境局渭源分局会议室收听收看会议。

8日　县委副书记、县政府县长蔺红军主持召开县政府第83次常务会议。

9日　县政府全体会议暨廉政工作会议召开。县委副书记、县政府县长蔺红军主持会议并讲话。

9日　全市教育工作（视频）会议召开。县政府副县长郭凯在县统办楼二楼会议室收听收看会议。

9日　市人大常委会副主任、县委书记吉秀主持会议召开全县当前农业农村重点工作协调会议。

9日　市人大常委会副主任、县委书记、县委审计委员会主任吉秀主持召开县委审计委员会第三次会议。

9日　县政协主席、清源镇脱贫攻坚前线指挥部总指挥陈栋主持召开清源镇脱贫攻坚前线指挥部第二次调度会议。

10日　市委副书记狄生奎深入渭源县督导调研项目复工和企业复产工作。

10日　县脱贫攻坚领导小组办公室2020年第四次会议召开。县委副书记、县脱贫攻坚领导小组办公室主任张振亚主持会议并讲话。

10日　全国森林草原防灭火电视电话会议召开。县委常委、县政府常务副县长张拴宝在县统办楼二楼会议室收听收看会议。

11日　县委农村工作暨全县脱贫攻坚推进会议召开。县委副书记张振亚主持会议并贯彻落实会议精神作出安排；会议签订渭源县2019年度脱贫攻坚责任书。市人大常委会副主任、县委书记吉秀、县委副书记、县政府县长蔺红军参加会议并讲话。县委常委、组织部部长王世宴宣读《中共渭源县委渭源县人民政府关于兑现2018年度脱贫攻坚业绩考核奖罚结果的决定》。第二阶段会议各乡镇镇村干部、驻村帮扶工作队通过“陇政钉”系统收听收看会议。

11日　全市文体广电和旅游工作（视频）会议召开。县政府副县长郭凯在县统办楼二楼会议室收听收看会议。

11日　全市扫黑除恶专项斗争（视频）会议暨领导小组第13次（扩大）会议。县委常委、纪委书记张灵勇，县委常委、组织部部长王世宴在县统办楼七楼会议室收听收看会议。

12日　市人大常委会副主任、县委书记吉秀在大安乡脱贫攻坚前线指挥部2020年第三次会议。

12日　全市城乡林业生态建设部署会召开。县委副书记、县政府县长蔺红军，县委常委左冬梅，县人大常委会副主任李云林，县政协副主席董学军、县人民检察院检察长赵金铸及县直、省市驻渭各单位主要负责人在县统办楼七楼会议室收听收看会议，各乡镇参会人员在乡镇分会场收听收看会议。

12日 全县城乡生态林业建设部署会议召开。

13日 统筹推进全省教育系统新冠肺炎疫情防控和教育脱贫攻坚工作（视频）会议召开。县政府副县长郭凯通过“陇政钉”参加。

13日 县委反腐败协调小组召开2020年第一次会议。

13日 全市马铃薯产业发展推进电视电话会议召开。县委常委左冬梅，县政府副县长潘学明在县统办楼七楼会议室收听收看会议。

13日 全市草牧业发展推进电视电话会议召开。县委常委左冬梅，县政府副县长潘学明在县统办楼七楼会议室收听收看会议。

16日 全市政府债券项目谋划争取培训班召开。县委副书记、县政府县长蔺红军，县政府副县长郭凯、潘学明在县统办楼七楼会议室收听收看会议。

17日 全市森林草原防灭火工作电视电话会议召开。县委常委、常务副县长张拴宝在县统办楼二楼会议室收听收看会议。

17日 2020年农村户厕建设改造技术培训视频会议召开。县政府副县长郭凯主持会议。县委副书记张振亚参加会议并讲话。

17日 受县委副书记、县政府县长蔺红军委托，县委常委、县政府常务副县长张拴宝主持召开县政府第84次常务会议。

18日 渭源县2020年投资项目集中开工复工仪式在县城区生活污水处理厂举行。县委常委、县政府常务副县长张拴宝主持仪式。市委常委、市政府常务副市长王钧，市政协副主席郭宽宇，县人大常委会主任李新定，县委副书记、县政府县长蔺红军，县政协主席陈栋及市直有关部门负责人参加仪式。此次集中开工复工项目35项，总投资18.8亿元。

18日 全省决战决胜脱贫攻坚重点工作推进会议召开。市委常委、市政府常务副市长王钧，市人大常委会副主任、县委书记吉秀，县委副书记、县政府县长蔺红军及其他县级领导，县脱贫攻坚领导小组成员单位、各乡镇主要负责人在县统办楼七楼会议室收听收看会议。

18—19日 省人大常委会党组书记、副主任王玺玉一行调研我县脱贫攻坚工作。王玺玉一行深入大安乡井儿山村、秦祁乡白土坡村、莲峰镇簸箕湾村，随机走访部分农户，详细了解他们的生产生活、产业培育、巩固提升措施制定落实。同时还深入北寨镇、秦祁乡、莲峰镇部分企业、专业合作社和扶贫车间调研生产情况，并就村集体经济收入、产业发展、群众增收致富措施等与乡村社基层干部和企业负责人进行交流。

19—20日 渭源县“十四五”规划编制、重大项目谋划、招商引资、政府债券和外贷项目培训班举行。特别邀请中科院黄金川教授，中国城市综合开发与产业地产运营专家、中国五矿城市发展研究院执行院长郭巍教授分别以《“十四五”时期的发展谋划》《政府重大投资项目谋划》为题，围绕“十四五”规划编制、外贸项目、招商引资、重大项目谋划等方面进行讲解。

20日 全省经济发展重点工作推进（视频）会议召开。县领导吉秀、蔺红军、郭凯、潘学明，县直及省市驻渭单位负责人，各银行及部分企业负责人在县统办楼七楼会议室收听收看会议。

20日 市人大常委会副主任、县委书记吉秀主持召开十四届县委常委会第97次会议暨省委第三巡视组巡视反馈问题整改领导小组会议。

20日 全省经济发展重点工作推进（视频）会议召开。县领导吉秀、蔺红军、郭凯、潘学明，县直及省市驻渭单位负责人，各银行及部分企业负责人在县统办楼七楼会议室收听收看会议。

23日 2020年全县工作会议召开。县委副书记张振亚主持会议。市人大常委会副主任、县委书记吉秀参加会议并讲话。县委副书记、县政府县长蔺红军参加会议并讲话，会议传达中央和省市会议精神，兑现了2019年度全面从严治党暨经济社会建设综合目标管理责任书考核结果，签订了《2020年渭源县党委（党组）意识形态工作责任书》。

23日 按照市上《“1+1托5机制”工作任务推进方案》要求，市政协主席陈国栋一行深入渭源县督导调研相关项目建设情况。

23日 全市道路交通安全工作（视频）会议召开。县政府副县长、公安局局长李宝林在县公安局九楼会议室收听收看会议。

24日 县委副书记、县政府县长蔺红军主持召开县政府党组会议。

24日 县政协主席、清源镇脱贫攻坚前线指挥部总指挥陈栋深入清源镇马家窑、里仁、聂家山等村，就疫情防控、脱贫攻坚、春耕生产、产业基地建设等工作进行调研指导。

24日 市委巡察工作会议暨扶贫领域腐败和作风问题治理专项巡察提级反馈会议召开。县委副书记、县政府县长蔺红军，县委副书记张振亚、刘爱君，县委常委、纪委书记张灵勇，县委常委、宣传部部长何晓云，县委常委、组织部部长王世宴，县政府副县长潘学明在县统办楼七楼会议室收听收看会议。

24日 2020年东西部扶贫协作工作推进会在县统办楼二楼会议室召开。县委常委、副县长林柳强主持会议并讲话。

24日 首阳山AAAAA级景区举行揭牌仪式。县政府副县长郭凯，县委常委左冬梅，定西市渭河源大景区管理委员会主任魏长缨、副主任何俊参加揭牌仪式。

25日 县脱贫攻坚领导小组办公室2020年第五次会议召开。县委副书记、县脱贫攻坚领导小组办公室主任张振亚主持会议并讲话。

25日 全县产业基地建设及合作社改组改造规范提升工作调度会议在北寨镇召开。县委副书记张振亚主持会议并讲话。县委副书记、县政府县长蔺红军，北寨镇、县直有关部门负责人在北寨镇会议室参加会议。各乡镇、各单位参会人员通过“陇政钉”系统参加会议。

25日 全县县直机关党组书记抓党建工作述职评议暨党建工作会议召开。

25日 市人大常委会副主任、县委书记吉秀深入路园、五竹等地调研督导脱贫攻坚“百日会战”行动开展情况。

26日 全国政协常委、省政协副主席郝远带领省政协调研组来渭源，就“黄河流域甘肃段生态保护和治理”监督性情况进行专题调研。

26日 市人大常委会副主任郭维团一行深入渭源调研督导相关项目建设和企业复工复产情况。

26日 政协第九届渭源县委员会常务委员会第十九次会议召开。县政协主席陈栋出席会议并讲话，县委常委、统战部部长王嵘，县政府副县长郭凯，县政协副主席庞元平、金雁东、董学军、康学斌，副县级干部艾国荣出席会议。会议组织学习习近平总书记3月6日在决战决胜脱贫攻坚座谈会上的讲话精神；传达学习省委政协工作会议精神、中共渭源县委第十四届十八次全体会议精神暨县委经济工作会议精神。以举手表决的方式审议通过政协渭源县委员会全体会议工作规则，政协渭源县委员会常委会会议工作规则，政协渭源县委员会委员履职规则。协商通过政协渭源县委员会关于加强和改进调研视察工作的实施意见和关于进一步提高协商议政质量的意见（试行），政协渭源县委员会关于推进建言资政和凝聚共识双向发力的意见和政协渭源县委员会关于加强和改进反映社情民意信息工作的意见。会议听取了县政府关于九届四次会议以来提案办理情况和全县疫情防控工作情况及复工复产工作情况的通报，听取了县政协常委会2020年工作要点情况说明。

26日 全县县直机关党组书记抓党建工作述职评议暨党建工作会议召开。

26日 全市应急管理工作暨安委会2020年第一次全体（扩大）会议召开之后在县统办楼七楼会议室接着召开全县应急管理工作暨县安委会2020年第一次全体（扩大）会议。市人大常委会副主任、县委书记吉秀主持县上会议并讲话。

26日 全县城乡林业生态建设暨春季造林绿化动员（视频）会议在县统办楼七楼会议室召开。市人大常委会副主任、县委书记吉秀参加会议并讲话。县委副书记、县长蔺红军主持会议。会议通报了2019年全县林业生态建设情况。

26日 渭源县生态环境保护工作领导小组和县生态环境保护委员会2020年第一次会议召开。县委副书记、县政府县长蔺红军主持会议。市人大常委会副主任、县委书记吉秀作了讲话，县委常委、县政府常务副县长张拴宝，县委常委、政法委书记杨永吉，县政府副县长潘学明参加会议。

26日 兰州渭源商会“投资家乡、对接项目”座谈会暨渭源县面对面招商推介会议召开。县政府副县长郭凯主持会议。甘肃省工商联顾问、原副主席姬书平，兰州渭源商会会长、甘肃华茂房地产开发有限责任公司董事长曹武庆参加会议。

27日 全县组织工作重点任务推进会议召开。县委常委、组织部部长王世宴参加会议并讲话。

27日 县人大常委会党组全面从严治党暨意识形态工作专题会议召开。

27日 渭源全县乡镇纪委监督执纪监察协作区工作全面启动。

30日 全县深化放管服改革优化营商环境工作推进会召开。县委常委、县政府常务副县长张拴宝主持会议并讲话。

30日 县委人才工作领导小组（扩大）会议召开。县委副书记、县政府县长、县委人才工作领导小组组长蔺红军主持会议。市人大常委会副主任、县委书记、县委人才工作领导小组组长吉秀参加会议并讲话。

30日 县委编委2020年第一次会议召开。市人大常委会副主任、县委书记、编委主任吉秀主持会议并讲话。

30日 全省脱贫攻坚领导小组2020年第五次会议暨中央脱贫攻坚专项巡视反馈意见整改工作领导小组第五次召开。县领导李新定、陈栋、张振亚、刘爱君、刘胜安、王世宴、张显峰、林柳强、左冬梅、李云林、董学军、潘学明、艾国荣，各乡镇、各部门主要负责人在县统办楼七楼会议室收听收看会议。

31日 渭源县行政村专职党组书记培训班开班。县委常委、组织部部长王世宴参加开班仪式并讲话。

31日 全省中央脱贫攻坚专项巡视“回头看”和2019年度国家脱贫攻坚成效考核反馈意见整改暨全省决战决胜脱贫攻坚推进大会召开。县四大班子领导及人武部领导、法院和检察院主要负责同志，其他副县级领导，各乡镇、各部门主要负责人，县扶贫办班子成员在县统办楼七楼会议室收听收看会议。

31日 市人大常委会副主任、县委书记吉秀，县人大常委会主任李新定，县委副书记，县政府县长蔺红军，县政协主席陈栋等县四大班子领导赴清源镇王家店村参加义务植树活动。

四　月

1日 全省易地扶贫搬迁工作推进会暨基础设施和易地搬迁专责组工作会议召开。市人大常委会副主任、县委书记吉秀，县委副书记、县政府县长蔺红军，县委常委、常务副县长张拴宝在县统办楼七楼会议室收听收看会议。

1日 县委副书记、县政府县长蔺红军主持召开县政府第85次常务会议。

1日 全国禁毒工作电视电话会议召开。县委常委、政法委书记杨永吉，县政府副县长、公安局局长李宝林在县统办楼七楼会议室收听收看会议。

2日　中国扶贫基金会“百美村宿”项目部项目处长张皓博一行2人，来渭源县调研会川镇罗家磨“百美村宿”项目。

2日　市人大常委会副主任、县委书记吉秀主持召开十四届县委第98次常委会会议。

2日　中央脱贫攻坚专项巡视“回头看”和2019年度国家脱贫攻坚成效考核反馈意见整改暨全市决战决胜脱贫推进会议召开。县领导张振亚、刘爱君、张灵勇、张拴宝、王嵘、何晓云、杨永吉、王世宴、张显峰、林柳强、左冬梅，县法院和检察院主要负责人，其他副县级领导；各乡镇党委、政府主要负责人，县直及省市驻渭各单位主要负责人，县扶贫办主任、各副主任在县统办楼七楼会议室收听收看会议。

2日　全国防汛抗旱工作电视电话会议召开。县政府副县长潘学明在县统办楼二楼会议室收听收看会议。

3日　市人大常委会副主任、县委书记、县脱贫攻坚领导小组组长吉秀主持召开全县脱贫攻坚领导小组2020年第三次会议暨县中央脱贫攻坚专项巡视反馈问题整改工作领导小组第三次会议。会议原则审议通过了《渭源县2020年市级第一批财政专项扶贫资金项目计划》《渭源县2020年第二批财政专项扶贫资金项目计划》《渭源县定点扶贫协调引进碧桂园集团帮扶资金项目计划》《渭源县2020年东西部扶贫协作市级及第二批区级财政帮扶资金项目计划》和《渭源县中央脱贫攻坚专项巡视“回头看”和2019年度国家脱贫攻坚成效考核反馈意见整改方案》。

3日　全县中央脱贫攻坚专项巡视“回头看”和2019年度国家脱贫攻坚成效考核反馈意见整改暨全县决战决胜脱贫攻坚推进（视频）会议召开。县委副书记、县政府县长蔺红军主持会议。市人大常委会副主任、县委书记吉秀志参加会议并讲话。会议组织学习了习近平总书记近期脱贫攻坚会议上的讲话精神，书面传达省市脱贫攻坚、问题整改和决战决胜脱贫攻坚推进会议精神，签订2020年脱贫攻坚责任书，书面通报第一季度全县脱贫攻坚重点任务完成和全县财政扶贫资金支出报账情况，听取有关乡镇、部门挂牌作战及重点工作任务进展情况汇报，安排部署当前脱贫攻坚重点工作。

3日　县委巡察工作暨巡视巡察反馈问题整改工作推进会议召开。县委常委、县纪委书记、县监委主任张灵勇主持会议。县委副书记、县政府县长蔺红军主持会议并讲话。

4日　全市重大动物疫病防控工作会议召开。县政府副县长潘学明通过“陇政钉”系统收听收看会议。

8日　全省就业扶贫工作推进视频会议召开。县领导蔺红军、张振亚、张拴宝、左冬梅在县统办楼二楼会议室收听收看会议。

8日　全县脱贫攻坚重点任务落实调度会议召开。市人大常委会副主任、县委书记吉秀主持会议并讲话。

8日　市委副书记、市长戴超一行深入渭源县调研区域经济发展工作并召开座谈会，戴超先后来到金鸡产业园、工业集中区、田地公司、渭河城区段生态保护治理现场、五竹镇现代农业示范园，实地调研马铃薯、中医药、旅游业发展和工业园区建设、渭河源生态保护治理等工作，深入了解我县巩固脱贫攻坚成果、推动区域经济发展情况。

8日　市政府副市长陈学俭一行深入秦祁乡白土坡村挂牌督战村督导调研脱贫攻坚工作。

8日　渭源县驰援湖北白衣战士赵文武、冯淑芳凯旋，在老君山广场举行欢迎仪式。县四大班子主要领导和分管领导出席欢迎仪式，县直有关单位负责同志及各级干部、群众代表共计390人参加。县委副书记、县政府县长蔺红军主持仪式。市人大常委会副主任、县委书记吉秀致欢迎辞。

9日 市人大常委会副主任、县委书记吉秀主持召开十四届县委第99次常委会会议。

9日 市人大常委会副主任、县委书记吉秀主持召开十四届县委第20次全体会议。

9日 县委常委会“不忘初心、牢记使命”主题教育暨县委理论中心组举行集中学习。市人大常委会副主任、县委书记吉秀主持学习并讲话。

9日 市人大常委会副主任、县委书记吉秀深入清源、莲峰两镇督导调研春季造林及脱贫攻坚工作。

10日 渭源县“百美村宿”乡村旅游扶贫示范项目在会川镇罗家磨村举行开工仪式。县委副书记刘胜安宣布项目开工。县委常委左冬梅主持开工仪式。县委常委、副县长张显峰，县人大常委会副主任李婉玉，县政府副县长郭凯，县政协副主席金雁东，渭河源景区管委会主任魏长缨，中国扶贫基金会“百美村宿”项目部、西坡集团、“3+2读书会”负责人及会川镇干部群众代表参加开工仪式。

10日 市人大常委会副主任、县委书记吉秀深入城区各学校，调研督导学生复学、校园防控工作。

10日 县人大常委会主任李新定，县委副书记、县长蔺红军，县政协主席陈栋分别深入县财政局、水务局，渭河源大景区管理委员会、县教体局、交运局，通过听取汇报、现场提问、当堂测试等方式，督查各单位帮扶责任落实、帮扶责任人帮扶责任落实情况。

10日 渭源县商品薯基地建设现场推进会田地民丰马铃薯产业专业合作社联合社成立大会在北寨镇张家堡村举行，标志着我县第一家实体化运营的联合社正式落地。县委副书记张振亚主持会议并讲话。

10日 全国安全生产电视电话会议及市应急管理委员会暨市安委会2020年第二次全体（扩大）会议召开。县委副书记、县政府县长蔺红军，县委副书记张振亚，县委常委、县政府常务副县长张拴宝，县委常委左冬梅在县统办楼二楼会议室收听收看。

11日 市人大常委会副主任、县委书记吉秀主持召开全县帮扶单位脱贫攻坚责任落实督查培训会。

11日 新华社甘肃分社党组书记、社长任卫东深入渭源县调研生态保护综合治理和乡村旅游产业发展情况，任卫东一行先后来到秀峰山景区、渭河源大景区、五竹镇现代农业示范园区、甘肃田地农业科技有限公司，实地调研我县生态保护综合治理、文化旅游业、马铃薯产业发展等工作。

11日 兰州大学党委书记马小洁一行深入秦祁乡调研脱贫攻坚帮扶工作，在岗家岔村和中坪村走访慰问贫困户。马小洁一行看望了兰州大学第二医院义诊医生，了解义诊期间的接诊和免费药品发放情况。

11日 全县帮扶单位脱贫攻坚责任落实督查培训会议召开。市人大常委会副主任、县委书记吉秀主持会议并讲话。

13日 全县中药材基地建设暨产业发展框架协议签约仪式在县统办楼二楼会议室举行。县委副书记、县政府县长蔺红军代表县政府和甘肃药业投资集团有限公司党委委员、副总经理李俨钧签约。

13日 县人大常委会主任李新定到会川镇通过听取汇报、现场提问、当堂测试等方式，对帮扶责任落实情况进行督查。

13日 市人大常委会副主任、县委书记吉秀通过听取汇报、现场提问、当堂测试等方式，对清源镇帮扶工作和扶责任人落实情况进行督查。

13日 甘肃省2020年河湖长制工作会议召开。市人大常委会副主任、县委书记吉秀，县委副书记、县政府县长蔺红军，县级总河长、副总河长、各县级河长，县级河长制责任单位主要负责人，县人民检察院相关负责人，县河长制办公室负责人，全县县、镇级河湖长及相关单位负责人在县统办楼七楼会议室收听收看会议。

13日　渭源县总河长暨全县河湖长制工作推进会议召开。市人大常委会副主任、县委书记吉秀主持会议并讲话。

13日　全县脱贫攻坚领域问题整改推进会议召开。县委副书记张振亚主持会议并讲话。

13日　全县脱贫攻坚领导小组办公室2020年第六次会议召开。县委副书记、县脱贫攻坚领导小组办公室主任张振亚主持会议并讲话。

14日　渭源县东西部扶贫协作重点工作推进会议召开。县委常委、县政府副县长林柳强主持会议并讲话

14日　县委副书记、县政府县长蔺红军主持召开县政府第86次常务会议。

14日　全省安委会第二次全体（扩大）会议及省市防灾减灾工作会议召开。县委副书记、县政府县长蔺红军，县委副书记张振亚，县委常委、县政府常务副县长张拴宝，县委常委左冬梅，县政府副县长郭凯、潘学明、李宝林在县统办楼二楼会议室收听收看会议。

15日　中央脱贫攻坚专项巡视“回头看”2019年度国家脱贫攻坚成效考核和中央纪委国家监委调研督导反馈问题整改集中约谈会议召开。市人大常委会副主任、县委书记吉秀主持会议并讲话。

15日　市人大常委会副主任、县委书记、县委全面深化改革委员会主任吉秀主持召开县委全面深化改革委员会第三次会议。会议书面传达学习中央和省市相关改革工作会议精神；书面听取各专项小组改革情况汇报；审议通过《中共渭源县委全面深化改革委员会2020年工作要点》《中共渭源县委全面深化改革委员会2020年工作台账》；审议了《渭源县残疾人联合会改革方案》《渭源县计划生育协会改革方案》《渭源县红十字会改革方案》。

15日　2020年县委议军会暨全县武装工作会议召开。市人大常委会副主任、县委书记吉秀出席会议并讲话。

15日　市人大常委会副主任、县委书记吉秀主持召开全面从严治党主体责任落实集中约谈会。

15日　市人大常委会副主任、县委书记、县委全面依法治县委员会主任吉秀主持召开县委全面依法治县委员会第二次会议。

15日　全县统战工作领导小组全体会议召开。市人大常委会副主任、县委书记吉秀主持会议并讲话。

15日　全县脱贫攻坚2020年驻村帮扶工作推进调度培训会议召开。县委副书记刘爱君主持会议。市人大常委会副主任、县委书记吉秀出席会议并讲话。

15日　支援武汉第二批医护人员黄海峰欢迎仪式在县疾控中心楼前举行。县政府副县长郭凯主持仪式，县委常委、县委宣传部部长何晓云致欢迎辞。县人大常委会副主任李婉玉，县政协副主席金雁东，卫健系统医护人员参加仪式。

16日　县委副书记、县政府县长蔺红军主持召开县政府第87次常务会议。

16日　全国供销联社扶贫工作电视电话会议召开。县委常委、县委统战部部长王嵘，县政府副县长李宝林在县电信局三楼会议室收听收看会议。

16日　全市扶贫办主任（扩大）会议暨党风廉政建设会议召开。县委副书记张振亚，县委常委左冬梅在县统办楼七楼会议室收听收看会议。

16日　县脱贫攻坚领导小组办公室2020年第七次会议召开。县委副书记、县脱贫攻坚领导小组办公室主任张振亚主持会议并讲话。

16日　省国防动员和后备力量三项基础建设领导小组会暨工作推进会议召开。县委副书记张振亚，县政府副县长潘学明，县人武部政委郝静科在县人武部四楼会议室收听收看会议。

16—17日　县人大常委会组织部分市县人

大代表视察全县脱贫攻坚工作，全面了解脱贫攻坚取得的成效和当前巩固提升情况。市县人大代表围绕全县“3+1”冲刺清零后续行动和“5+1”脱贫攻坚质量提升专项行动等脱贫攻坚“百日会战”重点任务开展落实情况，先后深入新寨、大安、北寨、路园、锹峪、莲峰、五竹、上湾、会川等乡镇，通过实地查看、听取汇报、询问交流等方式，对产业扶贫、就业扶贫、交通扶贫三大提升行动，易地搬迁后续任务落实和农村人居环境专项整治等情况进行了重点视察，全面了解脱贫攻坚工作取得的成效。并组织召开座谈会。

17日 2020年省、市脱贫攻坚帮扶工作推进会议召开。县委副书记、县政府县长蔺红军，县委副书记张振亚、刘爱君，县委常委、县委组织部部长王世宴，县委常委、县政府副县长张显峰，县委常委、县政府副县长林柳强，县委常委左冬梅在县统办楼七楼会议室收听收看会议。

20日 市人大常委会副主任、县委书记吉秀主持召开县委常委会扩大会议，并套开县脱贫攻坚领导小组第四次会议暨全县中央脱贫攻坚专项巡视反馈意见整改工作领导小组第四次会议、县委理论中心组学习会议。会议传达学习了中央政治局会议、中央脱贫攻坚约谈会议和省市委常委扩大会议精神，通报了全县脱贫攻坚重点任务和拆危治乱专项行动进展情况，进一步分析形势，压实责任，动员全县上下以背水一战的决心、敢死拼命的劲头、真抓实干的作风，坚决彻底抓好中央脱贫攻坚专项巡视“回头看”和国家成效考核及各类监督检查反馈问题的整改，集中精力打赢打好百日会战，确保全面完成决战决胜脱贫攻坚目标任务，全面建成小康社会。

20日 市直单位帮扶渭源县脱贫攻坚协调推进会暨挂牌督战会议召开。市委书记唐晓明主持会议并讲话。市人大常委会副主任、渭源县委书记吉秀汇报了渭源县脱贫攻坚工作情况及2020年工作计划。市委办公室主要负责人汇报了市直单位帮扶渭源县工作开展情况；5个未退出贫困村帮扶单位负责人作了发言。

20日 市人大常委会副主任、市委组织部常务副部长刘志杰带领考核组来渭源县考核渭源人大工作暨评议市发改委工作。

21日 全省脱贫攻坚和整改工作视频调度会议召开。县领导吉秀、蔺红军、张振亚、刘胜安、张显峰、左冬梅、潘学明在县统办楼二楼会议室收听收看会议。

21日 全省脱贫攻坚帮扶工作推进会议召开。县领导蔺红军、张振亚、刘爱君、王世宴、张显峰、林柳强、左冬梅、李云林、董学军在县统办楼七楼会议室收听收看会议。

21日 全市农村人居环境整治暨“四有人员”住危房清零推进会议召开。县委副书记张振亚，县委常委、政法委书记杨永吉，县政府副县长潘学明在县统办楼二楼会议室收听收看会议。

21日 县政协召开党组（扩大）会议暨九届39次主席会议。县政协党组书记、主席陈栋主持会议讲话。会议传达学习贯彻4月17日中共中央政治局会议精神，中央脱贫攻坚约谈会议精神，传达学习省委常委会扩大会议精神、全省中央脱贫攻坚专项巡视“回头看”和国家脱贫攻坚成效考核反馈意见整改暨全省决战决胜脱贫攻坚推进大会精神，全省脱贫攻坚帮扶工作推进会议精神和市委、县委常委会扩大会议精神，研究部署县政协贯彻落实工作。会议还审议通过了《中共政协渭源县委员关于落实意识形态工作的实施意见》，安排部署县政协意识形态工作。陈栋就落实全面从严治党主体责任、落实中央脱贫攻坚专项巡视“回头看”2019年度国家脱贫攻坚成效考核和中央纪委国家监委调研督导反馈问题整改进行了集中约谈。在随后召开的县政协九届39次主席会议上，审议通过了《关于持续开展“脱贫攻坚·政协委员有作为”活动的实施方案》《关于对全县2020年脱贫攻坚工作开展监督性调研的方案》《关于对全县农村劳动力培训转移工作进行专题调研的方案》《关于对工业集中区建设与管理情况进行界别协商的方案》和《关于对全县春季植树造林工作进行观摩的方案》。

22日　全省兜底保障工作推进暨政策解读培训视频会议召开。县委副书记张振亚，县政府副县长潘学明在县统办楼七楼会议室收听收看会议。

22日　全县项目债券工作推进会议召开。县委副书记、县政府县长蔺红军主持会议并讲话，县领导杨永吉、张显峰、郭凯、潘学明、李宝林参加会议。

22日　全县金融支持县域经济发展推进会议召开。市人大常委会副主任、县委书记吉秀主持会议并讲话。县委副书记、县政府县长蔺红军出席会议并讲话。

22日　全市东西部扶贫协作实操培训班在渭源县开班。安定、通渭、陇西、临洮、渭源等县区扶贫办分管副主任作了交流发言。市扶贫办、市劳务办相关负责人，福州市在定西市七县区挂职的政府办、扶贫办副主任，七县区扶贫办分管副主任和业务骨干、劳务办业务骨干，贫困发生率在10%以上的贫困村所在乡镇扶贫站站长参加培训。

22日　市人大常委会副主任、县委书记吉秀深入大安乡、北寨镇调研督导脱贫攻坚当前重点工作和问题整改进展情况。县人大常委会主任李新定、县委副书记刘爱君一同调研。

23日　全省脱贫攻坚农村饮水安全暨整改工作调度会议召开。县政府副县长潘学明在县水务局三楼会议室收听收看会议。

23日　渭源县2020年4月份投资项目集中开复工仪式在县清源路棚户区改造（润源华府）项目现场举行。市人大常委会副主任、县委书记吉秀主持开复工仪式。县委副书记、县政府县长蔺红军介绍集中开复工项目情况，市委常委、市委秘书长梁兆光出席仪式并宣布项目开工。

23日　市人大常委会副主任、县委书记吉秀主持召开十四届县委第101次常委会会议。

23日　县纪委召开常委（扩大）会议，专题传达学习《赵乐际在甘肃调研及七省市纪委书记座谈会精神》，研究贯彻落实意见。县委常委、县纪委书记、县监委主任张灵勇主持会议并讲话。

23日　全县2020年农业保险工作推进（视频）会议在县统办楼五楼会议室召开。会议由县政府副县长潘学明主持。县委副书记张振亚参加会议并讲话。乡镇参会人员通过“陇政钉”系统收听收看会议。

23—24日　县政协组织部分常委、委员就全县农村劳动力培训转移工作进行专题调研。

23—24日　县政协组织工商、经济界部分委员和县工业集中区管委会及部分企业负责人，深入甘肃田地白家食品有限公司等7家企业，就渭源县工业集中区建设与管理工作开展了政协委员界别协商活动。

24日　渭源县金融工作联席会议暨全县打击和处置非法集资领导小组议程、防范化解农合机构风险推进会议召开。县政府副县长郭凯主持会议并讲话。

24日　县人大常委会召开党组会议暨理论中心组学习会议。县人大常委会党组书记、主任李新定主持会议并讲话。

24日　省、市妇联领导来渭源县检查指导妇联工作。

26日　渭源县驻村帮扶工作队总队长工作班子会议召开。县委副书记刘爱君主持会议并讲话。县帮扶办主任艾国荣和两个督查组组长通报了近期明察暗访情况。

26日　市人大常委会副主任、县委书记吉秀，县委副书记、县长蔺红军等县领导一行深入秦祁乡，督导脱贫攻坚重点任务落实“百日会战”推进工作。

27日　全省农业生产暨产业扶贫工作（视频）会议召开。县政府副县长潘学明在县统办楼二楼会议室收听收看会议。

27日 全省中小微企业发展推进（视频）会议召开。县领导蔺红军、王嵘、郭凯、潘学明、李宝林在县统办楼二楼会议室收听收看会议。

27日 全县驻村帮扶工作总队长集体约谈乡镇党委书记会议召开。县委副书记、全县驻村帮扶工作队总队长刘爱君出席会议并集体约谈各乡镇党委书记。县委常委、组织部部长王世宴主持会议并就具体工作进行安排部署。

27日 全县脱贫攻坚2020年驻村帮扶工作培训（第二期）会议召开。县委副书记刘爱君主持会议。县委副书记张振亚参加会议并讲话。27日至28日全天对脱贫攻坚相关政策进行全面培训，各村新调整的队长和队员共计约190多人参加培训会议。

27日 县委编委会议召开。市人大常委会副主任、县委书记吉秀主持会议并讲话。

27日 市人大常委会副主任、县委书记吉秀主持召开十四届县委第102次常委会会议。

27日 市人大常委会副主任、县委书记吉秀深入莲峰镇督导调研脱贫攻坚当前重点工作和问题整改进展情况。

28日 全县政府系统重点工作推进会议召开。县委副书记、县政府县长蔺红军主持会议并讲话。

28日 全省促消费扩内需工作推进（视频）会议召开。县领导蔺红军、张振亚、张显峰、左冬梅、李宝林在县统办楼七楼会议室收听收看会议。

28日 全市健康扶贫专责组暨健康扶贫工作推进会议召开。县政府副县长郭凯通过“陇政钉”系统参加会议。

28日 市政府副市长马文玫调研渭源县A级景区创建、景区安全、乡村旅游及“1+1托5机制”落实情况。

28日 渭源县2020年家政服务培训班开班。

28—29日 县政协组织部分政协常委、委员对全县农村劳动力培训转移工作开展了专题调研。

28日 全省高考综合改革工作推进（视频）会议召开。县政府副县长郭凯在县统办楼二楼会议室收听收看会议。

28—29日 市委常委、政法委书记张晓强深入渭源县政法机关、企业、产业基地，实地调研渭源县扫黑除恶专项斗争、优化营商环境等工作。

29日 由县四大班子主要领导带队，分四个片区召开全县农村人居环境整治暨脱贫攻坚反馈问题整改落实和“3+1”冲刺清零现场推进会。通过实地观摩、现场评价，深入查摆当前工作中存在的问题，推广典型、鞭策后进，督促全县各级各部门准确把握形势、增强危机意识、强化责任使命，聚焦最后堡垒，尽锐出战，进一步盯时限、盯短板、盯弱项、盯漏洞，以更加严实的工作作风，不胜不休，确保按期高质量打赢脱贫攻坚战。

29日 县委副书记、县政府县长蔺红军主持召开县政府第88次常务会议。

30日 渭源县2020年高考备考推进会议召开。县委副书记、县政府县长蔺红军主持会议并讲话。

30日 省政府召开根治拖欠农民工工资工作领导小组2020年第一次调度电视电话会议，之后召开全市农民工工作、根治拖欠农民工工资工作电视电话会议。县委常委、县政府副县长张显峰在县统办二楼会议室收听收看会议。

30日 县政协经济界政协委员界别协商座谈会召开。

五 月

6日 县委副书记、县脱贫攻坚领导小组办公室主任张振亚主持县脱贫攻坚领导小组办公室2020年第八次会议。

6日 全省脱贫攻坚问题检视清零行动（视

频）培训会议召开。县委副书记张振亚，副县长潘学明在县统办楼二楼会议室收听收看会议。

6日 市人大常委会副主任、县委书记吉秀调研指导大安乡潘家湾村软弱涣散党组织整顿提升工作。

6日 市人大常委会副主任、县委书记吉秀深入产业园区、部分镇村，实地督导调研我县扶贫产业项目建设与运营、拆危治乱、问题整改等当前重点工作进展情况。吉秀先后深入金鸡产业扶贫项目区、渭水源药业、维佳农业科技有限公司，实地了解项目建设进度、带贫机制建立、贫困人口就业等情况。

6日 县政协主席、清源镇脱贫攻坚前线指挥部总指挥长陈栋主持召开清源镇“百日会战”暨当前重点工作任务推进会议。

7日 县委副书记、县政府县长蔺红军主持召开县政府第89次常务会议。

7日 省委副书记孙伟一行深入渭源县五竹镇五竹村、会川镇干乍村、路园镇三河口村金鸡产业、渭河源药业企业和村调研脱贫攻坚工作。

7日 全省市域社会治理现代化示点工作推进（视频）会议召开。县政府副县长、公安局局长李宝林在县公安局九楼会议室收听收看会议。

7日 县政府副县长潘学明主持召开全县自然保护地勘界立标调查摸底报告意见征求会议。

7日 全省第17个民族团结进步宣传月活动视频动员大会暨市县党委主要领导统战工作培训班开班仪式召开。市人大常委会副主任、县委书记吉秀，县委常委、统战部部长王嵘在县统办楼七楼会议室收听收看会议。

8日 全县禁毒委全体会议暨全县禁毒、反恐怖工作会议召开。

8日 市人大常委会副主任、县委书记吉秀主持召开十四届县委第103次常委会（扩大）会议，并套开县脱贫攻坚领导小组第五次会议暨县中央脱贫攻坚专项巡视反馈意见整改工作领导小组第五次（视频）会议。

8日 市人大常委会副主任、县委书记吉秀主持召开十四届县委第104次常委会会议。

8日 县委副书记、县长蔺红军主持会议主持召开全县“六保”工作推进会暨运行分析调度会召开。市人大常委会副主任、县委书记吉秀讲话。

8日 县委常委、县政府副县长张显峰主持召开兰渝铁路和渭武高速被征地农民养老保险工作会议。

9日 县纪委监委创新“定点进驻”监督方法，由县纪委监委班子成员带队，抽调县乡纪检监察干部和村务监督委员会主任、村级廉政义务监督员组成5个督查组，对大安乡邱家川村、莲峰镇簸箕湾村、庆坪镇老王沟村、麻家集镇土牌湾村、秦祁乡白土坡村5个未脱贫村开展全覆盖“定点进驻”督查。发现脱贫攻坚政策宣传不到位、人居环境脏乱差、拆旧复垦和拆危治乱工作滞后等各类问题86个，向5个乡镇党委政府下发了《整改督办函》，督促完成了整改工作各项任务。

9日 县委副书记、县驻村帮扶工作队总队长刘爱君主持召开全县驻村帮扶工作队总队长调度会暨反馈问题整改约谈会议。

9日 甘肃省中央生态环境保护督察反馈问题整改工作动员部署会议召开。县领导吉秀、蔺红军、杨永吉、郭凯、潘学明、李宝林在县统办楼七楼会议室收听收看会议。

9日 县委副书记张振亚主持全县脱贫攻坚问题检视清零行动培训会议。

9日 全国打击侵权假冒工作电视电话会议召开。县政府副县长、公安局局长李宝林在县统办楼二楼会议室收听收看会议。

11日 市人大常委会副主任、县委书记吉秀赴贵州省雷山县参加国务院扶贫办定点扶贫现场推进会，就渭源县脱贫攻坚进展情况作了汇报。

11日 甘肃药业投资集团有限公司党委书记、董事长魏阳一行来渭源考察调研。

11—12日　省政府参事室党组成员、副主任卢杰带领省政府参事梁亚民、陈汉、兰州财经大学课题组相关人员分两组调研渭源县脱贫攻坚亮点工程及乡村治理体系建设情况。

11—12日　省公安厅二级巡视员刘旺英一行深入渭源县峡城乡督导检查禁种铲毒工作，并召开座谈会。

12日　市人大常委会副主任、县委书记吉秀主持召开县委、县政府脱贫攻坚工作约谈会，对脱贫攻坚当前重点任务落实相对滞后的乡镇和部门进行集中约谈。

12日　全省高层建筑消防安全治理和重点火险县专业森林消防队伍建设现场推进会召开。县政府副县长、公安局局长李宝林在县统办楼二楼会议室收听收看会议。

12日　全国非洲猪瘟联防联控考评对接会议召开。县政府副县长潘学明在县农业农村局五楼会议室收听收看会议。

13日　市委常委、定西军分区政委冯仲寿带队考核渭源县党管武装工作。

14日　全省推进新型城镇化和乡村振兴电视电话会议召开。县领导吉秀、蔺红军、张振亚、杨永吉、林柳强、郭凯、潘学明、李宝林在县统办楼二楼会议室收听收看会议。

14日　市人大常委会副主任、县委书记吉秀主持召开十四届县委第105次常委会会议。

15日　省脱贫攻坚领导小组2020年第八次会议暨省中央脱贫攻坚专项巡视反馈意见整改工作领导小组第八次会议召开。县领导蔺红军、李新定、陈栋、张振亚、张显峰、林柳强、郭凯、李宝林，各乡镇党委书记，县脱贫攻坚领导小组成员单位主要负责人在县统办楼七楼会议室收听收看会议。

16日　十三届省委脱贫攻坚专项巡视渭源专项问题反馈会召开。县领导吉秀、蔺林军、张振亚、张灵勇、王世宴、左冬梅、郭凯参加会议。

16日　十三届省委脱贫攻坚专项巡视渭源专项问题反馈会召开。

16日　全县农民合作社规范发展现场会在莲峰镇岔口村举行。省委第三巡视巡察组渭源组组长丁作栋、巡察组成员卢小平参加活动。

18日　由兰州银行发起，以联动服务模式运营的临洮金城村镇银行渭源支行举行开业典礼。县政府副县长郭凯主持典礼仪式。兰州银行股份有限公司监事长李玉峰和县委常委、统战部部长王嵘分别致辞，兰州银行领导有限公司监事长李玉峰和县人大常委会主任李新定揭牌。市人民政府副秘书长、研究室主任宋军兵，县政协主席陈栋和有关部门负责人，中国银保监会定西监管分局局长耿谦和相关负责人及渭源县相关单位负责人参加开业仪式。

18日　福州天宏创世文化传播有限公司董事长兼总经理王小明一行来渭源县考察调研职业教育工作。

19日　全省深化“放管服”改革优化营商环境工作推进（视频）会议召开。县委常委、县政府副县长张显峰在统办二楼会议室收听收看会议。

19日　市人大常委会副主任、县委书记、县“不忘初心、牢记使命”主题教育领导小组组长吉秀主持召开县委常委会“不忘初心、牢记使命”主题教育暨县委理论中心组集中学习。

19日　县委副书记、县脱贫攻坚领导小组办公室主任张振亚主持召开全县脱贫攻坚领导小组办公室2020年第九次会议。

19日　市人大常委会副主任、县委书记吉秀主持召开十四届县委第106次常委会会议，专题研究省委第三巡视组脱贫攻坚专项巡视渭源反馈意见整改事宜和中央脱贫攻坚专项巡视“回头看”和国家成效考核、中央纪委国家监委调研督导等反馈问题整改事宜。

19日　市人大常委会副主任、县委书记吉秀深入麻家集镇督导调研脱贫攻坚工作。

19日 县委常委、县政府副县长林柳强主持召开东西部扶贫协作重点工作调度会议，学习贯彻福州·定西东西部扶贫协作视频对接会议精神，并就近期全县东西部扶贫协作重点工作作出安排。

19—22日 县人大常委会调查组先后深入到大安乡、秦祁乡、莲峰镇、清源镇、上湾镇、麻家集镇、田家河乡的10个建制村，对全县脱贫攻坚兜底保障工作进行了专题调查，重点围绕农村特困供养人员和一、二类低保对象以及一、二级残疾人的兜底保障政策落实情况，对其基本生活、安全饮水、基本医疗和住房安全等保障情况进行了调查。

20日 市人大常委会副主任、县委书记吉秀主持召开县脱贫攻坚领导小组第六次会议暨县中央脱贫攻坚专项巡视反馈意见整改工作领导小组第七次会议，会议以视频形式召开到乡镇一级。会议组织学习了习近平扶贫论述摘编第三章“坚持基本方略，提高脱贫成效”，书面传达学习了习近平总书记参加十三届全国人大二次会议甘肃代表团审议时的重要讲话，习近平总书记在决战决胜脱贫攻坚座谈会上的重要讲话，习近平总书记陕西、山西考察时的重要讲话和指示精神，全国进一步做好就业扶贫工作电视电话会议精神，全国扶贫办主任电视电话会议精神，全省脱贫攻坚和整改工作调度会议精神，2020年全省帮扶工作推进会议精神，全省2020年第八次脱贫攻坚领导小组会议暨省中央脱贫攻坚专项巡视反馈意见整改工作领导小组第八次会议精神，全市2020年第七次脱贫攻坚领导小组会议暨市中央脱贫攻坚专项巡视反馈意见整改工作领导小组第七次会议精神；通报了全县脱贫攻坚重点工作任务完成情况，各类扶贫资金安排使用情况，中央脱贫攻坚专项巡视“回头看”和国家扶贫成效考核、中央纪委国家监委调研督导、甘肃省脱贫攻坚“回头看”、甘肃省第三方评估及脱贫摘帽退出公示期间及市委扶贫领域腐败和作风治理专项巡察及县区交叉巡察反馈问题整改落实情况，省委第三巡视组脱贫攻坚专项巡视反馈问题清单，全县脱贫攻坚帮扶责任落实督查履职尽责不到位问题；书面通报了全县1—5月份扶贫领域投诉举报情况和就业扶贫工作进展情况；审议了县脱贫攻坚领导小组办公室关于增补阿里巴巴集团派驻渭源县王巍为县脱贫攻坚领导小组副组长的报告；同时，16个乡镇和29个县直单位书面汇报了各自脱贫攻坚重点工作、挂牌作战及问题整改进展情况。

20日 市人大常委会副主任、县委书记吉秀主持召开县四大班子联席会议，讨论研究全县自然保护地勘界立标整合优化预案和目前勘界立标工作情况。

20—21日 县委副书记、县政府县长蔺红军主持召开县政府第90次常务会议。

21日 县委副书记、县驻村帮扶工作队总队长刘爱君主持召开全县驻村帮扶工作队总队长调度会。

21日 全省打击治理电信网络新型违法犯罪工作电视电话会议召开，县政府副县长、公安局长李宝林县统办楼二楼会议室收听收看会议。

21日 省委常委、省委宣传部部长陈青一行深入渭源调研宣传思想、文化旅游、媒体融合发展等工作。

21日 县委副书记、县政府县长蔺红军主持召开县政府第90次常务会议。

21日 中共渭源县委反腐败协调小组2020年第2次会议召开。

22日 第十三届全国人民代表大会第三次会议在北京隆重开幕。渭源县精心组织县、乡、村三级干部和广大群众收听收看十三届全国人大三次会议开幕式。吉秀、李新定、张灵勇、何晓云、王世宴、李婉玉、李惠琴、李云林、黄晓清等县领导与干部职工一同观看大会盛况。

22日 全省脱贫攻坚普查动员部署（视频）会议召开。会后市人大常委会副主任、县委书记吉秀就贯彻落实会议精神、做好相关工作进行安排部署。县领导吉秀、蔺红军、张振亚、张显峰、左冬梅等，县脱贫攻坚普查领导小组组长、副组长、成员和联络员及县脱贫攻坚普查领导小组办公室全体成员在县统办楼七楼会议室收听收看会议。

25日 全市扶贫领域信访工作视频会议召开。县委副书记张振亚、刘爱君，县委常委左冬梅，县政府副县长潘学明在县统办楼二楼会议室收听收看会议。

25日 市人大常委会副主任、县委书记吉秀深入路园镇、锹峪镇，督导调研脱贫攻坚各类反馈问题整改及当前重点工作进展情况。

26日 省检察院党组成员张学军一行来渭源县督导扫黑除恶专项斗争、服务打赢脱贫攻坚战工作，就服务优化营商环境和服务优化生态环境司法保护、检察公益诉讼等工作开展专题调研。市检察院党组书记、检察长田金一同调研。

26日 全省农业农村系统地方政府债发行视频动员培训会召开。县政府副县长潘学明在县农业农村局五楼会议室收听收看会议。

26—28日 由县政协党组书记、主席任组长，党组成员、副主席任副组长，部分常委、委员及各专委会（室）负责人为成员组成5个调研小组，深入大安乡邱家川村、莲峰镇簸箕湾村、麻家集镇土牌湾村、庆坪镇老王沟村、秦祁乡白土坡村等10个乡镇的20个村，对未脱贫村、户退出验收指标完成情况和监测户、边缘户质量提升，落实“3+1”冲刺清零后续行动、“5+1”脱贫质量专项提升行动及“百日会战”情况，采取实地察看、入户走访、查阅资料、听取介绍、召开座谈会、调查问卷等形式开展监督性调研。

27日 市人大常委会副主任、县委书记、县“不忘初心、牢记使命”主题教育领导小组组长吉秀主持县委常委会“不忘初心、牢记使命”主题教育暨县委理论中心组集中学习，并套开县脱贫攻坚领导小组2020年第七次会议暨县中央脱贫攻坚专项巡视反馈问题整改工作领导小组第八次会议。会议通报了中央脱贫攻坚专项巡视“回头看”等反馈问题整改进展情况；原则审议通过了《2020年渭源县扶贫小额信贷工作实施方案》；听取了县人社局、商务局、农业农村局、财政局关于全县就业扶贫、消费扶贫工作进展，光伏收益80%用于村级公益性岗位设置及扶贫小额信贷回收及到期延期政策落实情况汇报。研究提出进一步推动全县脱贫攻坚问题整改及任务落实的措施办法，确保全面打赢脱贫攻坚收官战。

27日 全市农村金融综合服务室工作人员培训会议召开。县政府副县长郭凯在县统办楼二楼会议室收听收看会议。

27—28日 市人大常委会副主任、县委书记吉秀深入上湾镇、新寨镇，督导调研脱贫攻坚及软弱涣散党组织整顿提升工作。

27日 县人大常委会副主任、县禁毒委副主任李惠琴一行五人深入渭源县禁毒教育基地调研指导工作。

27日 渭源县举行5月份投资项目集中开工仪式。市人大常委会副主任、县委书记吉秀主持仪式并讲话。市委常委、市委秘书长梁兆光出席仪式并宣布项目开工。县领导蔺红军、陈栋、杨永吉，市县相关部门负责人参加开复工仪式。

28日 全省农村公路暨交通重点项目建设推进（视频）会议召开。县委副书记、县政府县长蔺红军在县统办楼二楼会议室收听收看会议。

28日 全省中医药大会召开。县政府副县长郭凯在县统办楼二楼会议室收听收看会议。

29日 全省扶贫小额信贷推进会召开。县政府副县长郭凯在县统办楼二楼会议室收听收看会议。

28日 县委副书记、县政府县长蔺红军主持召开县政府第91次常务会议。

29日 市人大常委会副主任、县委书记吉秀主持召开大安乡脱贫攻坚前线指挥部2020年第四次会议。

30日 渭源县第十六届人民代表大会常务委

员会第三十四次会议通过，决定任命：杨永吉为渭源县人民政府副县长。

六　月

1日　市人大常委会副主任、县委书记吉秀主持十四届县委第107次常委会（扩大）会议。县委副书记、县政府县长蔺红军通报全县脱贫攻坚重点任务和拆危治乱专项行动进展情况。

1日　县人大常委会主任、北寨镇脱贫攻坚总指挥长李新定出席北寨镇2020年脱贫攻坚前线指挥部第四次会议，并作指导讲话。

1日　县政协主席、清源镇脱贫攻坚前线指挥部总指挥陈栋主持召开清源镇脱贫攻坚重点任务清零暨“三张清单”培训会议。

1日　市人大常委会副主任、县委书记、县级总河长吉秀深入渭河流域属地所辖地区，就河流沿线各乡镇河长制落实情况进行调研并开展巡河工作。

1日　县委常委、县政府常务副县长杨永吉主持召开全县就业扶贫专项提升行动推进和培训会议。县委副书记张振亚出席会议并讲话。

2日　县委副书记、县政府县长蔺红军，县政府副县长、公安局局长李宝林一行深入甘肃佛慈红日药业有限公司，督导调研项目建设情况。

3日　全县脱贫攻坚挂牌作战现场推进会议召开。会议分两个阶段进行，上午市人大常委会副主任、县委书记吉秀等县四大班子领导带领全县五个挂牌作战村及乡镇负责人深入麻家集镇土牌湾村，会川罗家磨村、干乍村现场观摩，学先进、拓思路、促发展，深入研究未脱贫村当前存在的困难问题，制定解决问题的措施办法。下午在县统办七楼会议室召开大会。县四大班子主要领导，县委、县政府分管领导；大安乡、秦祁乡、庆坪镇、麻家集镇、莲峰镇脱贫攻坚指挥长，县直相关单位主要负责人；莲峰镇、麻家集镇、庆坪镇、秦祁乡、大安乡党委书记；莲峰镇簸箕湾村、麻家集镇土牌村、庆坪镇老王沟村、秦祁乡白土坡村、大安乡邱家川村五个未脱贫村包村领导，第一书记、党支部书记参加现场推进会议。

4日　市人大常委会副主任、县委书记吉秀深入田家河乡、上湾镇，督导调研各类反馈问题整改及脱贫攻坚当前重点工作。

4日　县委常委、纪委书记、监委主任张灵勇主持召开全县纪检监察工作座谈会暨协作区工作推进会议。

4日　市人大常委会副主任、县委书记吉秀主持召开全县项目工作和“十四五”规划推进会议，分析研判当前项目工作推进情况，安排部署下一阶段全县项目和“十四五”规划编制等重点工作任务。县委副书记、县政府县长蔺红军出席会议并讲话。

4日　甘肃妇女儿童发展基金会一行深入秦祁乡白土坡村参加“三促四扶五风六化”助推物质精神双脱贫活动，并进行“巾帼脱贫行动”调研指导及帮扶慰问活动。

4日　省政府第七次全体会议（视频）召开。县领导蔺红军、林柳强、郭凯、李宝林在县统办七楼会议室收听收看会议。

4日　全省第七次全国人口普查领导小组暨人口普查工作电视电话会议召开。县委常委、县政府常务副县长杨永吉在县统办二楼视频会议室收听收看会议。

4日　全省经营类事业单位改革工作推进（视频）会议召开。县委常委、县政府常务副县长杨永吉在县统办二楼视频会议室收听收看会议。

4日　市人大常委会副主任、县委书记、县“不忘初心、牢记使命”主题教育领导小组组长吉秀主持召开县委常委会“不忘初心、牢记使命”主题教育暨县委理论中心组集中学习。

5日　全省脱贫攻坚整改工作（视频）调度会议召开。之后市人大常委会副主任、县委书记吉秀主持召开渭源县脱贫攻坚问题整改工作调度会议。

5日 县委副书记、县政府县长蔺红军主持召开渭源县金鸡产业扶贫项目建设领导小组会议。县委副书记张振亚出席会议。

5日 市人大常委会副主任、县委书记、县级总河长吉秀深入会川镇漫坝河流域开展巡河工作。

5日 全省落实粮食安全省长责任制工作暨政策性粮食大清查总结（视频）会议召开。县委常委、县政府常务副县长杨永吉在县统办二楼视频会议室收听收看会议。

5日 县委常委、政法委书记张建明召开全县住房安全有保障核验工作推进暨培训会议。县委常委、县政府常务副县长杨永吉出席会议并讲话。

5日 县委副书记、县政府县长、县委人才工作领导小组组长蔺红军主持召开县委人才工作领导小组2020年第二次（扩大）会议。市人大常委会副主任、县委书记、县委人才工作领导小组组长吉秀出席会议并讲话。县委常委、组织部部长王世宴，县政府副县长郭凯，县委人才工作领导小组成员单位主要负责人，县直及相关乡镇单位负责人参加会议。

5日 县委常委、县政府常务副县长杨永吉主持召开渭源县脱贫攻坚普查领导小组第二次会议。

6日 省地方史志办公室副巡视员石为怀一行来渭源县调研地方综合年鉴编纂工作。

6—7日 县纪委利用周末两天时间对全县16个乡镇纪委书记和217个村的村务监督委员会主任进行集中培训，着力解决协作区规范化程度还不高、村级监督组织整体能力不足、本领恐慌等问题。

8日 市人大常委会副主任、县委书记吉秀主持召开全县脱贫攻坚重点工作推进会议，对2019年贫困县退出国家抽查准备工作进行专题安排部署。

8日 县委副书记、县政府县长蔺红军主持召开县长办公会议。

8日 县委常委、政法委书记张建明主持召开迎接全市“七五”普法终期考核验收暨法治政府建设实地督查安排部署会议。县委常委、县政府常务副县长杨永吉出席会议并讲话。

9日 县委副书记、县长蔺红军主持召开全县重点工作推进会议，会议传达全市二季度补欠收及重点工作督查情况，通报了全县主要经济指标、项目入库谋划、工业经济发展、消费、十大生态产业等方面存在的短板问题。

9—10日 县人大常委会组成执法检查组先后深入峡城乡、会川镇、五竹镇、莲峰镇、路园镇，对县人民政府贯彻实施《定西市河道生态环境保护条例》的情况进行了专项检查。

10日 县委副书记、县脱贫攻坚领导小组办公室主任张振亚主持召开全县脱贫攻坚重点工作会议。

10—11日 市委常委、市委政法委书记张晓强带领市司法局局长高宏、市中级人民法院副院长司宏谱等有关负责人，来渭源考核验收“七五”普法工作，实地督查法治政府建设。

11日 全市“激发内生动力、决胜脱贫攻坚”先进事迹巡回报告会渭源现场会暨县委理论中心组集中学习（扩大）会议召开。

11日 市委常委、市委宣传部部长陈月芳一行深入渭源县田家河乡元古堆村、香卜路村、会川镇罗家磨村、上湾镇、五竹镇渭河源村，就基层宣传思想文化工作进行调研。

11日 县委副书记张振亚主持召开晋渭东西部扶贫协作工作推进会。晋安区委副书记张忠健出席会议并讲话，渭源县委常委、县政府副县长林柳强，县政府副县长潘学明和县直相关部门同志参加会议。

11日 全国普通高校招生考试安全工作电视电话会议召开。县委常委、宣传部部长何晓云，县政府副县长郭凯在县移动公司四楼会议室收听收看会议。

11日 全市防灾减灾救灾工作（视频）会议。县委常委、县政府常务副县长杨永吉在县统办二楼会议室收听收看会议。

11日 全市深化“放管服”改革优化营商环境工作推进会召开。县委常委、县政府常务副县长杨永吉在县统办二楼会议室收听收看会议。

12日 全市领导干部警示教育（视频）大会召开。县四大班子在家领导及其他副县级领导干部，各乡镇党委书记、乡镇长，县直及省市驻渭单位主要负责人县统办七楼会议室收听收看会议。

12日 县委常委、政法委书记张建明主持召开全县国土空间规划编制暨农村乱占耕地建房专项行动排摸清查整治、卫生执法督察整改工作推进会议。县委常委、县政府常务副县长杨永吉出席会议并讲话。

13日 福州市委副书记、市政府常务副市长林飞，福州市政府副市长严可仕率领考察团一行17人深入渭源县田家河乡元古堆村，会川镇本庙村调研渭源县光伏食用菌产业。

15日 省市人大代表视察渭源县莲峰镇老庄村花卉基地、渭源金鸡产业扶贫项目蛋鸡区、上湾镇甘肃天启巾帼纺织扶贫车间及南谷花卉种植示范基地。

15日 2020年全国健康扶贫工作电视电话会议召开。县委副书记、县政府县长蔺红军，县政府副县长郭凯在县卫健局六楼会议室收听收看会议。

15日 渭源县接受全国2019年贫困县退出抽查第三方评估对接会议召开。县领导吉秀、蔺红军、张振亚、刘爱君、刘胜安、张显峰、左冬梅、潘学明参加会议。

15日 市民政局副局长杨盛峰一行来渭源县秦祁乡白土坡村察看一类、二类低保户家庭生活情况。

16日 全市加快项目建设扩大有效投资调度工作会议召开。县委常委、县政府常务副县长杨永吉在县统办二楼会议室收听收看会议。

16日 渭源县新型冠状病毒感染的肺炎疫情联防联控领导小组办公室下发《关于进一步做好新冠肺炎疫情常态化防控工作的紧急通知》。

16日 全市打击治理电信网络新型违法犯罪工作推进（视频）会议召开。县政府副县长、县公安局局长李宝林在县公安局九楼视频会议室收听收看会议。

16日 县委常委、县政府常务副县长杨永吉主持召开全县生态保护红线评估调整成果县级审查会议。

17日 县政府副县长郭凯以陇政钉视频会议形式主持召开疫情防控工作会议，传达省市领导有关疫情防控工作批示及文件精神，进一步安排部署全县疫情防控常态化工作。

17日 全县疫情防控调度会议以陇政钉移动平台形式召开。

17日 县委常委、县委政法委书记张建明主持召开全县加快项目建设扩大有限投资调度会议。

19日 全省新冠肺炎疫情常态化防控工作（视频）会议召开。县政府副县长郭凯在县统办二楼会议室收听收看会议。

20日 渭源县集中组织全县所有帮扶干部和村干部开展脱贫攻坚和基层党建知识闭卷测试。李新定、陈栋等县四大班子在家领导在渭源主考场一同参加知识测试。

21—23日 晋安区委副书记、区长林涛率领考察团一行6人赴渭源县开展东西部扶贫协作调研考察活动。市人大常委会副主任、渭源县委书记吉秀，县委副书记、县长蔺红军，县委常委、县政府副县长林柳强，县政府副县长潘学明，晋安区副区长吕立邦等领导参加相关活动。6月22日上午，林涛出席在定西市召开的福州·定西东西部扶贫协作工作联席会，共同见证晋渭东西部扶贫协作项目签约和捐赠活动，由晋安区引进的甘南州闽乐商贸有限公司与渭源县商务局签订了总投资额2000万元的渭源县蕨麻猪养殖产业合作项目；福州市扶贫基金会向渭源县捐赠扶贫基金200万元人民币。6月22日下午，晋渭东西部扶贫协作工作联席会在渭源县召开。在渭源县考察期间，林涛一行先后深入莲峰镇“农光互补”食用菌产业项目基地、菌棒生产车间、县文化综合场馆等地，通过听取汇报、实地查看、座谈等方式，详细了解扶贫车间产业培育、市场销售、带贫机制建立等。四年来，福州市晋安区共向渭源县投入帮扶资金1.65亿元，实施东西部扶贫协作帮扶项目63个，援建扶贫车间22个，引进10家企业在渭源县落地注册，组织输转劳动力2617人次，助力渭源县顺利实现整县脱贫摘帽。2019年，中共晋安区委被甘肃省评为全省脱贫攻坚帮扶先进集体。

23日 市交安委第二次全体（扩大）会暨警保合作劝导站建设推进（视频）会议召开。县政府副县长、公安局局长李宝林在县公安局九楼视频会议室收听收看会议。

23日 全国禁毒工作先进集体和先进个人表彰视频会召开。县政府副县长、公安局局长李宝林在县统办二楼视频会议室收听收看会议。

23日 由市委宣传部招商引资，上海仑影映画文化发展公司、甘肃田野之光影业文化发展公司、北京海平面影视文化传播公司联合出品的电影《我心向上》（原名《土豆人生》）开机仪式在渭源县举行。

23日 渭源县第十六届人民代表大会常务委员会第四十四次主任会议召开。

23日 国务院扶贫办在渭源县举办2020年基层干部综合能力提升培训班。培训以视频会议形式召开。

23日 全县脱贫攻坚领导小组办公室2020年第十次会议召开。

23日 全县就业扶贫工作调度会召开，会议通报全县就业扶贫重点工作进展情况和近期督查发现主要问题，并就当前就业扶贫工作进行安排部署。

23日 渭源县人大常委会领导干部警示教育大会召开。

23日 县委副书记、县脱贫攻坚领导小组办公室主任张振亚主持召开全县脱贫攻坚领导小组办公室2020年第十次会议，研究讨论有关扶贫项目计划、资金分配计划等事宜。县委副书记、县脱贫攻坚领导小组办公室主任张振亚主持会议。会议研究讨论《渭源县“十三五”第二批13兆瓦村级光伏扶贫电站项目结余资金调整项目计划》《渭源县2020年恒大集团捐赠扶贫资金分配计划》《2020年市级第二批及2021年市级提前批财政专项扶贫资金安排计划》《渭源县2020年脱贫攻坚补短板综合财力补助资金安排计划》《渭源县2020年市级第二批财政专项扶贫资金特色产业标准化提升专项扶持资金项目实施方案》《渭源县2021年市级提前批财政专项扶贫资金马铃薯脱毒基础苗供应中心建设项目》《关于拟推荐表彰2019年东西部扶贫协作消费扶贫先进单位名单的报告》。

24日 县委副书记、县政府县长蔺红军主持召开县政府第92次常务会议。

28日 渭源县6月份投资项目集中开工活动在甘肃佛慈红日渭源中药生产基地建设（配方颗粒）项目现场召开。市人大常委会副主任、县委书记吉秀主持仪式，市政府副市长马文玫出席仪式并宣布项目开工，县委副书记、县政府县长蔺红军介绍集中开工项目情况。县人大常委会主任李新定，县政协主席陈栋，县委常委、常务副县长杨永吉参加开复工仪式。此次集中开工项目共9个，总投资9.76亿元。截至28日，2020年计划实施总投资59亿元89个市列投资项目中，已开复工80个，累计完成投资9.8亿元。

28日 全县深入开展作风建设年活动集中整治形式主义、官僚主义领导小组会议召开。

28日 县委常委、常务副县长杨永吉主持召开全县加快项目建设扩大有效投资调度会议。

28日 县委常委、县纪委书记张灵勇主持召开全县作风建设年活动领导小组会议。县委副书记张振亚出席会议并讲话。

29日 市人大常委会副主任、县委书记、县脱贫攻坚领导小组组长吉秀主持召开县委理论中心组学习会议，并套开县脱贫攻坚领导小组2020年第八次会议暨县中央脱贫攻坚专项巡视反馈意见整改工作领导小组第九次会议。会议组织学习了习近平扶贫论述摘编第四章“坚持加大投入，强化资金支持”，习近平总书记在宁夏考察时的重要讲话和指示精神，习近平总书记在中央政治局第二十次集体学习时的讲话，中共甘肃省委办公厅《关于持续解决困扰基层的形式主义问题为决胜全面小康社会提供坚强作风保证的通知》精神。传达学习了6月18日国务院扶贫开发领导小组脱贫攻坚督战工作电视电话会议精神，6月8日至10日省委副书记、省长唐仁健在陇南、定西调研指导脱贫攻坚时的指示精神，6月9日全省深度贫困地区脱贫攻坚现场推进会议精神，6月5日全省脱贫攻坚整改工作视频调度会议精神，6月10日全市脱贫攻坚问题整改工作调度会议精神，全省2020年第九次脱贫攻坚领导小组会议暨省中央脱贫攻坚专项巡视反馈意见整改工作领导小组第九次会议精神，全市2020年第八次脱贫攻坚领导小组会议暨市中央脱贫攻坚专项巡视反馈意见整改工作领导小组第八次会议精神；会议讨论审议通过了《渭源县“十三五”第二批13兆瓦村级光伏扶贫电站项目结余资金调整项目计划》《渭源县2020年恒大集团捐赠扶贫资金分配计划》《渭源县2020年市级第二批及市级2021年提前批财政专项扶贫资金安排计划》《渭源县2020年脱贫攻坚补短板综合财力补助资金安排计划》等4个资金计划，以及《渭源县中央脱贫攻坚专项巡视“回头看”和2019年度国家脱贫攻坚成效考核反馈问题整改情况自评报告》《渭源县中央纪委国家监委调研督导反馈问题整改情况自评报告》《渭源县省委第三巡视组脱贫攻坚专项巡视反馈问题整改情况自评报告》《渭源县全省脱贫攻坚“回头看”排查梳理问题整改情况报告》等4个脱贫攻坚问题整改自评报告。安排部署了下一阶段全县脱贫攻坚重点工作。市人大常委会副主任、县委书记吉秀主持会议并讲话。

29日 渭源县第十六届人大常委会召开第三十五次会议。县人大常委会主任李新定出席会议并讲话。会议听取和审议了县人民政府关于全县脱贫攻坚兜底保障情况和县人大常委会调查组关于全县脱贫攻坚兜底保障情况调查的报告；听取和审议县人民政府关于全县公安机关执法规范化建设工作情况和县人大常委会调研组关于全县公安机关执法规范化建设工作情况调研的报告；听取和审议县人民政府关于《定西市河道生态环境保护条例》贯彻执行情况和县人大常委会检查组关于《定西市河道生态环境保护条例》贯彻执行情况检查的报告。部分常委会组成人员提出审议意见，列席人员及旁听人员提出意见建议。会议审议通过《关于任命人员向县人大常委会报告年度履职情况办法（试行）》《公民旁听办法》《代表退出办法》《关于提高县人大常委会会议审议质量的办法》。会议组织学习了《甘肃省社会救助条例》《甘肃省特困人员救助供养办法》《定西市河道生态环境保护条例》等法律法规。

29日 中国少年先锋队渭源县第一次代表大会召开。

29日 县委常委、宣传部部长何晓云主持召开全县意识形态工作联席会议、舆情研判联席会议暨“扫黄打非”工作会议。

29日 县委副书记、县政府县长蔺红军主持召开2019年扶贫项目资金绩效自评抽审工作对接会议。县委副书记张振亚汇报全县资金绩效工作，县领导刘爱君、刘胜安、杨永吉，县直相关单位及各乡镇负责人参加会议。

29日 市人大常委会副主任、县委书记、县

“不忘初心、牢记使命”主题教育领导小组组长吉秀主持县委常委会“不忘初心、牢记使命”主题教育暨县委理论中心组集中学习。

30日　市人大常委会副主任、市总工会主席王成文带领市人大常委会执法检查组来渭源开展《中华人民共和国传染病防治法》执法检查。

30日　全省脱贫攻坚农村饮水安全暨补短板项目工作调度（视频）会召开。县政府副县长潘学明在县水务局三楼视频会议室收听收看会议。

30日　国家脱贫攻坚普查电视电话会议召开。县领导吉秀、蔺红军、张振亚、刘爱君、刘胜安、王世宴、张显峰、左冬梅、李宝林在县统办七楼会议室收听收看会议。

30日　市人大常委会副主任、县委书记吉秀主持召开十四届县委常委会第108次会议。

七　月

1日　全县脱贫攻坚普查工作调度会议召开。县委副书记张振亚出席会议并讲话，县委常委、常务副县长杨永吉主持会议。

1日　市人大常委会主任王美萍一行调研引洮工程水资源利用情况。省引洮局副局长黄正军一同调研。

1日　县政协主席、清源镇脱贫攻坚前线指挥部总指挥长陈栋主持召开清源镇脱贫攻坚前线指挥部第五次会议。

2日　县委常委、县委组织部部长王世宴一行深入麻家集镇袁家河村、土牌湾村、四沟村开展脱贫攻坚调研和慰问活动。

2日　兰州财经大学党委书记贾宁一行来渭源县大安乡调研脱贫攻坚工作。市人大常委会副主任、县委书记吉秀一同调研并慰问驻村帮扶工作队。贾宁一行先后到大安乡大石岔、邱家川、方家庄、大涝子、红堡子五个兰州财经大学在我县的联系帮扶村，实地了解各村村情实际、脱贫攻坚工作进展、帮扶需要等情况，看望慰问兰州财经大学派驻各村的帮扶工作队长、队员，询问了解他们工作、生活保障等情况。

2日　政协第九届渭源县委员会常务委员会第二十次会议召开。

3日　市人大常委会副主任、县委书记吉秀主持县委书记专题会议暨巡察工作领导小组会议。

6日　2020年普通高校招生考试渭源考区考务培训会议在渭源一中礼堂举行。

6日　市巡视督察组组长、市委宣传部常务副部长张全有，县委副书记张振亚带领市县巡视组，对渭源县高考备考情况进行巡视。

6—12日　市人大常委会副主任、县委书记吉秀，县委副书记刘胜安一行5人，赴贵州石城、福州市、广州碧桂园总部、江西赣州等地，学习考察脱贫攻坚成果巩固、先进理念、典型经验和工作方法，汇报定点扶贫工作进展。

6—8日　市人大常委会副主任、县委书记吉秀带领渭源县考察团一行，深入福州市晋安区，对接晋渭东西部扶贫协作工作。考察期间，吉秀分别与晋安区区委书记张定锋，晋安区委副书记、区长林涛，区政协主席魏晓辉，区委副书记张忠健等领导进行交流座谈。

7日　2020年普通高校招生考试第一天，县人大常委会主任李新定，县政协主席陈栋，县委副书记、考区主任张振亚，县委常委、县政府常务副县长杨永吉等县四大班子领导到各考点巡视高考情况。县四大班子领导先后来到渭源一中、县第三高级中学两个考点和县高考指挥中心，在接受体温检测、消毒等防疫措施后进入考点巡视。

7日　市委副书记、市政府市长戴超一行深入渭源县调研中医药事业产业发展情况，并开展渭河巡河检查工作。

7—8日　县政协组织农业、经济、科技界政协委员就渭河流域（渭源境内）生态环境保护治理开展了界别协商活动。

县委常委左冬梅主持召开第三届渭水文化旅游节工作协调会议。

8日 全省脱贫攻坚普查工作部署电视电话会议召开。县领导张振亚、王世宴、左冬梅、潘学明在县统办二楼视频会议室收听收看会议。

9日 县委副书记、县驻村帮扶工作总队长刘爱君主持召开全县驻村帮扶工作推进会暨总队长调度视频会议。县委副书记张振亚，县委常委、组织部部长王世宴出席会议并讲话。会议以视频形式开到乡镇一级。

9日 全省纪检监察机关扫黑视频会议召开。县委常委、县纪委书记、监委主任张灵勇，县政府副县长、公安局局长李宝林在县统办楼七楼会议室收听收看会议。

10日 2020年渭河源露营大会在渭河源景区举行。县领导蔺红军、张振亚、张灵勇、王世宴、左冬梅参加。

11日 “第三届渭水文化旅游节”在国家4A级景区渭河源景区开幕。县委副书记、县政府县长蔺红军主持开幕式。甘肃省文旅厅党组成员、副厅长万学科出席开幕式并宣布开幕，陕西省旅游协会副会长席运良、副市长马文玫出席开幕式并致辞。

13日 中国平安财产保险股份有限公司扶贫办主任、党群工作部总经理肖建荣调研渭源县农特产品。

14日 全市关于深化“放管服”改革推行“家门口办事”培训视频会议召开。县委副书记张振亚，县委常委、县政府常务副县长杨永吉在县移动公司四楼会议室收听收看会议。

14日 2020年全国脱贫攻坚干部培训工作研讨班（视频）举办。县领导张振亚、刘爱君、张显峰、林柳强、王世宴、左冬梅、潘学明在统办二楼视频会议室收听收看会议。

14—15日 县政协组织对县政协九届四次会议以来的51件政协委员提案进行集中督办。

14日 渭源县青年工作联席会议第一次全体会议召开，会议传达学习全国和甘肃省中长期青年发展规划实施工作联席会议精神，推动《甘肃省中长期青年发展规划》（2018—2025年）任务落地落实，研究部署全县青年发展工作。

14日 县人大常委会主任李新定深入会川镇督办代表意见建议，并开展联系人大代表活动。李新定实地查看会川镇漫坝河罗家磨段河堤治理、渭源县第二中学供暖费收缴、会川镇集中供热工程等十六届人大五次会议上代表意见建议办理进展情况，询问各位代表的生产生活和学习履职等情况，并围绕代表建议办理、代表履行职务遇到的困难和问题以及今后工作的意见建议等方面进行座谈交流。

15日 省禁毒委副主任、省司法厅副厅长韩世峰，省禁毒办一级高级警长李春华，省司法厅科长熊增金一行深入渭源县督导检查禁毒工作。

15日 市人大常委会副主任、县委书记吉秀到锹峪镇督查火车站周边、铁路沿线环境整治与全国脱贫攻坚普查准备工作。

15日 定西市2020年第一期生态环境保护铁军建设培训班在渭源县开班。

15日 县委副书记、县脱贫攻坚领导小组办公室主任张振亚主持召开县脱贫攻坚领导小组办公室2020年第十一次会议。

15日 县人大常委会副主任黄晓清主持召开定西市2020年第一期生态环境保护铁军建设培训班。定西市生态环境局党组成员、副局长高嶙出席会议并讲话。

16日 市人大常委会副主任、县委书记吉秀深入大安乡邱家川村看望慰问疫情防控先进工作者，并对大安乡当前脱贫攻坚重点工作及全国脱贫攻坚普查准备工作做督查指导。

16日 县委副书记、县政府县长蔺红军主持召开县政府第93次常务会议。

17日 县委常委、政法委书记张建明主持召开县环委会2020年第二次会议。

17日 市人大常委会副主任、县委书记吉秀主持召开县安委会（消安委、食安委）2020年第二次会议暨全县防汛工作推进会议。县委副书记、县政府县长、县安委会主任蔺红军出席会议并讲话。

17日 市人大常委会副主任、县委书记吉秀主持召开十四届县委第109次常委会会议。

17日 县人大常委会举办《中华人民共和国民法典》专题辅导讲座，深入学习贯彻习近平总书记在中央政治局第二十次集体学习会上重要讲话精神，着力推进全国人大常委会办公厅八部门通知精神在渭源县的有效落实。

17日 市人大常委会副主任、县委书记吉秀主持召开县安委会（消安委、食安委）2020年第二次会议暨全县防汛工作推进会议

19日 市人大常委会副主任、县委书记吉秀主持召开渭源县脱贫攻坚普查对接会议。市协调联络督导组副组长、市扶贫办副主任任世军，漳县派驻渭源普查组组长、漳县县政府副县长王志杰，普查组副组长、漳县政协副主席刘芝兰，普查组全体成员，县领导蔺红军、李新定、陈栋、张振亚、杨永吉、张显峰、林柳强、潘学明，各乡镇党委书记，承担脱贫攻坚重点任务的县直部门主要负责人参加对接会议。

19日 省脱贫攻坚普查督导组组长常延斌主持召开省脱贫攻坚普查督导组督导渭源工作座谈会。省、市督导组成员，市普查办、市协调联络督导组工作人员，漳县普查组长、副组长，县领导吉秀、蔺红军、张振亚等，县普查办负责人及工作人员参加座谈会。

20日 市委常委、市委秘书长梁兆光一行来渭源县清源镇调研脱贫攻坚工作，并看望慰问市委办公室驻村帮扶干部，到联系帮扶的贫困户了解其住房、子女就学、外出务工等情况。

21—22日 市人大常委会副主任、县委书记吉秀深入莲峰镇优质鲜切花产业园、首阳山国家AAAA级景区、渭河东源及天井峡景区，督导调研渭源花卉、旅游产业发展情况。

22日 市政协主席陈国栋、副主席杨发升、冯立娟一行来渭源县视察2020年上半年全县经济社会发展和“十四五”规划编制情况。视察组先后视察了莲峰镇老庄花卉基地、金鸡扶贫项目、县城区供水项目、一中南侧棚户区改造、学府路及重点城建项目、甘肃佛慈红日药业有限公司渭源中药生产基地建设（配方颗粒）项目，就渭源县上半年经济指标完成情况、重点项目建设进展和“十四五”规划编制情况进行深入了解。

22日 市人大常委会副主任、县委书记吉秀主持召开全县脱贫攻坚普查工作调度会议。

23日 全省社企政策精准推送和“不来即享”服务系统上线发布会（视频）召开。县政府副县长李宝林在县移动公司四楼视频会议室收听收看会议。

23—24日 国务院扶贫办洪天云副主任一行来渭源县调研指导巩固脱贫成果工作思路和重点任务。

24日 2020年度市级总河长视频会议召开。市人大常委会主任、县委书记吉秀，县委常委、组织部部长王世宴，县委常委、政法委书记张建明，县政府副县长李宝林在县统办二楼视频会议室收听收看会议。会后，县委副书记、县政府县长蔺红军主持召开渭源县2020年度第二次总河湖长会议。

24日 市人大常委会副主任、县委书记吉秀主持召开2020年县委教育工作领导小组第一次会议。

25日 渭源县2020年全省基层项目笔试考务工作培训会在第三高级中学召开。

25日 甘肃省委党史研究室和兰州理工大学在田家河乡元古堆村举行“中共甘肃省党史教育基地”和“兰州理工大学大学生社会实践基地”挂牌仪式。省委党史研究室副主任韦思军宣读了《关于命名甘肃省第七批中共党史教育基地的决定》，并与兰州理工大学党委常委、副校长曾华辉，市委副书记狄生奎共同为“甘肃省中共

党史教育基地”“兰州理工大学大学生社会实践基地”揭牌。县委副书记、县政府县长蔺红军致辞，县委常委、组织部部长王世宴参加揭牌仪式。参加揭牌仪式的省市领导和学生代表参观考察了元古堆村村史馆以及中药材、食用菌等产业发展情况。

27日 市人大常委会副主任、县委书记、编委主任吉秀主持召开县分类推进事业单位改革工作领导小组暨生产经营类事业单位改革工作推进会议。会议审议通过了《渭源县2020年生产经营类事业单位改革方案》，对黄香沟牧场、给排水公司、声达律师事务等涉及改革单位制定具体改革方案。

27日 市人大常委会副主任、县委书记吉秀主持召开县委机构编制委员会2020年第三次会议。

27日 县委副书记、县政府县长蔺红军主持召开县政府第94次常务会议。

28日 国家特聘专家、博士、百金惠投资控股集团公司董事长杨旸带队考察渭源农特产业发展情况，就考察合作事宜进行洽谈交流。

28日 全省县级融媒体中心建设交流验收评估工作组对渭源县融媒体中心建设运行情况进行检查验收。

28日 市委书记唐晓明调研“1+1托5机制”工作推进情况。

28—29日 国务院扶贫办党组成员、副主任洪天云一行2人，深入渭源县光伏扶贫信息平台中心、上湾镇南谷玫瑰科技示范产业园区、会川光伏食用菌扶贫产业园、会川罗家磨“百美村宿”旅游扶贫项目建设现场，调研扶贫资产管理、产业带贫益贫机制建设等情况。

29日 国务院第七次人口普查电视电话会议召开。县委常委、县政府常务副县长杨永吉，县委常委、宣传部部长何晓云在县统办二楼视频会议室收听收看会议。

30日 市人大常委会副主任、县委书记吉秀带领县四大班子领导和有关部门负责人赴临洮县考察调研食用菌产业发展情况。

30日 在“八一”建军节之际，渭源县开展拥军优属慰问系列活动，市人大常委会副主任、县委书记吉秀，县政协主席陈栋，县委副书记张振亚，县委常委、县政府常务副县长杨永吉、县人大常委会副主任黄晓清等县四大班子领导深入县人武部、武警中队等地，亲切看望慰问驻渭部队及部分优抚对象，为他们送去慰问金和慰问品。

30日 县四大班子在家领导和150多名民兵一起赴临洮开展“八一”军事日活动。上午10时，市人大常委会副主任、县委书记吉秀，县委副书记、县长蔺红军，县政协主席陈栋等领导身着戎装，来到临洮县民兵集中训练营靶场，列队整训。

30日 县政协渭河流域（渭源境内）生态环境保护治理政协委员界别协商座谈会召开。

31日 市人大常委会副主任、县委书记、县“不忘初心、牢记使命”主题教育领导小组组长吉秀主持县委常委会召开“不忘初心 牢记使命”主题教育暨县委理论中心组集中学习会议。

31日 全国安全生产电视电话会议召开。县领导蔺红军、林柳强、张建明、李宝林在县统办二楼视频会议室收听收看会议。

31日 国务院联防联控机制，严防聚集性疫情做好秋冬季防控工作电视电话会议召开。县委常委、县政府副县长林柳强在县统办七楼会议室收听收看会议。

7月 全国脱贫攻坚干部培训以视频形式举办。县委、县政府分管领导、重点单位负责人、16个乡镇扶贫工作站长共计48人参加了培训。

八　月

1日 广东省甘肃商会执行会长王彦华、秘书长毛帅璧一行来渭源县考察灯饰产业扶贫工厂投资相关事宜。市人大常委会副主任、县委书记吉秀陪同。王彦华一行先后深入县工业园区、火车站站前广场、县体育馆就渭源县基本县域情况及扶贫项目投资相关事宜进行了实地查看。

3日 县委副书记、县政府县长蔺红军主持召开县政府第95次常务会议。

4日 省委党校中青三班第四组社会调研组学员来渭源县，深入田家河乡元古堆村、县光伏食用菌扶贫产业园、甘肃田地农业科技有限责任公司、五竹镇渭河源村进行调研。

4日 全省进一步做好就业扶贫工作推进视频会议。县领导蔺红军、杨永吉、王世宴在县统办二楼视频会议室收听收看会议。

5日 由渭源县委、县政府发起，阿里巴巴脱贫基金、淘宝直播、兴农脱贫、盒马鲜生主办，甘肃禾韵承办，兰州灵犀协办的“扶贫花开，渭梦而来”首届高原鲜花节暨鲜花基地产销签约仪式，在渭源县莲峰镇老庄村花卉产业园举行。在现场，网红打卡渭源花海，县长直播推介，为“高原花县”集体代言，借助淘宝直播平台进行了一场“花事如潮”的带货活动。当日下午，县委常委、县政府副县长张显峰做客淘宝直播间，带货渭源玫瑰、党参、土豆等农特产品。

5—9日 县委副书记、县政府县长蔺红军，县委副书记刘胜安一行7人，赴国务院扶贫办汇报定点扶贫工作，赴中利集团对接光伏项目、赴德青源公司对接金鸡项目，并参加中央单位定点帮扶定西对接座谈会。

6日 由福州市人民政府驻北京联络处与北京福州商会组成考察团，由驻京联络处主任刘用全带队，深入渭源县就东西部扶贫协作帮扶工作开展情况进行考察调研，并拿出5万元为10名贫困大学生圆梦助学。考察团一行由渭源县委常委、副县长林柳强，县政府副县长郭凯陪同，先后深入上湾镇花卉产业扶贫项目基地、田家河乡元古堆村、甘肃圣源中药材有限公司，详细了解渭源县东西部扶贫协作帮扶工作及全县脱贫攻坚工作开展情况。调研期间，考察团还为10名贫困大学生每人发放5000元助学金，勉励渭源学子努力学习，树立人生目标，常存感恩之心，将来回报社会。

6日 渭源县迎接全省“七五”普法终期检查验收安排部署会议召开。县委常委、政法委书记张建明主持会议。

7日 省政府第三次廉政工作会议召开。县委常委、县政府常务副县长杨永吉，县委常委、县政府副县长林柳强，县政府副县长潘学明及各相关部门负责人在渭源县分会场收听收看会议。

7日 县委常委、县委组织部部长王世宴一行深入北寨镇调研指导基层党建工作、脱贫攻坚工作。

10日 县委常委、政法委书记张建明主持渭源县综治中心揭牌仪式。县政府副县长、县公安局局长李宝林参加仪式。

10日 全省政法委员视频培训会议召开。县委常委、政法委书记张建明在县统办楼二楼视频会议室收听收看会议。

11日 省政府副省长何伟一行调研渭源旅游扶贫、就业扶贫和健康扶贫工作。何伟一行先后深入五竹镇渭河源村、上湾镇侯家寺村花卉基地、上湾镇天启纺织巾帼扶贫车间，之后赴田家河乡元古堆村为省电视台拍摄脱贫攻坚视频。

11日 全省市场监管领域部门联合“双随机一公开”监管工作推进视频会议召开。县委常委、政法委书记张建明，县政府副县长李宝林在县统办二楼视频会议室收听收看会议。

11—12日 中国国际扶贫中心主任刘俊文一行4人先后深入渭源县莲峰镇老庄村优质鲜切花生产基地、五竹镇马铃薯良种专业合作社、五竹镇田园牧歌养殖专业合作社世行六期项目、五竹镇维佳温室大棚花卉扶贫车间、会川镇干乍村、甘肃田地农业科技有限责任公司、光伏食用菌扶贫产业园、田家河乡元古堆村、上湾镇侯家寺村进行调研，全国贫困地区干部培训中心兰州分院院长迭目江腾，全国贫困地区培训中心兰州分院科技处处长余开潇，全国扶贫地区干部培训中心兰州分院办公室干部王志斌陪同调研。

12日　市教育督导委员会考核组对渭源县教育目标管理责任书完成情况进行考核。

12日　全市项目建设观摩拉练活动第二观摩组深入渭源金鸡产业项目、会川镇西关小学分校建设项目、会川镇城区供热工程、甘肃佛慈红日药业有限公司渭源中药生产基地建设（配方颗粒）项目、G310线渭源县城过境段道路建设工程、县一中南侧清源路北侧棚户区改造等2020年开工新建的项目工程建设情况。

12日　甘肃省政务公开领导小组第二次会议暨全省政务公开工作电视电话会议召开。县政府副县长潘学明在县统办二楼视频会议室收听收看会议。

13日　县委副书记、县脱贫攻坚领导小组办公室主任张振亚主持召开县脱贫攻坚领导小组办公室2020年第十二次会议。

13日　县政协农业、经济、科技界政协委员界别协商座谈会召开。

13日　县委副书记、县驻村帮扶工作队总队长刘爱君主持召开全县驻村帮扶工作队总队长调度会。会议传达《甘肃省脱贫攻坚帮扶工作协调领导小组办公室关于对脱贫攻坚帮扶工作常态化督查的通报》文件精神，对7月份全县驻村帮扶工作队“钉钉”打卡考勤运行管理情况进行通报，听取部分乡镇总队长近期工作情况汇报，对下一阶段的重点工作进行安排部署。

13日　市人大常委会调研组来渭源调研农村集体产权制度改革情况。

13—14日　县人大常委会组织部分市县人大代表视察全县重点项目建设情况。县人大常委会主任李新定，副主任李婉玉、李惠琴、李云林、黄晓清参加视察。视察组先后深入田家河乡、会川镇、上湾镇、五竹镇、路园镇、锹峪镇、县工业集中区、县城区，详细了解全县产业发展、民生改善、城市建设、生态文明等方面重点项目建设进展情况及目前存在的问题和困难。

14日　受县委副书记、县政府县长蔺红军委托，县委常委、县政府常务副县长杨永吉主持召开了县政府第96次常务会议。

14日　全省脱贫攻坚重点工作专题部署电视电话会议召开。县委常委、县政府常务副县长杨永吉，县政府副县长潘学明、李宝林在县统办二楼视频会议室收听收看会议。

14日　县委副书记张振亚主持召开渭源县蕈源食用菌产业联合社成立大会暨食用菌基地建设现场推进会议。

14日　县委副书记、县政府县长蔺红军主持召开全县防汛救灾工作调度会。

17日　市人大常委会副主任、县委书记吉秀主持召开十四届县委第110次常委会会议。

17日　县委副书记、县长蔺红军主持召开县政府党组（扩大）会议暨廉政工作会议，书面传达中央政治局常委会会议精神、习近平总书记对“十四五”规划编制工作作出的重要指示精神、省政府第三次廉政工作会议精神，深入分析市政府第二季度考核结果，部署全县经济高质量发展工作，研究全县2021年项目谋划。

18日　中国共产党渭源县第十四届委员会举行第二十二次全体会议。全会由县委常委会主持。市人大常委会副主任、县委书记吉秀出席会议并讲话。

18日　县委副书记、县政府县长蔺红军主持召开渭源县新增财政资金直达基层直接惠企利民情况专项审计会。

18日　全省经济工作“补欠账、保目标”调度电视电话会议召开。县政府常务副县长杨永吉在县统办二楼视频会议室收听收看会议。

18日　市人大常委会副主任、县委书记、县脱贫攻坚领导小组组长吉秀主持召开全县脱贫攻坚领导小组2020年第九次会议暨县中央脱贫攻坚专项巡视反馈意见整改工作领导小组第十次（视频）会议，会议分两个阶段进行。第一阶段会议审议通过了《渭源县2020年第三批统筹整合财政涉农资金安排计划》《渭源县2020年碧桂园集团捐赠资金调整计划》《渭源县2020年定点帮扶资金安排计划》《渭源县2020年东西部扶贫协作第一批社会帮扶资金安排计划》《渭源县2020年统筹整合使用财政涉农资金项目方案》《关于申请调整“十三五”第二批13兆瓦村级光伏扶贫电站结余资金麻家集镇未脱贫贫困村脱贫补短板巷道硬化项目建设内容的报告》。第二阶段（视频）会议领学了《习近平扶贫论述摘编》第五章“坚持社会动员、凝聚各方力量”，习近平总书记2016年7月20日在东西部扶贫协作座谈会上的重要讲话精神，2020年5月全国“两会”期间习近平总书记等中央领导关于脱贫攻坚的重要指示；书面传达学习了国务院副总理、国家脱贫攻坚普查工作领导小组组长胡春华2020年6月28日在全国脱贫攻坚普查工作电视电话会议上的讲话精神，7月27日全国产业扶贫工作推进会议精神，省委副书记孙伟在《关于对8个县（市、区）脱贫攻坚帮扶工作暗访督查的通报》上的批示精神，全省2020年第十次、十一次脱贫攻坚领导小组会议，全省脱贫攻坚普查工作电视电话部署会议精神，8月14日全省脱贫攻坚重点工作专题部署电视电话会议精神，全省扶贫办主任会议精神，全市2020年第九次、第十一次脱贫攻坚领导小组会议精神，福州市和定西市扶贫协作座谈会会议精神；书面通报了2020年上半年全县脱贫攻坚工作总结，全县脱贫攻坚帮扶工作总结，全县1—7月脱贫攻坚重点任务进展情况，全县1—7月贫困劳动力务工情况，全县上半年扶贫产品认定及入驻“扶贫832平台”和中国社会扶贫网工作开展情况，全县1—7月“12317”扶贫领域投诉举报及办理情况；听取了县扶贫办、涉及5个未脱贫村乡镇东西部扶贫协作和中央定点帮扶工作、脱贫攻坚重点任务、挂牌作战、脱贫攻坚问题整改工作进展情况汇报；18个承担贫困县党委政府扶贫开发成效考核及东西部扶贫协作重点任务的县直单位书面汇报了牵头考核重点任务进展、东西部扶贫协作专项实施方案落实情况及全县消费扶贫工作推进情况；其他11个乡镇书面汇报了脱贫攻坚重点任务、挂牌作战及脱贫攻坚问题整改进展情况；涉及5个未脱贫村乡镇帮扶组长单位书面汇报了帮扶职能发挥，统筹推进联系乡镇帮扶工作开展情况。安排部署了剩余4个月全县脱贫攻坚重点工作。市人大常委会副主任、县委书记吉秀主持会议并讲话。

18日 中国共产党渭源县第十四届委员会举行第二十二次全体会议。

18—21日 县委副书记、县长蔺红军一行赴晋安区开展东西部扶贫协作考察对接工作。晋安区委书记张定锋、区长林涛、区政协主席魏晓辉、区委副书记张忠健、副区长陈立新，渭源县委常委、副县长林柳强，在晋安区挂职的副县长郭凯等分别陪同考察或出席联席会。

19日 全市农村乱占耕地建房专项整治工作和耕地保护督察发现问题整改进展情况视频会议召开。县委常委、县政府常务副县长杨永吉在县统办二楼视频会议室收听收看会议。

19日 全县抓党建促决战脱贫攻坚暨“四抓两整治”工作现场推进会召开。会议分两个阶段，第一阶段：县四大班子领导赴清源镇新城社区，北寨镇张家堡村、顶乐养殖场产业党支部、丁家湾村等基层党建示范点现场观摩；第二阶段：县委副书记张振亚主持会议并就贯彻会议精神作出安排部署。市人大常委会副主任、县委书记吉秀出席会议并讲话。县委常委、组织部部长王世宴通报了全县基层党建重点工作任务推进落实情况。县四大班子在家领导，各乡镇党委书记、党建办主任，县直各党（工）委书记，县委组织部工作人员，北寨镇各村党支部书记在北寨镇四楼会议室参加会议。

19—21日 定西市深化运用交叉方法推进纪检监察工作高质量发展现场会在渭源成功召

开，渭源县乡镇纪委监督执纪监察协作区工作赢得了定西市纪委监委的充分肯定。

20日　全省农业农村重点工作调度会召开。县政府副县长潘学明在县统办二楼视频会议室收听收看会议。

20—21日　由县政协常委会组成人员、专委会负责人组成视察组，实地视察了县城区供水工程、金鸡产业扶贫项目、鲜切花和光伏食用菌产业等23个重点项目建设和新兴产业发展情况。

20—21日　全市深化运用交叉方法推动纪检监察工作高质量发展现场会在渭源召开。市委常委、市纪委书记、市监委主任温卫东出席会议并讲话，市人大常委会副主任、县委书记吉秀出席会议并致辞。

21日　全国深化农村集体产权制度改革工作会议召开。县政府副县长潘学明在县农业农村局七楼会议室收听收看会议。

21日　全省防汛救灾电视电话会议召开。县委常委、县政府常务副县长杨永吉在县应急管理局四楼会议室收听收看会议。

21日　市人大常委会副主任、县委书记吉秀带领部分乡镇、相关单位主要负责人赴兰州新区考察兰州新区现代农业产业发展规划和建设、生产加工、运输销售、带贫效益发挥等情况。

23日　全县2020年重点项目建设进展和新兴产业发展情况视察座谈会召开。

23日　全省防汛救灾电视电话会议召开。县四大班子领导在县统办楼七楼会议室收听收会议。

24日　全市应急管理委员会（安委会）2020年第三次全体（扩大）会议召开，同时套开市脱贫攻坚领导小组2020年第十二次会议。县领导蔺红军、张振亚、张灵勇、杨永吉、张建明、潘学明、李宝林在县统办七楼会议室收听收看会议。

24日　县委、县政府制定印发《渭源县贯彻落实新时代推进西部大开发形成新格局若干重大措施工作要点》。

24日　县委副书记、县政府县长蔺红军深入田家河乡、麻家集镇查看灾损情况，指导防汛减灾和地质灾害防治工作。

25日　全省推进民营经济发展暨优化营商环境大会。县领导吉秀、李新定、蔺红军、陈栋、左冬梅、黄晓清、康学斌，县直相关部门和各乡镇政府主要负责人在县统办七楼会议室收听收看会议。

25日　晋安区政协主席魏晓辉一行先后深入渭源县考察上湾镇南谷玫瑰园、渭水源药业有限公司、渭河源大景区旅游项目建设情况，晋渭东西部扶贫协作五竹现代农业示范园、面山绿化美化项目。县委副书记、县政府县长蔺红军主持座谈会并和晋安区政协主席魏晓辉举行签约和捐赠仪式。

26日　市人大常委会副主任、县委书记吉秀深入庆坪等乡镇检查指导防汛救灾工作。

26日　县政协副主席金雁东带领部分政协常委、委员开展委员小组活动，先后深入田家河乡、上湾镇、五竹镇、莲峰镇、锹峪镇，就乡村两级文化阵地建设及活动开展情况进行调研。

27日　市人大常委会副主任、县委书记吉秀深入路园镇产业建设项目现场、农民专业合作社、产业基地实地督导调研产业发展情况。吉秀还深入渭河路园段开展巡河工作。

27日　市人大常委会副主任、县委书记、县“不忘初心、牢记使命”主题教育领导小组组长吉秀主持召开县委常委会“不忘初心、牢记使命”主题教育暨县委理论中心组集中学习（扩大）会议。

27日　市人大常委会副主任、县委书记吉秀主持召开2020年县委教育工作领导小组（扩大）第二次会议。

27日　县委副书记张振亚主持召开全县扶贫资金调度会议。

28日　县委常委左冬梅主持召开2020年全县宗教界人士开展“国好法大”（教育实践活动）

启动会议。

28日　县委副书记、县政府县长蔺红军主持召开县政府第97次常务会议。

30日　福州市晋安区委书记张定峰一行来渭源县调研东西部扶贫协作工作。市人大常委会副主任、县委书记吉秀陪同调研。

31日—9月1日　全县合作社规范化建设现场推进会召开。县委副书记张振亚、县政府副县长潘学明带队深入田家河乡、麻家集镇、峡城乡的5个农民专业合作社进行现场观摩。县委副书记刘爱君，县委常委、副县长林柳强，县委常委左冬梅，县人大常委会副主任李云林，县政协副主席董学军参加观摩会。

31日　县委副书记、县脱贫攻坚领导小组办公室主任张振亚主持召开县脱贫攻坚领导小组办公室2020年第十三次会议。

8月，县政协组织农业、科技等界别政协委员和农业与环境资源委员会负责人，开展了渭河流域（渭源段）生态保护和高质量发展界别协商活动。

九　月

1日　省科技厅副厅长葛建团一行来渭源考察省级科技成果转移转化示范区建设情况。葛建团一行先后深入到田家河乡元古堆村、圣源中药材有限公司、德园堂药业有限公司、甘肃田地农业科技有限责任公司，通过实地考察、听取汇报等方式，就渭源县美丽乡村建设、大健康产品成果转化及研发、马铃薯脱毒种薯雾培法生产等情况进行详细考察了解。

1日　县政府副县长潘学明主持召开全县合作社规范化建设现场会。县委副书记张振亚、刘爱君，县委常委、县政府副县长林柳强，县委常委左冬梅，县人大常委会副主任李云林，县政协副主席董学军在县统办七楼会议室参加会议。会议以视频形式召开到乡镇一级。各乡镇主要负责人、分管负责人、业务专干，县直有关单位主要负责人、业务专干，3个农民专业合作社、2个代理记账会计公司负责人在县主会场参加会议。

2日　市人大常委会副主任、县委书记吉秀主持召开十四届县委第111次常委会会议。

2日　全县科级领导干部学习党的十九届四中全会精神轮训班开班。县委副书记张振亚主持开班式。市人大常委会副主任、县委书记吉秀出席开班式并讲话。吉秀以《坚持党的领导 坚定制度自信 全面推进治理体系和治理能力现代化》为题作了辅导报告。县四大班子和县人武部领导，法、检两院负责人以及乡镇和县直单位的部分副科级以上领导干部参加培训。

3日　县委副书记、县政府县长蔺红军主持召开县政府第98次常务会议。

3日　县委副书记刘爱君主持召开全县驻村帮扶工作队总队长调度会。县委常委、组织部部长王世宴参加会议并讲话。

3日　利安人寿“联渠道 汇爱心 接力行”捐资助学暨定制消费扶贫活动在渭源县大安乡大涝子小学举行。利安人寿保险股份有限公司副董事长、总裁刘政焕女士，中国工商银行总行个人金融部高级经理刘秀宇，中国农业银行总行个人金融部保险代理处客户经理刘轶翔，华夏时报副总编辑冉学东，利安人寿副总裁、首席投资官龙大江，利安人寿总精算师、财务负责人王龙根，利安人寿银行保险部总经理陈金刚出席活动。利安人寿爱心人士在大涝子小学种下“利安思源树”，并走访慰问了中药材种植户和受资助学生家庭，参观考察了渭源县田家河乡元古堆村。

4日　市人大常委会副主任、县委书记、县脱贫攻坚领导小组组长吉秀主持召开县脱贫攻坚领导小组2020年第十次会议暨县中央脱贫攻坚专项巡视反馈意见整改工作领导小组第十一次会议。会议组织学习了习近平扶贫论述摘编第六章

"坚持从严要求，促进真抓实干"，习近平总书记考察安徽时的重要讲话和指示精神，全国政协主席汪洋在甘肃调研时的讲话和指示精神。传达学习了国务院扶贫开发领导小组克服疫情灾情影响确保如期全面脱贫电视电话会议精神，国务院扶贫开发领导小组赴甘肃省脱贫攻坚督查报告精神，全国消费扶贫行动现场推进会精神，东西部扶贫协作稳岗就业工作座谈会议精神，全国扶贫办主任座谈会精神，省委书记林铎在省委组织部《岷县脱贫攻坚暗访督查报告》上的批示精神，8月21日省委常委会议精神，省脱贫攻坚领导小组2020年第十二次、十三次会议精神，市脱贫攻坚领导小组2020年十二次、十三次会议精神。审议通过了《渭源县2020年部分财政结余资金重新安排用于脱贫攻坚项目的报告》《渭源县推进消费扶贫"十大行动"落实方案》《渭源县2020年消费扶贫月（季）活动实施方案》《渭源县2020年贫困退出验收工作实施方案》《渭源县关于开展已脱贫户已退出村全面复核检视工作的意见》《渭源县脱贫攻坚防贫监测评估工作方案》《渭源县2020年国务院扶贫开发领导小组脱贫攻坚督查反馈意见整改方案》。听取了县脱贫攻坚领导小组15个专责组年度工作开展及重点任务完成情况，各乡镇贫困村、贫困户退出指标实现、灾情排摸和灾后重建、就业扶贫、消费扶贫、光伏收益分配用于村级公益性岗位开发、小额信贷、人居环境整治等工作开展情况，承担贫困县党委政府扶贫开发成效考核指标任务的县直单位指标达标及查漏补缺工作开展情况的汇报。安排部署了近期全县脱贫退出验收、脱贫复核检视和监测评估、就业扶贫、消费扶贫、脱贫攻坚项目建设及资金拨付报账等重点工作。市人大常委会副主任、县委书记吉秀主持会议并讲话，县委副书记、县政府县长蔺红军就当前扶贫项目建设及相关重点工作进行了安排部署。

4日 全县教育工作暨第36个教师节表彰大会在老君山文化广场影剧院召开。

4日 全省严防聚集性疫情做好秋冬季防控工作电视电话会议召开。县委副书记、县政府县长蔺红军，县委常委、县政府副县长林柳强，县委常委左冬梅在县统办二楼视频会议室收听收看会议。

4日 全省道路交通事故预防减量控大工作视频会议召开。县政府副县长、公安局长李宝林在县公安局9楼会议室收听收看会议。

4日 县委副书记张振亚主持召开2020年度贫困退出验收暨脱贫成果全面检视工作培训会议。

7日 县委常委、纪委书记、监委主任张灵勇主持召开全县扶贫领域腐败和作风问题专项治理领导小组会议暨2020年扶贫领域监督执纪问责联席会议。全县扶贫领域监督执纪问责工作领导小组成员、扶贫领域监督执纪问责联席会议成员单位主要负责人、脱贫攻坚扶贫领域腐败和作风问题专项治理工作领导小组成员、各乡镇党委书记参加会议。

7—9日 全县领导干部学习党的十九届四中全会精神专题轮训班举办。

7日 全省2020年度贫困退出验收和脱贫成果全面检视工作视频会议召开。县委常委左冬梅，县政府副县长潘学明，县脱贫攻坚领导小组成员单位主要负责人和业务专干，县扶贫办全体干部在县分会场收听收看会议。

8日 全县党组织书记、村级后备干部和新选聘村干部示范培训班在元古堆村举办。

9日 县委副书记、县长蔺红军主持召开县四大班子联席会议，会议讨论研究了《渭源县工业集中区总体发展规划（2020—2035）（初稿）》《渭源县物流园（一期）项目建设方案》。

9日 受县委副书记、县政府县长蔺红军委托，县委常委、县政府常务副县长杨永吉主持召开县政府第99次常务会议。

11—12日 湖北省孝感市人大常委会副主任、孝昌县委书记吴琼带领孝昌县委副书记罗剑锋一行来渭源县考察脱贫攻坚工作。县委副书记、县长蔺红军，县委副书记刘胜安陪同考察。吴琼一行先后深入莲峰镇老庄村优质鲜切花生产基地、渭源金鸡产业扶贫项目园区、渭源县白家田地食品有限公司生产线、甘肃国丰种业有限公司马铃薯育种基地、渭源县光伏食用菌扶贫产业园会川园区、田家河乡元古堆村、香卜路村，五竹镇渭河源村等地，实地查看渭源县花卉、金鸡项目、马铃薯、食用菌等产业发展情况、通过听取汇报、面对面交流等方式，详细了解渭源脱贫攻坚、美丽乡村建设、产业扶贫带贫、劳动力就业等情况。

11日 市人大常委会副主任郭维团、市政府副市长姜春煌及市县相关部门负责人深入渭源县，对市四届人大七次会议第23号代表建议《关于加大乡镇寄宿学校建设的建议》进行现场督办。县人大常委会主任李新定、副县长潘学明陪同督办。

11日 全国深化“放管服”改革优化营商环境电视电话会议召开。县委常委、县政府常务副县长杨永吉，县委常委、政法委书记张建明，县政府副县长李宝林在统办七楼会议室收听收看会议。

14日 全省深化扶贫领域和作风问题专项治理视频会议暨贫困县纪委书记第二次工作例会召开。县委常委、纪委书记张灵勇在县统办二楼视频会议室收听收看会议。

14日 全省“富民兴陇”大讲堂直播讲座举办。县委副书记、县政府县长蔺红军，县委副书记张振亚在县委党校6楼会议室收听收看会议。

14日 2020年度全县贫困户贫困村脱贫退出县级验收总结汇报会暨市级抽验协调会议。县委副书记张振亚主持会议并讲话。会议传达了市委、市政府2020年度贫困退出市级抽查验收和复核检视工作培训会议精神。县级验收组组长或副组长分别对16个乡镇的脱贫退出及防贫监测工作开展情况作了汇报；涉及贫困退出验收的11个县直单位主要负责人汇报了就验收指标单项验收情况及市级抽验工作准备情况。

15日 全省进一步加强农村公益性岗位规范管理视频会议召开。县委副书记、县政府县长蔺红军，县政府副县长潘学明在县统办二楼视频会议室收听收看会议。

15日 县委副书记、县脱贫攻坚领导小组办公室主任张振亚主持召开县脱贫攻坚领导小组办公室2020年第十四次会议。

16日 省科技厅副厅长王彬带领省级农业科技园区考察组一行深入渭源县，对渭源省级农业科技园区创建工作进行实地考察。考察组一行先后深入田家河乡元古堆村、甘肃田地农业科技有限责任公司、甘肃一航薯业科技发展有限责任公司、五竹镇马铃薯良种繁育专业合作社、甘肃田地白家食品有限责任公司，考察马铃薯产业种植规模、马铃薯脱毒种薯雾培法生产技术、马铃薯种薯生产繁育基地建设、马铃薯原原种繁育基地及数字化建设、马铃薯系列方便食品生产加工、省级农业科技示范园区建设经营情况及企业发展模式、基础设施建设、科技创新、运营现状等情况；并对园区建设发展从规划、主导产业培育和运行机制建设等方面作了具体指导建议。

17日 县政府与定西市水利投资有限公司合作座谈会召开，双方洽商投资合作事宜。县委副书记、县长蔺红军，县委常委、常务副县长杨永吉，定西市水利投资有限公司董事长刘智龙出席座谈会。

17日 由定西市妇联和渭源县委政法委、渭源县妇联共同组织开展的定西市“情系幸福家庭 共创平安定西”讲座走进渭源县。

17日 省住建厅召开部分重点乡镇污水处理设施建设工作推进会。县委常委、县政府常务副县长杨永吉收听收看会议。

18日 全国秋冬季森林草原防灭火工作电视电话会议召开。县委常委、县政府常务副县长杨永吉在县统办二楼视频会议室收听收看会议。

18日　县委常委、政法委书记张建明参加渭源县森林公安大队揭牌仪式。

18日　县委副书记、县政府县长蔺红军主持召开县政府第100次常务会议。

21—23日　县政协组织部分常委、委员及农业与资源环境委员会组成调研组，对全县农村“厕所革命”项目实施情况开展专题调研。

21日　市人大常委会副主任王成文带领省市人大代表集中视察我县文化旅游产业工作。视察组一行先后视察县文化综合场馆建设、渭河源生态保护综合治理和乡村旅游产业扶贫项目建设、渭河源大景区项目建设、首阳山景区建设，就渭源县近年来文化旅游产业发展情况进行调研。

21日　县委副书记张振亚主持召开渭源中国扶贫交流基地建设工作会议。

21—22日　2020年全市广播电视通联工作暨新闻宣传业务培训会议在渭源县召开。市委宣传部副部长、市政府新闻办公室主任王在凯出席会议并讲话。县委常委、宣传部部长何晓云致辞。

22日　县委常委、副县长林柳强主持启动以“源于渭道、爱心消费，千企参与、大家同行”为主题的2020年农产品产销对接暨消费扶贫月（季）活动仪式。县委副书记张振亚致辞并宣布渭源县2020年消费扶贫月（季）活动正式启动。县政协副主席康学斌宣读《渭源县消费扶贫月（季）活动倡议书》。县领导张振亚与林柳强共同为渭源县消费扶贫生活馆揭牌。

23日　省政协常委、农业和农村工作委员会主任杜尊贤一行来渭源县专题调研脱贫攻坚与乡村振兴有序衔接工作情况。

23日　县委常委、县政府常务副县长杨永吉主持召开全县会川—清源区域经济一体化发展座谈会。

24日　全市秋季造林绿化动员（视频）会议召开。县委常委、县政府常务副县长杨永吉，县委常委、政法委书记张建明，县人大常委会副主任李云林在县统办七楼会议室收听收看会议。

24—25日　县政协学习中共十九届四中全会精神暨政协委员履职能力提升培训班举办。

25日　全县经济形势分析调度会议召开，书面传达全市抓重点破难点补欠收保目标会议精神，通报1—8月份主要经济指标完成情况和三季度主要经济指标预计完成及欠账情况。

25日　国务院扶贫办定点扶贫县脱贫攻坚总结工作辅导培训视频会议召开。县委副书记张振亚、刘爱君，县委常委、县政府副县长林柳强，县委常委左冬梅在县统办二楼视频会议室收听收看会议。

25日　县委副书记张振亚主持召开全县经济形势分析调度会议。

26日　兰州大学党委书记马小洁，党委副书记、副校长徐生诚一行，深入秦祁乡调研推进脱贫攻坚帮扶工作。县委副书记、县长蔺红军，县委副书记刘爱君陪同调研。马小洁一行实地调研岗家岔村扶民现代农业专业合作社产业发展情况深入白土坡村入户走访慰问帮扶户。秦祁乡党委书记介绍了秦祁乡脱贫攻坚工作情况，省气象局、中铝连城分公司负责人分别介绍了脱贫攻坚帮扶工作情况及下一步计划。

27日　市委书记唐晓明一行来渭源实地调研中秋、国庆“双节”前市场供应、消费扶贫及旅游景区接待准备工作。

27—28日　县政协组织部分常委、经济工商界委员组成调研组，对全县乡村道路建设与管理情况开展专题调研。

28日　市人大常委会副主任、县委书记、县“不忘初心、牢记使命”主题教育领导小组组长吉秀主持县委常委会“不忘初心、牢记使命”主题教育暨县委理论中心组集中学习（扩大）会议。

28日　市人大常委会副主任、县委书记吉秀主持召开十四届县委第112次常委会会议。

28日　县委副书记张振亚主持召开县委人大

工作会议和县委政协工作会议。市人大常委会副主任、县委书记吉秀参加会议并讲话。

29日 市人大常委会副主任、县委书记吉秀在田家河元古堆村同兰州财经大学党委书记贾宁为“兰州财经大学元古堆村党性教育基地”共同揭牌。

29日 县委副书记、县政府县长蔺红军主持召开县政府第101次常务会议。

29日 市级国土空间规划编制工作视频会议召开。县委常委、县政府常务副县长杨永吉在自然资源局六楼会议室收听收看会议。

29日 水利部召开农村饮水安全工作推进视频会议，会后继续召开省水利厅全省脱贫攻坚饮水安全工作调度视频会。县政府副县长潘学明在水务局三楼会议室收听收看会议。

29日 县委副书记、县脱贫攻坚领导小组办公室主任张振亚主持召开县脱贫攻坚领导小组办公室2020年第十五次会议。

29日 兰州财经大学党委书记贾宁一行赴大安乡大涝子村庆祝中华人民共和国成立71周年“决胜全面小康、推进乡村振兴”文化惠民活动暨第一届先进典型表彰大会。

29日 县委常委、政法委书记张建明主持召开整合乡镇综治和应急管理资源座谈会议。

29日 县委常委、政法委书记张建明主持召开全县森林草原防灭火、造林绿化暨城市管理工作推进会议。县委常委、县政府常务副县长杨永吉参加会议并讲话。

29日 渭源县红火元古堆菌业农民专业合作社联合社成立大会暨食用菌基地建设现场推进会议召开。县委副书记张振亚主持会议。县委常委、县政府副县长张显峰参加会议。

30日 市人大常委会副主任、县委书记吉秀主持召开十四届县委第113次常委会会议。

30日 市人大常委会副主任、县委书记、县脱贫攻坚领导小组组长吉秀主持召开县脱贫攻坚领导小组2020年第十一次会议暨县中央脱贫攻坚专项巡视反馈意见整改工作领导小组第十二次会议。会议组织学习了习近平扶贫论述摘编第七章“坚持群众主体，激发内生动力”，习近平总书记在湖南考察调研时的重要讲话和指示精神；书面传达学习了全国脱贫攻坚考核评估工作会议精神、全国光伏扶贫工作现场会议精神、9月22日全省扶贫产业体系建设现场会议精神、9月23日省脱贫攻坚领导小组专题会议精神和9月29日全省脱贫攻坚工作调度（视频）会议精神；审议通过了《渭源县2020年东西部扶贫协作新增帮扶资金安排计划》《关于申请贫困劳动力务工交通补贴结余资金调整用于贫困劳动力稳岗补贴项目的报告》《2020年中国扶贫基金会双重扶贫捐赠大米分配方案》《渭源县2020年度贫困人口脱贫退出县级验收认定情况》《渭源县2019年甘肃省贫困县退出抽查第三方评估反馈问题整改工作方案》《渭源县2020年“10·17”扶贫日工作实施方案》《渭源县脱贫攻坚总结材料撰写工作方案》《渭源县中国扶贫交流基地建设实施方案》工作方案和资金计划，听取了有关工作情况汇报。

9月下旬 县政协组织部分政协委员赴庆阳市庆城县、环县考察学习，并深入会川镇罗家磨村、田家河乡元古堆村、上湾镇南谷新村、锹峪镇峡口村、渭河源大景区进行实地调研，就全县文旅体融合发展情况进行专题调研。

十　月

1日 市委副书记、市政府市长戴超一行深入渭源县调研市场供应及消费扶贫工作。

7日 县委常委、县政府常务副县长杨永吉一行，专门深入到县供热中心，渭水源供热站，会川镇益民供热有限公司以及官堡路建设现场，就今冬明春供暖前锅炉等设备调试，原煤购进储备，以及安全生产，道路工程质量、进度等进行再督导、再检查。

9日　市委常委、市委宣传部部长陈月芳来渭源县调研指导融媒体中心运营情况及节目策、采、编、审、播等方面工作。

9日　县委副书记张振亚主持召开全县驻村帮扶工作推进会暨总队长调度视频会议。市人大常委会副主任、县委书记吉秀出席会议并讲话。

10日　市人大常委会副主任、县委书记吉秀主持召开全县统一战线领导小组第二次会议。

11日　十三届省委第七轮巡视动员部署会暨巡视指导督导专题培训（视频）会议召开。县领导吉秀、蔺红军、杨永吉、何晓云、王世宴、张建明在县统办二楼视频会议室收听收看会议。

12日　县委常委、政法委书记张建明主持召开全县第七次全国人口普查工作推进会议。县委副书记、县政府县长蔺红军出席会议并讲话。

14日　政协第九届渭源县委员会常务委员会第二十一次会议召开，并就全县“十四五”规划编制进行了协商议政。

14日　受国务院扶贫办委托，中国扶贫开发协会在北京会议中心举办“致敬扶贫人——村官成长论坛”，展示基层村干部在党和政府领导下坚守使命日夜奋战，带领贫困村人民脱贫致富奔小康的风采，交流各地支持村干部打好脱贫攻坚的经验。定西市人大常委会副主任、渭源县委书记吉秀应邀参加论坛并作主旨发言。吉秀在论坛上以“砥砺奋进担使命 脱贫一线展风采”为题，全面介绍了渭源县牢记总书记“让咱们一块儿努力，把日子越过越红火，早日改变贫困面貌”的殷殷嘱托，创新机制，干群合力攻坚的生动实践。

15日　县政府副县长、公安局长李宝林主持召开全县法治政府建设暨行政执法人员培训班开班仪式。

15日　县委常委、政法委书记张建明主持召开全县“10·17”全国扶贫日宣传活动筹备工作协调推进会议。县委常委、县政府常务副县长杨永吉参加会议并讲话。

15日　渭源县2020年新冠肺炎疫情防控应急演练活动举办。

16日　福建省委常委、福州市委书记林宝金一行在定西市委书记唐晓明的陪同下，到渭源调研东西部扶贫协作工作。市委常委、副市长陈曾勇，市委常委、市委秘书长梁兆光，副市长陈学俭，晋安区委书记张定锋，县委副书记、县长蔺红军，副县长林柳强一同参加调研。在上湾镇南谷玫瑰园，林宝金一行听取了渭源县脱贫攻坚工作及东西部扶贫协作情况介绍，上湾镇易地扶贫搬迁及后续产业发展南谷玫瑰园项目情况汇报，实地查看消费扶贫展区农特产品，玫瑰花种植基地，详细询问务工人员工作时间、工资收入，花卉产业种植规模、品种、销售、扶贫车间运转、带动贫困户增收等情况，全面了解渭源脱贫攻坚工作及东西部扶贫协作情况。

17日　县委常委、宣传部部长何晓云主持召开2020年国家扶贫日宣传活动。县委副书记、县政府县长蔺红军参加会议并讲话。

17日　全国脱贫攻坚奖表彰大会暨先进事迹报告会上，渭源县荣获全国脱贫攻坚奖组织创新奖。

17日　作为“10·17”全国扶贫日渭源脱贫攻坚成果展系列活动，2020年渭源县脱贫攻坚先进事迹报告会在文化综合场馆影剧院举行。报告会由县委常委、宣传部部长何晓云主持。县政协主席陈栋，县委常委、县纪委书记、县监委主任张灵勇，县委常委、县政府常务副县长杨永吉，县委常委、政法委书记张建明，县人大常委会副主任李云林、黄晓清，县政府副县长、县公安局局长李宝林出席报告会。报告会上，与会人员观看了全县脱贫攻坚专题片。晋安区来渭挂职教师、清源二小副校长宋征，省财政厅选派莲峰镇下寨村第一书记、驻村帮扶工作队队长张程鹏，麻家集镇身残志坚致富带头人侯双平，分别以“爱在渭水园，情满支教路”、“不忘初心，勇担当，牢记使命助脱贫”、“有决心，肯吃苦，就能脱贫致富奔小康”为题，宣讲了各自亲身经历的“晋渭”教育扶贫故事、驻村帮扶工作故事、脱贫致富故事。

17日 全国脱贫攻坚奖颁奖晚会召开。县四大班子在家领导在县统办七楼会议室集中收看收听收看晚会。

19日 县委常委、政法委书记张建明主持召开渭源县扫黑除恶专项斗争推进会暨领导小组第十五次全体（扩大）会议。县委副书记、县政府县长、县扫黑除恶专项斗争领导小组蔺红军参加会议并讲话。

19日 全省中药材生产机械化抓点示范暨党参机械化收获现场观摩培训活动在渭源举办。省农业农村厅副厅长周邦贵出席会议并讲话，县政府副县长潘学明致辞。

20—21日 县政协组织部分政协常委、委员就全县“七五”普法规划实施情况开展对口协商活动。

20日 华中科技大学陈文超副教授一行深入渭源县调研光伏产业。

20—23日 全县高质量发展干部履职能力提升培训班举办。县四大班子在家领导在县综合文化场馆影剧院参加培训班。

21日 县委副书记、县政府县长蔺红军主持召开县政府第102次常务会议。

21日 由武威市政协党组成员、副主席达文明带队的武威市政协考察组，来渭源考察黄河流域生态保护和高质量发展。

21—22日 省人大农业与农村委员会副主任委员、省人大常委会农业与农村工作委员会主任车克钧带领检查组在渭源开展《甘肃省河道管理条例》贯彻实施情况执法检查。检查组先后来到渭河源景区、峡口水库，通过实地查看、听取汇报等方式，详细了解渭河源头水源涵养林建设、峡口水库水源地保护及水功能区管理、河道管理规划编制、河长制落实、河道保护与治理等情况。

22日 县政府副县长潘学明主持召开晋渭东西扶贫协作重点工作推进会议。县委常委、县政府副县长林柳强参加会议并讲话。全面总结回顾前三个季度东西部协作各项工作，并对当前各项重点工作作出全面动员和安排部署。

22日 县委副书记、县政府县长蔺红军主持召开县政府第102次常务会议。

23日 全国脱贫攻坚先进事迹甘肃巡回报告会在兰州举行。定西市人大常委会副主任、渭源县委书记吉秀在此次报告会上，以《扶贫起源地上的创新之路》为题作了先进事迹报告。吉秀作为2020年全国脱贫攻坚奖组织创新奖获奖单位代表，讲述了渭源县以激发群众内生动力为目标，展开了一场以“创新产业带贫机制、创新收益分配机制、创新基层治理机制”为主要内容的机制创新引领、干群合力攻坚的生动实践。渭源县组织县四大班子在家领导，各乡镇、县直及省市驻渭单位主要负责人在县统办七楼会议室收听收看会议。

23日 定西市农村集体“三资”管理专项整治工作现场推进会在渭源召开。与会人员实地观摩学习了庆坪镇农村集体“三资”管理工作经验和做法。

26日 央视频道晚8：00黄金档播出的三级政论专题片《为了总书记的嘱托——习近平总书记调研指导过的贫困村脱贫纪实》播出第二集《精准发力》，渭源县元古堆村成为本期节目的亮点。

26日 市政府副市长张应钦带领全市工业发展开发区（工业集中区）建设暨工业招商大会观摩团对渭源县落实“333”行动计划、“四化”改造、工业招商工作进行现场观摩。渭源县委副书记、县政府县长蔺红军陪同。观摩团先后深入甘肃佛慈红日药业有限公司、甘肃田地白家食品有限责任公司、金鸡产业项目，了解渭源县工业集中区及全县工业经济新动能引进和传统产业改造提升情况。

26日 定西市中级人民法院在庆坪镇文化广场举行教育扶贫“天平助学金”发放仪式。市法院党组成员、副院长安永刚，市法院党组成员、政治部主任孙淑芳，市扶贫办副主任范振鹏，县委常委、县纪委书记、县监委主任张灵勇出席发放仪式。定西市中级人民法院已连续两年为庆坪镇关山根、清泉、樊家湾三个村的319名高中及以上在校学生发放“天平助学金”61.9万元。2020年，又筹集资金25.5万元为庆坪镇133名高中及以上学生进行资助。

27—28日 省人大常委会党组书记、副主任王玺玉带领调研组深入渭源，围绕土壤污染防治条例、水污染防治条例开展立法调研，并就巩固脱贫攻坚成果工作开展情况进行实地调研。市人大常委会党组书记、主任王美萍，市人大常委会副主任、县委书记吉秀，县人大常委会党组书记、主任李新定陪同调研。王玺玉一行先后深入甘肃陇玥农牧有限公司、甘肃田园美农业科技服务有限公司、邱家川村扶众农牧业农民专业合作社、渭源禹河城区段河道生态综合治理一期工程、渭源县马铃薯产业园、甘肃维佳现代农业产业园、会川镇垃圾磁化热解站、上湾镇南谷新村等地，通过实地查看、听取汇报、召开座谈会等形式，详细了解渭源县脱贫攻坚巩固提升情况、产业带贫益贫、合作社带贫益贫和生态治理情况，并提出意见建议。

28日 市人大常委会副主任、县委书记、县脱贫攻坚领导小组组长吉秀主持召开县脱贫攻坚领导小组2020年第十二次会议暨县中央脱贫攻坚专项巡视反馈意见整改工作领导小组第十三次会议。会议传达学习了习近平总书记在第七个国家扶贫日对脱贫攻坚工作所作重要指示精神和李克强总理批示精神，汪洋主席会见全国脱贫攻坚奖获得者时的讲话精神，胡春华副总理在2020年全国脱贫攻坚奖表彰大会暨脱贫攻坚先进事迹报告会上的讲话精神和习近平总书记在广东考察时的重要讲话和指示精神；组织学习了习近平扶贫论述摘编第八章“携手消除贫困，共建人类命运共同体”内容；书面传达学习了全国扶贫小额信贷工作会议精神，省市脱贫攻坚领导小组2020年第十四次会议及省市中央脱贫攻坚专项巡视反馈意见整改工作领导小组第十二次会议精神和10月27日省人大常委会党组书记、副主任王玺玉调研渭源脱贫攻坚座谈会议精神；通报了全县脱贫攻坚有关重点工作进展情况和全县东西部扶贫协作、中央单位定点扶贫、“12317”扶贫监督举报电话接听、消费扶贫、就业扶贫、扶贫小额信贷、村级光伏电站收益分配等脱贫攻坚重点工作进展情况、各类扶贫资金支出报账情况；审议了《关于对生产经营主体吸纳就业奖补项目结余资金调整用于贫困劳动力稳岗补贴项目的报告》《关于调整2019年部分财政专项扶贫结余资金重新安排用于脱贫攻坚项目的报告》《关于渭源县2019年东西部扶贫协作上湾镇杨家寺村通社道路硬化项目和莲峰镇食用菌产业项目结余资金调整计划的报告》《渭源县非贫困村贫困人口、边缘易致贫人口全覆盖核查督导进一步查漏补缺提升脱贫质量工作实施方案》；听取了16个乡镇围绕2020年扶贫成效考核指标任务完成情况和承担扶贫成效考核的18个县直部门围绕省直单位单项指标考核情况、存在的问题和下一步工作打算的汇报。

29日 市人大常委会副主任、县委书记吉秀主持召开十四届县委第114次常委会会议。

29日 市人大常委会副主任、县委书记、县“不忘初心、牢记使命”主题教育领导小组组长吉秀主持县委常委会“不忘初心、牢记使命”主题教育暨县委理论中心组集中学习（扩大）会议。

29日 2020年甘肃“百名法学家百场报告会”定西市渭源县报告会召开。县领导张灵勇、何晓云、王世宴、张建明、林柳强在统办七楼会议室参加报告会。

30日 市人大常委会副主任、县委书记吉秀出席主持召开大安乡2020年脱贫攻坚前线指挥部第七次会议。

31日 为期一周的渭源县第三期“党政领导干部能力素质提升”专题培训班在福州市晋安区结束，全县40名党政领导干部和16名村党支部书记（致富带头人）返回渭源。

31日 李晓梅荣获“2019年度全国三八红旗手”称号。侯双平，麻家集镇塄坎村小山头社人，肢体四级残疾，2020年被评为甘肃省省级劳动模范。

十一月

2日 市人大常委会副主任、县委书记吉秀，县委副书记、县政府县长蔺红军，县人大常委会主任李新定，县政协主席陈栋，县委副书记张振亚，县委常委、县政府常务副县长杨永吉以普通公民身份参加第七次全国人口普查登记。本次人口普查将覆盖全县343528名普查对象，全县439名普查指导员和1303名普查员正式开始入户登记工作。

3日 县委副书记、县脱贫攻坚领导小组办公室主任张振亚召开县脱贫攻坚领导小组办公室2020年第十六次会议。

3日 全省深化“放管服”改革优化营商环境电视电话会议召开。县委副书记、县政府县长蔺红军等县四大班子在家领导在县统办七楼会议室收听收看会议。

3日 全国防疫防控工作电视电话会议召开。县委副书记、县政府县长蔺红军，县委常委、县政府副县长林柳强，县委常委左冬梅在县统办七楼会议室收听收看会议。

4日 市委理论学习中心组（扩大）视频会议召开。主要内容是学习宣传渭源县全国脱贫攻坚奖组织创新奖先进事迹和感人故事，市人大常委会副主任、县委书记吉秀作先进事迹报告。县人大常委会主任李新定，县委副书记、县政府县长蔺红军，县政协主席陈栋等县四大班子在家领导在县统办七楼会议室收听收看会议。

4日 全省预防道路交通事故专项推进视频会议召开。县政府副县长李宝林在县统办二楼视频会议室收听收看会议。

4日 全省防疫防控工作电视电话会议召开。县四大班子在家领导在县统办七楼会议室收听收看会议。

5日 全市耕地保护和土地开发利用工作领导小组扩大视频会议。市人大常委会副主任、县委书记吉秀等县四大班子在家领导在县统办二楼视频会议室收听收看会议。

5日 定西市人大常委会副主任、渭源县委书记吉秀主持召开渭源县委常委会扩大会议。县委副书记、县政府县长蔺红军传达学习《中国共产党第十九届中央委员会第五次全体会议公报》。县委副书记张振亚传达学习《中共中央关于制定国民经济和社会发展第十四个五年规划和二〇三五年远景目标的建议》的说明。

5日 甘肃省“攻坚·2020”重特大森林火灾灭火演习观摩召开。县政府副县长潘学明在县应急局四楼视频会议室收听收看会议。

5日 全市城乡居民“两险”征缴工作推进视频会议召开。县委常委、县政府副县长林柳强在县统办二楼视频会议室收听收看会议。

5日 县委副书记、县政府县长蔺红军主持召开县政府第103次常务会议。

6日 县委常委、县政府常务副县长杨永吉主持召开全县经济高质量发展第四季度调度会议。县委常委、县政府副县长张显峰、林柳强，县政府副县长李宝林参加会议。

6日 全省脱贫攻坚成效考核部署（视频）会议召开。县委副书记张振亚，县政府副县长潘学明在县统办二楼视频会议室收听收看会议。

6日 甘肃省科技创新大会暨科学技术（专利）奖励大会召开。县委常委、县政府副县长林柳强在县统办七楼会议室收听收看会议。

6日 全省村（社）两委换届工作动员部署暨业务培训电视电话会议召开。县政府副县长潘学明在县统办七楼会议室收听收看会议。

7日 中国农业大学经济管理学院教授张莉琴深入渭源开展渭源县脱贫攻坚典型总结调研工作。

9日 党的十九届五中全会精神中央宣讲团报告会在兰州举行。中央宣讲团成员、中国人民银行党委书记、中国银保监会主席郭树清作宣讲报告。市人大常委会副主任、县委书记吉秀，县人大常委会主任李新定，县委副书记、县政府县长蔺红军，县政协主席陈栋等县四大班子在家领导，部分离退休老干部，县直各单位、各乡镇主要负责人在县统办七楼会议室收听收看报告会。

9日 县委副书记、县政府县长、县环委会主任蔺红军主持召开渭源县环境保护工作领导小组暨县环境保护委员会2020年第三次（扩大）会议。市人大常委会副主任、县委书记、县环境保护工作领导小组组长吉秀出席会议并讲话。县人大常委会副主任黄晓清，县政府副县长李宝林，县政协副主席董学军参加会议。

10日 中铁建发展集团有限公司西部区域指挥长朱昌锋一行深入渭源县渭河源生态修复、乡村振兴、旧城改造等建设情况。

10日 全新城市基层党建工作推进会暨联系会议。县委常委、县委组织部部长王世宴出席并讲话。

11日 市委书记唐晓明深入渭源县老君山、五竹镇甘肃维佳农业科技有限公司，峡城乡门楼寺村调研“十四五”规划编制工作。

11日 市委常委、组织部长李继红主持召开渭源县党风廉政建设半年督查座谈会。市人大常委会副主任、县委书记吉秀会议并讲话。市委第十二督察组成员，县四大班子在家领导，县法院院长、检察院检察长，县直各部门、各乡镇主要负责人参加会议。

12日 全国冬春农田水利暨高标准农田建设电视电话会议召开。县政府潘学明在县统办二楼视频会议室收听收看会议。

13日 县政协副主席金雁东主持召开永丰农牧农民专业合作社2020年带贫分红大会。县委副书记张振亚出席分红大会并讲话。路园镇党委政府主要负责人，合作社负责人及贫困户共计150余人参加分红大会。

13日 全省决战决胜脱贫攻坚农村饮水安全视频会议召开。县政府副县长潘学明在县水务局三楼视频会议室收听收看会议。

17日 市委常委、副市长李公民来渭源县调研火灾防控和道路交通安全百日集中整治工作。

18日 省法院党组成员、副院长陈天雄，司法行政装备处处长马小刚一行深入渭源县法院调研指导预算执行、项目建设和“十四五”期间项目规划等工作。

18日 渭源县公示地价听证会召开。

18—19日 市委副书记、市长戴超来渭源调研农业特色产业体系建设。戴超先后来到渭源县国丰公司等地，通过听取汇报、实地查看等形式，调研了解渭源县农村“三位一体”改革、农资直供及农业社会化服务以及马铃薯种质培育等特色产业发展和产业体系建设情况。

18日 中共渭源县委反腐败协调小组2020年第3次会议召开。

19日 全省2020年脱贫攻坚成效考核渭源县汇报会召开。县四大班子在家领导参加会议。

19日 全县“双随机 一公开”工作推进会召开。

19日 省纪委调研渭源县黄河流域生态保护和高质量发展工作座谈会召开。

19日 县委常委、组织部部长王世宴主持召开全县村（社区）“两委”换届工作动员部署暨业务培训会议，安排部署全县村（社区）“两委”换届工作并对换届政策进行培训。

20日 全市村（社区）妇联换届工作动员部署暨业务培训（视频）会议召开。县乡妇联主席参加会议。

22日 渭源县东西部扶贫协作成效评估问题反馈暨整改部署安排会议召开。

23日 渭源县召开2020年度全县脱贫攻坚帮扶工作考核评价培训会。县委副书记刘爱君出席培训启动会议并讲话。县委常委、组织部部长王世宴主持会议。

23日 《甘肃组工信息》刊登了《渭源县创新机制抓党建促决战决胜脱贫攻坚》，介绍了渭源县坚持“融入扶贫抓党建、抓好党建促脱贫”取得工作实效的经验做法。

23日 县委常委、组织部部长王世宴主持召开2020年度全县脱贫攻坚帮扶工作考核评价培训会。县委副书记刘爱君出席培训启动会议并讲话。

23日 全国根治欠薪冬季专项行动动员部署电视电话会议召开。县委常委、县政府常务副县长杨永吉在县电信局三楼视频会议室收听收看会议。

24日 全市中央第二轮生态环境保护督察反馈问题整改工作动员部署暨污染防治攻坚战重点工作任务推进视频会议召开。市人大常委会副主任、县委书记吉秀，县委副书记、县政府县长蔺红军，县人大常委会主任李新定，县政协主席陈栋，县委常委、县政府常务副县长杨永吉，县政府副县长李宝林，各乡镇党委书记、各相关单位负责人在县统办七楼会议室收听收看会议。

24日 岷县县委副书记、岷县当归研究院院长史炬炜一行来渭源县调研带贫益贫利益联结机制和脱贫攻坚普查工作，先后深入渭源金鸡项目部、莲峰老庄村优质鲜切花基地、甘肃维佳现代农业示范园区，上湾镇南谷新村、会川镇光伏产业园调研带贫情况。

24日 广州花卉协会考察渭源座谈会召开。

24日 全市中央第二轮生态环境保护督察反馈问题整改工作动员部署暨污染防治攻坚战重点工作任务推进视频会议在定西召开。市委书记唐晓明出席会议并讲话。市委副书记、市长戴超主持会议并讲话。市人大常委会副主任、县委书记吉秀，县委副书记、县长蔺红军，县人大常委会主任李新定，县政协主席陈栋，县委常委、常务副县长杨永吉，副县长李宝林等县上主要领导，各乡镇党委书记、各相关单位负责人在渭源县分会场收听收看会议。会议结束后，县委副书记、县长蔺红军就贯彻全市生态环境突出问题整改工作推进会精神进行了安排部署。

24日 市委副书记、市长戴超一行来渭源县专题调研会（川）清（源）经济一体化和渭河南岸整体开发规划建设情况。

25日 市人大常委会副主任、县委书记吉秀主持召开渭源县国土空间总体规划（2020—2035）编制工作座谈会。省城市发展研究院副院长、兰州大学城市规划设计研究院院长、甘肃省自然资源厅首席专家陈怀录及规划编制组专家参加会议。会议听取了《渭源县国土空间总体规划（2020—2035）》整体工作情况和相关专题研究报告汇报。

25日 学习贯彻党的十九届五中全会精神省委宣讲团报告会在定西市举行。省委宣讲团成员、省财政厅党组书记、厅长张智军作宣讲报告。市委书记唐晓明主持报告会并讲话。报告会以视频形式召开。县上领导吉秀，李新定、陈栋、张振亚、刘爱君等，各乡镇党委书记、县直各单位主要负责人、离退休老干部在渭源分会场收听收看报告会。

25日 市人大常委会副主任、县委书记、县委全面深化改革委员会主任吉秀主持召开十四届县委第116次常委会会议。

25日 市人大常委会副主任、县委书记、县委全面深化改革委员会主任吉秀主持召开县委全面深化改革委员会第四次会议。

26日 省财政厅厅长张智军一行调研金鸡产业园，随后在锹峪镇锹峪村主持召开党的十九届五中全会精神报告会。市人大常委会副主任、县委书记吉秀一同调研并参加会议。

26日 县人大常委会副主任李惠琴主持召开县第四次交安委成员（扩大）会议暨冬季道路交通安全整治百日会战及渭源县创建全国禁毒示范城市迎检工作会议。县政府副县长李宝林参加会议并讲话。

26日 省政府党组理论学习中心组学习视频会议召开。县领导蔺红军、杨永吉在统办七楼会议室收听收看会议。

26日 县委常委、宣传部部长何晓云主持召开全县防范和化解意识形态重大风险专题报告会。市委常委、宣传部部长陈月芳就防范和化解意识形态重大风险作专题报告。

26日 全省十大生态产业发展推动会议（视频）召开，县领导蔺红军、杨永吉在县统办二楼视频会议室收听收看会议。

26日 市人大常委会副主任、渭源县委书记吉秀主持召开全县防范和化解意识形态重大风险专题报告会。会议邀请市委常委、市委宣传部部长陈月芳作专题报告。

27日 市人大常委会副主任、县委书记、县“不忘初心、牢记使命”主题教育领导小组组长吉秀主持县委常委会“不忘初心、牢记使命”主题教育暨县委理论中心组集中学习会议。

27日 全市农业特色产业体系建设大会在渭源县召开。

30日 省、市政府根治欠薪冬季专项行动部署推进会议召开。县委常委、县政府常务副县长杨永吉在县统办二楼视频会议室收听收看会议。

30日 全市创建全国禁毒示范城市迎检工作视频会议召开。县委副书记、县政府县长蔺红军，县政府副县长李宝林在县公安局九楼视频会议室收听收看会议。会议之后，继续召开全县县城区交通秩序综合整治工作会议。

30日 县政府副县长李宝林主持召开县城区交通秩序综合整治会议。县委副书记、县政府县长蔺红军出席会议并讲话。

30日 渭源县“12·4”国家宪法宣传日暨宪法宣传周集中宣传活动启动仪式举行。

30日 县委副书记、县政府县长蔺红军主持召开县政府第104次常务会议。

十二月

1日 定西市“产业致富带头人”先进事迹巡回报告渭源报告会召开。会议以视频形式召开到乡镇一级。

1日 市委常委、市纪委书记、市监委主任温卫东深入渭源县调研脱贫攻坚和乡村振兴衔接工作，先后到莲峰镇老庄村优质鲜切花基地、北寨镇渭丰鑫顶牧业有限责任公司、北寨镇张家堡村党员培训教育基地、渭水源药业公司、甘肃佛慈红日药业发展有限公司进行调研。

1日 全市打击治理电信网络新型违法犯罪工作联席会议暨“断卡”行动推进（视频）会召开。县政府副县长、县公安局局长李宝林在县公安局九楼会议室收听收看会议。

1日 全县东西部扶贫协作督查汇报会召开。

1—2日 渭源县第二批脱贫攻坚普查市级业务培训班举办。

2日 省政协“建立完善县乡垃圾处理方式”专题调研座谈会召开。

2日 全县东西部扶贫协作市级督导反馈问题整改安排会议召开。

2日 省政协常委、人口资源环境委员会副主任康旺儒一行来渭源调研“县乡垃圾处理方式”。

2日 全省脱贫攻坚工作推进（视频）会议召开。县领导蔺红军、张振亚、刘爱君、刘胜安、左冬梅、李云林、董学军、艾国荣在县统办楼七楼会议室收听收看会议。

3日 市人大常委会副主任、县委书记吉秀主持召开县脱贫攻坚领导小组2020年第十三次会议暨县中央脱贫攻坚专项巡视反馈意见整改工作领导小组第十四次会议。

3日　市人大常委会副主任、县委书记吉秀主持召开全县中央第二轮生态环境保护督查反馈问题整改工作暨污染防治攻坚战重点工作任务推进会议。

3日　县委副书记张振亚主持召开渭源县国安保密档案工作及业务培训会议。

3日　县委常委、县政府常务副县长杨永吉主持召开全县经济形势分析调度会议。县委副书记、县政府县长蔺红军出席会议并讲话。

3日　县委常委、县政府常务副县长杨永吉主持召开全县四季度补欠收保目标暨年终考核安排会议。

4日　市人大常委会副主任、县委书记吉秀深入锹峪镇毛家窑、古树两村及火车站，实地督导调研渭源脱贫攻坚、村（社区）“两委”换届工作、火车站周边及铁路沿线环境综合整治进展情况。县委副书记、县长蔺红军，县委常委、组织部部长王世宴，县政府副县长李宝林一同调研。

9—10日　全市“三个应用系统一平台”业务培训视频会召开。县委、县人大常委会、县政府、县政协办公室主任，各乡镇、县直及省市驻渭各单位管理员在渭源分会场参加培训。

9—10日　市人大常委会副主任、县委书记吉秀带领考察组赴武威市古浪县考察学习。县委副书记、县长蔺红军，县委副书记刘胜安，县政府副县长潘学明及县扶贫办、县农业农村局、县畜牧兽医服务中心、北寨镇主要负责人参加考察。考察组先后深入古浪县八步沙林场、绿洲生态移民小城镇、古浪顶乐农牧生态有限公司、黄花滩兴盛种羊繁育基地、古浪6万头生态奶牛产业园、西靖镇村集体经济产业园、现代丝路寒旱农业示范基地、海升集团现代智能温室工业化产业项目等地，通过实地考察、听取汇报等方式，详细了解古浪县在生态保护、特色养殖、产业发展、村集体经济、项目建设、乡村振兴等方面的典型经验和成功做法。

10日　县委常委、宣传部部长何晓云主持召开全县宣传文化系统十九届全会专题学习、应急广播管理暨基层通讯员业务培训班。

10日　全国安全生产工作视频会议召开。县委常委、县政府常务副县长杨永吉在县应急管理局四楼视频会议室收听收看会议。

10日　县委常委、县政府常务副县长杨永吉主持召开全县农民工工作和根治拖欠农民工工作工作联席会暨欠薪企业集中约谈会议。

11日　学习贯彻党的十九届五中全会精神市委宣讲团报告会召开。市委宣讲团成员、市委副秘书长、市委政研室主任董明涛围绕学习贯彻党的十九届五中全会精神作辅导报告。

11日　省农业农村厅党组成员、副厅长蔚俊一行深入庆坪镇调研指导农村“三资”平台管理运营工作。

14日　县委常委、政法委书记张建明主持召开平安渭源建设领导小组会议。

15日　省委常委、省委统战部部长、省政协党组副书记马廷礼深入渭源县调研经济社会发展、统战工作和重大招商引资项目建设情况。

15日　县委副书记、县驻村帮扶工作队总队长刘爱君主持召开全县驻村帮扶总队长工作调度会议。

16日　渭丰禾生态农业有限公司生物有机肥生产加工项目在北寨镇开工。县委副书记张振亚主持开工仪式。县委副书记、县政府县长蔺红军出席开工仪式并致辞。县人大常委会副主任李云林、县政协副主席董学军、北京环卫集团总经理李佩泽、中国投资协会会长张宪光、顶乐集团董事长张斌、甘肃省农科院土肥研究所所长车宗贤、北京国瀛投资公司总经理王宁出席开工仪式。

16日　定西市关心下一代工作委员会、市人大常委会原副主任、市关工委副主任韩中林一行为渭源县锹峪中学送去了总价值10万元的文体用品和图书。

18日　全市村（社区）“两委”换届工作调度推进视频会召开。会议以视频的形式开到县乡一级。

22日　市人大常委会副主任、县委书记吉秀主持召开中共渭源县委关于制定国民经济和社会发展第十四个五年规划和二〇三五年远景目标的建议征求意见座谈会。县委副书记、县政府县长蔺红军出席会议并讲话。

22日　市安委会2020年第四次全体（扩大）视频会议。县领导蔺红军、杨永吉、张建明，县直相关单位负责人在县统办七楼会议室收听收看会议。

22日　县委常委、县政府常务副县长杨永吉主持召开全县应急委（安委会）召开2020年第四次全体（扩大）会议暨冬春火灾防控工作推进会议。县委副书记、县政府县长蔺红军出席会议并讲话。

23日　县委副书记、县政府县长蔺红军主持召开县政府第105次常务会议。

23日　市人大常委会副主任、县委书记吉秀主持召开县委编委会。县委副书记、县政府县长蔺红军出席会议并讲话。

23日　县委副书记、县政府县长、县委人才工作领导小组组长蔺红军主持召开县委人才工作领导小组召开2020年第三次（扩大）会议。市人大常委会副主任、县委书记、县委人才工作领导小组组长吉秀出席会议并讲话。

23日　市人大常委会副主任、县委书记吉秀主持召开县委第六轮常规巡察情况汇报会。县委常委、县委组织部部长、县委巡察领导小组副组长王世宴出席会议并讲话。

23日　市人大常委会副主任、县委书记吉秀深入渭源县第三高级中学宣讲党的十九届五中全会精神。

24日　县委副书记、县长蔺红军深入渭源县职业中等专业学校宣讲党的十九届五中全会精神。

24日　市人大常委会副主任、县委书记吉秀主持召开十四届县委第117次常委会会议。

25日　市人大常委会副主任、县委书记、县“不忘初心、牢记使命”主题教育领导小组组长吉秀主持县委常委会“不忘初心、牢记使命”主题教育暨县委理论中心组集中学习会议。市委常委、市委秘书长、市委巡听旁听工作第五指导小组组长梁兆光出席会议并讲话。

28日　定西冬春季冰雪温泉乡村旅游活动渭源县冰雪旅游活动在渭河源召开。省文化和旅游厅二级巡视员王春生，市人大常委会副主任、县委书记吉秀致辞，市政府副市长陈学俭讲话并宣布定西冬春季冰雪温泉乡村游活动开幕，市文体旅游局党组书记、局长田学荣主持开幕式。县委副书记、县政府县长蔺红军等县四大班子在家领导参加开幕式。

28日　市人大常委会副主任、渭源县委书记吉秀主持召开四大班子联席会议，重点就“十四五”规划的编制工作进行再强调再部署。蔺红军、陈栋等县四大班子在家领导参加会议。

29日　市人大常委会副主任、县委书记吉秀参加甘肃省委全面依法治省工作会议，渭源县获评“第一批全省法治政府建设示范项目”称号，市人大常委会副主任、县委书记吉秀代表渭源县领取奖牌。

29日　渭源县第十六届人民代表大会常务委员会第四十次会议召开。会议决定任命田耀宏、沈剑虹为渭源县人民政府副县长。会议听取审议并表决通过了渭源县十六届人大常委会主任会议关于提请接受郭凯、潘学明辞去渭源县人民政府副县长职务和个别代表辞去渭源县第十六届人民代表大会代表职务的请求的决定（草案）》的议案；表决通过了县十六届人大常委会主任会议《关于提请审议增补马祥为县十六届人大常委会代表资格审查委员会委员职务的决定（草案）》的议案；表决通过了渭源县第十六届人大常委会代表资格审查委员会关于个别代表变动情况的报告及公告稿。

30日 全省元旦暨冬春季新冠肺炎疫情防控工作电视电话会议、全市元旦暨冬春季新冠肺炎疫情防控工作电视电话会议召开。县领导蔺红军、沈剑虹在县统办七楼会议室收听收看会议。

30日 县委副书记张振亚主持召开渭源县城区供水工程通水仪式。市人大常委会副主任、县委书记吉秀出席通水仪式并宣布工程通水。县委副书记、县政府县长蔺红军出席仪式并讲话。县领导李新定、陈栋、田耀宏参加通水仪式。

30日 市人大常委会副主任、县委书记吉秀主持召开十四届县委第118次常委会会议。

30日 县委常委、政法委书记张建明主持召开全面依法治县委员会司法协调小组会议暨县委政法委全体会议。

31日 全省交通运输安全生产工作暨治理车辆超限超载工作领导小组电视电话会议召开。县政府副县长田耀宏在县统办二楼视频会议室收听收看会议。

31日 县委常委、县政府常务副县长杨永吉、副县长李宝林深入到县城区各主要路段、街道，督导检查交通秩序整治工作。

县情概览

渭源县，以古老渭河的发源地而得名。位于甘肃省中部，定西市西南部，是中国古丝绸南路和唐蕃古道的必经之地。县域面积2065平方公里，总人口34.5万人，其中农业人口32.2万人，共辖12镇4乡217个行政村15个社区居委会，海拔在1930米～3941米之间，县城海拔2080米，地势西南高，东北低，年平均降水量507毫米，平均气温5.8℃，无霜期157天，素有“中国马铃薯良种之乡、中国党参之乡”之称。是全国马铃薯标准化种植示范县、全国生态文明示范工程试点县、国家结合新型城镇化支持农民工等人员返乡创业试点县、西部地区农民创业促进工程示范县。

渭源历史悠久，文化深厚。据《禹贡》载：天下分为九州，渭源处古雍州之地。秦始皇统一六国后，渭源为陇西郡九县之一。西魏文帝大统十七年首阳县被改为渭源县。唐高祖武德二年至宋神宗熙宁五年到元世祖至元十三年，渭源历经了从洲到堡再到县。境内融汇了仰韶文化、马家窑文化、齐家文化等三大古代文化，积淀形成了以“大禹导渭”、“秦长城”等为代表的渭河源文化，是黄河上游古文化发祥地之一。独特的地理环境和悠久的历史，构成了深厚的人文景观，县内有古文化遗址111处，国家一级文物保护单位2个，省级重点文物保护单位8个、市县级文保单位36处，最具代表性的有孤竹国二圣伯夷、叔齐首阳山夷齐陵园，鸟鼠同穴奇迹鸟鼠山，秦长城遗址和始建于明洪武年间（1368—1398年）全国独一无二的悬臂式纯木拱桥——灞陵桥等。

渭源区位优越，交通便捷。渭源县是国家级城市群——“兰州—西宁城市群”重要节点城市，区位上北靠定西市安定区和临洮县，东接陇西县，南连漳县，西与甘南藏族自治州的卓尼、临潭和临夏回族自治州的康乐县接壤，距省会兰州市174公里。交通上位于中国陇海和兰渝两大铁路经济带的交汇处，G30连霍高速、G75兰海高速和国道212、310线穿境而过，兰渝铁路在此设站，渭武高速全面通车，使渭源形成集铁路、高速、公路于一体的交通网更加优化。得天独厚的区位优势、便捷快速的交通条件，已成为人流、物流、资金流的重要集散地和西北地区重要的交通物流枢纽。

渭源山川秀美，景色宜人。渭源县地处西秦岭末端向北部黄土高原过渡区，地形地貌复杂多样，自然风光绮丽秀美，旅游资源得天独厚。境内有林地131万亩，草场80万亩，现已开发出鸟鼠同穴渭河源、古雅通幽首阳山、神奇秀美天井峡、云端仙境太白山、丝路雪源石门雪山等16处各具特色的旅游观光景区（点）。其中AAAA级景区2处（渭河源景区、首阳山景区），省级旅游度假区1处（渭河源旅游度假区），有AAA级景区1处（元古堆景区），AA级景区3处（灞陵桥—老君山公园、马铃薯科技园区、南谷新村景区），国家森林公园1个，省级风景名胜区1个，省级地质公园1个。渭河源大景区被列入全省20个核心大景区之一，并入选“绚丽甘肃”最佳生态旅游景区，2020年接待游客量154万人次，综合收入达到7.53亿元。全县森林覆盖率15.88%、林草覆盖率55%，空气质量优良率保持在95%以上，地表水、饮用水、出境水达标率均为100%。

渭源资源富集，产业兴旺。渭源良好的生态环境孕育了丰富天然的绿色食品原材料，形成了马铃薯种薯、中医药、草牧业三大优势主导产业。全县马铃薯种植面积40万亩，年产种薯80万吨，脱毒瓶苗4.8亿株、原原种5亿粒，是全国重要的马铃薯种薯生产基地，被农业部授予“全国马铃薯标准化种植示范县”。中药材种植面积35万亩，年产干药量8万吨，境内有野生中药材资源485种，种植品种主要有当归、党参、红芪、黄芪等15个品种，素有“渭水当归传两广”之说和“千年药乡”“党参故里”的美誉。年交易量达到10万吨以上，交易额达到16亿元，是“国家级出口食品农产品（中药材）质量安全示范区”，“渭源白条党参”荣获“中国驰名商标”称号。拥有80万亩天然草场资源，猪、牛、羊、鸡分别为17.5万头、8.3万头、32.2万只和400万只，金鸡扶贫项目成为全省范围内标准化程度最高、规模最大的蛋鸡养殖基地，被列为全省牛羊养殖大县，养殖业发展势头强劲。

渭源工业初兴，前景广阔。渭源依托丰富的物产资源和三大产业优势，坚持绿色、生态、产业融合发展，积极构建“南薯北药、薯药强县、旅游富民”布局，大力推进生态工业、生态农业、生态旅游业建设。按照“一区三园”（渭源工业园、渭源物流园、会川中药材饮片加工园）的布局，规划建设了总占地面积8.8平方公里的渭源县工业集中区，已完成基础设施投资3.6亿元，实现了“七通一平”，开发面积达3.04平方公里，引进入驻以中药材加工为主的工业企业64家，被评定为全国中药精制饮片加工示范基地，列为甘肃省“十三五”期间重点建设的九大中医药产业园区之一。在厚植农业发展优势的基础上，培育壮大电商物流、光伏食用菌等新业态发展，2016年被国家评为“国家电子商务进农村综合示范县”。

渭源牢记嘱托，砥砺奋进。渭源县是国扶贫困县、甘肃省23个深度贫困县，国务院扶贫办定点联系帮扶渭源县，也是东西部扶贫协作福州市晋安区对口支援县。2013年2月3日习近平总书记亲临视察，留下“让咱们一块努力，把日子越过越红火”嘱托后，在各级领导的关怀下，全县上下发扬“人一能之我十之，人十能之我百之”和“三苦”精神，以脱贫攻坚、高质量发展统揽工作大局，以惠民生、增福祉、持续创造人民美好生活为出发点，以建设生态渭源、健康渭源、法治渭源、诚信渭源、和谐渭源为主线，形成了凝心聚力谋发展、真抓实干奔小康的干事创业环境。

（供稿：县政府办公室）

脱贫攻坚

【综述】2020年，全县上下认真贯彻落实习近平总书记在中央决战决胜脱贫攻坚座谈会、统筹推进疫情防控和经济社会发展工作部署会议精神，按照省市工作安排，严格落实“四个不摘”和“挂牌作战”要求，积极应对疫情影响，扎实开展重点任务落实“百日会战”行动，全力以赴打赢七场战役（剩余贫困对象歼灭战、冲刺清零成果巩固战、脱贫攻坚质量提升战、各类问题整改围剿战、资料数据管理阵地战、人居环境整治整体战、干部作风保障战），剩余未脱贫人口全部脱贫，未退出村全部退出，产业带贫机制、收益分配机制、工作落实机制不断创新，防止返贫监测和帮扶机制全面建立运行，巩固脱贫成果、提升脱贫质量工作成效显著，群众的获得感和幸福感大幅提升，如期完成了新时代脱贫攻坚目标任务。2020年2月，经甘肃省政府批准渭源县实现整县脱贫退出；10月17日，渭源县被国务院扶贫开发领导小组授予“全国脱贫攻坚组织创新奖”。

【“3+1”冲刺清零后续行动】全力实施“3+1”冲刺清零后续行动，持续补短板、强弱项，坚决彻底消除“三保障”方面问题风险。义务教育方面，建立了在校学生动态监测机制，不断巩固控辍保学成果，全县义务教育阶段适龄儿童无失学辍学学生。采取“ 对一、人盯人”的办法，累计劝返复学学生82名（建档立卡学生34名），其中77人顺利毕业，其余5人稳定就读，目前除身体原因不具备学习条件外无一人失学辍学。2020年，累计发放义务教育阶段家庭经济困难学生生活补助18918人次581万元，免（补）学生保教费、高中学杂费24592人次1158万元，发放高中国家助学金4479人448万元，办理生源地助学贷款5492人3604万元，实现了贫困家庭学生资助政策全覆盖。基本医疗方面，全面排查建档立卡贫困人口医疗保险参保和医疗费用报销、大病保险、大病救助等医疗救助政策落实情况，完成医疗保险费用收缴，全面巩固基本医疗有保障成果，全县城乡居民医疗保险参保率达到98.7%（建档立卡贫困人口达到100%），落实城乡居民医疗保险个人缴费部分资助金840.41万元，实现了特困供养、孤儿、城乡低保、建档立卡贫困人口参保资助全覆盖；累计办理慢特病门诊卡2.67万人（其中建档立卡贫困户1.31万人），实现了建档立卡人口慢特病卡办理应办尽办。全面落实家庭医生签约服务制度，签约率达到100%。住房安全方面，17户动态新增危房、1007户“四有人员”危房全部完成改造整治，完成灾后重建143户，进一步巩固了住无危房脱贫成果。甘肃省农村危房改造脱贫攻坚三年行动农户档案信息检索系统、脱贫攻坚住房安全有保障信息核验系统录入工作任务全面完成。按照《甘肃省农村住房档案资料》要求，全面建立了住房安全“四个台账”，并健全完善了相关佐证资料。

安全饮水方面，对全县未脱贫村和“三类户”饮水安全情况逐户进行了核查核实，“三类户”安全饮水全部符合国家标准。实施了投资860.04万元的农村饮水安全巩固提升项目和投资180万元的小型集中供水工程水源水质净化工程及部分供水管线改造项目，农村饮水安全固强补弱项目，进一步提升了供水稳定性和保障率。

【“5+1”脱贫攻坚质量提升行动】全力推进“5+1”巩固提升专项行动，拓展脱贫成果，提高脱贫质量。产业扶贫方面，2020年共计投入产业扶贫资金26508.54万元，其中种养业到户资金4364.36万元、资产收益扶贫资金6933.52万元、金鸡6882.52万元、光伏4463.67万元、合作社村集体发展项目786万元、旅游1500万元、经营主体发展资金692.9万元、农业保险市县级补贴资金853.5万元、贫困户贴息贷款28万元。养殖业“三类人群”奖补完成1050户，引进牛883头、羊1503只，种植业“三类人群”奖补完成奖补2633户。建成农业标准化产业基地80个14万亩。全县改组改造规范提升合作社1046家、累计达到1614家，新培育引进龙头企业8家，累计达到37家，带动合作社223家，带动建档立卡贫困户10963户；组织县内龙头企业与234家合作社签订了产销合作协议，签约资金达到8.72亿元；完成“三品一标”农产品申报认证10个，累计达到13个，“三品一标”农产品认证面积达到61.5万亩；组织4万多农户（其中建档立卡户2.23万户）参加农业保险，实现了有投保意愿贫困户主要增收产业农业保险全覆盖。集体经济总收入5186.44万元，全县135个贫困村集体经济收入均在10万元以上。就业扶贫方面，坚持把就业扶贫作为应对疫情影响落实“六稳”“六保”任务和全面打赢脱贫攻坚战的重大举措，综合运用向外输转和就近就业措施推动就业扶贫各项工作。全县累计输转劳动力6.91万人，其中建档立卡2.92万人，较上年增加1403人，实现了有意愿外出务工劳动力应输尽输。累计兑现疫情奖补1861.6841万元，其中交通补贴209.94万元，生活补贴670.65万元，稳岗补贴1081.0941万元，受益群众4856人；兑现福州市助贫就业交通补贴297.16万元，受益群众8845人。新开发村级公益性岗位486个，全县公益性岗位累计达到1.19万个；全县135个村级光伏电站年收益8447万元，其中用80%的光伏收益设置村级公益性岗位5085个，岗均月薪酬达到1000元以上。新认定扶贫车间6家，累计认定扶贫车间25个，吸纳劳动力就业人数1282人，其中建档立卡贫困劳动力731人。完成建档立卡贫困劳动力各类培训1488人，占任务的133.3%，其中就业技能培训1189人，实用技术培训299人。易地搬迁方面，“十三五”期间2267户搬迁户，除符合条件保留旧房20户外，拆除旧房2247户，拆除率达100%。总投资875万元的易地搬迁后续扶持产业项目和总投资656万元的基础设施补短板项目全面完成建设任务。安排资金9905万元，为2267户易地搬迁户全覆盖落实了后续扶持政策，除3户整户死亡迁出外，落实光伏、种养产业政策2252户、劳务输转5户、兜底保障7户，实现了后续扶持产业全覆盖。交通扶贫方面，改造自然村组道路292公里，整治水毁灾损道路73.03公里，修建“畅返不畅”道路40.218公里。东西协作方面，落实市、区两级财政帮扶资金5930.2万元，争取社会帮扶资金及捐物（折价）金额2819.6946万元，实施产业、就业、生态扶贫等项目28个，带动32个村集体经济和83966名建档立卡贫困人口通过扶贫产业持续稳定增收；组织输转福州市劳务人口674人（其中建档立卡贫困人口419人），超额完成了劳务输转协作任务；新增村村、村企结对31个，实现渭源县深度贫困村全覆盖结对帮扶。东西部扶贫协作消费扶贫累计销售11977.91万元，带动贫困户1698户5820人。定点扶贫方面，直接投入资金898.6万元，协调引进帮扶资金4712.9万元，培训基层干部531人，培训技术人员1264，直接购买渭源县农产品10万元，帮助渭源县销售农产品523.5万元。兜底保障方面，研究制定了《兜底保障专项行动提升方案》《脱贫攻坚兜底保障挂牌作战实施方案》等一系列政策文件，严格落实两项制度衔接政策，精准认定兜底保障对象，按时足额发放保障资金，设置农村养老服务员加强特困人员照护，确保脱贫攻坚兜底保障工作顺利完成。全县共有农村低保对象9033户25067人（其中一类对象1340户2067人，二类低保对象4629户12312人，三类低保对象2479户8501人，四类低保对象585户2187人），低保保障面达到8.0%，兜底面5.33%。2020年1—12月份共发放农村低保保障资金6965.35万元，发放农村低保对象1—9月份价格临时补贴531.45万元。全县共有特困供养对象2252户2252人（其中，分散特困供养对象2141户2141人，集中供养对象111户111人）。2020年1—12月份共发放城乡特困供养资金1355.1781万元，发放城乡特困供养对象1—9月份价格临时补贴48.02万元。2020年1—11月共临时救助2611户10583人，发放救助资金2360.8702万元，救急难62户230人，发放救助资金91.32万元，下发乡镇备用金42.48万元，有效坚决防止了困难群众因病、因灾、因急难事件而返贫的情况。全县共有9679人享受“残疾人两项补贴”，2020年1—12月共发放资金805.605万元。全县共有事实无人抚养儿童79人，2020年1—12月共发放事实无人抚养儿童生活补贴75.972万元，发放事实无人抚养儿童4—6月份价格临时补贴7286元。全县共有孤儿30人，2020年1—12月共发放孤儿生活费61万元，发放孤儿4—6月份价格临时补贴9116元。小额信贷方面，充分发挥扶贫小额信贷在应对疫情影响、加快脱贫攻坚步伐中的重要作用，制定出台了《渭源县2020年扶贫小额信贷工作实施方案》，全力推动扶贫小额信贷政策落实。目前全县共落实精准扶贫专项贷款续贷政策8618户3.48亿元；累计向3146户符合条件农户落实扶贫小额信贷1.5亿元（其中建档立卡2845户1.4亿元，边缘户301户0.1亿元）、贴息资金469万元，实现了有贷款需求建档立卡户和边缘户小额信贷“能贷尽贷”。消费扶贫方面，制定了《推进消费扶贫“十大行动”落实方案》《渭源县消费扶贫专柜、专馆、专区建设实施方案》，采取多种模式，认定扶贫企业和扶贫产品，积极推进“三专一台”建设，全力实施消费扶贫。推荐重点扶贫产品供应商31家，扶贫产品62个，发布扶贫产品27个，入驻扶贫“832”平台8家；建成消费扶贫生活馆一处，安装消费扶贫专柜30台，开设了渭源消费扶贫产品线上售卖专区，在16个乡镇建设扶贫产品销售专区各一个，设立扶贫产品线下售卖专区10个，全县消费扶贫销售额达1.89亿元，带动贫困户3468户13875人。

【脱贫攻坚问题整改】2020年，中央脱贫攻坚专项巡视“回头看”和国家脱贫成效考核、中央纪委国家监委调研督导、甘肃省脱贫攻坚“回头看”、甘肃省第三方评估及脱贫摘帽退出公示期间反映、贫困县退出抽查第三方评估反馈、国务院扶贫开发领导小组脱贫攻坚督查反馈以及市委扶贫领域专项巡察共反馈我县脱贫攻坚问题251条，现已全部完成整改，整改完成率为100%。通过问题整改，有效解决了全县各级干部政治站位不高、思想认识不到位、攻坚责任不落实、产业发展带贫机制不健全、资金使用管理不精准等问题，全面提升了各级干部政策知晓率和履职能力，进一步摸清了决战决胜脱贫攻坚战中存在的短板和突出问题，为深入推进问题整改，持续巩固脱贫成果，提升脱贫成果奠定了坚实基础。

【脱贫基础工作】脱贫基础工作不断夯实，结合贫困监测工作，常态化开展贫困人口动态管理，对随时发生的嫁入、迁入、出生人口及时录入国家扶贫信息系统，对死亡、服役、迁出人口及时减少，实现贫困人口与实际常住人口完全一致。严格落实《渭源县脱贫攻坚数据质量提升方案》，先后下发数据质量通报两期，协调国务院扶贫办信息中心提取问题数据2次，全面开展问题数据集中核查8次，进一步提升了基础数据质量。县脱贫攻坚领导小组办公室制定下发了《关于进一步做好县乡村户四级精准扶贫精准脱贫档案管理工作的通知》，对档案的完整度、真实性、逻辑性、易读性进行全面提升，同时按照国家省市档案局、扶贫办关于做好精准扶贫档案工作的相关要求，初步完成了县乡村三级精准扶贫档案的整理工作。

【农村人居环境整治】集中开展“两拆”整治（拆除危房及残垣断壁、拆除私搭乱建建筑）和“三乱”治理（乱堆、乱放、乱倒）。完成贫困村主巷道硬化730941平方米、户厕改造7657座、创建“清洁村庄”75个。拆除危房3973处、残垣断壁3022处、烂圈烂舍2209处、采石挖沙点25处、乱搭乱建建筑物9040处；清理道路沿线、学校、市场等公共区域暴露垃圾2268.9吨。

【帮扶成效显著提升】结合脱贫攻坚问题检视清零行动和全县脱贫指标核查工作，对所有贫困户纳入建档立卡以来小额信贷、产业奖补、危房改造、易地搬迁、劳动力培训等到户政策的落实情况进行全面梳理，有力提升了贫困群众对帮扶工作的满意度。

【脱贫攻坚普查】按照脱贫攻坚普查工作部署，县级层面成立了脱贫攻坚普查工作领导小组和办公室，完成了普查人员选调、培训，清查摸底等各项工作，并全力配合漳县派驻工作组完成了25073户贫困户、217个行政村现场普查登记工作任务。

【主要做法】

1.紧盯圆满收官，统筹谋划脱贫攻坚工作。县脱贫攻坚领导小组下发了《关于开展“两不愁”固强补弱摸底工作的通知》，对全县未脱贫户、脱贫监测户、边缘户、边边角角“两不愁三保障”存在的短板弱项进行彻底的排查核查，各乡镇、各部门将按照排查问题，分门别类建立问题台账、明确攻坚措施责任，强化帮扶措施，确保短板补齐工作在疫情过后第一时间有效开展，为全年脱贫攻坚工作打好坚实基础。制定印发了《关于整县脱贫摘帽后继续加大工作力度切实做到“四个不摘”的实施意见》，持续强化责任当担、靠实各方责任、强化跟踪问效，筑牢思想防线、提高政治站位，为高质量打赢脱贫攻坚战提供坚强保障。在继续落实县乡村三级书记抓扶贫、县级领导联乡包村、脱贫攻坚到村总队长责任制的基础上，建立了巩固提升脱贫攻坚成效村民小组网格化管理指导员制度，着力构建组织有序、权责明晰的县、乡、村、组四级脱贫攻坚巩固提升工作机制，形成以组为营、网格化管理、到户到人的一线作战体系，打通服务群众“最后一公里”的责任壁垒，确保各项具体政策措施精准落实到村、到组、到户、到人。制定了《渭源县2020年脱贫攻坚工作要点》《渭源县2020年东西部扶贫协作工作要点》和《渭源县2020年定点扶贫工作要点》等一系列统管全局的政策文件，明确重点任务、推进举措，统筹谋划推进脱贫攻坚各项重点工作任务落实，确保各类资源合力调配，各项工作系统推进，取得实效。

2.紧盯责任落实，全面落实挂牌作战制度。在坚持现有脱贫攻坚责任落实体系的基础上，创新建立了网格化管理指导员制度，精准划分村组网格，推动工作落细落小落到实处，打通服力群众“最后半公里”。按照省脱贫攻坚领导小组“省督战县、市督战村、县督战户”的要求，制定了《渭源县脱贫攻坚挂牌作战实施方案》，由县委、县政府主要领导挂牌督战剩余5个未脱贫村，由33名县级领导、524名乡科级领导全覆盖挂牌督战全县369户未脱贫户、652户脱贫不稳定户和2110户易致贫户。在逐户摸清短板弱项的基础上，实施产业扶持1554户6115人、就业扶持655户2293人、兜底保障900户2202人，有效消除了影响脱贫的各项风险隐患，保证了脱贫质量。

3.紧盯攻克贫困堡垒，选优配强一线攻坚力量。鲜明树立“突出政治标准、突出脱贫攻坚、突出基层一线、突出实干实绩”选人用人导向，先后开展干部调整配备5批次，提拔重用脱贫攻坚一线优秀干部192人。对2019年度考核中实绩突出的40名驻村帮扶工作队成员和120名帮扶干部进行了表彰奖励，将脱贫攻坚一线干部的年度考核优秀比例整体提高到20%，为196名公务员嘉奖、21名公务员三等功人员兑现奖金35.7万元，切实激励广大干部在脱贫攻坚一线主动担当、干事创业。严格落实省市关于稳住驻村帮扶干部队伍切实做好帮扶工作队的相关要求，坚持“队伍不撤、力量不减”的原则，先后召开全县驻村帮扶工作推进会议3次、总队长调度会议11次，压实了乡镇党委属地管理和总队长日常管理责任。调整优化驻村帮扶工作队成员11批次78名，目前全县135个建档立卡贫困村共选派驻村帮扶工作队成员409名（村第一书记兼驻村工作队队长135人、队员274人）。制定村“两委”成员县级备案管理办法和村级后备干部培养选拔管理工作的意见，对新调整的92名村干部实行任职和履职“双备案”，储备村级后备干部971名，推动206个村实现“一肩挑”、占比94.9%，对80名专职化党组织书记实行“三个一”帮带培养措施，新遴选60名优秀高校毕业生和农村致富青年到村任职。聚焦脱贫攻坚“六个讲清楚”重要内容，举办县乡村干部集中培训班5期718名；依托远程网络教育及“甘肃党建”APP，组织全县各级帮扶干部参加全省决战决胜脱贫攻坚网络直播培训10期18000人次、全省脱贫攻坚帮扶工作网络视频培训班3000人次；严格落实“一周一学，一周一考”学习制度，全县各级单位开展脱贫攻坚知识专题学习、集中考试550多场次。制定《关于深入推进党建引领合作社发展的实施意见》，促进村级集体经济多元化发展模式，实施中央财政扶持村级集体项目20个，投资1800多万元新发展村级集体经济组织29个，推动155个村年集体经济收益达到5万元以上。

4.紧盯扶贫资金及项目支撑保障，加强资金管理及项目实施。持续加强扶贫资金在打赢脱贫攻坚收官战的资金保障作用，年内共计落实财政扶贫资金80470.74万元，其中：中央、省市县各级财政专项扶贫资金42100.9万元，整合涉农资金15561.465万元，未纳入整合行业资金4017.175万元，东西协作5930.2万元，定点帮扶1810万元，恒大捐赠1000万元，脱贫攻坚补短板综合财力1051万元，土地指标跨省域调剂收入用于扶贫9000万元。紧紧围绕扶贫资金的安排使用、拨付、监督管理、公告公示、绩效评价等五个环节加大扶贫资金管理，确保资金运行安全、发挥效益。截至11月底，资金综合报账率达到96%以上，全面完成了扶贫资金投入使用各项工作任务。

5.紧盯作风保障，加强督查考核。将帮扶责任人在打赢脱贫攻坚战重大政治任务中的履职情况和工作成效，形成评估结论，装入干部个人档案，作为今后干部选拔任用和职称评定的依据。县纪委制定印发了专项监督方案，进行执纪问责。制定印发了《关于对帮扶单位脱贫攻坚责任落实情况进行督查的通知》，由县四大班子领导带队，从县纪委、县委组织部、县扶贫办抽调人员，组成32个督查组，采取单位自查、查看工作台账、听取汇报、与帮扶单位干部进行谈话提问和组织测试等方式，对全县16个乡镇、106个县直单位脱贫攻坚帮扶责任落实情况进行了全面督查，并印发了工作通报，通过督查通报，有力促进了责任落实。县委、县政府组建了4个脱贫攻坚重点任务落实“百日会战”行动督查工作组，对各乡镇、各部门工作开展情况进行了全面督查，有力推动了工作落实；县脱贫攻坚领导小组办公室下发了《关于开展脱贫攻坚重点任务落实督查工作的通知》，由县级领导带队，抽调各乡镇、贫困户、贫困村脱贫退出指标验收涉及单位业务骨干，集中1个月的时间，采取“四不两直”的方式，对各乡镇“3+1”冲刺清零后续行动、“5+1”脱贫攻坚质量提升专项行动、挂牌作战、贫困预警监测、“一户一策”动态管理、农村人居环境整治、村级集体经济分配使用和公益性岗位设置、帮扶工作、乡村户三级档案资料等基础性工作开展情况进行全面督查，及时消除工作盲点、纠正偏差，持续推进决战决胜脱贫攻坚重点任务落实“百日会战”行动向纵深开展。

6. 紧盯防范风险，建立防贫监测和帮扶机制。对照《甘肃省脱贫攻坚问题检视清零行动工作方案》，制定印发了《关于开展脱贫指标核查工作的通知》，组织各级帮扶单位、帮扶干部完成了全县135个贫困村和所有建档立卡贫困户政策落实、脱贫指标和存在风险问题的核查工作，进一步摸清了全县在高质量打赢脱贫攻坚收官战中存在的问题和风险，为有效提升脱贫质量，全面消除脱贫风险奠定了坚实工作基础。制定了《渭源县关于健全防贫监测和帮扶机制的实施方案》，在全部消除2762户9321人脱贫监测人口和边缘人口返贫致贫风险的基础上，认真落实重点人群监测帮扶、动态监测帮扶、防贫监测评估、防贫保险兜底四项措施，构建了静态动态相结合，全方位、无死角的防贫监测帮扶机制。密切关注脱贫监测人口和边缘人口家庭经济收入变化情况，着力防范脱贫不稳定户返贫风险，统筹解决边缘易致贫户以及因疫情或其他原因收入骤减或支出骤增户致贫问题，全力以赴防返贫、阻致贫，实现脱贫成果持续稳定、贫困增量持续可控。同时，对因灾返贫致贫的及时纳入“两类户”进行动态监测，有效开展事先预防、事后救助相结合的针对性帮扶，把返贫致贫风险降到最低，确保如期高质量打赢脱贫攻坚战。组织开展了三轮“两不愁三保障”领域风险问题排查，共排查出因灾损毁住房291户（其中建档立卡户94户）、供水管道12.94公里、农村道路84.6公里，现已全部完成重建和抢修；农作物受灾户1960户5900亩，经落实农业保险理赔政策和其他增收措施后，每个受灾家庭人均收入可稳定达到5000元以上。投入资金460万元，落实了“防贫险”制度，重点聚焦边缘户和脱贫监测户，紧盯因病、因学、因灾等致贫返贫的关键因素，建立了“近贫预警、骤贫处置、脱贫保稳”的精准防贫机制。

7. 紧盯增强内生动力，加强脱贫攻坚政策宣传。制定印发了《渭源县脱贫攻坚理论政策大宣讲活动方案》，分层次、分阶段面向基层一线开展干部群众的理论宣讲、政策宣传、感恩教育、典型引领宣讲，深入宣传习近平总书记脱贫攻坚重要论述，系统解读中央和省市县委脱贫攻坚的重大决策部署，不断深化思想认识，筑牢思想基础，引导贫困群众“感党恩、听党话、跟党走”，凝聚攻坚合力，有效推动党的理论创新成果“飞入寻常百姓家”。紧紧围绕基层干部群众关心关注的理论和现实问题，充分利用农家书屋、道德讲堂、3000多个农村“大喇叭”等各类宣传平台，宣传普及“两不愁三保障”冲刺清零等各项惠民政策，提高群众政策知晓率，让群众感觉有盼头、有奔头，提升脱贫致富的志气和决心。强化社会氛围宣传营造，围绕疫情防控统筹抓好脱贫攻坚，制作脱贫攻坚宣誓牌和倒计时牌各230多个，刷写标语口号5000多条，设置宣传标语300多条，有效利用村级宣传大喇叭、短信微信平台、电视广播、户外电子屏等宣传工具，编发短信息宣传20多万人次，动画动漫、公益广告、标语、滚动字幕等96条，累计电视播出时长10655分钟，广播5400分钟。不断健全脱贫攻坚先进典型发现、挖掘、宣传、学习、礼遇“五位一体”工作体系，在全县开展“我（身边）的扶贫（脱贫）故事”征集活动，用贫困群众身边脱贫致富生动实践、感人事迹教育群众、引导群众。积极开展脱贫攻坚先进典型选树工作，推出县级先进典型12个，着力营造脱贫光荣的良好氛围，有效地激发了贫困群众依靠自身努力实现脱贫的内生动力。

国务院扶贫办定点扶贫

【概况】2020年，国务院扶贫办严格按照“四不摘”要求，突出目标导向和问题导向，强化组织领导，狠抓政策、工作、责任落实，努力克服新冠肺炎疫情影响，稳步推动“两不愁三保障”，提升产业扶贫和消费扶贫带贫益贫机制，激发贫困群众内生动力，巩固脱贫成果，为渭源县同步实现全面小康打下坚实基础。

【定点扶贫任务】2020年，国务院扶贫办投入渭源县定点扶贫帮扶资金5250万元，培训渭源基层干部400名、技术人员1000人，消费扶贫100万元。全面完成任务。

1.帮扶资金。落实5616.78万元。其中直接投入904.27万元，协调引进4711.51万元。

2.培训。举办各类培训班20期3066人。其中：采用“现场+视频”开展渭源基层干部2期培训1035人；开展种养殖、扶贫车间等实用技术6期843人；依托“爱心理发员”、电子扶贫、英才计划等开展专业技术人员培训8期1052人；培训创业致富带头人3期82人。

3.消费扶贫。依托直接购买和帮助销售渭源县农特产品545.18万元（其中：直接购买10万元）。

4.组织领导。国务院扶贫办洪天云副主任、中国扶贫基金会、中国国际扶贫中心等20人分5批先后赴渭源县指导巩固脱贫攻坚成果、督察“百美村宿”项目进展及扶贫基地建设等工作，落实帮扶责任。渭源县党委主要领导先后5次赴贵州、广东、福建、北京汇报对接定点扶贫工作，有力、有效地推动了定点扶贫工作责任和扶贫项目落地落实。

5.督促指导。7月23—24日，国务院扶贫办洪天云副主任到渭源县调研指导帮助渭源县进一步理清巩固脱贫成果的工作思路和重点任务；专项安排了脱贫人口核查和收入监测工作，对于脱贫质量不高的督促回退整改或返贫管理，对于脱贫不稳定的及时制定落实巩固提升措施，确保渭源县脱贫人口稳定持续脱贫，退出精准率100%；对2019年和2020年安排的食用菌种植、中蜂养殖、胡麻油加工、种养殖联合社共建、村集体经济增收等32个定点扶贫项目进行定期督查，对项目运营不规范、带贫不明显的项目督促进行整改，争取项目早落地、早见效。

【试点示范成果推广和落地】在国务院扶贫办大力支持和指导下，全县勠力同心，以激发群众内生动力为目标，以构建产业扶贫带贫益贫机制为支撑，以创新扶贫资产管理使用为抓手，以强化基层治理为基础，开展了“机制创新引领、干群合力推动、脱贫效应显现”的决战决胜脱贫攻坚生动实践。在2020年全国脱贫攻坚表彰大会暨脱贫攻坚先进事迹报告会上，渭源县被国务院扶贫开发领导小组授予“全国脱贫攻坚组织创新奖”。

1.集体经济分配使用。重点确保试点经验和做法在全县217个村得到全面落实，在加强监督检查的基础上，利用碧桂园资金支持，组织开展党建扶贫创新评优工作，按季度对集体经济分配使用各项工作开展好的48个村授予“党建扶贫示范村”称号，给予资金及物质奖励并优先安排参加各类培训和考察。

2.产业扶贫。建立由致富带头人牵头、贫困户参与的种养殖合作社，规范合作社管理和运行。定点扶贫资金作为贫困户入社股金，在真种真养的基础上，实现贫困户按照交易量和股金的二次分红。同时，指导合作社成立联合社，大力开展羔羊屠宰、马铃薯分级包装、胡麻油加工、食用菌深加工等，不断提升产品附加值，实现一二三产融合发展，解决了产业扶贫存在的“一股了之”“一发了之”问题。目前，试点成果已在渭源县中蜂、羔羊、马铃薯、食用菌、鲜切花、胡麻油等产业全面推广。

3.扶贫资产确权登记和管理。对全县形成的村级扶贫资产全部登记造册，确权到村并颁发产权证。同时，开发建设“渭源县光伏电站大数据信息平台”，实现对包括光伏扶贫电站在内的村级扶贫资产收益和分配使用情况进行实时监管。

4.扶贫交流基地建设。印发《渭源县中国扶贫交流基地建设实施方案》，安排基地建设资金172万元，重点打造甘肃田地农业科技有限责任公司、田家河乡元古堆村、会川镇光伏食用菌扶贫产业园三个“核心点”，完善提升渭源县金鸡产业扶贫项目一个“配套点”的基地简介材料、专题片制作和版面设计。在四个扶贫交流基地加快打造进度的基础上，实现其他交流基地提升在全县推开。

【改革创新探索】继续做好改革创新探索工作。一是督促指导太平洋保险公司严把审核关，在着手扩大“防贫保”规模的同时，把准返贫“监测线”，确保符合条件的农户都能得到保障，建立防止返贫新机制。已核查发放因学、因病、因灾导致有返贫风险农户217人183万元。二是与今日头条“快乐三农”项目组合作，开展内容电商扶贫模式，利用“网红”帮助渭源贫困户宣传、销售农产品，已培养渭源本土网红30个，拍摄短视频280多条，宣传渭源县农特产品。三是率先开展“共创医保”项目，探索通过“卖家代缴制”建立补充医疗保险，进一步减轻贫困户医疗负担，已动员渭源县36家店铺加入“共创”。四是协调阿里巴巴脱贫基金会，在渭源县开展松果公益项目，通过互联网将更多将更多优质的科学课程输送到学校，丰富乡村孩子的学习生活，开拓孩子视野。实施“蚂蚁森林项目”，聘用380户贫困户参与造林整地栽种柠条、沙棘等苗木的基础上，聘用5名管护员进行养护，完成生态绿化1万亩，实现了即增绿又增收、即修复生态又脱贫致富的目标。五是在渭源县罗家磨村开展“百美村宿”民宿旅游扶贫试点示范项目，引进新理念和新业态。同时，成立罗家磨村旅游扶贫合作社，组织农户开展住宿、餐饮、旅游产品开发等活动，让更多的农户，特别是贫困户参与到旅游产业中来，逐步提高农户旅游产业发展能力，增加农民收入。六是持续推进渭源县扶贫开发电子档案试点工作，协助提取渭源县建档立卡问题数据6次，并督促指导进行整改289条，数据质量全市排名第三。

【定点扶贫项目落地见效】

一是协调引进德青源金鸡扶贫、天津红日中药材加工和云南禾韵花卉在渭源建设重大产业扶贫项目。金鸡扶贫项目已投资7000万元，基本完成建设任务并投产运营，存栏青年鸡30万只，存栏蛋鸡150万只，日产壳蛋120枚，带动周边170人（贫困户84人）就业。县上每年以固定资产投资的9.5%的比例租赁给运营企业经营，租期15年，年可获租金约3000万元，2020带动12个非贫困村村每村集体经济收益达2万元，为9131户贫困户股金分红达976万元，支付土地流转费76万元。天津红日中药材项目已投资2.25亿元。一期中药饮片加工项目项目实现总产值1.12亿元，销售收入0.72亿元，带动当地劳动力就业120多人（建档立卡户12人），预计年底销售收入可达到1亿元。二期配方颗粒项目药配方颗粒生产项目正在进行四层主体框架浇筑建设，预计11月底完成四层主体框架并封顶，2021年10月投产试运行。项目投产后，年可实现产值6.7亿元，销售收入5.93亿元，利润1.35亿元，年上缴税金8993万元，新增就业300多人（其中贫困户150多人）。云南禾韵花卉项目在莲峰镇、上湾镇、田家河乡建设优质花卉扶贫产业园基地696亩，主要种植玫瑰、满天星、太阳花、洋牡丹等优质鲜切花品种，带动312名贫困群众稳定就业。莲峰镇老庄村村集体经济固定资产收益45万元。

二是2019年协调碧桂园集团、中国扶贫基金会、中国农业银行和福州市相关企业为渭源县定点扶贫工作捐赠现金4138万元，主要安排用于在渭源县开展产业扶贫试点示范工作、“百美村宿”旅游扶贫配套基础设施项目和“4+X”等党建扶贫、健康扶贫、就业扶贫等项目30个，当前所有项目已完成建设任务并发挥效益，带动3.6万户贫困户户均收益达到1.5万元以上。

三是对2020年到位的1880万元已安排到罗家磨旅游扶贫项目（基础设施建设已完成90%）、

食用菌研发中心项目和麻家集“红旗梦想教室”，项目正在持续推进中。

【消费扶贫助力脱贫攻坚】将县内信用度良好、经营规范、带贫能力强的22家合作社45种扶贫产品录入到国务院扶贫办消费扶贫数据库系统，入驻扶贫“832”销售平台5家，实现销售额1000万元。在国务院扶贫办衔接引进下，先后对接中国国际金融股份有限公司、北京中金公益基金会、英德市碧乡农业发展有限公司、中国平安集团等爱心群体，分批采购渭源县金丝皇菊、马铃薯、鲜百合、羊肉、粉条等特色农产品达545.18万元。坚持线下和线上相结合的原则，组织渭源县相关企业自带产品和展板，参加晋安区、湖南长沙、兰州市等消费扶贫产品购销会，邀请专业团队现场直播带货，面向全国展售渭源农特品。依托渭源县电子商务公共服务中心建成渭源县消费扶贫生活馆一处，并指导建成7家企业生活馆；线上在“i生活”平台开辟“渭源特色馆”版块，入驻土蜂蜜、羊肉、食用菌等41个农特产品12家中小微企业。衔接阿里集团在天猫商城开辟出“渭源原产地商品旗舰店”，开展线上电商公益平台建设。引进“益起追光吧”节目组对渭源县农特产品进行拍摄宣传，在益起追光吧开设渭源专区；按照就近就地、联合布放的原则，为我县投放32台消费扶贫专柜。

晋安·渭源东西部扶贫协作

【综述】2017年以来，在省委、省政府的坚强领导下，在福州市及晋安区社会各界的倾力帮扶下，县委、县政府深入学习贯彻习近平总书记在东西部扶贫协作座谈会上的重要讲话精神，大力发扬福州市“真抓实干、马上就办”和定西市“三苦”精神，坚持把东西部扶贫协作作为全面打赢脱贫攻坚战、聚力建成全面小康社会的重大举措，按照福州定西“456”扶贫协作模式，紧盯“六大任务”落实，把“中央要求、渭源所需、晋安所能”紧密结合起来，全面完成了各项协议事项及责任书任务。四年来，福州市及晋安区累计投入各类帮扶资金2.02亿元，为全县整体顺利脱贫摘帽和巩固脱贫成果发挥了极其重要的助推作用。全县135个贫困村全部出列，累计减少贫困人口2.35万户10.23万人，贫困发生率较2013年下降31.66个百分点。

【晋渭协作机制日趋完善】晋渭两地党委、政府坚决贯彻党中央决策部署，建立互访机制，开展经常性互访考察，重点就帮扶工作计划和高效开展东西部扶贫协作进行衔接沟通，确保东西部扶贫协作工作全面落实。四年来，晋渭两地党政主要领导、分管领导等重点围绕产业发展、招商引资、消费扶贫、劳务协作等重点工作开展互访对接达26次，签订了“1+5”框架合作协议，成立县（区）东西部扶贫协作领导小组，统筹推进晋渭东西部扶贫协作工作开展。晋安区先后选派2名副处级干部、3名科级干部到渭源挂职，渭源县先后选派4名副县级领导和4名科级干部到晋安区挂职交流，专门负责对接东西部扶贫协作工作。

【建立投入逐年增长机制】福州市及晋安区通过加大财政统筹力度，多方组织动员社会力量积极捐资帮扶，逐年加大对渭源县投入，四年来，先后投入财政帮扶资金1.5亿元、社会帮扶资金及捐物折价5130.23万元，主要用于支持渭源县村级光伏电站、食用菌种植、花卉产业以及教育、卫生事业发展。

【人才交流互动全方位开展】晋渭两地高度重视人才培养和公共服务保障能力提升，采用资金支持、物资资助、人员培训、学术交流等方式，努力打造一支有学识、能创新、敢担当的人才队伍。四年来，先后举办渭源县党政干部能力提升培训班8期，培训党政干部927名；选派28名农村电商管理人员赴晋安区参加电商培训；选派90名党政干部参加了“双招双引、对标福州”人才培训班。渭源县先后选派54名医务人员赴福州市及晋安区医院进修培训，组织236名教师赴晋安区观摩学习，提升教学能力；晋安区选派6名金融、农业、人力资源等专业技术人才、56名医护人员、27名优秀骨干教师到渭源挂职交流；晋安区先后选派专家团队赴渭培训专业技术人员3412人次；累计资助培训渭源县贫困村创业致富带头659人。渭源县引进东部重症医学科（ICU）、精神医学科、巨菌草种植、食用菌种植、良种兔养殖、“互联网+教育”现代管理系统、学校图书集成管理系统及智慧阅读平台、“互联网+健康扶贫”、惠农资金网等先进技术9项，有效促进两地观念互通、思路互动、方法互学、作风互鉴，极大提升我县产业发展、医疗、教育和公共事业管理水平。

【助农增收措施不断夯实】坚持把产业扶贫作为实现脱贫的治本之策，立足群众脱贫实际，精准聚焦，因地制宜，创新“企业+合作社+基地+农户”等模式，积极培育当地富民产业，拓宽贫困群众增收渠道。四年来，安排东西部扶贫财政帮扶资金13052.6万元，占安排东西部扶贫协作财政帮扶资金的70%以上，大力发展食用菌、花卉、蔬菜种植加工、良种兔养殖、残疾人种养业、金鸡扶贫产业等扶贫产业项目，扶持建设扶贫车间和村级光伏电站，有效带动贫困村集体经济增收和贫困户稳定增收脱贫。先后协调引进9家东部企业在渭源县落地注册，累计完成投资11239.44万元，发展家纺、服装加工、食用菌种植、良种兔养殖和中药材收购加工等带贫增收产业，吸纳243名建档立卡贫困人员就近务工，带动建档立卡贫困户2622人通过参与生产和利益链接机制实现增收。在福州市设立3处渭源农特馆，帮助直销渭源农特产品，消费扶贫总额累计达到156563万元，带动建档立卡贫困户2426户8854人。

【就业增收渠道不断拓宽】按照实现精准对接、稳定就业目标，切实提高全县劳务输出组织化程度，带动贫困群众稳定增收。通过举办“腊月行动”“春风行动”等东西部扶贫协作劳务输转大型招聘洽谈会、晋安区重点企业进乡镇专场招聘会和参加福州企事业单位招考等形式，共同搭建劳务输转平台，开展精准、精细、精微一站式劳务输转便民服务，为务工人员提供就业保障。四年来共向福州市晋安区组织输转劳动力2617人次（其中建档立卡贫困人口1675人，稳岗就业三个月以上的1425人）；输送29名渭源籍贫困学生到福州市职业技术学院学习，25名渭源籍大学生被晋安区企事业单位招录实现稳定就业。

【携手奔小康水平不断提高】积极引导社会力量参与，持续深化携手奔小康行动，形成多元参与、携手共进的扶贫协作格局。福州市及晋安区各界积极捐款，社会帮扶资金达3564.46万元，物资折价共计1565.76万元，极大提升了渭源县教育、卫生公益事业发展水平。晋安区9个乡镇（街道）与渭源县16个乡镇实现乡镇结对帮扶全覆盖；结成村村帮扶对子88个、村企帮扶对子36个、社会组织帮扶对子7个；结成学校帮扶对子27所，帮扶教学设备物资80余万元；医院结对帮扶对子7个，帮扶医疗设备物资120万元；筹措捐赠防疫物资资金152.3万元，帮助渭源同心携手共克疫情。投入东西部扶贫协作帮扶资金15万元，为347名重度残疾人家庭发放温暖过冬物资；通过产业和就业扶贫项目实施，投入财政帮扶资金107.833万元，带动531名建档立卡残疾人增收。

扶贫开发办公室

【概况】渭源县扶贫开发办公室下属渭源县扶贫信息中心（正科级事业单位）和外资项目服务中心（股级事业单位）2个事业单位。现有干部职工37人。中共党员28人，其中女党员7人，民盟盟员1人。内设办公室、精准扶贫办公室、帮扶联络办公室、计划项目股4个职能股室。

【建档立卡工作】

1.开展“一户一策”动态管理，精准制定脱贫计划。365户未脱贫户填写了“一户一策”动态管理表；390户2014—2017年脱贫监测户未制定帮扶计划的制定了《甘肃省已脱贫建档立卡贫困户“一户一策”巩固提高计划》，已经制定了巩固提升计划的261户脱贫监测户填写了“一户一策”动态管理表，做到了需求明晰、措施具体，资金有保障、项目能实施，为提高帮扶成效、补齐短板奠定了工作基础。同时，完善了返贫预警和动态帮扶机制，实现了按照现行标准确脱贫不落一户、不漏一人。

2.开展脱贫攻坚挂牌作战，坚决攻克最后贫困堡垒。建立“一旬一汇总、一旬一调度”汇报调度机制，推动全县挂牌作战实施方案各项工作任务有力、有序开展。全县135个贫困村全部实现稳定退出，2.5万户10.24万人贫困人口全部实现稳定脱贫，651户2568人脱贫监测人口、2092户6652人边缘人口通过各项帮扶措施有效消除了致贫返贫风险。

3.落实防贫监测和帮扶机制，适时防控返贫致贫风险。制定印发了《关于开展脱贫指标核查工作的通知》、《渭源县关于健全防贫监测和帮扶机制的实施方案》，在组织完成全县135个贫困村和所有建档立卡贫困户脱贫风险问题核查消除的基础上，认真落实重点人群监测帮扶、动态监测帮扶、防贫监测评估、防贫保险兜底四项措施，构建了静态动态相结合，全方位、无死角的防贫监测帮扶机制。2020年底，全县共有2743户9212人纳入防贫监测范围，其中脱贫不稳定户651户2569人，边缘易致贫户2092户6643人。均制定和落实了帮扶措施。

4.提升精准管理水平，全面夯实脱贫基础。严格落实《渭源县脱贫攻坚数据质量提升方案》，结合实际制定了“线上数据对比、线下入户抽查、集中修改与适时督查相结合”的建档立卡数据质量精准化管理制度，围绕数据质量显著提升目标，开展督查检查、集中修改、核查修改等工作21次，确保了数据的真实性、唯一性、逻辑性、完整性和连贯性。制定下发了《关于进一步做好县乡村户四级精准扶贫精准脱贫档案管理工作的通知》，按照国家、省市档案、扶贫部门要求，初步完成县乡村三级精准扶贫档案的整理归档工作。

【扶贫项目】根据国家和省市关于积极应对疫情影响，对全县扶贫资金使用方向和范围进行科学调整，优先安排改善未脱贫村群众生产生活条件和增加贫困群众收入的产业扶贫及就业扶贫项目资金，确保未脱贫村、三类人群的发展需求。2020年，共安排各项扶贫资金80470.74万元，实施产业培育、就业扶贫、教育扶贫等七大类项目，资金综合报账率达到99%以上，居全省第六、全市第一的名次。安排扶贫资金1172.1万元，实施创业致富带头人及“两后生”培训项目，累计完成培训补助4975人。安排世行项目资金246万元，在2个乡镇6个贫困村实施马铃薯良种基地建设、养殖合作社规范化建设项目。三个主管实施项目全部完成建设、验收及资金报账支出等工作。

【脱贫攻坚帮扶工作】东西协作六大任务全面完成，特别是协调落实市、区财政帮扶资金和社会帮扶资金在2019年基础上稳步增长42.86%、50.66%。中央定点扶贫直接投入和协调帮扶资金稳步增长，政策指导、项目协调、扶贫干部能力提升培训职能发挥显著，直接购买渭源县农产品达到10万元，帮助销售农产品达到523.5万元。驻村帮扶方面着力加强与省市帮扶单位的协调沟通和对驻村帮扶工作队的业务指导。举办帮扶工作队能力提升培训班2期，配合县委组织部完成全县4000多名各级帮扶干部基层党建及脱贫攻坚应知应会知识测试，常态化加强对驻村工作队的多形式督查检查，工作能力显著提升，工作成效显著。

【消费扶贫】全县消费扶贫销售额累计达到1.89亿元，带动贫困户3468户13875人；完成专柜布放30个，建成线上线下销售专区5个，消费扶贫专馆1个，向国家供应商名录推荐供应商33家、完成“扶贫832平台”认定8家、累计发布22个扶贫产品，销售额达42.8万元。

【光伏扶贫】通过公开采购的方式择优选择运维公司对全县光伏电站进行统一运营维护，确保发电量持续稳定，贫困村、贫困户持续稳定增收。累计结算拨付2020年光伏收益4448.99万元，按照“光伏电站收益80%资金用于贫困人口公益岗位工资和村级公益事业建设劳务费”的要求，设置了8大类公益性岗位4168名，发放村级公益岗位工资2171.11万元，村级公益性劳动补助1388.08万元。

【脱贫攻坚问题整改】2020年，对照县级脱贫攻坚各类整改方案共认领问题48条，均已完成整改并取得实效。

【脱贫攻坚综合保障】组织召开全县脱贫攻坚领导小组会议13次、县脱贫攻坚领导小组办公室会议16次，调度推进等其他会议10多次；配合漳县派驻工作组顺利完成了25073户贫困户、217个行政村现场普查登记工作任务。顺利完成2020年贫困退出县级验收、市级抽验，全省脱贫攻坚成效考核等工作任务。完成国家、省市、晋安区、社会企业、其他省市及兄弟县区脱贫攻坚各类考察调研30余次。

【领导名录】

县扶贫开发办公室

党组书记、主任：闫国琳

党组成员、副主任：田芳龙、任会军（9月止）、刘志强（4月止）、赵作玉（4月止）

副主任：李岩、施福滨（12月止）、浪小峰（5月任）

扶贫信息中心

主任：任会军（9月任）

副主任：马春燕（女，9月任）、王军（11月任）

（供稿：邓承轩；审稿：田芳龙）

政 治

中国共产党渭源县委员会

【概况】2020年以来，面对新冠肺炎疫情的严重冲击、持续加大的经济发展下行压力和艰巨繁重的改革发展稳定任务，渭源县委坚持以习近平新时代中国特色社会主义思想为指导，深入贯彻党的十九大和十九届二中、三中、四中、五中全会精神，始终保持政治定力，准确判断形势，精心谋划部署，团结带领全县党员干部群众顽强拼搏奋斗、付出艰苦努力，坚决打好疫情防控“阻击战”和脱贫攻坚“收官战”，扎实做好“六稳”工作，全面落实“六保”任务，统筹疫情防控和经济社会发展取得显著成效，脱贫攻坚取得全面胜利，社会和谐稳定局面持续巩固，全县各项事业实现新的发展。

【政治建设】始终坚持把政治建设摆在首要位置，充分发挥县委总揽全局、协调各方的领导作用，不断提高政治站位和政治能力，把准政治方向，保持政治定力，坚决贯彻落实党中央各项决策部署和省、市委工作要求，为全县各项事业持续健康发展提供坚强领导和有力保障。

1.坚决把牢政治方向。高举中国特色社会主义伟大旗帜，坚持以习近平新时代中国特色社会主义思想为指导，增强“四个意识”，坚定“四个自信”，做到“两个维护”，组织全县各级党组织和广大党员干部全面贯彻党的基本理论、基本路线、基本方略，始终在政治立场、政治方向、政治原则、政治道路上同以习近平总书记为核心的党中央保持高度一致。县委常委会专题听取了“五大”党组工作汇报，督促各级党组织严格执行重大事项请示报告制度，保证了全县上下思想同心、目标同向、行动同步，确保全县各项事业始终沿着正确方向稳步推进。

2.全面聚焦发展大局。牢固树立大局观念和全局意识，提高把握方向、把握大势、把握全局的能力，自觉把渭源发展放到全国、全省、全市大局中去考量和谋划，始终把决战脱贫攻坚、决胜全面建成小康社会作为重大政治任务，紧盯脱贫标准、工作要求和短板弱项，不断强化指挥调度、健全政策体系、压实工作责任，在全县凝聚起了上下同心、合力攻坚的强大合力。始终把发展作为解决贫困问题的根本途径，统筹谋划、推进落实了一批既立足当前又着眼长远的大事要事，不断厚植推动高质量发展的坚实基础。

3.带头推动工作落实。坚持把抓落实作为重要政治责任，从健全完善任务分解、督促检查、责任追究制度机制入手，全力推动党中央各项决策部署和省、市委工作要求在渭源落地生根、落实见效。县委常委会带头改作风、抓督导、促落实，紧紧围绕脱贫攻坚、疫情防控、经济发展、城乡建设、生态环保、民生改善、民主法治和党的建设等重点工作，深入调研、集思广益，科学制定规划方案和政策措施，示范引领全县各级各部门和广大党员干部苦干实干、攻坚克难，有效保障了决胜全面小康、决战脱贫攻坚目标任务的全面完成。

【疫情防控阻击战】按照党中央、国务院决策部署和省市党委政府工作要求，及时研究疫情防控出现的新情况、新变化，以严谨的态度做好有效预防，以精细的举措落实防控措施，统筹做好疫情防控和经济社会发展各项工作。

1.**迅速安排部署**。县委常委会、县政府常务会迅速传达中央、省市疫情防控会议精神，及时成立了由党政主要领导任双组长，各乡镇及相关单位主要负责人为成员的疫情联防联控工作领导小组，统筹协调指导全县疫情防控工作，各乡镇、各部门也成立相应工作机构，构建形成了完善的疫情防控责任体系。建立了疫情防控包抓乡镇县级领导责任制，由21位县级领导包抓16个乡镇、27位县级领导包抓86个小区疫情防控工作，及时对关键区域和乡镇、村社防控措施落实情况进行督导检查，确保各项防控工作落到实处。

2.**强力推进防控措施落实**。全县各级党政组织，层层靠实疫情防控责任，按照“外防输入、内防扩散”的要求，扎实推进疫情防控措施落实。开发了“渭源县疫情防控信息登记系统”、“渭源县疫情防控实名录入系统”，有效提高了全县疫情防控信息采集的实效性、安全性和精准度。建立了村不漏户、户不漏人的排摸机制，实行“四个一律”（一律排查清楚、一律主动申报、一律隔离观察、一律严肃问责）疫情防控措施，加强来渭返渭人员管控工作，扎牢织密了疫情“防控网”。严格按照防控要求，在乡镇、村社和县城小区，落实好值守措施，设置村社疫情防控检测点541处，86个部门认真落实86个小区包抓责任，1000多名党员、志愿者社区报到，认真开展疫情防控工作。在抓好疫情防控的同时，及时研究部署确诊病例救治，经过医务人员的努力，成功治愈确诊病患1例，极大地鼓舞了全县各级干部战胜疫情的信心和决心。

3.**建立常态化防控机制**。按照已构建形成的责任体系，围绕暴露出的问题补短板、堵漏洞、强弱项，改革疾病预防控制体系，实施网格化管理，提升疫情监测预警能力。督促企业、单位、社区、学校、车站、经营场所落实常态化的日常管理制度和应急处置方案，倒逼常态化疫情防控体制机制有效运转。建成核酸检测中心4个，对来渭返渭人员及时检测，全面排摸重点人员，及时排查上报接种新型冠状病毒疫苗人群对象，疫情防控的医疗保障更加到位。同时，严格落实“日报告”“零报告”制度，始终绷紧疫情防控这根弦，坚决防止疫情反弹。

4.**有力推进复工复产**。研究制定了《应对疫情促进全县经济持续健康发展若干措施》，对中央和省市具体措施进行了细化分解，召开专题会议研究部署春耕备耕、劳务输转和企业复工复产工作，严格落实分区分级防控策略。落实建档立卡贫困劳动力生活稳岗和交通补助资金527万元，组织输转建档立卡贫困劳动力3.5万人，发挥扶贫车间吸纳就业作用，落实就业扶贫措施5491人。畅通运输渠道，加大农用物资储备，做好种植业结构规划、农作物种子种苗和农资供应。

【脱贫攻坚收官战】按照省市安排部署，聚焦决胜全面建成小康社会、决战脱贫攻坚目标任务，全力巩固脱贫成果，全面提高脱贫质量，实现贫困村全部退出、贫困人口全部脱贫，脱贫攻坚任务胜利完成，农村面貌发生翻天覆地变化。2020年10月，渭源县获评全国脱贫攻坚组织创新奖，并被确定为国务院扶贫办外宣基地。

1.**建立健全挂牌作战体系**。按照“省督战县、市督战村、县督战户”的要求，制定了《渭源县脱贫攻坚挂牌作战实施方案》，各县级领导严格履行挂牌作战责任，发挥好示范带头作用，由县委、县政府主要领导挂牌督战剩余5个未脱贫村，由33名县级领导、524名乡科级领导全覆盖挂牌督战全县365户1374人未脱贫户、651户2573人脱贫不稳定户和2093户6663人易致贫户，逐户、逐人、逐项排查“三保障”问题风险，及时解决影响脱贫的问题，最大限度降低致贫、返贫的可能性，确保脱贫成果稳定。经综合运用产业扶持、就业扶持和兜底保障等政策措施，全覆盖消除了影响脱贫的各项风险隐患，保证了脱贫的高质量。

2.全面开展脱贫攻坚质量提升行动。坚持“一超过两不愁三保障”脱贫标准，扎实推进“3+1”冲刺清零后续行动，建立在校学生动态监测机制，全县义务教育阶段适龄儿童无失学辍学学生；落实基本医疗参保资助政策，建档立卡人口、边缘人口基本医疗保险参保率均达到100%；全面消除了17户动态新增危房和1007户“四有人员”危房户；对未脱贫村和“三类户”饮水安全情况逐户进行核实，“三类户”安全饮水全部符合国家标准，安全饮水达标率达到100%。以实施“5+1”专项提升行动为重点，投入产业扶贫资金2.65亿元，完成了养殖业、种植业“三类人群”奖补3683户，完成农业保险投保4.01万户0.29亿元，投保率126.15%，规范提升改造农民专业合作社1615家；输转劳动力6.9万人，实现劳务收入9.85亿元；完成了易地搬迁后续扶持产业建设项目，“十三五”期间易地搬迁旧房拆除率达100%；改造村组道路292公里，修建“畅返不畅”道路40.2公里；中央定点帮扶和东西协作共安排资金1.43亿元，实施项目28个，消费扶贫成效明显；兜底保障政策精准落实，符合条件的贫困人口应保尽保、应兜尽兜、应救尽救。

3.有序推进农村人居环境整治。建立脱贫攻坚与乡村振兴有效衔接机制，制定了《渭源县拆危治乱专项攻坚行动实施方案》，因地制宜大力推进农村厕所、垃圾、风貌“三大革命”，消除视觉贫困，城乡人居环境不断优化。安排资金7028万元，完成主巷道硬化78.3万平方米、户厕改造7657座、创建“清洁村庄”75个，拆除危房、残垣断壁、烂圈烂舍9204处，农村环境脏乱差问题得到了有效整治。投资365万元，回收废旧农膜540吨，回收率80%；投资5万元，回收处理利用尾菜200吨，处理率40%。继续完善农村基础设施建设、提高公共服务水平、健全基层治理体系，切实做到以乡村振兴巩固脱贫成效，以脱贫成效巩固促进乡村振兴战略实施。

4.加大扶贫资金投入和防贫监测力度。持续加强扶贫资金在打赢脱贫攻坚收官战中的保障作用，全县共落实精准扶贫专项贷款续贷资金8618户3.48亿元，累计向3146户符合条件农户落实扶贫小额信贷1.5亿元（其中建档立卡2845户1.4亿元，边缘户301户0.1亿元），贴息资金469万元，实现了有贷款需求建档立卡户和边缘户小额信贷“能贷尽贷”。投入资金460万元，建立了“防贫险”制度，重点聚焦边缘户和脱贫监测户，紧盯因病、因学、因灾等致贫返贫的关键因素，建立了“近贫预警、骤贫处置、脱贫保稳”的精准防贫机制，从源头上筑起了防贫返贫的“截流闸”和“拦水坝”。制定了《渭源县关于健全防贫监测和帮扶机制的实施方案》，对脱贫村、脱贫人口开展监测，持续跟踪收入变化和“两不愁三保障”巩固情况，及时对因病、因灾等易返贫人口进行帮扶，动态清零。

5.构建形成产业带贫益贫机制。围绕贯彻落实市委、市政府关于构建“551”产业发展体系的要求，构建形成了“一模式、三机制”产业发展模式，推动各市场主体与贫困农户建立了紧密的利益链接机制，加快推动产业转型升级。坚持以扶贫资产收益分配为抓手，不断培育壮大村集体经济，将8.54亿元扶贫资产产权和收益划归村集体所有，135个建档立卡村每村资产达到558万元，82个一般村平均每村资产达到124万元，保证了扶贫资产的保值增值，增加了村集体经济收入，彻底消除了空壳村。将集体经济收益，通过“四议两公开”民主议事程序，用于村级公益性岗位开发、道德积美超市建设和星级文明户评选，有效解决了“一股了之、一发了之”的问题。

6.扎实做好脱贫攻坚总结和扶贫交流基地建设。各乡镇、县直有关部门紧盯脱贫攻坚总结、大事记撰写，典型案例库、展览馆建设、全县和元古堆村脱贫攻坚纪实编纂等内容，严格按照《渭源县脱贫攻坚工作总结撰写工作方案》要求，主动加强沟通衔接，做好配合，全力推进脱贫攻坚总结材料撰写。相关乡镇、部门主要负责同志按照全县扶贫交流基地建设方案，理清思路，明晰方向，根据所建基地的特色和带贫模式，确立时间表、任务书，加快基地建设，做好解说人员选拔培训，全面展现渭源县脱贫攻坚成就。

7.强力推进脱贫攻坚问题整改。2020年中央脱贫攻坚专项巡视“回头看”和国家脱贫成效考核、中央纪委国家监委调研督导、甘肃省脱贫攻坚“回头看”、甘肃省第三方评估及脱贫摘帽退出公示期间反映及市委扶贫领域专项巡察等共反馈我县脱贫攻坚问题279条，已全部整改到位。通过问题整改，有效解决了全县各级干部政治站位不高、攻坚责任不落实、产业发展带贫机制不健全、资金使用管理不精准等问题，全面提升了干部政策知晓率和履职能力，进一步摸清了存在的短板和突出问题，为深入巩固整改成果，提升脱贫质量奠定了坚实的基础。

【全面深化改革】始终坚持把推动经济高质量发展作为贯彻落实党的十九大精神和全面从严治党各项决策部署的重要举措，扎实做好“六稳”工作，落实“六保”任务，统筹做好稳增长、促改革、调结构、惠民生、防风险、保稳定工作，全县经济社会呈现出聚焦重点、高质量发展的良好态势。

1.改革创新不断深化。持续深化“放管服”改革，制定了《渭源县2020年政务公开工作要点的通知》，强力推进“一网通办”攻坚行动。深化供销合作社综合改革，健全供销社综合经营服务体系，推动供销社经营服务能力不断提升，取得了初步成效。深化生态体制改革，持续加大水污染、土壤污染防治力度，扎实开展排污许可证核发以及企业环境保护标准化建设暨环境信用评价等级评定工作，筑牢了生态安全屏障。深化文化体制改革，将文化创意旅游产业确定为“三大战略支撑产业”之一，积极培育新型骨干企业发展新型文化业态，大力推动文化与金融、旅游、农业、科技等产业融合发展。深化党的建设制度改革，构建完善干部选拔任用和考核评价制度，坚持把工作实绩突出的干部选出来、用起来，激励广大干部在脱贫攻坚一线主动担当、干事创业。

2.项目建设扎实推进。始终将项目建设作为经济社会发展的重中之重，全力克服疫情影响，强力推进项目建设，持续加大招商引资力度，积极落实企业和小微企业普惠性减税降费政策，解决企业堵点难点问题，全县经济发展平稳增速。全县实施总投资59.4亿元重点项目99项，完成投资27.03亿元。投资0.94亿元，完成了甘肃盛源益养药业年产3500吨精致中药饮片生产线升级改造、渭源县德园堂药业地产中药材+扶贫车间项目和渭源县五竹农产品电子商务平台项目。加大招商引资力度，新签约招商项目14项33.4亿元，落实到位资金27.57亿元，通过招商引资新建、合作共建共营、深度科技研发、股权改造、技术入股等方式盘活企业，实现了企业改造升级，产业转型增效。积极落实“六保”“六稳”措施，通过金融政策支持全县企业发展，为28家企业落实了续贷、优惠利率和支小再贷款优惠政策。

3.生态产业提质增效。坚持以农业供给侧结构性改革为主线，聚焦农业结构调整，统筹推进产业融合发展。坚持做大做强马铃薯种薯、中医药、草牧业三大主导产业，探索建立了中药材全产业链质量安全追溯机制，建成中药材标准化生产基地和马铃薯原种繁育基地75万亩，全县年产脱毒瓶苗4.8亿株、原原种5亿粒，种薯生产能力达80万吨；中药材8.84万吨，总产值10.75亿元；

牛羊猪禽饲养量分别达到477.17万（头、只），肉蛋奶总产量2.95万吨，草牧业总产值26.2亿元。培育壮大文化旅游、光伏、食用菌、电商物流、花卉苗木、蔬菜等六大新兴产业，建设农业产业基地和园区，食用菌生产达到450万棒，花卉、蔬菜种植面积达到8.4万亩，全县接待游客239.03万人次，旅游收入11.37亿元，同比增长44%。

4.民生福祉不断增进。完善公共服务体系，补齐民生短板，不断提升全县人民群众的获得感、幸福感、安全感。医疗保障能力有效增强。加快推进“互联网+医疗”的健康服务，完善全民健康信息平台，三所县级医院结算窗口实现“一站式”即时结报服务，全面启用居民电子健康卡，乡镇卫生院和村卫生室全部启用云HIS系统。建成了渭源县中西医结合医院中医综合楼，加强卫生健康人才培养培训，累计选派285名专业技术人员进修培训学习。为217个村卫生室配齐基本医疗器械、设施和药品，满足群众基本诊疗需要，配备乡村医生219名，全面解决了村卫生室无合格村医的问题。教育质量大幅提升。坚持控辍保学和疫情防控两不误，建立了在校学生动态监测机制，全面开展挂牌作战和义务教育冲刺清零后续行动，顺利完成国家脱贫攻坚普查验收任务，全年无失学辍学学生。投资4678万元，改建义务教育薄弱学校28所，新建维修校舍2.6万平方米，为6所幼儿园新建维修校舍0.38万平方米，极大地改善了办学教学条件。全面落实义务教育阶段“两免一补”和营养改善计划，为家庭经济困难学生发放生活补助1.89万人次581万元；免除学前保教费、高中学杂费2.46万人次1157.7万元，发放高中国家助学金3938人393.8万元。高考上线率位居全市第三。民生事业稳步发展。全县新增城镇就业2348人，输转劳动力6.9万人，实现劳务收入15.32亿元。完成职业技能提升培训5200人，建档立卡贫困劳动力各类培训1116人，发放创业担保贷款9010万元。发放低保金、城乡特困供养金8320.5万元。城乡居民基本养老保险参保人数21.6万人，参保率98.6%。农民工权益得到有效保障。建立了企业劳动用工备案制度，实行网上用工备案，全县已备案企业55户，劳动合同签订率93%。不断化解劳动者和用人单位矛盾，维护劳动者合法权益，受理裁决各类争议案件19件。加强对用工企业监督检查，依法办理欠薪案件，办理上级批办信访案件14件，已全部按时办结，讨回欠薪900人1378万元。社会安全持续稳定。坚持完善多元化纠纷化解机制，对重点地区、行业和人员开展常态化排查，全面梳理基层社会稳定中可能发生的风险挑战，及时就地化解各类矛盾纠纷。共排查矛盾纠纷468件，调解成功428件，调解率91.5%，组织开展法制宣传48场次，受教育人数1.58万人次。

【全面从严治党】严格按照新时代党的建设总要求，坚持和加强党的全面领导，全面推进党的政治建设、思想建设、组织建设、作风建设、纪律建设和制度建设，深入推进反腐败斗争，不断提高党的建设质量，推动全面从严治党向纵深发展。

1.持续强化理论武装。坚持将理论学习作为全县各级党组织加强政治建设和思想建设的重要举措，制定了《渭源县党（工）委（党组）理论学习中心组学习巡听旁听工作方案》，组建党（工）委（党组）理论学习中心组学习巡听旁听工作领导机构，由县委理论学习中心组成员和县委部门负责同志组成8个指导组，对全县各党委（党组）理论中心组学习情况进行全过程巡听督学、全方位巡查促学和全覆盖巡讲助学，推动理论武装走深走实。组织全县各级党组织和党员干部以学习贯彻党的十九届五中全会精神为主线，把理论学习同决战脱贫攻坚、决胜全面小康结合起来，同研究解决改革发展稳定重大问题结合起来，坚持理论联系实际，积极开展调研分析，加强学用成果转化，在全县形成了以上率先、示范带动的良好学风。同时，用好“学习强国”“甘肃党建”等学习平台，全县有1.29万名党员干部群众参与线上学习，我县在全市“学习强国”知识大赛中获得团体一等奖。

2.加强意识形态工作。认真落实党委（党组）意识形态工作责任制，制定了《渭源县党委（党组）意识形态工作责任清单》构建形成了“县委统一领导、党政齐抓共管、有关部门分工负责”的工作格局。深入开展净化网络舆论环境专项整治，对县内网站和“两微一端”等互动环节中有害信息进行了清理整治，舆情监测能力稳步提高。坚持以社会主义核心价值观为指导，大力推进“道德积美超市”建设，开展文明评选活动，不断提升公民素质，全县建成道德积美超市185个，评选星级文明户1458户，兑换奖励物品价值10万元。坚持正确舆论导向，统筹推进理论、新闻、社会和文艺宣传，强化新闻舆论引导，讲好渭源故事，在人民日报等国家级主流媒体推出宣传稿件189篇（条），在市级以上新闻媒体刊发重点新闻稿件2360多篇（条）。

3.加强基层组织建设。坚持将党支部建设标准化作为基层党建工作提质增效的有力抓手，认真贯彻落实《中国共产党支部工作条例（试行）》，从严落实“三会一课”、组织生活会、民主评议党员、主题党日等制度，持续整顿提升软弱涣散基层党组织，培育打造“标准化党支部”27个，整顿提升软弱涣散基层党组织19个。大力推进“三链”建设，开展村干部优化提能行动，完成206个村党组织书记和村委会主任“一肩挑”。有序推进村（社区）“两委”换届，选优配强村（社区）党组织队伍。加强正向激励、容错纠错和关心关爱干部制度机制建设，牢固树立从脱贫攻坚一线选用干部的鲜明导向，结合乡镇机构改革先后提拔重用脱贫攻坚一线优秀干部192人。严格落实干部监督管理各项制度，对疫情防控、脱贫攻坚履职尽责不力的214名干部进行了提醒约谈、1名干部进行了诫勉谈话。

4.强化主体责任落实。始终坚持以目标管理责任制落实为抓手，全面落实县委班子的集体责任、主要领导的第一责任和班子成员的“一岗双责”，组织县四大班子领导、全县各级党组织负责人层层开展约谈警示，不断推动主体责任落实向基层延伸。始终把问责惩处作为干部纪律作风建设的有力抓手，持续加大明察暗访和监督问责力度，发现并查处违反中央八项规定精神问题7件10人，给予党纪处分7人，组织处理3人，通报曝光3起3人；对各级党组织和党员干部在疫情防控阻击战中作用发挥和履职尽责情况开展全覆盖暗访督查191场次，发现并督促整改问题203个，约谈干部85人，通报批评54人，受理问题线索9件，组织处理12人。按照扶贫领域监督执纪问责工作新形势、新要求，严肃查处脱贫攻坚、涉黑涉恶和重点行业领域违纪违法案件，全县共受理问题线索378件，立案审查调查107件121人，给予党纪政务处分101人次，查办职务犯罪案件3件3人，移送检察机关审查起诉4件4人。

县委常委会会议

十四届县委第91次 2020年1月2日，市人大常委会副主任、县委书记吉秀主持召开十四届县委第91次常委会会议。会议分两个阶段进行。第一阶段，召开县委常委（扩大）会议，传达学习了省委十三届十一次全会暨省委经济工作会议精神，安排部署全面梳理总结2019年工作、系统谋划2020年各项工作、统筹做好岁末年初各项工作。第二阶段，召开县委常委会会议。会议传达学习了中央农村工作会议精神、中央政治局“不忘初心、牢记使命”专题民主生活会会议精神、习近平总书记在中央政治局第十九次集体学习时的讲话。会议传达学习了《中共甘肃省委关于全面加强和改进城市基层党组织建设工作的实施意见》、全省城市基层党建工作推进会议精神、全市宣传思想战线“两个中心”暨乡风文明建设工作推进会会议精神，研究部署了我县贯彻落实工作。会议听取了县委党校（行政学校）工作情况汇报、全县2019年意识形态工作情况汇报，研究谋划了下一步工作。会议审议并原则同意《2020年部门预算编制方案》。会议审议并原则通过《县委常委会“不忘初心、牢记使命”主题教育专题民主生活会查摆问题整改方案》《关于建立脱贫攻坚成效巩固提升推进乡村治理有效总网格长制度的决定》。

十四届县委第92次　2020年1月29日，市人大常委会副主任、县委书记吉秀主持召开十四届县委第92次常委会（扩大）会议暨全县新型冠状病毒感染肺炎疫情联防联控领导小组会议，专题研究部署了全县新型冠状病毒感染肺炎疫情防控工作。会议传达学习了习近平总书记重要讲话精神，中央政治局常委会会议精神，中央应对新型冠状病毒感染肺炎疫情工作领导小组会议精神，习近平总书记对新型冠状病毒感染肺炎疫情作出的重要指示精神，中共中央印发《关于加强党的领导、为打赢疫情防控阻击战提供坚强政治保证的通知》、甘肃省新型冠状病毒感染的肺炎疫情联防联控领导小组会议、新型冠状病毒感染的肺炎疫情联防联控调度会议精神，省委林铎书记批示精神，市委常委扩大会议暨市新型冠状病毒感染的肺炎疫情联防联控领导小组会议精神。会议审议并原则同意《渭源县新型冠状病毒感染的肺炎疫情防控工作方案》（修改版）。会议听取了全县新型冠状病毒感染的肺炎疫情防控工作情况汇报、安排部署了下一阶段全县新型冠状病毒感染的肺炎疫情防控工作。

十四届县委第94次　2020年2月12日，市人大常委会副主任、县委书记吉秀主持召开十四届县委第94次常委会会议。会议组织学习了中共中央国务院《关于抓好“三农”领域重点工作确保如期实现全面小康的意见》《中国共产党党和国家机关基层组织工作条例》《中国共产党国有企业基层组织工作条例（试行）》。会议听取了有关资金安排情况汇报。会议审议并原则同意《关于废止、宣布失效和修改部分党内规范性文件的意见》。会议审议了渭源县第十四届委员会第十八次全体会议暨县委经济工作会议事宜，审议并原则通过《渭源县第十四届委员会第十八次全体会议暨县委经济工作会议筹备方案》《中共渭源县委深入贯彻〈中共中央关于坚持和完善中国特色社会主义制度推进国家治理体系和治理能力现代化若干重大问题的决定〉的实施意见》（讨论稿）、《县委常委会工作报告》（讨论稿）、《中国共产党渭源县第十四届委员会第十八次全体会议决议（草案）》、吉秀在渭源县第十四届委员会第十八次全体会议暨县委经济工作会议上的讲话、蔺红军在渭源县第十四届委员会第十八次全体会议暨县委经济工作会议上的讲话。会议审议并原则通过《关于拟定表彰2019年度党管武装好书记武装工作先进单位和先进个人的报告》。会议审议并原则同意公开选聘行政村专职党组织书记分配事宜。会议审议并原则同意有关人员职级晋升事宜。

十四届县委第96次　2020年3月5日，市人大常委会副主任、县委书记吉秀主持召开十四届县委第96次常委会会议。会议组织学习了3月4日中共中央政治局常务委员会会议精神、习近平总书记对全国春季农业生产工作重要指示精神和李克强总理批示精神、省委密码工作领导小组办公室《关于印发习近平总书记重要批示精神贯彻落实方案的通知》。会议传达学习了十九届中央纪委四次全会、十三届省纪委四次全会和四届市纪委五次全会会议精神，研究部署了贯彻落实工作。会议审议了渭源县第十四届纪律检查委员会第五次全体会议有关事宜，审议并原则通过《关于召开中国共产党渭源县第十四届纪律检查委员会第五次全体会议筹备方案》《中共渭源县第十四届纪律检查委员会第五次全体会议工作报告》、县委书记吉秀在县纪委十四届五次全会上的讲话。会议审议并原则通过《关于十三届省委第四轮巡视渭源县委意识形态工作责任制落实情况专项检查反馈问题整改情况的报告》。

十四届县委第97次　2020年3月20日，市人大常委会副主任、县委书记吉秀主持召开十四届县委第97次常委会会议暨省委第三巡视组巡视反馈意见整改领导小组第六次会议。会议组织学习了3月18日中共中央政治局常务委员会会议精神、中共中央办公厅《纪检监察机关处理检举控告工作规则》、中共中央办公厅《党委（党组）落实全面从严治党主体责任规定》、中共甘肃省委宣传部《关于第十三届省委第三轮、第四轮巡视意识形态工作责任制落实情况专项检查整改工作督查情况的通报》、中共定西市委办公室《关于2019年定西市意识形态工作责任书考核情况的通报》。会议传达学习了市委统一战线（民族宗教）工作领导小组会议精神、全市宣传部长会议精神、省委政法工作会议和市委政法工作会议精神、全市扫黑除恶专项斗争视频会议暨领导小组第十三次全体（扩大）会议精神，全国组织部长会议、全省组织部长会议、全市组织工作视频会议和全市机构编制和老干部工作视频会议精神，全市贯彻落实《关于进一步加强全市党政领导班子建设的实施意见》学习培训会议精神，研究部署了我县贯彻落实意见；审议了《关于进一步加强全县党政领导班子建设的工作方案》，推荐了全市“双十计划”人选及岗位。会议传达学习了省委巡视工作领导小组《关于十三届省委第四轮巡视整改情况专项督查的通报》精神，听取了对我县反馈意见整改落实情况汇报，研究部署了下一阶段整改落实工作。会议审议并原则通过《渭源县2020年招商引资“面上宣传推介点上集中攻坚”工作方案》《渭源县2020年招商引资目标任务分解方案》。会议审议并原则通过《2020年提请县人大常委会讨论决定重大事项清单》《2020年度渭源县人民政府履责管理考核评价办法》。会议审议并原则同意县委、县政府《关于2019年度综合目标考核结果及奖惩意见》《2020年全县工作会议筹备方案》《中共渭源县委常委会2020年工作要点》、渭源县2020年中央扶持壮大村级集体经济项目说明、《渭源县2020年改造提升村级党群服务中心的意见》。

十四届县委第98次　2020年4月2日，市人大常委会副主任、县委书记吉秀主持召开十四届县委第98次常委会会议。会议组织学习了3月25日中共中央政治局常务委员会会议精神、习近平总书记在湖北省考察新冠肺炎疫情防控工作时的讲话精神、习近平总书记在中央统战工作会议上的重要讲话精神、中共甘肃省委办公厅《关于张令平、武文斌、张国一严重违纪违法问题及其教训警示的通报》《关于张江武严重违纪违法问题及其教训警示的通报》。会议研究了脱贫攻坚工作有关事宜，传达学习了省脱贫攻坚领导小组2020年第四次、五次会议暨省中央脱贫攻坚专项巡视反馈意见整改工作领导小组第四次、五次会议精神，全省中央脱贫攻坚专项巡视“回头看”和2019年度国家脱贫攻坚成效考核反馈意见整改暨全省决战决胜脱贫攻坚推进大会会议精神，全省易地扶贫搬迁工作推进会会议精神，全市中央脱贫攻坚专项巡视“回头看”和2019年度国家脱贫攻坚成效考核反馈意见整改暨全市决战决胜脱贫攻坚推进大会会议精神，研究部署了我县贯彻落实工作，审议并原则通过《渭源县中央脱贫攻坚专项巡视“回头看”和2019年度国家脱贫攻坚成效考核反馈意见整改方案》《渭源县2020年脱贫攻坚责任书》。会议研究了扶贫领域腐败和作风治理专项巡察有关事宜，会议传达学习了市委巡察工作领导小组办公室《关于印发市委扶贫领域腐败和作风治理专项巡察及县区交叉巡察情况通报的通知》精神，审议并原则同意《渭源县市委扶贫领域腐败和作风治理专项巡察及县区交叉巡察反馈问题整改方案》。会议传达了全省统战部部长会议精神、省民委委员全体会议和全省民委主任会议精神和全市统战工作会议精神。会议传达学习了2020年全省打赢蓝天保卫战重点工作推进视频会议精神，研究部署了贯彻落实工作。会议传达学习了市委组织部《关于转发省委组织部〈关于民勤县等10个县（区）“四抓两整治”措施落实情况暗访督查通报〉的通知》精神，研究部署了贯彻落实工作。会议听取并原则同意省委第三巡视组反馈意见整改落实工作汇报。会议审议并原则同意《关于抓好“三农”领域重点工作确保与全国全省全市一道实现全面小康的实施意见》。会议审议并原则通过《渭源县“1+1托5机制”工作推进方案》、县政府党组《关于不动产统一登记中有关问题处理意见的报告》。会议审议并原则通过《渭源县乡镇机构设置和职能配置方案》。

十四届县委第99次　2020年4月9日，市人大常委会副主任、县委书记吉秀主持召开十四届县委第99次常委会会议。会议传达学习了习近平总书记在决战决胜脱贫攻坚座谈会上的重要讲话精神。会议传达学习了中组部和全省组织系统抓党建促决战决胜脱贫攻坚电视电话会议精神、全市脱贫攻坚组织保障和驻村帮扶专责组工作暨脱贫攻坚反馈问题整改工作推进会会议精神，《省委组织部中央脱贫攻坚专项巡视“回头看”2019年度国家脱贫攻坚成效考核和中央纪委监委调研督导反馈问题整改工作实施方案》，研究部署了贯彻落实工作。会议传达学习了甘肃省委巡视工作领导小组《关于专项巡视定西市及所辖贫困县的通知》，研究了成立巡视联络组事宜，安排部署了巡视准备工作。会议审议并原则同意《渭源县贯彻〈中国共产党农村工作条例〉实施办法（试行）》。会议传达学习了市委巡察办公室《关于印发巡察反馈意见的通知》精神，审议并原则同意《市委新冠肺炎疫情防控和复工复产“机动式”巡察反馈意见整改方案》。会议审议了县管领导班子和领导干部2019年度政绩考核结果、全县2019年度除科级干部外公务员考核结果、全县2019年度驻村帮扶工作队及成员考核结果。会议研究了有关人事任免事宜。（略）

十四届县委第101次　2020年4月23日，市人大常委会副主任、县委书记吉秀主持召开十四届县委第101次常委会会议。会议专题研究脱贫攻坚巡视巡察反馈问题整改事宜，会议集中学习了习近平总书记在中央政治局会议上审议《关于2019年脱贫攻坚成效考核等情况汇报》和《关于中央脱贫攻坚专项巡视“回头看”情况的综合报告》时的重要讲话精神、习近平总书记在决战决胜脱贫攻坚座谈会上的重要讲话精神、习近平总书记视察甘肃重要讲话精神和参加全国人大二次会议甘肃代表团审议时的重要讲话精神、习近平总书记在统筹推进新冠肺炎疫情防控和经济社会发展工作部署会议上的重要讲话精神，审议并原则通过《中共渭源县委常委会班子中央脱贫攻坚专项巡视“回头看”和2019年国家脱贫成效考核暨市委扶贫领域专项巡察反馈意见整改专题民主生活会方案》，听取了2020年全县脱贫攻坚反馈问题整改进展情况汇报，研究部署了整改落实工作。会议传达学习了赵乐际在甘肃调研时的讲话精神，研究部署了贯彻落实工作。会议传达学习了中共中央办公厅《关于持续解决困扰基层的形式主义问题为决胜全面建成小康社会提供坚强作风保证的通知》精神、《关于定西市政协研究室原副主任杨仲雄严重违法问题及其教训警示的通报》精神。会议传达学习了全市驻村帮扶工作队管理中央巡视考核督查发现反馈问题整改推进会暨工作调度会会议精神，研究部署了贯彻落实工作。会议传达学习了市委人才工作领导小组（扩大）会议精神，研究部署了贯彻落实工作。会议审议并原则同意《关于推行绩效报酬进一步激励村干部担当作为的实施意见》《关于深入推进党建引领合作社发展的实施意见》《关于确定2020年度农村软弱涣散党组织整顿对象的意见》。会议审议了有关人员晋升职级事宜。

十四届县委第102次　2020年4月27日，市人大常委会副主任、县委书记吉秀主持召开十四届县委第102次常委会会议。会议传达学习了习近平总书记在陕西考察重要讲话精神、陈荣在省委第三巡视组对定西市及贫困县区开展脱贫攻坚专项巡视工作动员会议上的讲话和唐晓明表态讲话精神。会议审议并原则同意《清源源等16个乡镇“三定”规定》。会议研究了有关人事任免事宜。

十四届县委第103次 2020年5月8日，市人大常委会副主任、县委书记吉秀主持召开十四届县委第103次常委会（扩大）会议，并套开县脱贫攻坚领导小组第五次会议暨全县中央脱贫攻坚专项巡视反馈意见整改工作领导小组第五次会议（视频）。会议分两个阶段进行。第一阶段会议审议通过了《渭源县2020年第三批财政专项扶贫资金项目计划》《渭源县2020年第二批统筹整合财政涉农资金项目计划》《渭源县2020年及历年财政扶贫结余资金调整项目计划和渭源县东西部扶贫协作2020年区级财政帮扶资金东西协作消费扶贫线上线下综合运营平台项目调整计划》《全县农民合作社质量提升整县推进试点实施方案》《关于申请调整峡城乡2020年第一批统筹整合财政涉农资金贫困村主巷道硬化项目建设内容的报告》。第二阶段（视频）会议书面传达学习了2月23日中央统筹推进新冠肺炎疫情防控和经济社会发展工作部署会议、3月6日中央决战决胜脱贫攻坚座谈会、4月13日中央脱贫攻坚约谈会、3月31日全省决战决胜脱贫攻坚推进大会、4月2日市委决战决胜脱贫攻坚推进大会、4月14日省委常委会扩大会、4月16日市委常委扩大会议精神；传达学习了4月29日、5月6日中共中央政治局常委会、省委常委会2020年中央脱贫攻坚专项巡视“回头看”反馈意见整改专题民主生活会精神及全省脱贫攻坚约谈会、4月30日市委常委会和全市脱贫攻坚约谈会议精神和省委办公厅、省政府办公厅《关于2019年脱贫攻坚成效考核情况的通报》精神；宣读了《脱贫攻坚帮扶责任人责任落实督查情况的通报》，对当前脱贫攻坚重点工作和问题整改进行再安排、再部署、再推动，确保按时限要求全面彻底完成各项工作任务，坚决打赢脱贫攻坚收官之战。

十四届县委第104次 2020年5月8日，市人大常委会副主任、县委书记吉秀主持召开十四届县委第104次常委会会议。会议传达学习了全省扫黑除恶专项斗争“六清”行动暨挂牌督办案件办理工作视频调度会会议精神，全市反恐怖工作会议精神，全市禁毒工作会议精神、听取了1—4月禁毒工作主要指标完成情况汇报，研究部署了贯彻落实工作。会议传达学习了全市抓党建促决战决胜脱贫攻坚暨“四抓两整治”工作推进会会议精神，研究部署了贯彻落实工作。会议研究了有关人事任免事宜。

十四届县委第105次 2020年5月14日，市人大常委会副主任、县委书记吉秀主持召开十四届县委第105次常委会会议。会议组织学习了习近平总书记在山西考察重要讲话精神、习近平总书记在党外人士座谈会上的重要讲话精神。会议传达学习了甘肃省中央生态环境保护督察反馈问题整改工作动员部署会议精神、《关于切实抓好中央生态环境保护督察反馈问题整改通知》精神，研究部署了贯彻落实工作。会议审议并原则同意中共渭源县总工会党组《关于申请召开渭源县总工会十届三次全委（扩大）会议的请示》。会议研究并原则同意设立定西市生态环境局渭源分局党组事宜。会议研究了有关人事事项和有关职级晋升事宜。

十四届县委第106次 2020年5月19日，市人大常委会副主任、县委书记吉秀主持召开十四届县委第106次常委会会议，专题研究部署了省委脱贫攻坚第三巡视组专项巡视反馈问题整改工作。会议组织学习了5月14日中共中央政治局常务委员会会议精神、5月15日中共中央政治局会议精神。会议组织传达了省委脱贫攻坚第三巡视组专项巡视反馈问题清单，研究部署了整改落实工作。会议听取了2020年中央脱贫攻坚专项巡视“回头看”和国家扶贫成效考核、中央纪委国家监委调研督导、甘肃省脱贫攻坚“回头看”、甘肃省第三方评估及脱贫摘帽退出公示期间及市委扶贫领域腐败和作风治理专项巡察及县区交叉巡察反馈问题整改落实情况，研究部署了下一阶段整改落实工作。

十四届县委第107次 2020年6月1日，市人大常委会副主任、县委书记吉秀主持召开十四届县委第107次常委会（扩大）会议。传达学习省委第三巡视组对定西市脱贫攻坚专项巡视暨扫黑除恶“惩腐打伞”专项巡视通报会会议精神，研究部署全县脱贫攻坚领域问题整改工作和扫黑除恶“惩腐打伞”专项巡视工作。会议组织学习了关于转发西部战区《西部地区国防动员工作动态》和省委林铎书记批示的通知精神、市委国安办转发《中共甘肃省委国家安全委员会关于深入学习贯彻十九届中央国安委第三次全体会议精神的通知》的通知精神。会议审议并原则通过《全县“六保”工作方案》《关于调整部分县委常委会工作分工的意见》。会议研究了有关人事任免事宜和有了关人员职级与职务并行事宜。

十四届县委第108次 2020年6月30日，市人大常委会副主任、县委书记吉秀主持召开十四届县委第108次常委会会议。会议组织学习了习近平总书记对防汛救灾工作作出的重要指示精神和省委林铎书记对做好防汛抢险救灾工作作出的批示精神、中共中央办公厅关于印发《党委（党组）意识形态工作责任制实施办法》的通知和省委林铎书记的批示精神、中共中央办公厅国务院办公厅印发《关于深化统计管理体制改革提高统计数据真实性的意见》的通知、中共中央办公厅国务院办公厅印发《统计违纪违法责任人处分处理建议办法》，省委常委、省纪委书记、省监委主任刘昌林的批示精神。会议传达学习了省委常委、组织部部长李元平在岷县、通渭调研督导精神，全省深化拓展新时代文明实践中心建设试点工作现场推进会会议精神，研究部署了贯彻落实工作。会议审议并原则通过《关于2020年上半年全县意识形态工作情况的汇报》。会议审议了全县应急管理及安全生产相关事宜，审议并原则同意《关于成立应急管理委员会的意见》《关于进一步加强安全生产工作的实施意见》《关于深入推进城市安全发展的实施意见》《关于加快建设全县新型应急体系的实施意见》《关于全面加强自然灾害防治能力建设的实施意见》。会议审议并原则同意《关于建立健全县人民政府向县人大常委会报告国有资产管理情况制度的意见》《关于加强新时代维护社会稳定工作的实施意见》《关于成立平安渭源建设领导小组的意见》《关于成立渭源县国防动员和后备力量“三项”基础建设领导小组的请示》《渭源县干部履行脱贫攻坚责任问责办法（试行）》《关于用好党员支持新冠肺炎疫情防控自愿捐款资金开展慰问资助工作的意见》《关于兑现“一肩挑”村干部报酬最低保障标准的意见》《全县事业单位工作人员2019年度考核结果》。

十四届县委第109次 2020年7月17日，市人大常委会副主任、县委书记吉秀主持召开十四届县委第109次常委会会议。会议组织学习习近平总书记对进一步做好防汛救灾工作作出的重要指示和省委书记林铎、市委书记唐晓明关于防汛工作的批示精神，习近平总书记在十九届中央政治局第二十一次集体学习时的讲话精神、中共定西市委国安办转发《中共甘肃省委国家安全委员会办公室关于认真学习贯彻全国党委国安办主任会议精神切实抓好重点任务落实的通知》的通知精神。会议传达学习了平安定西建设工作会议暨扫黑除恶专项斗争领导小组第十四次全体（扩大）会议精神，全市综治中心建设现场推进会暨综治中心主任、乡镇（街道）政法委员培训会议精神，研究部署了贯彻落实工作。会议审议并原则同意《关于加强新时代县乡人大工作的实施意见》。会议审议并原则通过《渭源县综治中心建设方案》《渭源县贯彻落实新时代推进西部大开发形成新格局若干重大措施工作要点》《全县党史工作规划（2020—2022年）》《中共渭源县委党的建设工作领导小组2020年工作要点》《中共渭源县委国家安全委员会2020年工作要点》，套开了县委国安委第三次会议。会议审议通过《关于调整部分县委常委分工的意见》。会议审议并原则通过《关于推行“互融共享”机制全面提升城乡社区基层党建工作质量的实施方案》《渭源县县直机关单位科级以下干部调配工作实施办法（试行）》。会议研究了有关人员职级晋升事宜、有关人事任免事宜、县委向市委推荐干部事宜。

十四届县委第110次　2020年8月17日，市人大常委会副主任、县委书记吉秀主持召开十四届县委第110次常委会会议。会议组织学习了7月30日中共中央政治局会议精神、习近平总书记对制止餐饮浪费行为作出的重要指示精神、中共中央关于印发《中国共产党基层组织选举工作条例》的通知《关于朱建国严重职务违法问题及其教训警示的通报》、市委国安办转发《省委国安办关于认真学习和落实林铎对国家安全工作讲话要求的通知》的通知精神。会议套开了县委财经委员会第三次会议，听取了全县经济运行和2020年项目谋划情况汇报。会议听取了基层党建重点工作任务推进情况汇报，研究部署了下一阶段工作。会议审议并原则通过《渭源县新时期产业工人队伍建设改革实施方案》。会议审议了渭源县第十四届委员会第二十二次全体会议事宜，审议并原则通过渭源县第十四届委员会第二十二次全体会议筹备方案、《县委常委会工作报告》《中国共产党渭源县第十四届委员会第二十二次全体会议决议（草案）》、吉秀在渭源县第十四届委员会第二十二次全体会议上的讲话。会议审议并原则通过关于设立渭源工业集中区管理委员会党组事宜。会议研究并原则同意有关人员提前退休事宜。

十四届县委第111次　2020年9月2日，市人大常委会副主任、县委书记吉秀主持召开十四届县委第111次常委会会议。会议组织学习了8月31日中共中央政治局会议精神、习近平总书记在听取十九届中央第四轮巡视情况汇报和2019年中央巡视工作领导小组重点工作汇报时的重要讲话精神、省委巡视办《关于印发全国第五期市县巡察办主任提级培训班和省（区、市）巡察指导工作研讨班精神传达学习提纲的通知》。会议传达学习了全市深化运用交叉方法推进纪检监察工作高质量发展现场会会议精神，研究部署了贯彻落实工作。会议听取了2020年上半年党风廉政建设和反腐败工作汇报、扫黑除恶专项斗争“打伞破网”工作开展情况汇报、扶贫领域腐败和作风问题专项治理工作开展情况汇报、高质量发展重点工作任务进展情况汇报、易地搬迁项目问题整改进展情况汇报，研究部署了下一阶段工作。会议审议并原则通过《关于建议召开全县教育工作暨第36个教师节表彰大会的报告》。会议审议并原则同意《关于开展农村网格化服务管理工作的实施意见》。会议研究了有关大额资金支出事宜。会议研究并原则同意2019年度公务员记三等功、嘉奖事宜。会议研究了有关人员晋升职级事宜和有关人事任免事宜。

十四届县委第112次　2020年9月28日，市人大常委会副主任、县委书记吉秀主持召开十四届县委第112次常委会会议。会议组织学习了习近平对新时代民营经济统战工作作出的重要指示精神、中共中央办公厅印发《关于巩固深化“不忘初心、牢记使命”主题教育成果的意见》的通知、中共甘肃省委办公厅印发《关于当前全省意识形态领域情况的通报》的通知和中共定西市委办公室印发《关于当前全市意识形态领域情况的通报》的通知精神。会议传达学习了全市宣传思想文化工作上半年总结暨深化拓展新时代文明实践中心建设工作现场推进会会议精神、全省组织系统贯彻落实新时代党的组织路线电视电话会议精神和全市基层党建工作重点任务观摩推进会会议精神，研究部署了贯彻落实工作。会议听取了高质量发展重点工作任务进展情况汇报、易地搬迁项目问题整改进展情况汇报，安排部署了下一阶段工作。会议审议并原则通过《渭源县城乡社区建设工作方案》《渭源县森林公安机关管理体制调整工作实施方案》《渭源县渭河源林草生态扶贫巩固提升项目协调领导小组名单》。会议审议并原则同意《关于推荐田家河乡元古堆村支部委员会等17个党支部为省级标准化先进党支部的意见》。会议套开县委外事工作委员会第二次会议，传达学习了省市外事工作会议精神，听取了2019年县委外事工作开展情况汇报，研究部署了下阶段工作。

十四届县委第113次　2020年9月30日，市人大常委会副主任、县委书记吉秀主持召开十四届县委第113次常委会会议。会议审议并原则同意《关于选聘高燕玲等40名同志为行政村专职化党组织书记的意见》。

十四届县委第114次　2020年10月29日，市人大常委会副主任、县委书记吉秀主持召开十四届县委第114次常委会会议。会议组织学习了10月22日中央政治局常务委员会会议精神、《中国共产党中央委员会工作条例》、习近平总书记对脱贫攻坚工作作出的重要指示精神和李克强总理批示精神、《中共甘肃省委〈中国共产党政法工作条例〉实施细则》。会议传达学习了定西市信访工作联席会议全体（扩大）会议暨集中治理重复信访化解信访积案专项工作动员部署会议精神，研究部署了贯彻落实工作。会议审议并原则同意《关于促进中医药传承创新发展的实施意见》。会议审议并原则通过《中共渭源县委贯彻落实〈中国共产党宣传工作条例〉若干措施》《渭源县党委（党组）理论学习中心组学习巡听旁听工作方案》《渭源县贯彻落实〉新时代爱国主义教育实施纲要〉若干措施》《渭源县贯彻落实〈新时代公民道德建设实施纲要〉若干措施》。会议审议并原则同意《关于建立县委常委党支部工作联系点的意见》。会议研究了有关人事任免事宜。

十四届县委第116次　2020年11月25日，市人大常委会副主任、县委书记吉秀主持召开十四届县委第116次常委会会议。会议组织学习了中央办公厅《关于做好党的十九届五中全会精神学习宣传的通知》、中共甘肃省委《关于认真学习宣传党的十九届五中全会精神的通知》、中共定西市委《关于深入学习宣传贯彻党的十九届五中全会精神的通知》，习近平总书记在十九届中央政治局第二十四次集体学习时的重要讲话精神，习近平总书记在十九届中央政治局第二十三次集体学习时的重要讲话精神。会议传达学习了全国村（社区）“两委”换届工作电视电话会议精神，全省、全市村（社区）“两委”换届工作动员部署暨业务培训会议精神，研究部署了贯彻落实工作。会议审议并原则通过《渭源县村（社区）“两委”换届工作实施方案》。会议听取了全县“十三五”规划实施情况和“十四五”规划编制情况汇报。会议审议并原则通过《渭源县学前教育深化改革规范发展实施方案》《渭源县消除基础教育阶段大班额专项规划（2021—2025）》《渭源县深化改革加强食品安全工作实施方案》《关于建议撤销对峡城乡“一票否决”的决定》。会议研究并原则同意设立渭源县工商业联合会党组，设党组书记1名，党组成员2名。会议研究了有关公务员职级晋升事宜、有关人事任免事宜。会议套开中共渭源县委全面深化改革委员会第四次会议，传达了中央全面深化改革委员会第十三次、十四次、十五次、十六次会议精神，审议并原则同意《渭源县深化改革创新推动经济高质量发展的指导意见》《渭源县建设项目环评审批“放管服”实施方案》。

十四届县委第117次　2020年12月24日，市人大常委会副主任、县委书记吉秀主持召开十四届县委第117次常委会会议。会议组织学习了12月3日中共中央政治局常务委员会会议精神、12月11日中央政治局会议精神、中央经济工作会议精神、《习近平总书记在中央政治局第二十五次集体学习时的重要讲话精神》和省委林铎书记、市委唐晓明书记的批示精神，全国巡视工作会议和全国市县巡察工作推进会议精神，李元平、刘昌林在十三届省委第七轮巡视工作动员部署会上的讲话精神。会议传达学习了全市巡察工作现场推进会会议精神，研究部署了贯彻落实工作。会议传达学习了全省、全市有关村（社区）“两委”换届工作会议精神，听取全县村（社区）“两委”换届工作进展情况汇报，研究部署了下一阶段工作。会议审议并原则同意《关于组建定西市渭源县城镇建设投资集团有限公司的请示》。会议审议并原则通过《渭源县政务服务大厅运行管理办法（试行）》《渭源县防范化解和妥善处置群体性事件责任清单》《关于大力整合乡镇综治和应急管理工作强化基层治理的实施方案》《平安渭源建设责任制考评奖惩办法（试行）》《2020年全县意识形态工作情况报告》。会议审议并原则同意《关于调整部分县委常委工作分工的意见》、2020年驻村帮扶工作队考核结果、公务员及时奖励适宜。会议研究了有关公务员职级晋升事宜、有关人事任免事宜。会议征求了对《中共定西市委关于制定国民经济和社会发展第十四个五年规划和二〇三五年远景目标的建议（征求意见稿）》的修改意见，（以下简称《建议》）。会议讨论了《中共渭源县委关于制定国民经济和社会发展第十四个五年规划和二〇三五年远景目标的建议（讨论稿）》。

十四届县委第118次 2020年12月30日，市人大常委会副主任、县委书记吉秀主持召开十四届县委第118次常委会会议。会议审议并原则同意《渭源县2021年投资项目清单》。会议审议了渭源县第十四届委员会第二十四次全体会议暨县委经济工作会议事宜，会议审议并原则通过《渭源县第十四届委员会第二十四次全体会议暨县委经济工作会议筹备方案》《中共渭源县委关于制定国民经济和社会发展第十四个五年规划和二〇三五年远景目标的建议（讨论稿）》《县委常委会工作报告（审议稿）》《中国共产党渭源县第十四届委员会第二十四次全体会议决议（草案）》。会议套开县委网络安全和信息化委员会会议，传达学习了省、市委网络安全和信息化委员会第一次会议精神，审议并原则通过《县委网络安全和信息化委员会工作规则》《县委网络安全和信息化委员会办公室工作细则》，以县委网络安全和信息化委员会办公室文件印发；审议并原则通过《县委网络安全和信息化委员会关于贯彻落实〈关于加快建立网络综合治理体系的意见〉的实施方案》，以县委网络安全和信息化委员会文件印发。

十四届县委第119次 2020年12月30日，市人大常委会副主任、县委书记吉秀主持召开十四届县委第119次常委会会议。会议专题听取县人大常委会党组、县政府党组、县政协党组、县检察院党组、县法院党组2020年工作汇报。

县委办公室工作

【概况】 县委办公室现有内设股室9个（秘书股、机要室、保密股、督查室、综合股、档案管理股、行政股、县委法规股、国安事务股），加挂县档案局、县委机要和保密局、县国家保密局、县国家密码管理局牌子，承担县委全面深化改革委员会、县委国家安全委员会、县委财经委员会具体工作。现有干部职工30人。

【党的建设】 始终把加强机关党的建设摆在首要位置，不断增强政治领导力、思想引领力、群众组织力、社会号召力，以政治上的全面加强，推动全面从严治党向纵深发展。

1. **政治建设**。牢固树立“四个意识”、始终坚定“四个自信”、坚决做到“两个维护”，自觉同党的基本理论、基本路线、基本方略对标对表，同党中央决策部署对标对表，强化政治机关意识，坚定政治信仰、强化政治领导、提高政治能力、净化政治生态，把学习贯彻习近平总书记在中办调研时提出的“五个坚持”要求作为一条红线贯穿工作始终，充分发挥好党组织班子示范带动作用，努力在为党委服务、为人民服务、为工作大局服务上做出新的贡献。

2.理论武装。通过举办专题辅导、读书交流，充分利用“学习强国”“甘肃党建”APP等平台载体，组织广大党员干部及时跟进学、全面系统学、深入细致学。坚持集中学和自学相结合、专题研讨和辅导报告相结合，丰富学习内容，提高学习实用性和实效性，紧密联系办公室职能、部门及个人职责，明确工作目标及任务，跟进学习习近平总书记最新重要讲话精神，不断巩固学习成果。

3.作风建设。注重抓好机关作风建设，以党风带政风、以党建带作风，结合“转变作风改善发展环境建设年”活动、“形式主义、官僚主义集中整治专项行动”，坚决整治作风不实、办事效率低下等不作为、慢作为行为，使服务明显提质、工作明显提效。开展评选“优秀党员”“先进工作者”等活动，充分调动全体党员干部积极性、主动性。紧贴机关职能，优化政务环境、畅通信访接访渠道、减轻基层负担、密切联系群众，机关服务满意度进一步提高。

4.支部建设。全面落实“三会一课”、组织生活会、民主评议、谈心谈话、主题党日、党性分析等组织生活制度，用好批评和自我批评思想武器，切实维护发展党员工作的严肃性，促进支部建设规范化，提升支部工作水平，增强支部战斗力。加强支部结对共建，全力帮助帮扶村实现脱贫摘帽目标任务。切实发挥党员主力军、青年生力军、女干部半边天作用。切实维护党员干部利益，关心关爱党员干部工作生活。

【政务服务】紧紧围绕县委中心工作，开拓进取，扎实工作，政务服务能力不断提升。

1.综合协调周密高效。充分发挥综合协调职能，加强对重要工作、重大活动、重点领域的统筹协调。先后起草、校核文件200多份，专题协调各类事项60余次，确保县委各项决策落到实处、各项工作顺利推进。高质量牵头承担了全县脱贫攻坚重点工作推进会、东西部扶贫协作重点工作调度会、全县新型冠状病毒感染的肺炎疫情联防联控领导小组会、第三届渭水文化旅游节、全县首届“丝路古韵·渭水流歌”旅游文化周等一批重大活动，认真履行整改办职责，扎实做好中央脱贫攻坚专项巡视、省委巡视、市委巡察、各级各类督查检查的整改落实工作。

2.参谋辅政精准发力。充分发挥以文辅政作用，注重加强对重点热点难点问题的调查研究，为县委科学决策提供参考。深化政策研究，牵头制定《关于抓好“三农”领域重点工作确保与全国全省全市一道实现全面小康社会的实施意见》《关于贯彻〈中共中央关于坚持和完善中国特色社会主义制度推进国家治理体系和治理能力现代化若干重大问题的决定〉的实施意见》《国民经济和社会发展第十四个五年规划和二〇三五年远景目标》《应对疫情促进全县经济持续健康发展若干措施》等一系列调研成果。共编发渭源信息、渭源县国安信息、渭源县信息快报等各类信息210期463条，被省市采用48期。创新以文辅政方式，全年共起草、修改重要文稿200余篇，完成常委会会议纪要32期，以文辅政能力显著提高。

3.政务保障规范有序。加强对办文办会办事全流程管理，全力提高办文办会办事的效率和质量，努力当好文件会议质量“检验员”。全面梳理办文中的“短板”，健全完善县委党内规范性文件前置审核等制度，县委公文质量得到进一步提高。坚持精益求精，完善会前准备、会中服务、会后落实三大环节，确保会议组织服务工作细致周密。精简文件会议成果进一步巩固，全县规范性文件较上年同期下降45%，会议同比减少34%。健全批示件办理、印章管理等制度，共承办请示、报告350余件。完善内控管理制度，严格经费和车辆管理，认真做好公务接待工作，严格落实安全保卫、信访接待、值班、卫生等工作。

4.政务督查扎实有效。建立重点工作“清单+台账+考核”制度体系，制定年度重点工作清单，有效推动工作任务落实，牵头组织开展决战决胜脱贫攻坚重点任务“百日会战”行动周督查月通报评比。加大民生实事项目督查力度，建立滞后项目清单制度和完成销号制度。承办省市级以上领导批示70余件、县委领导批示230余件。

【档案工作】坚持把改革创新贯穿于档案工作的各环节和全过程，持续深化“放管服”改革，共梳理出重点建设项目档案验收和机关、团体、企业事业单位撤销或者变更时档案归属的备案等5项国标事项。以新《档案法》宣传为契机，编制档案资料汇编300册，翻印《甘肃省精准扶贫规范建档指导手册》200册。成立3个工作领导小组，在全县南部、北部、中部三个片区各打造1个精准扶贫档案规范建档示范点，以点带线推动全县精准扶贫档案规范建档，同步推动机关文书档案、会计档案、科技档案等其他各类档案的整理归档工作。结合市委办公室《关于县区档案和党内法规工作的督查通报》，对我县档案行政执法不系统不全面、档案数字化进程缓慢等10个方面存在的突出问题进行了整改，为全面加快档案数字化进程奠定了坚实的基础。

【党史研究】深入学习贯彻习近平总书记关于党史国史重要论述，持续开展《中共渭源县大事记》资料的收集和编写工作，跟踪记述县委组织领导全县人民贯彻执行党的路线方针政策、进行党的建设的历史进程。定期编发《渭源县大事记》，制定了《中国共产党渭源历史（1921—1949）编撰工作方案》，组建了编委会，抽调4名熟悉党史工作的人员组成撰写组，正式启动了党史正本编撰工作。申报渭源县苏维埃政府纪念馆、梁家坪烈士陵园、莲峰镇坡儿红军烈士陵园、中共陇右工委地下临时印刷所遗址为中共党史教育基地。

【领导名录】

县委办公室主任、县委机要局局长、兼任县委全面深化改革委员会办公室主任、县委财经委员会办公室主任、县国家保密局局长、县国家密码管理局局长：郑强

县委办公室副主任：樊喜红、漆世文、张永峰（4月止）、燕祥（9月任）

县委党史办副主任：朱海迪（女，4月止）

县委党史研究中心主任：张永峰（4月止）

县委党史研究中心副主任：王泽亮（4月任）

县档案局局长：漆世文（兼）

县保密技术服务中心副主任：高海鑫（9月任）

（供稿：杨亚红；审稿：漆世文）

组织工作

【概况】县委组织部是主管全县组织、干部、人才工作的县委职能部门，加挂中共渭源县非公有制经济组织和社会组织工作委员会、中共渭源县委老干部局、渭源县公务员局牌子，归口管理县委直属机关工作委员会、县委机构编制委员会办公室。部机关内设办公室、干部股、组织股（非公有制经济组织和社会组织工作委员会办公室）、公务员管理股、人才股、老干部股6个股室。下属中共渭源县委人才服务中心、县党员服务中心、县关心下一代和老干部服务工作中心3个正科级事业单位和县党员电教中心、县干部人事档案中心2个股级事业单位。

【巩固深化“不忘初心、牢记使命”主题教育成果】严格按照中央和省市委部署要求，精心谋划、周密部署、强化指导，持续巩固提升主题教育成效。

1.学习教育扎实有效。各级党组织将习近平总书记对主题教育、疫情防控、脱贫攻坚等系列重要讲话精神，以及中央和省市县委决战决胜脱贫攻坚部署要求等内容，纳入党委（党组）理论学习中心组和党支部“三会一课”的重要内容，

反反复复学、及时跟进学、全面系统学。召开县四大班子集中学习会议22场次、参学790多人次，带动各级党组织开展集中学习6000多场次6.8万多人次。

2.整改落实落地见效。各级党组织把整改落实作为检验主题教育成效的重要标准，紧盯主题教育检视、专题民主生活会和组织生活会查摆、专项整治确定的所有问题，对照整改任务和时限要求，主动回应群众关切，及时拾遗补阙、补火加温，逐项开展自查，认真分析研判，一项一项抓落实、抓整改。特别是群众关心关注的冬季取暖、安全饮水、医疗保障等方面的突出问题得到有效整治。同时，坚持把主题教育整改落实同中央和省市巡视巡察督查考核反馈问题整改结合起来，一体研究、一体推动、一体整改，中央和省市巡视巡察督查考核反馈的所有问题已经全部完成整改。

3.督促指导及时有效。按照督查报备计划，成立8个督导组，运用“四不两直”工作法，采取个别访谈、随机抽查、查阅资料、入户走访等方式，对全县16个乡镇217个行政村及12个县直脱贫攻坚重点行业部门主题教育整改落实情况“回头看”进行互检督查，重点围绕开展“回头看”主要内容及市委组织部督导反馈问题，逐乡镇、逐村“过筛子”，全面掌握实情，逐项对照查验，逐条指导整改，全部督促按期整改销号。

【抓党建促脱贫攻坚】坚持基层党建与脱贫攻坚中心大局深度融合，推动脱贫攻坚任务落实见效。

1.健全制度机制。建立健全组织保障脱贫攻坚定期排查、调度推进、记录调阅、汇报提醒、评估评查、巩固提升六项机制，逐项细化提出落实举措，完善台账资料，跟进督促机制落实，确保农村基层党建基础工作不断夯实、重点任务有力推进、突出问题有效解决、整体质量明显提升。

2.强化问题整改。紧盯巡视考核、调研督导反馈问题，对认领的中央专项巡视回头看、国家脱贫攻坚成效考核、中央纪委国家监委调研督导等反馈问题全面完成了整改。

3.创新工作载体。继续实施“双引双带”党建扶贫工程，大力推进“三链”建设，依托产业基地、农民专业合作社成立党组织57个，引导村党组织书记、班子成员、党员领办创办经营实体590个，吸纳贫困户就近务工增加收入。

4.强化驻村管理。严格按照“四个不摘”要求，落实“4+2”管理举措，召开全县驻村帮扶工作推进会议3次、总队长调度会议12次，调整优化驻村帮扶工作队成员11批次78名，全县135个建档立卡贫困村共选派驻村帮扶工作队成员409名（村第一书记兼驻村工作队队长135人、队员274人）。

【新冠疫情防控】坚持党组织带动、党员带头，选派3名党员赴鄂增援，成立临时党支部47个，组建党员值勤队、先锋队961支，1.1万名党员主动请战，带动6万多名群众广泛参与疫情防控，筑牢群防群治防线。严格落实乡村“3663”和社区“5623”工作法，在乡村建立三级网格，在社区建立“三个一”责任体系，扎实开展“一查四清”“三排一查”“三防三隔离”等行动，确保联防联控各项措施落地见效。注重关心关怀，推荐表彰防疫表现突出的优秀党员干部220名，下拨党费30万元用于支持重点单位开展疫情防控工作，利用60万元党费走访慰问一线医务工作者、基层党员干部472名。

【干部工作】坚持把政治标准放在首位，从严落实好干部标准，健全素质培养、知事识人、选拔任用、从严管理、正向激励干部工作体系，着力建设忠诚干净担当的高素质干部队伍。牢固树立从脱贫攻坚、疫情防控、重大项目一线选用干部的鲜明导向，先后开展干部调整配备5批次，提拔重用优秀干部192人，晋升职级319人次。加强优秀年轻干部培养，选拔“85后”正科级干部12名，“90后”副科级干部27名。严格落实干部监督管理各项制度，对26名党政“一把手”进行了经济责任审计，组织76名干部填报了个人有关事项报告，开展任前廉政谈话330人次，管理出入境证件105人145本。坚持严管与厚爱相结合，激励干部担当作为，提醒约谈、函询、诫勉谈话履职不力干部227人，落实公务员嘉奖196名、记三等功21名并兑现奖金35.7万元。强化公务员日常管理，认真做好公务员考录、调任、登记、考核、培训等工作，完成全国脱贫攻坚奖组织创新奖及时奖励，公务员管理工作持续规范。

【基层党建】 坚持把抓基层打基础作为长远之计和固本之策，大力加强基层党组织和党员队伍建设，基层党组织政治功能显著增强，引领作用明显提升。制定印发《关于建立全县大抓基层党建工作责任制的实施意见》，召开基层党建工作调度会12次。稳步提升党支部建设标准化工作水平，为县级领导确定党支部工作联系点137个，推动党委（党组）成员联系党支部实现全覆盖，培育打造“标准化党支部”27个。全域推进“四抓两整治”举措落实，整顿转化软弱涣散党组织32个，推动6个乡镇“整乡推进、整县提升”行动取得实效，投资1185万元完成新成立9个社区办公场所建设，广泛开展机关、学校、医院党组织“三争”“两争一转”“三好一满意”活动，不断提高非公企业和社会组织“两个覆盖”质量，促进基层党建和行业特色深度融合。不断拓宽村干部选任视野，采取“一选两聘”、专职化等方式选任村干部103名。以优化“两委”班子结构、提升整体功能为目标，全面完成村（社区）“两委”换届工作，新一届村党组织书记平均年龄37.8岁，较换届前下降4.4岁，学历全部达到高中以上，实现了年龄、学历“一降一升”。深化拓展“学党史、感党恩、听党话、跟党走”聚民心活动，实施“能人入党”工程，动员2131名农村青年递交入党申请书，培养入党积极分子1229名，发展青年农民党员124名。

【人才工作】 始终坚持党管人才原则，不断完善人才培养引进流动和激励保障机制，推动人才队伍持续壮大，服务能力持续增强。大力实施“双百四联”、农村实用人才队伍建设“十项计划”“归雁工程”等行动，先后召开县委人才工作领导小组会议3次，新引进急需紧缺人才11名；柔性引进高层次专家人才22名、高校优秀讲师团队2个24人、县级专业技术人才14人；引进优秀企业管理人才38名。选拔第四届领军人才18名、第五届拔尖人才30名，对符合条件的14名正高职称专业技术人才发放了“陇原人才服务卡”，政策环境对人才的吸引力进一步增强。争取省市重点人才项目及人才工作经费114万元，县财政配套人才工作经费30万元，用于开展人才培育、发放人才津贴等，为全县脱贫攻坚和经济发展提供了有力的智力支撑。

【老干部工作】 树牢老干部是党和国家的宝贵财富理念，突出制度创新、作用发挥、服务管理，引导广大老干部不忘初心使命、永葆政治本色。加强离退休干部党组织标准化规范化建设，严格落实“三会一课”制度，进一步强化理论武装，坚定理想信念。落实《渭源县联系服务离退休干部10条规定》，开展“五必访”等活动，精准服务广大老干部，确保离退休干部各项政策待遇落实到位。积极搭建平台，开展“我看脱贫攻坚新成就”观摩调研、座谈会、征文抒怀、演讲比赛、优秀摄影作品征集等系列活动，组织30多名退休干部开展观摩考察，为全县经济社会各项事业的发展建言献策。举办了脱贫攻坚奔小康暨庆重阳文艺晚会，100多名老干部参加了演出。将老干部助力脱贫攻坚行动和关心下一代工作相结合，组织部分退休干部开展老干部助力脱贫攻坚行动3次，为贫困学生捐赠助学物资价值近2万元。

【领导名录】

部长：王世宴（县委常委，兼任县委老干部局局长、县公务员局局长）

常务副部长：罗世慧

副部长：何冠兵、王德良、张永峰（4月任）

县非公有制经济和社会组织党工委书记：罗世慧

县委人才服务中心主任：苟燕斌（4月任）

县委人才服务中心副主任：康海峰（9月任）

县老干部服务中心副主任：杨福元（4月任）

（供稿：李占武；审稿：罗世慧）

宣传工作

【概况】县委宣传部是县委主管意识形态方面工作的职能部门，具体负责全县意识形态工作、理论武装、精神文明建设、思想道德建设、新闻出版、电影、“扫黄打非”、文化体制改革和文化事业、文化产业发展、网信工作、舆情信息、对外宣传、新闻发布等。现有工作人员20名。

【宣传工作】2020年，深入贯彻落实《中国共产党宣传工作条例》《党委（党组）意识形态工作责任制实施办法》，自觉承担起举旗帜、聚民心、育新人、兴文化、展形象的使命任务，紧紧围绕县委、县政府决策部署，大力开展基层宣传思想工作加强年“六提升四深入”行动，大力推进新时代文明实践中心建设试点工作，为决胜全面小康、决战脱贫攻坚、建设幸福美丽新渭源，谱写富民兴陇渭源发展时代篇章提供了有力思想保证、精神力量、舆论支持和文化条件。

1.**理论武装**。深入学习宣传贯彻党的十九届五中全会精神，运用好《习近平谈治国理政》（第三卷），着力加强党委（党组）理论学习中心组学习和理论宣传教育，开展县委理论学习中心组集中学习23次。全县各级党委（党组）突出领导干部带头学，引领干部群众跟进学，分层分级培训各级党员干部26期4200人次。制定印发《渭源县党（工）委（党组）理论学习中心组学习巡听旁听工作方案》，推行党委（党组）理论学习中心组学习季度报告和学习情况督查通报制度。用好“学习强国”学习平台，全县共有1.29万名党员和群众参与学习，表彰奖励全县推广运用“学习强国”学习平台示范单位1个、先进集体30个、先进个人100名。我县获评全市“学习强国”知识大赛团体一等奖。不断强化理论宣传普及和研究阐释，开展巡回宣讲和入户对谈活动3949场次，形成脱贫成效分析报告6300多篇。

2.**新闻舆论**。2020年在中央媒体刊播脱贫攻坚新闻稿件（视频）181篇（条）。举办全县脱贫攻坚先进事迹巡回报告会3场。持续深入做好疫情防控宣传，在市级以上主流媒体刊发相关稿件820多篇，推出抗疫文艺作品710多件。全方位多渠道做好对外宣传，先后有45批、310多名中央和省市媒体记者深入我县采访报道，市级以上新闻媒体刊发我县重点新闻稿件2100多篇（条）。人民日报海外版利用2个整版宣传报道我县脱贫攻坚工作，《求是》杂志三次报道渭源脱贫攻典型经验。中央电视台《中国影像方志》栏目对我县非物质文化遗产和民俗等进行专题报道，以我县脱贫攻坚先锋人物李晓梅为原型的电影《我心向上》、时代报告剧《脱贫先锋》之《陇原花儿》完成拍摄。配合省委网信办完成“网络名人公益性”渭源采访活动。

3.**精神文明建设**。积极培育和践行社会主义核心价值观，筹资25万元在县城区建成社会主义核心价值观暨新时代文明实践中心宣传“一街一园一广场”。深化拓展“我们的节日”主题活动，倡导开展“口罩+手套、公筷+公勺”制止餐饮浪费等文明用餐行动，让干部群众在潜移默化中受到文明行为熏陶。不断加强公民思想道德建设，印发《渭源县贯彻落实〈新时代爱国主义教育实施纲要〉具体措施》《渭源县贯彻落实〈新时代公民道德建设实施纲要〉具体措施》，组织开展全县第三届道德模范评选表彰活动。拓展建成道德讲习积美超市和巾帼家美积分超市217个，累计兑换积分超过20万分。切实加强未成年人思想道德建设，唐嘉豪获评“新时代甘肃好少年”。

着力深化群众性精神文明创建，累计评选表彰“五星级文明户”“脱贫示范户”等1458户，各类文明单位256个，较好地发挥了示范带动作用。积极开展县级各类文明单位创建工作，年内实现县级以上文明单位达到52%目标。持续推进移风易俗乡风文明建设，坚持德治、法治、自治相结合，推行网格化管理和“一规立村、两委治村、五会育村”新模式，着力强化精神扶贫成效。通过碧桂园集团支持我县党建扶贫项目评选表彰乡风文明先进村22个。持续开展全域无垃圾环境治理行动，着力解决影响脱贫成色的“视觉贫困”问题。扎实推进新时代文明实践中心建设试点工作，建成覆盖县、乡（镇）、村三级实践基地237个，组建各级志愿服务队1600多支，广泛开展文明实践志愿服务活动1.3万场次，进一步凝聚群众、引导群众，以文化人、成风化俗。

【意识形态工作】深入贯彻落实《中国共产党宣传工作条例》和《党委（党组）意识形态工作责任制实施办法》，制定印发《中共渭源县委贯彻落实〈中国共产党宣传工作条例〉具体措施》《关于学习贯彻〈党委（党组）意识形态工作责任制实施办法〉的通知》和《2020年全县意识形态工作责任清单》，县委常委会议先后6次就全县意识形态工作进行安排部署，持续靠实“四个责任”。严格落实《渭源县意识形态工作联席会议制度》，推行“一托五主六化”工作法，定期召开意识形态工作联席会议和舆情研判联席会议，印发《关于2020年上半年全县意识形态工作情况的通报》，进一步靠实职能部门和成员单位责任。持续做好各类巡视巡察、督查检查反馈意见涉及我县意识形态领域问题的整改工作。加强阵地管理，持续抓好渭源县新媒体联盟建设，全县50个重点单位和16个乡镇微信公众号全部入驻，实现业务层面共享融通。深入推进“扫黄打非”进基层行动，我县荣获中宣部、农业农村部2020“新时代乡村阅读季”之“我爱阅读100天”“全国百强”。严格落实网络意识形态工作责任制，稳妥做好舆论引导。加强网评员队伍和工作机制建设，承办全市网络宣传培训班1期，开展网络安全培训2次，培训相关专业人员190人。

【文学艺术界联合会工作】2020年，县文联坚持以习近平新时代中国特色社会主义思想为指导，坚持“二为”方向和“双百”方针，认真履行“团结引导、联络协调、服务管理、自律维权”的职能，更好地围绕中心、服务大局，为决胜全面小康、决战脱贫攻坚和建设幸福美丽新渭源提供了有力文化支撑。2020年5月29日，县文学艺术界联合会第三届委员会第二次全体会议进行了增补改选，增补县文联三届委员会委员3名，选举副主席3名，改选了县文联主席。推荐全市理事14人，代表33人。

结合新时代文明实践志愿服务活动，创新文艺志愿服务形式，会同县文体广电和旅游局，举办多彩非遗与你相约渭河源、源头风光美“六一”亲子活动、2020年“西部嘉沃杯”第二届民族广场舞大赛、“春绿陇原”甘肃省少儿舞蹈展演活动渭源赛区选拔赛、“源头清风润初心 同心恭祝小康梦”迎新廉政书画展，春节送春联等文艺活动，各文艺家协会分队开展文艺志愿服务活动20场次。

【哲学和社会科学界联合会工作】2020年，县社科联坚持以习近平新时代中国特色社会主义思想为指导，引导全体委员围绕学习宣传贯彻党的十九届五中全会精神，决胜全面小康、决战脱贫攻坚、建设幸福美丽新渭源等政治任务、重大事件、重大工程开展课题策划、调研以及研究，积极撰写理论文章。向市社科联推荐报送社科作品6件，报送参评作品28件。召开了县社科联一届常务委员会二次全体会议。加强全县社科界意识形态工作责任制建设，坚守社科意识形态工作阵地，取得了明显成绩。

【领导名录】

部长：何晓云（12月止，县委常委）、何进忠（12月任，县委常委）

常务副部长：吴胜军

副部长：王惠明、王正强（4月止）、漆旺俊（4月任）

县新闻出版局局长：何进忠

县精神文明建设指导委员会办公室主任：何进忠

县社科联主席：吴胜军（兼）

县文联主席：祁小平（5月止）、漆旺俊（兼，5月任）

县委报道组组长：张安军（9月止）

县政府新闻中心主任：张安军（9月任）

县新时代文明实践中心主任：吴鲁（9月任）

县互联网信息管理中心副主任：谢学森（9月任）

（供稿：张安军；审稿：吴胜军）

统一战线工作

【概况】渭源县现有民革支部1个、民盟支部1个。民革渭源县支部成立于2008年12月29日，现有民革党员17人。民盟渭源县支部成立于1984年5月，现有盟员38人。县工商联下设6个行业商会，6个基层分会。党外知识分子联谊会会员67名。海外联谊会会员18名。党外干部4672名。党外知识分子2637名。无党派代表人士75名。在台同胞2人，台属2户8人，侨胞11人，侨眷11户25人。全县有政府批准开放的宗教活动场所26处；其中，佛教9处，道教6处，基督教8处，伊斯兰教2处，天主教1处。爱国宗教团体4个。佛教协会有会长1名，副会长3名，秘书长1名；伊斯兰教协会有会长1名，副会长3名，秘书长1名；基督教协会有会长1名，副会长2名，秘书长1名；道教协会有会长1名，副会长2名，秘书长1名。

【统战宣传】2020年，分别在中央统战部网站、《团结网》《学习强国》《新甘肃》《甘肃统一战线》《定西统战公众号》和《定西日报》等媒体上报道达80余篇，其中由各民主党派支部和党外代表人士撰写的信息被采纳报道约20余篇。

【多党合作和党外代表人士工作】2020年，县委统一战线工作领导小组共召开会议3次，其中全体扩大会议2次，专题会议1次，研究制定了统战民族宗教工作要点，研究讨论了民族宗教问题整改工作实施细则和统战民族宗教相关工作实施方案。

1.加强交流学习，不断提升民主党派自身建设的能力。2020年7月，漳县县委统战部来我县观摩交流，与党外代表人士开展座谈，进一步激发了民主党派和党外人士积极参与全县经济社会发展建设的积极性，为切实履行参政议政、民主监督职能不断提升能力水平。

2.加大培训、培养和选拔党外干部力度，为民主党派履行职能提供人才保障。新提拔党外干部17人，其中民主党派人士3人，无党派人士14人；选派1名民革党员赴福州挂职；推荐选拔渭源县第四届领军人才、第五届拔尖人才11人。

3.充分利用东西部扶贫协作良好机遇，广泛衔接联系各民主党派积极参与脱贫攻坚。2020年6月，民进福州市委会在秦祁乡开展了“榕定扶贫助学暨校园绿化”活动，为秦祁中学10名贫困学生每人发放助学金1000元，并资助2万元用于绿化校园、培育10余亩的榕定“同心林”。9月，民建福州市委会为秦祁乡端树小学100名学生每人发放助学金500元；民盟福州市委会到渭源开展东西部教育协作调研和教育、食用菌产业帮扶活动，带来了先进的食用菌种植技术，坚定了农户运用科学技术发展产业的信心。

【疫情防控工作】县委统战部充分发挥部门优势，积极参与疫情防控工作，坚决打赢疫情防控阻击战。第一时间发出通知要求全县各宗教活动场所、民间信仰场所按照“两暂停一延迟”工作要求，并通过张贴公告、悬挂横幅以及在微信、QQ等宣传平台上发布疫情防控宣传信息的方式开展全面疫情防控，累计悬挂横幅26条、张贴公告300余张、发布信息逾100余条。县委统战部派出2个督导组，深入到各宗教活动场所和重点民间信仰场所检查指导防控工作。全县医疗卫生系统的20多名各民主党派和县知联会成员，主动请缨，积极参与，在发热门诊、隔离病区、诊治病区等抗击疫情的第一线坚持工作。县委统战部积极参与县城区的防控工作，成立党员突击队，投入到渭水景园小区的防控值守工作中。作为脱贫攻坚帮扶工作组长单位，为锹峪镇协调帐篷20顶，并捐赠了方便面、纯净水等生活物资，并衔接疫情防控工作领导小组为每个宗教活动场所发放消毒防疫用品。疫情期间，渭源民革画院发起书画作品义卖，共征集善款132524元。全县宗教界累计捐款59355元，各宗教和民间信仰场所为所在村社疫情监测点捐赠医用口罩、消毒液、慰问品价值2万余元。兰州渭源商会、非公经济人士发扬“一方有难、八方支援”的精神，总捐款金额102800元，捐赠防疫防控和生活物资价值达113650元。全县新的社会阶层代表人士捐赠物资价值近2000元。

【民族工作】

1.扎实开展民族团结进步创建活动。在第24个民族团结进步宣传月期间，发布民族团结进步创建工作动态30条，发送有关民族团结进步创建工作讯息10000人次，悬挂宣传横幅50多条，滚动播放宣传标语300多条。联合有关乡镇和县直单位，组织40多名全县优秀书画人才，在锹峪镇毛家窑村唐家寺易地扶贫集中安置区开展了手绘文化墙志愿服务活动。在路园镇三河口学校开展了民族团结进步宣传系列活动暨“巾帼暖人心”慰问活动，为师生们送去慰问品，为“巾帼家美积分超市”补充各类学习用具280件，价值8100元，为12名优秀学生兑换“巾帼家美积分超市”积分。县委统战部筹资4万元，在路园镇新农村打造民族团结广场一处，新建民族团结壁画8块，民族团结和社会主义核心价值观宣传雕型一处。

2.开展互鉴互学，提升民族工作水平。县委统战部先后组织部分县直有关单位、学校、社区分管领导及专干赴漳县、甘南州合作市、临夏州临夏市、武威市天祝县等地开展考察学习交流活动，进一步开阔视野，拓宽工作思路，启迪工作方法，增强应用新时代民族工作理论指导工作的能力。

【宗教工作】2020年，坚持把《宗教事务条例》和《甘肃省宗教事务条例》的学习纳入到党委中心组学习计划和党校的培训计划，组织全县各级干部认真学习了《条例》，并印制《条例》3万册，发放到各乡镇、县直相关单位，各宗教团体，各宗教活动场所进行广泛学习宣传。

1.宗教界“国好·法大”教育实践活动深入开展。在宗教界围绕开展“国好·法大”教育实践活动，2020年9月，组织全县各宗教团体负责人、宗教教职人员及信教群众40余人参观了田家河乡元古堆村文化广场、元古堆村史馆、上湾镇党建广场和南谷新村玫瑰产业园。

2.靠实工作责任，依法加强管理服务。建立健全县乡村三级宗教工作管理网络和乡村两级宗教工作责任制，明确乡镇党委政府宗教事务管理的主体责任、村委会的协助监管责任，层层签订安全管理责任书，切实把安全管理责任制落到实处。组织人员对全县民间信仰工作进行了调研，对我县民间信仰场所进行了全面摸底统计，建立了数据库。县民族宗教事务局联系县水务局和县供电公司，投入12万元，为清源镇老君山宫观解决了用电难和吃水难的问题。

3.深入推进宗教活动场所“四进”活动。在各宗教活动场所内悬挂宣传横幅26条，张贴宣传画130多张，印发宣传材料800多份。督促引导宗教界认真学习中华优秀传统文化，不断增进文化认同，支持宗教界紧扣时代要求吸收融合中华优秀传统文化的思想精髓，用中华优秀传统文化阐释和激发宗教文化中的积极因素，更好地促进宗教文化与中华文化有机结合，努力实现宗教优秀文化创造性转化、创新性发展。

【非公经济和新的社会阶层代表人士统战工作】通过与工信局、市场监管局、金融办、县农村信用合作联社等单位积极衔接，先后为全县4家涉农企业发放“富民产业贷”4250万元，为5家农民专业合作社发放“兴陇合作贷”1300万元。甘肃银行渭源支行为工业园区和民营企业累计发放公司贷款6.05亿元，工商银行渭源支行发放小微企业普惠金融贷款9922万元。建立了莲峰镇老庄村优质花卉产业园、启想培训中心、五竹镇花卉扶贫车间等5家新的社会阶层人士“同心实践示范基地”。2020年8月，山东省住建厅副厅长、省驻莒县乡村振兴服务队队长王润晓，山东省莒县县委常委、县委统战部部长马宗光一行考察团先后来“同心示范基地”学习考察。

【港澳台海外统一战线工作】

联系欧美同学会、北京市欧美同学会联合北京市丰台区委统战部、北京市新发地市场在北京新发地蔬菜批发市场举办了渭源县农特产品推介会，签订了1亿元的供销合作协议。3月，欧美同学会中青国合集团为北寨兰渭希望小学学生捐赠价值2万元的学习用品。12月，欧美同学会留法分会理事、中央民族大学客座教授、国家一级演员赵小华教授到渭源县龙亭学校、北寨兰渭希望小学开展音乐教育教学活动，并挑选了一批在音乐演唱方面条件较好的学生，在线上进行免费教学。

【脱贫攻坚帮扶工作】

1.党建引领促脱贫。县委统战部党支部充分发挥党建助推脱贫攻坚作用，利用开展机关党支部和村党支部结对共建“主题党日+”活动，紧紧围绕决战决胜脱贫攻坚重点任务“百日会战”行动和脱贫攻坚挂牌作战工作，集中时间和精力高质量打赢七场战役，全力推动“3+1”冲刺清零后续行动和“5+1”脱贫攻坚质量提升专项行动，全面推进挂牌督战、拆危治乱等脱贫攻坚重点工作任务。

2.政策宣传思想。县委统战部组织全体职工通过经常下乡入户、召开会议、发放宣传资料等形式，大力宣传中央和省、市、县关于精准扶贫工作的会议精神和产业扶贫、健康扶贫等惠农政策，进一步坚定了群众脱贫致富的决心，调动了群众发展生产的积极性。

3.温暖活动聚力量。县委统战部对单位派驻的两名驻村工作队长、队员开展了慰问活动，送去了米、面、油等生活用品价值1000余元；在“七一”前，对锹峪镇毛家窑村、乔阳村老党员、优秀党员干部进行了慰问。为锹峪镇毛家窑村、乔阳村和田家河乡元古堆村各拨付农村拆危治乱资金5000元；为锹峪镇乔阳村赠送办公桌椅三套，价值4500元，送旧电脑、旧家具一套；为田家河乡元古堆村精准扶贫户马占军送去旧沙发一套，衣柜一个，价值500元；为清源镇马藏寺送去档案柜一套价值4500元。

4.发挥优势增实效。2020年，选派1名副县级干部和2名副科级干部赴晋安区挂职交流。晋渭两地新增31个村村、村企结对帮扶对象，新增4所中小学校（幼儿园）、7所医院与渭源县中小学校（幼儿园）、医院（卫生院）建立结对帮扶关系。晋安区筹集社会帮扶资金753.85万元，捐物（折价）金额615.69万元。

【领导名录】

部长：王嵘（县委常委）

常务副部长：司正鹏

副部长：何荣

县民族宗教事务局局长：司正鹏

县民族宗教事务局副局长：何荣

县委台湾事务办公室主任：王嵘

县委台湾事务办公室副主任：张惠如（女，7月止）

（供稿：董彬；审稿：何荣）

政法委员会工作

【概况】县委政法委隶属县委部门，现有行

政人员8名，下属事业单位综治中心，事业人员5名。主要承担着全县综治维稳反邪教、平安建设、扫黑除恶、执法督导等工作。2020年8月10日，县综治中心正式挂牌运行，设综治中心主任1名，综治中心干部4名，设置来信来访、法律服务、公安信访、诉调对接、矛盾调处、劳动仲裁等6个固定窗口。建成乡镇综治中心16个，村（社区）综治中心220个；配备乡镇综治中心主任16名。

【平安渭源建设】制定印发《平安渭源建设领导小组工作规则》《关于推进全县立体化信息化社会治安防控体系建设的实施意见》《关于进一步完善社会矛盾纠纷多元预防调处化解综合机制的实施意见》等一系列规章制度，全力遏制影响社会稳定的重大治安案（事）件、重大事故、事件等公共事件的发生。县委、县政府与全县各乡镇、各单位签订了《平安渭源建设目标责任书》，各乡镇、各单位结合实际，分别与村和乡（镇）属单位、下属单位及派出机构，延伸签订了责任书，全面靠实乡镇、县直及省市驻渭单位党组织平安建设责任，确保各项工作任务落实见效。

【法治渭源建设】以“法律八进”为载体，深入开展法治宣传教育，推动法治渭源建设。8月份，全县“七五”普法工作顺利通过省上考核验收。《民法典》颁布以后，全县上下开展系列学习宣传活动，推动和深化《民法典》学习，进一步提高干部群众学法、守法、尊法、用法的意识。10月29日，举办了2020年甘肃省“百名法学家百场报告会”，邀请天水市委党校郭文娣教授作了题为《奋力推进新时代法治政府建设》专题报告，县委中心组成员等130余人参加。县政府将法治政府建设纳入2020年政府目标责任书考核范围，制定了《渭源县2020年度法治政府考核评价办法》，实行季度考核评价、年终汇总结果的考评机制。积极开展法治政府建设示范创建活动和“民主法治示范村”创建活动，共创建省级“民主法治示范村”12个，市级“民主法治示范村”11个，县级“民主法治示范村”70个，贫困村“民主法治示范村”14个。

【全科网格服务管理】整合基层党建、综治、社保、民生、联防、环境治理、隐患排查、矛盾调处、信息采集等多职能于一体，推动各类网格人员、职能、资源的高效融合，实行服务管理“一张网”，实现“一格多元、一员多能、一岗多责”，推广“六小”工作方法（强化小宣传、排查小隐患、调处小纠纷、提供小服务、整治小环境、体现小关爱），制定出台《关于开展农村网格化服务管理工作的实施意见》，推动基层社会治理重心下移、力量下沉、资源下倾，筑牢安全稳定第一道防线。全县农村共划分6090个网格，配备总网格长217名、网格长1574名、网格指导员1559名、网格员6090名，农村网格化服务管理覆盖率达到100%。

【维护社会安全稳定】

1.落实重大涉稳问题和风险隐患排查化解机制。重大节会活动和敏感节点期间，认真落实维稳工作机制，强化各项维稳措施。

2.深入开展涉稳矛盾和隐患排查化解。创新发展新时代“枫桥经验”，完善人民调解组织网络，各级调解组织全面排查梳理基层社会稳定中可能发生的风险挑战，及时就地化解各类矛盾纠纷。组织开展法治宣传48场次，受教育人数15853人次。

3.深入开展社会稳定风险评估工作。共计评估重大事项79项，实现了维稳模式从“控制”到“协商”，从“被动”到“主动”，从“救火”到“防火”的有效转变。

4.健全完善重大事件应急处突机制。印发了《渭源县预防和处置重大突发性群体事件及规模性暴力犯罪事件总体应急预案》、《渭源县在应对涉政法重大敏感事件中同步做好依法处理、社会面管控、舆论引导的实施细则》，政法各部门把“三同步”工作原则和理念落实到案事件处理全过程，指导和推动政法部门有效应对处置涉政法舆情，坚决维护意识形态安全和社会稳定，确保重大敏感案事件处理取得良好的法律效果、政治效果和社会效果。

5. **大力开展反邪教工作**。及时邪教人员进行系统信息的完善和更新，大力开展教育转化攻坚行动。积极开展反邪教警示教育宣传活动，举办反邪教进校园专题讲座1期，集中宣传活动10余次，发放宣传资料2000余份。

【政法队伍建设】“守初心、担使命，集中排查整治执法司法突出问题”专项行动开展以来，全县政法各部门积极行动，及时安排部署，成立组织机构，制定实施方案和学习计划，组织开展了形式多样的学习教育，对照“共同排查整治的重点内容”和“分别排查整治的重点内容”，从执法司法理念、执法司法公信力、执法司法方式、执法司法能力等方面，聚焦共同排查整治重点内容，排查出执法司法突出问题35个，已全面完成整改34个，1个为长期坚持整改；对具有排查整治情形的案件进行认真梳理，排查整治重点类型案件46件，开展案件评查54件。全县政法系统提拔33人，晋升职务职级29人，交流调动3人。进一步完善政治轮训制度，组织机关科级干部分2期参加了全县领导干部学习党的十九届四中全会精神专题轮训班；县上举办政法委员、综治中心主任专题培训班1期，积极选派3名干部赴杭州参加市委政法委举办的全市政法系统领导干部培训班。进一步加大业务培训、岗位锻炼，增强干警防控风险、执法办案、舆情应对、科技应用、群众工作等实战本领。

【领导名录】

书记：杨永吉（6月止，县委常委）、张建明（6月任，县委常委）

常务副书记：陈维光

副书记：陈忠明、陆海军

县委全面依法治县委员会办公室主任：杨永吉（6月止）、张建明（6月任）

县社会治安综合治理中心主任：马和平（9月任）

（供稿：郭金萍；审稿：陈维光）

机构编制委员会办公室工作

【概况】2019年3月机构改革后，县机构编制委员会办公室调整为县委机构编制委员会办公室，为县委工作机关，归口县委组织部管理。内设综合股、机关机构编制股、事业机构编制股，下属事业单位机构编制电子政务中心。工作人员12名。

【乡镇机构设置改革】严格执行限额，做好机构和领导职数设置。全县16个乡镇，党政机构改革前共设置60个，改革后共设置75个；事业机构改革前共设置140个，改革后共设置81个，较改革前减少59个；副科级以上领导职数改革前共设置331名，改革后共设置317名，较改革前减少14名。派出机构领导职数减少5名。制定印发《关于加快推进乡镇机构设置方案组织实施工作的紧急通知》，并召开推进会，列出时间表，明确工作任务和职责，保证改革方案迅速得以组织实施。于4月底审核印发了各乡镇“三定”规定，及时调整和配齐乡镇领导班子和事业站所负责人，全面完成了16个乡镇机构挂牌、印章刻制启用、办公地点及办公用房调配、人员转隶等工作。16个乡镇共转隶事业干部685名，调整项目人员75名。改革职能依据《渭源县乡镇机构设置方案》，已全部划转到位，并在各乡镇“三定”规定中进一步明确，涉改部门均按新的职责开展工作。

【生产经营类事业单位改革】稳步实施生产经营类事业单位改革，经前期排摸将黄香沟牧场、给排水公司等5个单位纳入生产经营类事业单位进行改革。及时调整县分类推进事业单位改革工作领导小组，制定印发《渭源县2020年经营类事业单位改革工作方案》，5个涉改单位具体改革方案已批复实施，县委编办撤销了5个涉改事业单位，并收回了事业编制。

【事业单位改革】全面完成科级事业单位备案工作。对全县科级事业单位设置运行情况进行了深入调研，并通过反复论证、会议审议，科学合理设置县直科级机构107个（其中正科级69个、副科级38个，正科级领导职数69名，副科级领导职数135名）。加大“小弱散”事业单位整合撤并力度。按照“撤一建一”和“多撤少建”的原则，坚持编制资源向重点领域倾斜，切实达到了压缩事业单位机构编制规模，优化编制配置资源，提高使用效益的目标任务。对规模较小、职能相同相近、职能弱化的事业单位进行了精简撤并，撤销职能弱化事业单位51个，收回事业编制92名，并结合职能变化情况对县直事业编制进行了重新核定。根据工作需要新设立了县综治中心、县应急救援指挥中心、县扶贫信息中心等事业机构。

【其他各项改革】有序推进综合行政执法改革，制定印发了渭源县市场监管、生态环境保护、文化市场、交通运输、农业等5个领域综合执法队“三定”规定。针对执法职责不明、执法体制不顺等问题，对县综合执法局256项行政执法事项划归农业、水务、自然资源等部门，对县综合执法局职责定位、人员编制、隶属关系、执法权限进行了再明确，进一步理顺综合执法职责体制，切实提高我县依法行政水平。积极配合相关部门完成森林公安体制改革任务。

【机构编制管理】严格机构编制使用审核制度。坚持机构编制刚性约束，加强与组织、财政、人社等部门的衔接沟通、协调配合，规范了新进人员入编程序，积极发挥编制审核卡的前置审批作用，进一步促进机构编制管理的科学化、规范化、法定化。强化机构编制实名制管理。严格执行统计法律法规，及时更新实名制管理系统台账和并按时上报相关统计报表，确保数据调整及时准确，全力做好机构编制实名制数据的月报、季报、年报及有关数据的统计工作。加大控编减编工作力度。严格执行《渭源县机关事业单位控编减编工作方案（2018—2022）》，突出“五个一批”消化超编人员，加大超编人员消化力度，2020年全年消化超编人员105人。狠抓机构编制问题整改。制定印发了《渭源县机构编制问题整改方案》，结合县直科级事业单位限额管理和县直事业编制调整对县直事业单位结构性超编人员进行消化、结合乡镇机构改革对乡镇结构性超编人员进行消化、结合城区教师招考对教育系统结构性超编人员进行消化。

【创新开展事业单位登记管理】结合事业单位改革，重新梳理录入事业单位法人宗旨和业务范围，清理规范法人登记事项，规范法定代表人履职行为。全面推行“不见面”网上办公，认真抓好事业单位法人登记工作，不断提升事业单位登记管理工作的科学化、规范化、制度化水平。办理初领证11个单位、变更118个单位、注销7个单位。

【领导名录】

主任：罗世慧（4月止）、张永峰（4月任）

副主任：裴生学、杜海燕（女）

县委编委督查室主任：刘军军

县机构编制电子政务中心主任：杜海燕（女，9月任）

县机构编制电子政务中心副主任：祁晓芬（女，11月任）

（供稿：张应香）

审计委员会办公室工作

【工作情况】2020年3月9日，县委审计委员会第三次会议审议通过2020年审计项目计划，全年计划完成审计项目5大类15项44个子项目（2019年度预算执行审计5个；领导干部经济责任审计24个，其中交接16个、离任审计4个、任中审计4个；民生事项审计和专项审计调查9个；

公共投资审计6个，调减1个）。计划下发后，及时向市委审计委员会办公室进行了报备，并严格按照计划执行项目审计，保质保量完成了全年审计任务。

（供稿：县审计局）

直属机关工作委员会工作

【概况】县委直属机关工委下属事业单位1个：渭源县机关党员教育服务中心。下属党委2个、党总支10个、党支部87个（其中直属党支部39个）；共有机关党员1308名，其中离退休党员63名、在职党员1245名，女党员369人。现有书记1名，副书记1名，二级主任科员1名。

【机关党组织建设】

1.主动跟进调整党组织。根据人事变动对15个县直机关党支部书记和18个党支部的支部委员进行了调整，2个党支部设立了党支部委员会，新成立党支部1个、临时党支部10个，撤销党支部1个，更名党支部2个。

2.扎实推进模范机关建设。在县直机关开展了以“支部争先进、党员争先锋、机关争模范”为内容的“三争”活动。一是支部争先进。落实“一季度一督查、一通报、一培训、一整改”工作制度，于4月26日至30日、5月19日至29日、8月19日至29日、10月16日至26日对县直机关党支部党建工作进行了全覆盖督查，通过实地走访、查阅台账资料，重点就“三会一课”、主题党日活动、软弱涣散党组织整顿提升、各类问题整改等内容进行了督查，对发现的问题现场反馈，并提出解决措施，联合县委组织部下发了督查通报，根据调阅督查发现的问题有针对性地进行了培训。同时，要求县直机关各党支部紧紧围绕党支部建设标准化规范，定期进行自查，有效推进了党支部建设提质达标。6月22日，根据县委组织部安排，县教育局党委和县委直属机关工委开展了党建互检工作，从县直机关各党支部抽调73人组成20个互检组，对县教育局党委下属101个党支部党建工作进行互检，通过这次党建互检，总结交流经验，为党建工作注入强劲动力。12月7日，从县直机关抽调27名业务能力强的党务干部与机关工委8名干部组成了17个考核评估组，对县直机关87个党支部全年党建工作进行了考核评估，通过这次考核评估，进一步夯实了各党支部工作基础。二是党员争先锋。各党支部严肃规范落实党的组织生活制度，组织开展党员先锋岗、争当服务群众标兵、党员承诺践诺等活动，鼓励党员到社区为群众服务，带头完成急难险重任务。县直机关各党支部结合“党支部到社区报到、在职党员到社区报到”为内容的“双报到”工作，积极组织在职党员充分利用节假日以及八小时工作以外的时间参与社区志愿服务，开展“每年至少进社区讲1次党课、与社区党员共过1次组织生活、开展1次点亮‘微心愿’活动、举办1次文艺演出进小区活动、参加1次政策宣传活动、与辖区居民共过1个传统节日”的“六个一”活动。三是机关争模范。各党支部围绕中心、建设队伍、服务群众，推进党建工作与业务工作深度融合、相互促进。县信访局党支部、县市场监督管理局党支部、县住建局党支部、县水务局党支部通过开展“双促双建双打造”、“比思想、比工作、比服务”、拓展“前沿阵地”党建服务体系、“筑堡垒树先锋，兴水利惠民生”等活动，不断实现了党建与业务工作双促进。

3.凸显品牌效应抓整顿。按照“抓两头带中间”要求，打造税务局机关、市场监督管理局党支部等5个机关党建示范点；创建定西市渭河源大景区管理委员会党支部等3个事业单位党建示范点；创建县给排水公司党支部国有企业党建示范点。对县商务局、县工信局、县新华书店3个软弱涣散党组织进行整顿提升。

【党员教育管理】

1.全力做好疫情防控工作。新冠肺炎疫情发生之后，把疫情防控工作作为深入践行“两个维护”的具体实践，积极组织县直机关在职党员到居民小区、楼院开展疫情防控志愿服务活动，做好小区疫情监测和疫情防控知识的宣传教育，组建党员先锋队、突击队、志愿服务队55支，设立党员先锋岗75个、党员服务岗69个、划分党员责任区91个，出动流动宣传车21辆，设置党员疫情防控监测点101个，组织1234名党员自愿捐款141890元，在疫情防控工作中，充分发挥了基层党组织的战斗堡垒作用和党员的先锋模范作用。

2.持续巩固主题教育成果。把不忘初心、牢记使命作为加强党的建设的永恒课题和全体党员、干部的终身课题常抓不懈，不断拓展“学党史、感党恩、听党话、跟党走”聚民心活动，不断推动“不忘初心、牢记使命”主题教育长效机制建立，县直机关各党支部建立健全各类制度77个。县委直属机关工委分两个督查组于5月19日—29日，对承担脱贫攻坚冲刺清零重点任务的党组织、党建示范点、软弱涣散党组织及第一季度工作滞后的29个县直机关党支部开展主题教育整改落实情况“回头看”工作进行了督查，重点检查了研究部署情况和各类问题整改进展情况；各党支部对整改落实情况认真开展自查，对未整改到位的问题建立了整改台账，制定了切实可行的整改措施，截至6月底，问题全部整改到位。

3.规范“三会一课”重实效。认真贯彻落实《中国共产党支部工作条例（试行）》，全面落实“三会一课”、组织生活会、主题党日等党内基本生活制度，强化制度刚性约束，在主题党日活动中完成6个规定动作的基础上突出创新，使支部党建工作真正动起来、活起来、强起来。通过利用“甘肃党建”APP，督促县直机关各党支部规范召开“三会一课”。

4.加强党内激励关怀。评选并表彰“最美帮扶机关党支部”10个、“最美帮扶机关党员”30名，表彰先进基层党组织10个、优秀共产党员100名、优秀党支部书记20名、优秀党务工作者30名。对7名生活困难党员进行了慰问，发放慰问金3500元。7月9日，集中开展了新冠肺炎疫情防控自愿捐款资金慰问资助活动，慰问资助42个党支部的55名基层干部和3名新闻工作者，合计资金6.2万元。联合县委组织部开展优质党课和优秀心得体会文章集中评选活动，评选优质党课和优秀心得体会文章一等奖各5名、二等奖各10名、三等奖各15名、优秀奖各20名，并进行了表彰奖励，有效激发了基层党务工作者的工作热情和荣誉感。

5.严格要求抓管理。认真贯彻《中国共产党发展党员工作实施细则》，按照“控制总量、优化结构、提高质量、发挥作用”的总要求，坚持标准，严格程序，严肃纪律，严把培养、培训、预审、考察、谈话、转正“六个关口”，讨论接收预备党员31名，预备党员转为正式党员14名，讨论确定入党积极分子35名。对县直机关2个党委、10个党总支、87个党支部、1308名党员的党费缴纳标准进行审核，做到台账、票据、党员手册、党员花名册“四对口”。全年共缴纳党费46.78万元。及时完善党员信息库，转接更新了202名党员的电子信息，完成了党员年报数据统计上报。

【领导名录】

书记：张彦侠

副书记：马淑琴（女）

（供稿：周海燕；审稿：孟小丽）

信访工作

【概况】县信访局在职职工11人，内设办公室、业务股。

【信访工作】

1.基本情况。2020年1—12月，县信访局在全省信访信息系统录入信访事项354件412人次，同比上升78.8%。其中，来信22件（其中重点信访1件），占信访总量的5.92%，同比下降67.6%；个体访30批33人次，占信访总量的8.13%，同比下降50.8%；集体访3批40人次，占信访总量的0.76%，同比下降57.1%。网上投诉299件，占信访总量的85.19%，与去年同期相比大幅上升。县信访局出具《程序性受理告知书》向责任单位转办354件，办结352件。全县没有发生进京非正常上访和赴省集体上访；去市集体访2件22人次。县信访形势总体平稳向好。

2.领导干部接访下访。研究制定《渭源县委、县政府领导预约接待群众来访日程安排表》，面向全县群众进行公开公示，每天安排一名县委或县政府领导到县信访接待大厅接访。在接访过程中，根据来访群众反映问题类别和领导安排，及时衔接相关乡镇（单位）负责人以及律师、法官等参加接访，为开展高质量接访提供有力保障。2020年，县级领导累计接待信访群众26批72人次，有效化解信访事项24件，化解率92.3%。

3.信访矛盾化解攻坚战。持续开展信访矛盾化解攻坚战和重复信访件治理工作。对中央第十五巡视组交办的26件信访事项分别向责任单位进行交办，对省委第三巡视组交办的1件信访事项向责任单位进行交办，同时排摸筛选7件重点信访事项和2件重复信访事项向责任单位集中交办，要求责任单位化解矛盾、解决问题、按期办结。中央第十五巡视组交办的26件信访事项已全部办结，省委第三巡视组和县信访联席办交办的10件信访事项均全部办结。

4.网上信访“四率一占比”提升。一是加强业务培训。县信访局通过渭源信访工作微信群，积极开展业务交流指导，利用全省信访业务大讲堂以及县本级组织的4次专题培训会，对各乡镇、各单位信访专干进行了“四率一占比”数据统一口径的集中培训，对新调整的信访专干发放《信访干部知识手册》，由专人一对一进行培训，提升信访专干业务水平。二是提升网上信访。按照网上信访工作要求，统一制作“渭源信访”二维码扫码牌向各乡镇村社、各单位进行分发，要求各信访专干现场指导信访群众通过手机扫描二维码反映诉求，引导群众参与信访事项满意度评价。三是规范信访业务。全县信访事项及时受理率、按期办结率、群众参评率和参评满意率均为100%，网上信访占比85.19%，高于全市要求的网上信访占比80%的指标。

5.全面落实重复信访事项化解工作。10月28日，县上召开了信访工作联席会议，传达学习了全市信访工作联席会议全体（扩大）会议暨集中治理重复信访化解信访积案专项工作动员部署会议，专题部署全县重复信访积案化解工作，要求各单位要按照县级领导包案督办、责任单位主要领导负责、信访联席办指导检查的工作机制，在规定时限内高质量化解重复信访积案，高标准完成治理重复信访化解信访积案工作各项任务。县信访联席办印发《关于做好集中交办重复信访事项化解工作的通知》和《关于印发“大督察大接访大调研”活动实施方案的通知》，对中央和省市交办的28件重复信访事项向事权单位进行里集中交办。在全县组织开展大督查大接访大调研活动，对信访矛盾突出的重点乡镇和单位开展业务指导、信访矛盾调处和信访工作调研，推进全县重复信访治理等工作取得实效。截至12月底，对上级交办的28件重复信访事项已办结上报审核27件，办结率96.4%，已完成省市要求的当年完成交办件总量85%的指标。

【领导名录】

局　长：贾元昌

副局长：马晓艳（女）、杨燚（4月止）

县信访局督查专员：杨燚（4月起）

（供稿：周晖）

巡察工作领导小组办公室工作

【概况】县委巡察工作领导小组办公室现有

在职职工9人，2020年7月成立县巡察信息中心。主要职责是按照县委巡察工作领导小组的决策部署，统筹、协调、指导县委巡察组开展工作，对全县各级党组织开展政治巡察。

【配合省市巡视巡察督查工作】2020年3月，配合市委疫情防控和复工复产专项巡察第三巡察组完成了对渭源县的巡察。2020年4至5月，抽调3名工作人员配合省委第三巡视组和市委第三巡察组完成了扶贫领域专项巡视巡察工作。2020年5月份配合市委巡察办完成了省委、市委扶贫领域巡察反馈问题整改落实情况的督查工作。

【县委巡察工作】2020年3月11日至26日，抽调10名工作人员组成两个巡察组，组织开展了疫情防控和复工复产“机动式”巡察，发现问题19个，向县纪委监委移送线索1条。2020年4至5月抽调15名干部组建三个巡察组，对县委直属机关工委、县司法局等11个县直部门（单位）和清源社区、会川社区等3个乡镇社区党组织开展了为期两个月的常规巡察，发现问题62个，向县纪委监委移送线索2条。10月下旬至12月上旬抽调15名干部组建三个巡察组，对定西市渭河源大景区管委会、县融媒体中心等11个县直单位开展了为期两个月的常规巡察，发现并反馈问题72个。

【整改落实情况督查工作】

一是由县委巡察办牵头，从县纪委监委、县委组织部抽调工作人员，组成督查组，从3月23日起，利用5天时间，对锹峪、田家河2个乡镇党委和县人社局、水务局、医保局、林业服务中心等4个县直单位党组织巡察反馈问题整改落实情况开展了专项督查，发现县委扶贫领域第二轮专项巡察反馈问题整改不彻底问题5个，并对督查情况向全县各级党组织下发了通报。二是由县委巡察办牵头，从县纪委监委、县委组织部抽调工作人员，组成督查组，从5月6日至5月13日，对会川、清源等7个乡镇和县卫健局、医保局、市场监督管理局等8个县直单位进行了专项督查，发现食药领域联动巡察反馈问题整改不彻底问题3条，县委扶贫领域第二轮专项巡察反馈问题整改不到位问题3条，并对督查情况向全县各级党组织下发了通报。三是由县委巡察办牵头，从县纪委监委、县委组织部抽调工作人员，组成督查组，从8月12日至14日，对市委扶贫领域腐败和作风问题专项治理专项巡察涉及会川镇西关村、新城村，清源镇北关村、上磨村以及莲峰镇下街村的5个问题整改情况进行了督查，发现问题整改不到位、不彻底问题65个，并对督查情况向全县各级党组织下发了通报。

【县委巡察工作制度建设】自巡察办成立以来，先后制定了《中共渭源县委巡察组信访工作办法》《中共渭源县委巡察组保密工作提醒》《中共渭源县委巡察组组务会议事规则》《中共渭源县委巡察工作流程（试行）》《中共渭源县委巡察整改落实工作督查暂行办法》《中共渭源县委巡察机构保密工作规定（试行）》《中共渭源县委巡察人才库管理办法（试行）》《中共渭源县委巡察整改落实工作督查暂行办法》《中共渭源县委巡察移交工作暂行办法》《中共渭源县委巡察成果运用办法（试行）》等10项制度，切实提高了县委巡察工作的规范性，做到了“有章理事、照章办事”，为县委巡察工作高质量发展提供制度保障。

【领导名录】

主　任：汪世涛

副主任：张保华、赵志玺（9月止）、杨枫（9月任）

（供稿：何永红）

党校（行政干部培训学校）工作

【概况】县委党校是县委直接领导下的培养党员干部的学校。学校成立于1953年7月，1999年县委党校和县行政干部培训学校合署办公，两块牌子，一套班子。设有讲师组、办公室、教研室、后勤服务股。现有专职教师6人，兼职教师3人，高级讲师2人，参照公务员管理8人。中共党员17人。

【全面从严治党】

1.强化组织领导。年初，县委党校（县行政学校）成立了以常务副校长为组长、2名副校长为副组长的全面从严治党工作领导机构，并按照职责分工，组建了12个专责工作小组，进一步明确了主要负责人“第一责任”、班子成员“一岗双责”、中层岗位“具体责任”、党员干部“直接责任”，形成了一级抓一级、层层抓落实的工作责任体系，为落实全面从严治党主体责任提供了坚强的组织保障。

2.细化工作任务。按照县委《全面从严治党目标管理责任书》确定的各项工作任务，校委会对接党校职能、认真分析研究、逐条细化分解，形成了《中共渭源县委党校（渭源县行政学校）落实全面从严治党治校治教治学工作任务目标管理责任书》，明确了责任指标和考核分值，制订了考核细则，并与班子成员、全体党员干部层层签订责任书，作为各级党员干部考评的重要依据。

3.主动担当履责。党校（行政学校）主要负责同志严格按照“第一责任”要求，主动带头履责，把全面从严治党与脱贫攻坚、党校改革发展、干部培训同安排、同部署、同检查、同考核，对重大问题亲自研究、亲自部署、亲自检查、亲自督促落实。班子成员各负其责、主动尽责，对分管工作及时安排、主动协调、强化管理，做到履行责任不缩手、主动担当尽职责。

4.强化制度约束。从加强理论学习入手，制定了校委会理论学习规则及党员干部理论学习、成果交流、调阅审阅、考核评价等制度。从加强机关党的建设入手，细化规范了“三会一课”、领导干部带头讲党课、谈心谈话、民主生活会和组织生活会、领导干部“双重政治生活会”、主题党日等制度。从强化内部管理入手，完善了校委会议事决策规则、干部职工岗位职责、考勤管理、请销假、离岗告知等制度。从规范党课生成过程入手，制定了课题调研、课程设置、集体备课、学术委员会评审、考核评估反馈等制度。从规范财务管理方面入手，制定了固定资产管理、财务监督管理等制度；从强化党员干部责任入手，制定了干部职工提醒、函询、约谈和诫勉谈话等操作规程，形成依据制度管人管事的良好格局。

5.定期跟踪问效。校委会坚持把作风建设融入党校工作全过程和各方面，主动强化监督执纪问责“四种形态”，常态化运用“第一种形态”，做到抓早抓小抓苗头，以优良的纪律作风保证党校工作的顺利开展。半年来校委会先后召开会议研究重要工作9次，专题听取班子成员、股室负责人汇报8次，班子成员先后开展谈心谈话22人次，开展各类约谈16人次。

6.加强财务审批管理。根据7月22日县委第三巡视组巡察县委党校反馈提出的有关财务审核把关不严等问题，校委会对财务管理中存在的不规范、不到位等情况进行了全面细致的排查，完善了审批管理制度，细化了管理措施。

【落实意识形态工作责任】校委会牢牢把握“党校姓党”原则，立足理论教育和党性教育主阵地作用，把党校教学工作与意识形态责任深度融合，在坚守意识形态主阵地上自觉担当、积极作为，把提高政治理论素养贯穿党校工作的始终。

1.班子成员“带头学”。校委会坚持将学懂弄通做实习近平新时代中国特色社会主义思想和十九大、十九届四中、五中全会精神作为党校队伍建设和全县干部培训的核心任务，提前谋划、及早安排，分别制定年度月度学习计划，明确学习内容、落实学习措施，保证学习任务有效落实。领导班子成员率先垂范，严格落实校委会理论学习中心组学习规则，带头上党课、写心得、谈感悟，引领干部职工读原著、学原文、悟原理，着力营造领导干部带学的良好氛围。

2.**党员干部“普遍学”**。为干部职工统一配发学习资料，统一制作学习笔记，定期调整完善学习计划，推进党员干部每周定期集中研学制度化。通过集中学习、个人自学、专题讨论、知识问答、座谈交流等多种形式，深化理论学习成效。

3.**理论培训“深化学”**。为充分发挥党校主阵地主渠道作用，党校教研室及时制定培训方案，研究课程设置，安排教师精心备课，分工承担授课任务。通过各级各类培训，有力促进党校学习成果转化运用。

4.**主动整改“拓展学”**。对照十三届省委第四轮巡视意识形态工作反馈问题，校委会逐条对照认真研究，并针对主动认领的“开展基层理论宣传不够深入”、“结合脱贫攻坚面向基层群众开展经常性的理论宣传不到位”等2条问题，及时研究制定整改方案，逐项明确具体整改要求。在办好各类主体班次培训的同时，我们主动出击、靠前服务，安排党员领导干部和专职教师，进机关入乡镇走村社，集中开展理论宣讲，扩大理论宣传的覆盖面。

【教学科研及理论成果】

1.**突出重点，精心备课**。主要以《习近平谈治国理政》为重点要求教师备课。同时，以全国“两会”精神宣讲为专题，6名教师围绕“政府工作报告”解读等备就6个专题党课。党的十九届五中全会召开以来，全体教师撰写了“十四五规划与两步走法治发展目标战略”“十九届五中全会的精神要义”“优先发展农业农村，全面推进乡村振兴”“坚持以人民为中心的思想，改善人民深化品质”等7个专题党课。选派教师为全县党支部书记培训班、致富带头人培训班等讲党课6次，培训人数达1200人。

2.**增手段、多互通、教学相长**。充分利用“主题党日活动”机会，突出“城乡支部联合共建”主题，组织党员外出赴元古堆、水家窑等地开展实践活动6场次；采取走出去、请进来模式，加强互通互动，与张掖山丹县委党校、福州晋安区委党校进行对接，组织全体教师聆听晋安区委党校副校长潘长春的党课，开阔了教师眼界，提高了教师授课水平；积极参加市委党校开设的培训班，培养人才。

3.**强激励、促转化、争先创优**。2020年全校教师共发表论文5篇，撰写反邪教论文2篇，魏艳丽荣获2020年全市反邪教优秀论文一等奖。崔耀文荣获“2020年全省反邪教理论研究与实践经验交流会”交流论文优秀奖；派遣2名教师代表全县参加了市委宣传部举办的“新时代新思想宣讲大赛”，魏艳丽荣获三等奖，曹晓雪荣获优秀奖；9月份在县委组织部和县委直属机关工委组织的党组织书记和党务干部优秀心得体会评比活动中，赵建雄荣获三等奖，魏艳丽荣获优秀奖。3月份，石建娥被县委机关工委评为“优秀共产党员”，5名同志被评为党校“优秀共产党员”。7月13日，县委党校被县委宣传部、县文明办命名为“渭源县理论宣传教育实习基地”。

4.**多角度、分专题、广泛开展理论宣传**。由县委组织部牵头，县委党校具体负责，举办“全县科级干部学习十九届四中全会精神专题轮训班”2期6天，共培训人数1600余人。以“牢记领袖嘱托 践行初心使命——从元古堆的‘蝶变’看共产党人的党性锤炼”为专题，录制精品课1节。派遣3名教师赴元古堆村为组织部举办的“全县村党组织书记、村级后备干部、新选聘村干部示范培训班”讲授党课3节。2名教师为全县新任专职化村党组织书记专题培训班讲授党课2节。

【领导名录】

校长：张振亚（兼）

常务副校长：漆旺俊（4月止）、赵建雄（4月任）

副校长：谢锋、单凯妮（女）

（供稿：崔耀文；审稿：赵建雄）

档案馆工作

【概况】县档案馆是县委直属事业单位，是我县唯一的国家综合档案馆，达到档案综合管理省三星级标准。现有职工8人。馆长1名，副馆长3名。

【档案事业管理】2020年底，馆藏累计数量39459卷、88700件，其中文书档案28603卷、88700件（其中包含土地确权档案按文书类统计78735件），专业档案9852卷，科技档案1004卷；另有馆藏印章等实物档案72个，民国档案32张；照片档案504张，图书资料4类2431册。

【档案宣传工作】以“6·9”国际档案日宣传周和新修订《档案法》学习宣传活动为主，发放彩页宣传资料，参与网络专题培训，开展了历史文化档案展览。

【档案馆库建设】持续推进县综合档案馆基础设施建设，安装档案密集架20组。加强库房安全管理，开展档案安全风险排查活动2次，对档案管护、消防、视频监控、水电管线等设施设备进行了检修维护，人防、物防、技防到位，档案管护八防措施得力，确保了从未出现任何安全事故。

【档案利用服务工作】在接待查档工作中，在严格保密前提下，简化查阅审批程序，提供便捷高效服务。2020年接待查阅各类档案396人次482份，复印2136页；特别是利用数字化的DMS档案管理系统开展快捷查阅，免费提供档案复制件，取得了良好的档案利用社会效益。

【领导名录】

馆 长：赵炳权

副馆长：赵建新、后玉芳（女）、韩爱萍（女）

（供稿：赵柄权；审稿：赵柄权）

中国共产党渭源县纪律检查委员会 渭源县监察委员会

【概况】2020年，县纪委监委认真贯彻落实中央和省市纪委监委部署要求，紧紧围绕全面从严治党和脱贫攻坚重大政治责任落实，坚持常规工作抓推动、重点工作抓突破、特色工作抓创新的思路，坚守政治定位，强化责任担当，忠实履行党章和宪法赋予的职责，各项工作稳中有进、稳中有效，呈现高质量发展的良好态势。

【中国共产党渭源县第十四届纪律检查委员会第五次全体会议】2020年3月6日，中国共产党渭源县第十四届纪律检查委员会第五次全体会议召开，县四大班子领导，法院、检察院主要负责同志，县纪委常委、委员，县直及省市驻渭各单位主要负责人，各乡镇党委书记、纪委书记，公安局、教育局、卫健局纪委书记，法院、检察院、税务局纪检组长，县自然资源局纪检员，县纪委监委机关及派出纪检监察组全体干部参加会议。县委书记吉秀作重要讲话，全会审议并通过了县纪委书记张灵勇作的题为《忠实履行职责使命为决战决胜全面建成小康社会提供坚强保障》的工作报告。

【全面从严治党“两个责任”落实】紧紧围绕全面从严治党“两个责任”落实，主动搭建载体，创新方式方法，有力推动管党治党政治责任落实。

1.围绕履行协助职责，推动工作落实。一是先后3次专题向县委报告信访分析、审查调查和专项监督等党风廉政建设和反腐败工作，为县委分析研判全县政治生态提供了有效参考。二是与全县113个单位、16个乡镇签订了党风廉政建设目标管理责任书，督促全县各级纪检监察组织报请同级党委召开党风廉政专题会议40次，主动约谈430人次，提出纪律检查建议或监察建议64份，发现并督促整改问题497条，推动“两个责任”有效落实。三是发出同级监督函，以专责监督协助党委进行全面监督，形成发现问题、纠正偏差的监督合力，进一步强化党内监督。四是发挥利剑作用，协助县委高质量开展了县区交叉巡察、疫情防控与复工复产专项巡察、县委第五轮常规巡察，2020年共对9个乡镇、30个县直部门和13个行政村开展了巡察，发现问题146个、线索3条，推动解决了一批管党治党宽松软及违纪违规问题。

2.围绕履行监督职责，强化政治监督。一是对全县乡镇和县直部门政治建设情况进行监督检查，对政治生态开展全覆盖调研，着力发现党内生活不严肃、党的建设缺失、干部监督宽松软、“三重一大”落实不到位等突出问题；全程督导检查各级各部门民主生活会、组织生活会，促进党内政治生活严肃开展；派出纪检组常态化列席各级各部门“三重一大”会议，加强了对民主集中制执行、“三重一大”事项研究等情况的监督。二是探索建立了政治监督的对象、权力、任务、问题、方法、整改“六张清单”，推动形成了各级各部门“照单办事”、党员干部“照单履职”、纪检监察干部“照单监督”的良好局面。三是认真履行监督第一职责，切实加强对巡视巡察、各级各类监督检查反馈问题整改落实情况的监督。牵头开展了县委巡察反馈问题整改情况专项督查2轮，下发通报2期，及时约谈乡镇和县直单位主要负责人17人次，组织处理9人次。目前，251条各类反馈问题已全面完成整改。

【深化政治监督】充分发挥监督保障执行、促进完善发展作用，有力保障党中央重大决策部署落地生根。一是紧盯习近平总书记重要讲话和指示批示精神学习贯彻开展监督3批次，发现理论学习不及时、交流研讨不深入、党内政治生活不规范等方面的问题28个并跟进整改落实，推动学习贯彻走深走实。二是紧盯新冠肺炎疫情防控，聚焦“三责”“四看”“五查”，开展全覆盖暗访督查191场次，发现并督促整改问题203个，约谈干部85人，通报批评54人，受理问题线索9件，组织处理12人、纪律处分1人，下发通报2期，推动新冠肺炎疫情防控工作取得了显著成果。三是紧盯三大攻坚战和“六稳”“六保”等党中央重大决策部署贯彻落实，深化运用政治监督“六张清单”，做细做实政治监督，发现并推动整改问题80个，有力推动全县脱贫攻坚收官决战和决胜全面小康取得了决定性胜利。

【“三大体系”创新】坚持围绕中心服务大局，不断推动政治监督具体化常态化。一是抓权力规范运行。聚焦“十件实事”、脱贫攻坚百日会战、脱贫攻坚提质增效专项行动、“六稳”“六保”、健康扶贫教育扶贫成果检视等开展督查11轮次，发现并督促整改问题283个，约谈干部102人，切实加强了权力运行的制约和监督。二是抓交叉协作监督。全面推开乡镇纪委监督执纪监察协作区，5个协作区立案22件26人，给予党纪政务处分20人，通过聚力协作，交叉监督办案，切实提升了乡镇纪委工作质效。渭源县乡镇纪委监督执纪监察协作区试点作为全县深化改革创新工作入选《甘肃改革案例选编》，是甘肃省28个深化改革典型案例之一。三是抓定点进驻监督。围绕5个未脱贫村脱贫攻坚任务落实，充分调动乡镇纪委等5支力量，开展了解剖麻雀式的“定点进驻”督查，发现易地搬迁、饮水安全等方面问题86个，发出问题整改督办函21份，示范、带动、督促乡镇纪委有力发现问题。渭源县“定点进驻”监督的做法受到了《中国纪检监察杂志》的关注报道。

【“两大平台”监督】充分运用省市“扶贫（民生）领域监督信息平台”和“甘肃省农村集体三资管理平台”，实现对扶贫资金使用情况的精准监督、阳光监督。一是有效打通惠农资金监管“最后一公里”。充分运用省市“扶贫（民生）领域监督信息平台”作用，先后上传82类、1389万余条、123亿余元的扶贫惠农政策资金信息，公示公开217个行政村（社区）集体财务信息，涉及99.4亿余元。二是做到农村“三资”管理标准化全覆盖。依托“甘肃省农村集体三资管理平台”，建立了农村集体经济组织资源、资产和经济合同管理台账，对217个行政村近年来所有扶贫资金投入形成的村集体资产进行了确权登记，核发产权证144本；将财务和资产资源信息全部录入平台中，强化了农村集体资金使用“事前、事中、事后”的全过程监督。

【拓展反腐成果】坚持严的主基调不变，严肃查处脱贫攻坚、涉黑涉恶和重点行业领域违纪违法案件。2020年，全县受理处置问题线索418件，立案审查调查139件155人，给予党纪政务处分124人次，查办职务犯罪案件3件3人，移送审查起诉4件4人。一是聚焦扶贫领域，持续严查群众身边的腐败和作风问题，全力推动问题线索清零，切实保障群众获得感。受理处置扶贫领域问题线索138件，立案31件，给予党纪处分35人次、组织处理156人次、移送司法2人，查处7类腐败问题12起27人。二是聚焦教育、医疗、食药、人防、国企、科技等六大行业领域，开展专项整治，受理问题线索92条，给予党纪政务处分13人、组织处理72人。三是聚焦伞网清除目标，坚持全覆盖过筛，发现涉黑涉恶和村霸案件背后的“保护伞”问题线索17件，给予党纪政务处分1人，组织处理5人；认真开展行业清源，约谈行业领域乱点乱象整治牵头部门主要负责人11人次，有力推动十大行业领域整治深入推进。

【深化标本兼治】聚焦巡视巡察及各类监督检查、调研督导和案件查办、省市扶贫惠农监管平台反馈问题，做实“以案四促”，做足“后半篇文章”。一是用好监察建议。充分发挥案件查办治本功能，开展“一案一整治一规范一提升”工作，先后发出各类督办函28份、监察建议书12份、纪检监察建议书1份，推动解决问题97个，督促相关部门完善制度22项，组织处理落实监察建议整改不力的党员干部2人。二是强化廉政教育。以“源头清风润初心、同心共筑小康梦”为主题，组织开展了廉洁经典诵读竞赛、廉政文学作品、廉政微视频、廉政书画征集评选、乡镇村级廉政教育基地和廉政文化示范村打造等廉政文化系列活动，切实推动廉政文化有形有声、入脑入心。同时，针对不同层次、不同领域、不同行业的特点，督促各级党组织开展警示教育46场次，切实筑牢拒腐防变的思想防线。三是坚持系统治理。针对易发多发的村集体退耕还林资金违规保管使用问题，督促县林业中心开展集中整治，整改违规管理使用退耕还林集体补助资金115万多元，群众利益得到切实维护。四是激励担当作为。通过书面澄清、当面澄清、会议澄清等方式，为45名受到不实举报的干部澄清正名，帮助当事人消除不良影响。五是抓实问题整改。渭源县纪委监委主动认领巡视巡察、调研督导、内部督察反馈问题62条，逐项细化整改措施153条，已全面完成整改任务。六是规范制度执行。修订完善县纪委全委会工作规则等制度19项，健全审查调查安全责任追究办法等制度26项，严格制度执行，强化内部监督，主动接受民主监督、社会监督和舆论监督，落细落实纪检监察干部监督工作，严防“灯下黑”。

【领导名录】

纪委书记、监委主任：张灵勇

纪委副书记、监委副主任：梁国新（4月止）、祁柏林、杨有平（9月任纪委副书记，11月任监委副主任）

纪委副书记：师伟（8月止，挂职）

纪委常委、监委委员：王千钧（4月任监委委员）

纪委常委、监委委员、纪委监委第四纪检监察室主任：余斌（4月任监委委员）

县监委委员、纪委监委第二纪检监察室主任：刘旭东（7月任）

县监委委员、纪委监委第一纪检监察室主任：刘彦林（4月任监委委员）

纪委常委：杨平（5月任）

纪委（监察委员会）党风政风监督室主任：燕祥（9月止）、范启华（9月任）

纪委（监察委员会）党风政风监督室副主任：赵志玺（9月任）

纪委（监察委员会）信访室主任：范启华（9月止）、莫小东（9月任）

纪委（监察委员会）信访室副主任：常桂琴（女，7月止）

纪委（监察委员会）组宣室主任：霍杨军（11月任）

纪委（监察委员会）组宣室副主任：焦成海

纪委监委案件监督管理室主任：张春梅（女，10月任）

纪委监委案件监督管理室副主任：靳维维（10月任）

纪委监委案件审理室副主任：王新

纪委监委办公室副主任：闫喜珍

纪委监委第一纪检监察室副主任：杨晓东（4月任）

纪委监委第三纪检监察室主任：乔爱军

纪委监委第三纪检监察室副主任：席君义

纪委监委第四纪检监察室副主任：刘成来（4月任）

纪委监委第五纪检监察室主任：卯雪宏（10月任）

纪委监委派出第二纪检监察组组长：景国俊

纪委监委派出第三纪检监察组副组长：莫小东（9月止）

纪委监委派出第四纪检监察组组长：段小平

纪委监委派出第四纪检监察组副组长：高升锐

纪委监委派出第六纪检监察组组长：王胜

纪委监委派出第六纪检监察组副组长：李媛萍（女）

（供稿：惠施贤；审稿：祁柏林）

渭源县人民代表大会

【渭源县人民代表大会】渭源县第十六届人民代表大会第六次会议于2021年2月28日至3月3日召开。会期4天。大会应到代表186名，实到168名，合于法定人数。会议听取和审议了蔺红军作的政府工作报告，审查和批准了渭源县国民经济和社会发展第十四个五年规划和二〇三五年远景目标纲要（草案），审查批准了渭源县2020年国民经济和社会发展计划执行情况及2021年国民经济和社会发展计划（草案）的报告，批准了2021年全县国民经济和社会发展计划；审查和批准了2020年全县财政预算执行情况和2021年财政预算（草案）的报告，批准了2021年全县财政预算；审议县人民政府关于县十六届人大五次会议期间代表所提意见建议办理情况的报告；会议听取和审议了县人大常委会主任李新定代表县人大常委会所作的《县人大常委会工作报告》；听取和审议了县人民法院副院长徐彦平作的《县人民法院工作报告》和县人民检察院检察长赵金铸作的《县人民检察院工作报告》；表决通过了县十六届人大六次会议关于接受有关辞职请求的决定草案；表决通过了县十六届人大六次会议关于选举任务的决定（草案）和县十六届人大六次会议选举办法（草案）；表决通过了县十六届人大六次会议关于部分专门委员会主任委员表决办法及名单（草案）；表决通过了县十六届人大六次会议关于代表10人以上联合提名候选人截止时间的决定（草案）。会议以无记名投票方式，选举王建生、何俊为渭源县人大常委会副主任，市人大常委会副主任、县委书记吉秀向新当选人员颁发当选证书，新当选的县人大常委会副主任何俊、王建生对着宪法进行了庄严宣誓。会议表决通过了渭源县第十六届人民代表大会第六次会议议案审查报告（草案）、关于县人民政府工作报告决议（草案）、关于全县国民经济和社会发展第十四个五年规划和二〇三五年远景目标纲要的决议（草案）、关于2020年全县国民经济和社会发展计划执行情况及2021年国民经济和社会发展计划的决议（草案）、关于2020年全县财政预算执行情况和2021年财政预算的决议（草案）、关于县人大常委会工作报告的决议（草案）、关于县人民法院工作报告的决议（草案），关于县人民检察院工作报告的决议（草案）。市人大常委会副主任、县委书记吉秀作了重要讲话。

【渭源县人大常委会会议】

十六届人大常委会第32次 渭源县第十六届人民代表大会常务委员会第三十二次会议于2020年2月28日召开，会期半天。会议听取和审议县人民政府关于全县新冠肺炎疫情防控工作情况的报告、关于县十六届人民代表大会第五次会议期间代表所提意见建议交办情况的报告。

十六届人大常委会第33次 渭源县第十六届人民代表大会常务委员会第三十三次会议于2020年4月30日召开，会期半天。会议听取和审议县人民政府关于全县脱贫攻坚工作情况的报告，县人大常委会调查组关于全县脱贫攻坚工作情况的调查报告；县人民政府关于2019年全县环境状况和环境保护目标完成情况的报告，县人大常委会调查组关于2019年全县环境状况和环境保护目标完成情况的调查报告。县人民政府关于提请审议不动产统一登记中有关问题处理意见的议案，县人大法制委员会关于《县人民政府关于提请审议不动产统一管理登记中有关处理问题意见的议案》的审查报告；县人民政府关于2020年全县财政预算调整情况的报告，县人大财政经济委员会关于《县人民政府关于2020年全县财政预算调整情况的报告》的审查报告。听取和审议渭源县第十六届人大常委会主任会议关于增补渭源县第十六届人民代表大会常务委员会代表资格审查委员会委员决定（草案）的议案，渭源县第十六届人大常委会主任会议关于提请审议接受张拴宝辞去渭源县人民政府副县长职务请求的决定（草案）的议案，渭源县第十六届人大常委会代表资格审查委员会关于个别代表代表资格的报告及公告稿，通过有关决议。会议决定接受张拴宝辞去县人民政府副县长职务的请求。会议决定增补曹彦华（女）、康建国为县十六届人大常委会代表资格审查委员会委员。任命：高远为县人大常委会办公室副主任。决定任命：张百灵为县卫生健康局局长，李国伟为县人力资源和社会保障局局长，李盛为县应急管理局局长，王纲为县文体广电和旅游局局长。免去：李国伟的县卫生健康局局长职务，赵建雄的县人力资源和社会保障局局长职务，王鹏宇的县应急管理局局长职务。

十六届人大常委会第34次 渭源县第十六届人民代表大会常务委员会第三十四次会议于2020年5月30日，会期半天。会议决定任命：杨永吉为县人民政府副县长。任命：王千钧、余斌、刘彦林为县监察委员会委员。免去：梁国新的县监察委员会副主任职务。

十六届人大常委会第35次 渭源县第十六届人民代表大会常务委员会第三十五次会议于2020年6月29日召开，会期半天。会议听取和审议县人民政府关于全县脱贫攻坚兜底保障情况的报告，县人大常委会调查组关于全县脱贫攻坚兜底保障工作情况的调查报告；听取和审议县人民政府关于全县公安机关执法规范化建设情况的报告，县人大常委会调查组关于全县公安机关执法规范化建设情况的调查报告；听取和审议县人民政府关于《定西市河道生态环境保护条例》执法检查报告。会议审议通过《渭源县人民代表大会常务委员会关于任命人员向县人大常委会报告年度履职情况办法（试行）》《渭源县人民代表大会代表退出办法（试行）》《关于提高县人大常委会会议质量的办法》《渭源县人民代表大会常务委员会公民旁听办法》。

十六届人大常委会第36次 渭源县第十六届人民代表大会常务委员会第三十六次会议于2020年8月28日召开，会期半天。会议听取和审议县人民政府关于2019年财政决算和2020年上半年财政预算执行情况的报告，2019年财政预算执行情况及其他财政收支情况的审计工作报告，县十六届人大财政经济委员会关于2019年全县财政决算的审查报告；县人大常委会调查组《关于全县市场监督管理工作情况的调查报告》，县人民政府《关于县十六届人民代表大会五次会议期间、分团审议时代表所提意见及县人大常委会组成人员联系代表时代表所提意见建议办理情况的报告》。会议审议《县人民政府关于2020年上半年国民经济和社会发展计划执行情况的报告》，县人大财政经济委员会《关于2020年上半年国民经济和社会发展计划执行情况的审查报告》，县人民政府《关于重点项目建设情况的报告》《关于全县市场监督管理工作情况的报告》。会议通过《渭源县人民代表大会常务委员会人事任免办法》《渭源县人民代表大会常务委员会议事规则》《渭源人民代表大会常务委员会组成人员学法制度》《渭源县人民代表大会常务委员会邀请县人大代表列席会议办法》。任命：雷彦平、王亚瀑（女）、杨苗苗（女）、张芳霞（女）、韩建伟、高锦花（女）、杨海珍（女）、董思德、宋建全、陈必强、姚玉霞（女）、高燕玲（女）、杨兆荣、白艳霞（女）、杨旭东、罗彩红（女）、李和平、杨建华、司正平、王东、杨建忠、焦红梅（女）、项文丽（女）、汪淑芳（女）、魏红霞（女）、张艳艳（女）、张婷（女）、康福琴（女）、詹会巧（女）为县人民陪审员。

十六届人大常委会第37次 渭源县第十六届人民代表大会常务委员会第三十七次会议于2020年11月3日召开。会议听取和审议县人民政府关于《土壤污染防治法》贯彻实施情况的报告和县人大常委会执法检查组的报告，县人民法院关于非法集资和电信诈骗案件审理情况的报告和县人大常委会调查组的调查报告，县人民政府关于全县国有资产管理情况的报告和县人大常委会调查组的调查报告，县人民政府关于调整2020年新增地方政府性债务限额和转贷2020年地方政府债券及抗疫特别国债并相应调整全县财政预算方案的议案和县十六届人大财政经济委员会的审查报告，县人民政府关于《县人大常委会关于全县公安机关执法规范化建设工作审议意见》办理情况的报告和县人大常委会检查组的检查报告，县人民政府关于《县人大常委会关于〈定西市河道生态环境保护条例〉贯彻执行情况审议意见》办理情况的报告和县人大常委会检查组的检查报告，县人民政府关于《县人大常委会关于全县脱贫攻坚兜底保障工作审议意见》办理情况的报告和县人大常委会检查组的检查报告，并进行满意度测评。会议通过《渭源县人大常委会关于批准县人民政府关于调整2020年新增地方政府性债务和转贷2020年地方政府债券及抗疫特别国债并相应调整全县财政预算方案的决议》。会议接受马国权辞去县十六届人大常委会委员职务的请求。决定免去：杨有平的县科学技术局局长职务。任命：杨有平为县监察委员会副主任。免去：赵平、漆广宏的县人民法院审判委员会委员、审判员职务，黄兆新的县人民法院审判员职务。

十六届人大常委会第38次 渭源县第十六届人民代表大会常务委员会第三十八次会议于2020年11月13日召开。会议听取和审议县十六届人大常委会代表资格审查委员会关于代表资格的报告及公告稿。会议接受沈琰（女）辞去县十六届人大常委会委员职务的请求。决定免去：张建军的县人民政府办公室主任职务，赵效勇的县工业和信息化局局长职务。决定任命：李学军为县人民政府办公室主任，郑军平为县工业和信息化局局长。

十六届人大常委会第39次 渭源县第十六届人民代表大会常务委员会第三十九次会议于2020年12月15日召开。会议听取和审议县人民政府关于全县国民经济和社会发展第十三个五年规划完成情况及第十四个五年规划和二〇三五年远景目标纲要（草案）编制情况的汇报，关于“七五”普法决议落实情况的报告。县人民检察院关于公益诉讼工作情况的报告，县人大常委会调查组关于检察公益诉讼工作情况的调查报告。县人民政府关于县十六届人大五次会议期间和常委会组成人员联系代表时所提意见建议办理情况的报告，县人大常委会检查组关于县十六届人大五次会议期间和常委会组成人员联系代表时所提意见建议办理情况的检查报告。县人民政府关于审计发现问题整改情况的报告。县人民政府关于提请审议将渭源县城清源路南侧西段棚户区改造（渭河小镇）建设项目列入2020年全县国民经济和社会发展计划的议案；县十六届人大财政经济委员会关于县人民政府提请审议将渭源县城清源路南侧西段棚户区改造（渭河小镇）建设项目列入2020年全县国民经济和社会发展计划的议案的审查结果报告。县人民政府关于提请审议将渭源县城首阳路东段北侧棚户区改造（渭水人家）建设项目列入2020年全县国民经济和社会发展计划的议案，县十六届人大财政经济委员会关于县人民政府提请审议将渭源县城首阳路东段北侧棚户区改造（渭水人家）建设项目列入2020年全县国民经济和社会发展计划的议案的审查结果报告。县人民政府关于提请审议将渭源县城北环路中段北侧棚户区改造建设项目列入2020年全县国民经济和社会发展计划的议案，县十六届人大财政经济委员会关于县人民政府提请审议将渭源县城北环路中段北侧棚户区改造建设项目列入2020年全县国民经济和社会发展计划的议案的审查结果报告。通过《关于将渭源县城清源路南侧西段棚户区改造（渭河小镇）建设项目列入2020年全县国民经济和社会发展计划的决定》《关于将渭源县城首阳路东段北侧棚户区改造（渭水人家）建设项目列入2020年全县国民经济和社会发展计划的决定》《关于将渭源县城北环路中断北侧棚户区改造建设项目列入2020年全县国民经济和社会发展计划的决定》。会议通过《关于批准县人民政府关于提请审议渭源县文化综合场馆建设项目2019年新增一般债券结余资金安排情况的议案的备案报告》。会议听取和审议县自然资源局、县商务局、县医保局主要负责人2020年度履职情况的报告，并进行满意度测评。

十六届人大常委会第40次 渭源县第十六届人民代表大会常务委员会第四十次会议于2020年12月29日召开。会议听取和审议县十六届人大常委会主任会议关于提请审议接受郭凯（女）、潘学明辞去渭源县人民政府副县长职务请求的决定（草案）的议案。县十六届人大常委会主任会议关于提请审议毛军壁辞去渭源县第十六届人民代表大会代表职务的请求的决定（草案）的议案。县十六届人大常委会主任会议关于提请审议增补马祥为县十六届人大常委会代表资格审查委员会委员职务的决定（草案）的议案。县十六届人大常委会代表资格审查委员会关于代表变动情况的报告及公告稿。会议通过《渭源县人民代表大会常务委员会关于接受郭凯（女）、潘学明辞去渭源县人民政府副县长职务的请求的决定》《渭源县人民代表大会常务委员会关于增补马祥为渭源县第十六届人大常委会代表资格审查委员会委员的决定》《渭源县人民代表大会常务委员会关于接受毛军壁辞去渭源县第十六届人民代表大会代表职务的请求的决定》。决定任命：田耀宏、沈剑虹（女）为县人民政府副县长。

【依法监督】县人大常委会牢固树立大局意识，围绕县委中心任务，主动依法履职尽责。县人大常委会听取和审议“一府两院”各项工作报告16项，开展调查视察12次、执法检查2次，作出决议决定8项，下发审议意见书3份。

1.聚焦重点议大事，认真行使决定权。面对新冠肺炎疫情影响和宏观经济下行压力持续加大的态势，常委会密切关注全县经济运行情况，聚焦“六稳”“六保”重点任务，组织开展了县人民政府2020年上半年财政预算执行情况和国民经济运行情况的专题调研，审议了县人民政府关于2020年上半年国民经济和社会发展计划执行情况的报告、关于“十三五”规划完成情况和“十四五”规划纲要草案编制情况的报告；听取和审议了县人民政府关于2019年全县财政决算和2020年上半年财政预算执行情况的报告、2019年财政预算执行情况及其他财政收支情况的审计工作报告，依法批准了2019年全县财政决算；听取和审议了县人民政府关于调整2020年新增地方政府性债务限额和转贷2020年地方政府债券及抗疫特别国债并相应调整全县财政预算的议案，批准了2020年全县财政预算调整方案；听取和审议了县人民政府关于不动产登记中有关问题的处理意见的报告和关于将清源路南侧西段、首阳路东段北侧、北环路中段北侧等建设项目列入2020年全县国民经济和社会发展计划的报告，并相应作出了各项决议决定。

2.聚焦中心抓落实，正确行使监督权。围绕巩固脱贫攻坚成果，常委会组织市县人大代表对全县脱贫攻坚成效情况进行专题视察、组织调查组对全县脱贫攻坚兜底保障工作进行调查。围绕经济高质量发展，组织市县人大代表对全县重点项目建设情况进行了专题视察，提出了加大建设力度、抓好要素保障、做实谋划储备、夯实发展基础的建议。围绕改善民生福祉，开展了全县市场监督管理工作的调查。围绕生态环境保护和污染防治，听取和审议了县人民政府关于2019年全县环境状况和环境保护目标完成情况的报告；对县人民政府贯彻实施《中华人民共和国土壤污染防治法》和《定西市河道生态环境保护条例》情况开展了专项执法检查，针对存在的问题提出了建议。围绕公正司法，对县人民法院、公安机关非法集资和电信诈骗案件审理、公安机关规范化建设情况进行了调查，提出了注重沟通协调，形成攻坚合力，加大打击和破案力度，提高群众防诈识诈意识的建议；对县人民检察院公益诉讼开展情况进行调研，提出了进一步加大公益诉讼宣传力度，提升公益诉讼办案水平，切实维护国家利益和社会公共利益的建议；听取和审议了县人民政府关于“七五”普法决议落实情况的报告，对全县“七五”普法宣传教育整体推进情况进行了审议，要求进一步凝聚工作合力，注重普法实效，推动全社会不断提高学法、用法、守法、护法的意识和水平。

3.聚焦任命抓监督，依法行使任免权。常委会始终坚持党管干部和人大依法任免有机统一的原则，严格执行常委会任免国家机关工作人员办法，认真行使人事任免权，强化落实任前法律知识考试、任前供职发言、投票表决、颁发任命书、向宪法宣誓等各项制度，依法选举任命地方国家机关工作人员。增补代表资格审查委员会委员2名，依法任免地方国家机关工作人员12名，接受辞职3名，任命人民陪审员29名。建立和完善人大常委会任命的国家机关工作人员向人大常委会年度履职报告制度，听取了县自然资源局等3个政府工作部门主要负责人2020年度履职报告，强化了被任命干部任后监督环节，提升了人大依法任免和监督的质量和水平，增强了被任命干部的法治意识、服务意识和责任意识。

【代表工作】常委会按照“人大工作的开展靠代表，人大工作的水平看代表，人大工作的潜力在代表”的目标定位，深入开展了“优秀人大代表”“先进人大代表之家”等为主要内容的“六创”活动，有效激发了代表的履职活力，促进了代表更好地履职尽责。

1.拓展代表培训举措，提升代表履职能力。常委会继续加大对常委会组成人员、乡镇人大主席和人大代表的培训力度，通过以会代训、专题座谈、参观考察和请进来与走出去等多种方式，有计划、有重点地开展各级各类履职培训，不断拓展培训的广度，增加培训的深度，实现由“全覆盖”向“精细化”的转变，促进代表政治素质、履职水平和引领发展能力的全面提升。常委会邀请市县人大代表48人次列席县人大常委会会议和参加视察调研、执法检查、工作评议，推荐县人大代表28人次参与了县人民法院庭审等活动。向代表书面通报了县人大常委会和“一府一委两院”上半年工作情况，拓宽了代表知情知政渠道，代表履职能力在实践中不断得到提高。

2.强化代表责任担当，激发代表作用发挥。常委会在抗击新冠肺炎疫情防控斗争中，全面贯彻落实县委各项工作安排，迅速投入到疫情防控战役第一线，强化责任担当，立足岗位职责，督促相关职能部门依法履职。全县各级人大代表坚决服从县委安排，积极响应县人大常委会号召，坚定站在疫情防控第一线，充分发挥宣传引导、稳控民情、监督落实等作用，推动形成全社会群防群控的强大合力。常委会不断深化创新“两联系”和“4+1”述职活动的开展，进一步密切常委会组成人员与代表、代表与选民的联系，先后组织部分市县人大代表参加全县脱贫攻坚和重点项目建设视察活动，围绕群众反映比较强烈的城区学生“择校热”、易地搬迁后续产业发展滞后、城区餐厨垃圾乱倒和车辆乱停乱放等12个方面的突出问题，组织部分县人大代表集中约见了县人民政府相关部门负责人，并将约见提出的问题全部转交县人民政府进行了办理。

3.加强代表建议督办，回应代表履职关切。常委会高度重视代表意见建议办理工作，先后4次听取和审议了县人民政府关于代表意见建议交办和办理情况的报告，并组成督查组，对部分代表意见建议进行了重点督办、跟踪督办，确保了代表建议件件有回音、事事有着落。对涉及巩固脱贫攻坚成果的教育卫生、公共服务、道路建设、农村电力等8件重点意见建议作为常委会领导的督办件，进行跟踪问效督促办理。常委会领导带队深入基层一线，面对面听取群众意见建议，点对点持续深入推进工作落实，召开现场督办会议18次，事关全县人民群众生产生活的一批重点问题得到了一定程度的解决。在县人民政府的高度重视和承办部门的积极努力下，110件代表意见建议已经办结或基本办结和正在办理的94件，办结率85.5 %，答复率96.3%，代表满意率92%。

【自身建设】县人大常委会紧扣人大“两个机关”职责定位，强化自身建设，主动适应新时代人大工作发展新形势，不断加强党的建设、制度建设，整体推动乡镇人大工作迈出新步伐。

1.加强党的建设，全面落实从严治党责任。常委会以政治建设为统领，进一步落实常委会党组全面从严治党主体责任，提升机关党建工作水平。认真落实新时代党的建设总要求，全面加强常委会机关政治、思想、组织、作风、纪律建设，把制度建设贯穿其中。认真学习、严格遵守党章党规，严肃党内政治生活和组织生活，严格执行民主集中制原则，扎实履行全面从严治党主体责任，落实意识形态工作责任制。巩固和深化“不忘初心、牢记使命”主题教育成果。常委会领导按要求积极参加机关党支部“三会一课”活动。召开常委会党组会议14次，党组成员讲党课5次，机关党支部组织开展“主题党日+”活动12次，有效推动了常委会机关党内政治生活严肃正常开展。

2.加强制度建设，全面规范依法履职行为。常委会注重制度建设，进一步完善了常委会履职制度，加强了各专门委员会制度建设，充分发挥常委会组成人员、专门委员会和工作部门的职能，制定出台了《渭源县人民代表大会代表退出办法》《渭源县人大常委会提高会议质量办法》等23项制度，修订完善了《渭源县人大常委会人事任免办法》《渭源县人大常委会关于加强和改进乡镇人大工作的意见》等43项制度，并配套制定了3个工作程序、4个工作方案和10个工作流程图，县级层面人大工作“四梁八柱”的制度体系建立健全，规范有序、优质高效的运行机制基本完善，用制度规范职责、按制度行使职权的良好局面全面形成；修订印刷了《渭源县人大常委会工作制度汇编》《渭源县人大常委会工作报告汇编》，编印了《永不缺位的力量——渭源县各级人大代表抗疫纪实》《扶贫路上的担当与风采——渭源县脱贫攻坚人大监督与代表帮扶工作纪实》;《渭源县人大志（1949—2020）》历经两年多的不懈努力，现已编纂完成。

3.加强业务指导，全面提升乡镇人大工作水平。常委会强化工作指导，持续深化常委会领导分片包乡镇联系制度，对乡镇人大工作进行业务指导，采取邀请乡镇人大主席列席常委会会议、组织乡镇人大主席观摩交流学习、举办培训班等形式，有效提升乡镇人大工作者业务工作能力。16名乡镇人大主席列席常委会会议2至3次，共组织乡镇人大主席培训学习3次、观摩交流1次。7月份常委会组成督查组，对各乡镇人大上半年的工作进行了全面督查，对督查中发现的问题及时进行反馈，各乡镇人大认真进行了整改落实，进一步推进了新时代乡镇人大工作从“三化”向“四好”发展，积极开展“六创”活动，不断丰富“家”和“室”的活动内容，全面提升了乡镇人大工作者的能力和水平，县乡人大工作整体合力得到全面加强。

【领导名录】

人大常委会办公室

主任：任作鹏

副主任：高远（4月任）

财政经济与环保工作委员

主任：张鸿雁

副主任：杨宗卿（女）

法制司法内务工作委员会

主任：马祥

副主任：尉继军

科教文卫与民族侨务工作委员会

主任：周海娟（女）

副主任：杨建军

代表与人事工作委员会

主任：夏世杰

副主任：康建国

农业与农村工作委员会

主任：王守峰（4月止）

（供稿：赵换玲；审稿：任作鹏）

渭源县人民政府

【概况】2020年是“十三五”收官之年、“十四五”布局谋划之年，是决胜全面建成小康社会、实现第一个百年奋斗目标的关键之年，也是克服疫情影响、巩固脱贫成效、打赢脱贫攻坚战、实现全面小康的关键之年。2020年，县政府在市委、市政府和县委的坚强领导下，以习近平新时代中国特色社会主义思想和十九届五中全会精神为指导，以习近平总书记对甘肃重要讲话和指示精神为统揽，坚持稳中求进工作总基调，汇聚全县人民力量，齐心协力、众志成城、砥砺前行，持续推进“五位一体”总体布局和“四个全面”战略布局，扎实做好“六稳”工作，落实“六保”任务，努力克服新冠肺炎疫情带来的不利影响，全力攻克贫困堡垒，较好地完成了全年各项工作任务。

【新冠病毒肺炎疫情防控】面对突如其来的新冠肺炎疫情，始终把人民群众生命安全和身体健康放在第一位，全县上下万众一心，按照“疫情就是命令、防控就是责任”的要求，坚持“外防输入、内防反弹”防控策略，全民动员、内外联动、联防联控，持续抓好常态化疫情防控，筑起了抗击疫情的铜墙铁壁。1名确诊病例患者治愈出院，一线医护人员零感染，3名逆行出征的白衣勇士凯旋，1人荣获全国公安系统抗击新冠肺炎疫情先进个人，2所核酸检测实验室建成使用，全县疫情防控阻击战取得了阶段性胜利。同时，认真贯彻落实全市统筹常态化疫情防控和经济社会发展“1+6”“3+6”系列政策，全力以赴帮助市场主体应对疫情共渡难关。疫情期间累计为市场经营主体落实各类补贴补助资金343.1万元，落实企业减税降费、税收减免政策2189户504.4万元，优惠电费78.75万元。通过降低利息、无还本续贷转贷等各类措施落实企业贷款37笔2.47亿元。

【脱贫攻坚战】始终牢记总书记嘱托，把脱贫攻坚作为首要政治任务、最大民生工程和全县头等大事，集中开展“3+1”冲刺清零后续行动和“5+1”脱贫攻坚质量提升行动。累计减少贫困人口10.24万人，贫困发生率由31.66%下降到0，在渭源数千年历史上第一次消灭了绝对贫困。

1.脱贫攻坚战捧杯丰收。经过35万渭河儿女艰苦卓绝的奋斗，2020年3月，省政府批准渭源县退出贫困县序列，实现整县脱贫摘帽；10月，现行标准下贫困人口全部脱贫，贫困村全部出列，高质量完成脱贫攻坚普查和国家、省市验收评估工作，各项工作按期高质量收尾，脱贫攻坚圆满收官，并荣获“全国脱贫攻坚奖组织创新奖”，脱贫攻坚的优秀经验在全国宣讲，并被国务院扶贫办确定为对外宣传基地。元古堆村级光伏电站建设运营做法与田园牧歌养殖专业合作社带贫模式一并入选“全球最佳减贫案例”，被收录进南南合作减贫知识分享网站——中外减贫案例库及在线分享平台。在甘肃省贫困县摘帽退出第三方评估中，我县群众认可度达到99.14%，脱贫攻坚成果得到人民认可、经得起历史检验。

2.农村基础条件彻底改善。聚焦改善农村生产生活条件，全面补齐基础设施短板。安全饮水方面，对全县未脱贫村和“三类户”饮水安全情况逐户进行核实，经核查，“三类户”安全饮水全部符合国家标准。完成投资860.04万元的农村饮水安全巩固提升项目和投资180万元的小型集中供水工程水源水质净化工程及部分供水管线改造项目，进一步提升了供水稳定性和保障率。住房安全方面，17户动态新增危房、143户灾后重建和1007户“四有人员”危房户已全部完成，全面消除了农村危房；全面完成甘肃省农村危房改造脱贫攻坚三年行动农户档案信息检索系统、脱贫攻坚住房安全有保障信息核验系统录入工作。道路交通方面，改造自然村组道路292公里，整治水毁灾损道路73.03公里，修建“畅返不畅”道路40.218公里。电、网方面，全县自然村动力电覆盖率、行政村有线宽带覆盖率均达到100%。

3.公共服务能力显著提高。紧盯“两不愁三保障”脱贫目标，全力提升公共服务水平。义务教育方面，建立了在校学生动态监测机制，全县义务教育阶段适龄儿童无失学辍学学生。累计发放义务教育阶段家庭经济困难学生生活补助18918人次581万元，免（补）学生保教费、高中学杂费24592人次1158万元，发放高中国家助学金4479人448万元，办理生源地助学贷款5492人3604万元，实现了贫困家庭学生资助政策全覆盖。基本医疗方面，全面落实医疗费用报销、大病保险、大病救助等医疗救助政策，全县城乡居民医疗保险参保率达到98.7%，建档立卡贫困人口达到100%，落实城乡居民医疗保险个人缴费部分资助金840.41万元，实现了特困供养、孤儿、城乡低保、建档立卡贫困人口参保资助全覆盖；累计办理慢特病门诊卡2.67万人，其中，建档立卡贫困户1.31万人，实现了建档立卡人口慢特病卡办理应办尽办；家庭医生签约率达到100%。兜底保障方面，紧扣脱贫攻坚兜底保障中存在的突出问题进行挂牌作战，实现符合条件的贫困人口应保尽保、应兜尽兜、应救尽救。截至目前，全县共有农村低保对象9033户25067人，保障面达到8.0%，兜底面5.33%。公共服务方面，公共文化服务均等化水平持续提高，全县16个乡镇综合文化服务中心、217个行政村文体广场和“乡村舞台”实现全覆盖。产业扶贫方面，共计投入产业扶贫资金26508.54万元。完成养殖业“三类人群”奖补1050户，引进牛883头、羊1503只，完成种植业“三类人群”奖补2633户。建成农业标准化产业基地80个14万亩。改组改造规范提升合作社1046家，新培育引进龙头企业8家，带动合作社223家，带动建档立卡贫困户10963户；县内龙头企业与234家合作社签订产销合作协议，签约资金达到8.72亿元；完成“三品一标”农产品申报认证10个，“三品一标”农产品认证面积达到61.5万亩；组织4万多农户参加农业保险，实现了有投保意愿贫困户主要增收产业农业保险全覆盖。就业扶贫方面，全县累计输转劳动力6.91万人，其中建档立卡2.92万人，实现了有意愿外出务工劳动力应输尽输。累计兑现疫情奖补1861.6841万元；兑现福州市助贫就业交通补贴297.16万元，受益群众8845人。新开发村级公益性岗位486个，全县公益性岗位累计达到1.19万个。新认定扶贫车间6家，累计认定扶贫车间25个，吸纳劳动力就业1282人。完成建档立卡贫困劳动力各类培训1488人。

4.**产业带贫机制全面建立**。大力发展十大扶贫产业，推动形成了主导产业保收入、新兴产业拓渠道、就业扶贫促增收的产业发展新格局。创建"三位一体"生产经营模式，结合光伏食用菌产业的发展，引进龙头企业与贫困户组建合作社，组织农户参与生产经营，构建了龙头企业+合作社+农户"三位一体"的生产经营模式。由政府主导组建了24家国有农业投资公司，联合32家龙头企业，成立了48家联合社，组织1100家合作社，带动2.2万户贫困群众参与基地建设，全县中药材、马铃薯主导产业面积达到了80万亩，养殖总量扩大到520万头（只），高原夏菜、食用菌、鲜切花卉等一批新兴产业生产规模分别达到7.8万亩、600万棒、2.4亿株。创建市场主体"双层一体化"联合运营机制，构建形成了国有农业投资公司和私营龙头企业、县乡联合社和农民专业合作社"双层一体化"联合运营机制。通过联合发展，规范运营的合作社达到1500多家，与农户以订单方式建立了产销对接关系。通过扶贫资金的投入撬动，引导市场主体和群众自筹相结合，累计投入产业发展资金15.79亿元，为1.72万户贫困户投放小额信贷资金11.63亿元。创建"五统一保"带贫参与机制，组织龙头企业和合作社根据市场需求，构建了统一规划、统一培训、统一良种、统一农资、统一销售和保群众最低收入的"五统一保"带贫机制，有劳动能力的2.2万户贫困户全部有了稳定的增收产业，从事多种经营的占到75.2%。贫困户人均收入较2012年增长了1.8倍，产业收入占比由40%提高到49.2%。创建"三保底再分红"管理分配机制，构建了保贫困户最低收入、保底价收购、保证补贴资金变循环股金，合作社盈余按股权分配和交易量分红的"三保底再分红"管理分配机制，累计投入循环股金1.17亿元，其中参与食用菌、花卉等新兴产业的年保底收益在6000元以上，马铃薯产业每亩保底收益1500元以上，养殖业年保底收益在1000元以上。

5.**人民生活水平明显提升**。着力提高农村人居环境质量，努力建设生态美丽、富裕文明乡村。有力有序推动农村人居环境整治任务落实，累计户厕改造7657座、创建"清洁村庄"75个。共拆除危房4083处，残垣断壁3072处，清理各类垃圾8520吨，清理乱堆乱放点2965处，清理河道、池塘、沟渠漂浮物、障碍物1091吨，清理粪堆、土堆、柴堆9450处；清理道路沿线、学校、市场等公共区域暴露垃圾2268.9吨。完成贫困村主巷道硬化730941平方米，着力改善农户出行条件，提升村容村貌，"视觉"贫困问题有效解决。通过不懈努力，农村生产生活条件彻底改善，公共服务水平明显提升，产业发展体系初步构建，贫困村、户脱贫短板全面补齐，城乡发展差距逐步缩小，人民群众的幸福感、获得感和安全感显著提升。

6.**各级帮扶协作成果丰硕**。晋渭帮扶方面，落实市、区两级财政帮扶资金5930.2万元，争取社会帮扶资金及捐物（折价）金额2819.6946万元，实施产业、就业、生态扶贫等项目28个，带动32个村集体经济和83966名建档立卡贫困人口通过扶贫产业持续稳定增收；组织输转福州市劳务人口674人，其中建档立卡贫困人口419人；新增村村、村企结对31个，实现渭源县深度贫困村全覆盖结对帮扶。东西部扶贫协作消费扶贫累计销售11977.91万元，带动贫困户1698户5820人。定点帮扶方面，直接投入资金898.6万元，协调引进帮扶资金4712.9万元，培训基层干部531人，培训技术人员1264，直接购买渭源县农产品10万元，帮助渭源县销售农产品523.5万元。社会帮扶方面，省市各级帮扶单位累计落实项目和帮扶物资3.1亿元，欧美同学会、碧桂园公司等110多家社会组织和爱心企业共计投入帮扶资金5138万元，全力助推渭源脱贫攻坚。

7.集中攻坚各级反馈问题。2020年中央脱贫攻坚专项巡视“回头看”和国家脱贫成效考核、中央纪委国家监委调研督导、甘肃省脱贫攻坚“回头看”、甘肃省第三方评估及脱贫摘帽退出公示期间反映、贫困县退出抽查第三方评估反馈、国务院扶贫开发领导小组脱贫攻坚督查反馈以及市委扶贫领域专项巡察共反馈我县脱贫攻坚问题251条，现已全部完成整改，整改完成率为100%。通过问题整改，有效解决了全县各级干部政治站位不高、攻坚责任不落实、产业发展带贫机制不健全、资金使用管理不精准等问题，全面提升了干部政策知晓率和履职能力，进一步摸清了决战决胜脱贫攻坚战中存在的短板和突出问题，为深入推进问题整改，持续巩固脱贫成果，提升脱贫成果奠定了坚实基础。

【生态环境建设】坚持“绿水青山就是金山银山”的发展理念，紧紧围绕“建设国家生态文明先行示范区”总体目标，通过开展集中攻坚行动，持续加力打好“蓝天、碧水、净土”三大保卫战，加大“绿化、亮化、美化”生态环境力度。绿化方面，实施绿化造林工程，完成三北防护林、天然林保护等项目造林和生态绿化5.77万亩；完成城乡绿化3.42万亩；完成林业重点项目绿化2.0498万亩；完成新一轮退耕还林工程补植补造0.3万亩；完成国有林场林区道路建设13.5公里；同时，积极谋划推进渭河源林草生态扶贫巩固提升项目。大气污染防治方面，完成1台80蒸吨锅炉脱硝设施建设任务，完成2015年以来违规新建的6台10蒸吨及以下燃煤小锅炉的拆除和去功能化处理。全县36处建筑工地达到了扬尘防治的目标，餐饮单位全部安装高效油烟净化设施，全县16家砖瓦建材企业全部安装了脱硫除尘设施。县城区燃煤小锅炉、小火炉实现“清零”，完成“小土炕、小土灶、小火炉”改造3090户。水污染防治方面，落实最严格水资源管理制度，地下水资源开发利用、保护管理成效明显，县城区生活污水处理厂提标改造工程建成运行，城区污水收集配套管网、莲峰镇污水处理厂加快建设。同时，谋划争取洮河、渭河流域水污染防治项目和渭源县农村污水处理工程，并通过省生态环境厅专家论证。土壤污染防治方面，全面开展“六不”土地整理整顿，大力推进非煤矿山专项整治及绿色矿山建设，有力遏制乱采滥挖等违法行为。完成莲峰镇古迹坪村、麻家集镇麻家集村、清源镇上磨村等三个村的农村环境综合整治项目。依法关闭注销矿山企业12家，矿山恢复治理面积达到245亩，生态环境质量稳中向好。人居环境整治方面，深入开展全域无垃圾综合整治行动和“拆违治乱”专项行动，开展拆危治乱专项行动，取缔并完成非正规垃圾堆放点273个，完成省厅无人机航拍反馈我县垃圾堆放点取缔销号725处。统筹整合各类资金1523.7万元，完成新建、改建户用卫生厕所7657座、乡村公厕76座，农村垃圾得到有效治理，人居环境水平显著提升。环保问题整改方面，截至目前，完成中央第一、二轮环境保护督察和省市环保督察巡察反馈的各类问题整改86条，未完成整改的16条问题正在按照时序要求正常推进。

【发展基础】狠抓投资、扩大消费，发展基础不断夯实。坚持把项目建设作为扩投资、稳增长的重要支撑，全力以赴抓前期、争资金、促开工、保进度，投资拉动作用持续显现。做细项目谋划，紧盯十大生态产业项目，共储备项目220个，总投资257.3亿元；紧盯地方政府专项债券，拟申报2021年专债项目39项，总投资98.5亿元，拟申请地方政府专项债券资金62.4亿元；紧盯“十四五”规划，共谋划项目740个，总投资估算

1017.12亿元。做好项目建设，2020年共实施重点项目89项总投资59.4亿元（其中新建69项，续建20项），完成投资27.03亿元，完成固定资产投资18.72亿元，增速15.15%。做强招商引资，通过兰洽会、药博会、定西市文化旅游产业招商推介活动等招商节会及推介活动，引进项目14个，引进资金33.4亿元，落实到位资金27.57亿，其中省外项目到位资金26.34亿，同比增长10.32%，省外同比增长58.29%。做精消费活动，紧紧围绕中秋国庆等重大节日，积极开展消费扶贫月（季）“十大行动”、“双节”促消费八项活动等系列消费促进活动，实现消费收入9.24亿元。做广企业培育，积极培育小微企业12家，新培育规上企业2家（佛慈红日药业和华庆堂药业），规上企业累计达到11家。实施总投资2.94亿元的华庆堂技改等工业项目6项，完成投资8030万元。康华机械设备等先进制造企业运营态势良好。德园堂药业获评全国专精特新“小巨人”企业和省级企业技术中心，亳春堂药业被认定为省级“专精特新”中小企业。做宽绿色渠道，打造升级“渭您办”服务品牌，投资项目审批制度改革有序推进，容缺受理、模拟审批制度全面落实。持续推进行政审批制度改革，共梳理县级政务服务事项1162项、最多跑一次事项1145项、不见面事项69项、秒批秒办事项187项、“一件事一次办”事项目录137项，网上办理率99.87%，好评率达到99.99%；政务服务质量全面提高。

【生态产业】发展壮大十大生态产业、现代特色农业，做大做强马铃薯种薯、中医药、草牧业三大主导产业，做精做美文化旅游、光伏、食用菌、电商物流、花卉林木、蔬菜六类新兴产业，不断延长农业产业链，提高农产品附加值，提升了产业发展水平。马铃薯种薯方面，围绕马铃薯制种大县等重点项目，建成良种基地40万亩，生产脱毒瓶苗4.8亿株，原原种5亿粒，建成原种繁育基地5万亩、一级种繁育基地35万亩。截至目前，共外销马铃薯10万吨，人均从马铃薯产业中获得收入1000多元。中医药方面，积极探索建立中药材全产业链质量安全追溯机制，完成中药材种植35万亩，建成标准化生产基地30万亩，完成集约化育苗483亩，中医药类加工企业达73家。年均干药产量达到8万吨，户均收入5760元。华庆堂、德园堂等3家企业取得进出口许可资格，实现出口贸易额2100万元，中药材年交易量达到10万吨，实现交易额16亿元。草牧业方面，新改扩建生猪养殖场11个，培育提升肉羊规模养殖场30个、肉牛规模养殖场7个，培育提升肉羊合作社5家、肉牛合作社3家，扶持发展肉羊养殖大户301户、肉牛养殖大户100户，牧草种植面积达到19.23万亩，金鸡项目稳步有序推进，青年鸡区现存栏青年鸡30万只，蛋鸡区现饲养蛋鸡150万只。2020年，草牧业总产值26.25亿元，草牧业增加值4.54亿元，农民人均牧业可支配收入2830元。光伏方面，建设村级光伏电站81个，总装机规模60.249兆瓦，发电量达到7826.325万度，结算收益累计7347.06万元。渭源县被列为全国光伏扶贫试点县。食用菌方面，建成“光伏+食用菌”生产示范园区4个，光伏食用菌产业扶贫示范基地15个，食用菌种植大棚638座347.5亩，种植食用菌539万棒，种植种类有香菇、金耳、羊肚菌、滑子菇、熊掌菇、平菇等品种，食用菌鲜品总产量达到4627.35吨，总产值达7618.66万元，总纯收入2310万元，吸纳劳动力务工1642人（次）。电商方面，累计建成县级电商公共服务中心1个、电商品牌营销中心1个、乡级电商公共服务站16个、村级电商公共服务点208个，建成农村物流配送中心、农村物流分拨中心、仓储中心各1个，乡镇物流服务站16个，村级物流点183个，电商从业人员累计达到1000多人，线上累积销售额9.529亿元。蔬菜方面，蔬菜种植面积8万亩，新增蔬菜0.2万亩，全部进行标准化生产，其中日光温室蔬菜374亩，塑料大棚蔬菜4626亩，高原夏菜75000

亩，蔬菜总产量达到33万吨，总产值达6.2亿元，总纯收入达到4.4亿元。花卉林木方面，迅速扩大发展，共计建设花卉产业项目15个，各类花卉种植总面积约1500多亩，年产各类花卉967万株，年营业收入3919万元。全县育苗总面积7200亩，年产苗量8700万株，苗木总产值3550万元。文化旅游方面，渭河源、渭河东源游客中心基本建成，启动秀峰山景区开发项目，罗家磨“百美村宿”加快建设。新增农家乐12家、旅游床位160张，文化旅游服务机构达到144家，从业人员1200人。成功举办渭水文化旅游节、全省羽毛球邀请赛等节会赛事活动，全季、全域旅游逐渐升温。截至11月底，全县接待游客约239万人次，实现综合收入约11.36亿元。体育事业方面，足球场、渭河公园及老君山健身步道投入使用，我县运动健儿在定西市第二届运动会上勇夺6金5银3铜。

【城乡建设】全面实施新发展理念，以建设“宜人、宜居、宜商、宜游”的新渭源为目标，深入推进新型城镇化和乡村振兴战略，统筹城乡一体化发展，全力打造幸福宜居美好新家园。完成渭源县国土空间总体规划的招投标和专题研究编制工作，开展16个乡镇国土空间总体规划、11镇区的控制性详细规划和全县62个村的村庄规划修编。促成与市水投集团公司合作，组建渭源城镇建设投资集团有限公司，启动渭河南岸（渭河小镇）整体开发。新建、续建棚户区改造项目10个，完成投资12.1亿元。加快县城基础设施建设，完成投资2.15亿元。学府路、灞陵桥路中段、七圣路已竣工投入使用，北环路东段已完成1.3公里建设任务，G310线县城过境段正在加快推进。县城至渭河源景区旅游公路、朱韩路改造提升工程建成通车。全县新建2100平方米停车场1处，规范管理运营已建成的7座停车场，不断提升城市管理水平。实施县城区林业生态加密和生态景观提升工程，完成各类绿化苗木栽植59.92万棵（株），新增绿地4.77万平方米，提升广场公园景观5.73万平方米，秋季栽植各类苗木19.12万株。

【社会事业】从群众最关心最直接最现实的公共服务和社会保障能力着手，完善公共服务体系，着力解民忧、惠民生、暖民心，补齐民生短板，不断提升全县人民群众的获得感、幸福感、安全感。就业方面，认真落实稳就业政策举措，积极促进就业创业，全县城镇新增就业2348人，失业人员实现再就业475人，就业困难人员实现就业257人。开发省内外劳务基地92家，实现劳务收入15.32亿元，赴疆转移就业安置132户215人。开展“点对点”劳务输转1743人，完成建档立卡贫困劳动力各类培训1488人，鼓励支持在外优秀人才返乡创业，发放创业担保贷款9090万元，鼓励创办各类企业、合作社及个体工商户537家，吸纳就业1754人。同时，依法办理欠薪案件，共受理农民工讨薪案件53件，按时办结上级批办信访案件15件，办结率100%，共为924名农民工讨回欠薪1396.603万元，农民工合法权益得到有效保障，县劳务服务中心荣获“全国农民工工作先进集体”。义务教育方面，积极争取中央、省、市、县各级资金7705万元，先后新建和维修加固校（园）舍3.63万平方米，新建运动场1.45万平方米，改造取暖2.1万平方米，不断加快基础设施建设，改善办学条件。疫学前三年毛入园率、九年义务教育巩固率、高中阶段毛入学率分别达到97.9%、99.7%和96.5%，新建第四幼儿园等2所幼儿园投入使用，官堡学校、第五幼儿园、城镇小区配套幼儿园等项目按计划推进。公共卫生方面，县医院综合楼建成使用，总投资1.58亿元的中西医结合医院中医综合楼等3个项目加快推进，新增医疗业务用房28万平方米，引进医疗人才31名。县域内常见病多发病诊疗率达到91.6%，城乡居民基本医保和养老保险参保率达到97.62%、98.6%，合规费用报销比例达到60.97%，发放社保卡33.69万张，为5.1万人发放养老金7207.83万元。公立医院实现基本药物零差价出售，省域内定点医疗机构实现“一站式”即时结算。社会保障水平。深入开展城乡低保和特困人员供养提标工作，经提标后，全县农村低保对象9033户25067人，占全县农业人口8.0%；城市低保446户844人，占全县非农业人口的4.0%。截至目前，共发放各类低保金、五保金8766.6266万元，价格临时补贴615.3767万元，两项补贴9679人805.605万元，急难性救助67户98.8053万元。会川敬老院、莲峰中心敬老院、清源敬老院、秦祁中心敬老院等4个乡镇敬老院建成使用。新设立12个社区组建工作顺利推进。社会安全方面，强化社会治安防控体系建设，扫黑除恶专项斗争、禁毒等工作向纵深推进，收到各类线索389条，办结389条，共打掉恶势力犯罪集团1个、恶势力犯罪团伙8个、打击“村霸”3人，破获刑事案件44起、打击处理违法人员124人。办理信访案件354件，办理电子民生平台事项0.58万件，食品药品监管、应急管理、防灾减灾等工作全面加强，全县安全生产形势平稳有序。

【政府职能持续转变】认真落实全面从严治党要求，抓改革、促落实、求创新，深入推进政府职能转变，着力提升管理效能和服务水平，为人民提供优质高效服务。创新优化各项改革，以“放管服”改革为抓手，共共梳理县级政务服务事项1162项、最多跑一次事项1145项、不见面事项69项、秒批秒办事项187项、乡镇村事项112项、“一件事一次办”事项目录137项，并编制了“一件事服务指南”。扎实推进依法行政，加快法治政府建设进程，全面实行行政执法公示、执法全过程记录、重大行政执法决定法制审核等制度，规范执法行为。坚持政府常务会议学法制度，全面制定了学法计划，累计计学法12次。把依法民主决策贯穿于政府工作全过程，健全完善重大决策合法性审查机制，认真落实政府法律顾问制度。严格按照法定权限和程序行使权力、履行职责，自觉接受人大的法律监督和政协的民主监督，主动接受公众和舆论监督。有效提升风险防控，督促地方金融机构强化不良贷款清收措施，加大清收力度，不良贷款比年初减少1363.75万元，下降1.3%。完善债务风险应急处置机制，统筹安排预算资金，妥善偿还到期政府债务。有效化解地方政府性债务13435万元、政府隐性债务9139万元。严格执行粮食安全、永久基本农田保护、生态保护等政策红线。持续推动粮食应急供应网点建设，为应急供应网点调运面粉1021吨、大米100吨、食用油40吨；落实最严格的耕地保护制度，目前全县耕地保有量86170公顷，永久基本农田保有量67460公顷，划定永久基本农田储备区695.2629公顷；全力推进生态红线划定工作，初步划定全县生态保护红线250.9平方公里，占全县面积的12%。扎实推进政府自身建设，坚持守牢法治底线，把法治精神、思维和方式贯穿于政府工作全过程，严格依法行政，进一步增强“四个意识”，坚定“四个自信”，做到“两个维护”，确保政令畅通、令行禁止，全面推进法治政府建设。自觉接受县人大法律监督、工作监督，主动接受县政协民主监督，人大代表意见建议和政协委员提案办复率均达到100%，办理人大代表建议110件，办结率75.45%，办理政协委员提案51件，办结率82.35%。

县政府常务会议

县政府第79次常务会议 2020年2月11日，县委副书记、县政府县长蔺红军主持召开县政府第79次常务会议，专题研究了当前新冠肺炎疫情防控事宜。会议传达了中共中央政治局常务委员会会议精神（2月3日）、习近平在北京市调研指导新型冠状病毒肺炎疫情工作时的指示精神、省新型冠状病毒感染的肺炎疫情联防联控领导小组会议精神（2月2日）、省联防联控领导小组第六次会议和市贯彻落实会议精神（2月10日）、市委常委扩大会议暨市新冠肺炎疫情联防联控领导小组第五次会议精神（2月10日）、全市新型冠状病毒感染的肺炎疫情防控工作调度会议精神（2月5日）。会议安排部署当前新型冠状病毒感染的肺炎疫情防控工作。会议研究了渭源县新型冠状病毒感染的肺炎疫情联防联控工作领导小组交通检疫组关于调整辖区交通检疫点的报告。

县政府第80次常务会议　2020年2月11日，县委副书记、县政府县长蔺红军主持召开县政府第80次常务会议。会议组织学习了习近平总书记在“不忘初心、牢记使命”主题教育总结大会上的讲话、中共中央 国务院《关于抓好“三农”领域重点工作确保如期实现全面小康的意见》、中共中央办公厅 国务院办公厅《关于减轻中小学教师负担进一步营造教育教学良好环境的若干意见》。会议传达了中国共产党定西市第十四届委员会第二次全体会议暨市委经济工作会议、全市项目发展和招商引资工作会议、全市政府债券及外贷项目工作会议、全市全域无垃圾城乡环境综合治理现场推进会，研究了贯彻落实工作。会议听取了关于有效应对疫情影响促进经济平稳健康发展的汇报。会议研究了县脱贫领导小组办公室提交的渭源县脱贫攻坚挂牌督战工作方案，渭源县2020年第一批财政专项扶贫资金相关项目实施方案之《渭源县2019年度雨露计划“两后生”职业教育培训项目实施方案》《渭源县2020年创业致富带头人培训项目实施方案》《渭源县2020年第一批财政专项扶贫资金2800万元用于渭源县光伏扶贫项目（一期工程）实施方案》《渭源县2020年农村饮水安全项目实施方案》《渭源县贫困家庭妇女技能培训项目实施方案》《渭源县2020年精准扶贫专项贷款贴息项目实施方案》《渭源县“百美村宿”乡村旅游扶贫示范基础配套项目实施方案》《渭源县2020年脱贫攻坚农村劳动力培训工作实施方案》《渭源县2020年农村公共厕所建设项目实施方案》。会议研究了县自然资源局提交的关于审批G310线渭源县城过境段道路建设工程临时用地的请示、关于划拨种质资源渭源观测实验站项目建设用地的请示、关于划拨上湾中心敬老院建设用地的请示、关于供给上湾镇2019年度第一批次村镇建设用地的报告、关于供给会川镇2019年度第一批次村镇建设用地的报告、关于供给锹峪镇2019年度第一批次村镇建设用地的报告，县交运局提交的《渭源县农村公路网规划（2020—2035）》，县人民武装部提交的《关于拟定表彰2019年度党管武装好书记武装工作先进单位和先进个人的报告》。会议研究了《关于上报特色产业发展工程贷款拟推荐企业的报告》。会议研究县人社局提交的《关于拟同意解除徐百成等三名同志聘用合同的报告》《关于拟对汪宏伟给予开除处分的报告》。会议研究了有关资金事宜。会议还就其他工作进行了安排。

县政府第81次常务会议　2020年2月17日，县委副书记、县政府县长蔺红军主持召开县政府第81次常务会议。会议组织学习了中共中央政治局常委会会议精神（2月12日）、省政府督查室《转办通知〈省委副书记、省长唐仁健在《问题严重的要就地免职！习近平应对新冠肺炎疫情工作的重要讲话全文公开》一文上的批示〉》、中央应对新冠肺炎疫情工作领导小组会议精神（2月10日）、中央应对新冠肺炎疫情工作领导小组会议精神（2月13日）、省委常委会会议精神、《中共甘肃省委 甘肃省人民政府关于坚决打赢新冠肺炎疫情防控阻击战促进经济持续健康发展的若干意见》、林铎书记在陇西调研指导疫情防控和生产恢复时的指示精神、甘肃省新冠肺炎疫情发联防联控领导小组第六次会议精神、甘肃省新冠肺炎疫情发联防联控领导小组第七次会议精神、定西市人民政府办公室《关于支持批零住餐文旅交运行业中小微企业应对疫情共渡难关的若干措施（审议稿）》、定西市人民政府办公室《印发关于支持全市工业企业应对疫情共渡难关若干措施的通知》。会议传达了市委常委会会议精神、全市地方政府债券争取工作推进会会议精神，研究贯彻落实工作。会议研究了渭源县新型冠状病毒感染的肺炎疫情联防联控工作领导小组交通检疫组关于设立辖区农村公路交通检疫点的请示。会议还安排了有关审计反馈问题整改工作。

县政府第82次常务会议 2020年3月3日，县委副书记、县政府县长蔺红军主持召开县政府第82次常务会议。会议组织学习了习近平总书记在统筹推进新冠肺炎疫情防控和经济社会发展工作部署会议上的讲话，市委副书记、市长戴超关于审计工作的批示。会议听取了全县新冠肺炎疫情防控工作汇报、全县2020年项目建设前期准备工作汇报、全县学校春季学期开学准备情况汇报，安排部署了疫情防控工作和下一阶段工作。会议研究了县自然资源局提交的会议研究了关于储备并公开出让田家河乡田家河村一宗国有建设用地使用权的请示、关于储备并公开出让会川镇沈家滩村一宗国有建设用地使用权的请示、关于储备并公开协议出让原财政局家属楼国有建设用地使用权的请示。会议研究了2020年度全县重点审计项目计划。会议研究了县教育局提交的关于渭源县龙庭中学小学部教学楼建设项目工程增量的报告、关于2020年特殊教育中央补助资金使用的报告、关于2020年学前教育中央资金分解使用的报告、关于2020年改善普通高中学校办学条件中央资金分解使用的报告、关于2020年中央义务教育薄弱环节改善及能力提升补助资金分解使用的报告、关于渭源县第四高级中学教师公寓楼建设项目工程增量的报告、关于2020年学前教育省级资金分解使用的报告。会议研究了《关于拟表彰2019年度征兵工作先进单位和个人的报告》《2020年提请县人大常委会讨论决定重大事项清单》《关于处置渭源县中西医结合医院部分固定资产的报告》、有关人事事宜、《关于上报特色产业发展工程贷款拟推荐企业的报告》。会议研究了县脱贫攻坚领导小组办公室提交的渭源县2020年第一批财政涉农整合资金项目计划、渭源县2020年县级预算财政专项扶贫资金项目计划、渭源县2020年第一批财政专项扶贫资金调整计划及相关项目实施方案之渭源县2020年第一批财政专项扶贫资金调整计划、渭源县贫困村主巷道硬化项目实施方案、渭源县贫困户用厕所改造项目实施方案、渭源县2020年第一批财政专项扶贫资金自然村通硬化路实施方案，渭源县2020年优质鲜切花扶贫项目相关实施方案之渭源县莲峰镇优质鲜切花产业园第二阶段建设项目实施方案、渭源县上湾镇南谷玫瑰园半穴式温室大棚建设项目实施方案，2020年第一批财政专项扶贫资金大安乡方家庄村村级集体经济建设项目实施方案，2020年第一批财政专项扶贫资金残疾贫困户产业扶持到户中药材种植项目实施方案，渭源县2020年第一批财政专项扶贫资金马铃薯产业到户项目实施方案，渭源县2020年第一批财政专项扶贫资金秦祁乡蔬菜产业扶贫项目实施方案，渭源县2020年第一批财政专项扶贫资金金鸡产业扶贫项目实施方案，国务院扶贫办定点帮扶资金项目计划及相关项目实施方案之国务院扶贫办定点帮扶资金项目计划、庆坪镇食用菌产业扶贫项目扩建及基础设施配套工程项目实施方案、渭源县道地中药材产业扶贫试点中药材质量安全追溯和产销对接体系建设项目实施方案。会议研究了渭源县2020年东西部扶贫协作第一批区级财政帮扶资金安排计划及相关项目实施方案之渭源县2020年东西部扶贫协作第一批区级财政帮扶资金安排计划、莲峰镇“农光互补”食用菌产业项目（二期）项目实施方案、上湾镇天启纺织扶贫车间扶持项目，莲峰镇簸箕湾村良种牛养殖项目施方案和大安乡邱家川村2020年村级集体经济建设项目，田家河乡元古堆村农光互补食用菌大棚羊肚菌种植基地配套设施建设项目，锹峪镇蔬菜种植大棚配套设施建设项目，渭源县贫困村创业致富带头人（提升）培训项目，渭源县小型集中供水工程水质净化工程，福州·定西东西部扶贫协作水土流失综合治理（渭源县生态林）项目，渭源县光伏扶贫建设项目2019年光伏收益测算分配方案，渭源县应对疫情期间财政专项扶贫产业资金调整使用方案的报告。

县政府第83次常务会议 2020年3月8日，县委副书记、县政府县长蔺红军主持召开县政府第83次常务会议。会议组织学习了《习近平主持召开中共中央政治局常务委员会议 研究当前新冠肺炎疫情防控和稳定经济社会运行重点工作》《习近平总书记在决战决胜脱贫攻坚座谈会上的讲话》，习近平总书记、李克强总理对全国春季农业生产工作作出的重要指示，《中共甘肃省委 甘肃省人民政府关于抓好“三农”领域重点工作确保与全国一道实现全面小康的实施意见》《中华人民共和国野生动物保护法》《关于全面禁止非法野生动物交易、革除滥食野生动物陋习、切实保障人民群众生命健康安全的决定》。会议研究了县政府办公室提交的2019年第四季度高质量发展考核结果及奖惩意见、2020年度县政府履责管理考核评价办法、2020年市委市政府实事办理工作方案、关于2019年度县政府金融奖考评情况的报告、省委巡视反馈问题整改事宜。

县政府第84次常务会议 2020年3月17日，受县委副书记、县政府县长蔺红军委托，县委常委、县政府常务副县长张拴宝主持召开县政府第84次常务会议。会议传达了全市发展和改革工作会议精神、全市生态环境保护暨全面从严治党工作会议精神、全市教育工作视频会议精神、全市文体广电和旅游工作会议精神、全市商务工作会议精神、全市马铃薯产业发展推进电视电话会议精神、全市草牧业发展推进电视电话会议精神，研究了贯彻落实工作。会议研究了县扶贫办提交的渭源县2020年市级第一批财政专项扶贫资金项目安排计划，渭源县定点扶贫协调引进碧桂园集团2000万元帮扶资金安排计划及实施方案，渭源县2020年第一批财政专项扶贫资金调整资金相关项目实施方案之渭源县草畜一体化产业扶贫项目实施方案、渭源县2020年路园镇易地扶贫搬迁后续扶持产业高标准日光温室建设项目实施方案、渭源县2020年锹峪镇易地扶贫搬迁后续扶持产业新丰安置点养殖业发展项目实施方案、渭源县小杂粮到户奖补项目实施方案，渭源县2020年第一批财政专项资金及县级资金相关项目实施方案之渭源县未脱贫户、监测户和边缘户种植业到户奖补项目实施方案和渭源县未脱贫户、监测户和边缘户养殖业到户奖补项目实施方案，渭源县2020年县级预算财政专项扶贫资金相关项目实施方案之渭源县乡村公益性岗位补贴资金项目实施方案、渭源县生产经营主体吸纳就业奖补项目实施方案、渭源县2020年建档立卡贫困劳动力稳岗补贴及务工交通补贴项目实施方案、渭源县带贫经营主体一次性生产补贴项目实施方案、渭源县带贫经营主体贷款贴息项目实施方案，渭源县2020年第一批财政涉农整合资金相关项目实施方案之渭源县贫困村公共卫生厕所实施方案、渭源县巷道硬化建设项目实施方案、渭源县北寨镇犊牛回购中心道路配套工程项目实施方案、渭源县2020年第一批统筹整合财政涉农资金易地搬迁基础设施建设项目实施方案、渭源县2020年农村环境整洁项目实施方案，渭源县2020年东西部扶贫协作第一批财政帮扶资金相关项目实施方案之渭源县路园镇金鸡蛋托生产加工扶贫车间项目实施方案、渭源县路园镇金丝皇菊种植及加工项目实施方案、渭源县峡城乡金丝皇菊种植及加工项目实施方案、渭源县峡城乡脱甲山村藜麦种植及加工项目实施方案、渭源县五竹镇五竹村面山绿化美化生态林项目实施方案、渭源县村集体经济和农民专业合作社扶持项目中秦祁乡白土坡村日光温室大棚建设项目实施方案、庆坪镇老王沟村中蜂养殖项目实施方案、麻家集镇土牌湾村养殖项目实施方案，光伏扶贫信息平台技术咨询试点服务协议。会议研究了县自然资源局提交的关于划拨残疾人康复中心综合业务楼建设用地的请示、关于2019年城乡建设用地增减挂钩节余指标交易资金使用的报告、关于储备并公开出让县城北环路东段三宗国有土地使用权的请示、关于补缴渭水天元药业科技集团有限公司部分土地出让金的请示、关于划拨会川镇第二幼儿园建设用地的请示、关于调整亭西路东侧渭储字19-24号宗地竞买保证金的请示、关闭颜裕昌成砖业有限责任公司补助合同。会议研究了县商务局提交的关于加快全县会议经济发展的实施方案、渭源县2020年招商引资“面上宣传推介点上集中攻坚”工作方案、渭源县2020年招商引资目标任务分解方案，县教育局提交的关于2020年义务教育薄弱环节改善和能力提升省级补助资金分解使用的报告、关于2020年中央中职改善办学条件奖补资金分解使用的报告、关于2020年农村边远地区中小学温暖工程专项资金分解使用的报告、关于2020年深度贫困县农村中小学教师周转宿舍建设工程专项资金使用的报告，县民政局《关于对高志雄等40户家庭临时救助和救急难的请示》。会议研究了2019年度综合目标管理责任书考核结果及奖惩意见。会议研究了有关资金事宜。

县政府第85次常务会议 2020年4月1日，县委副书记、县政府县长蔺红军主持召开县政府第85次常务会议。会议组织学习了《习近平在决战决胜脱贫攻坚座谈会上的讲话》。会议传达了省市财政工作会议精神，研究了贯彻落实工作。会议研究了《关于抓好“三农”领域重点工作确保与全国全省全市一道实现全面小康的实施意见》《渭源县“1+1托5机制”工作推进方案》《渭源县生态景观提升工程实施方案》《关于不动产统一登记中有关问题处理意见的请示》、有关人事事宜。会议研究了县脱贫领导小组办公室提交的渭源县2020年第二批财政帮扶资金项目安排计划、渭源县2020年东西部扶贫协作市级及第二批区级财政帮扶资金项目安排计划、渭源县2020年第一批统筹整合财政涉农资金用于渭源县自然村通硬化路项目实施方案、渭源县2020年东西部扶贫协作市级及第二批区级财政帮扶资金相关项目实施方案之2020年东西部扶贫协作市级财政帮扶资金渭源县生态扶贫菌草推广种植项目实施方案、渭源县2020年东西部扶贫协作市级财政帮扶资金甘肃陇源红生物科技有限公司扩大生产规模建设项目实施方案、渭源县2020年东西部扶贫协作市级财政帮扶资金新寨镇田家岔村农民专业合作社扶持项目实施方案、渭源县2020年东西部扶贫协作市级财政帮扶资金新寨镇闫家沟村种植农民专业合作社扶持项目实施方案、渭源县2020年东西部扶贫协作市级财政帮扶资金庆坪镇松树村种植农民专业合作社扶持项目实施方案、渭源县2020年东西部扶贫协作市级财政帮扶资金清源镇里仁村种植农民专业合作社扶持项目实施方案、渭源县2020年东西部扶贫协作区级财政帮扶资金秦祁乡杨川村蔬菜产业园果蔬保鲜库场地硬化项目实施方案、渭源县2020年贫困户农业保险市、县级补助项目实施方案，渭源县2020年脱贫攻坚责任书。

县政府第86次常务会议 2020年4月14日，县委副书记、县政府县长蔺红军主持召开县政府第86次常务会议。会议组织学习了习近平在湖北省考察新冠肺炎疫情防控时的讲话精神、习近平总书记参加十三届全国人大二次会议甘肃代表团审议时的讲话精神、习近平总书记在统筹推进新冠肺炎疫情防控和经济社会发展工作部署会议上的讲话、习近平总书记在决战决胜脱贫攻坚座谈会上的讲话精神、习近平扶贫论述摘编（第一部分决胜脱贫攻坚，共享全面小康）、中国共产党巡视工作条例、被巡视党组织配合中央巡视工作规定精神、省委脱贫攻坚专项巡视动员部署会议精神、省委第三巡视组对定西市及所辖贫困县开展脱贫攻坚专项巡视工作动员会会议精神。会议研究有关人事任免事宜。会议还强调了其他重点工作。

县政府第87次常务会议 2020年4月16日，县委副书记、县政府县长蔺红军主持召开县政府第87次常务会议。会议组织学习了习近平在湖北省考察新冠肺炎疫情防控工作时的讲话、习近平总书记对安全生产的重要指示精神和李克强总理的批示精神、关于抓好“三农”领域重点工作确保与全国一道实现全面小康的实施意见（市委1号文件）、《中华人民共和国基本医疗卫生与健康促进法》。会议传达了省市科技工作会议精神，研究贯彻落实工作。会议审议了《深化项目评审、人才评价、机构评估改革的实施方案（审议稿）》。会议研究了县脱贫攻坚领导小组办公室提交的县级2020年第一批统筹整合财政涉农资金相关项目实施方案之渭源县2020年第一批统筹整合财政涉农资金“畅返不畅”道路整治项目实施方案、渭源县2020年第一批统筹整合财政涉农资金水毁灾损整治工程项目实施方案，渭源县2020年第二批财政专项扶贫资金相关项目实施方案之渭源县会川镇35KV并网光伏扶贫项目及全国光伏扶贫信息监测中心接入工程项目实施方案、渭源县2020年第二批财政专项扶贫资金“畅返不畅”整治工程实施方案、渭源县2020年第二批财政专项扶贫资金自然村通硬化路项目实施方案、渭源县2020年第二批财政专项扶贫资金五竹镇扶贫产业园产业路项目实施方案、渭源县2020年第二批财政专项扶贫资金未脱贫户和监测户种植业奖补项目实施方案、渭源县2020年第二批财政专项扶贫资金莲峰镇食用菌产业到户项目实施方案、渭源县2020年第二批财政专项扶贫资金莲峰镇花卉种植到户项目实施方案、渭源县2020年第二批财政专项扶贫资金莲峰镇优质鲜切花产业园建设项目实施方案、渭源县上湾镇南谷玫瑰园半穴式温室大棚建设项目实施方案、渭源县2020年第二批财政专项扶贫资金带贫经营主体贷款贴息项目实施方案、渭源县2020年第二批财政专项扶贫资金“金鸡”产业扶贫项目实施方案、渭源县大安乡草畜一体化产业扶贫项目配套工程实施方案，渭源县2020年市级第一批财政专项扶贫资金用于贫困人口碘盐补贴项目实施方案，渭源县2020年东西部扶贫协作市级财政帮扶资金及第二批区级财政帮扶资金相关项目实施方案之渭源县农产品宣传推介平台建设项目实施方案、渭源县2020年贫困劳动力输转项目实施方案、渭源县贫困村道德集美超市奖补暨巾帼家美积分超市建设项目实施方案。会议研究了县自然资源局提交的关于划拨渭源县第五幼儿园建设用地的请示、关于储备并公开出让秦祁乡杨川村一宗国有建设用地使用权的请示、关于依法收回渭水华庭A区国有建设用地使用权并核减出让金的请示，县住建局提交的关于拨付渭源县一中东侧棚户区改造及渭锦佳苑建设项目基础设施建设补助资金的报告、关于渭源县旅游路城区至渭河源景区旅游公路绿化栽植方案及资金预算的报告，县教育局提交的《渭源县职业教育改革实施方案》，县河长办提交的《渭源县河湖管理范围划定工作实施方案》，县民政局提交的《关于对尉养贤等19户家庭临时救助和救急难的请示》，县财政局提交的关于做好扶贫小额信贷“户贷企用”存量贷款风险化解方案的请示、关于上湾镇继续使用中央财政移民搬迁补助项目产业发展扶持资金的请示、有关资金事宜、关于2020年城乡建设用地增减挂钩节余指标跨省域调剂资金安排情况的报告，县人社局提交的关于全县参保企业划型结果的请示、有关人事事宜。

县政府第88次常务会议 2020年4月29日，县委副书记、县政府县长蔺红军主持召开县政府第88次常务会议。会议组织学习了习近平总书记在陕西考察时的重要讲话精神、中共中央政治局常委会会议精神（4月17日）、中共市委办公室《关于印发陈荣在省委第三巡视组对定西市及所辖贫困县开展脱贫攻坚专项巡视工作动员会议上的讲话和唐晓明表态讲话的通知》、市发改委《关于印发2020年市政府履责管理责任指标体系和重点工作体系考核评价办法的通知》。会议传达了全国统战工作会议精神。会议传达了全市禁毒工作会议精神，听取了全县禁毒工作汇报，研究了贯彻落实工作。会议研究了《关于2020年继续执行赴疆转移就业安置奖补政策的报告》。会议研究了《关于提交渭源县2020年第二批财政专项扶贫资金路园镇金鸡产业园产业路实施方案的报告》《关于将渭源县粮食产后服务中心项目与金鸡产业扶贫项目饲料加工厂项目整合建设的请示》《关于渭源县金鸡产业扶贫项目废弃物无害化处理中心工程增加建设费用的报告》。会议研究了县交运局提交的《关于申请解决S229线榆中至陇西公路蒲滩至何家沟（渭陇界）段公路改造工程项目建设资金的报告》，县司法局提交的关于2020年度县政府规范性文件建议项目统计情况的报告、关于2020年度渭源县重大行政决策事项目录的报告、关于渭源县重大事项决策咨询专家库推荐名单的报告。会议研究了《关于申请将财政局社保基金专户累计结余失地农民养老保险资金办理兰渝铁路、渭武高速失地农民养老保险的报告》。会议研究了有关人事事宜。

县政府第89次常务会议 2020年5月7日，县委副书记、县政府县长蔺红军主持召开县政府第89次常务会议。会议组织学习了中共中央政治局常委会会议精神（4月29日）、中共中央政治局常委会会议精神（5月6日）、中央脱贫攻坚约谈会议精神（4月13日）、国务院常务会议精神（4月21日）、《保障农民工工资支付条例》。会议传达了省市人社工作暨人社系统党风廉政建设工作会议和就业扶贫工作推进会议精神，研究了贯彻落实工作。会议听取了2020年扶贫资金精准统筹使用方案和财政涉农资金统筹整合使用方案联审反馈问题的汇报、2019年及2020年县财政专项扶贫资金、统筹整合财政涉农资金、东西部协作资金支出情况的汇报。会议研究了县住建局提交的关于渭源县北环路道路建设工程增加投资的请示、关于渭源县城棚户区改造配套供热基础设施改造工程增加投资的请示。会议研究了《渭源县农民专业合作社质量提升整县推进试点实施方案》。会议研究了县政府办公室提交的市政府主要领导调研渭源“十件事情”贯彻落实方案和解决“七个问题”责任清单、2020年全县政府系统督查检查考核工作计划（审议稿）、2020年第一季度县政府目标管理考核结果及奖惩意见。会议研究了《关于2020年城乡建设用地增减挂钩结余指标跨省域调剂资金及县级基本财力保障机制奖补资金安排情况的报告》。会议研究了县扶贫办提交的渭源县2020年第三批财政专项扶贫资金项目计划、渭源县2020年第二批统筹整合财政涉农资金项目计划、渭源县2020年及历年财政扶贫结余资金调整项目计划、渭源县东西部扶贫协作2020年区级财政帮扶资金东西协作消费扶贫线上线下综合运营平台项目调整计划。会议研究了有关人事事宜。会议还安排了当前重点工作。

县政府第90次常务会议 2020年5月20—21日，县委副书记、县政府县长蔺红军主持召开县政府第90次常务会议。会议组织学习了习近平在山西考察时的讲话精神、中共中央政治局常委会会议精神（5月14日）、习近平扶贫论述摘编（第二部分 坚持党的领导，强化组织保证）、中共中央 国务院《关于新时代推进西部大开发形成新格局的指导意见》、中共中央办公厅 国务院办公厅印发《关于推动基础设施高质量发展的意见》的通知、中共定西市委办公室 定西市人民政府办公室关于印发《定西市2020年县区推动高质量发展情况评价办法》的通知。会议传达了甘肃省中央生态环境保护督查反馈问题整改工作动员部署会议精神、全市打赢蓝天保卫战推进会议和市污染防治攻坚战重点任务推进会议精神，研究了贯彻落实工作。会议听取了各分管副县长当前重点工作汇报、全县脱贫攻坚问题整改落实情况汇报、省委第三巡视组脱贫攻坚专项巡视渭源反馈问题，研究下一步整改工作事宜。会议研究了县民政局提交的《关于对王和平等5户家庭救急难的请示》，县应急管理局提交的关于成立应急管理委员会的通知、关于进一步加强安全生产工作的实施意见、关于深入推进城市安全发展的实施意见、关于加快建设全县新型应急体系的实施意见、关于全面加强自然灾害防治能力建设的实施意见。会议研究了县发改局提交的《一季度全县经济运行情况和二季度补欠收促赶超工作任务安排意见》。会议研究《全县“六保”工作方案》之渭源县保居民就业工作方案、保基本民生工作方案、保市场主体工作方案、保粮食能源安全工作方案、保产业链供应链稳定工作方案、保基层运转工作方案。会议研究了县扶贫办提交的渭源县东西部扶贫协作2020年第二批区级财政帮扶调整资金相关项目实施方案之渭源县路园镇大路村“农光互补”食用菌产业园菌棒补助项目实施方案、渭源县边缘户养殖业到户奖补项目实施方案，渭源县2020年第三批财政专项扶贫资金相关项目实施方案之渭源县雨露计划“两后生”培训项目实施方案、锹峪镇易地扶贫搬迁后续产业扶持锹峪村日光温室建设项目实施方案、路园镇光伏食用菌产业园建设项目实施方案、带贫经营主体贷款贴息项目实施方案、渭源县建档立卡贫困重度残疾人家庭无障碍改造项目实施方案，渭源县2020年第二批统筹整合财政涉农资金相关项目实施方案之渭源县贫困村主巷道硬化项目实施方案、渭源县高标准基本农田建设项目实施方案、渭源县会川镇自然村通硬化路项目实施方案、渭源县田家河乡畅返不畅道路整治项目实施方案、渭源县光伏扶贫建设项目（一期工程）项目实施方案，渭源县2020年及历年财政扶贫结余资金项目调整实施方案之渭源县会川光伏园区35千伏升压站及输出工程缺口资金实施方案、渭源县农村饮水净水厂供水设备保温提升改造工程项目实施方案、渭源县“金鸡”产业扶贫项目实施方案、渭源县2020年及历年财政扶贫结余资金调整项目边缘户种植业奖补项目实施方案，渭源县会川镇干乍村与哈地窝村服装加工扶贫车间项目实施方案的报告。会议研究了《关于列项建设会川镇集中供热工程的请示》。会议研究了县自然资源局提交的关于供给五竹镇2020年度第一批次村镇建设用地的报告、关于供给庆坪镇2020年度第一批次村镇建设用地的报告、关于供给清源镇2020年度第一批次村镇建设用地的报告、关于供给大安乡2020年度第一批次村镇建设用地的报告、关于供给田家河乡2020年度第一批次村镇建设用地的报告、关于划拨祁家庙中心敬老院建设用地的请示。会议研究了《2020年渭源县高质量发展指标责任分解情况》、有关资金事宜。会议研究了县人社局提交的关于申请办理2019年度教育卫生拟引进急需紧缺人才入职手续的报告、关于渭源县乡镇机构改革事业单位工作人员转隶（调整岗位）方案的报告、有关人事事宜。

县政府第91次常务会议 2020年5月28日，县委副书记、县政府县长蔺红军主持召开县政府第91次常务会议。会议组织学习了习近平总书记参加十三届全国人大三次会议内蒙古代表团审议时的重要讲话精神、习近平总书记参加十三届全国人大三次会议湖北代表团审议时的重要讲话精神、习近平总书记看望参加政协会议的经济界委员时的重要讲话精神、国务院总理李克强代表国务院向十三届全国人大三次会议作的政府工作报告、《习近平扶贫论述摘编》（第三部分 坚持精准方略，提高脱贫实效），中央政治局常委、中央纪律检查委员会书记赵乐际在甘肃视察时的讲话精神，全省决战决胜脱贫攻坚推进大会会议精神；关于贯彻落实习近平总书记参加十三届全国人大二次会议甘肃代表团审议时重要讲话精神情况的通报，《中共定西市委 定西市人民政府印发关于新时代推进西部大开发形成新格局若干重大措施》的通知。会议研究了《关于提交2020年度县级脱贫攻坚项目库动态调整工作的报告》。会议研究了县住建局提交的关于研究成立渭源县正煜供热有限公司的报告、关于《渭源县2020年农村公厕建设项目实施方案》的报告。会议研究了《渭源县南部（田家河乡）易地扶贫搬迁产业后续扶贫百合加工厂项目实施方案》《关于调整县政府领导同志工作分工的意见》。

县政府第92次常务会议 2020年6月24日，

县委副书记、县政府县长蔺红军主持召开县政府第92次常务会议。会议组织学习了习近平总书记在宁夏考察时的重要讲话精神（决胜全面建成小康社会决战脱贫攻坚 继续建设经济繁荣民族团结环境优美人民富裕的美丽新宁夏）、《习近平扶贫论述摘编》（第四部分：坚持加大投入，强化资金支持）、《中共中央办公厅 国务院办公厅印发关于深化统计管理体制改革提高统计数据真实性的意见》的通知、《中共中央办公厅 国务院办公厅印发统计违纪违法责任人处分处理建议办法的通知》《防范各惩治统计造假、弄虚作假督察工作规定》。会议传达了全省落实粮食安全省长责任制工作暨政策性粮食大清查总结视频会议精神、全市食品安全委员会第一次全体（扩大）会议精神、全市耕地保护卫片执法暨自然资源领域各类突出问题整治工作推进会议和全市生态保护红线评估调整工作会议精神、全省新冠肺炎疫情常态化防控工作视频会议精神，研究了贯彻落实工作。会议听取了2019年及2020年县财政专项扶贫资金、统筹整合财政涉农资金、东西部协作资金支出情况汇报，全县扫黑除恶专项斗争工作汇报，全县疫情防控工作汇报，全县法治政府建设工作汇报，全县第四次全国经济普查工作汇报。会议研究了县扶贫办提交的《渭源县“十三五”第二批13兆瓦村级光伏扶贫电站项目结余资金调整项目计划》《渭源县2020年恒大集团捐赠扶贫资金分配计划》《2020年市级第二批及2021年市级提前批财政专项扶贫资金安排计划》《关于2020年脱贫攻坚补短板综合财力补助资金项目安排计划及方案》。会议研究了《渭源县贯彻落实新时代甘肃融入“一带一路”建设打造“五个制高点”规划的实施意见》《关于批复渭源县河道采砂管理规划（2019—2022年）的请示》《渭源县落实中央生态环境保护督查反馈问题整改工作方案》《渭源县关于加快推进特色优势产业标准化工作实施方案》。会议研究了县交运局提交的《关于审定渭源县河口至火车站市政道路建设工程变更工程量及增加资金的报告》《关于S227渭源县至五竹及五竹至渭河源景区旅游公路增加挡墙的报告》，县民政局提交的《关于对苏军等37户家庭临时救助和救急难的请示》，县科技局提交的《关于推荐全市优秀科技特派员的报告》。会议研究了《关于特色产业发展工程贷款拟推荐企业的报告》。会议研究了县统计局提交的渭源县第七次全国人口普查领导小组成员单位职责分工、渭源县第七次全国人口普查工作进度安排，县人社局提交的关于2019年度事业单位工作人员考核结果的报告、关于渭源县综合性应急救援中队配备工作人员的报告、关于划转县综合执法局杜永丽等五名人员的报告、有关人事事宜，县财政局提交的《关于化解扶贫小额信贷“户贷企用”贷款有关事宜的请示》《关于建立健全县人民政府向人大常委会报告国有资产管理情况制度的意见》（审议稿）、《关于申请调整渭源县麻家集镇2020年基层政权建设项目资金用于麻家集镇业务用房维修改造及基层司法所建设项目的报告》、有关资金事宜。会议研究了《关于县政府副县长郭凯挂职期间工作分工调整的通知》。

县政府第93次常务会议 2020年7月16日，县委副书记、县政府县长蔺红军主持召开了县政府第93次常务会议。会议组织学习了习近平总书记在中央政治局第二十次集体学习时的讲话、习近平对进一步做好防汛救灾工作作出重要指示、中共中央办公厅《关于印发〈党委（党组）意识形态工作责任制实施办法〉的通知》、《习近平扶贫论述摘编》（第五部分：坚持社会动员，凝聚各方力量）、中共甘肃省委《关于印发〈中共甘肃省委落实全面从严治党主体责任清单〉的通知》、中共甘肃省委办公厅《关于持续解决困扰基层的形式主义问题为决胜全面建成小康社会提供坚强作风保证的通知》、中共市委办公室《关于对石琳进行党内批评的通报》。会议组织学习了《中华人民共和国民法典》。会议传达了平安定西建设工作会议暨扫黑除恶专项斗争领导小组第十四次全体（扩大）会议精神、全市综治中心建设现场推进会暨综治中心主任、乡镇（街道）政法委员培训会议精神，研究了贯彻落实工作。会议听取了2019年及2020年县财政专项扶贫资金、统筹整合财政涉农资金、东西部协作资金支出情况汇报、全县脱贫攻坚普查准备情况汇报，安排部署下一阶段工作。会议研究了《渭源县综治中心建设方案》。会议研究了县民政局提交的《关于为全县分散特困供养人员购置杂物柜（衣柜）、就餐桌椅和床上用品的报告》《关于增加村级公益性岗位加强农村养老服务工作的报告》《关于将渭源县未成年人保护中心项目结余资金收回重新分配的报告》，县自然资源局提交的《关于渭源县工业园区内金鸡项目屠宰厂用地延期动工及竣工的请示》《关于划拨会川镇城区集中供热工程建设用地的请示》《关于审批定西至临洮高速公路临时用地的请示》，县发改局提交的《渭源县贯彻落实新时代推进西部大开发形成新格局若干重大措施工作要点》《关于调整渭源县2015年易地扶贫搬迁专项建设基金结余资金使用用途的报告》。会议研究了《县域农村生活污水治理专项规划》《关于姜海洋等10名同志期满后续派科技特派员的请示》。会议研究了生产经营类事业单位改革有关事宜之《渭源县2020年生产经营类事业单位改革方案》《渭源县黄香沟牧场经营类事业单位改革实施方案》《渭源县给排水公司和污水处理厂改革方案》《渭源县房产管理公司改革方案》《定西声达律师事务所改革工作方案》。会议研究了《渭源县财政预算绩效管理工作规程》。会议研究了县扶贫办提交的相关资金计划及收益分配方案之关于碧桂园2019年捐赠资金项目调整计划的报告、关于2020市级第二批财政专项及2019年结余专项资金调整用于扶持壮大村级集体经济计划的报告，相关扶贫资金项目实施方案之渭源县2021年市级提前批财政专项扶贫资金马铃薯脱毒基础苗供应中心建设项目实施方案、渭源县“十三五”第二批13兆瓦村级光伏扶贫电站项目结余资金用于贫困村巷道硬化项目实施方案、渭源县2020年脱贫攻坚补短板综合财力补助资金渭源县2020年脱贫攻坚补短板易地扶贫搬迁后续扶持项目实施方案和渭源县2020年建档立卡贫困劳动力稳岗补贴项目实施方案，渭源县2020年恒大集团捐赠资金相关项目实施方案之渭源县田家河乡光伏食用菌产业园产业道路建设项目实施方案、渭源县五竹镇秦祁乡自然村通硬化路建设项目实施方案、渭源县秦祁乡杨川村过水路面建设项目实施方案、渭源县祁家庙镇贫困村产业路建设项目实施方案、渭源县锹峪镇扶贫产业园产业路建设项目实施方案、渭源县田家河乡贫困村巷道硬化项目实施方案、渭源县田家河乡光伏食用菌产业园配套设施建设项目实施方案、渭源县“金鸡”产业扶贫项目实施方案，碧桂园2019年捐赠资金项目相关实施方案之渭源县电商扶贫培训项目实施方案、渭源县服装加工就业技能培训项目实施方案、渭源县健康扶贫扩建项目实施方案。会议研究了有关资金事宜。

县政府第94次常务会议 2020年7月27日，县委副书记、县政府县长蔺红军主持召开县政府第94次常务会议。会议组织学习了习近平总书记在吉林考察调研时的重要讲话、习近平总书记在企业家座谈会上的讲话、《习近平扶贫论述摘编》（第七部分：坚持群众主体，激发内生动力）。会议贯彻落实了2020年市级总河长视频会会议精神、2020年全市上半年经济运行定向提升调度会会议精神。会议研究了人事事宜。

县政府第95次常务会议 2020年8月3日，县委副书记、县政府县长蔺红军主持召开县政府第95次常务会议。会议组织学习了中共中央政治局会议精神、《习近平扶贫论述摘编》（第八部分）、《中华人民共和国监察法》《中国共产党纪律处分条例》《公职人员政务处分法》、中共定西市委组织部《关于进一步从严贯彻执行领导干部有关事项报告制度的通知》，《领导干部报告个人有关事项规定》《领导干部个人有关事项报告核查结果处理办法》《中华人民共和国就业促进法》。会议传达学习了《定西市人民政府办公室关于2020年第二季度政府履责管理督查考核情况的通报》，研究部署下一阶段工作。会议研究了《2020年第二季度县政府履责管理督查考核结果及奖惩意见》。会议研究了县民政局提交的《关于对马转银等48户家庭临时救助和救急难的请示》《关于做好2020年贫困大学生家庭救助工作的报告》，县自然资源局提交的《关于储备并公开出让莲峰镇元明村一宗国有建设用地使用权的请示》《渭源县乡（镇）政府耕地保护责任目标考核办法》。会议研究了《新时期产业工人队伍建设改革实施细则（审议稿）》。会议研究了县住建局提交的《关于渭源县城北环路东段棚户区改造建设项目四期房屋及土地征收补偿资金预算情况的报告》《关于G310线渭源县城过境段道路建设工程增加投资的报告》。会议研究了《关于部分建设项目结余资金分解使用的请示》。会议研究了会川镇征地核查有关事宜之关于会川镇西关村土地征收核查情况的报告、关于储备渭源县2016年第1批次城镇建设用地（部分）使用权的请示。

县政府第96次常务会议 2020年8月14日，受县委副书记、县政府县长蔺红军委托，县委常委、县政府常务副县长杨永吉主持召开了县政府第96次常务会议。会议组织学习了习近平作出重要指示强调：坚决制止餐饮浪费行为，切实培养节约习惯，在全社会营造浪费可耻节约为荣的氛围，《习近平谈治国理政》（第三卷）（第一部分），《中共中央关于印发〈中国共产党基层组织选举工作条例〉的通知》，省委书记林铎、市委书记唐晓明对防汛救灾工作的批示，《中共甘肃省委办公厅关于明确范围口径持续精简会议的通知》《甘肃省环境保护条例》。会议研究了县扶贫办提交相关的相关资金事宜之2020年第三批统筹整合财政涉农资金安排计划、2020年定点扶贫资金项目安排计划、2020年东西部扶贫协作第一批社会帮扶资金计划、拨付渭源县光伏扶贫建设项目（一期工程）村级光伏扶贫电站运行维护相关费用，2020年定点扶贫资金项目实施方案之2020年会川镇罗家磨乡村文化旅游综合服务中心项目实施方案、会川镇罗家磨乡村文化人才服务中心建设项目实施方案、“百美村宿”民宿建设项目实施方案、会川镇罗家磨帐篷营地建设项目实施方案。会议研究了《关于申请变更渭源县2020年高标准基本农田项目建设内容的报告》。会议研究了《关于提交渭源县2020年统筹整合使用涉农资金项目方案的报告》。

县政府第97次常务会议 2020年8月28日，县委副书记、县政府县长蔺红军主持召开县政府第97次常务会议。会议组织学习了习近平总书记在安徽考察时的重要讲话精神（坚持改革开放，坚持高质量发展，在加快建设美好新安徽上取得新的大进展）、习近平在经济社会领域专家座谈会上的讲话、《习近平谈治国理政》（第三卷）（第二、第三专题）、李克强总理在重庆考察时强调：做好防汛救灾和恢复重建工作，在改革开放中持续努力巩固经济恢复性增长势头，《中共甘肃省委办公厅 甘肃省人民政府办公厅关于落实过紧日子要求进一步严格财政支出管理的通知》《中华人民共和国药品管理法》。会议传达了全国克服疫情影响确保如期全面脱贫电视电话会议精神、全省防汛救灾电视电话会议精神、全省经济工作补欠账保目标调度电视电话会议、全市补欠收保目标汇报会、市政府第13次市长办公会议精神，研究了贯彻落实工作。会议听取了重点工作推进情况汇报、全县安全生产工作情况汇报、未成年人思想道德建设工作汇报，安排部署下一阶段工作。会议研究了县教育局提交的《关于2020年义务教育薄弱环节改善与能力提升中央（第二批）补助资金分解使用的请示》《关于建议召开全县教育工作暨第36个教师节表彰大会的报告》《关于兑现2019—2020学年度教学质量奖的建议报告》《关于推荐表彰全县教育工作先进集体和先进个人建议的报告》《关于渭源县2020年学校布局调整方案的报告》，县自然资源局提交的《关于渭源县久唯电子商务创业孵化中心项目用地性质和技术经济指标进行调整的请示》《关于渭源县自然资源统一确权登记工作方案的报告》《关于储备并公开出让清源镇河口村梁家坪一宗国有建设用地使用权的请示》《关于储备并公开出让渭源县中医院南侧一宗国有建设用地使用权的请示》。会议研究了《关于公布县级政府部门第十五批拟取消调整和承接行政审批项目等事项的请示》。会议研究了县水务局提交的《关于渭源县规模以下河流管理范围划定工作方案的报告》《关于渭源县锹峪镇锹峪村水利设施建设项目工程量签证审核的报告》。会议研究了关于推荐特色产业工程贷款相关事宜、《渭源县2020—2021年度集中供热单位补助资金方案》《关于开展农村网格化服务管理工作的实施意见》《关于设立支持中小微企业贷款基金的实施方案》。会议研究了县民政局提交的《关于对赵瑞等40户家庭临时救助和救急难的请示》。会议研究了有关资金事宜、有关人事事宜。

县政府第98次常务会议 2020年9月3日，县委副书记、县政府县长蔺红军主持召开县政府第98次常务会议。会议组织学习了中共中央政治局会议精神（8月31日）、习近平在中央第七次西藏工作座谈会上的重要讲话精神、习近平在中央全面深化改革委员会第十五次会议上的讲话“推动更深层次改革实行更高水平开放，为构建新发展格局提供强大动力”、《习近平谈治国理政》（第三卷）（第四、第五专题）、《中华人民共和国预算法》。会议传达了全市民营经济发展暨优化营商环境座谈会议精神，研究了贯彻落实工作。会议研究了《关于进一步调整完善2020年度县政府履责管理考核评价办法的修改意见》。会议研究了县扶贫办提交的相关资金计划之《关于调整2020年部分财政扶贫结余资金重新安排用于脱贫攻坚项目的报告》《关于调整田家河乡光伏食用菌产业园道路建设项目主管单位的报告》，渭源县2020年第三批统筹整合财政涉农资金项目实施方案相关事宜之北寨镇前进村扶贫车间扶持项目、大安乡杜家铺村扶贫车间扶持项目、锹峪镇曹家庄村扶贫车间扶持项目、路园镇食用菌产业园产业路建设项目、大安乡庆坪镇秦祁乡自然村通硬化路项目、水毁灾损道路整治工程项目、水毁灾损灌溉整治工程项目、水毁灾损安全饮水整治工程、莲峰镇绽坡村发展壮大村级集体经济项目、上湾镇侯家寺村发展壮大村集体经济项目、莲峰镇老庄村发展壮大村级集体经济项目、大安乡邱家川村发展壮大村级集体经济项目、麻家集镇土牌湾村发展壮大村级集体经济项目、清源镇马家窑村发展壮大村级集体经济项目、锹峪镇新丰村发展壮大村级集体经济项目、会川镇罗家磨村发展壮大村级集体经济项目、五竹镇鹿鸣村发展壮大村级集体经济项目、食用菌产销一体化建设项目、庆坪镇老王沟村发展壮大村级集体经济项目、莲峰镇簸箕湾村发展壮大村级集体经济项目、秦祁乡岗家岔村发展壮大村级集体经济项目、田家河乡元古堆村发展壮大村级集体经济项目、田家河乡香卜路村发展壮大村级集体经济项目、麻家集镇袁家河村发展壮大村级集体经济项目、庆坪镇窑坡村发展壮大村级集体经济项目、莲峰镇古迹坪村发展壮大村级集体经济项目、北寨镇盐滩村发展壮大村级集体经济项目、上湾镇尖山村发展壮大村集体经济项目、祁家庙镇郭家山村发展壮大村级集体经济项目，《渭源县2020年东西部扶贫协作第一批社会帮扶资金用于莲峰镇“农光互补”食用菌产业园附属设施项目实施方案》，相关工作实施方案之《渭源县推进消费扶贫“十大行动”落实方案》《渭源县消费扶贫月（季）活动实施方案》《渭源县2020年贫困退出验收工作实施方案》《渭源县脱贫攻坚防贫监测评估工作方案》，《关于已脱贫、已退出村复核检视工作的意见》。会议研究了《关于福利费助推消费扶贫方案》。会议研究了有关人事

事宜，

县政府第99次常务会议 2020年9月9日，受县委副书记、县政府县长蔺红军委托，县委常委、县政府常务副县长杨永吉主持召开县政府第99次常务会议。会议组织学习了习近平在纪念中国人民抗日战争暨世界反法西斯战争胜利75周年座谈会上的讲话精神、习近平在全国抗击疫情表彰大会上的讲话精神、习近平在2020年中国国际服务贸易交易全球服务贸易峰会上的致辞、《习近平谈治国理政》（第三卷）（第六、第七专题）、习近平总书记关于统计工作的重要讲话摘录、《中华人民共和国资源税法》。会议传达了全省严防聚集性疫情做好秋冬季防控工作电视电话会议精神，研究了贯彻落实工作。会议研究了《关于划转县卫健部门部分固定资产的报告》。会议研究了县人社局提交的《渭源县关于进一步加大创业担保贷款力度支持重点群体创业就业实施方案》、有关人事事宜。

县政府第100次常务会议 2020年9月18日，县委副书记、县政府县长蔺红军主持召开县政府第100次常务会议。会议组织学习了习近平总书记在中央财经委员会第八次会议上的重要讲话精神、习近平总书记在专家学者座谈会上的重要讲话精神、习近平总书记在科学家座谈会上的重要讲话精神、《习近平谈治国理政》（第三卷）（第八、第九专题）、《中华人民共和国公职人员政务处分法》。会议研究了县自然资源局提交的《关于储备并公开出让莲峰镇镇区一宗国有建设用地使用权的请示》《关于供给莲峰镇2020年度第2批次村镇建设用地的报告》《关于供给峡城乡2020年度第2批次村镇建设用地的报告》《关于供给路园镇2020年度第2批次村镇建设用地的报告》《关于供给麻家集镇2020年度第2批次村镇建设用地的报告》《关于供给北寨镇2020年度第3批次村镇建设用地的报告》《关于供给祁家庙镇2020年度第3批次村镇建设用地的报告》《关于供给秦祁乡2020年度第3批次村镇建设用地的报告》《关于供给新寨镇2020年度第3批次村镇建设用地的报告》《关于供给庆坪镇2020年度第3批次村镇建设用地的报告》。会议研究了《渭源县森林公安机关管理体制调整工作实施方案》。会议研究了县民政局提交的《渭源县城乡社区建设工作方案》《关于申请2020年省级困难群众基本生活补助结余资金调剂统筹使用的报告》。会议研究了县扶贫办提交的《渭源县2020年东西部扶贫协作新增财政帮扶资金安排计划》《关于申请贫困劳动力务工交通补贴结余资金调整用于贫困劳动力稳岗补贴项目的报告》《渭源县食用菌产销研一体化建设项目实施方案》《渭源县2020年财政结余资金重新安排用于渭源县上湾镇鲜切花卉种植项目实施方案》《渭源县2020年度贫困人口县级验收贫困村自验审核结果的报告》。会议研究了有关资金事宜、渭源县特殊转移支付资金使用调整方案。会议还安排了其他重点工作。

县政府第101次常务会议 2020年9月29日，县委副书记、县政府县长蔺红军主持召开县政府第101次常务会议。会议组织学习了习近平在第三次中央新疆工作座谈会上的讲话精神、习近平总书记在湖南考察时召开基层代表座谈会上的讲话精神、习近平在教育文化卫生体育领域专家代表座谈会上的讲话精神、《习近平谈治国理政》（第三卷）（第十、第十一专题）、《中华人民共和国固体废物污染环境防治法》。会议传达了全国马铃薯产业现场推进会和2020年中国马铃薯大会精神、全省扶贫产业体系建设现场会精神、全市秋季造林绿化动员会议精神、全市抓重点破难点补欠收保目标工作会议精神、全市供热工作会议精神，研究了贯彻落实工作。会议研究了《关于县自然资源局申请办公用房的报告》《2020年渭源县废旧地膜回收利用示范县建设方案》《关于2020年支持学前教育发展中央专项资金分解使用的请示》《关于促进中医药传承创新发展的实施意见》《关于依法收回储备会川江能市场（二期）项目用地使用权的请示》。会议研究了关于推荐特色产业工程贷款相关事宜。会议研究了县扶贫办提交的《渭源县2020年东西部扶贫协作新增帮扶资金安排计划》《渭源县2020年中国扶贫基金会双重扶贫捐赠大米分配方案》《关于申请拨付渭源县“十三五”第一批、第二批光伏扶贫项目相关费用的报告》，渭源县2020年东西部扶贫协作新增帮扶资金相关项目实施方案之《2020年东西部扶贫协作消费扶贫奖补项目实施方案》《渭源县消费扶贫生活馆建设项目实施方案》《渭源县村集体经济和农民专业合作社扶持项目实施方案》《渭源县“互联网+健康扶贫”项目实施方案》，渭源县中国扶贫交流基地建设项目相关实施方案之《渭源县田家河乡元古堆村中国扶贫交流基地建设项目实施方案》《渭源县会川镇光伏食用菌扶贫产业园扶贫交流基地建设项目实施方案》《中国扶贫交流“配套点”易地搬迁后续产业发展基地建设项目实施方案》《渭源县莲峰镇老庄村优质鲜切花扶贫交流基地建设项目实施方案》《甘肃田地农业科技有限责任公司扶贫交流基地建设项目实施方案》，《关于变更清源镇贫困村家纺产业项目实施方案的报告》。会议还安排了其他重点工作。

县政府第102次常务会议　2020年10月22日，县委副书记、县政府县长蔺红军主持召开县政府第102次常务会议。会议组织学习了习近平在中央党校（国家行政学院）中青年干部培训班开班仪式上的讲话精神、习近平在深圳经济特区建立40周年庆祝大会上的讲话精神、习近平对脱贫攻坚工作作出的重要指示精神、《习近平谈治国理政》（第三卷）（第十二、第十三专题）、《中华人民共和国文物保护法》。会议传达了全市财政重点工作及2021年部门预算布置会议精神，研究了贯彻落实工作。会议研究了《关于审定渭源县人民政府与省文旅产业集团有限公司项目合作协议的报告》。会议研究了县民政局提交的《关于全面做好困难群众温暖过冬工作方案的报告》《关于对董生军等59户家庭临时救助和救急难的请示》。会议研究了县应急管理局提交的《渭源县“8.13”洪涝灾害受灾群众生活救助方案》《渭源县森林草原火灾应急预案》。《渭源县森林草原防灭火指挥部工作规则（试行）》。会议研究了《关于县文化综合场馆馆前广场建设项目增加工程费用的请示》。会议研究了县财政局提交的《关于渭源县浩宏缘肉制品有限公司贷款给予担保的请示》《2020年城乡建设用地增减挂钩结余指标跨省调剂结余资金安排计划的报告》、有关资金事宜。会议研究了县人社局提交的有关人事事宜。

县政府第103次常务会议　2020年11月5日，县委副书记、县政府县长蔺红军主持召开县政府第103次常务会议。会议组织学习了习近平在纪念中国人民志愿军抗美援朝出国作战70周年大会上的讲话精神、《中国共产党第十九届中央委员会第五次全体会议公报》、习近平关于《中共中央关于制定国民经济和社会发展第十四个五年规划和二〇三五年远景目标的建议》的说明、《中共中央关于制定国民经济和社会发展第十四个五年规划和二〇三五年远景目标的建议》《习近平谈治国理政》（第三卷）（第十四、第十五专题）、《中华人民共和国土地管理法》。会议听取了渭源县县长城保护问题专项整改工作进展情况的汇报，安排部署下一阶段工作。会议研究了县教育局提交的《渭源县学前教育深化改革规范发展实施方案》《渭源县消除基础教育阶段大班额专项规划（2021—2025）》。会议研究了县自然资源局提交的《关于福德家园补交出让金的请示》《关于储备并公开出让五竹镇五竹村一宗国有建设用地使用权的请示》《关于划拨渭源物流园（一期）配套基础设施建设工程建设用地的请示》《关于依法收回储备会川镇大庄村物流仓储项目用地使用权的请示》。会议研究了《关于对2020年车辆购置税收入补助地方资金（第八批）整合使用的报告》《渭源县深化改革加强食品安全工作的实施方案》《2020年第三季度县政府履责管理督查考核结果及奖惩意见》。会议研究了县扶贫办提交的《渭源县2020年东西部扶贫协作新增第二批帮扶资金安排计划》,《渭源县2020年东西部扶贫协作新增第二批帮扶资金援建扶贫车间奖补项目、劳务输转中介组织补贴项目、渭源县中职学校建档立卡贫困学生赴福州实习补助项目、新增贫困村结对帮扶资金用于建档立卡残疾人扶持项目实施方案》《2020年中国扶贫开发协会捐赠资金安排计划》《中国扶贫开发协会定点支持渭源县红旗梦想智慧教室示范点续建项目实施方案》《渭源县光伏扶贫建设项目60.249兆瓦2020年7—9月份光伏收益分配方案》,《渭源县光伏扶贫建设项目60.249兆瓦2020年10月份光伏收益分配方案》《关于调整2019年部分财政专项扶贫结余资金重新安排用于脱贫攻坚项目的报告》。会议研究了县人社局提交的《关于2020年渭源县拟引进紧缺人才的报告》、有关人事事宜。会议还安排了其他重点工作。

县政府第104次常务会议 2020年11月30日，县委副书记、县政府县长蔺红军主持召开县政府第104次常务会议。会议组织学习了习近平在中央全面依法治国工作会议上的讲话精神、《中共甘肃省委关于认真学习宣传贯彻党的十九届五中全会精神的通知》《习近平谈治国理政》(第三卷)(第十六、第十七专题)、《中华人民共和国退役军人保障法》。会议听取了渭源县2020年食品药品安全监管重点工作进展情况汇报、2020年渭源县农民工工作情况汇报，安排部署下一阶段工作。会议研究了《平安渭源建设责任制考评奖惩办法（试行）》《申请成立渭源县供排水有限责任公司的报告》《关于组建定西市渭源城镇建设投资集团有限公司的请示》《关于渭源县全民健身体育馆建设项目增加建设费用的报告》《高层建筑消防安全治理项目举高消防车采购资金解决方案》《关于上报进一步规范完善惠民惠农财政补贴“一卡通”管理的实施细则的报告》。会议研究了县发改局提交的《关于申请使用国家开发银行甘肃省分行捐赠资金的报告》《关于对路园镇2015年专项建设基金项目进行调整的报告》。会议研究了《碧桂园集团支持渭源县脱贫攻坚资金共管协议（审议稿）》。会议研究了县民政局提交的《关于对苏全勇等64户家庭临时救助和救急难的请示》。会议研究了《关于支持全县中小微企业发展信贷计划的意见》。会议研究了县人社局提交相关事宜。会议研究了县扶贫办提交的《2019—2020年财政专项扶贫结余资金调整用于2020年贫困劳动力稳岗补贴项目计划》《2020年东西部扶贫协作财政帮扶结余资金调整用于2020年贫困劳动力稳岗补贴项目计划》《2020年东西部扶贫协作新增市级财政帮扶资金项目计划》。会议还安排了其他重点工作。

县政府第105次常务会议 2020年12月23日，县委副书记、县政府县长蔺红军主持召开县政府第105次常务会议。会议组织学习了习近平在全国劳动模范和先进工作者表彰大会上的讲话精神、中央经济工作会议精神、12月11日中共中央政治局会议精神、《习近平谈治国理政》(第三卷)(第十八、第十九专题)、《甘肃省省级部门实施零基预算管理工作方案》。会议听取了全县安全生产暨应急工作汇报、全县禁毒工作汇报、全县道路交通安全工作汇报、全县法治政府建设工作汇报、全县信访工作汇报，安排部署了下一阶段工作。会议研究了《关于表彰2020年度征兵工作先进单位和先进个人的报告》《关于储备并公开出让渭源县城区一宗国有建设用地使用权的请示》。会议研究了县政管办提交的《渭源县政务服务大厅运行管理办法（试行）》《渭源县政务服务大厅窗口首席代表和窗口人员管理办法（试行）》《渭源县行政审批专用章使用管理制度（试行）〉》。会议研究了《渭源县2021年投资项目清单（讨论稿）》。会议研究了县委政法委提交的《渭源县防范化解和妥善处置群体性事件责任清单》《关于大力整合乡镇综治和应急管理工作强化基层治理的实施方案》。会议研究了县住建局提交的《关于增加万民安和财政局家属楼改造工程工程量及资金的报告》《关于申请将渭源县城南门西侧棚户区改造建设项目范围内已征收的财政局新家属楼和万民安综合楼转为国有资产的报告》《关于G310线渭源县城过境段道路建设工程变更增加投资的报告》《关于渭源县一中南侧棚户区改造配套道路基础设施工程变更增加投资的报告》《关于渭源县禹河城区段河道生态综合治理工程变更增加投资的报告》《关于渭源县洪涝灾害灾后恢复重建居民住房专项建设方案的报告》《关于2019年渭源县城区棚户区改造配套供热基础设施改造工程变更增加投资的报告》。会议研究了《关于2020年改善普通高中学校办学条件中央专项资金分解使用的请示》。会议研究了县人社局提交的渭源县事业单位脱贫攻坚专项奖励名单、有关人事事宜。

县政府办公室工作

【概况】县人民政府办公室现有内设股室8个（秘书股、文档股、行政股、审改股、综合股、党务外事股、督查室、金融股），加挂县金融办牌子。现有工作人员42人，主任1人，副主任3人，四级调研员1人。

【协调落实与会务文件办理】以“高效、节俭、规范”为目标，认真搞好各类会务的统筹协调，精心做好会前准备，细致做好会间服务，认真抓好会后落实，会务工作更加规范。牵头组织制定省市领导重大调研活动方案50余次、工作推进方案80余件，承办大型会议活动60余次，组织保障会议200余次。全力保障视频会议系统正常运转，全年共保障各类视频会议300余场次。紧紧围绕县政府重要会议决定和领导批示，建立督办台账，采取电话催办、下发督办函和实地督查的方式，督查督办及时跟进，落实各项工作进展和成效，开展专项督查185次，下发督办（转办）通知102期，电话催办10165次。以“零差错”为目标，不断提高办文办会的质量和运转效率，确保政令畅通有力、部署工作及时高效。出台收发文管理办法，完善办文工作机制，对重大文件实行急事急办、特事特办，文件办理更加高效快捷。以县政府和县政府办公室名义共印发各类文件212件，办理上级来文1270余件，各乡镇、部门向县政府来文1890余件。2020年，以县政府和政府办名义下发的文件同比分别减少14.28%和25.13%。

【“放管服”改革】深化“放管服”改革，完成县级政务大厅升级改造和乡村标准化建设，“五个一”政务服务模式全面落实。聚焦行政审批制度改革、网办体系构建、线上线下服务能力提升、评价监测体系完善、商事服务效率提升、项目审批便利化等重点领域，持续推进“五减”工作，实现减事项106项、减层级58个、减材料278件、减环节2014个、减时限70.3%；受理办件198646件，99.8%以上的事项实现网上行权，89.8%以上事项实现群众办理“只跑一次”，515项事项实现“不来即享”，145项事项实现“一件事一次办”。实现常态化企业开办在1个工作日内办结，简易商事服务实现“即来即办”。规范性文件和重大决策合法性审查机制进一步完善，营商环境不断优化。

【意见提案办理】围绕人大代表、政协委员及广大人民群众反映强烈的突出问题，扎实开展意见提案办理工作，采取现场督办、和代表委员见面沟通、下发《督办通知》等方式，及时跟踪掌握承办单位的办理进展，共办理人大代表意见建议110件、政协委员提案52件，办复率均达到100%，办结率分别达到85.5%、94.1%。

【金融办公室工作】

1.*有序推进农金室标准化建设*。通过四种模式（“金融机构网点+农金室”型、“一室多点”型、“信用村+农金室”型、综合服务型），建成农金室217个，形成政府主导、企业指导、乡镇落实的联动推进格局，组织财政、农业农村、相关金融机构开展了3轮标准化建设工作核查工作，及时对存在的问题督促整改，进一步强化了农金室服务基层金融作用，为乡村振兴奠定了坚实的基础。

2.防范化解金融扶贫领域风险。坚持底线思维，完善制度设计，将风险防范贯穿于金融支持脱贫攻坚全过程，重点纠正违规用款、审核不严、一贷了之等问题，有效防范扶贫小额贷款和特色产业发展工程贷款的潜在风险。落实属地管理责任，健全完善风险处置预案，切实做好金融扶贫领域的风险处置工作。进一步强化金融扶贫领域风险监测预警，努力做到风险隐患早发现、早预警，提升金融扶贫领域风险防控能力。

3.做好农村“两保一孤”保险。充分发挥保险对特困患病人群救急救紧的保障作用，有效解决特困患病人群（农村一、二类低保户，五保户，农村孤儿）医疗前期费用问题，在全县农村一、二类低保户、五保户和农村孤儿中开展了“两保一孤”特困人群团体意外伤害附加重大疾病保险工作。五保户和农村孤儿保费80元县级财政全部补贴；一类低保县级财政每人补贴30元、自缴每人50元，二类低保县级财政每人补贴20元、自缴每人60元。

4.全面完成扶贫小额信贷发放。根据《渭源县2020年扶贫小额信贷工作实施方案》，对符合条件且有产业发展信贷需求的农户及时推荐上报。对无信贷需求的农户，在充分动员发动的基础上，与农户进行充分对接，在征得本人同意的情况下，签订了《自愿放弃扶贫小额信贷承诺书》，确保扶贫小额信贷政策落实不漏一户、应贷尽贷。

5.做好特色产业发展工程贷款落地工作。做好特色产业发展工程贷款推荐工作，积极对接金控担保公司和银行业金融机构，扩大特色产业发展贷款的落地，结合实际，全力支持龙头企业发展。进一步提高不动产抵押率，探索开展不动产二次抵押贷款。加强对龙头企业的监管，落实风险防范属地管理责任，为金融资金投放创造条件。加强银政、银保、银担、银税合作，深入推进“银税互动”，进一步加大纳税信用评价结果运用，对诚信纳税的涉农企业给予信用贷款支持。

6.运用“定西综合金融服务平台”缓解企业贷款难题。依托“定西综合金融服务平台”搭建的线上+线下一体服务中心，实现融资供需职能撮合、高效对接、以信换贷等功能，受理无贷款的企业首次贷款申请，回复企业贷款需求，为企业推荐信贷产品，扩大信贷覆盖面，提高首贷成功率，着力缓解了小微企业首贷难融资贵的问题，进一步提高服务小微企业的主动性、自觉性、精准性。

【助推脱贫攻坚】深入贯彻落实县委县政府关于全县脱贫攻坚的决策部署，帮扶会川镇王家咀村、庆坪镇龚家沟村和秦祁乡武家山村，协调解决帮扶资金、帮扶物资折价共计53.7万余元。派出3名干部担任帮扶村的工作队队长、队员，并每月向办公室主要领导、每季度向办公室党组汇报帮扶工作情况。严格落实驻村工作队成员的经费保障。按照县委县政府的安排部署，28名干部共联系未脱贫建档立卡户178户，到三个贫困村入户23次300余人次，全面开展“3+1”冲刺清零和“5+1”巩固提升行动，随时更新“一户一策”动态调整表，对脱贫短板问题逐项筛查开展冲刺清零，有效补齐了安全饮水、安全住房、义务教育、基本医疗等短板，共为村社和群众帮办实事40余件（次）。与三个帮扶村分别联合开展“主题党日+”支部融合共建活动各1次，结合“主题党日+”活动宣传习近平新时代中国特色社会主义思想、党的十九届四中全会精神和相关扶贫政策，强化干部结对帮扶工作，开展党组织结对联建，开展基层党员干部感恩奋进、廉政自律等教育，引导党员在脱贫攻坚工作中自觉发挥带头引领作用，使其成为带领群众脱贫致富的坚强战斗堡垒。

【政务公开】

1.及时开展网民留言办理。坚持“事事有回音，件件有答复”的宗旨，牢固树立“群众利益无小事”的观念，不断创新工作方法、解疑点、破难点，真心实意地帮助群众排忧解难，切实解决了一批群众关心的实际问题。2020年共收到省、市、县领导信箱留言99件，办结99件，办结率100%。群众满意82件，满意率82.8%。

2.开展全县政务新媒体进行清理整治。针对全县政务新媒体管理不规范、信息发布不积极，账号类型杂乱等情况组织相关单位及人员进行了规范提升。通过建立定期监测预警机制，对录入国家政务新媒体管理系统的新媒体账号通过查阅信息发布情况进行监测，对重点账号做到每周监测，对不更新信息的账号及时进行预警通知，督促按有关单位负责人要求完成更新内容。

3.做好网站维护建设。对渭源党政网32个四级栏目及时更新，做好26个试点领域及16个乡镇政务公开工作，指导17个政府部门和16个乡镇按时编制试点领域政务公开目录，并在渭源党政网上为17个部门和16个乡镇开设政务公开子网站，并及时更新栏目内容。

【领导名录】

主任：张建军（11月止）、李学军（11月任）

副主任：宿渭军、何书平、张泽亮、陈林（挂职）

督查专员：王成亮（4月任）

县委外事工作委员会办公室主任：张建军（10月止）、李学军（10月任）

县政府外事办公室主任：张建军（11月止）、李学军（11月任）

县经济信息中心主任：宿渭军（9月止）

县政务公开中心主任：柴小峰（9月止）、张泽亮（兼，9月任）

县政务公开中心副主任：柴小峰（9月任）、秦彦敏（9月任）

县政府金融工作办公室主任：张建军（11月止）

地方政府金融服务中心主任：何书平（9月任）

地方政府金融服务中心副主任：郭永胜（11月任）

电子政务中心主任：张军（9月任）

（供稿：贾彦鹏；审稿：李学军）

机关后勤车辆保障服务工作

【概况】县机关事务服务中心内设办公室、维护鉴定股、车管股、公共机构节能股、财务股5个股室。主任1名、副主任1名，干部5名。主要负责县级公务用车服务平台的配备、更新、调拨、调剂等工作职能，办理中心领导交办的其他工作。

【车辆保障服务】平台充分利用能够正常运行的53辆各类车辆，共受理用车申请台5321（次），派出车辆4617台（次），公务用车出行保障率达到86.76%，基本保障了全县各参改单位的正常公务出行活动，全力保障了脱贫攻坚、省委第三巡视组、市委巡查组、2020年高考、中考、学考、2020年脱贫验收等等正常公务用车，重点保障了市县脱贫攻坚问题清零交叉行动、2020年第三方评估等重大活动的公务用车。2020年对6辆车进行了北斗定位系统安装，11辆车进行了北斗定位维修，让平台车辆的运行更加透明公开，修订完善了车辆维修保养制度。

【领导名录】

主任：王永安

副主任：卯雪元、陈璋

（供稿：陆生蓉；审稿：陈璋）

政务服务中心工作

【概况】县政务服务大厅共设置59个窗口、9个后室，进驻25个单位和5个企业，集中办理政务服务事项1162项，每天平均接待群众350多人次，受理政务服务事项260件以上。2020年，各窗口共受理各类政务服务事项19.8万件，其中网上受理11.49万件，申报率96.06%，办结11.46万件，办结率99.72%，全县政务服务事项网上可办率达100%。

【政务服务工作】

1.全面深化“放管服”改革。进一步强化“三个分离”体系和“五个一”政务服务模式，强力推进“一网通办”攻坚行动。建立规范统一的政务服务体系，深入推行“一窗办、一网办、简化办、马上办”改革。大力宣传引导企业群众下载“大美渭源、定政通”APP、微信小程序申请所办理事项，真正实现企业群众办事“少跑腿”“零跑路”。中心24小时自助服务区配备了政务服务自助一体机、智能取件柜、网上自助申报区，大厅设立了咨询引导台、自助查询机、排队叫号、休息等候、纯净水饮用等便民设施，为办事群众提供引导帮办、打印复印、信息查询、快递服务、报刊阅读等候等人性化服务。

2.积极推进“五减”工作。由县政管办牵头、政务服务中心配合，先后开展5次大范围政务服务事项梳理及“五减”工作，对全县1162项政务服务事项的办事指南准确度进行了逐项检查，累计精简政务服务事项106项、减层级58个、减材料278件、减环节2014个、减时限17624个工作日，全县平均时限承诺时限压减70.63%。同时，梳理最多跑一次事项1083项、“不来即享”事项515项、“不见面”事项70项、“秒批秒办”事项187项、乡（镇）、村（社区）政务服务事项112项、“家门口办事”事项8项，组织加载了各乡镇（村）级行政区划代码和组织机构代码，为加载各乡镇（村）级国标事项奠定了基础。

3.持续深化“三集中、三到位、一限时”改革。2020年，梳理可实行告知承诺制政务服务事项96项；受理告知承诺制事项5461件，均已全部办结。

4.建立健全评价服务机制。中心及各乡镇共采购106台“好差评”评价器，严格落实政务服务线上“一事一评”、线下“一次一评”机制。2020年，全县评价总量3.8万余次，满意率达99.89%，乡镇“好差评”累计评价1.7万件，满意度达99.99%；通过二维码、触摸屏、PC端等五种评价方式，对政务服务国标事项评价2.3万余次，满意率达99.94%。

5.扎实开展“局长进大厅零距离服务”活动。认真落实局长每月进大厅工作制度，局长进大厅活动累计110次，协调解决事项共2120余件，咨询答复1590多人次。

6.全面推行代办帮办制度。新增10名代办帮办人员，构建代办帮办队伍，持续规范县级政务大厅代办帮办制度。设置4个代办窗口，代办15个单位199项低频政务服务事项，主要为办事企业群众提供传递推送、部门协同、流程固化、进度跟踪、超时报警、业务监控、数据统计等服务，确保办事企业、群众“只进一扇门、最多跑一次”。

7.梳理“一件事一次办”事项目录。中心梳理编制“一件事一次办”事项目录137余项，已全部加载至甘肃政务服务网渭源子站首页，并编制了“一件事一次办服务指南”二维码，涵盖公司设立、注册登记机动车、办理社保卡、异地就医看病、驾驶证申请等多个方面，大厅新增“一件事一次办”综合窗口1个，为办事群众提供了高效优质的服务。

8.推进数据共享应用。积极配合市政务服务管理局，衔接相关部门、单位通过采集电子印章印模的方式，已完成制作312枚电子印章，共计金额12.5万元，进一步规范电子印章、电子证照等管理工作，加快推进政务数据互联互通，提高政务数据的共享率和应用率，大力提高政务服务事项网上受理和办理效率。

9.开展政务服务大厅窗口专项整治行动。收集全国政务大厅窗口人员不作为、慢作为、乱作为的典型案例在政务大厅窗口人员微信群里适时转发，进行警示教育。今年5月成立中心效能督查股，通过现场巡察、视频监控平台抽查等方式，每天对大厅入驻窗口、乡镇便民服务中心工作人员的纪律规范进行巡查检查，及时将窗口人员违反纪律情况进行处理并按月通报，为每个季度的评优选先提供了重要的依据。

【领导名录】

主任：刘明星

副主任：李建新、李晓玲（女，4月止）

（供稿：司晓娟；审稿：刘明星）

地方志编纂工作

【概况】县地方志编纂中心现有有工作人员7名，其中主任1名（四级调研员），副主任1名（正科级），四级调研员3名，正科级干部1名，工人1名。现有党员6名，其中女党员1名。

【地方综合年鉴编纂】认真贯彻落实国务院《全国地方志事业发展规划纲要》（2015—2020年）和省政府《甘肃省地方志事业“十三五”发展规划》，紧盯到2020年全面完成二轮志书修编和地方综合年鉴全覆盖的“两全目标”，进一步弘扬“修志问道、直笔著史”方志人精神，集中力量攻坚，自2018年以来，已连续三年公开出版3部渭源年鉴。《渭源年鉴（2018）》由陕西人民出版社公开出版。《渭源年鉴（2019）》《渭源年鉴（2020）》由兰州大学出版社公开出版。完成了2020年《甘肃年鉴》《定西年鉴》渭源入鉴资料的整理报送工作。全力指导《渭源林业志》《会川镇志》编纂工作。从单位办公经费中挤出5000元，作为机关党支部与帮扶村北寨镇马莲村党支部结对共建经费，主要用于支持马莲村脱贫攻坚拆违治乱等工作。全面完成绿化任务，义务植树357棵云杉。

【领导名录】

主任：朱平地

副主任：田芳红（女）

（供稿：田芳红；审稿：朱平地）

政协渭源县委员会

【县委政协工作会议】2020年9月28日，县委政协工作会议召开，会议深入习近平新时代中国特色社会主义思想及关于加强和改进人民政协工作的重要思想，贯彻落实中央和省委、市委政协工作会议精神，安排部署当前和今后一个时期全县政协工作。吉秀、蔺红军、李新定、陈栋等县上领导参加会议，县委副书记张振亚主持会议。会议书面传达学习习近平总书记在中央政协工作会议暨庆祝中华人民共和国成立70周年大会上的讲话，书面传达中央和省委市委政协工作会议精神。市人大常委会副主任、县委书记吉秀作了重要讲话。各乡镇党委书记，县政协常委会委员，县直部门单位、各人民团体、县级各民主党派主要负责人参加会议。

【常务委员会会议】

2020年3月26日，政协第九届渭源县委员会常务委员会召开第十九次会议。会议组织学习习近平总书记3月6日在决战决胜脱贫攻坚座谈会上的讲话精神；传达学习省委政协工作会议精神、中共渭源县委第十四届十八次全体会议精神暨县委经济工作会议精神。会议以举手表决的方式审议通过政协渭源县委员会全体会议工作规则，政协渭源县委员会常委会会议工作规则，政协渭源县委员会委员履职规则。协商通过政协渭源县委员会关于加强和改进调研视察工作的实施意见和关于进一步提高协商议政质量的意见（试行）、关于推进建言资政和凝聚共识双向发力的意见、关于加强和改进反映社情民意信息工作的意见。会议听取了县政府关于九届四次会议以来提案办理情况和全县疫情防控工作情况及复工复产工作情况的通报，听取了县政协常委会2020年工作要点情况说明。县政协党组书记、主席陈栋作了讲话。

2020年7月2日，政协第九届渭源县委员会常务委员会召开第二十次会议。会议组织学习了习近平总书记在陕西考察时、在宁夏考察时的讲话精神，传达学习了全国政协十三届三次会议精神和市委政协工作会议精神。会议听取了《政协渭源县委员会关于全县农村劳动力培训和劳务输转工作的调研报告》《政协渭源县委员会关于全县工业集中区建设与管理界别协商情况的报告》《政协渭源县委员会关于2020年全县脱贫攻坚工作的监督性调研报告》的情况说明。县政协党组书记、主席陈栋作了讲话。

2020年10月14日，政协九届渭源县委员会常务委员会召开第二十一次会议。会议组织学习习近平总书记在经济社会领域专家座谈会上和在全国抗击新冠肺炎疫情表彰大会上的讲话精神；书面传达学习习近平总书记在纪念中国人民抗日战争暨世界反法西斯战争胜利75周年座谈会上的讲话精神，以及全国政协十三届常委会第十三次会议精神和全国政协召开巩固脱贫攻坚成果重点提案督办协商会议精神。审议通过关于全县文体旅结合助推旅游业发展情况的调研报告、关于全县农村道路建设与管理情况的调研报告、关于全县“厕所革命”项目实施情况的调研报告。会议听取县政府关于全县经济社会发展情况的通报和关于县政协九届四次会议提案办理情况的通报；听取了关于全县重点项目建设和新兴产业发展情况视察报告的说明、关于推进渭河流域渭源段生态环境保护治理工作界别协商报告的说明。围绕全县“十四五”规划编制开展专题协商议政，县发展和改革局主要负责人汇报全县“十四五”规划编制进展情况，9名委员分别围绕产业发展、项目建设、文化旅游、生态文明建设等方面发言，提出意见建议。县政协党组书记、主席陈栋围绕经济社会发展工作、提案办理工作、“十四五”规划编制工作、认真履职，为编制好全县“十四五”规划贡献智慧和力量四个方面作了讲话。县委常委、县政府常务副县长杨永吉作了讲话。

【坚持党的全面领导】常委会始终把坚持党的领导作为最高政治原则和根本政治规矩，旗帜鲜明讲政治，教育引导全体政协委员和政协干部增强“四个意识”、坚定“四个自信”、做到“两个维护”，始终在思想上政治上行动上同以习近平同志为核心的中共中央保持高度一致，不折不扣把中央决策部署和省市县委工作要求贯彻落实到政协工作全过程和各方面。

1.持续深入学习贯彻习近平新时代中国特色社会主义思想。深入学习贯彻习近平新时代中国特色社会主义思想，认真学习贯彻中共十九大和十九届二中、三中、四中、五中全会精神，全面贯彻落实习近平总书记对甘肃重要讲话和指示精神，认真研究制定年度学习计划，健全以党组理论学习中心组学习为引领，党组会议、常委会会议、主席会议和办公室党支部集体学习为主干，以界别委员小组活动学习为补充的理论学习制度体系。举行24次县政协党组理论学习中心组学习、12次党组会议学习、4次常委会会议学习，6次主席会议学习，开展交流研讨4次，领导班子成员深入基层宣讲辅导16场次，举办了学习贯彻中共十九届四中全会精神暨委员履职能力提升培训班，实现了政协委员学习党的创新理论的全覆盖，全体政协委员和政协干部的政治理论素质得到了进一步提升。

2.认真贯彻落实中央政协工作会议和省、市、县委政协工作会议精神。认真学习习近平总书记关于加强和改进人民政协工作的重要思想，及时传达学习习近平总书记在中央政协工作会议暨庆祝中国人民政治协商会议成立70周年大会上的重要讲话精神，深刻领会《中共中央关于新时代加强和改进人民政协工作的意见》和省委《实施意见》，全面贯彻落实中央政协工作会议和省委、市委、县委政协工作会议精神，结合县政协工作实际，细化贯彻落实举措，扎实推进各项重点工作，确保中共中央和省市县委对政协工作的要求落到实处。

3.坚持党对政协工作的全面领导。把坚持党的全面领导作为政协工作的根本遵循和最高原则，始终做到思想上高度统一、政治上清醒坚定、行动上坚决有力。县政协党组始终坚持在县委领导下开展工作，及时传达学习县委重要会议和文件精神，贯彻落实县委对政协工作的各项要求。严格落实请示报告制度，年度协商计划、重要会议、重大活动、重点工作，都及时报请县委批准后实施，始终与县委、县政府在思想上同心、目标上同向、行动上同步，努力把党的主张通过民主程序转化为政协组织的决定。按照新时代党的建设总要求，不断加强人民政协党的建设，充分发挥政协党组在政协工作中把方向、管大局、保落实的作用和政协委员中中共党员委员的先锋模范作用，以党建工作新成效促进政协履职能力新提升。

【助力坚决打赢脱贫攻坚战】主席会议成员把脱贫攻坚作为重要的政治任务来抓，认真落实县级领导挂牌作战督战职责，全面落实乡镇脱贫攻坚前线指挥部总指挥长、副总指挥长责任和总队长包村抓户责任，紧盯高质量打赢七场战役的目标任务，深入基层一线，坚持目标导向、问题导向和结果导向，积极为联系乡镇和包抓村衔接争取项目资金560多万元，扎实推进脱贫攻坚挂牌作战各项目标任务。机关帮扶干部认真开展脱贫攻坚“百日会战”行动，紧紧围绕实现“两不愁三保障”目标，补短板、强弱项，扎实开展“3+1”冲刺清零和“5+1”质量提升行动，积极为群众帮办实事好事，为帮扶户送去生产生活慰问物资100多件（套），化肥850多袋，农药2400多袋，书画作品500多幅，总价值24万元。凝聚攻坚合力，持续深入开展“脱贫攻坚·政协委员有作为”活动，重点在就业扶贫、产业扶贫、健康扶贫、文化扶贫上发力。企业、经济界委员通过优先安排困难群众就业、推荐联系就业、开展技能培训、建立扶贫车间等方式，继续加快中药材、马铃薯、百合等种植基地建设，投放化肥、种子、种苗等价值90多万元，帮助1000多贫困人口获得就业岗位，持续带动群众增收致富；政法、文化艺术、医药卫生等界别委员积极开展法律、文化、健康下乡活动34场（次），发放宣传资料3万多份；农业科技界委员积极推广农业新技术运用并广泛开展培训，累计培训2600多人次。

【新冠肺炎疫情防控】坚决贯彻落实党中央决策部署和省、市、县委要求，扎实推进疫情防控、复工复产工作。按照县委统一安排，认真落实县级领导干部疫情防控责任，为联系村筹措疫情防控资金2万多元，深入联系乡镇、村、社区、小区和企业走访调研、解疑释惑，落实防疫责任、指导疫情防控。全体政协委员响应号召，第一时间参与联防联控，发挥各自专业领域优势，在本职岗位上发挥示范表率作用。党员委员积极参加志愿服务活动，在各自小区认真做好摸底排查、值班值守、宣传工作；医卫界委员冲锋在前、奋战一线；文艺界委员义拍书画筹集抗疫资金13.2万元，创作抗击疫情文学作品20多件；经济、工商联等界别委员为抗击疫情捐款捐物40多万元；企业家委员坚持疫情防控和经济发展“两手抓”，带头复工复产，充分体现了政协委员的政治担当。

【协商议政】聚焦全县经济社会发展的重大问题、人民群众关注的民生问题，抓好重点协商计划落实。围绕全县经济社会发展暨“十四五”规划编制召开专题协商议政性常委会会议，10名委员就项目建设、产业发展、城乡统筹、教育卫生、文化旅游、生态建设、环境保护与治理等方面进行了专题发言，提出意见建议60多条，委员发言以参阅件形式报送县委、县政府参阅，一些意见建议在全县“十四五”规划编制中予以采纳。围绕“推进渭河流域（渭源段）生态保护与治理”、“全县工业集中区建设与管理”开展界别协商，围绕“第七个五年法治宣传教育工作”和“加强中小学思想政治教育工作”开展对口协商，委员们共提出意见建议50多条，较好地促进了相关工作，所形成的协商报告县委均进行了批转。加强提案办理协商，坚持把协商贯穿于提案办理全过程，形成了“党委重视、政府支持、政协主动、各方努力、社会关注”的提案办理协商格局，提案办理效果不断提升，为全县经济社会事业发展起到了积极的助推作用。截至目前，九届四次会议审查立案的51件提案，已经解决和基本解决的48件（其中已经解决的42件，基本解决的6件），占立案总数的94.1%，列入计划办理的3件，占5.9%，办复率100%。

【建言资政】围绕全县重点项目建设和新兴产业发展情况进行专项视察，从提高思想认识、找准发展优势、抓住发展机遇、做实项目储备、加快建设进度、优化项目环境等方面提出意见建议20多条，形成的视察报告县委予以批转，一些意见建议得到相关部门的重视和采纳。围绕农村劳动力培训和劳务输转、全县乡村道路建设与管理、农村“厕所革命”项目实施、文旅体结合推动旅游业发展情况开展专题调研，提出意见建议42条，所形成的调研报告县委均进行了批转，相关意见建议得到有关部门的采纳落实。围绕全县邮政寄递行业发展、乡村文化阵地建设、春季植树造林、电商物流业发展情况等开展委员小组活动，委员们提出的意见建议以政协通讯等形式报送县委、县政府，印送各乡镇和相关单位，供在工作中参考借鉴。加强社情民意信息工作，鼓励和支持政协委员深入基层和界别群众，广泛收集民意、倾听民声，协助党委政府做好解疑释惑、宣传政策、理顺情绪、化解矛盾的工作，切实担负起“落实下去、凝聚起来”的政治责任。全年共征集反映社情民意信息20余篇，其中被市政协采用10篇，编发5篇。

【监督参政】一是扎实开展脱贫攻坚监督性调研，重点围绕产业发展、专业合作社、脱贫质量巩固提升、扶贫项目建设、人居环境改善、与乡村振兴有效衔接等方面的问题，向县委、县政府提出18条工作建议，形成的监督性调研报告县委作了批转，为高质量打赢脱贫攻坚战贡献了政协智慧。二是扎实开展专项监督性调研，按照县委领导安排，联合县人大常委会对县文化综合场馆和体育馆建设运行情况进行监督性调研，提出意见建议9条。按照县委统一安排，主席会议成员认真落实挂牌督战责任，及时发现和解决存在的困难问题，促进了一些工作的有效落实。围绕全县禁毒工作、公共卫生服务、优化营商环境促进县域经济高质量发展、垃圾分类处理情况开展委员约谈，委员们与相关部门的负责同志面对面提出意见建议，推动了相关工作。推荐政协委员担任司法机关、政府部门特邀监察员和行风评议员，参与党委和政府有关部门组织的巡察、检查、督查等活动，开展民主监督，助推工作改进。

【思想政治引领】落实与各民主党派、工商联、有关人民团体的联系制度，邀请党派团体同志参加县政协重要会议和重大活动，重点课题一起调研、重点视察共同开展、重点提案联合督办，努力为民主党派参政议政、开展监督创造条件。在委员履职活动中积极宣传中共中央大政方针，宣传县委、县政府在脱贫攻坚和推动经济社会高质量发展中采取的有力措施、取得的积极成效，引导社会各界准确把握渭源发展的“时”与“势”，增强贯彻落实中央决策部署和省、市、县委工作要求的政治自觉、思想自觉和行动自觉。探索发挥民族宗教界人士、非公有制经济人士、新的社会阶层人士作用的新途径，最大限度凝聚一切积极力量和因素，为全县经济社会高质量发展凝共识、聚合力、添动力。

【团结联谊】重视和运用多样性的社会资源，充分调动政协各参加单位和全体委员的积极性，坚持求同存异、聚同化异，努力实现一致性和多样性的统一，收到了团结人、融合人、凝聚人的良好效果。积极参加市政协重要会议和各类协商活动，围绕全县产业发展、脱贫攻坚与乡村振兴有效衔接、渭河源头生态保护和高质量发展等方面作会议发言8次，一些意见建议得到市政协重视，并以参阅件形式摘编，供市委、市政府参阅。主动争取省市政协的指导和支持，积极配合完成省市政协来渭源调研视察活动16次。加强对外联系，全年配合完成省内外县（区）政协来渭源学习考察活动12次，为宣传推介渭源发挥了积极作用。

【文史资料工作】 充分发挥文史资料存史、资政、团结、育人作用。编辑出版《渭源文史资料选辑第八集》和《渭源文史资料选辑第九集——金石文存》，展示了渭源悠久的历史和珍贵的金石遗存，得到了社会各界的一致好评。认真完成了《定西脱贫攻坚纪事》渭源县承担稿件的征集、撰写与报送。

【领导名录】

县政协秘书长：（空缺）

县政协办公室主任：陈德

县政协办公室副主任：刘江伟

县政协提案法制委员会主任：刘小明

县政协农业与环境资源委员会主任：王旭红

县政协文卫教体委员会主任：李世荣

县政协文史资料委员会主任：何全文

县政协经济委员会主任：蒲汉忠

（供稿：徐国民；审稿：陈德）

民主党派　人民团体

民革渭源县支部

【概况】 2020年，民革渭源支部有党员21人，其中高级职称10人，县级拔尖人才3人，副科级干部3人。2名民革党员被民革甘肃省委会评为“优秀党员”，3名民革党员被民革定西市委会评为“优秀党员”。民革委员支部先后荣获“甘肃省示范性支部”“甘肃省组织建设先进集体”等称号、连续两年获全市目标管理考核一等奖。

【参政议政】 积极参加县委、县政府组织的各项会议，积极组织参与各项社会调研活动。提交定西市四届政协三次会议的“关于加快发展我市康养旅游产业”的提案，成为定西市四届政协三次会议重点提案。“关于在中小学开学前提前发放课本的建议提案”得到有关部门高度重视。积极投身全县脱贫攻坚工作，支部提出的《关于学校教育在扶贫中落实扶智扶志相结合建议》得到各有关部门高度重视。

【社会服务】 由民革渭源画院创办的“渭河源美术写生基地”，吸引包括甘肃省美术家协会、西北师范大学美术学院等30多家机构在写生基地挂牌写生。组织落实民革定西市委会倡议，在网上发起组织“书画艺术家义拍义捐活动”，筹集善款13万余元，全部寄给武汉慈善基金会。联系东方毅等集团公司为路园镇三河口小学赠送防护口罩。

【联谊交流】 积极参与民革定西市委会组织的各支部联合调研、联谊交流活动。组织接待了民革甘肃省委会在定西“开展大查大比”“民革定西市委会加强自身建设推进会”等活动，协助民革省直三、四支部党员赴莲峰镇开展道地中药材和花卉基地建设项目专题调研及召开支部自身建设经验交流座谈会。在田家河乡元古堆村参与了民革省直一、二支部和兰大一院支部举行的助学和义诊活动，互相学习借鉴，分享工作经验，增进友谊。

【信息宣传】 支部及时总结工作开展情况，撰写上报各类工作信息、社情民意。2019年以来上报《民革渭源县支部信息》36期，其中有28期信息分别被《学习强国》《团结网》《新甘肃》《定西统战公众号》《定西日报》等各种新闻媒体宣传报道合计达42次。获得县统战部颁发的“全县统战信息工作一等奖”。

【领导名录】

主委委员：石小林

副主任委员：邓全明

（供稿：石小林；审稿：石小林）

民盟渭源县支部

【概况】民盟渭源县支部成立于1984年5月，现有盟员38人；退休盟员7人，在职盟员31人。在职盟员中，市人大代表1人，市政协委员2人；县人大代表2人（其中县人大常委会副主任1人），县政协委员3人（其中县政协常委2人）；副科级以上干部8人；中高级专业技术人员20人（其中正高级1人，副高级9人，中级10人）。2020年，2名优秀盟员被组织提拔为副科级干部。

【理论学习】坚持把理论学习和夯实统一战线思想政治基础作为首要任务和重大政治责任，利用参加统战系统理论政策学习会、盟支部会等会议，深入学习中共十九届五中全会精神，深刻领会习近平总书记关于加强和改进统一战线工作的重要思想，不断提升自身的理论水平和思想素质。

【参与脱贫攻坚】在田家河乡元古堆村食用菌种植基地、莲峰镇绽坡康荣中药材农业合作社，福州食用菌专家林戎斌进行香菇种植技术讲座并深入种植基地现场指导，坚定了农户运用科学技术发展产业的信心。

【服务社会】充分调动盟员积极性，统筹用好各类人才资源，扎实开展调查研究，切实履行参政议政、民主监督职能。在县政协九届五次会议期间提交集体提案5件，参加各类座谈会4次。加强上下联动、左右协同，坚持以发挥智力优势为导向扎实开展社会服务工作。与民盟福州市委会联手开展调研、送教、送科技、送医活动，邀请福州英语学科正高级教师、福建省农业专家来渭源县开展同课异构、食用菌种植及管理培训。新冠肺炎疫情防控期间，民盟支部积极联系企业为县中医院捐赠消毒液、医用口罩和药品等各类疫情防控物资。兰州海派斯生物科技公司捐赠过氧乙酸（25kg）3桶，护目镜20个，一次性口罩500个，KF94口罩100个；渭源县盛源中药材种植合作社捐赠甘草5000公斤；临洮恒康医药有限责任公司捐赠75%酒精60升，84消毒液50升；渭源县联谊商行捐赠84消毒液200公斤；定西市国兴堂药业有限公司捐赠84消毒液40升；甘肃博瑞医药公司捐赠84消毒液30升，扶正颗粒120盒，一次性口罩50个。

【领导名录】

主任委员：漆生权

副主任委员：李岩

（供稿：民盟渭源县支部）

民主建国会渭源会员

【概况】民建甘肃省定西市基层委员会渭源会员5名，其中副县级1名、高级畜牧师1名、二级主任科员1名、事业干部2名。会员康学斌任渭源县政协副主席，2020年受到民建甘肃省委员会表彰，被评为脱贫攻坚优秀会员。会员窦焱，县政协常委，任渭源县民政局二级主任科员，2020年挂职任福州市马尾区人社局副局长，2020年被评为渭源县第九届优秀政协委员。会员仲世江，抽调到渭源县金鸡项目总指挥部工作，是渭源县第六届、七届、八届、九届政协委员，渭源县第一届、二届、三届县管拔尖人才，2020年被评为渭源县第九届优秀政协委员。会员何文军，硕士研究生，现任渭源县财政局社保股长。会员赵爱红，为渭源县农机中心干部。

（供稿：康学斌）

渭源县工商业联合会

【概况】渭源县工商联第一届代表大会于1953年7月召开，第二届代表大会于1956年12月召开。1958年后，县工商联组织解体，1995年恢复成立。县工商联机关现有干部职工6人，专兼职副主席7人，秘书长1人，常委11人，执委34人。全县共有基层商会13个（6个基层商会、7个行业商会），有会员516人，其中直属会员11

人，基层和行业商会会员505人。会员企业67家。13个基层商会各设会长1名，副会长若干名。2020年11月25日，设立渭源县工商业联合会党组，设党组书记1名，党组成员2名，

【商会建设】渭源县已经成立6家基层商会、7家行业商会。商会会员涵盖了商贸、餐饮、建筑建材、中药材、文化旅游、苗木等产业。不断加强基层商会和行业商会的规范化建设，大部分商会设立了独立的办公场所，健全了商会内部管理制度，所属商会在县民政部门进行了注册登记。渭源县工商联登记在册会员516个，直属会员11个。加强会员数据库建设，及时更新库内信息，强化数据库运用，切实发挥数据库信息在非公经济发展和非公经济人士综合评价等工作中的积极作用。

【参政议政】在加强对会员中的人大代表、政协委员教育培训的同时，深入会员企业生产一线，开展调查研究，及时掌握非公经济人士思想动态，了解企业发展现状，广泛征求非公经济人士意见和建议，通过协商会议、视察、提案、议案、社情民意等形式积极参与政治生活和社会事务。充分发挥工商联的界别作用，通过工商联参政议政平台，组织非公经济代表人士参与《政府工作报告》的讨论和相关政策法规的制订，促进非公有制经济发展环境的改善；积极推荐非公有制经济代表人士担任市、县人大代表和政协委员。目前，县工商联会员中担任市人大代表2人、市政协委员4人，县人大代表2人、县政协委员18人。

【公益事业】坚持“爱国、敬信、诚信、守法、贡献”精神，做到致富思源、富而思进，积极承担社会责任，热心公益事业，投身光彩事业，当好中国特色社会主义事业建者。目前，渭源县各商会和民营企业家在捐资助学、修桥修路、扶贫济困、助老爱幼等各项社会公益事业中做出了积极贡献。

【“双十百”企业培养】结合实际，确定培育田地公司为10亿元企业，培育李晓梅为优秀民营企业家，培育渭水源药业有限责任公司、鑫磊药业有限责任公司、德园堂药业有限责任公司等8个企业为百名中小民营企业。积极与工信、商务、统计等部门沟通，结合“一企一策”精准帮扶、工业企业“复产、达标、升规”等工作，各项培育工作顺利进行。

【“千企帮千村”精准扶贫】在县委统战部的指导下，工商联、县扶贫办、光彩会联合制定下发了《渭源县“千企帮千村”精准扶贫行动方案》，目前参与帮扶且建立台账企业33个，帮扶村48个，企业实施项目总数56个，企业投入总金额3385.35万元。

【领导名录】

党组书记：司正鹏（兼，11月任）

党组成员：杨志宏（11月任）、李延福（11月任）

常务副主席：杨志宏

兼职副主席：张鹏举、薛泽民、李晓梅（女）、王怀玉、许龙、张金平

秘书长：李延福

（供稿：谢新荣；审稿：杨志宏）

渭源县总工会

【概况】县总工会现有干部8名，其中常务副主席1名，副主席1名，经审委主任兼女工委主任1名，四级调研员1名，二级主任科员1名，一般干部3名。主席由县人大常委会副主任兼任，日常工作由常务副主席主持，另有兼职副主席3名，挂职副主席1名。党员5名，其中女党员2名。单位办公楼总建筑面积4055.34平方米，设有办公室、职工服务中心。

【基层工会组织建设】全县有基层工会组织279个，独立基层工会238个，联合基层工会41个，职工总数31767人，会员31589人（农民工20962人），女会员11440人，入会率99.43%。新

建工会联合会1个，基层工会14个，发展会员130人。投入资金2万元，新建货车司机之家1家。投入资金1万元，建成标准化“母婴休息室”1家。

【劳动模范和先进工作者】全县现有全国五一劳动奖章获得者1名，省级劳模11名，市级劳模22名，县级劳模4名。2020年，县市场监督管理局工会获得定西市“五一劳动奖状”，赵文武、冯淑芳、黄海峰、常佩英、杜文弟等获得定西市“五一劳动奖章”，第三高中英语教研组、张小娟获得定西市“五一巾帼奖”。

【技能提升行动和班组创新行动】

一是积极开展“凝心聚力·决胜小康”行动，深化“当好主人翁，建功新时代”主题劳动和技能竞赛活动，县总工会联合县税务局举办了职业岗位技能素质提升暨“岗位大练兵、业务大比武”竞赛活动；联合团县委、县妇联、县委宣传部举办了“倡树新风尚、缘来七夕节”青年联谊交友会；联合县委统战部举办了全县职工乒乓球比赛；联合县文体广电和旅游局举办了2020年渭源县“庆国庆”乒乓球赛和迎中秋·庆国庆2020“秀美渭源·骑游金秋”自行车邀请赛；联合县委宣传部、县融媒体中心、县体育中心举办了庆祝第21个记者节暨职工文体联谊活动；联合县纪委监委、县委宣传部、县妇联、县文广局举办了渭源县“源头清风润初心、同心共筑小康梦”廉政文化系列活动启动仪式及廉洁经典诵读竞赛活动。各乡镇、各单位工会结合各自实际，开展了形式多样的庆“五·一”职工体育健身和比赛活动、劳动技能大赛活动。

二是制定下发了《关于开展“创新型班组创建行动”的实施方案》，以“工人先锋号”为引领，以技术创新、工艺创新、质量（服务）创新、管理创新、文化创新为重点，提升班组建设水平，促进企业健康发展，渭源县妇幼保健院儿童保健部被授予“定西市工人先锋号”荣誉称号。

【帮扶救助和送温暖活动】投入资金23.21万元对在档85户全国级困难职工进行救助，其中生活救助14.978万元、子女助学8.232万元。大力开展“春送岗位、夏送清凉、金秋助学、冬送温暖”四送活动。“六一”儿童节，为特殊教育学校的60名残疾儿童和清源二小的20名单亲困难职工子女、留守儿童送去价值6800元的学习生活用品和节日的祝福。在“夏送清凉”活动中，对260名困难职工、货车司机、快递员送去价值1.09万元的牛奶等饮品。在“金秋助学”活动中，筹措资金4000元对2名当年考上高校的在档困难职工子女进行了救助。在“冬送温暖”活动中，为渭源县正煜供热有限公司和渭源县渭水源供热站共75名司炉工每人发放大米1袋，清油1壶，为交警大队40名交巡警和市政服务中心50名环卫工每人发放大米1袋，清油1壶。

【维护职工合法权益】

1.*积极推行职代会和厂务公开制度*。按照《2020年全县厂务公开民主管理工作安排意见的通知》要求，督促全县国有及25人以上的建会非公企业建立了职代会和厂务公开制度，落实事故隐患治理情况向职代会报告制度。深化“公开解难题、民主促发展”主题活动，确保了职工的合法权益不受侵犯。

2.*大力推进工资集体协商*。聘请专职集体协商指导员2名，开展工资集体协商“要约”活动，积极推行平等协商集体合同制度，有效维护和保障了职工合法权益。指导基层工会深化工资集体协商“要约季”活动，选树集体协商示范单位。开展非公企业“双爱双评”活动。发出工资集体协商要约书23份，签订工资专项集体合同23份，女职工权益保护专项集体合同23份，覆盖企业23家，覆盖职工640人。

3.*充分发挥困难职工法律援助中心作用*。高度关注疫情防控和复工复产过程中职工的生产生活状况，协助党委、政府做好职工思想引导、再就业培训、劳动关系处置、社保接续等工作。开展“尊法守法·携手筑梦”服务农民工法治宣传和公益法律服务行动。配合人社部门治理拖欠农民工工资问题。投入资金3000元，积极宣传《工会法》《中国工会章程》和《劳动合同法》等法律法规，发放各类宣传资料1000余份，提高了职工依法维护自身合法权益的意识和能力。

4.加强工会意识形态和维稳工作。加强工会舆论宣传阵地管理，完善网络舆情应急处置机制，主动参与平安渭源建设，强化对职工队伍稳定情况的分析研判，突出预防、管控、处置，有效预防群体性事件和突发性事件，切实维护了职工队伍和谐稳定与工会组织团结统一。

【新冠肺炎疫情防控】县总工会充分发挥“娘家人”作用，深入疫情防控点为医护人员、交通、市场监督等防疫一线职工送去价值3.6万元慰问物资，特别是对我县3名援鄂医疗队员及家属每人5000元进行了重点慰问，为全县85户困难职工发放疫情生活补助17万元。立足常态化疫情防控形势，及时制定县总工会参与疫情防控和复工复产具体措施，督促各乡镇工会和基层工会协助做好筛查摸底、稳定情绪、帮扶服务等工作，落实复工后的防控措施，督促职工做好个人防护。

【领导名录】

主席：黄晓清

党组书记、常务副主席：马国权（9月止）、徐景赟（9月任）

党组成员、副主席：王睿

党组成员、经审委主任兼女工委主任：周改莲（女）

副主席：邓哲童（8月止，挂职）

（供稿：江海桃；审稿：徐景赟）

共青团渭源县委员会

【概况】共青团渭源县委现有干部5名，其中领导干部2名，一般干部1名，挂职干部1名，“西部志愿者”1名。

【加强思想政治引领】

1.持续加强理论学习。突出学习贯彻习近平新时代中国特色社会主义思想，扎实开展“青年大学习”行动，持续用好用活“学习强国”“甘肃党建”两个APP，引领党员干部和广大团员青年不断增强“四个意识”，坚定“四个自信”，做到“两个维护”。不断完善并严格落实“1+2+5”学习制度和定期调阅点评学习笔记制度，组织基层团员青年认真学习习近平总书记在纪念五四运动100周年大会上的讲话精神，让他们切实感受到党中央和习近平总书记对少年儿童和少先队工作的关心和期望。

2.强化宣传引导作用。持续提升“年轻渭源人”微信公众号管理运营水平，全年发布信息329条，关注人数1.7万人，阅读总数88.7万次52万人次。在微信公众号“年轻渭源人”上开设“青年之家”“脱贫攻坚”微课堂等栏目，每天推送学习内容，形成线上线下学习时间闭环，在党、团员干部和广大青少年中广泛宣传脱贫攻坚基本知识，营造良好氛围。三是积极向新闻媒体报送信息，累计有66条信息被各级媒体采用。

3.加大先进典型选树。“五四”青年节期间，在全县广泛开展“青年五四奖章”“青年岗位能手”“两红两优”“少先队三优秀”等各类评选表彰活动，共表彰各类先进个人665人，集体69个。积极向中央、省市推选先进典型，涌现出省级向上向善好青年1名，五四红旗团支部1个，优秀共青团员2人，优秀共青团干部1人；市级青年五四奖章4人，五四红旗团委、团支部等先进集体4个，优秀共青团干部、团员6人；市级抗疫青年志愿者集体3个，抗疫青年志愿者12人；市级优秀少先队员6人，少先队辅导员6人，少先队集体4个。

4.开展特色主题活动。采用线上献花留言的方式开展了清明祭英烈主题团日活动。开展了“防疫自护 致敬先锋——渭源红领巾支持抗疫线上活动风采展示”活动。“五四”青年节期间，组织各学校开展离队入团仪式暨十四岁集体生日主题团日活动。组织广大少先队员参加团省委举办的“决胜脱贫攻坚、争做新时代好队员”原创作品征集活动。成功举办中学生民族团结进步主题演讲比赛活动、“倡树新风尚 来七夕节”渭源县青年联谊交友会、“源头清风润初心 同心共筑小康梦”廉洁经典诵读竞赛活动和“全面小康 美丽家乡”书信文化大赛活动。

【服务大局 服务青年】

1.助力教育扶贫。团县委统筹各类资源，汇聚各方力量，为中、小学校的贫困学生发放上海吴孟超、利安人寿、学业资助“10万+”项目、99腾讯公益等各类助学金和兰石化、文雅等各类奖学金共计142.24万元，惠及学生1591人。

2.助力生态扶贫。开展“保护母亲河，美丽中国梦——2020年度渭源青少年植树护绿行动”和“美丽家园 青年先行”全域无垃圾专项治理主题活动，组织广大青少年踊跃参与植树造林和全域无垃圾环境卫生综合整治，为推进全县生态文明建设工作做出积极努力。积极争取团中央解放军青年林项目，获得项目资金200万元，在新寨镇栽植青年林2000亩。

3.助力就业扶贫。积极配合人社部门分层分类引导基层团组织开展输转就业和技能培训；配合团省、市委运用“团团帮就业”“榕e人才”等线上平台，开展榕定青年人才云上招聘月、定西市春风行动暨就业援助月等网络招聘活动5场次。依托“年轻渭源人”微信公众平台发布各类就业信息36条，推荐就业岗位4732个。

4.助力社会扶贫。利用“三·五”学雷锋纪念日等时间节点，组织开展孤寡老人、留守儿童、援鄂队员家属等有需群体的关爱帮扶活动，发放助学金及物资0.45万元。面对疫情防控物资紧缺的严峻形势，积极联系渭源县金晟商贸有限责任公司为全县19个学区捐赠价值1.6万元的消毒液2000公斤。在“六一”儿童节期间，与县委统战部、妇联联合开展第24个民族团结进步宣传月暨“六一”慰问活动，为学生送去价值0.05万元的学习用品。借助东西部扶贫协作契机，发起“关爱渭源贫困学子”线上募捐活动，利用网络平台优势，众筹5万余元为渭源50所偏远农村小学和教学点购置保温盒、微波炉等保温加热设施，帮助解决中午无法回家的学生吃不上热饭菜的问题。持续加大共青团对农民工子女的关爱帮扶力度，向团省委积极争取价值9万元的“七彩小屋”第五批示范项目建设（9个）。

5.助力创业扶贫。利用团省委“青创10万+”项目资金，培训创业人员32人。紧密结合消费扶贫，联合县人社局组织157名青年进行网络直播带货培训。

6.助力精神扶贫。“五四”青年节期间，授予22名扶贫工作者“渭源青年五四奖章”和“青年岗位能手”荣誉称号。发挥新时代文明实践中心（站、所）和各级“青年之家”作用，开展政策宣讲和青春故事分享活动25场次。在深度贫困村麻家集镇土牌湾村开展“激发内生动力树新风·决胜脱贫攻坚奔小康”文化进农家活动、“跟党走·共圆梦”庆祝建党99周年扶志扶智暨志愿者服务彩绘技能大赛，努力消除视觉贫困和精神贫困，提升乡村文明化程度。

7.做到真帮实扶。严格落实驻村帮扶工作责任，先后31次深入帮扶户家中，开展“志智技勤”四扶工作。帮扶乔家滩村拆危治乱经费5000元，切实为消除视觉贫困、提升乡村面貌做出贡献。联合麻家集镇乔家滩村党支部开展支部融合共建、优秀党员表彰及“党课开讲啦”活动，表彰优秀党员5人，走访慰问困难、老党员5人。向帮扶户妇女发放防晒帽和防晒手套19套共计820元。在“六月六”花儿会期间，出资3000元表彰农村有为青年。为2名帮扶户留守儿童争取焕新乐园项目，切实改善其生活条件。

8.预防青少年违法犯罪。多措并举加强青少年法治教育，充分发挥县预青办职能作用，常态化组织开展宪法晨读、“反对校园欺凌”主题团队日、法治副校长“送法进校园”、宪法知识竞赛、法院开放日、模拟法庭进校园等各类普法宣传教育活动。定期组织青少年在“渭源县青少年禁毒教育基地”参观，营造全民禁毒氛围。督促组织预青专项组各成员单位结合各自职能，采取有效措施和手段，开展了整治校园周边环境、文化娱乐场所治理、“青少年维权岗”创建、法律援助、关爱留守儿童及贫困学子等一系列工作。

【从严治团】

1.**规范组织生活**。在机关：严格召开党员信教和涉黑涉恶问题专项整治专题组织生活会，过好每月的主题党日活动，规范机关党内政治生活，遵守政治规矩和政治纪律。在基层团组织：以基层团支部为单位，广泛开展学习宣传贯彻党的十九届五中全会、团的十八届四次全会精神和定西市第四次团代会精神，增强团员的身份意识，严格团内组织制度。在基层少队组织：以中队为单位，广泛开展学习习爷爷“六一”寄语、第八次全国少代会精神、习总书记贺信精神和县第一次少代会精神的活动，让广大辅导员和少先队员们切实明确各自的职责和使命，用自己的行动为红领巾事业添光加彩。在“10·13”建队日前后，全县共有26所学校规范召开少代会，成立少工委，建立少先队组织，切实为开展好少先队工作提供了基础保障。成功召开青年工作联席会议第一次全体会议。

2.**加强作风建设**。开展警示教育活动4次，观看《护航脱贫攻坚》《撕开“反腐英雄”的伪装》《红线不能触碰，底线不能逾越》警示教育片，开展思想碰撞交流。结合中央脱贫攻坚专项巡视“回头看”和2019年度国家脱贫攻坚成效考核反馈意见整改和“不忘初心、牢记使命”主题教育整改落实“回头看”等工作，对存在的问题全面梳理，建立整改台账，部署整改任务，明确整改要求。努力强“三性”、去“四化”，制定团县委班子成员和干部直接联系基层团支部制度和直接联系服务青年“1+100”制度，分行业、分领域包抓指导基层工作。

3.**严格项目监管**。堵塞漏洞防范风险，在评优选先、希望小学、“七彩小屋”项目建设、奖助学金发放等方面，通过完善申报程序、资金发放拨付手续，杜绝资金截留、挪用等方面的问题，让有限的资金发挥出最大的社会效益。“三重一大”项目都经集体研究决定并邀请纪检监察组参与监督，积极营造班子成员既各司其职，又协调配合的议事氛围。

4.**推进改革落地**。2020年6月29日召开中国少年先锋队渭源县第一次代表大会，选举产生第一届少工委。树立大抓基层鲜明导向，持续开展“强基础 抓规范 促提升”强基固本活动。在乡镇巩固“党建办主任兼任团委书记”的渭源经验作用发挥，落实党建带团建“五带六同步”机制，不断优化团干部队伍；在行业持续规范教育和卫健行业团（工）委，逐步规范机关及省市驻渭单位团支部或青年工作委员会（小组）建设；在中小学大力推进中学共青团和少先队规范化标准化建设，持续深化学校共青团、少先队改革。不断规范以“三会两制一课”为主要内容的团员教育管理长效机制，深入推进“六有五型”团组织创建。在镇、村、电商服务站点、青少年服务机构等整合建立“青年之家”49家，方便青年找到团组织，参与团的活动，享受贴心服务。以“智慧团建”系统为抓手，切实加强提升团员发展质量和教育管理。落实“全团抓学校”要求，通过QQ群、微信群等方式全面传达学习团中央和团省、市委关于加强基层建设相关会议、文件精神。组织各乡镇、中学团委做好学社衔接，统筹推进好毕业学生团组织关系接转工作，主动与学生团员对接，确保真正把毕业学生团员“接住”，发挥兜底作用。

【领导名录】

书记：沈 琰（女，10月止）

副书记：任书军

（供稿：王青军；审稿：任书军）

渭源县妇女联合会

【概况】2020年末，县妇联现有在职人员7人，其中公务员2人，事业管理人员3人，事业挂职干部1人，事业后勤人员1人。中共党员4名。

【加强思想引领】突出政治引领，开展“百千万巾帼大宣讲”“陇原妇女面对面”“巾帼故事会”等各类宣讲60场次，宣传党的十九大精神和习近平新时代中国特色社会主义思想，宣传脱贫攻坚政策和巾帼脱贫典型，教育引导广大妇女增强“四个意识”，坚定“四个自信”，做到“两个维护”，始终听党话、衷心感党恩、坚定跟党走。注重网上引领，充分发挥新媒体矩阵优势，“渭源半边天”微信公众号发布信息210余条，阅读转发8.9万人次。加强典型引领，注重培树“陇原脱贫攻坚先进集体”“陇原脱贫攻坚女带头人”“三八红旗手”“巾帼文明岗”等先进典型，推荐表彰省、市级先进典型22个，评选表彰县级先进典型85个。

【参与疫情防控】

1.凝聚疫情防控巾帼合力。通过线上线下多种方式，积极倡导全县巾帼扶贫车间、公益组织、女企业家、女致富带头人、三八红旗手、志愿者等爱心企业、爱心人士开展资金物资募集活动，筹集口罩、消毒水等防疫用品和生活用品价值90587元，募集现金10000元，向省、市妇联筹集口罩500个、消毒水2000公斤。

2.提振疫情防控必胜信心。慰问抗疫一线医护人员和家庭、女干部、女党员、巾帼志愿者、复工复产女企业家21名。先后慰问甘肃支援湖北医疗队队员奔赴抗疫一线渭源籍医护人员兰州大学第二医院普外ICU护士苏艳家属、驰援武汉医务人员赵文武、冯淑芳家属、一线医护人员县医院传染科护士长刘娟家属8次，送去化肥、大米、蔬菜、牛奶、酸奶等价值2000元慰问品。组织县内8名心理咨询和家庭教育专家组成心理援助团队，开通渭源“抗击疫情心理援助专线”，为全县不同群体提供免费心理咨询服务。

3.努力克服疫情带来的不利影响。在微信公众平台开设“春风送岗位”专栏，发布转发企业用工信息11期，提供家政服务、医疗美容、餐饮娱乐等20多个种类3100个就业岗位信息。为11家巾帼扶贫车间、巾帼脱贫示范基地奖补资金25.2万元，争取省妇联防疫补助资金1.7万元，对2月底前已复工复产的5家“车间”，按照复工人数分层次补助，支持企业做好疫情防控和员工防护。开展“渭·她播——妇联主席邀您寻味渭水源头”直播活动，推荐渭源县美景、道地中药材、“来点土豆”富硒马铃薯方便食品和南谷玫瑰，助力渭源美食美物在“云”上搭出销路。

【助力脱贫攻坚】

1.开展贫困妇女技能培训。结合广大妇女需求，投入各类培训资金214.15万元，培训贫困妇女及农村富余女劳动力1527人。其中，实施“渭源县贫困家庭妇女技能培训项目”，投入财政专项扶贫资金45万元，开展以刺绣、编织为主的订单式培训，培训贫困妇女225名；实施“渭源县2020年家政服务培训项目”和“渭源县2020年纺织品服装加工就业技能培训项目”，投入财政专项扶贫资金45.4万元，开展家政服务育婴员、服装加工技能培训，培训贫困妇女407人；实施“省妇联2020年劳务品牌培训项目”，投入资金60万元，培训全县有意愿参加餐厅服务员、家政服务员、育婴员、扶贫车间培训的农村女劳动力和贫困妇女600人；实施“省妇联巾帼扶贫车间骨干能力提升培训项目”，投入资金5.045万元，培训农村富余女劳动力100人；实施“陇原巧手服装加工技能培训项目”，投入碧桂园2019年捐赠资金58.7万元，在北寨镇、锹峪镇、大安乡、峡城乡、会川镇、上湾镇等乡镇培训有意愿参加纺织品、服装加工的农村富余女劳动力195名。

2.开展健康脱贫行动。全县各级妇联干部组织开展农村妇女“两癌”检查工作，2020年检查适龄妇女2025人，开展全国妇联农村妇女“两癌”救助工作，救助符合农村妇女“两癌”救助条件的患病妇女18人，发放救助金18万元。

3.**开展爱心脱贫行动**。充分发挥“联”字优势，整合各类资源，凝聚各方力量，争取发放各类物资58.81万元，惠及全县妇女儿童7200余人。衔接甘肃妇女儿童发展基金会为秦祁乡白土坡村困境老人、贫困妇女、贫困儿童发放1万元救助金和价值8000元物资；为麻家集土牌湾村、莲峰镇簸箕湾村、庆坪镇老王沟村、大安乡邱家川村困境妇女发放羽绒服100件，价值2万元；结合麻家集镇“激发内生动力树新风·决胜脱贫攻坚奔小康”文化进农家活动，为土牌湾小学学生发放价值9000元学习用具；争取浙江省妇女儿童基金会协调捐助资金15万元，为20名6～16岁在读贫困儿童粉刷家庭个人住房墙面，配备床、衣柜、学习桌椅、灯饰等物品；争取爱心人士为大安乡大安中学、大涝子小学，秦祁乡秦祁中学、端树小学共176名贫困儿童发放价值2.2万元运动鞋、香皂等生活用品；争取爱心企业为全县2020年5个未脱贫村婴幼儿发放美赞臣奶粉600桶，价值19.5万元。为各乡镇、村妇联和部分贫困妇女发放洗衣液800箱，价值16.6万元；六一儿童节期间，联合县委统战部、团县委在三河回民小学，开展第24个民族团结进步宣传月系列活动暨“巾帼暖人心”慰问活动，为学生发放价值8100元学习用具。

4.**开展东西部扶贫协作帮扶**。在福州市晋安区驻渭脱贫攻坚工作组的帮助支持下，争取衔接晋安区妇联、晋安区慈善总会各类援助对口帮扶资金560.5万元。其中，渭源县贫困村道德积美超市奖补暨巾帼家美积分超市建设项目资金48.5万元，在全县贫困村奖补创建道德积美暨巾帼家美积分超市91家；福建思步网络科技有限公司为我县捐赠价值500万元“互联网+教育”现代管理系统和价值20057元的益智玩具和体育用品，受益儿童1.3万人；晋安区慈善总会捐赠“点亮微心愿 助力微梦想”主题活动经费5万元，圆梦全县困境妇女家庭微心愿53个；晋安区妇联困境儿童救助金2万元，救助困境儿童40人。

5.**开展精准帮扶**。县妇联帮扶干部结对帮扶贫困户36户129人，帮办各类好事实事12件，投入帮扶物资4.35万元。春节期间，邀请县内书画家为北关村贫困户书写书法作品75幅。为北关村解决拆危治乱工作经费5000元，捐赠价值2000元档案柜、沙发等办公设备，“巾帼家美积分超市”补充价值5000元物资；为帮扶户发放洗衣液72瓶，发放棉衣、棉被、学习文具价值1200元，为未就业大学生衔接工作岗位1个，为1户建档立卡户儿童争取“福州光彩会帮困助学”资助助学金2000元，争取实施“焕新乐园”项目3户，房屋改造物资22500元，动员9名适龄妇女参加农村妇女“两癌”免费检查；北关村15名贫困家庭妇女参加技能培训。

【维护合法权益】

1.**加大普法宣传力度**。线上制作反家暴、反婚外情宣传微视频《手》，有效提高普法宣传面。线下结合重要节日和重大活动，发放宣传维权资料6000余份，免费提供法律咨询服务32场次，受益群众达9000多人（次）。

2.**开通维权周宣传服务热线**。三八妇女维权周期间，联合县司法局携手4名“公益律师”开通宣传服务热线，宣传男女平等基本国策，维护妇女儿童合法权益，强化妇女维权意识，促进妇女全面发展。

3.**有效预防化解婚姻家庭矛盾纠纷**。各级妇联组织认真排查摸底，从源头上预防化解婚姻家庭矛盾引纠纷，县妇联热情接待妇女群众来电来访，今年以来接待来电来访案件12件，办结率100%，满意率100%。

【深化家庭文明】

1.**开展“巾帼家美积分超市”示范点创建工作**。争取省妇联、福州市晋安区驻渭工作组帮助，为全县4个“巾帼家美积分超市”补充价值2.2万元物资。

2.开展寻找“最美家庭”“美丽庭院”创建活动。重点围绕脱贫攻坚、乡村振兴，以家庭“硬化、净化、序化、美化、亮化、文化”推进美丽乡村建设，推荐表彰省级“最美家庭”19户，市级“最美家庭”9户，表彰县级“最美家庭”198户，创建市级“美丽庭院”69户，县级“美丽庭院”130户。

3.开展家庭教育宣讲活动。开展省妇联、省教育厅“家风润陇原——百场万人家庭教育公益巡讲”“家教惠陇原——儿童安全公益巡讲”活动及市妇联“情系幸福家庭 共创平安定西”讲座活动，受益群众840人。以“焕新乐园”项目为载体，开展线上线下家庭教育指导服务活动3次，帮助70户建档立卡户。

4.开展家庭家教家风建设。联合县纪委、县委宣传部等部门单位开展“源头清风润初心 同心共筑小康梦”廉洁经典诵读竞赛活动。在微信公众号开设“家风家教短视频——幸福家庭的幸福密码”专栏，发布家风家教短视频10集。

5.开展“巾帼共建美丽家园清洁行动”。为全县140名巾帼志愿者发放服务包140套，组织巾帼志愿者以开展“巾帼共建美丽家园清洁行动”为重点，全面彻底改善村容村貌，提升群众精神面貌，整治村庄环境卫生，并在微信公众号开设“巾帼共建美丽家园”清洁行动专栏，分乡镇展播“美丽家园”，展示活动成果。

【妇联组织建设】研究制定渭源县妇联《关于深化妇联组织建设改革实施“破难行动”工作方案》，在全县创建市级示范点1个、县级示范点2个、乡镇级示范点32个。召开县妇联第十四届执行委员会第三次会议，补选县妇联第十四届执行委员会委员2名，补选县妇联副主席1名。以建设运行的143家“巾帼家美积分超市”为载体，各行政村普遍建立“妇女之家”，进一步加强妇联组织、妇联阵地、妇联执委的规范化管理。村（社区）妇联换届圆满完成，16个乡镇217个行政村、3个社区，村（社区）妇联换届工作已全面完成。全县220个村（社区）妇联组织选举产生妇联主席220人、副主席435人、执委3350人。

【受表彰情况】

※2020年全国表彰

全国三八红旗手荣誉称号：

甘肃田地农业科技有限责任公司总经理　李晓梅

※2020年省级表彰

1.甘肃省巾帼文明岗：

渭源县园艺站

2.甘肃省巾帼建功标兵：

渭源县园艺站农艺师陈奋宏

3.全省家庭教育创新实践基地：

定西市渭源县家庭教育指导中心

4.甘肃省抗役最美家庭名单：

渭源县疾控中心杜文弟家庭、黄海峰家庭，渭源县人民医院陈朋家庭、刘娟家庭、赵文武家庭，渭源县中医医院康富文家庭、冯淑芳家庭，清源镇北关村苏艳家庭

【领导名录】

主席：郑文博（女）

副主席：贾玉红（女，8月止）、赵娜（女，9月任）

（供稿：梁婷婷；审稿：郑文博）

渭源县科学技术协会

【概况】2020年末，县科协实有在职人员8人，其中公务员1人，参管6人，工人1人。

【信息化建设】争取省科协项目经费10万元，购置科普信息化交互平板1台，依托甘肃省新航程电子商务公司开发县科普信息化管理系统1套，云科协实现科普资源、科普数据实时共享。《云

科协》信息化管理平台系统菜单板块和信息内容，正在进一步调试和完善中。

【科普宣传】2020年开展科普六进活动10次，受益人数达8000多人次。开展《科普中国》科普宣传和智能手机客户端APP推广下载安装，注册达387人，渭源县在定西市区县级注册榜中排名第三；传播量达35675次，渭源县在定西市区县级传播榜中排名第一，分享文章总次数达17539次，在“科普中国”推选渭源科普动态3条。5月30日“全国科技工作者日”到来之前，向市科协推荐优秀青少年科技教育工作者3名，青少年科技教育工作先进集体3个，受到市科协的表彰奖励。6月10日，在路园中学成功启动中国流动科技馆渭源县巡展活动。12月1日，县科协与清源中学成功开展了科普大篷车流动科技馆进校园巡展活动。

【基层科普行动计划】2020年，成功申报渭源县牡丹芍药种植繁育技术协会、渭源县荣辉中药材科普示范基地为“2020年基层科普行动计划”项目实施单位，省财政厅各下达项目资金15万元。两个实施项目单位辐射带动周边会员群众达292户，其中精准扶贫户92户。

【青少年科技创新】组织开展全县第36届青少年科技创新大赛活动。选出49项优秀作品参加全市大赛，其中学生科学竞赛项目8项，科幻画25幅，科技辅导员创新项目4项，DV作品3项，实践活动4项，优秀辅导员方案5项，优秀组织单位1个。渭源县第一中学漆辉老师指导的毛浩博同学在“第一届甘肃省青少年创意编程与智能设计大赛”Python创意编程比赛中获得了高中组二等奖的好成绩。

【反邪教协会】从2020年6月3日至15日，县科协、县政法委、县教育局联合发文，共征集到12篇优秀反邪教论文，统一上报市科协参加省市优秀反邪教论文大赛。经市科协评审组评比，4名同志优秀论文获全市一等奖，2名同志优秀论文获全市二等奖，2名同志优秀论文获全市三等奖，1名同志获省级优秀奖。8月20日，由省科协主办，市科协、渭源县科协承办的全省反邪教协会系统干部及基础一线反邪教骨干培训班在渭源县召开。

【领导名录】

主席：张福平

副主席：贾玉红（女，8月任）

（供稿：柴福林；审稿：张福平）

渭源县残疾人联合会

【助力脱贫攻坚】2020年，全县有各类残疾人2.8万人，其中持证残疾人10033人（男5788人，女4245人，重度残疾6481人），其中2020年脱贫建档立卡贫困残疾人89户115人。2020年，投入财政扶贫资金30万元，对麻家集镇、上湾镇、祁家庙镇、峡城乡的60户建档立卡重度残疾人家庭进行无障碍改造，户均投入改造资金5000元。投入财政扶贫资金30万元，在会川镇实施了贫困残疾人中药材种植基地项目，种植面积360亩，带动150户建档立卡贫困残疾人脱贫增收。争取东西部扶贫协作2020年区级财政帮扶资金32.255万元，对莲峰镇75户残疾人实施产业发展补助。争取2020年东西部扶贫协作新增第二批帮扶资金15万元，用于建档立卡重度残疾人扶持项目，对30个村的340户残疾人发放过冬物资，受益残疾人347人。投入资金20万元新建渭源县康复中心托养残疾人就业基地和莲峰镇下寨村农村创业致富残疾人就业基地各一个，为15户建档立卡残疾贫困户就近提供就业岗位，带动15户建档立卡贫困户增收。对在渭源县康复中心接受训练的12名建档立卡家庭的贫困残疾儿童进行康复救助，发放救助资金共计23.96万元。

【残疾人优惠政策享受】2020年，为全县113名残疾人安排了公益性岗位。落实省委省政府为民办实事项目，对全县218名一级智力、精神（含多重）残疾人给予居家托养补贴，共计补助资金18.28万元。其中城镇残疾人12名，人均1500元，农村残疾人202名，人均800元，补助资金在5月30日前，采用“一折通”的形式全部落实到户。为有需求的贫困智力、精神和重度残疾人在办理残疾人证时提供残疾评定补贴，共计补助人数400人，人均150元，共计补助资金6万元，采用“一折通”的形式全部落实到户。为9485名残疾人共发放 “两项补贴”733.47万元。为考入大中专院校的8名残疾学生，按每名学生2000元的标准进行了资助，资助资金共计1.6万元。投资4万元扶持新（扩）建盲人就业创业按摩机构1个，安排盲人就业2人，已投入使用。投入资金17.83万元，由县康复中心对62名特教学校的残疾学生（其中12名为建档立卡户）提供康复训练。

【全国残疾预防试点工作】2020是全国残疾预防综合试验区试点创建项目的收官之年。县人民医院、县中医医院、县妇幼保健院、县中西医结合医院、各乡镇卫生院全面完成了残疾预防试点工作任务。新建渭源县康复中心（民营）、残疾人康复中心，并在县级医院、乡镇卫生院增设中医馆、老年活动中心、针灸推拿按摩药蒸科室，规范提升了217个村卫生室、3家盲人按摩店，有效改善了残疾预防工作综合服务水平。

【动态更新信息采集工作】2020年开展了残疾人服务状况和需求信息数据动态更新信息采集工作，动态更新共登记持证残疾人11386人，其中查无此人33人，已搬迁50人，空挂户4人，外出91人，注销177人，入户登记10497人，电话调查534人。

【残疾人文化教育】组织40名残疾人通过接受红色教育、进馆展览、观看电影、召开座谈会、读书学习等活动，共享社会经济发展成果，拓展残疾人视野，激发和增强参与社会、融入社会的信心和决心。联合县教育局让有接受教育能力的残疾儿童享受义务教育，现有160名不同类型的残疾儿童随班就读，62名残疾儿童享受特殊教育，为50名残疾儿童进行送教上门。

【精准康复和证件办理】2020年，为残疾人提供精准康复服务2117例，其中实施手术30例，药物发放159例，县残联委托渭源县康复中心开展功能训练511例，辅助器具发放1113辆（件），护理264例。为残疾人发放各种辅助器具2128辆（件），其中轮椅672辆、拐349副、坐便器143个、助听器520个、助视器37个、盲表52块、手杖216个、钉鞋机40个、助行器15个、盲杖80个、言语辅助器具1个、其他辅助器具3个。共办理残疾人证2659本（其中上门办证620本），从8月份正常开展第三代（智能化）残疾人证换发和电子证照管理及推广应用工作，2020年办理第三代（智能化）残疾人证294张。

【宣传培训】2020年有效利用全国助残日、全国残疾预防日、爱耳日等法定宣传日广泛开展宣传活动，开展各类扶残助残宣传活动30余场次，悬挂横幅55条，展出展板30多次，出动宣传车40余次，发放各类政策法规、宣传手册、折页、彩页等10万多本，在新媒体上发布信息5万余条。委托渭源县立达职业培训学校于6月24日至6月30日对100名残疾人进行了职业技能提升培训。委托渭源源丰职业技能培训有限责任公司于8月15日至8月22日对50名残疾人进行了手工工艺培训。

【领导名录】

理事长：苟焕平

副理事长：汪丽（女）、李晓芸（女）

（供稿：刘锦倩；审稿：苟焕平）

渭源县文学艺术界联合会

【概况】2020年，县文联坚持以习近平新时代中国特色社会主义思想为指导，坚持“二为”方向和“双百”方针，认真履行“团结引导、联络协调、服务管理、自律维权”的职能，更好地围绕中心、服务大局，为决胜全面小康、决战脱贫攻坚和建设幸福美丽新渭源提供了有力文化支撑。2020年5月29日，县文学艺术界联合会第三届委员会第二次全体会议进行了增补改选，增补县文联三届委员会委员3名，选举副主席3名，改选了县文联主席。推荐全市理事14人，代表33人。

【工作情况】结合新时代文明实践志愿服务活动，创新文艺志愿服务形式，会同县文体广电和旅游局，举办多彩非遗与你相约渭河源、源头风光美“六一”亲子活动、2020年“西部嘉沃杯”第二届民族广场舞大赛、“春绿陇原”甘肃省少儿舞蹈展演活动渭源赛区选拔赛、“源头清风润初心 同心恭祝小康梦”迎新廉政书画展，春节送春联等文艺活动，各文艺家协会分队开展文艺志愿服务活动20场次。

【领导名录】

主席：祁小平（5月止）、漆旺俊（兼，5月任）

副主席：吴鲁

（供稿：张安军）

渭源县哲学和社会科学界联合会

【工作情况】2020年，县社科联坚持以习近平新时代中国特色社会主义思想为指导，引导全体委员围绕学习宣传贯彻党的十九届五中全会精神，决胜全面小康、决战脱贫攻坚、建设幸福美丽新渭源等政治任务、重大事件、重大工程开展课题策划、调研以及研究，积极撰写理论文章。向市社科联推荐报送社科作品6件，报送参评作品28件。召开了县社科联一届常务委员会二次全体会议。加强全县社科界意识形态工作责任制建设，坚守社科意识形态工作阵地，取得了明显成绩。

【领导名录】

主席：吴胜军（兼）

（供稿：张安军）

军事　法治

人民武装部

【思想政治建设】2020年，渭源县人民武装部党委始终把学习贯彻党的十九大和十九届二中、三中、四中、五中全会精神及习主席重要讲话作为首要政治任务，坚持每月组织一次党委理论学习中心组学习制度，狠抓领导带学、个人自学，落实纪律党课辅导，系统学习《军队基层建设纲要》、《习近平谈治国理政》（第三卷）、习近平总书记出席重大活动时的讲话精神、军委纪委监委关于顶风违纪违法典型问题的通报和规范“四个秩序”指示要求，干部职工、文职人员思想理论水平不断提升。抓好规定动作落实的基础上，积极筹划开展配合活动，采取“走出去”的形式，组织全体党员到元古堆村开展“重温入党誓词、牢记初心使命”主题党日活动，巩固深化“不忘初心、牢记使命”“传承红色基因、担当强军重任”主题教育成果。认真落实经常性学习教育，周密制定落实人武部年度政治教育计划、民兵政治教育学习计划，积极参加理论轮训和“大练兵大学习大教育”群众性岗位实践活动，有效激发了干部职工、文职人员和基层专武干部立足本职干事创业的热情。认真落实政策纪律、形势战备、隐蔽斗争、安全保密等常态化教育，干部职工、文职人员信仰坚定，听党指挥、维护核心的思想基础更加牢固。

【战备军事训练】定期组织议战议训，研究部署战备训练工作。完成指挥信息系统备用电源建设，完善战备库室。针对疫情防控特殊要求，贯彻落实省军区战备值班培训会议精神，规范战备制度，强化战备教育，加强战备值班，修订完善预案，正规战备秩序，始终保持24小时人员在岗在位，确保遇有情况能够快速有效处置。突出军事理论、体能训练为主要内容的机关军事训练，每月办公会讲评，每季度组织考核，提升训练质量，达到了以考促训目的。主要领导亲自衔接民兵挂钩联训，按照军分区的统一安排部署，分两批完成年度民兵轮训备勤训练，严密组织实施，落实训练内容，全科目进行考核，安全顺利。科学调整布局，优化队伍结构，提高编建质量，高标准完成基干民兵应急、专业、特殊三类队伍的组建任务，采取分片集中的方式，逐分队组织点验，到点率均达80%以上。

【兵役征集工作】充分发挥人武部国防动员对接作用，严密组织各专业办公室对国防潜力精准调查核实，准确核对数据信息，完善配套动员方案计划。贯彻落实疫情条件下征兵各项措施要求，及早筹划准备，提前完成兵役登记工作。多措并举开展征兵宣传，严格体格检查、政治考核、役前训练、审批定兵、公开公示等环节，超额完成征集任务。

【双拥共建活动】严格党委议军、现场办公、“军事日”活动制度，协调解决人武部西围墙建设，安装供暖二次加压系统，落实国防动员、民兵训练、兵员征集、基层建设等10项武装工作经费。加装办公楼外层保温窗户，整修大门口值班室，对机关灶厨房和车库屋顶防水进行处理，积极营造良好的工作生活环境。聚力开展精准扶贫活动，增加贫困户收入，积极对接县劳务部门，向浙江义乌用工企业协调输转贫困人口388人。巩固帮扶成果，向帮扶村北寨镇麻地湾村投入经费10多万元，为贫困群众购买发放春耕物资，建造便民桥、文化广场，购置电动垃圾清运车项目全部落地见效。协调落实优抚政策，组织民兵开展疫情防控、义务植树造林、禁毒踏查，看望慰问执行重大任务官兵家属，紧前推进双拥共建，营造了良好的军政军民关系。

（供稿：渭源县人民武装部）

退役军人事务

【概况】县退役军人事务局设局长1名，副局长2名，内设办公室、权益保障和拥军优抚股、移交安置和就业创业股，下属双拥工作服务中心、退役军人服务中心。党员9人，入党积极分子2人。

【双拥工作】在2020年春节、“八一”建军节前夕，县四大班子领导对县人武部、县武警中队官兵进行了慰问；国庆节前，县委、县政府、县人武部对全县12名执行特殊任务现役军人家属全部进行了走访慰问。对两参人员、老党员、困难退役军人慰问达120人次，慰问资金共计17万元。积极衔接县教育局解决了4名现役军人子女就近入学的问题。加大落实优抚安置政策的力度，拓宽“三后”问题解决渠道，认真实施优抚“四项”保障工程，切实维护优抚对象的合法权益。扎实开展军地互办实事力度，把全省“双十工程”各项任务落到实处，进一步巩固军民团结的大好局面。协同县人民武装部为荣立三等功以上的何城、赵彦峰、李强、杨伟东、殊剑锋、刘武辉、李建军、包凯峰、马中魁、刘洋、窦翔飞、杨博、罗峰、钱江、李剑东、曾旭红、尉彦军、石玮、贾海雄、郑永龙、陆海峰等21名现役军人家庭送去喜报、慰问品，发放22人次奖励金2.3万元；其中二等功1名，为会川镇罗家磨村现役军人陆海峰。

【基层基础基本建设】按照“五有（有机构、有编制、有人员、有经费、有保障）”要求，对乡镇和村（社区）退役军人服务站建设实行分类指导，通过了国家和省市验收，完成了1个县级服务中心、6个乡镇退役军人服务站的全国示范型创建工作。

【思想政治工作与权益维护】

1.开展“思想政治工作年”活动。制定活动实施方案，召开启动会，进行专题安排部署。深入挖掘退役军人先进事迹，大力弘扬传播正能量。结合省市“最美退役军人”选树、“兵支书”微视频拍摄、“定西好人”、纪念抗美援朝出国作战70周年等活动开展，拍摄兵支书事迹视频并在渭源县电视台进行播放，编写了《伟大的胜利——渭源县抗美援朝老战士事迹摘编》，对8名抗美援朝老兵典型事迹全部进行了整理，其中李海清等3人事迹在《定西日报》进行了刊登。在新冠肺炎疫情防控工作中，全县700余名退役军人身先士卒、率先垂范奋战在抗“疫”一线，捐款捐物共计6万元，积极协助当地党支部开展疫情防控工作。

2.开展“持续开展退役军人矛盾问题攻坚化解”活动。研究制定实施方案，对上级交办重点信访事项和本级接待受理信访事项，全部逐人逐事进行化解，其中市级挂牌督办事项1件，本级排摸受理信访事项4件，全部办结。

3.关心关爱军人。2020年先后筹集资金60多万元购买救助物资，保证困难在乡复员军人、两参人员、“烈属”以及生活困难退役军人共计900

多人。

【优抚保障政策落实】健全优抚对象保障体系，严格落实抚恤补助标准自然增长机制。按照国家、省市稳步提高优抚对象优待标准的政策要求，对优抚对象的定期抚恤补助严格按标准发放，并全面实行专户管理、封闭运行，通过社会化方式按月及时足额发放到位，全县现有重点优抚对象2003人。2020年累计发放优抚资金929.4万元，发放价格临时补贴73.6万元。

【移交安置和就业创业】2020年，对符合政府安置条件的8名转业士官已全部安置到由财政全额拨款的县直单位及乡镇政府事业岗位。对2019年度符合发放条件的67名自主就业退役士兵，按照标准发放了兵役优待补助金共计401.4238万元。积极开展就业技能及职业教育培训，自主就业退役士兵报到81人，参加技能提升培训30人，学历提升19人，组织60余名退役军人参加消防培训。举办退役军人暨家属专场招聘会，全年举办两场退役军人及家属专场招聘会，现场邀请安源药业、县供暖公司、邮政等25家优秀企业进场招聘，现场近300名退役军人及家属参与招聘，初步达成就业意向50人。推荐渭源陇晖物流有限责任公司参加全市首届退役军人创业创新大赛，取得了全市二等奖，随后被定西市选派参加了省级退役军人创业创新大赛。

【社保接续工作】高度重视部分退役军人社保接续工作，做到了“五到位、一确保”。一是组织领导到位。成立了县部分退役军人社会保险接续工作领导小组，确保社保接续工作任务全面落实到位。二是政策宣传到位。按照省市统一部署，对外发布公告，利用各种途径开展政策宣传，最大限度让退役军人知晓接续政策和申请程序等相关事宜。三是排查摸底到位。为确保让符合条件的退役军人能全部享受社保接续政策，单位向各级各部门发函，通过各乡镇、村（社区）退役军人服务站，对符合条件的退役军人进行全面彻底排摸，确保无遗漏。四是资格审查到位。对初步受理符合社保接续条件的退役军人，单位召开局务会议研究审查，严把政策关口。五是政策落实到位。对全县符合条件的113名退役军人（其中低保及特困供养13人、省属企业4人），全部完成了社保资金补缴，共计向税务部门补缴资金189.67万元，确保了按期保质完成接续工作。

【烈士纪念设施保护管理】

一是渭源县坡儿革命纪念馆建设竣工并顺利开馆。纪念馆占地面积约100平方米，分为东西两个展厅。东展厅分“红军的两次会师”“二四方面军入甘”“四方面军过境渭源”“四方面军离境北上”四大板块。西展厅分为“红色记忆”和“地下斗争”两大板块。展馆收藏了不同时期的相关文献资料和珍贵历史文物。

二是为了充分发挥坡儿烈士陵园及梁家坪烈士陵园在国防和爱国主义教育中的重要作用，编制完成梁家坪和坡儿红军烈士纪念设施项目规划，列入了全县“十四五”规划。

【领导名录】

党组书记、局长：李林

党组成员、副局长：卜有珊

党组成员：郭晓霞（女）

副局长：段平生

（供稿：赵云；审稿：卜有珊）

人民防空

【概况】2019年3月，机构改革后，县人民防空办公室加挂到县住房和城乡建设局，主任由住建局局长兼任，不再单设专职主任、副主任职务。现有工作人员4人。

【组织指挥及信息化建设】加强组织指挥和通信警报设施建设。完成人防地面应急指挥系统省市县三级指挥中心互联互通。进一步加强通信警报建设，做好通信联络和节假日战备值班任务，确保联系通畅报送及时。

【工程建设和管理】认真抓好结建工程建设，

严格执行“以建为主、以收促建”的原则，严格落实人防规划，优化防护工程布局，建设功能齐全、布局合理的人防工程，提高我县人防综合防护能力，新建防空地下室不能随意确定工程的战时用途，要严格按照人防建设与城市建设相结合的原则规划布局加快人防工程建设步伐，防护能力得到提高。全面加强人防工程建设管理。抓好结建工程审查关口，确保应建（交）率达到100%。加强人防工程的执法检查。每年开展一次人防综合执法检查，以人防易地建设费收缴、人防工程质量、防护设备及安装等问题为重点，进行系统查看，对存在问题现场提出，立即整改。

【宣传教育】在中小学生安全教育日、“5·12”防灾减灾日、国防教育日、“9·18”警报试鸣日、“12·4”全国法制宣传日，积极开展人防知识宣传教育活动。更新清源路人防文化宣传长廊灯箱内容。举行渭源县“9·18”防空警报试鸣活动。开展人防知识“五进”活动，在龙亭中学、会川中学、清源中学设立渭源县人防教育基地，将人防教育与学校安全教育结合起来，着力提高学生应对突发事件的自救、互救能力。

【领导名录】

主 任：李德麟（兼）

（供稿：陈剑萍）

公 安

【维护社会政治稳定】2020年，坚持以维护社会政治稳定为中心，以保全国“两会”、疫情期间等重大敏感节点的安全为重点，狠抓各项工作措施的落实。加强重大节日、大型活动的安全保卫，强化突发群体性事件的预防和处置。特别是在春节、全国“两会”等重大敏感时期，精心策划，周密部署，全警参与，连续作战，确保了全县政治大局持续稳定。切实加强意识形态领域管控工作，持续推进“三化”“两热”专项治理工作。始终坚持主动进攻、露头就打的原则，持续保持对“法轮功”“门徒会”等邪教组织的高压态势，全力维护全县社会大局平稳。组织开展反恐演练、拉练13次，通过多种形式开展反邪教、反恐怖宣传共12场次，受教育群众8500余人次。

【强化合成作战】坚持以扫黑除恶专项斗争和打击治理电信网络新型违法犯罪为龙头，继续保持对刑事犯罪主动进攻的态势，严厉打击各类刑事犯罪。

1.**稳步推进扫黑除恶专项斗争。**紧紧围绕三年为期总目标，以全力打好全国部署开展的“一十百千万”行动为牵引，持续强化宣传发动、线索核查和专案攻坚等工作，深入开展“六清”行动，涉黑涉恶在逃犯罪嫌疑人已全部抓获归案，实现了逃犯“清零”目标。

2.**深入开展以打击电信网络诈骗犯罪为重点的打击整治工作。**紧紧围绕打击治理电信网络新型违法犯罪专项行动、“云剑”行动、“命案积案攻坚专项行动”“三打击一整治”等重点工作，始终保持对各类违法犯罪的严打高压态势。

3.**追逃工作持续推进。**紧紧依托“大情报”系统，落实网上查控、网上串并、网上追逃等工作措施，参战民警不辞辛劳，辗转安徽、陕西、广东、新疆等省市，行程达数十万公里，积极追逃工作。

4.**重拳打击经济犯罪。**共受理各类经济犯罪案件22起，立案16起，破案21起，完成市局下达任务16起的131.25%；移送起诉犯罪嫌疑人24名，完成任务数14人的171.4%；“云端2020”行动，立案3起，破案7起。“陇风2020”专项行动，已全部完成下达的任务数，得分100分。

5.**严厉打击毒品违法犯罪活动。**严格按照《渭源县“净边2020”专项行动方案》要求，以打击过境我县毒品和摧毁贩毒网络团伙为主攻方向，通过对过境我县的外市区车辆分析研判，联合安定区公安局破获“3·17”运输毒品案，自主破获“4·13”“4·27”两起团伙贩毒案件。组织民警对我县渭源工业园、会川工业园区及辖区事业单位共计25家使用易制毒化学品企事业单位进行了易制毒化学品管理专项检查。

【社会治安防控体系建设】强化社会治安防控体系建设，治安形势持续向好。共受理各类行政治安案件732起，其中受理治安案件699起，同比2019年同期受理行政治安案件的1051起下降30.35%，同比2019年受理治安案件的915起下降26.88%，全县治安秩序持续好转。

1.窗口服务管理进一步规范。按照上级公安机关和政府相关文件精神，对户政、交警、出入境等窗口业务办理、人口信息系统的操作进行了再规范，进一步严格步骤和程序，杜绝了窗口服务管理工作存在的“三乱”现象，规范了审批、操作流程，服务质量进一步提高，积极推进“放管服”工作。

2.流动人口管理机制得到创新。为加强对流动人口特别是暂住人口的管理，借鉴外地成功经验，制定了组建流动人口及重点人员专职协管队伍工作方案，从人、财、物、机制、体制等方面解决了制约流动人口、重点人员管理方面的瓶颈问题。

3.监管对象和重点人员管理得到加强。为确保全国、全省“两会”顺利召开，对全县各类重点人员进行了排查定级，对重点稳控对象逐一落实了管控措施，做到了底数清，情况明，管得住，确保了稳定。

4.“一标三实”基础信息常态化维护工作获全市排名第二。

5.积极推进矛盾纠纷大排查大化解。自2018年起持续推进矛盾纠纷大排查大化解工作，同时结合“一标三实”常态化维护及“百万警进千万家”活动，协调配合政法、民政、信访、综治、司法等部门全力开展矛盾纠纷排查化解工作。在疫情防控期间，我局一手紧抓疫情防控，一手狠抓矛盾纠纷排查化解不放松，共排查矛盾纠纷141起，当场化解化解90起。

6.缉枪制爆和打击涉黄涉赌违法犯罪专项行动齐头并进。先后印发《渭源县公安局打击治理跨境赌博犯罪行动工作方案》和《渭源县公安局深化打击整治枪爆违法犯罪专项行动工作方案（2020—2022年）》，发放宣传单10000余份。各参战单位按照方案要求和分工积极开展。

【强化公共安全管理】加强源头防范，强化管理，以“降事故、除隐患、保安全”为目标，全面强化公共安全管理。突出重点，加大路面巡逻管控密度，加强交通秩序管控，把警力装备最大限度地摆到路面，通过执勤巡逻、路检路查等方式，加强对车辆的检查，强化重点时段、重点路段和重点区域的管理，有效确保了全县道路交通安全形势平稳有序。

1.集中开展交通专项整治。以预防和减少道路交通事故为首要任务，从严、从实、从细抓好道路交通事故预防各项工作措施落实，按照“两保、两树、两聚”的要求，紧紧抓住事故预防、保通保畅、深化改革、科技强警、素质提升等重点，全力做好降事故、保安全、保畅通各项工作，先后开展了“春运”“集中整治酒驾醉驾违法犯罪行动”“一盔一带”等交通专项整治行动，全县道路交通安全形势保持基本平稳。

2.坚持底线思维，始终确保监所安全稳定。监管部门紧紧围绕县局党委决策部署，以实现新冠疫情“零感染”、安全事故“零发生”、有效预防杜绝因病死亡为目标，以制度建设和能力建设为重点，着力“强化建设、补齐短板、拓展职能、落实制度、转变作风、提升形象”，扎实做好防风险、保安全、护稳定各项措施的落实，确保监管场所零事故发生。

【执法规范化建设】以严格公正文明执法为目标，落实各项执法工作制度，积极开展“守初心、担使命，集中排查整治执法司法突出问题”专项行动，不断加强执法队伍建设，提高全体执法民警的办案质量和执法水平，重点在执法理念、执法公信力、执法方式、执法能力、案件办理等方面开展了自查自纠。通过自查自纠，及时发现问题，建立台账，制定整改方案，为下阶段工作打好基础，并对存在严重问题案件的责任人及时进行执法过错责任追究，警示全局。

【助力脱贫攻坚】2020年，牢固树立围绕中心、服务大局的担当意识，充分发挥公安机关职能作用，以“百日会战”行动为抓手，全力助推打赢脱贫攻坚战。坚持把法治扶贫作为公安机关帮扶工作的重要抓手，结合公安机关职能，创新工作方法，认真落实“三抓三紧盯”（即：抓实乡村法治宣传、抓好校园法治宣传、抓紧群众防范工作、紧盯农村防控建设、紧盯农村交通安全、紧盯户籍清零问题），从营造法治良序、矛盾排查化解、平安乡村建设、专项打击整治、加强帮扶力度、强化工作保障等方面制定具体措施，为脱贫攻坚助力护航。

【获奖情况】

（一）获奖集体

2019年2月，渭源县公安局莲峰派出所被甘肃省公安厅评为全省公安机关“一标三实”工作成绩突出集体；

2019年2月，渭源县公安局路园派出所被甘肃省公安厅评为“全省公安机关执法示范单位”；

2019年7月，渭源县公安局代定西市公安局参加全省公安机关“大练兵、大比武”活动模拟现场勘查比赛，被甘肃省公安厅评为三等奖；

2020年2月，渭源县公安局交警大队党支部被中共定西市委组织部通报表扬（全市疫情防控工作中表现突出的基层党组织）；

2020年2月，渭源县公安局禁毒大队被定西市公安局记集体三等功；

2020年4月，渭源县公安局被定西市禁毒委员会评为“2019年全市禁毒工作综合奖”；

2020年6月，渭源县公安局在全省公安机关禁毒战法模型比武竞赛中，被甘肃省公安厅评为三等奖；

2020年10月，渭源县公安局法制大队在全市公安民警法律知识竞赛中，被定西市公安局评为优秀组织奖。

（二）获奖个人

2019年10月，渭源县公安局交警大队原副大队长王海斌（因公牺牲）被公安部追记个人一等功；

2019年10月，渭源县公安局峡城派出所教导员胡宜恒（援疆）被公安部嘉奖一次；

2019年1月，渭源县公安局经侦大队大队长刘常昭被甘肃省人力资源和社会保障厅、甘肃省公安厅评为“全省优秀人民警察”；

2019年8月，渭源县公安局党委委员、刑警大队大队长李永江（市局挂职）被甘肃省公安厅记个人二等功一次；

2019年2月，渭源县公安局交警大队民警王军被甘肃省公安厅记个人三等功一次；

2019年2月，渭源县公安局路园派出所副所长杨富畅、城关派出所民警陈志欣分别被甘肃省公安厅嘉奖一次；

2019年8月，渭源县公安局刑警大队副大队长郭源平参加全省公安机关“大练兵、大比武”活动荣获一等奖；

2019年12月，渭源县公安局党委委员、交警大队大队长李维强，刑警大队副大队长刘涛，刑警大队技术室主任张彦平被定西市公安局分别记个人三等功一次；

2020年9月，渭源县公安局城区交巡警大队大队长张海华被公安部评为“全国公安系统抗击疫情先进个人”；

2020年7月，渭源县公安局刑警大队副大队长郭源平被公安部评为全警实战大练兵第一批部级“训练标兵”；

2020年8月，渭源县公安局党委委员、副局长马鸿，渭源县公安局刑警大队副大队长郭源平被甘肃省公安厅评为“全省公安机关刑事科学技术骨干人才”；

2020年7月，渭源县公安局城关派出所副所长刘为民在全省公安机关深化实战大练兵暨首届警体运动会中荣获俯卧撑第四名；法制大队民警祁艳萍在全省公安机关深化实战大练兵暨首届警体运动会中荣获4*10折返跑第四名；拘留所民警陈燕琴在全省公安机关深化实战大练兵暨首届警体运动会中荣获立定跳远第六名；

2020年9月，渭源县公安局交警大队辅警王建徽在“护航新时代、大美新警营”2020年甘肃省公安机关摄影大赛中，被甘肃省公安厅评为优秀奖；

2020年12月，渭源县公安局治安大队副大队长王国柱被兰州输油气分公司、甘肃省保安服务有限公司评为“2020年度优秀公安巡护中队长”；

2020年4月，渭源县公安局国保大队副大队长杨春林被定西市反恐怖工作领导小组评为“2019年度全市反恐怖工作优秀个人”；

2020年2月，渭源县公安局城区交巡警大队大队长张海华、交警大队中队长杜浩冉被中共定西市委组织部通报表扬（全市疫情防控工作中表现突出的党员队员）；

2020年3月，渭源县公安局城关派出所民警谭长红被共青团定西市委、定西市青年联合会评为“定西市优秀抗疫青年志愿者个人”；

2020年8月，渭源县公安局政工监督室民警付海丽在首届定西公安抖音段视频比赛中，被定西市公安文学艺术联合会评为三等奖；

2020年1月，渭源县公安局路园派出所所长张玉农、城关派出所民警陈海伟分别被定西市公安局记个人三等功一次；

2020年2月，渭源县公安局党委委员、城关派出所所长朱卫文，莲峰派出所所长姚满库，经侦大队大队长刘常昭，禁毒大队副大队长罗志玺，交警大队会川中队中队长周东海分别被定西市公安局记个人三等功一次。

【领导名录】

党委书记、局长：李宝林（副县长）

党委副书记、政委：何晓刚（4月任）

党委委员、副局长：何小彪（4月止）、朱思玉、蔺渭钟、张俊峰、袁琦、马鸿

党委委员、纪委书记：王占军

党委委员、城关派出所所长：朱卫文

党委委员、刑警大队大队长：李永江（4月止）

党委委员、交警大队大队长：李维强

（供稿：刘常昭；审稿：刘常昭）

公安局森林警察大队

【概况】2010年8月17日，定西市森林公安局渭源县分局成立，并加挂渭源县公安局森林警察大队牌子，为正科级建制，实行林业和公安部门双重领导的管理体制，分局下设会川、莲峰两个森林派出所，副科级建制。主要职责是维护全县森林资源安全、查处毁坏森林资源和在林区内种植毒品源植物等案件，打击破坏森林资源的违法行为。2020年12月，根据中共渭源县委办公室、渭源县人民政府办公室关于印发《渭源县森林公安机关管理体制调整工作实施方案》的通知精神，将县森林公安机关整建制划归县公安局统一领导管理，设渭源县公安局森林警察大队及会川、莲峰派出所。业务技术用房建设项目于2020年9月6日投入使用。

【森林执法】疫情防控以来，调查排摸野生动物养殖场所12处。开展“昆仑行动”专项行动和严厉打击破坏森林和野生动植物违法犯罪行为，共办理各类涉林案件29起，其中涉林刑事案件8起，涉林治安案件4起，移交林业行政案件17起，刑事处罚14人，治安处罚3人。联合自然资源局、畜牧等部门救助、放生国家二级保护野生动物秃鹫2只、白鹭1只，三有野生动物蟾蜍1292只、朱雀45只、高原林蛙465只，有效保护了辖区的森林和野生动植物资源安全。

【禁种踏查】协同县林草中心禁毒办制定了国有林区禁种铲毒工作安排意见、工作实施方

案、奖惩办法，抽调4名森林公安民警扎实开展国有林区禁种铲毒工作。采用无人机扫描加人工踏查的方式，在林区实现了由点、线踏查升级为整个面的踏查。市县联合禁种踏查组于7月25日对国有林区禁种踏查工作进行核查，得到了国家、省、市禁毒委充分肯定。

【森林防火】森林草原防火期间，公安干警开展巡山查林行动，及时发现制止林区使用明火行为33人（次），收缴打火机54个，有效消除森林火灾隐患；制作森林火灾典型案例展板6个，协同县森林防火办公室深入林区重点乡镇街道、学校、集市和景区景点等人员密集场所通过播放录音、以案释法等方式开展森林防火宣传19场（次），提高了群众的森林草原防火意识。

【领导名录】

市森林公安局渭源县分局

局长：赵海鸿（11月止）

副局长：王培刚（11月止）

会川森林派出所所长：张旭（11月止）

会川森林派出所指导员：党革平（11月止）

莲峰森林派出所所长：张亚宏（11月止）

县公安局森林警察大队

大队长：赵海鸿（11月任）

教导员：王培刚（11月任）

副队长：党革平（11月任，正科级）

县公安局会川森林派出所所长：张旭（11月任）

县公安局莲峰森林派出所所长：张亚宏（11月任）

（供稿：赵海鸿；审稿：赵海鸿）

检　察

【概况】渭源县人民检察院成立于1950年5月1日，始名为“渭源县人民检察署”，1958年底随着县制撤销并入陇西县，1968年1月渭源县人民检察院被实行军管，1975年正式被撤销；1978年8月，中共渭源县委决定重新建立渭源县人民检察院，并完善了组织机构；2003年内设机构增加为9个，2008年内设机构增加为11个（均为正科级建制），2013年内设机构增加为15个（均为正科级建制）。检察体制改革转隶后，现有内设机构5个、派驻机构4个，均为正科级建制。现有工作人员40人，其中党员22名；大学文化程度35名。

【刑事检察】2020年，全年共受理提请批准逮捕案件70件101人，同比下降19.12%、27.84%；受理审查起诉案件202件265人，同比上升5.21%、11.34%。针对2020年刑事发案危险驾驶犯罪案件占比较高、集资诈骗非法吸收公众存款等金融犯罪案件数量增速较快、扰乱社会主义市场经济秩序损害营商环境的犯罪时有发生、诈骗犯罪金额明显增大的四个特点，采取三个措施切实强化法律监督。一是扎实推进“捕诉一体”办案机制。建立捕诉合一办案规程和分案机制，根据类案办理、专业优先和谁办案、谁负责的原则，整合审查逮捕、审查起诉两项审查职能，实行繁简分流，实现简案快办、繁案精办，确保了案件质量。全年无判无罪案件和被上级院改变处理决定的案件。二是全面落实认罪认罚从宽制度。准确把握适用范围，积极推进认罪认罚从宽制度落实，实现罪名适用全覆盖、程序适用全覆盖。受理的审查起诉案件中，适用认罪认罚从宽制度案件179件226人，适用率达到91.87%，平均办案期限由28日缩短为20日，有效提高了诉讼效率，节约了司法资源。三是强化刑事诉讼监督。加强对刑事立案、侦查、审判、执行活动的监督。紧盯有案不立、有罪未究和不当立案、越权管辖等问题，强化侦查活动监督。落实检察长列席审委会制度，加大对审判活动的监督，检察长、副检察长列席县法院审委会3次。办理羁押必要性审查案件11件11人，建议变更强制措施9件9人，被办案单位采纳2件2人。

【民事检察】2020年，加大对民事审判活动的监督。围绕关系人民群众切身利益的热点问题，充分运用提请抗诉和再审检察建议等方式，监督纠正确有错误的生效判决、裁定。受理审查民事执行监督案件11件，其中审查后向县法院发出执行监督检察建议4件，法院均予采纳；终结审查3件；不支持监督申请4件。办理民事裁判监督案件3件，其中建议法院再审1件，法院采纳并已裁定再审；向法院发出纠正违法检察建议1件，向定西市人民检察院提请抗诉1件。受理审判程序中违法行为的监督案件1件；办理民事支持起诉案件1件，为21名农民工追回工资30.46万元。

【行政检察】2020年，受理审查县市场监督管理局行政执法不规范监督案件4件，行政执行监督案件2件，发出检察建议6件，行政机关均采纳并整改落实。充分发挥行政检察“一手托两家”的重要作用，探索开展行政违法行为检察监督工作，把监督重点放在事关改革稳定、民生权益、国家利益和公共利益等领域，促进依法行政，提高社会治理能力，助推法治政府建设。

【公益诉讼检察】2020年，认真践行公益代表神圣职责，切实维护社会公共利益。共受理审查行政公益诉讼案件15件，未立案1件，终结审查1件，发出诉前检察建议13件，均已整改落实到位。提起刑事附带民事公益诉讼案件3件，法院一审判决均支持全部诉讼请求。按照省检察院总体部署，制定了《国有文物保护检察公益诉讼专项监督活动实施方案》等5个实施方案，对渭源县国家级、省级、市级、县级的46个文物保护单位全面实地现场调查，发现公益诉讼案件线索6件，立案审查6件，发出检察建议6件，助推文物保护工作依法有效开展。办理的《渭源县农村义务教育学校食堂食品安全案》被评为甘肃省2019年度十大公益诉讼典型案例在甘肃省政府新闻办发布，被最高人民检察院、中国政法大学评为2019年度全国十大检察公益诉讼优秀案例。

【未成年人检察】坚持以全面综合司法保护为导向，落实未成年人特殊检察制度。严厉打击侵害未成年人权益的犯罪，对侵害未成年人的10名犯罪嫌疑人批准逮捕并依法提起公诉，提出了从重处罚的量刑建议。积极适用未成年人特殊保护政策，坚持“少捕、慎诉、少监禁”原则和教育感化挽救方针，跟进落实最高人民检察院“一号检察建议”，深入分析近年来我县未成年人犯罪趋势和特点，有针对性地提出预防建议，该建议引起最高人民检察院新闻办的重视，选派新闻团队于10月23日赴我县开展第48次“走近一线检察官”微直播活动，主题为《聚焦“一号检察建议”的渭源实践》，微博话题总阅读量达8.4亿，讨论量102.2万。促进“法治进校园”活动制度化常态化，紧紧围绕校园食宿安全、校园欺凌、监管不力等问题，开展法治宣讲活动18场次，为校园安全提供法治保障。

【控告申诉】深化控告申诉检察，坚持不懈抓好群众信访件件有回复工作，需听证、尽听证，做到诉求合理的解决问题到位、诉求无理的思想教育到位，让群众切身感受到权益受到公平对待、利益得到有效维护。积极践行新时代“枫桥经验”，以12309检察服务中心为依托，为群众提供更加便捷高效的“一站式”服务，认真办理群众来信来访30件，通过释法说理，做到事了人和。充分落实“谁执法谁普法”责任制，深入开展法治宣传25场次，专题法治讲座15场次，集中宣讲民法典、扫黑除恶、禁毒、反邪教等知识，进一步提升广大人民群众的法治意识。

【助力脱贫攻坚】强化法律监督，严厉打击涉扶贫领域犯罪，办理拒不支付劳动报酬犯罪案件5件6人，涉案金额88.95万元；依法惩治合同诈骗案件2件2人，有力保护了当事人合法权益；办理盗窃、抢劫、诈骗等影响脱贫攻坚犯罪案件6件6人；办理支持起诉案1件，挽回拖欠农民工工资30.47万元。积极落实脱贫攻坚司法保障措施，对认罪认罚、犯罪情节轻微、符合不批准逮捕、不起诉条件的，依法不批准逮捕25人、不起诉52人。精准司法救助，助力脱贫攻坚，将因案致贫、返贫的贫困户作为重点救助对象，向3户建档立卡户发放救助金4.3万元，传递司法温度、检察温暖。全力落实帮扶责任，按照“因村派人精准”的要求，选派18名干警与三个村138户贫困户开展结对帮扶，为三个帮扶村拨付拆危治乱经费2万元，春节向贫困户捐赠米面油等生活物资1万余元，解决党建阵地建设经费2万元，组织干警通过线上线下相结合方式开展扶贫消费78人次，认购农副产品1.28万元，并经常性开展党支部共建“主题党日”活动，检察长带头深入帮扶村讲党课。

【扫黑除恶】坚决贯彻落实中央和省市县委及上级检察机关各项决策部署，不断推进扫黑除恶专项斗争向纵深发展。自扫黑除恶专项斗争开展以来，共批准逮捕涉恶案件16件38人。院党组高度重视，先后召开32次会议研究、部署、推动扫黑除恶专项斗争，制定《渭源县人民检察院涉黑涉恶案件办理制度》《渭源县人民检察院涉黑涉恶线索研判管理制度》，牵头召开公检法联席会议4次，通过《扫黑除恶专项斗争中侦捕诉审工作衔接办法》，保证了扫黑除恶专项斗争的顺利开展。充分发挥监督职能，提前介入5件，提出侦查取证意见5件次，纠正漏捕4人，漏诉5人，漏罪1人，向纪委监委移送线索4条。在办案中深挖黑恶势力犯罪根源，对办结的涉恶案件实行“一案一总结”“一案一分析”“一案一建议”，剖析重点行业领域监管漏洞，共制发检察建议18份，从源头遏制黑恶势力滋生蔓延。

【领导名录】

党组书记、检察长：赵金铸

党组副书记、副检察长：张晓军

党组成员、副检察长：苏渭军、姚复兴

党组成员、纪检组长：王福荣

党组成员、政治部主任：石琛福

（供稿：渭源县人民检察院）

法　院

【概况】渭源县人民法院在职干警中，员额法官26人，法警及其他司法辅助人员37人，另有聘用制书记员24人。内设党支部1个，有党员43人。全年共受理各类案件4962件，审（执）结4816件，法定审限内结案率97.06%，结案标的额6.72亿元，员额法官人均办案201件。

【扫黑除恶】扫黑除恶专项斗争开展以来，县法院成功审结全市首例恶势力团伙案和首例“保护伞”案，打响了全市扫黑除恶专项斗争第一枪。三年来由入额院领导担任审判长共审结涉恶涉霸涉伞案件15案48人，全部判处1年2个月至20年不等的有期徒刑，使长期横行我县部分乡镇、称霸一方、欺压百姓的李某某、曹某某等恶势力团伙和村霸受到了应有的法律制裁，全县社会治安形势得到明显好转，人民群众的安全感普遍提升。扫黑除恶及“六清”行动开展以来，截至2020年底，县法院已立案执行的18件涉恶财产案全部执结，到位标的83.14万元，标的到位率94.44%，位列全市法院第一、全省法院前列，圆满完成了“黑财清底”任务，彻底摧毁了黑恶势力再犯的经济基础。

【刑事审判】严厉打击侵犯群众生命财产安全犯罪，增强人民群众的安全感；审结非法集资、电信网络诈骗等案件9案9人，及时打击涉众型金融犯罪，保护好群众的“钱袋子”；审结贿赂案件2案2人，严惩发生在群众身边的腐败行为，深入推进反腐败工作。

【民商事审判】坚持平等保护原则，严守契约精神，妥善审理涉企业及其他市场主体经营行为引发的合同纠纷案件548案，保护合法守约，制裁违法背约，营造了良好的法治化营商环境。及时受理金融纠纷案件，努力防范和化解金融风险，审结金融借款合同纠纷案件186件，标的1.69亿元。贯彻穿透式审判思维，防止虚假诉讼，治理民间借贷乱象，审结民间借贷纠纷案件466件，标的7681万元。弘扬社会主义家庭美德，着力做好感情修复工作，尽最大努力维护婚姻家庭稳定。审结交通事故死者家属向无过错同饮者索赔案和儿童在自然河道溺亡家属索赔案，判决驳回原告的全部诉讼请求，拒绝“和稀泥”，坚决遏制“谁死伤谁有理”“谁闹谁有理”的不良倾向。

【行政审判】受理集中管辖的行政诉讼一审行政案件74件，审结73件。严格合法性审查标准，保障行政相对人合法权益，依法审查行政非诉案件16件。积极推行行政诉讼协调机制，通过诉前沟通、诉中协调方式，促使纠纷的实质性化解，促进政府依法规范行使职权，取得了较好的法律效果和社会效果。

【执行工作】全年共受理各类执行案件1855件，执结率95.43%，到位标的1.04亿元，平均执结天数66.44天。为服务保障“六稳”工作、落实“六保”任务，采取“执行和解”执行408件，“执行担保”执行229件，“活查封”执行114件，防止将暂时陷入困境的企业“一棒子打死”，帮助企业复工复产。开展涉民生案件专项执行活动，在专项活动中拘传35人、拘留19人、腾退房屋2处、查封房产57处、扣押车辆27台、发布失信名单573人次、限制高消费1076人次，共执结涉民生案件175案，执行到位金额436.7万元。对确无财产可供执行并符合司法救助条件的案件，对申请人通过“司法救助”“保险救助”等方式给予救助，年内对审查符合救助条件的8案12名申请执行人发放司法救助金共44万元，保险救助金共8.51万元。全年共完成网络查控案件1398件，查封冻结财产价值912万元，完成电子送达405次，对21案价值1206.5万元的涉案财产进行网上询价、网上拍卖，已成交5案126.91万元。

【司法改革】县法院积极探索司法责任制实施后院庭长对案件的监督方式和司法管理的新模式，在放开裁判文书审批的同时，加强程序性事项的审批和监督，确保了办案质量。明确院庭长依法行使职权的边界和责任，突出院庭长对“四类案件”及审判公开、审限、评查、结案、归档等工作的监督管理职责，确保了全院审判执行规范化运行。同时，充分发挥入额院领导的示范指导作用，2020年入额院领导主办案件217件，庭长、副庭长办理案件2638件，两者占到全院案件的58.9%。2020年，县法院推行了专业法官例会和类案强制检索制度，对类案一律提交审委会或专业法官会议讨论，且会前由承办法官提交类案检索报告。全年召开专业法官例会18次，法官提交类案检索报告24份，有效防止了“同案不同判”现象。全年上诉案件140件，同比净下降55件，服判息诉率大幅度提升，案件发改率低于全市平均水平7个百分点，案件质量稳居全市基层法院前列，实现了良性循环。

【司法为民】县法院立足实际和法院职能，全力推进两个“一站式”建设，为诉讼群众提供了更加优质高效的司法服务。年内通过委派行业调解组织或人民调解组织调处232件，调解成功39件，调解率16.82%。组建调解速裁团队，对当事人不同意人民调解组织调处的，由调解速裁团队进行立案调解或速裁，年内共立案调处1155件，速裁377件，平均办案期限3.29天，真正实现了简案快审，繁案精审。2020年9月以来，县法院开通并常态化运行12368诉讼服务热线，畅通诉讼引导、诉讼咨询和涉诉信访渠道，全年通过12368热线答复群众法律咨询863人次，办结涉诉涉访事项106件；按照智慧法院建设要求，启用便民自助服务终端，开通移动微法院、集中送达、网上交退费、网上诉讼保全、网上司法鉴定及跨域立案协作系统，年内成功完成跨域立案44件，减少群众来回奔波之苦；建成6个在线音视频调解室及1个“云上法庭”，大力推广线上调解、线上开庭，年内线上调解、线上开庭成功审结案件88件，确保了疫情期间审判执行“不停摆”。按照司法公开要求，依托办案系统，实现案件信息全流程公开，主动接受社会监督。年内通过互联网公开审判流程信息1427条、执行信息1441条，直播案件庭审1168场次，公布裁判文书1915份。高度重视人民陪审员工作，完成了29名人民陪审员的选任工作，修订了《渭源县人民法院规范人民陪审员参加审判活动的若干规定（试行）》，规范了人民陪审员参审活动，全年人民陪审员参审各类案件357件，陪审率达98.5%，进一步推进了司法民主。

【助推脱贫攻坚】全面落实诉讼费减缓免制度，为177案189名低保、五保、建档立卡等困难当事人减交诉讼费88.5万元，为27案54名困难当事人缓、免交诉讼费23.44万元。建立农民工工资案件绿色通道，2020年审结涉及农民工维权的劳务纠纷、劳动争议等案182件，标的1099万元，依法保障包括建档立卡户在内的务工群体的工资性收入得到及时兑现；全力化解涉农领域土地、权属等纠纷，审理涉农村产业结构调整、土地流转等纠纷55件，标的175万元，推进了产业扶贫和美丽乡村建设；妥善化解涉精准扶贫危房改造、易地安置建房施工纠纷案件47件，标的152万元，确保了住房安全目标的顺利实现。

【领导名录】

党组书记、院长：范　勰

党组副书记、副院长：赵平

党组成员、副院长：徐彦平、李文林

党组成员、纪检组长：魏中

党组成员：高和平

（供稿：侯建清；审稿：徐彦平）

司法行政

【概况】渭源县司法局设有办公室、法制股、普法与依法治理股、社区矫正管理股、基层股、公共法律服务管理股（县司法鉴定工作委员会办公室）等内设机构，16个乡镇司法所全部为正科级建制。

【依法执政】

1.**严格落实工作责任**。印发了《渭源县2020年法治政府建设责任清单》和《渭源县2020年法治政府建设工作要点》，把法治政府建设贯穿到政府履职的各方面。加强对法治政府建设的领导，精心安排部署年度法治政府建设重点工作。

2.**运用法治思维和法治方式开展疫情防控**。严格落实执法责任制，畅通监督渠道，及时复核回复涉及疫情防控执法活动的投诉举报，行政执法监督部门加强对疫情防控执法的监督指导。疫情防控期间行政处罚哄抬防疫用品价格案件2起，涉及疫情防控治安案件7案8人，行政处罚非法捕杀野生动物案件1起，刑事立案侦查1起。

3.**健全科学民主依法决策机制**。建立了《渭源县人民政府重大行政决策实施细则》，坚持重大行政决策“不经法制审核，不提交会议”的原则，制定公布了《2020年度渭源县重大行政决策事项目录》。建立了行政决策咨询论证专家库，重新聘任108名同志为渭源县重大事项决策咨询专家，提高决策质量和效率。

4.**坚持严格规范公正文明执法**。推动严格执法，结合省、市行政执法督察，对重点行政执法单位进行了督察，对存在的问题进行现场反馈，限期整改。加强案卷评查，开展执法案卷自查、互查，加强行政执法监管，提高行政执法质量和执法效能。受理行政复议案件14件，办结12件（维持10件、撤销2件），正在办理2件。组织全县行政执法单位依据省、市业务部门有关制度，结合职责制定完善本部门“三项制度”，推进三项制度常态化开展。

【法治政府建设】

1.**有序推进行政规范性文件管理工作**。印发了《关于全面推行行政规范性文件合法性审核机制的实施方案》，公布县级行政规范性文件制定主体清单，明确县级37个行政规范性文件制定主体。按照“谁制定、谁清理，谁实施、谁评估”的原则，对全县2019年12月31日前制定并现行有效的规范性文件进行了全面清理。经清理，继续有效的县级政府规范性文件34件。

2.放管服改革不断深化。一是积极推进“网上可办”向“一网通办”转变。共梳理政务服务事项1162项、精简政务服务事项106项、减层级58个、减材料278件、减环节2014个、减时限70.3%；梳理最多跑一次事项1083项、“不来即享”事项515项、“不见面”事项70项、“秒批秒办”事项187项、“家门口办事”事项8项、“一件事一次办”事项145项、乡镇、村政务服务事项112项。二是推进证明事项清理工作。清理现行执行证明事项1130项，取消159项，保留971项，并在县政府门户网站进行了公布。三是开展证明事项承诺制。印发了《渭源县全面开展证明事项告知承诺制工作实施方案》，制作了证明事项告知承诺书，梳理公布了第一批、第二批、第三批告知承诺事项共96项。

【项目建设】总投资252万元的7个基层司法所项目建设已全面完成建设任务并投入使用，申请司法所维修项目资金85万元对9个司法所进行了维修改造，司法所办公条件得到了全面改善。

【人民调解】推广和创新发展“枫桥经验”，充分发挥人民调解在多元纠纷化解中的基础性作用，开展矛盾纠纷排查化解工作。全年共排查各类矛盾纠纷578件，参与调解疑难复杂民间纠纷21件，调解成功570件，成功率98%，个人调解工作室依法调处简易纠纷民商事纠纷95件，调解成功91件，制作人民调解卷宗23份，司法确认案件23件，调处重大疑难纠纷31件。对2019年第三、四季度评查的优秀卷1件，一类卷15件、二类卷55件、三类卷385件和56份人民调解“四联单”兑现补贴13970元。

【公共法律服务】

1.实体平台建设继续加强。完善了《渭源县公共法律服务平台建设实施方案》和《渭源县全面推进“一村（居）一法律顾问”工作方案》。对县公共法律服务中心，16个乡镇公共法律服务工作站和220个村级建成公共法律服务工作室功能进行了全面完善，着力推进一村（居）一法律顾问工作，协调14名符合条件的律师担任87个行政村法律顾问，实现了全县村（居）法律顾问全覆盖。

2.切实抓好法律服务民生工程。切实加强法律援助工作确保符合法律援助条件的案件全部得到援助，基本实现了刑事案件法律援助全覆盖，2020年办理法律援助案件116件。

【普法宣传】出台了2020年度普法依法治理工作要点及2020年重点普法目录，开展“防控疫情、法治同行”、法治扶贫“十项行动”等系列活动。开展全县“法律明白人”培训，参加人数617人（次）。与渭河源演艺有限责任公司创排的现代普法题材秦腔剧《三喜临门》，演出16场（次）。印发了《关于做好国家工作人员网上学法用法和考试工作的通知》，参加考试人数达到8000人以上。积极推进乡村法治文化广场、法治文化墙等多形式法治宣传阵地建设，全县建成农家法治书屋、法治文化墙、法治长廊、专栏210个，进一步提升展现了司法行政工作风貌，利用“渭源司法”微信公众号发布信息210篇，阅读5万余。以“3.15国际消费者权益日”、“6·26”国际禁毒日等重大时间节点集中开展《宪法》《民法典》、扫黑除恶专项斗争等宣传活动，努力营造浓厚法治氛围。共编印“法律八进”系列读本5万册。全县共开展各类法律进乡村活动116次，举办法律讲座200多期，出动法律宣传车300多台次，设立政策法律咨询台230个，宣挂横幅300多条，发放宣传资料、法律读本、宣传手册10万余份（册），受教育群众达31万人次。

以做好“七五”普法的收官和“八五”普法的谋划为主线，强力推进“谁执法谁普法”责任制落实，印发了《2020年全县普法依法治理工作要点》和全县“七五”普法考核验收通知，对普法宣传教育工作做了详细的安排，成立三个工作组，对全县16个乡镇和85个单位进行了考核验收，顺利通过了省市督查验收。推选田家河乡元古堆村为第八批“全国民主法治示范村”，普法宣传工作被命名为“第一批全省法治政府建设示范项目”。

【脱贫攻坚帮扶】县司法行政系统突出抓好《渭源县司法局法治扶贫“十项行动”实施方案》的落实，持续扎实推进法治扶贫“十项行动”向纵深发展。投入资金7万多元改善村容村貌，解决贫困户的实际困难，分别是春节期间为联系贫困户发放对联、床单等慰问品共1.4万元；为莲峰镇天池村和老庄村投资2万元购买绿化松树2000棵；拆危治乱工作中为两个村落实帮扶资金1万元；为天池村上沟社建档立卡户何爱军补助建房3180元；结合法治宣传工作投资2.08万元为老庄和天池村联系贫困户发放保温壶350个；投资3100元帮助天池村高顺义和张平两户建档立卡户接通了自来水。

【领导名录】

党组书记、局长：董建军

党组成员、副局长：杜树红（4月止）、张小红（9月止）、陆增奎、乔晓莉（女，4月任）

党组成员：杨俊义（4月止）、王东（10月任）

政治协理员：杨俊义（4月止）

法律援助中心主任：王东（11月任）

（供稿：牛和平）

农林　水利

农业农村经济

【概况】2019年，将县委农村工作部的有关“三农”工作职责整合组建渭源县农业农村局，不再保留县委农村工作部，中共渭源县委农村工作领导小组办公室设在县农业农村局。内设办公室、科技教育股、行政审批股（法规股、农产品质量安全监管股）、农村经济管理股、乡村建设管理股、产业发展与市场信息股、农业股（农业投入品管理股）、农田基建管理股等8个股室。下属畜牧兽医服务中心、中医药产业发展中心、马铃薯产业发展中心、农村能源开发服务中心、农业机械化服务中心、农业技术推广中心、种子站、农业综合行政执法队、农业经营指导站、农业广播电视学校、园艺站、光伏中心、农业项目中心、农产品质量安全监测中心、新农村建设服务中心等15个单位。县农业农村局现有工作人员17名，配备领导班子4名，其中：县委农办主任、党组书记、局长1名，党组成员、副局长2名，党组成员兼农业综合执法队队长1名。

【产业扶贫】

1.落实产业扶持资金。2018以来，我县累计落实产业扶持资金11.73亿元，带动全县2.5万户10.23人建档立卡贫困人口参与社会化大生产，着力提升产业发展的组织化、规模化和市场化程度和水平。

2.全力推进优势特色产业培育。按照“农民跟着合作社走、合作社跟着龙头企业走、龙头企业跟着市场走”的发展思路，构建落实了“一模式三机制”带贫增收机制，具体为运用“龙头企业+合作社+基地（园区）+农户”的“四位一体”发展模式，双层一体化的合作社组建经营机制、“五统一分一标三提高”（统一规划地块、统一开展培训、统一提供良种和农资、统一技术管理、统一产销对接，分户生产经营受益，建设标准化的产业基地，提高产业、农民、市场主体的组织化程度）带贫机制、三保底再分红（保最低收入、保产品收购价格、保补贴资金变股金循环成本、合作社盈余股权分配和合作社交易量再分红）的资金管理分配机制，建立产业基地17.4万亩，统一提供马铃薯、蔬菜良种、中药材良种770吨，统一提供化肥农药5708吨，统一培训4.5万人次，组织2.5万户贫困户参与生产经营。

3.强化农民专业合作社质量提升。按照《渭源县农民合作社质量提升整县推进试点实施方案》要求，计划规范提升合作社1067家，改组改造187家，直接注销523家。通过农民合作社改组改造规范提升，全县16个乡镇1615家合作社完成了“六个一批”改组改造规范提升。其中新建20家，培育80家，规范198家（能人领办101家、两社融合97家），壮大681家，改造145家，淘汰491家。

4.**着力培育引进农业龙头企业**。新培育引进龙头企业8家，其中培育省级龙头企业5家，引进龙头企业2家。全县现有农业产业化龙头企业37家，带动农户数量32480户（贫困户10963户）、农民专业合作社223个。

5.**培育壮大村级集体经济发展**。通过建设村级光伏电站、金鸡产业扶贫项目和政府资金入股等多种措施，采用“村集体经济+合作社+农户”带动模式，扶持村集体经济发展和积累，同时强化集体资产、资源监管，防止资产流失。全县217个行政村中有村集体经济收入的村为217个村，村集体经济总收入5519.01万元，村均收入25.43万元。

6.**支持“五小”产业发展**。累计投入资金126万元，共发展“五小”产业763户。其中2019年共发展“五小”产业418户，其中小庭院22个44.52亩、小家禽245个、小手工10个3065件、小买卖99个、小作坊42个。2020年共发展“五小”产业345户，小家禽212户、小作坊37户、小买卖70户、小手工9户、小庭院17户。

7.**着力推进农业保险工作**。全县实施19个保险品种，其中：中央品种7个、省级品种8个、一县一（多）品特色品种12个，实现签单保费2858.6万元，已累计支付赔款1328万元，从中直接受益农户27117户次。

8.**强化农民培训**。完成培训建档立卡贫困户一户一个“科技明白人”3246人。其中：入户培训完成2802人，项目培训完成444人。完成新型职业农民培育500人。

【农业供给侧结构改革】突出结构调整，推进农业供给侧结构改革。调整种植业结构，以全面提升粮食综合生产能力为主线，全面落实和完善粮食生产，其中：粮食作物72.25万亩、经济作物39.2万亩。建成高标准农田5524亩。其中建成高标准梯田2000亩，涉及清源镇鼠山村，主要为小并大梯田及田间道路，过路管涵等；建成高效节水灌溉3524亩，涉及锹峪镇的锹峪村、罐子口村、曹家庄村及古树村，主要新建蓄水池、埋设田间灌溉管道及配套闸阀井、给水栓等。保障粮食生产，夏粮作物总产量为4.81万吨，较去年增加0.17万吨，同比增长3.66%。秋粮作物实测总产量为13.52万吨，较上年增加0.54万吨，增幅为4.19%。

【农产品质量安全】

1.**全力加强农业综合行政执法**。根据农时和农资购销使用高峰期，开展日常执法检查与专项整治行动相结合，突出监管重点，加大农资市场执法检查力度。共出动执法车辆51台次，出动执法人员543人次，整顿农资市场194个，针对经营禁限用农药、不合格农资产品和不规范标签的行为都依法进行了立案查处，下发责令改正书一份，立案查处5起。没收不合格农资97公斤，没收违法所得178元，罚款29838元，并已全部结案，有效规范农资市场经营秩序，依法维护农民合法权益。

2.**抓好农产品例行监测**。全年例行监测方面检测样品总数2176个，合格率99.99%。市级农产品质量安全例行监测（风险监测）抽样检测生产基地样品20个，合格率100%；省级农产品质量安全例行监测（风险监测）执法检查，抽样检测生产基地样品36个，合格率100%。全县未发生农产品质量安全事故。

3.**抓好行政许可工作**。共受理行政许可申请85件，准予许可85件，其中农药经营许可证71件，动物防疫条件合格证8件，乡村兽医登记2件，生猪运输车辆备案登记4件，在承诺期限内按时办结率达100%，办事群众评议满意率达到100%。

4.**大力推进农业标准化生产**。全县建设农业产业基地80个。其中：马铃薯种薯繁育方面11个，以马铃薯脱毒种薯生产基地建设为重点，全县完成种植马铃薯40万亩；中药材标准化种植方面13个，完成中药材种植35万亩；小杂粮种植方面7个，全县小杂粮种植面积达到0.65万亩；农业机械化应用方面4个；蔬菜食用菌产业方面16个，进一步壮大全县蔬菜和食用菌产业，完成蔬菜种植面积0.37881万亩和香菇217.5万袋。

5.做好两“三品一标”工作。完成“三品一标”农产品申报认证10个（年内新增加通过认证审核颁证的绿色食品4个、完成新认证绿色食品6个食用菌材料编制审核申报工作），复查换证无公害农产品3个，总共13个。渭源白条党参申报“甘味”知名农产品区域公用品牌。“三品一标”农产品认证面积61.5万亩，现有登记保护地理标志农产品2个，有效期内绿色食品9个、无公害农产品17个。

【深化农村改革】

1.开展清产核资，摸清集体资产家底。经核实，2018年度，全县217个行政村共有资产总量5.69亿元，村级货币资金2144.56万元，固定资产总量5.32亿元（其中经营性固定资产5292.72万元），全县集体土地为261.17万亩；2019年度，全县217个行政村共有资产总量10.93亿元，村级货币资金为4454.95万元，固定资产总量10.31亿元（其中经营性固定资产4.95亿元），资源没有变动。

2.推进会计委托代理，加强集体资金管理。通过公开招标，确定由瑞华会计师事务所（特殊普通合伙）甘肃分所为全县217个行政村村集体经济组织提供会计服务，全盘接手村集体经济组织代理记账的会计业务。会计公司已正常开展工作，每月对各村村级账务进行票据、报账材料审核和财务核算。

3.建立管理台账，完成扶贫资产确权登记。建立了农村集体经济组织资源、资产和经济合同管理台账，对217个行政村近年来所有扶贫资金投入形成的村集体资产进行了确权登记，单独建立了管理台账，并印制了产权证书，现已将产权证全部颁发到行政村。

4.做好光伏收益分配使用监管。根据《渭源县贫困村村光伏电站收益分配管理办法》，对全县贫困村光伏电站收益分配进行监管，按照2020年光伏收益的80%用于公益性岗位和公益事业劳务费用支出的要求，指导制定各村收益分配办法，确保扶贫资金用途合理，资产不流失。

【农村人居环境整治】累计创建清洁村庄137个，新改建卫生户厕13420座，农村常住户建有卫生厕所22750座。生活垃圾收集转运处理设施实现全覆盖，90%以上的自然村生活垃圾得到有效治理。废旧农膜回收利用率、尾菜处理利用率分别达到80%、40%以上，畜禽养殖废弃物综合利用率、秸秆饲料化率达到86%、65%。拆除危房3973处，残垣断壁3022处，烂圈烂舍2209处，废弃草棚房圈413户，破旧建筑630处，采石挖沙点33处。拆除占用公共空间291处，废旧垃圾回收点83处。治理生活垃圾、柴草杂物乱堆乱放19601户，治理生活污水乱排乱倒4243户，治理线缆和广告牌匾乱拉乱挂131处，治理乱搭乱建户91户，治理河道乱挖乱采5处，整治农村道路沿线和庄前屋后垃圾堆、柴草堆、粪堆、渣土堆、煤堆、煤矸石堆9840处，群众房前屋后私搭乱建8462处。清理垃圾池、生活垃圾乱堆乱放点2965处，清理公共区域暴露垃圾2268.9吨，清理河道、池塘、沟渠淤泥、漂浮物、障碍物1091吨，清理黑臭水体、水沟279条，清理收集田间巷道废旧农膜、尾菜等农业废弃杂物3225.39吨，清理电线电缆布局混乱、乱搭乱接的“蜘蛛网”94.01公里。农村危房及残垣断壁和私搭乱建设施拆除率达到96%以上，80%以上村庄基本达到干净、整洁、有序，90%的农户做到“五净三美”“六净六无”，贫困村脏乱差问题得到治理，村庄环境干净整洁有序。

【领导名录】

党组书记、局长：段永军

党组成员、副局长：刘东海、赵俊斌（9月止）、李霞（女）

党组成员、农业综合行政执法队队长：王

益国

县委农村工作领导小组办公室主任：段永军（兼）

（供稿：张玲；审稿：李霞）

中医药产业发展

【概况】渭源种植中药材历史悠久、品种优良、产量宏丰，素有“渭水当归传两广”之说和“千年药乡”“党参故里”的美誉。全县中药材种植35万亩，干药产量达到8万吨。全县中药类加工企业达到73家，其中通过GMP认证的企业30家。完成了无公害中药材（党参）产地和白条党参原产地地理标记认证，“渭源白条党参”被认定为中国驰名商标，渭源被国家质检总局评为国家级出口农产品（党参、黄芪、当归）质量安全示范区。荣获“首届国家电子商务进农村综合示范县农产品对接采购大会”最具吸引力TOP农产品第一名。按照“一区三园”布局，规划建设了总占地面积8.8平方公里的渭源县工业集中区，由渭源工业园、渭源物流园和会川工业园组成。渭源工业集中区已被省市认定为“省级农民工返乡创业示范基地”、“市级创业就业孵化示范基地”及“十三五”期间甘肃省重点建设的六大中医药产业园区。1998年县上成立渭源县中药材产业发展办公室；2000年8月更名为渭源县中药材产业发展局。2004年12月，更名为渭源县中药材产业办公室；2019年3月，机构改革后改名为渭源县中医药产业发展中心，变更为公益一类事业单位，隶属县农业农村局。县中医药产业发展中心现有工作人员8名。

【产业种植体系建设】

1. **推进道地药材认证和中药材生产标准制定。**积极开展道地药材认证工作，进一步提升渭源道地药材知名度、影响力。委托甘肃省药检院制定了渭源白条党参质量标准。编制完成了《渭源县推进中药材入园工作实施方案》和《渭源县2020年中药材标准化生产工作方案》。9月份，成功申报渭源白条党参入选中国特色农产品优势区。

2. **提升中药材种子种苗繁育水平。**坚持新品种的引进、繁育与野生品种的引进、驯化相结合，科研、生产、经营并重，依托省内外高校院所和定西市科技创新研究院渭源分院，开展中药材新品种选育。全县建立中药材标准化种子种苗繁育基地3万亩，其中党参1.6万亩，黄芪1.39万亩，当归0.01万亩。试点引进中药材新品种及野生品种黄芩、麻花秦艽、羌活、京赤芍、苍术、藏柴胡、百合、淫羊藿、桔梗、桃儿七、唐古特大黄、黄精、藏木香、蒿本、云木香、刺五加等20多个。

3. **加快标准化种植基地和药源基地建设。**采用“公司+合作社+基地+农户”的模式，按照“五统一分一标三提高”的做法，辐射带动形成以北部黄土高原 “白条党参”产区、南部高寒阴湿当归产区和川沿河谷黄芪产区为核心的标准化种植基地。全县中药材种植35万亩，其中党参12万亩，当归8万亩，黄芪11万亩，其他4万亩。标准化种植面积达到30万亩。做好“三品一标”认证，全面推广“两证一标识”制度，试点开展有机党参种植。

4. **扩大中药材产值保险试点。**加强政策性保险覆盖和宣传，进一步完善政府财政补贴扶持、银行配套贷款支持、保险公司提供风险保障“三位一体”的综合保障机制，有效规避药农种植风险与市场风险，探索中药材种植风险与市场风险管控机制，消解价格波动损失，不断提高药农种植积极性。2020年全县完成中药材投保11.45万亩。

【产业加工体系建设】

1. 积极培育规上企业。鼓励和支持中医药企业采取创新研发、并购重组、产能提升等方式，建立现代管理制度，完善市场营销体系，不断拓展新领域新业态，全面提升企业的核心竞争力和品牌效益，加大扶持力度，及时协调解决企业发展瓶颈问题，2020年积极培育佛慈红日、华庆堂、弘裕药业3家规下转规上企业。

2.全力推进中药配方颗粒生产。协调推进佛慈红日二期中药配方颗粒生产项目，项目总投资1.9亿元，完成工程主体建设。

3.促进道地药材新产品研发生产工作。注重通过科技创新手段，延伸中药材产业链条，增加产品附加值，促进道地药材新产品研发生产。渭源县会源药业有限公司研发的中药养生茶，渭源县德园堂药业有限公司研发的茶饮防疫药膳包，极大地挖掘了中药材价值，强化中医药产业科技附加值的转化。

4.提升中医药产业园区建设水平。着力构建国家中药精制饮片加工示范基地，积极进行产业园区改造升级，进一步提升产业园区规划层次和建设水平，继续加大“七通一平”建设，在天然气供应、集中供热、污水处理等薄弱短板问题上下功夫，不断完善园区的承载和服务能力。

5.推动中医药产业品牌化发展。开展品牌产品推介活动，加强与国内外知名企业、大型连锁药店零售终端的对接合作，利用国内外知名高端展会宣传推介渭源中药材及精制饮片。鼓励企业利用第三方电子商务平台开展网络营销品牌宣传。今年以来积极组织中医药企业、合作社参加全国及省、市、县举办的各类推介会6次，使渭源道地药材品牌受到广泛关注。渭源白条党参成功入选甘味特色农产品知名品牌。

【产业流通体系建设】

1.加快中药材交易市场建设。加强渭水源、会川江能中药材交易市场的大型仓储、交易大棚、道路、信息发布电子屏幕等基础设施建设，不断完善和提升市场综合服务功能。

2.改造提升仓储设施。加大政府政策和项目扶持力度采取多种形式，调动社会资本建设中药材储藏设施，鼓励仓储企业改造升级现有仓储设施，增强规范化、标准化贮藏能力，把我县打造成全国知名中药材仓储中心。加大招商引资力度，在我县建设以中药材仓储为主的物流园区。全县中药材仓储静态能力达到4万吨。

3.大力发展电子商务。推动电子商务与中医药产业融合发展，全县累计建成网店700家，本地网购平台2个，发展网销企业51家，引进、组建实力较强电商公司4家；建成县级行业协会1个，乡级电商协会3个；大型物流配送中心1个，物流快递企业与个体站点80家。组织中医药企业（合作社）参加8次定西市道地中药材线上产销对接会。1至11月份网络零售8331.014万元，其中中药材电商销售收入达到6533.354万元。

【产业监管体系建设】

1.构建中药材质量检验检测平台。进一步提升渭源县食品药品检验检测中心的检测能力，加快推进甘肃省药品检验研究院渭源工作站社会化服务。支持中医药加工企业配备中药材质量检验仪器设备，依托药品检验机构专业技术优势，帮助培养企业检验人才，提升检测人员能力水平。

2.建立完善产品质量安全追溯制度。积极探索建立中医药全产业链质量安全追溯机制，依托国务院扶贫办定点帮扶资金，在以中药材种植为脱贫主导产业的30个贫困村建设3万亩中药材可追溯系统。努力形成中药材来源可追溯、去向可查证、责任可追究的质量安全追溯链条。

【产业人才队伍建设】通过企业QQ群、微信公众号和网络平台大量发布企业人才需求信息，实现未就业大学生和企业之间零距离对接。在县职业中专开设中药材加工及检验专业，专门为县内中药材加工企业免费定向培养中药材加工及检验人才，解决全县中医药全产业链发展的人才短缺问题。与兰州大学、甘肃药业投资集团有限公司等机构开展合作，签订了《兰州大学与渭源县党参全产业链合作协议书》和《渭源县人民政府与甘肃药业投资集团中药材基地建设暨产业发展合作协议书》。

【脱贫攻坚】发挥单位在中药材产业方面的

优势，开展中药材种植、化肥农药的安全使用、病虫害防治、田间管理等实用技术培训，共集中培训2场次120人，分散培训100多人，主题教育宣讲1次。联系企业为下街村贫困户、边缘户发放袋复合肥320袋，价值19200元。紧盯全县整体脱贫摘帽目标和“两不愁三保障”脱贫标准，深入开展扶贫数据资料整理、脱贫质量提升、政策知晓率提升、扶贫满意度提升、农村人居环境改善和脱贫攻坚各类问题整改清零六大行动。关心关爱驻村帮扶工作队员，确保下得去、驻得住、干得好。

【领导名录】

主任：陈鹏

副主任：陈慧（女）、高志龙

（供稿：邓胜霞）

马铃薯产业发展

【概况】渭源县是“中国马铃薯良种之乡”“全国马铃薯农业标准化示范县”。1965年甘肃省农科院在会川镇设立马铃薯试验站开始，渭源县充分挖掘自身优势和潜力，举全县之力发展马铃薯种薯产业，建立了马铃薯“种薯扩繁、质量监管、科研服务、贮藏销售、品牌宣传”五大产业体系和“茎尖组织培育脱毒瓶苗—日光温室（连栋温室）繁育原原种—高山隔离繁育原种—大田繁育一级良种”的马铃薯种薯梯级扩繁体系。2015年与国际马铃薯中心亚太中心合作建成了国际马铃薯中心渭源工作站，建成马铃薯种质资源库，并引进优质种质资源160个，试验种植品种达48个，青薯9号、冀张薯8号、冀张薯12号等品种已经试验种植成功。1998年成立渭源县洋芋产业发展办公室，后更名为渭源县洋芋产业发展局、渭源县马铃薯产业办公室。2019年4月更名为渭源县马铃薯产业发展中心，现有工作人员17人。下设办公室、财务室、信息股、技术股4个股室。

【种薯产业发展】

1. **坚持科技引领，抓好种薯产业发展的源头。**积极与国际马铃薯中心（CIP）签订科技合作协议，成立了国际马铃薯中心亚太地区首个工作站，建成马铃薯种质资源库，并引进优质种质资源160个；充分利用甘肃省农科院马铃薯研究所会川试验站的优势，开展种质资源保护、品种选育和良种繁育工作。2020年，会川试验站保存种质资源642份，开展引种和品比实验109个品种，良种繁育14个品种。县种子站开展引种和品比实验11个品种。田地、国丰、一航、爱兰等种薯企业各开展脱毒瓶苗生产10个以上品种，开展原原种生产15个以上品种。各种薯企业每年开展5个以上的品比试验示范和良种繁育推广。全县先后培育、引进、筛选、种植陇薯、青薯、渭薯系列马铃薯品种（系）30多个，并积极探索总结高产、高效和田间管理技术，有力支撑马铃薯种薯产业的发展。

2. **坚持基础设施建设，夯实种薯产业发展的基础。**发展种薯龙头企业6家、专业合作社134家，建成PC中空板组培温室1.33万平方米，原原种生产日光温室1046座，D级洁净组培室800平方米、雾培系统3000平方米、改造高架苗床15万平方米，千吨种薯贮藏窖63座。年产脱毒瓶苗4.8亿株、原原种5亿粒。全县年马铃薯种植面积稳定在40万亩左右，其中原种5万亩，一级种35万亩，年种薯生产能力达80万吨，贮藏能力达到60万吨以上。

3. **坚持种薯检测体系建设，严把种薯质量关。**在完成省市马铃薯种薯抽检任务的同时，建立了县级、重点乡镇和企业自检体系，制定了《渭源县马铃薯良种质量管理暂行办法》、《渭源县马铃薯良种市场管理暂行办法》和马铃薯脱毒苗、原原种、原种、一二级种薯标准化生产技术和贮藏保鲜技术规程，严格执行种薯生产经营许可、种薯生产基地认定和种薯质量追溯管理制度，采取跟进企业、跟进基地、跟进田间、跟进贮藏、跟进市场的“五跟进”措施，从种、管、收、藏、销等各环节全程进行监管，保证产品质量。

4.坚持多措促营销，提升种薯供给能力。建成会川、五竹两个马铃薯种薯专业批发市场和收购网点160多个。重点扶持国丰、田地等种薯企业（合作组织）6家，扶持种薯专业营销组织和贩运大户600多家。完成了“渭源马铃薯种薯”原产地标记认证，注册了“五竹”“渭河源”牌种薯商标，“来点土豆”牌系列方便食品商标；“渭河源”种薯商标获得“甘肃省著名商标”称号，“田地农业”牌马铃薯种薯获得“甘肃名牌产品”称号，“来点土豆”系列产品被全国马铃薯产业联盟授予“十大特色食品”荣誉称号。五竹马铃薯良种专业合作社、田源泽合作社先后获得“全国农民专业合作社示范社”称号。渭源马铃薯种薯效应逐步显现，种薯销往新疆、内蒙古、青海、陕西、云南、贵州等10多个省市和甘肃省内各地，年销售量达到50多万吨。

5.坚持机制创新，形成利益联结。我县马铃薯种薯产业的发展采取“政府引导扶持、龙头企业联合作社、合作社带社员、社员带农户”的思路，探索创建了“公司+合作社+基地+农户”“联合社+合作社+基地+农户”等发展模式，形成了企业（合作社）与农户的利益联结机制，其中“五统一分一标三提高”等机制得到国家扶贫领导小组的肯定。

6.坚持延伸产业链条，完善产业发展体系。积极实施延链补链强链工程，紧盯国家马铃薯主食化战略，研发生产马铃薯主食产品，延长马铃薯产业链条。全县发展马铃薯加工企业2家，其中淀粉生产企业1家、主食加工企业1家，年淀粉生产能力2万吨。甘肃田地白家食品有限责任公司建成富硒马铃薯方便食品生产线两条，年生产马铃薯方便食品216万件，年产值8640万元，带动全县160多人就业，人均年收入3500元以上。

7.坚持加大产业投入，推动高质量发展。2020年，我县对马铃薯种薯产业资金投入达到6100多万元，其中投入扶贫资金1300多万元，投入制种大县奖励项目资金4000万元，投入现代农业产业园（马铃薯）项目奖补资金300万元，提前下达瓶苗供应中心项目资金500万元。

【领导名录】

主任：徐景赟（9月止）、赵俊斌（9月任）

副主任：何惠珍（女）、张宏、王孝平（11月任）

（供稿：冀巧玲）

农村能源开发服务

【概况】1970年成立渭源县沼气办公室。1990年更名为渭源县农村能源开发办公室。2000年加挂渭源县农业生态环境保护管理站牌子。2006年4月，将渭源县农村能源开发办公室和县农业区划委员会办公室合署办公。2019年3月，机构改革后改名为渭源县农村能源开发服务中心，隶属县农业农村局。监督指导农业面源污染治理职责划转给市生态环境局渭源分局，其他职能不变。县农村能源开发服务中心现有工作人员11名，其中主任1名，副主任2名。

【农村能源建设】全面建成渭源国英特色畜牧有限责任公司大型沼气工程、渭源永红现代农业开发专业合作社大型沼气工程、神农养殖专业合作社大型沼气工程、绿茵家禽养殖有限公司蛋鸡养殖场大型沼气工程。渭源黄香沟牧场大型沼气工程、金宁养殖专业合作社大型沼气集中供气站项目完成项目终结审计及拆除工作。完成16000多户户用沼气安全生产建设摸底工作。开展沼气安全生产检查和隐患排查治理，重点排查治理农村沼气建设、管护、使用等方面存在的安全隐患，清理安全死角，防患于未然。认真组织开展农村沼气技术工人持证施工、设立施工标志和安全标识等沼气源头管理工作，从源头上杜绝沼气安全事故的发生。

【农业面源污染治理工作】

1.废旧农膜回收利用。渭源县2020年地膜覆膜面积约20.5万亩，地膜用量约960吨。编制完成《渭源县2020年废旧地膜回收利用示范县建设项目实施方案》。与各乡镇人民政府、各企业签订《废旧农膜回收处理利用协议》，明确回收数量、处理利用目标等指标及双方权利义务。加强对废旧农膜利用的宣传教育，及时清理田间地头、道路沟渠边的废旧农膜。通过项目的实施，庄前屋后、田间地头、道路（沟渠）两旁的废旧农膜进行了有效处理，消除了“视觉污染”，逐步改善了农村生态环境。

2.全面完成地膜残留监管工作。按照省站统一技术要求、统一评价标准、统一质量控制的原则，开展农产品产地土壤环境质量监测。全县共设置监测点20个，按照统一操作规程，开展定位监测，按年度采集数据并上报县能源中心。根据省农业生态环境保护管理站制订的废旧地膜残留监测规程，由县能源中心负责具体实施，包括：长期监测点位布设、样品采集、样品处理及数据上报。全部完成样点采样及报检工作。

3.加强尾菜处理利用工作。蔬菜产业已成为全县的主导产业和农民增收的重要渠道。随着蔬菜种植面积的逐年扩大，蔬菜尾菜数量也正急剧上升。据初步调查统计，每年产生各类蔬菜废弃物近4.5万吨，约占蔬菜总量的40%，尾菜废弃物以大白菜、甘蓝、花椰菜、芹菜、大葱、娃娃菜等为主。长期以来，由于对尾菜缺乏经济适用的处理技术，其转化利用率低、无害化处理难度大，加上千家万户分散生产、产品上市时间集中，尾菜随意倾倒、堆积于田间地头、乡村道路旁、沟渠内，腐烂变质后污染了空气、河流、地下水，影响人居生活环境和农业生产健康发展。

4.农产品产地土壤环境质量监测。按照省站统一技术要求、统一评价标准、统一质量控制的原则开展农产品产地土壤环境质量监测。全县完成20个废旧农膜检测点和1个国控点采样工作。根据省农业生态环境保护管理站制订的废旧地膜残留监测规程，由农环站负责具体实施，包括：长期监测点位布设、样品采集、样品处理及数据上报。完成样点核查及数据样品上报工作。

5.秸秆综合利用工作。加强农村突出环境问题综合治理，强化农业面源污染防治，推进农作物秸秆资源化利用，对全县16个乡镇的秸秆综合利用情况专门调研，并完成15个点的检测工作，全面提高了我县秸秆综合利用率，有效地提高了农作物秸秆肥料化、饲料化、基料化、原料化、燃料化等综合利用技术。

【领导名录】

主任：马国林

副主任：王学军、仰旭峰

（供稿：李碧艳；审稿：马国林）

农业综合行政执法

【概况】渭源县农业综合行政执法队成立于2019年4月，现有执法人员18名。农业综合行政执法队主要承担行政强制、行政处罚以及和行政处罚相关的行政检查，经过省市相关部门梳理，总计梳理行政处罚169项，行政强制14项，农业农村部门梳理行政强制9项，行政处罚100项，畜牧兽医部门梳理行政强制5项，行政处罚69项，涉及农药、农资、兽药、种子、饲料及饲料添加剂、农业机械、渔业生产、农村能源清洁、农产品质量、畜禽屠宰等领域。

【执法检查】按照上级业务主管部门及“双随机一公开”的工作要求，开展了农资、农药、化肥、兽药、饲料及饲料添加剂和农产品质量安全执法检查工作，自2019年4月成立以来，共出动执法人员900余人次，检查各类经营企业（户）400余家，有效保障了全县农产品和畜产品质量安全，维护了广大经营者和消费者的切身利益。

【执法办案】接访群众30人次，协调解决农资兽药事故案件14起，下达整改通知书32份，立案查处违法经营农资案件8件（其中：农药5件、兽药1件，种子1件，化肥1件，扣押没收违法农资105公斤），累计罚金51930元。

【领导名录】

队长：王益国

副队长：王宝贵、王永、牛记

（供稿：农业综合行政执法队）

农业经营指导站

【概况】根据《渭源县革命委员会关于成立农业科、经营管理站革命领导小组的批示》精神，1968年6月成立了渭源县农村合作经济经营管理站，副科级事业建制，设站长一名，隶属于县农业局。2019年3月，机构改革后改名为渭源县农村集体经济和专业合作社经营指导站，2020年7月31日，更名为渭源县农业经营指导站，属财政全额拨款单位，隶属县农业农村局，现有工作人员10名。

【土地承包管理】根据《关于建立全市农村土地流转风险防范机制的通知》精神，对全县217个行政村农村土地承包经营权流转情况进行了摸底登记，共摸底流转面积50亩以上规模经营主体33家，流转面积5499.741亩，涉及农户1801户；流转面积1500亩以上的规模经营主体2家，流转面积4610.79亩，涉及农户352户。全县土地流转三级网络服务基本形成，做到县有土地流转服务中心，乡镇有土地流转服务站，村有土地流转服务点，共有土地流转信息员217人。

【农村集体产权制度改革】完成成员身份确认307955人。完成股份经济合作社组建工作，截至2020年年底，全县成立并完成登记赋码股份经济合作社218家，其中村级217家，组级1家。总资产为113153.344万元，量化资产总额为58631.7648万元，设置股权306491股，股金72923.67万元，下发股权证10000本，参与改革总户数83130户、人数307955人，改革农村集体土地面积126377.09亩，全县主要收益为种植业、旅游业、光伏、长期投资、房屋出租、加工厂收益等。向农户发放《致广大农民朋友的一封信》77281份、《渭源县农村集体产权制度改革辅导手册》500本。2020年11月27日，成功举办全县农村集体产权制度改革工作推进会暨业务培训，全县16个乡镇分管领导、业务专干、217个行政村村主任和6家股份经济合作社负责人共计260人参加了培训，达到了预期的效果。

【农民合作社质量提升整县推进试点】强化农民合作社质量提升，推进整县试点工作。依法登记农民专业合作社1333家。按照《渭源县农民合作社质量提升整县推进试点实施方案》要求，计划规范提升合作社1067家，改组改造187家，直接注销523家。通过农民合作社改组改造规范提升，全县共有16个乡镇1661家合作社完成了“六个一批”改组改造规范提升，其中新建20家，培育80家，规范198家（能人领办101家、两社融合97家），壮大719家，改造145家，淘汰499家。创建有国家级示范社7家，省级示范社50家，市级示范社126家。完成了中央巡视反馈合作社“大水漫灌”问题整改和全省贫困村合作社反馈问题整改工作，运营规范和较规范的合作社达到了75.8%。成功承办省财政厅注册会计师协会在我县举办的渭源县农民专业合作社财务管理专题培训班。12月份，如期完成合作社示范社的监测和申报工作，我县22家合作社被市农业农村局评为市级示范社。

【村级集体经济】2020年，全县217个行政村实现集体经济总收入6911.19万元，村均收入达31.84万元，全县135个建档立卡贫困村实现集体经济收入6580.96万元，村均收入达48.74万元，较2015年净增6559.44万元。

【项目建设】全面完成合作社复工复产项目20.6万元，对复工复产、带贫、运营情况等突出的26家合作社发放一次性生产补贴，资金现已全部拨付到账。2020年东西部扶贫协作市级财政帮扶资金扶持项目240万元，涉及村办合作社4家，项目已完成验收报账并投入使用。2020年省级财政资金扶持农民合作社规范提升项目10万元，戴帽下达渭源县干乍村旺畜裕农养殖业农民专业合作社10万元。项目完成竣工验收并投入使用并产生收益。完成2020年第三批统筹整合财政涉农资金发展壮大村级集体经济项目。下达8个乡镇的11个村发展壮大村集体经济项目550万元。项目全部完成建设任务。渭源县2020年农业生产托管项目，中央财政农业生产发展项目下达我县资金200万元，需完成集中连片推进农业生产托管服务任务面积约3万亩，聚焦马铃薯、小麦、玉米等粮食作物生产，支持农业生产托管服务关键环节，完成农业生产托管面积的摸底。

【农村经济统计】严格落实农经报表工作制度，确保数据真实、可靠、有效。进一步提高农经统计工作的质量。努力构建农业社会化服务体系建设工作。切实做好农业社会化服务体系发展情况监测工作，并协调相关部门，明确职责分工，认真做好监测数据采集、信息审核、整理填报等工作。

【领导名录】

农村集体经济和专业合作社经营指导站站长：李蕊（女，6月止）

渭源县农业经营指导站站长：李蕊（女，6月任）

（供稿：满琪霞）

农产品质量安全监测

【概况】2014年，成立渭源县农产品质量安全监督管理站，加挂“渭源县农产品质量安全监督检验检测站”和“渭源县中药材质量检测站”的牌子，2019年3月，更名为“渭源县农产品质量安全监测中心”，隶属于县农业农村局管理。

【实验室建设和仪器设备配置】县农产品质量安全监测中心建筑面积460平方米，分设色谱仪室、原子吸收仪室等14个工作室。配备液相色谱仪、气相色谱仪、原子吸收光谱仪等检测设备80多台（套）。可以开展蔬菜速测和农药残留定量检测，本地大宗中药材有效成分、重金属和农残定量检测，马铃薯病毒检测等检测项目。在各乡镇农产品监管机构配备种植业数据采集终端、农残速测仪、二氧化硫速测仪、打印机、摄像装置等设备。

【农产品质量安全执法监管】深入开展农药残留检测专项行动及农药专项整治行动。以绿色食品为重点，开展“三品一标”农产品专项整治行动。采取有力措施，做好元旦、春节、“五一”、中考、高考期间农产品质量安全监督检查和隐患排查工作，确保重点时段食用农产品质量安全。强化形势分析，有效应对疫情防控时期农产品质量安全风险隐患，对县城及16个乡镇辖区内的活禽交易场所和禽类宰杀经营店的经营状况进行了专项执法检查。开展专项执法检查出动车辆6辆次，出动执法人员18人次，检查整治活禽宰杀经营店44家。对有经营行为的7家活禽宰杀店进行了强制关停，其余36家自主歇业。关停期间，现场宣传发放《关于渭源县暂停活禽交易和宰杀的通告》44份，并对经营户讲解了新型冠状病毒防控知识。对辖区内禽类屠宰、交易点、养殖场所进行巡查，累计出动执法车辆13辆次，出动执法人员66人次。配合市场监督管理局开展专项检查督查8人（次）。

【农业标准化生产】全面推进农业标准化基地建设，全县规划建设农业产业基地80个。其中：马铃薯种薯繁育方面11个，以马铃薯脱毒种薯生产基地建设为重点，全县完成种植马铃薯40万亩；中药材标准化种植方面13个，完成中药材种植35万亩；小杂粮种植方面7个，全县小杂粮种植面积达到0.65万亩；农业机械化应用方面4个；蔬菜食用菌产业方面16个，完成蔬菜种植面积0.37881万亩和香菇217.5万袋，花卉产业方面

4个，草牧产业方面25个。

【例行监测】全年例行监测方面检测样品总数2176个，不合格样品数1个，合格率99.99%，其中生产基地样品数（包括产地批发市场）76个，批发和农贸市场1585个，超市515个。定量检测截至目前全部完成350个样品的检测任务（1批次/千人）。市级农产品质量安全例行监测（风险监测）第一、二、三季度抽样检测生产基地样品30个，经检测合格率100%；省级农产品质量安全例行监测（风险监测）执法检查，抽样检测生产基地样品6个，经检测合格率100%；省级农产品质量安全第三季度例行监测（风险监测），抽样检测生产基地样品30个，经检测合格率100%；完成2020年国家粮食产品质量安全专项监测（风险监测）马铃薯抽样工作。

【两个“三品一标”工作】

一是按照“确保质量、稳步推进”的原则，积极推进“品种、品质、品牌、标准化生产”和“无公害农产品、绿色食品、有机农产品、地理标志农产品”两个“三品一标”农产品认证和农业品牌创建工作。立足渭源优势，把产品特征明显、地理区域清晰、知识产权明确的特色农产品青豆（蚕豆）、胡麻油、香菇、平菇、木耳、羊肚菌、百合、羊肉等农产品认证为绿色食品。继续强化证后监督和标志使用管理，确保续展率达到85%以上，年检率达到100%。“三品一标”农产品认证面积41000公顷（61.5万亩），占全县耕地总面积80万亩的76.88%。有效使用绿色标志的产品9个，有效期内无公害农产品17个，现有登记保护地理标志农产品2个。

二是按照中国绿色食品发展中心《关于开展绿色食品宣传月活动的通知》精神，县农业农村局组织农产品质量安全监测中心、畜牧兽医服务中心、农业行政执法队、“三品一标”农产品认证企业、合作社等单位，于6月份开展了“春风万里 绿食有你”绿色食品宣传月活动暨全市绿色食品先进个人和先进集体表彰会议。选派1名业务人员于6月10—13日参加在陇南举行的全省绿色食品检查员培训班。11月3—9日，选出渭宝源胡麻油专业合作社等4家企业的6个产品，参加第二十一届中国绿色食品博览会暨第十四届中国国际有机食品博览会（厦门）。11月24—30日，选出地理标志农产品“渭源白条党参”，参加第十八届中国国际农产品交易会农产品地理标志展区（重庆）宣传推介活动。

【供给监测】为有效应对我县在新型冠状病毒肺炎疫情期间菜篮子商品市场供应过程中的各种突发事件，提高对菜篮子商品的市场调控能力，建立健全全县重点农产品市场协调联动机制，实施组织专业合作社、种植大户、龙头企业的鲜活农产品“五进”（进超市、进集贸市场、进集体食堂、进社区、进餐饮企业）等保障措施。出现“菜篮子”产品脱销断档3～5天以上，对县内蔬菜产销龙头企业给予政策和资金支持，由龙头企业负责在国内大型蔬菜交易市场及时组织调配菜篮子商品货源。开通蔬菜运输“绿色通道”，对鲜活农产品运输车辆免收车辆通行费，优先对驾驶员进行体温检测，优先确保蔬菜等鲜活农产品绿色通道运输畅通，提高“菜篮子”产品运输车辆通行效率，鼓励开展“点对点”生产、配送，确保通往农产品批发市场、农贸市场，蔬菜交易市场、种养殖户（合作社）、蔬菜重点产区（村）等关键场所的公路畅通，确保“菜篮子”产品既能调得进，又能运得出，为全县“菜篮子”产品的有效供给提供保障。

【“两证一标识”追溯管理】建立食用农产品合格证主体名录，邀请北京亿民鸿远公司技术人员举办食用农产品合格证培训，充分利用不同形式开具合格证。全县各类生产经营主体通过省级平台开具食用农产品合格证595批次，打印合格证、填写统一印制的合格证2408份，涉及农产品达到12000余吨。为推动现代丝路寒旱农业“6+1”特色产业农产品追溯工作，选择具有示范带动能力的胡麻种植主体渭源县渭宝源胡麻油专业合作社、蔬菜种植主体渭源县鑫大地春农业发展科技有限公司、食用菌生产主体定西市源顺生物科技有限责任公司和渭源祁家庙田园生态农业产业农民专业合作社、百合种植主体渭源县田家河元古堆村百合农民专业合作社等5家生产经营主体为应用示范主体，建立追溯点。通过购置农药残留检测仪、数据采集终端、激光打印机一体机、条码打印机、电子天平等设备，实现在农产品生产、储藏、收购等环节实现全覆盖应用，提升应用能力和水平，全面开展农产品质量安全追溯工作。

【领导名录】

主 任：虎有生

（供稿：虎有生）

农业机械化服务

【概况】渭源县农业机械化服务中心内设农机推广站、农机管理站、农机安全服务中心、农业机械化学校等4个站校。现有在职职工17名。管理人员6人，高级职称2名，中级职称5名，工勤人员4人。

【机械化综合水平】农机总动力达到16.89万千瓦，完成机耕101万亩（其中机械深松5.4万亩）、机播30.06万亩（其中：马铃薯机械播种10.8万亩，小麦机播12.07万亩，机播玉米1.37万亩，中药材机播3.1万亩、大豆机播1.5万亩、油菜机播1.22万亩）、机械铺膜32.1亩。完成机收49.4万亩（其中：机收小麦11万亩、机收马铃薯17.8万亩、机收中药材17.2万亩、机收玉米3.4万亩）。

【农机化科技推广】紧紧围绕“走出去、引进来”战略思路，密切关注各地机具研发生产动态，采取现场演示、上门宣传等多种面对面、零距离的推广措施，通过“引进—试验—反馈—改进—再试验—再推广”的模式，重点在中药材、马铃薯生产全程机械化上下功夫，成功引进山东德州鸿友等生产企业生产的小型马铃薯收获机、定西三牛中药材秧苗移栽机等适用机具，初步实现条件较好地区主要农作物全程机械化，特色产业重点环节机械化。市上分解引进重点机具37台套，完成167台套，占任务数的278%，主要有马铃薯收获机137台，中药材收获机19台，中药材移栽机7台，玉米收获机1台，青饲料收获机3台。

【农机购置补贴】2020年省上下达我县农机购置补贴资金300万元，完成403.477万元，占补贴资金比例134%；补贴机具996台，受益农户761户。兑付资金299.977万元，占补贴资金比例99%。使用手机APP办理573台，补贴资金168.09万元。

【土地托管经营试点】以实施乡村振兴战略为导向，认真贯彻落实六稳措施，确保六保任务完成，积极引导全县5家农机合作社探索开展土地托管经营试点，从合作社通过对撂荒地整治、机耕道建设、土地流转经营等措施，着力解决“谁来种地的”的问题，引导农机合作社逐步向家庭农场转变升级，共托土地2500亩，经济效益、社会效益取得双赢。

【产业基地建设】建设农机产业基地6个（县农牧林业局下达5个），分别为在莲峰镇何家湾村、北寨镇祁坪村各建成中药材机械收获示范基地1个，面积为500亩；在五竹镇鹿鸣村、大安乡大涝子村、北寨镇张家堡村各建成马铃薯机械化生产示范基地1个，面积500亩；在大安乡红堡子村建成机械深松整地示范基地1个，面积500亩。

【农机安全监督管理】充分利用合作社群、驾驶员管理群，及时推送农机安全隐患排查、农机维修保养、疫情防控等方面的宣传材料30条次，利用网络下载推送事故案例短视频5次；对全县重点农机销售网点、农机销售企业、农机合作社、农机大户每季度进行一次隐患排查检查，8月份举办了一期农机安全生产培训班。积极发挥“平安农机”创建四级管理体制效能，成功创建省级“平安农机合作社”1个。

【农机教育培训】依托农机学校平台，采取课堂学、观摩学、实操学的方式，利用春耕备耕、示范基地建设、安全检查、补贴机具核查等多种途径，深入田间地头，广泛开展农机技术培训，共培训8000多人次，其中建档立卡户“科技明白人”265人。

【农机经营】全县完成农机服务收入6554万元，其中农机作业服务收入6480万元。

【领导名录】

中心书记、主任：李满军

副主任：乔为楠 、麻建彪（11月任）

（供稿：农业机械化服务中心）

农业技术推广

【概况】渭源县农业技术推广中心成立于1978年，现有在岗工作人员32人，其中研究生学历5人，本科12人，大专15人。下设办公室、财务室、植保植检站、农技站、土肥站5个站室。管理人员5人。工勤人员3人。专业技术人员24人。专业技术人员中推广研究员2人，高级农艺师11人，农艺师11人。

【旱作农业技术示范推广】以旱作农业推广全膜双垄沟播技术为核心，突出全膜双垄沟播玉米种植，兼顾马铃薯黑膜全覆盖垄侧栽培。实施区域安排在年降雨量300～500毫米，海拔在2300米以下的半干旱、半湿润偏旱区、河谷川台区、浅山梯田区、半山梯田区。旱作区重点在大安、秦祁、北寨、新寨、庆坪、清源、路园、莲峰、上湾、麻家集、祁家庙、五竹等12乡镇实施。主推膜双垄沟播栽培技术、引进适宜优良品、测土配方施肥及培肥地力技术、保护性耕作技术、一膜两用技术、病虫害综合防治技术、秸秆综合利用技术等7项技术。

【测土配方施肥技术示范推广】全面贯彻落实《甘肃省耕地质量管理办法》，推广测土配方施肥技术面积88万亩，按照1万亩1个调查采集样点的原则进行土样采集122个；开展大田试验5项。旱作节水农业技术推广垄膜沟灌1万亩，推广积雨补灌0.2万亩，推广地膜减量增效1万亩。旱作区休耕轮作技术推广项目推广中药材轮作休耕技术1万亩、推广马铃薯轮作休耕技术1万亩。渭源道地中药材高产高效栽培集成技术研究与示范推广中药材高产高效栽培技术0.11万亩。

【植保植检】指导完成土壤处理19.8万亩，药剂拌种10.4万亩，防治鼠害13.2万亩，每百亩17头。防除田间杂草32.1万亩，病田率达33.1 %。植物产检换证调运378批次14563.698吨，进行产地调查6万亩，其中马铃薯4.5万亩，中药材1. 3万亩，小麦0.1万亩，蚕豆0.1万亩。对重点病虫，早调查、早防治，有效控制其发生与流行。重点对小麦条锈病适时监控调查，加强蚜虫、蚕豆根瘤象、油菜跳甲等病虫害防治工作。组建统防统治专业机防队，推广病虫害专业防治。开展农作物及种子检疫工作，进行调运检疫和产地检疫。开展苹果蠹蛾、草地贪夜蛾等有害生物入侵情况调查，例如：苹果蠹蛾、马铃薯甲虫。大力宣传植物检疫法规，发放宣传资料，有效地开展宣传《植物检疫》法规宣传防止有害生物的传播。

【领导名录】

主 任：马虹霞（女）

副主任：王玉华、毛晓军、刘小军（9月止）

（供稿：王亚瀑）

种子站

【概况】渭源县种子管理站成立于1991年6月。2019年3月25日，机构改革后，将渭源县种子管理站更名为渭源县种业发展中心。2020年7月31日，渭源县种业发展中心更名为渭源县种子站，内设4个股室，科级事业建制，隶属于县农业农村局管理。现有职工13人，其中站长1

名，副站长1名。

【良种推广】依托良种补贴项目支撑，调整产业结构。全县小麦良种推广面积2万亩（冬小麦1.3万亩，春小麦0.7万亩），玉米杂交种种植面积10万亩，马铃薯种薯推广种植面积40.0万亩，豆类种植面积1万亩，油料推广种植面积1.2万亩（其中春油菜0.9万亩，胡麻0.3万亩）。

【种子质量管理】出动工作人员94人（次），出动执法车辆32台（次），共检查种薯生产经营企业5个、检查种子经营户36户，抽取检验样品120份。对36户种子经营门店登记备案。开展种薯基地巡查、检查4次，种薯田检3次。

【新品种引进试验示范】引进冬、春小麦、玉米、油菜、蚕豆、藜麦、马铃薯等作物新品种（系）116个，落实种植省、市列冬、春小麦、玉米、油菜等作物预备试验、区域试验、生产试验10项。筛选出适宜我县示范种植的品种（系）有：小麦新品系宁麦15号、陇鉴118；春油菜新品种冠油杂702、科油1号、华油杂63号、陇油杂2号；玉米早熟品种陇单339，玉米中晚熟品种平安169、豪威568，推广强硕168、金园007；马铃薯新品种陇薯15、16、17号，希森6号、青薯10号等。建立农作物新品种展示示范基地5000亩。

【领导名录】

站长：漆 刚

副站长：刘小军（9月任）

（供稿：李晓斌）

光伏产业服务

【概况】2017年，县上成立渭源县产业扶贫办公室。2019年3月，机构改革后，更名为渭源县光伏产业服务中心，隶属县农业农村局管理，股级建制。现有工作人员6名。主要职责：贯彻落实国家和省市县关于新型产业扶贫的有关方针政策，在相关部门的具体指导下，负责新型产业和“光伏+农业”产业的协调服务、推进落实等工作，制定产业扶贫收益分配管理办法，管理和分配收益资金；负责相关高新技术的引进和示范，组织开展科技项目的申报、成果转化和技术交流合作等工作；负责产业扶贫类数据统计工作，建立信息平台，收集、整理、发布有关信息，指导和监督参建企业依法经营；指导、监督、协调和服务渭源县正源扶贫开发有限公司开展各项工作。

【光伏产业发展】全县共实施光伏扶贫项目60.249兆瓦，实现135个贫困村村级光伏电站全覆盖（98个村每村装机500千瓦，37个村每村200千瓦），初步形成村级电站为贫困村“造血”增加村集体经济收入、贫困户通过公益性岗位获取发电收益领取工资报酬、村两委通过发电收益为老弱病残无劳动能力贫困户提供保障的良性运转体系，成为贫困村实实在在的“阳光银行”。

1.下达计划情况。省、市发改委、扶贫办共下达渭源县光伏扶贫项目3批，总装机规模60.249兆瓦，其中2016年下达光伏试点项目18.137兆瓦，2018年下达“十三五”第一批14.763兆瓦，2019年下达“十三五”第二批27.349兆瓦（14.349兆瓦为2018年省发改委、扶贫办调整指标）。

2.项目分布情况。渭源县下达3批60.249兆瓦光伏扶贫计划指标，计划指标全部分配在全县135个建档立卡村（98个村装机500千瓦左右，37个村300千瓦左右），其中49个村级电站分布在各行政村建设，剩余86个村级电站通过异地集中联建方式在15个点建设。

3.总体进展情况。3批60.249兆瓦光伏扶贫项目已全部并网发电，其中2016年下达光伏试点项目18.137兆瓦光伏电站于2017年6月30日并网发电；2018年下达“十三五”第一批14.763兆瓦光伏电站于2018年12月30日并网发电；2019年下达“十三五”第二批27.349兆瓦（14.349兆瓦为2018年省发改委、扶贫办调整指标）光伏电站，其中14.349兆瓦已于2019年4月24日并网发电，剩余13兆瓦于2020年4月全部并网发电。

【产业发电收益分配情况】收益分配将按照《渭源县村级光伏扶贫电站资产收益监管办法（试行）的通知》文件执行，文件第十九条规定“村级光伏电站收益全部归村集体经济，分配及使用由县农业农村局监管，县人社局、县扶贫办、县发改局及结转运营机构配合”。由各村按照多劳多得，少劳少得的原则，经考核兑付岗位薪酬。通过购买公益性劳动的方式分配发电收益，将最大限度地激发贫困户内生动力。2016年光伏试点项目自2017年并网以来，已结算发电收益1960.84万元，其中2018年结算发电收益1207.44万元（国家再生能源税后补贴657.44万元），电力结算资金550万元），2019年至6月份结算753.4万元（国家再生能源税后补贴432.7万元，电力结算资金321.7万元），其中2018年结算收益已全部分配到村，2019年结算收益县正源公司正在向各村分配。2018年下达“十三五”第一批14.763兆瓦光伏项目截至6月底，共发电799万度，应收发电收益599.4万元，实际到位收益246.02万元，全部为电力结算费用，再生能源补贴353.4万元暂未到位，县正和城投公司正在对246.02万元资金进行分配。渭源县“十三五”第二批中14.349兆瓦光伏扶贫项目并网发电后，测算每年可获得发电收益1399万元（按照年发电1300小时，0.75元/度测算）。截至2020年年底光伏发电总收益达到1.014亿元。

【光伏产业运营维护】按照“运营维护企业专业、年发电量保底、运营维护费用合理”的原则，通过公开采购的方式，择优选择有实力的运维企业对全县光伏电站进行统一运营维护，通过专业化运维管护，降低了运行成本，加强日常管护，确保电站长期稳定运行。一是明确保底发电量要求，每千瓦发电量不得低于1300度，如保底发电量达不到要求，将按照运维费用30%～70%的比例予以扣除，保证发电量持续稳定。二是有效降低运维成本，按照，合同10年保持不变、运维费用按照8分/瓦支付、电站主要设备质保期延长3年的协议，强化运维企业履约监管，避免了运维期间因企业变更造成费用逐年增高、设备更换权责不清等现象的发生，运维成本得到了有效降低。三是强化日常监管，每个电站由村两委从建档立卡贫困户中确定电站管护人员，由运维企业负责专业培训、绩效考核，并按照考核结果支付工资，每人年均工资6000左右，对考评不合格的管护人员，由村两委负责更换，解决了村级电站分散，日常监管难的问题。根据国家能源局、国务院扶贫办制定的《光伏扶贫电站管理办法》规定，按照强化“建设、验收、运维、管理”四个关键环节，确保光伏扶贫电站长期正常运行，发电收益持续稳定的要求，通过选择与专业化、资质强、实力好的苏州腾晖光伏技术有限公司签订协议，对全县村级光伏电站进行统一运营维护，保证发电持续稳定。

【光伏产业发展成效】

1.实现单一光伏产业向现代农业综合效益转变。通过大力培育“农光互补”产业模式，形成顶上有光伏、地上有农业、周边能务工、重点乡镇有物流仓储配套的产业综合发展格局，引进培育8家龙头企业、规范建设16家合作社参与经营，农业产业带动1478农户户均增收2.36万元以上（其中土地流转收入2600元、农业生产经营收入1.5万元、务工收入6000元），发电收益带动1.2万户群众增收，户均增收2000～6000元，贫困村和贫困户增收渠道进一步拓宽，“农光互补”产业融合叠加效应持续放大。

2.实现村集体经济由薄弱向持续稳定增收的转变。每个贫困村配建300～500千瓦规模村级电站，村均发电收益达到40万元左右，加上村级光伏电站农业设施租金收入，村集体每年累计收入达到45万元左右，集体经济薄弱或“空壳”村实现收入持续稳定增加，光伏电站成为贫困村实实在在的“阳光银行”。

3.实现县乡包办向基层组织自治转变。将发电收益纳入村集体经济管理，收益由村委会按照“四议两公开”法分配，资金除支付公益性岗位工资报酬和特殊救济户外，剩余资金用于产业培育、道德集美超市建设、公益基础设施建设、五星文明户奖励、村集体经济留存，极大地调动了村级基层组织的工作积极性。村“两委”通过开展“访民意、释民惑、解民困、暖民心”大走访行动，遍访所有农户，共征集到意见建议2.3万条。通过开展“沟通面对面、服务零距离、干群心连心”和煦春风行动，以社为单位建立二级网格化管理体系（社长为一级网格员，每10户组成一组，推选1名二级网格员）；通过开展“固本筑堡垒、聚力促脱贫”强基固本行动，村两委坚持“一事一议”，对集体经济收入分配严格落实“四评议两公开一监督”，增强了村民的参与度和获得感，村级自治能力得到显著锻炼和提升，村级基层组织的战斗堡垒作用得到了充分发挥。

4.实现“输血”式扶贫向“造血”式扶贫的转变。光伏产业扶贫，改变了单纯的资金和项目输入的“输血”式扶贫，开始产业发展的方向从造血的方式不断推进式扶贫。同时，贫困村光伏扶贫电站的建设也促进村两委思想解放，把更多的目光投放到发展集体经济上，推动了其他集体经济项目建设的开发。

【领导名录】

主任：乔为楠

（供稿：常建华；审稿：乔为楠）

园艺站

【概况】1990年，成立渭源县园艺站，隶属县农业农村局管理。现有工作人员7名，其中高级农艺师1名，农艺师4名，助理农艺师2名。

【蔬菜产业现状】全县蔬菜种植面积8万亩，全部进行标准化生产，其中日光温室蔬菜374亩，塑料大棚蔬菜4626亩，高原夏菜75000亩，蔬菜总产量达到33万吨，总产值达6.2亿元，总纯收入达到4.4亿元；食用菌种植大棚638座347.5亩，种植食用菌539万棒，种植种类有香菇、金耳、羊肚菌、滑子菇、熊掌菇、平菇等品种，其中香菇223亩401.4万棒，羊肚菌50亩，金耳55亩100万棒，熊掌菇6.7亩12万棒，滑子菇7亩14万棒，平菇5.8亩11.6万袋，食用菌鲜品总产量达到4627.35吨，总产值达7618.66万元，总纯收入2310万元；百合种植面积达到4000亩，产量达到1440吨，百合产业总产值达到2304万元，总纯收入达到1566.7万元；金丝皇菊种植面积达到500亩，产量达到30吨，产值达到1050万元，总纯收入达到567万元。产业重点区域分布在路园、北寨、秦祁、锹峪、莲峰、清源、上湾、会川、峡城、麻家集、祁家庙、田家河、大安、新寨等14个乡镇。

【产业种植体系建设】

1.设施农业建设。2020年共建成蔬菜生产日光温室54座33.6亩，塑料大棚325座157.5亩，其中蔬菜生产塑料大棚32座20亩，食用菌生产塑料大棚273座126.5亩，金丝皇菊种植大棚20座11亩。

2.高质量完成产业基地建设。以农民增收为目标，依托渭河灌区、洮河灌区、引洮灌区、石门灌区、漫坝河灌区五大灌区优势14个乡镇，规划建成产业基地18个，其中蔬菜（百合）产业基地11个，在锹峪、路园、莲峰、会川、麻家集、北寨、秦祁建成高原夏菜生产基地4000亩，在田家河、麻家集建成百合生产基地1000亩，在秦祁乡建成塑料大棚蔬菜生产基地112座；在北寨、莲峰、祁家庙、新寨、田家河建成食用菌产业基地5个，建成食用菌大棚169座，种植香菇217.5万棒；在路园、峡城建成金丝皇菊生产基地2个，种植金丝皇菊500亩，新建金丝皇菌种植大棚20座。通过规模化示范基地建设，扩大产业种植规模，提高产业种植技术水平和产品品质。

3.积极推进项目建设。一是产业扶贫项目。2020年，共投入第一、二、三批财政扶资金、国务院扶贫办2019年定点帮扶资金、渭源县2020年东西部扶贫协作第一批区级财政帮扶资金等产业扶贫资金4770.94万元，带动贫困户1354户，其中扶持蔬菜产业资金337.44万元，扶持食用菌产业资金4433.5万元，扶持金丝皇菊产业资金170万元。二是农产品仓储保鲜冷链设施建设项目。2020年根据《甘肃省农业农村厅关于印发〈2020年甘肃省农产品仓储保鲜冷链设施建设实施方案〉的通知》和《甘肃省农业农村厅关于下达2020年第二批中央财政农业生产发展资金计划的通知》下达我县仓储保鲜设施建设项目400万元，建成机械冷库13座，新增果蔬保鲜储藏能力4292吨。

4.蔬菜新品种引进试验示范。2020年共引进蔬菜新品种12个，即：娃娃菜有耐寒金皇后，白菜有陇圣春秀，红笋有红香7号、红秀香脆笋，甘蓝有中甘1812、中甘1819、绿宝，有机花菜有金鼎耐寒雪松90天、农宝90天，菠菜有黑先锋、多伦，西兰花有耐寒优秀，示范面积2000亩。

5.开展产业技术培训和指导。在蔬菜产业基地建设过程中，在每个产业基地至少安排专业技术人员1名开展夏菜基地建设的技术指导服务工作，采用集中培训、现场指导、入户培训等方式，开展集中培训7期586人次，发放技术资料2200余份，现场指导32次，"一户一个科技明白人"入户培训200人，主要培训了西兰花高产高效标准化栽培技术，甘蓝高密度高产高效标准化栽培技术，娃娃菜、红笋高产高效无公害栽培技术，高原夏菜育苗及病虫害防治技术指导。

【领导名录】

站长：毛晓军

（供稿：毛晓军）

畜牧兽医服务

【概况】渭源县畜牧兽医服务中心隶属渭源县农业农村局管理，承担指导基层推广畜牧业实用技术等公益服务职能。下设畜牧技术推广站、种草饲料站、动物疫病预防控制中心、渔业技术推广站等4个站所，在全县设立16个乡镇畜牧兽医站。事业管理岗位人员3人，事业专业技术人员134人（其中：高级29人，中级44人，助理61人），工勤技能岗位人员8人。

【生猪产业】通过政府扶持、招商引资、吸引社会资本等方式，推进生猪生产规模化、标准化发展，建成渭稼美、上湾南谷启辉、陇原恒新等规模化生猪养殖场。全年生猪饲养量达到18.9万头，存栏量8.99万头（其中能繁母猪存栏0.801万头），出栏9.91万头，新改（扩）建生猪规模养殖场11个，自给率达到100%。

【肉羊肉牛产业】通过开展"十百千万养殖工程"，全县培育提升现代化养殖企业1个、肉羊合作社5家、肉牛合作社3家、肉羊规模养殖场30个、肉牛规模养殖场7个，扶持发展肉羊养殖大户301户、肉牛养殖大户100户。通过开展"良种提升工程"，建成良种肉羊纯繁场1个、累计纯繁种羊1520只、全县能繁母羊存栏9万只，提升肉牛冻配改良点20个，冻配改良肉牛2.3万头，全县能繁母牛存栏4万头，全年引进良种牛1077头、良种羊6217只。

【草产业】围绕全市建设"中国西部草都"的总体目标，全面开展优质牧草生产基地建设、饲草机械推广、牧草加工等重点工作。新种、改良多年生牧草6.01万亩（紫花苜蓿4.51万亩、红豆草1.5万亩），紫花苜蓿留床面积达到16万亩、红豆草等其他多年生牧草留床面积达到6万亩，种植燕麦、甜高粱等一年生牧草3.22万亩、饲用玉米10万亩，优质牧草生产基地达到35万亩，各类牧草产草量达80万吨，推广饲草机械704台

(套)；加工商品牧草3.13万吨，完成饲草料窖贮微贮35.12万吨，秸秆饲料化利用率达到65.6%。

【畜禽养殖废弃物及秸秆资源化利用】

一是对现有养殖场进行改造提升，对10家规模养殖场配套建设了集污池、粪污堆积发酵场等粪污资源化利用设施，全年全县畜禽粪污产生总量102万吨，资源化利用总量87.72万吨（粪污全量还田27.05万吨、粪便堆肥利用48.8万吨、粪污能源化利用4.19万吨、其他方式利用7.68万吨），全县粪污资源化利用率达到86%。

二是全面推广饲草青贮、微贮、黄贮等技术，推广适宜于专业化加工企业、养殖企业以及农户各具特色的秸秆饲料化利用模式，依托草畜一体化资产收益项目、世行贷款产业扶贫项目、财政专项扶贫资金支持村集体经济等项目，扶持引导牧草加工企业、牛羊规模养殖企业（场）、专业合作社和种养大户，建设青贮池、草料棚，购置饲草揉丝机、饲草打捆机、秸秆颗粒饲料机等饲草料加工机械，对农作物秸秆进行加工饲料化利用，全县秸秆饲料化利用率达到65.6%。

【动物防疫】重大动物疫病防控方面，全面落实口蹄疫、高致病性禽流感、小反刍兽疫等重大动物疫病强制免疫，免疫密度100%，免疫抗体合格率达到70%以上；持续加强非洲猪瘟防控工作。重点人畜共患病防控方面，全面防控布病、包虫病等重点人畜共患病。动物疫病监测方面，具备非洲猪瘟检测能力。检疫监管方面，加强产地检疫、屠宰检疫、动物防疫条件审核和动物贩运监管，规模养殖场产地检疫率达到100%。畜产品质量监管方面，落实养殖场户、兽药、饲料生产经营主体责任，加强“瘦肉精”、违禁药品和非法添加剂监管，严格做好了病死动物及产品的无害化处理，确保了无畜产品质量安全事件。

【专业技术培训】组织开展脱贫攻坚农村劳动力养殖实用技术培训和高素质农民培育工作，前期认真摸底调查，掌握学员对养殖技术缺失的方向，制定切实可行培训计划，聘请专业领域内经验丰富的专家，以“理论+实践”的授课形式，开展专业技术培训工作。

【助力脱贫攻坚】

1.养殖业到户补奖项目。2020年，针对未脱贫户、脱贫监测户、边缘户三类重点人群继续实施养殖业补奖项目，培育致富产业。制定了《渭源县2020年边缘户养殖业补奖项目实施方案》《渭源县2020年监测户、未脱贫户养殖业补奖项目实施方案》，按照方案要求，结合农户养殖意愿，已投入资金1575万元，其中财政资金1050万元，农户自筹资金525万元，为883户农户引进投放良种牛883头（户均1头），为167户农户引进投放良种羊1503只（户均9只），全部完成良种牛羊引进任务。

2.草畜一体化资产收益项目。2020年，财政投资1000万元，建成集优质牧草种植、收购、加工和养畜为一体的产业链条，通过“龙头企业+村级集体+建档立卡户”的利益链接机制，北寨、大安、秦祁、路园4个乡镇的26个村集体利用扶贫资金配股的方式获取资产收益，在北寨镇、大安乡各建成集优质牧草种植、收购、加工和养畜为一体的龙头企业2个，并通过资产收益增设公益性岗位，从而增加建档立卡户收入，共同构建产业扶贫长效机制。北寨片区草畜一体化建设项目完成新建干草库2255立方米、饲草青贮池1531.8立方米、粪污处理厂1450平方米、硬化道路552.5米，购进青饲料收割机、打捆机、拖拉机、脱粒机、装载机等设备，累计投资600万元；大安片区草畜一体化建设项目新建羊舍3栋4000平方米、草料棚1000平方米，购置揉丝粉碎机2台、小型装载机1台，累计投资400万元。

3.牛羊托养收益分配。2019年，我县创新扶贫方式，对无养殖能力、无养殖条件的贫困户产业到户投放牛羊由养殖企业进行托养，托养牛2691户2691头，养羊532户4788只，良种牛由渭源县鑫顶渭丰牧业有限公司托养，良种羊由甘肃陇玥农牧业有限公司托养，贫困户获得养殖收益。积极与托养公司协调，已于2020年5月底前每户分配保底养殖收益1000元，同时进行了二次收益分配核算，托养牛户每户获得二次收益分配60元、托养羊户每户获得二次收益分配50元，有效增加了贫困户收入。

【金鸡产业扶贫项目】项目按照“边建设、边投产”建设方案，于2018年8月开工建设，2019年4月实现投产养殖。截至2020年年底，青年鸡区全部建成投产，饲养青年鸡30万只；蛋鸡区1至5区建成投产，饲养蛋鸡150万只，6区正在设备安装，DC车间投入使用；废弃物无害化处理区污水处理站建成使用，有机肥厂设备安装完成；饲料加工区饲料加工设备正在安装，燃气站及消防配套工程完工；观摩大厅建成投入使用，视频监控系统运行正常；水电路网及绿化配套工程全面完成并投入使用。

【领导名录】

主任：田建民

副主任：王军军、姜国铭（9月止）、李世龙（9月任）

（供稿：王春亮；审稿：田建民）

黄香沟牧场

【概况】渭源县黄香沟牧场是隶属于渭源县畜牧兽医服务中心下属的科级事业单位，实行自收自支管理。主要职责和任务是对本辖区天然草原进行管护和使用、核定草原载畜量，从事畜牧业生产经营活动，发展畜禽养殖，饲草料种植，畜禽产品及牧草生产加工销售。2020年有职工20人，其中在册自收自支职工10人（党支部书记1人，副场长1人，工勤技能人员8人），临时工10人（放牧农合工2人，临时工8人）。黄香沟牧场经营草山17.889万亩，场部占地8802.3平方米，其中建筑占地1432平方米，餐饮设施1200平方米；下场建设羊舍1200平方米，草料棚300平方米，生活用房120平方米，饲料房200平方米；在会川镇西关村八社林阔路672号有房产814.96平方米；各牧点房产合计360平方米；CRV小轿车1辆。

【规模养殖】2020年底，存栏牦牛1009头，其中公牛284头（已骟割36头，其中2～3岁13头，3岁以上23头；未骟割248头，其中1岁108头，2～3岁79头，3岁以上61头）；母牛724头（能繁母牛524头，其中3～4岁194头，5～6岁254头，7～8岁76头；后备母牛201头，其中1岁94头，1～2岁5头，3岁102头）；3岁以上608头，其中公牛84头，母牛524头（3～4岁194头，5～6岁254头，7～8岁76头）。梅花鹿58只。

【畜禽改良】2020年引进良种牦牛25头，繁活犊牛205头，繁活率达到82%。

【草原保护建设】市、县核定经营基本草原17.889万亩，其中禁牧草原面积4.8826万亩，草畜平衡草原13.0064万亩。通过实施草原补奖政策，全面落实草原禁牧休牧和草畜平衡制度，完善基本草原划定和草原承包经营制度，减轻天然草原放牧压力，遏制草原退化趋势，改善草原生态环境，巩固草原保护建设成果；转变草原畜牧业发展方式，加快草牧业发展步伐，改善牧场基础设施条件，增强畜产品生产和供给能力，不断拓宽增收渠道，稳步提高牧场收入水平，促进牧区经济可持续发展，保护天然草原涵养水源。开展每月2次以上的草原火灾隐患排查和草原管护管理巡查，年内无草原火灾和草原违法案、草原重大生物灾害和生态破坏事故法发生。

【动物疫病防控】完成了春秋两季动物疫病防控工作，配合动物疫控中心抗体检测任务抽检，完成牦牛口蹄疫、牛出败免疫2018头（次），驱虫牦牛2018头（次），狗包虫病防治32只。确保年内无动物重大传染疫病发生。

【畜产品安全及监督】完成了“秀峰牌”南山放养虫草鸡绿色食品、牦牛肉绿色食品续展复核换证，无公害畜产品牦牛肉、鲜鸡蛋的复核换证工作，黄香沟牧场获得“全市绿色食品示范企业”称号。

【生态环保】全力整改中央第五环保督察组、西北环保督察组、省委巡视组关于大型沼气工程建设项目和养殖设施对水源地造成安全隐患等问题。牧场筹集资金4.1万元，拆除投资120万元的沼气工程项目罐体1个800立方米，预处理间80平方米，锅炉房60平方米，值班室30平方米；养殖圈舍8栋，2000平方米；夏令营训练器材1套1300平方米，活动室200平方米，宿舍200平方米，仓库200平方米；对长期在水源地河道两旁放牧的马匹，全部集中至牧场场部草场围栏内，集中销售清理；对在二级水源保护区内的一个牧点进行搬迁，消除水源地污染隐患，有效保障水源安全。按照中央第五环保督查组、省委巡视组提出的环保问题整改要求，筹集资金4万元，对已经拆除的沼气、养殖设施和夏令营娱乐设施等区域和退化天然草场区域进行植被恢复，恢复植被50亩，补播天然草原500亩，保护和改善天然草原生态环境，全面完成了整改工作。

【事业单位改革】根据《中共甘肃省委机构编制委员会（甘编委〔2020〕9号）关于印发〈甘肃省2020年经营类事业单位改革工作方案〉的通知》，黄香沟牧场于2020年11月底完成动员部署、清产核资、资金筹措、退休职工社会化管理移交和社保关系接续等生产经营性事业单位改革工作任务，撤销了黄香沟牧场，注销事业单位法人，核销事业单位编制。改革后，将牧场各牧点房屋和下场养殖设施、甘肃黄香沟养殖有限公司租赁的养殖设施、会川镇西关村八社林阔路672号房产用地和草原划拨县林业和草原服务中心管理。“秀峰牌”畜产品是定西市唯一的名牌畜产品，为了加强“秀峰牌”甘肃省著名商标和甘肃省名牌产品放养虫草鸡、土鸡蛋、牦牛肉和鹿血保健酒的保护管理，将牧场场部的房屋和草场围栏800亩用地划拨县畜牧兽医服务中心作为品牌保护使用基地。安置职工后的结余资金和CRV轿车上缴财政。

根据渭源县分类推进事业单位改革领导小组《关于印发渭源县黄香沟牧场改革方案的通知》精神，移交社会化管理退休职工15人，经济补偿安置自收自支职工10人，安置临时牧工10人，供养遗属1人。筹集资金534.39万元，发放经济补偿安置资181.65万元（职工经济补偿安置金162.76万元，临时牧工18.89万元），供养遗属补助0.97万元，发放上缴牦牛奖励资金5万元，上缴退休职工社会化管理费125.62万元，距5年内退休职工基本养老金23.13万元，上缴财政197.2万元，稳定有序完成了经营性事业单位改革。

【领导名录】

场长：李世龙（9月止）

党支部书记：梁辉（10月止）

副场长：张瑜辉（11月止）

（供稿：李世龙）

林业和草原服务

【概况】渭源县林业局成立于1978年9月，管理全县森林、林地、林木及野生动植物资源。2015年2月，渭源县林业局改为渭源县林业发展中心，隶属渭源县农牧林业局管理。2019年3月，更名为源县林业服务中心，隶属渭源县自然资源局管理。2019年11月，渭源县林业服务中心更名为渭源县林业和草原服务中心。原渭源县会川木材检查站于2015年撤销。渭源县林业和草原服务中心内设人秘股、财务股、林政股、退耕办，下属森防站、种苗站、技术站、苗圃、会川林场、莲峰林场、五竹林场。11个乡镇林业工作站于2002年撤销。定西市森林公安局渭源县分局于2020年9月迁到新址办公。2020年12月，定西市森林公安局渭源县分局整建制划归渭源县公安局统一领导管理，设渭源县公安局森林警察大队及会川、莲峰派出所。全系统职工总人数

109人。

【造林绿化】2020年共投入资金1900多万元，共计完成造林5.7698万亩，群众义务植树354.4万株。其中：完成县城周边干部职工义务植树0.25万亩、乡村绿化2.97万亩、通道绿化及社会造林0.2万亩，共栽植云杉、油松等各类苗木27万余株；完成2019年第二批森林植被恢复人工造林0.0368万亩；完成2019年重点建设项目三北防护林工程人工造林0.1万亩、退化林分修复0.2万亩；完成2019年天保工程人工造林0.5万亩；完成2019年省级财政林果产业发展资金渭源县大果沙棘新建标准化示范基地建设0.1万亩；完成“蚂蚁森林”1.0万亩；完成东西部扶贫协作生态林0.113万亩。完成新一轮退耕还林工程补植补造0.3万亩。

【资源管护】

1.**森林防火**。森林防火期以来，累计发放各类宣传单10万余份、宣传中芯笔0.5万支、宣传纸杯10万余个、宣传抽纸0.万盒、宣传手提袋1.5万个、笔记本0.5万本、刷牙杯1.5万个、洗脸盆8000个，出动宣传车80余台次、人员320余人次。采购扑火铁锹和二号灭火工具各2000把，购置风力灭火机20台、油锯10台，全部发放给了3个林场及16个乡镇。

2.**陆生野生动物疫源疫病疫情防控**。强化野外监测巡护工作，对野生动物人工繁育和经营利用场所数量、饲养方式、运输方式进行摸排。对重点部位、重点环节进行管控，及时、准确地掌握陆生野生动物动态。从1月22日开始，全县林业系统共设立新型冠状病毒感染的肺炎及陆生野生动物疫源疫病监测防控检查点26个，其中固定防控检查点25个，森林公安流动执法检查点（林政、森林公安专项工作组）1个。对全县陆生野生动物驯养繁殖场所、林场、管护站进行巡查、检查，未发现陆生野生动物出现非正常死亡及其他异常现象。累计开展督查检查338次，出动车辆338台次、1538人次，发放告知书12份，散发各类宣传单1500份，悬挂宣传横幅8条，张贴宣传标语300张，流动执法检查组在主要交通路口设卡检查30余次、检查可疑车辆90余辆次，向相关野生动物驯养繁殖场个人发出整改通知8份。

3.**林业有害生物防治和检疫**。建立了以护林员为依托的全覆盖基础监测网络，完成27.6万亩人工地面调查，建立灯诱和性诱先进检测点2个，试验开展无人机飞防面积4000亩以上，测报准确率达到90%；储备白僵菌、苦参碱、烟剂等应急防治物资5.5吨，检疫调运苗木总量达到860.32万株。

4.**林政执法**。共核发办理《林木采伐许可证》16份，采伐林木1370株，采伐总蓄积671.4立方米；办理《植物检疫证》143份，办理《林木种子生产经营许可证》7份；办理办结涉林信访案件2起。协调指导查处各类涉林案件29起，其中查处涉林刑事案件8起，治安案件4起，行政案件17起，移送县综合执法部门行政案件10起，移送县自然资源部门2起，移送县交通运输部门行政案件4起，移送县市场监督管理部门1起。

【花卉产业】全县各类花卉种植总面积约1500多亩。建设花卉产业扶贫项目15个，累计投入各类扶贫资金4018.35万元，其中投入财政专项扶贫资金3418.35万元，东西部扶贫协作资金500万元，企业捐赠资金50万元。多方合力形成鲜切花种植区、食用药用金丝皇菊种植区、盆栽蝴蝶兰种植区，构建了“一园三区”的花卉产业布局，带动全县5000多名建档立卡贫困户人均年增收3500元以上。

【生态扶贫】选聘2019年建档立卡贫困人口生态护林员822名，完成林地有效管护47.44万亩，发放管护报酬657.6万元。发放2018年退耕还林工程第三次补助资金300万元，完善退耕还林补助资金45万元。选聘天保公益林护林员375名，落实管护任务85.2万亩，落实管护报酬164.25万元。

【领导名录】

主任：姬平

副主任：任习榕、邓晓君

县退耕还林办公室主任：孙涛

（供稿：县林业和草原服务中心）

会川林场

【概况】场部位于会川镇青年路，成立于1956年4月，科级建制。现有工作人员14人。全场下设9个护林站，1个苗圃。临时护林员55人，其中天保护林员34人，公益林护林员21人。经营总面积23.9978万亩。

【野生动物保护及疫源疫病防控】年初配合会川镇党委政府对居民小区进行疫情防控进出管理。采购体温计11个、84消毒液20瓶、口罩500个，在林缘区村社醒目位置张贴疫情防控条幅，利用微信短信平台、防火宣传大喇叭宣传新冠预防知识，做到疫情防控形势人人知晓。成立了野生动物疫源疫病监测队伍，确保及时准确掌握林区动物动态，重点对鸟类及野猪獾类进行监控，把握野生鸟类迁飞、集群活动和疫情信息。

【林区防火】组织实施防火演练，在林区制定防火警示牌30块，宣传标语条幅50多条，散发防火宣传传单3000余份，防火宣传纸杯40000个、脸盆、刷牙杯若干。累计宣传林区学校12所，学生1369人，教师98人次，林区群众7536人，签订坟头墓主防火责任书29份，牧点防火责任书36份，林区内寺庙签订防火协议4份、智障“五类”人群防火责任书16份，达到林区群众防火宣传覆盖知晓率100%，实现辖区内全年“零火灾。”

【禁种铲毒】在杨庄、黄香沟涉毒林区进行全面禁种铲毒踏查。从5月份开始，共历时73天。累计踏查地块2800块，面积5000平方米，出动人员4200余人次，车辆400多台次。顺利通过了国家禁毒委的验收。

【林区有害生物防治】对辖区内索爷林林区、黄香沟林区的落叶松鞘蛾进行重点防治。抓住成虫产卵前的有利时机，燃放敌敌畏烟剂300箱，防治面积0.4万亩，效果显著。

【领导名录】

场长：党革平（11月止）

副场长：杨彦军（7月任，11月主持工作）

（供稿：县林业和草原服务中心）

五竹林场

【概况】场部位于五竹镇五竹村二社96号，国道316穿境而过，成立于1978年12月，科级建制。现有在岗人数14人。下设6个护林站和3个苗圃，临时护林员34人。总经营面积10.6047万亩。

【生产育苗】半阴坡苗圃地完成了1500余株的云杉苗木移植工作。

【林区防火】发放“森林防火宣传手册”、防火围裙和火宣传纸杯子共5000余份，刷写标语、横幅和固定宣传版面20余处。在各进山路口设岗设卡设置“防火码”并出动宣传车，引导群众自觉增强野外防火意识。全场现有森林防火器材储备库2个，2号灭火工具150把，油锯3台，望远镜4架。半专业森林消防队6支，消防人员180人保持临战状态。严格执行24小时森林防火值班和领导带班制度。

【禁种铲毒】刷写固定禁毒标语15条，散发禁毒宣传单1000余张，在历时半个多月的禁种铲毒踏查工作中，共出动189多人次，出动车辆30多台次，踏查历史地块132块，实现毒品原植物“零种植”。

【林区有害生物防治】对辖区内红沟、鹿鸣和半阴坡等林区的落叶松鞘蛾进行重点防治。共出动人员120余人次，出动各类运输车辆10余车次，悬挂三角形诱芯粘板200套，燃放敌敌畏、苦参碱生物烟剂500余箱，防治效果显著。

【领导名录】

副场长：赵惠斌（主持工作）

（供稿：县林业和草原服务中心）

莲峰林场

【概况】场部位于莲峰镇，成立于1958年，科级建制。现有在职职工12人。下设6个护林站和1个苗圃，临时护林员31人。总经营面积11.8757万亩。

【林区防火】购置防火宣传刷牙杯3000个、防火宣传保温壶300个、灭火弹2000发、夜间防火照明矿灯50个、防火阻燃棉服30套。在6个管护站安装网络化建设，使管护站网络全覆盖。在林缘村小学开展森林防火知识讲座进校园活动，在漳莲路口、首阳山景区、天井峡景区、学校等显要位置制作大型防火宣传碑8面。排摸森林防火隐患，共摸出林缘村群众1620户6215人，“五类”人群38人，签订监护人监管协议38份，排查出林地内坟主68户，签订林地内坟主协议68份。

【禁种铲毒】5月中旬至6月下旬，组建了一支40人的禁种铲毒工作专业队伍，对所辖林区逐山、逐沟、逐地块进行细致踏查，未发现毒品原植物种植。

【林区有害生物防治】6月中旬，对山庄、马鹿山、南岔林站管护辖区进行了落叶松病虫害防治，共计使用敌敌畏烟剂80箱，作业面积3000亩，出动车辆50车次，人员150人次。有效遏制害虫对树木的危害。

【野生动物保护及疫源疫病防控】年初设立陆生野生动物疫源疫病监测防控检查点7个，组织人员每天对辖区境内的陆生驯养繁殖场所进行宣传、巡查、检查，禁止外来人员到辖区联系收购珍稀野生动植物，禁止群众采挖珍稀野生植物，无猎扑野生动物和采挖野生植物事件发生。

【领导名录】

副场长：刘万锋（主持工作）、司国俊（11月止）

（供稿：县林业和草原服务中心）

水　务

【概况】渭源县水务局内设股室4个，下属27个全额拨款事业单位（其中6个科级事业单位，21个基层派驻单位），1个局属企业。现有在职职工151人。

【脱贫攻坚农村饮水安全】

1.推进项目建设，提升供水保障水平。实施了总投资860.04万元的农村饮水安全固强补弱工程和180万元的东西部协作农村饮水安全项目，着重解决了局部地区村级管网压力较大、调蓄能力不足、个别泵站无自动化设施，部分小型饮水工程水源水质净化等问题，全面提升农村饮水安全保障水平。开工建设了渭源县会川镇和莲峰镇镇区供水工程。

2.靠实工作责任，保证工程正常运行。持续落实好农村饮水安全“5个3”管理体系，进一步落实政府主体责任、水管部门行业监管责任、供水单位运行管理责任等“三个责任”，重点加强农村饮水安全工程运行管理；制定印发了《关于进一步规范农村饮水安全工程运行管理的通知》，靠实各级管护责任，确保工程末端管护到位，强化对各水利站、供水中心的督导检查，促进站所职能发挥。加大水费征收上缴力度，上缴水费561.42万元，县财政下达水利工程运行及维护经费531.06万元。

3.强化业务培训，提高水管员能力素质。继续开展对公益性岗位水管员的培训，确保供水“最后一米”管理责任的落实，召开培训会33次，累计培训公益性岗位水管员549人次。

4.开展水质检测，确保农村供水安全。按照省水利厅《关于进一步加强农村饮水安全工程水质检测工作的通知》精神，对照村镇水质检测规范，制定了2020年农村饮水安全工程水质检测工作计划，对全县集中供水工程的水源水、出厂水、末梢水供水水质开展全面检测，保证供水水质达标。县政府落实水质检测经费5万元，完成水质检测128份。

5.全力抢修水毁工程，确保群众供水。2020年暴雨灾害造成多处供水管线受损，为全力确保群众的供水，及时组织各运行管理单位进行了全力抢修，将灾害带来的影响降到了最低。累计按成抢修132处，投入资金298.6万元，完成管线抢修维修及埋设各类管线17.466公里，新建护管482米，新建各类阀门井64座，蓄水池基础维修5座，水源地一级保护区维修防护网39米，新建30立方米蓄水池一座，新建M10浆砌块石防冲截水墙8米。

6.加大宣传力度，提高政策知晓率和群众满意度。通过持续发放“用水户明白卡”，进一步扩大社会各界对农村饮水安全工程运行管理监督服务电话的知晓率，有效畅通问题反映渠道，及时解决群众诉求。共计解决群众诉求120余件。印制宣传水利部、国务院扶贫办、国家卫生健康委等三部委印发的《脱贫攻坚农村饮水安全若干问题解答》10000份。全县217个行政村1560个自然村自来水覆盖率100%，累计完成自来水入户7.6万户，全县以集中供水工程为主、分散供水工程为辅的农村供水保障体系基本建成，全县农村群众安全饮水得到有效保障。

【重点水利工程项目建设】2020年实施水利工程项目6项，其中续建项目2项，新建2项，债券资金项目2项，总投资2.71亿元，累计完成投资1.97亿元，完成供水管线埋设73.044公里，新建蓄水池41座，进一步提升了5.58万人的供水保证率；发展高效灌溉农业25.1亩（其中高效灌溉农业16.19亩，景观绿化面积2.46亩，采摘园面积6.45亩）。

1.续建项目2项：渭源县城区供水工程，批复总投资15577.83万元，累计完成投资1.54亿元，完成全部建设任务并通水运行；渭源县峡城乡秋池湾休闲观光农业示范基地建设项目，批复总投资1132.55万元，完成竣工验收。

2.新建项目2项：渭源县2020年农村饮水安全固强补弱工程，总投资860.04万元，完成竣工验收；渭源县东西部扶贫协作农村饮水安全项目（小型集中供水工程巩固提升项目），项目总投资180万元，完成竣工验收。

3.债券项目2项：渭源县会川镇镇区供水工程，项目总投资6849.96万元，规划新建5000方蓄水池1座、2000立方米蓄水池1座，埋设各类管线149.55公里，更换水表14286块，到位资金5200万元，工程于2020年10月1日开工建设，完成3座蓄水池基础开挖及处理，埋设管线3公里，安装智能水表2000块，完成投资930万元，正在开挖埋设给水管道，计划于2021年12月前完成工程建设；莲峰镇镇区供水一期工程，项目总投资2710.27万元，规划新建5000方蓄水池1座，配套建设厂区绿化、围栏、大门、自动化工程，埋设管线22.63公里，新建闸阀井146座，安装智能水表1万块，工程于2020年11月开工建设，已完成蓄水池开挖及基础处理，上水管线及出水管埋设3公里，完成投资480万元，正在采购智能水表，计划于2021年12月完成工程建设任务。

【项目前期谋划】新储备水利工程项目8项，总投资3.9亿元。分别为渭源县人饮管网互联网+信息化改造提升工程、引洮一期定西市西南部农村供水工程（调蓄水池项目）、渭源县灾后水利薄弱环节建设中小河流治理项目东峪沟庆坪段堤防工程、渭源县漫坝河治理项目、渭源县石门水库除险加固工程、渭源县秦祁河薄弱环节河道治理项目、渭源县禹河治理工程、渭源县北部供水水源置换工程暨秦祁河流域生态补水利用工程。

【非税收入征收】共计征收非税收入787.01万元，其中：水土保持补偿费348万元，水费435.53万元，资产出租出借0.2万元，水资源费3.07万元，利息0.21万元。

【河湖管理】

1.加大河湖日常巡查监管。深入开展河湖采砂、河湖岸线利用项目、“携手清四乱保护母亲河”等专项整治行动，开展渭源县河湖联合执法专项行动，强化各乡镇河长制落实及专项整治落实情况的监督检查，压紧压实各级责任，采取河长出动、政府推动、检院协动、部门联动、基层互动“五动”方式，集中力量开展拉网式清理整治，逐项逐件督办销号清零。2020年县级河湖长巡河湖43人次，乡（镇）、村级河湖长巡河湖2524人次。同时，县河长办、县水务局对全县辖区内重点河道、沟道适时进行了检查，下发河长制工作通知书13份、河长办函22份、督办函21份，有效推动清理整治河湖问题48个。

2.加快河湖确权划界。全力配合省水利厅完成了规模以上河流渭河、洮河的管理范围划定工作。编制印发了《渭源县规模以下河流管理范围划定工作方案》，完成了莲峰河、锹峪河等15条县级河流和峡口、石门两座水库管理范围划定工作。

3.加强河道采砂管理。制定出台了《渭源县采砂（石）管理长效机制工作实施意见》《渭源县河道采砂管理规划》（2019—2022年），严格按照《县水务局水行政执法巡查制度》的规定，明确巡查重点、巡查内容、巡查时间、巡查责任，对全县河流、沟道进行全覆盖巡查，并建立了日常巡查日志和河道砂厂管理台账。严格落实乡镇属地管理责任，全面加强采砂行为日常监管。

4.强化涉水执法监管。切实强化水行政执法巡查，全年共计出动执法检查车辆42车次，出动执法人员145人次，巡查河道/线路长度440公里，对审批的9家河道采砂场（点）及其他涉河涉水砂石料场进行现场督促整改问题26件，立案查处涉河违法案件2起（已进入行政处罚执行程序），参与调查群众信访3件，核查处理群众举报涉河采砂及河道违章建筑线索9条，调处水利设施管理方面的矛盾和纠纷18起。

5.加快推进河长制信息化程度。建立了河湖长制举报受理值班制度，全县设立县、乡级河湖监督举报电话17部，实行24小时值班值守，利用“世界水日”“中国水周”“世界环境日”“全国安全生产月”等开展专题宣传活动3次，通过摆放宣传展板、发放宣传资料等多种形式宣传水环境治理的重要性，进一步增强了广大群众参与爱护河道、自觉维护河道生态环境的积极性。

【最严格水资源管理】继续落实最严格水资源管理工作各项措施，2020年实际用水总量为0.2922亿立方米，万元工业增加值用水量68立方米，重要水功能区水质达标率为100%，万元国内生产总值用水量为72.88立方米，下降率为2%，各项考核指标均在市控制目标范围内。进一步完善了县域节水型社会建设软件资料的细化整编，并顺利通过了省级达标验收。完成了“全国用水统计调查直报管理系统”27条名录信息和“全国取水管理整治信息平台”32条取水信息的录入及审核。强化水资源费征收，征收上缴水资源费3.07万元。

【水生态文明建设】完成了全县4个水电站水资源论证复评、最小下泄生态流量的核定和生态引泄水流量系统数据的实时监测、环境影响后评价等生态环境问题整治和综合评估，《综合评估报告》已报市水务局审查。进一步加强水源地保护措施，保障水源地水环境健康和水质安全，在3个水源地共埋设安全警示牌25块，对3个水源地进行定期或不定期巡查和监管，保障水源地水环境健康和水质安全。积极配合相关部门开展生态环境保护工作，通过河长制工作落实，确保河湖管理范围内环境卫生整洁，水环境健康。

【引洮工程运行管理】

1.强化引洮水资源高效利用。县城区供水工程完成主体工程试通水工作，进行工程扫尾工作。为确保引洮总干渠在检修期间西南部供水工程受益区群众的正常供水，谋划了引洮一期定西市西南部农村供水工程调蓄水池项目，该项目总投资8581.32万元，规划建设23.5万立方米露天式调蓄池1座，用于总干渠检修期间备用水源，完成了可研批复、土地预审、环境影响评价、社会稳定风险评估及节能评价等项目前期工作。

2.用好生态扶贫水量。抢抓向引洮受益区输送生态用水这一契机，2020年向秦祁河流域输送水量约700万立方米，极大地改善了秦祁河流域内生态文明建设条件，补充了地下水涵养量，进一步改善了当地地下水水质，使干涸的秦祁河流域清水长流，带动沿岸经济建设的发展。

【水旱灾害防御】

1.靠实各级工作责任。全面贯彻落实水旱灾害防御责任制，水库安全度汛“三个责任人”、重点河沟道堤防工程防汛责任人、山洪灾害防御各站所、各乡镇村责任人已全部落实到位，并在渭源党政网完成公示。

2.加强水情旱情监测预警。组织各乡镇、各水利站所对山洪灾害监测预警设备进行了全面的排查，并委托原施工单位对全部设备进行一次全面巡查检修，确保设备正常运行。2020年汛期，共发布预警信息8次405条，涉及相关防汛责任人269人，发送水雨情预警信息56次44800人次。

3.强化水工程调度监管。全面落实水库运行调度责任制，签订了水库安全运行责任书，落实了水库行政、技术和巡查责任人。2020年县财政安排水库运行管理资金5万元，两座水库运行调度工作站对水库大坝、输水设施、泄洪设施及启闭机、机电设备进行维修养护，确保水库安全运行。完成了水库安全度汛“三个责任人”的公示和“三项重点措施”的落实，督促2座水库严格按照控运计划运行。对石门水库完成了安全鉴定，并委托设计院完成了维修加固方案，完成了峡口水库蓄水验收。

4.严格执行24小时值班和领导带班制度。

【水利工程建设管理】

1.加强制度执行。严格执行“项目法人负责、设计单位服务、监理单位控制、施工单位保证和政府监督相结合”的质量管理制度，进一步强化第三方检测制度，做到所有项目主要分部及重点关键部位第三方检测全覆盖。

2.加强工程质量监管。严格要求项目法人及时办理质量监督手续与安全备案资料；在工程开工后，及时办理项目划分报批手续，明确工程主要分部和重点关键部位；针对所有在建工程，随时深入施工现场进行工程质量和安全检查，对质量和安全方面存在的问题现场提出整改和要求，共下发质量与安全监督检查整改通知书6份，已全部完成整改。

3.持续抓好安全生产。进一步明确了主要领导、分管领导及其他负责人监管职责，健全完善了安全生产责任制体系；认真开展隐患排查，加强在建水利工程安全监管，适时进行巡查检查，对存在的安全隐患及时督促施工单位进行整改，共下发整改通知6份；对重点场所实施视频在线监控，建立水利安全生产信息系统月报制，并与甘肃省安全生产综合监管信息平台互联互通。

【领导名录】

党组书记、局长：张平

党组成员、副局长：董斌、梁锁娥（女）、侯雁安（11月止）

党组成员、引洮工程服务中心副主任：章效平（11月任）

引洮工程建设管理局副局长：章效平（11月止）

水利工程质量监督与安全管理站站长：马兴邦（11月止）

水利工程建设管理站站长：常莉莉（女，11月止）

水利工程建设与质量安全中心主任：常莉莉（女，11月任）

峡口水库运行调度工作站站长：李春景（11月任）

（供稿：县水务局）

水土保持

【概况】县水土保持站内设3个股室及北寨、

新寨、庆坪3个基层水保站。全系统现有职工46人。中共党员9人。

【水土流失综合治理】2020年市上下达流域治理任务40平方公里，完成46.98平方公里，其中新修梯田908公顷，营造水保林3790公顷。全县累计治理水土流失面积1033.34平方公里，治理程度60.1%。

【淤地坝防汛】按照分级负责、分级管理的原则，确定全县54座淤地坝防汛责任人，并予以公示，接受社会监督。修订完善安全生产防汛应急预案，签订淤地坝安全度汛责任书，明确防汛行政责任主体为工程所在乡镇人民政府，防汛技术责任主体为渭源县水保站，管护责任主体为村委会。加强隐患排查，研判安全运行趋势。经逐坝排查，先后对南坪、西坪、中寨、坪塬、王家川、寺儿湾、石窑、豆家岔、张家新庄9座骨干坝及大湾、张家沟等11座中小型淤地坝存在的隐患进行了整改维修。

【淤地坝除险加固工程】后岔、姚集2号骨干坝及漆家湾中型坝除险加固工程于2019年12月开工，2020年10月完工。工程建设内容为新修溢洪道、处理坝体裂缝、加固坝体、增设坝坡排水渠。

【2020年渭源县坡耕地水土流失综合治理工程】该项目位于会川镇的半阴坡、棉柳坪村，项目区总面积18.85平方公里。工程于2020年8月1日开工，计划2021年5月31日完工。2020年完成新修梯田260公顷，营造乔木林18公顷（云杉）；新（扩）建道路21.5公里。完成总投资518.08万元。项目实施后，每年可减少土壤流失量0.84万吨，拦蓄径流量13.09万立方米，流域治理程度由54.23%提高到72.60%，农业人均产粮由203公斤提高到259公斤，净增56公斤每人。

【水土保持监管】深入贯彻执行《中华人民共和国水土保持法》和《甘肃省水土保持条例》，加强水土保持行政执法力度，下发限期编报水土保持方案通知书9份，水土保持监督执法现场检查通知书9份，水土保持行政责令改正通知书9份。按照《甘肃省水土保持补偿费征收使用和管理办法》规定以及水土保持补偿费征收标准，依法征收水土保持补偿费348万元。按照生产建设项目水土保持方案审批流程和生产建设项目水土保持设施验收流程，审批通过4项在建工程水土保持方案。

【领导名录】

站长：李有明

副站长：王建平、马兴邦（11月任）

（供稿：县水土保持站）

工　业

工业和信息化

【概况】渭源县工业和信息化局（简称县工信局）内设办公室（行政审批服务股）、经济运行股、技术信息与循环经济股、中小企业股。现有在岗人员12人，其中行政人员9人，事业人员2人，工勤人员1人。

【工业经济运行】

1.各类指标完成情况。2020年市政府下达工业经济指标年度目标任务中：工业增加值增速7.5%；规模以上工业增加值增速8%；规上工业营业收入利润率增速5%。1—12月份指标完成情况：全县完成工业增加值1.32亿元，增速3.5%，完成规上企业工业增加值1.06亿元，增速7.5%，主营业务收入利润率增速5.03%（1—11月）。

2.全县重点工业企业生产运营情况。全县有工业企业220家，其中中药材加工企业73家，省市级龙头企业6家，规模以上工业企业9家，通过药品生产许可证、GMP认证的企业30家。2020年县上确定对主营业务收入在500～2000万元的4家企业（佛慈红日药业、华庆堂、弘润药业、会川商砼公司）进行重点培育。佛慈红日药业、华庆堂药业、弘润药业、会川商砼公司4家企业已转为规上企业。

【助力脱贫攻坚】深入实施《甘肃省农副产品加工精准扶贫专项行动计划（2018—2020年）》，支持我县中药材精深加工企业实施技术改造升级，不断提高产业发展水平。鼓励和引导县内中药材特色农产品生产加工企业与深度贫困村开展“一对一”结对帮扶，打造集中药材优势产业种植、生产加工、品牌培育、市场营销为一体的全产业链发展模式。全县工业企业吸纳3个月以上稳定就业贫困人口达到230人以上，同时采取“企业+合作社+基地+贫困户”的模式，支持和引导GMP认证企业在各乡镇建立药源保障供应基地，实行“五统一”即：统一种苗供应、统一肥料供应、统一栽培技术、统一田间管理、统一产品收购。提高产品价格，增加群众在特色产业中的经济收入。认真做好全县脱贫攻坚数据比对分析，针对主要涉及的3项基础信息与电信、移动公司进行认真核实比对，及时反馈乡镇进行了修改，切实提升了脱贫攻坚数据质量。结合贫困村现状和企业实际建设药源基地，19家中药材企业建立了药源基地，并为基地贫困户提供有机肥等物资供应，围绕中药材基地种植及收购关键环节，引导培训新型农民，建立“企业+合作社+农户”的利益链接机制，力争产业提质增效，确保群众增产增收。

【工业项目建设】全面落实工业强市“1+5”政策措施，狠抓项目谋划、建设、管理，按照引进项目落地抓协调、在建项目抓质量和进度、竣工项目抓投产达产的要求，加强协调服务和督查调度。

1.重点建设项目顺利推进。2020年重点实施的市列重大项目为甘肃佛慈红日药业渭源中药生产基地建设项目，总投资2.66亿元，完成生产车间主体工程的4层框架建设任务。企业转型升级改造提升新动能项目为衡顺堂药业中药饮片生产线技术改造项目、甘肃华庆堂药业GMP中药饮片车间技术改造项目、亳春堂药业有限公司企业技术中心及饮片加工车间技术改造建设项目、德园堂药业有限公司大健康产品研发中心建设项目、怡龙谷数字科技有限公司中药材溯源大数据平台建设项目等。衡顺堂药业、华庆堂药业、亳春堂药业、德园堂药业4家企业技改项目已完成生产车间改造升级，设备采购等任务，怡龙谷数字科技有限公司中药材溯源大数据平台建设项目已完成农产品大数据平台搭建工作。

2.产业资金争取情况。积极衔接上级部门争取工业基础配套工程建设资金，配套完善工业污水处理、集中供热以及垃圾集中处理等工程。积极引导园区企业及时启动二期中医药精深加工项目，不断强化引导集中区部分规模小、产值低、利润薄等产业项目的改造升级，保障企业可持续发展能力，不断延伸产业链条，提升企业科技水平和研发能力，推动产业提质增效。

3.重点物资保障企业奖补资金。推荐5家符合条件的企业申报为国家、省、市级重点物资保障金融支持企业，拨付德园堂药业20万元、圣源药业5万元、华庆堂药业5万元的出口型企业出口重点保障奖励资金。

4.省级工业转型升级专项资金。2020年7月，省工信厅下达甘肃渭水源药业科技有限公司党参规范化种植及加工关键技术研究与产业化建设项目、渭源怡龙谷数字科技有限公司中药材溯源大数据平台项目产业扶贫资金分别为30万元、50万元。7月份，渭源县亳春堂药业有限公司被认定为省级"专精特新"中小企业，奖补资金30万元。8月份，规下转规上奖励共计18万元分别为中亚高原公司、陇源红公司、弘裕药业各6万元。8月份，渭源县德园堂药业被认定为省级企业技术中心，奖励资金50万元。

【招商引资】通过多方协调洽谈、不断跟进对接，招商引进渭源浩宏缘肉制品公司建设的生猪定点屠宰项目，签约资金2500万元。通过招商引资新建、合作共建共营、深度科技研发、股权改造、技术入股等方式盘活了华庆堂、仁泽、衡顺堂等企业，实现了企业改造升级，产业转型增效。

【营商环境改善】

1.领导干部"蹲点包抓"工作机制建立健全。严格贯彻落实省55条、市22条、县22条政策措施和定西市工业强市"1+1托5机制"，制定印发了《保产业链供应链渭源实施方案》《保市场主体渭源实施方案》。3月上旬，县政府主要领导和分管领导深入企业实地蹲点调研，集中力量破解企业发展中存在的难点、痛点和堵点；3月中旬，对全县工业项目建设、存在的问题等情况进行了蹲点调查，共走访企业21户，对企业存在的困难和问题进行了排摸，切实瞄准目标靶向，并协调相关职能部门予以解决。

2.企业堵点难点交办问题及时解决。2020年以来，市政府共向我县移交民营企业发展第一批堵点问题11条。通过全面梳理，提出具体工作措施和要求，建立工作台账，明确责任单位和责任领导，印发了《渭源县解决民营企业堵点问题工作制度》，召开了全县民营企业堵点问题集中交办会议向相关单位进行了交办，督促各部门深入企业开展"一对一"问题整改工作，最大限度发挥部门联动作用，零距离服务企业。涉及我县堵点问题已全部办结。

3.煤质管控专项整治成效明显。县上制定印发了《渭源县煤炭销售市场专项整治工作实施方案》《关于开展煤炭市场专项整治的通告》，组织相关执法部门开展联合执法35场次，设立煤炭物流运输管控检查点2个，检查往来煤炭运输车辆200余辆，对监测出煤质不合格的10辆运输车辆进行了拦截，依法进行了劝返。对全县2个县级一级煤供中心和16个乡镇级二级煤供网点的防尘措施落实情况、煤质管控工作台账建立情况、合法经营证件是否齐全等情况进行了重点检查，针对存在问题及时进行了指出，明确整改时限限期进行整改。

【数据信息网络基础设施短板建设】加大了与电信、移动、联通以及铁塔公司的衔接力度，不断补强城区深度覆盖以及农村区域3G、4G覆盖盲区网络短板，加快城区光网改造和20户以上自然村通光纤建设进度。创新“互联网+”扶贫模式，推进网络覆盖向纵深发展，进一步提高网络服务质量，全县217个行政村已全部具备百兆宽带接入能力，实现了有线光纤宽带和3G、4G网络全覆盖。进一步加快了网络基础设施建设，2019年在县城区完成移动5G基站12个，2020年在县城区开工建设移动5G基站7个，23个电信5G基站，基本实现5G网络城区全覆盖。同时，对全县各3G、4G基站进行全面保养维修，切实扩大信息网络覆盖范围，全面提升网络服务质量。

【领导名录】

党组书记、局长：赵效勇（11月止）、郑军平（11月任）

党组成员、副局长：蒲汉锋、王元贵（4月止）、卢淑霞（女，4月任）

党组成员：张海荣（4月任）

（供稿：段彦伟；审稿：卢淑霞）

渭源县工业集中区管理委员会

【概况】渭源县工业集中区管理委员会是县政府综合管理职能部门，主管渭源工业园和会川工业园企业，属事业单位，内设办公室、企业服务股、规划建设股，现有在职人员10人。主要开展工业集中区规划编制、招商引资、项目建设、企业服务等业务。2020年2月，渭源县机构编制委员会批复成立渭源县工业集中区管理委员会。2020年8月，设立渭源县工业集中区管理委员会党组。

【渭源工业集中区总体情况】渭源工业集中区于2010年底由省开发区建设发展领导小组批复设立，规划面积8.8平方公里，按照“一区三园”布局，由渭源工业园、渭源物流园和会川工业园组成。工业集中区主导产业为中医药精深加工、当地特色农产品加工业，依托兰渝铁路、兰海高速、渭武高速以及316、212国道等重点交通枢纽建设现代商贸物流业。近年来，县上筹措资金3.6亿元以上，实施了河锹西路、河锹东路及支路路网工程、锹峪河两岸堤防工程、35千伏送变电站工程、道路绿化工程和会川工业园一期基础工程，实现了“七通一平”，发展要素已经保障到位。渭源工业集中区已成为特色产业集群发展的示范带动区以及县域经济发展的核心板块，工业集中区年加工各种中药材达5.5万吨，年均产值稳定突破5亿元，工业集中区年缴纳税金1200多万元，吸纳当地劳动力就业达3000多人（建档立卡贫困劳动人口500多人）。工业集中区先后被省市认定为“省级农民工返乡创业示范基地”、“市级创业就业孵化示范基地”及“十三五”期间甘肃省重点建设的六大中医药产业园区。

渭源工业集中区开发面积达3.04平方公里，占规划面积8.8平方公里的34.5%。工业集中区招商入驻企业累计达到64家（其中渭源工业园38家，会川工业园26家），规上企业7家。2020年申报入规企业2家，高新技术企业8家，企业项目总投资达到26亿元，其中：中药材加工类企业46家，有30家中药材加工企业通过GMP认证，5家中药材经营企业通过GSP认证。工业集中区正常生产经营企业达44家（渭源工业园25家，会川工业园19家），其中4家为在建企业，8家企业为季节性生产企业。停产企业20家（其中渭源

13家，会川7家），渭源工业园闲置厂区面积367.3亩，会川工业园闲置厂区面积168.4亩。

【规划编制】2020年，结合全市开发区发展规划，委托兰州大学城市规划设计院开展《渭源工业集中区发展总体规划（2020—2035）》和工业集中区控制性详细规划的修编工作。总体规划经县四大班子联席会议研究审定后，于2020年9月底上报市政府审定批复。新规划工业集中区总面积10.04平方公里，新增面积1.24平方公里。其中：渭源工业园3.76平方公里，渭源物流园3.44平方公里，会川工业园2.84平方公里。产业定位是将工业集中区建设成为全省乃至全国有名的中医药加工基地、绿色肉食品加工基地、马铃薯系列产品加工基地、先进制造为主的特色产品加工基地以及兰州都市圈南向发展轴区域级商贸物流基地。同时，以工业集中区环境影响评价、地质灾害危险性评估、节能审查、雷电灾害风险评估、地震安全性评价、交通影响评价、社会稳定性风险评估等评估事项为重点，衔接推进区域化评估编制工作，签订了意向性协议，完成部分资料的收集整理和现场实测，正在编制初稿。

【基础设施建设】2020年园区在建基础设施项目3项，总投资4.21亿元。一是投资4740万元的渭源县城区生活污水处理厂提标改造工程年内完成建设任务并试运行。二是投资3358万元的渭源县天然气利用工程完成管网敷设6.5公里，工业园区管网已全部敷设完成。三是投资3.4亿元的渭源物流园（一期）项目，目前已争取专项债资金1.1亿元，完成了可研、初设、地勘编制工作，于11月下旬完成招投标工作并组织进场；第四季度计划完成基础设施项目前期1项，为总投资5757万元的渭源工业园物流园污水处理项目，完成可研及批复，项目已录入专项债项目库和中央预算内资金进行资金筹集，正在进行设计、勘察、招投标，争取年内完成项目前期手续并落地。

【重点工业项目建设】全面落实工业“333”计划，按照“一企一策”要求，坚持抓项目促开工，抓服务促进度。2020年在建生产经营性项目4项，总投资2.6亿元，具体为：投资1.9亿元的甘肃佛慈红日药业二期中药配方颗粒生产项目完成制剂提取车间四层主体框架并封顶；投资2500万元甘肃睿冠再生资源有限公司废旧农膜回收生产项目，正在开展配套工程建设；投资2500万元的渭源县浩宏缘肉制品有限公司生猪定点屠宰场建设项目完成办公楼、车间主体工程，正在开展配套工程建设；投资2000万元渭源县晟源健中药材公司中药材销售及初加工项目，已完成基建工作，年内投产运行。

【谋划储备项目】调整谋划了工业集中区“十四五”期间建设项目10项，总投资9.58亿元，其中基础设施建设项目7个，投资3.68亿元；产业提升项目3个，投资5.9亿元。项目建成后将彻底提升园区高质量发展能力。

【招商引资】按照全市“1+1托5机制”，充分利用东西部协作机遇，全力开展节会定点、定向招商及精细化招商，积极引导集中区现有企业围绕产业链和上下游企业开展以商招商。福建晋安区企业、甘肃药业投资集团和广东省甘肃商会等众多省市外知名企业有意向考察投资。2020年，工业集中区招商引进产业加工项目5项（落地建设3项，签约盘活僵尸企业项目2项），项目总投资3.42亿元。其中招商落地建设项目3项，总投资2.35亿元，甘肃佛慈红日药业二期中药配方颗粒生产项目、渭源县晟源健中药材销售及初加工项目和甘肃睿冠再生资源有限公司废旧农膜回收生产项目已经落地建设。同时，通过积极洽谈对接，福建易达盈中药材公司和陇原九方生物科技集团达成了盘活园区僵尸企业框架协议，将收购渭源工业园区两家停产中药材加工企业，盘活存量、扩大增量。

【科技孵化】

一是充分发挥工业集中区“省级农民工返乡创业示范基地”和“全市第一批创业孵化基地和

创业示范园区”平台作用，争取全省疫情期间中小企业研发费用补贴资金9家110万元；新认定市级众创空间1个，新认定省级高新技术企业5家（复评2家），推荐园区6家企业为全市优秀科技创新企业（平台）。衔接园区企业与县职专、省内外高等院校等机构开展双创孵化和示范工作，引导企业与县职专签订实训基地协议，采取订单培训实用人才、录制企业“微课堂”等方式累计开展培训360余人，有3家企业与县职专签订了校企合作协议。鼓励企业参与消费扶贫专场活动拓宽销售渠道，园区已有15家企业进入了渭源县扶贫产品供应商推荐目录。并积极与浙江中医药大学、甘肃省中医药大学、甘肃农业大学等专业高校积极对接合作，为园区企业提供科技孵化。

二是不断加大园区传统产业加工项目技改力度。2020年实施了衡顺堂药业、华庆堂药业、德园堂药业、亳春堂药业4家企业总投资5660万元的企业转型升级技术改造项目，均已完成改造任务。甘肃圣源药业有限公司与甘肃药业投资集团达成了战略转型合作并挂牌运行。

三是谋划了总投资7438万元的工业集中区科创孵化项目，对园区传统工业和低效益项目进行培育孵化，争取2021年开工建设。

【服务能力建设】

1.全力支持企业达产达标。在做好疫情防控工作的前提下，县委、县政府通过召开工业集中区建设四大班子联席会议，深入企业召开县长办公会、座谈会等形式让县直各业务部门零距离为企业解决困难和问题，解答、落实各项优惠政策。通过开展“行长进企业”大走访专项行动、组织召开政银企对接会议，排摸园区需贷款融资企业11家1.03亿元，推荐园区内6家企业贷款1600万元；组织园区企业参加了市、县招聘月暨就业服务专场招聘活动4次；对园区内3家企业拨付出口重点保障奖励资金30万元；为11家企业补助生产经营主体吸纳就业奖补资金257人77.1万元；为全县26家企业落实财政贴息资金642.97万元；疫情期间为工业企业用电每度减免5%；协调西安华通能源渭源县分公司将工业企业用气降为3.4元/立方米，有力推动了全县工业经济恢复稳步向好。

2.优化服务环境。依托县政务服务大厅开展企业“一站式”服务，进一步健全了园区干部联系企业服务机制，全力解决企业痛点、难点和堵点问题。对渭源工业园主干道河锹东路进行了维修；衔接住建部门为华庆堂药业物流门口开设了物流通道口；10月，会同会川镇协调解决了会川工业园企业垃圾处理收运问题；11月，全面排摸园区企业存在的困难问题5大类10条建立问题清单，制定了整改方案并积极推进落实。因天然气长线管道还未建设完成，计划对园区用气企业落实差价补贴优惠政策，确保企业用气价格与陇西县持平，切实优化发展环境。

【领导名录】

党组书记、主任：张海荣（4月任）

党组成员、副主任：段少杰（4月任）、杨宏宇（4月任）

（供稿：潘蕊；审稿：张海荣）

部分工业企业及项目简介

【甘肃佛慈红日药业有限公司】

1.公司基本情况。甘肃佛慈红日药业有限公司在位于渭源县工业园区，公司于2015年6月注册成立，注册资金18250万元。由兰州佛慈制药股份有限公司和天津红日药业股份有限公司全资子公司、北京康仁堂药业有限公司共同出资成立，专业生产中药饮片及中药配方颗粒的企业。项目总占地面积131.43亩，总投资3.9亿元，共分两期建设，一期为中药饮片生产项目，二期为中药配方颗粒生产项目。2019年被甘肃省中标质联企业信用评价中心评为甘肃省诚信经营重点推荐单位；2020年被定西市应急管理局评为示范单位；被定西市就业工作领导小组评为先进集体。

2.中药饮片生产项目。一期中药饮片项目于2016年7月开工建设，2018年11月份完成建设并投产试运行。该项目总投资1.73亿元，总建筑面积2.4万平方米。主要建设内容为办公、质检、饮片生产车间、库房、动力站、职工宿舍以及配套的废水处理、绿化等配套设施。项目配套了直接生产设备90余台套，大小检验设备110余台套，生产能力可达到年处理中药原药材10000吨，可加工生产各类常用中药饮片品种600多种，主要特色产品有当归、党参、黄芪、大黄、柴胡、甘草、羌活等，生产工业提取投料饮片及市场直销精致饮片等。

3.中药配方颗粒生产项目。该项目立项于2019年8月，规划总投资1.8亿元，建筑面积2.6万平方米。主要建设中药配方颗粒提取制剂车间，配置90余台套设备，占额约5000万元。2020年7月份开工建设，预计2021年年底进入投产试运行阶段。建成后，年生产能力将达到6000吨的中药配方颗粒生产，带动及解决周边建档立卡户或贫困劳动力200多人就业。

4.投资收益。饮片及配方颗粒满产生产运行后，正常生产年份，不含税销售收入将达到约7亿元/年，所得税后净现值约3亿元，实现税收约9000万元，内部收益率为35%，静态投资回收期为6.78年（包括建设期），动态投资回收期为6.95年（包括建设期）。

5.生产及销售情况。中药饮片生产于2018年11月进入投料试运行阶段，并于2019年2月取得GMP证书，正式进入运营期。公司在职人数130多人。依托佛慈红日销售公司专业的销售团队，正在开发医院类客户及药店连锁店客户等业务，并且立足于重点中医院的饮片供应业务，将范围进一步扩大至全国，优化采、销价格体系，促进医院饮片供应的市场推广，扩大订单数量。

【甘肃田地白家食品有限责任公司】

甘肃田地白家食品有限责任公司由甘肃田地农业科技有限责任公司投资建设，成立于2016年12月19日，注册资本4000万元人民币，位于渭源县工业园田地大道1号，总占地面积45亩，建筑面积10500平方米，是以富硒马铃薯方便食品的研发、生产、销售为主的现代化中小型企业，公司现有职工200多人，年生产总值达3.6亿元。

公司抢抓国家马铃薯主食化战略黄金机遇，采用“借船出海”模式，与四川白家食品产业有限公司全面达成战略合作伙伴关系和品牌联盟，在充分发挥四川白家技术、品牌、销售市场等资源优势的带动下，引进国内先进的方便粉丝自动化生产设备和生产工艺，运用“在线连续急冻老化开粉”技术，颠覆传统粉丝添加明矾的制作方式，产品生产实现“零添加”，食品安全保障达到国际先进水平。公司主要产品有“小帅妹”“来点土豆”牌马铃薯方便面皮系列和方便粉丝系列，包括红油面皮、干拌面、青稞面、老西安酸汤面、西红柿鸡蛋面、麻辣烫粉、酸辣粉等7种口味的10种单品，产品主要销往甘肃、陕西、河南、宁夏、青海、新疆、西藏等地区，并开拓电商模式（京东、淘宝、天猫、拼多多、快手小店、抖音小店），实现线上线下同步销售。

2018年7月27日，“来点土豆”系列自主品牌产品被全国马铃薯产业联盟授予“十大特色食品”荣誉称号，并在2018年9月被邀请参加首届中国农民丰收节中国最美食材推介活动。

【甘肃效德药业科技有限公司】

甘肃效德药业科技有限公司（原陇西县效德中药材有限责任公司）成立于2005年，原公司位于陇西县首阳镇。2015年，搬迁至渭源县工业集中区。公司已建成标准化仓库7000平方米，冷藏库2000平方米，新版GSP认证管理库房1200平方米。2017年，公司加入中国物流仓储协会（CAWS）并规划建设渭源县物流仓储基地。

公司于2016年2月通过甘肃省食品药品监督管理局批发企业GSP认证、同时取得“药品经营许可证”。公司实行总经理负责制，设有质量部、采购部、销售部、物流部、生产部（初加工）、财务部、办公室等部门。管理人员10人，现有员工140人，中药材专业技术人员30人（大专本科以上学历25人），专家顾问5人。

公司主要以经营甘肃地产白条党参、黄芪、黄芩、柴胡、甘草等原料药及加工品为主，公司主打“无硫”产品。公司采用“公司＋基地＋农户＋区域代理经销”多功能一体化的经营管理模式和“专家指导+公司支持+农户种植”的运行模式，严格按照种植收购合同向基地农户收购中药材，并及时按约定结算。公司与当地1800多家种植户签订了长期合作协议，为农户提供种苗、丰产栽培技术、发放党参专用肥等生产资料和技术材料，进行产前、产中、产后服务，建立规范化（GAP）种植基地1000亩。

【甘肃康华制药机械设备有限公司】

康华制药机械设备有限公司成立于2001年11月，是集产学研一体化的中药材前处理及饮片加工机械设备制造企业，由杭州富阳康华公司、安徽亳州康华公司、甘肃渭源康华公司、新疆乌鲁木齐康华公司4家独立有限公司组成。甘肃康华制药机械设备有限公司是康华制药机械设备集团公司在甘肃渭源县建设的中药材加工设备企业，是国内中药材前处理及饮片加工设备制造的龙头企业，也是西部地区唯一一家能够提供中药饮片炮制和鲜药材加工系列智能化装备的设备企业。

康华制药机械设备集团公司于2015年投资3000余万元，征地28亩在渭源县投资建厂于2017年8月开始生产。渭源产制药设备已经在当地广泛推广使用。2020年售出中药各类机械286台，产值1600多万元，为整个西部几个省的各类药企维修设备1160多台（次）。甘肃康华制药机械设备有限公司现拥有实用新型专利14项，1项发明专利正在研制申请中。

【甘肃陇源红生物科技有限公司】

甘肃陇源红生物科技有限公司创立于2012年，位于渭源县上湾镇，距兰海高速会川出口1.5公里，是一家专业从事高原野生沙棘产业综合开发利用的农业产业化龙头企业。公司累计投入资金2200余万元，建成占地28亩，综合生产车间8000平方米，冷库3000立方米，办公用房1200平方米，年可加工沙棘果3000吨，实现稳定原料销售收入2000万元以上。

公司借助国家东西部扶贫协作的有利时机，在公司新增投资500万元，在现有加工规模的基础上，新上700L×3超临界二氧化碳萃取生产线一条，实现了从销售原料到生产产品的第一步转变。近两年，公司累计为324户贫困户分红100万元。公司计划投入2000万元，新增沙棘果汁饮料、沙棘口服液、沙棘油软胶囊、沙棘黄酮提取物、沙棘粉生产线各一条，已完成了商标注册、环境影响评价、工艺设计、设备选型、饮料车间GMP标准净化。

【甘肃田地实业集团股份有限公司】

甘肃田地实业集团公司始创于2005年3月，位于甘肃省定西市渭源县，由甘肃田地农业科技有限责任公司为母公司发起组建，以马铃薯种薯繁育、销售、马铃薯主食产品加工为主营业务，下辖四家子公司和一家合作社，总资产达5.53亿元，年生产总值2.8亿元。现有职工521人。2013年2月3日，习近平总书记视察公司，对公司发展寄予厚望，嘱咐公司要“努力做好甘肃的马铃薯产业，要做精做深，做大做强”，并对公司“企业+合作社+基地+农户”的产业模式给予了充分肯定。近年来，公司牢记习近平总书记嘱托，立足渭源县作为中国马铃薯良种之乡的产业优势，努力打造以马铃薯良种繁育、主食产品加工为主业，马铃薯文化旅游服务产业发展为辅的一二三产业融合发展现代化企业。

2015年7月，国际马铃薯中心亚太中心渭源工作站在公司挂牌，公司拥有组培室4400平方米（其中马铃薯D级洁净车间800平方米），原原种日光温室120座，全钢架日光温室500座，智能连栋温室23000平方米，千吨马铃薯贮藏窖3座，气调库3座共3300平方米，马铃薯原原种雾培生产3000平方米。年生产脱毒苗1.2亿株，原原种1.5亿粒，原种15000吨，一级种2000吨，种薯销往四川、内蒙古、新疆、青海、贵州、山东、陕西等全国多个省份。

公司抢抓国家马铃薯主食化战略黄金机遇，于2016年12月19日在渭源县工业园区注册成立了甘肃田地白家食品有限责任公司，总占地面积45亩，建筑面积10500平方米，以马铃薯方便食品的研发、生产、销售为主业。公司现有“田地来点土豆”“小帅妹”牌马铃薯方便面皮系列和方便粉丝系列产品，包括红油面皮、老西安酸汤面、干拌面、麻辣烫粉、酸辣粉、青稞面、西红柿鸡蛋面。采用“在线连续急冻老化开粉”技术，产品生产实现“零添加”“非油炸”，为消费者提供“田间到餐桌”全程质量监控的安全、健康、营养、美味、快捷的主食产品，可完成日产3万件，年产富硒马铃薯方便粉丝和方便面皮800万件。

公司紧跟国家“一带一路”重大战略机遇，深度发展马铃薯文化，实施“旅游+”和“+旅游”创新发展战略，增强企业核心竞争力，于2017年3月9日注册成立了甘肃田地国际生态大酒店有限责任公司，现已成功运营。2019年，公司与东乡县政府签订了马铃薯良种繁育基地框架协议，在东乡县成立甘肃田地农业科技有限责任公司东乡县分公司，将发展良种产业，助推脱贫攻坚进一步推进到周边贫困地区。2020年，公司牵头与北寨、新寨、大安、清源、庆坪5个乡镇49家合作社组成联合社，建立商品薯基地20000亩，原种基地4000亩，一级种基地4000亩，以“联合社+合作社+基地+农户”的模式，辐射带动基地5200户贫困户（其中残困户210户），户年均增收可达3000元。

【渭源衡顺堂药业有限公司】

渭源衡顺堂药业有限公司位于渭源县会川工业园区，交通便利，地理位置优越，是集中药材生产、销售为一体的大型中药饮片生产企业。公司已经累计投资1300万元。现有员工80多人，其中质量部门8人，生产人员60，采供储运2人，设备后勤2人，管理与其他部门6人。各部门人员均按照新版GMP进行配置。

2014年3月，企业开始组织筹建。严格按国家《药品生产质量管理规范（2010年修订）》的标准要求进行建设，建有普通饮片生产车间、直接口服饮片车间、质量控制室、原材料库、辅料库、包装材料库、成品库、原料阴凉库、成品阴凉库。建筑面积4271平方米，使用面积4271平方米。以甘肃地产药材黄芪、党参、当归、甘草、丹参、牛蒡子、黄芩等加工为主。

2014年3月26日，公司取得《营业执照》并开始筹建，于2015年08月17日取得《药品生产许可证》，于2016年4月13日取得《药品GMP证书》。2018年，对普通饮片车间进行了技术升级改造。2019年，新建直接口服饮片车间及初级农产品加工区。认证中药饮片生产线2条，核准中药饮片生产品种98个，常年生产品种达到30个左右。

公司2019年销售额突破2000万大关，其中东西部协作消费扶贫销售额2145万元，成为渭源县工业规上企业。2019年，公司缴税20万元，2020年截至八月份缴税15万元。2020年初，新冠肺炎疫情防控期间，公司入选国家工信部第一批新冠肺炎疫情防控重点保障企业名单。2020年，建成渭源县田家岔村红火种植农民专业合作社党参基地和新寨镇闫家沟村正林种植农民专业合作社党参基地。

【渭源县物流园区项目简介】

1.项目概况。渭源县商贸物流园区规划在兰渝铁路渭源站北侧，锹峪河北岸，规划总占地1800亩，是集货物到发、产品加工、制造、仓储、物流配送、公铁运输、信息服务、交易及办公等服务机构于一体的商贸物流集散中心。项目功能规划分为到发仓储区、交易区、产品加工区、产品配送区及综合管理区等。

2.未来发展分析。渭源的地理优势将随着兰渝铁路牵动东西南北的物流与商流而不断显现出来。渭源县未来将是陇中地区科技、金融，特别是农副产品、中药材的贸易中心和集散地，更是全国商品马铃薯和两种马铃薯的集散中心。凭借其区位优势，发挥公路、铁路优势，向物流中心、交易中心、配送中心、仓储中心发展。

3.项目建设设想。通过以上对渭源县未来的发展分析，根据中铁第一勘察设计院对项目的规划研究，初步计划在20年内分三期投入3.2亿资金（包括园区内业态引导及市场培育费用），把园区建设成一个集货物到发、产品加工、产品制造、产品仓储、物流配送、公铁运输、信息服务、货品交易及办公等服务机构于一体的商贸物流集散中心。项目建成后，将充分发挥其聚集辐射功能，汇聚大量的商流、物流、人流、资金流，进一步提升渭源乃至西北在区域合作与发展中的城市地位，拉动西北地区经济的发展，势必成为西北的物流标杆。

4.给予建设和政策支持。给予园区周边环境的工程建设支持：由于园区周边的道路交通不发达，政府将完成园区蛟龙河的治理、改道工程，完成在园区外东、西、北三侧36米宽的环形车道建设工程。

给予园区建设的支持：物流园区的“六通一平”工作，园区及铁路专用线占用征地、补偿、拆迁、安置等工作由政府提前完成。渭源火车站至渭源县物流园区的铁路引线及高架桥由政府投资建设。

给予园区的优惠政策支持：土地优惠政策方面，物流园区用地2000亩，其中物流仓储用地1000亩，配套商业用地（写字楼用地、功能市场用地）800亩，配套商住用地200亩。2000亩土地的出让、办证按照《渭源县工业集中区企业入园优惠政策》执行。税收和利息优惠政策方面，园区开始营业的前三年，政府对物流园区进行的各项税收及园区贷款利息补贴按照《渭源县工业集中区企业入园优惠政策》执行。争取中央财政项目扶持资金方面，政府积极协助物流园区向国家有关部门申请项目扶持资金或服务业发展专项资金，为物流园区建设的资金筹措提供帮助。宣传推介方面，在园区建设和培育期十年内，政府媒体对物流园进行免费的宣传推介，扩大园区的宣传范围，为园区吸引更多的企业和经营商入驻。

（供稿：潘蕊；审稿：张海荣）

商贸流通

商　务

【概况】渭源县商务局现有在职职工16人，主要承担对外贸易、招商引资、商贸流通、电子商务等工作职责。2019年3月机构改革后，县商务局为县政府工作部门，为正科级。内设3个股室和渭源县电商服务中心。

【商贸流通领域疫情防控工作】2020年，全县商贸流通领域批发零售企业、住宿企业、服务业企业和电商企业，复工复产11588家，复工率100%。限上入库批零住餐企业3家，全部实现了复工复产，复工复产率达到100%；13家批零住餐限下抽样调查企业全部实现了复工复产，复工复产率达到100%；11户外贸企业，全部实现了复工复产；9户各类家政服务企业，全部实现了复工复产。在督促做好企业复工复产复市工作的同时，强化疫情防控保障措施，为商场、超市、市场、电商企业发放普通医用口罩4800个、84消毒液245公斤、医用酒精100公斤、红外体温计5支，要求企业张贴“佩戴口罩进入商场”“商务局温馨提示”等。

【招商引资】2020年，共实施招商引资项目33个，其中省外项目26个，落实到位资金27.57亿元，其中省外项目到位资金26.34亿元，同比增长10.32%。通过面对面、云签约等方式成功签约项目14个，总投资33.4亿元，已开工13个，开工率92.86%；当年签约项目落实到位资金7.85亿元，资金到位率23.49%。围绕“十大生态产业”谋划招商引资项目101个261.07亿元，重新筛选推荐市上重点推介项目10个，涉及文化旅游、循环农业、中医中药、通道物流、清洁能源、进制造业、数据信息、基础设施建设、科技创新等方面的招商项目，并印制了《渭源县招商指南》和《渭源县重点招商项目册》。

【外贸进出口】2020年，积极落实市上出台的《支持外贸企业发展的十六条措施》，全县13家外贸企业全部按时复工复产。实现出口贸易总值522万元。主要是甘肃盛源益养药业有限公司精深加工的黄芪、党参、当归出口台湾，甘肃天淳德商贸有限公司的苹果汁出口美国。共争取外经贸发展专项资金50万元，分别为工业企业结构调整专项奖补资金30万元，稳外贸及外贸转型升级项目资金20万元。

【社会消费品零售总额】2020年，受疫情影响全年实现社会消费品零售总额92341.5万元，增速0.8%，批发业11135.1万元，增速-3.5%，零售业75075.6万元，增速2.65%，住宿业2200.2万元，增速-9.2%，餐饮业15652.9万元，增速-8.8%。限下抽样统计企业39家。入库限额以上商贸企业2家，建立了商务部门统计业务人员联系企业制度，对初步达到入库标准的新建企业和成长型企业进行了梳理，根据统计数据，分析调度商贸经济运行，强化对消费市场发展趋势的研判，实现社会消费精准调度和持续发展。

【电子商务】2020年，全县电商交易额22022.074万元，网络零售额9381.244万元，其中贫困村交易额达1872.32万元。依托渭源县2020年省级电子商务专项资金综合示范项目的实施，完成3个深度贫困乡镇电商服务站的提升改造和7个贫困村村级电商服务点建设任务；组织开展产品直播或短视频营销推广活动3期，参与省级直播活动2期，完成4家网点及1家电商企业的电商奖补工作，完成了2家“中央厨房”重点餐饮企业的电商区域平台转型升级。结合渭源县脱贫攻坚劳动力培训工作，完成电子商务培训44人及中式烹调师培训28人的任务；依托“亿木课堂”线上培训课程，组织100余名县内电商从业人员参加线上电商知识培训；组织15名电商从业人员赴福州晋安区参加农村电商专题培训；完成碧桂园电商扶贫培训项目，共培训扶贫产品认定企业成员80人，大力培养电子商务人才团队和从业队伍，加快推进电子商务在农村的应用和推广。

【市场体系建设】2020年认真落实《定西市通道物流产业发展专项行动计划》。申报甘肃渭水源药业科技有限公司中药材产业发展项目，下达扶持资金30万元。申报甘肃中亚高原饮料有限公司新建冷链仓储静态库项目于3月底开工建设，该项目总投资1000万元，项目前期手续已完成，新建4000立方米冷链仓储静态库一座，建设交易厅棚1500平方米。共检查违规企业数共30家，责令改正共30家。全县共新办酒类零售备案登记10户，并对检查过程中发现的过期零售许可证，全部进行了更换。对易发火灾的大型商业综合体、超市、大型酒店等人员密集场所开展安全生产大检查，现场发现安全隐患20处，现场要求立整立改，确保人员密集场所安全生产和市场供应稳定。对全县11家加油站进行了专项检查整治。

【消费扶贫】2020年，全县消费扶贫销售额达1.89亿元，带动贫困户3468户13875人。其中，中央单位定点扶贫消费扶贫销售额545.18万元，是2019年销售额的5倍，带动贫困户366户1639人；东西部扶贫协作消费扶贫销售额1.19亿元，占年度任务9000万元的132.2%，带动贫困户1698户5820人；各级帮扶单位助消采购扶贫农产品金额达304.7万元，带动贫困户1102户3416人。为期3天的消费扶贫月（季）活动现场交易和订单金额达13.7万余元，3天累计交易和订单金额达26.5万元。在全县共布放专柜140台，确定了各乡镇和县直各帮扶单位71个联络员，于11月完成30台专柜布放任务。积极引导22家扶贫产品供应商按市场规则组织产品入驻渭源县消费扶贫生活馆，打造综合销售平台。重点指导渭源衡顺堂药业有限公司等7家企业馆的提升改造。筛选确定商贸企业，重点在16个乡镇、渭河源景区游客中心、渭源永冠生活超市等景区、超市、酒店区域设立26个渭源县扶贫产品“线上+线下”售卖专区。

【领导名录】

党组书记、局长：李海军

党组成员：副局长：蒲亚宁、乔海霞（女）

党组成员：林礼明（4月任）

（供稿：杨蕾蕾；审稿：蒲亚宁）

供销合作社联合社

【概况】渭源县供销合作社联合社于2008年下属企业改制后，2009年9月列入县政府直属事业单位，科级事业建制。设领导职数3人，其中理事会主任1人，理事会副主任1人，监事会主任1人。内设综合办公室、合作指导股、产业开发股，下设供销社社有资产管理中心。现有乡镇基层供销合作社16个、农民专业合作社35个，专业经济协会4个，农民综合服务社26个。2020

年度全系统商品销售总额达到49688万元。

【生产资料供应】确保生产资料供应，满足农业生产需求，配合相关部门净化农资流通渠道，为农民提供“放心农资”，严厉打击制售假冒伪劣农资商品的行为。2020年，全系统共销售各种化肥32230吨，农药37吨，农膜438吨。

【生活消费品销售】2020年新建日用消费品销售经营网点（村级综合服务社）26个，形成了以县城超市为骨干、村级综合服务店为依托的营销网络。

【领导名录】

党组书记、主任：孙培林

党组成员、副主任：尉漾（女）、强发录（7月止）

监事会主任：周福林（7月任）

（供稿：刘长军；审稿：周福林）

烟草专卖

【概况】渭源县烟草专卖局隶属定西市烟草专卖局（公司），位于清源镇首阳路新城社区203号。现有在岗职工25人。设局长（主任）1名、副局长1名、副主任1名。内设综合办公室、专卖监督管理科（内部管理监督科、稽查大队）、客户服务中心。

【烟草销售】2020年，县局（营销部）销量9866箱，单箱销售额19926元，户均上柜品牌35个。累计建成诚信互助小组122个，覆盖卷烟零售客户1441户，覆盖率100%，城区覆盖率100%。累计开展小组活动634次，每组平均召开活动5次，以稳价经营为主题的小组活动实现了全覆盖。

【营销网建】

1.**大力推进“三大平台”**。1—11月，累计推广新商通使用客户348户，占比24.1%，系统账实相符率87.5%，全商品扫码客户80户，占比23%，店铺会员体系基本建立。微商盟平台关注使用客户1428户，占比99.1%。

2.**系统推进加盟终端建设**。1—11月，累计建成“陇之情—便利”加盟终端10户，合作终端1户，合计占比0.8%，户均盈利5.9万元，较同期增长10.8%。迭代升级现代终端，2020年累计建成三星级以上现代终端345户，占比23.9%，星级现代终端新商通系统使用率100%。

3.**加强自律互助小组建设**。建成小组109个，客户覆盖率89.8%。以稳价格、增盈利为主题开展小组活动，分别对路园、麻家集、田家河、会川、莲峰进行停供减供，促进价格的稳步提升。

4.**积极建设文明吸烟环境**。主动参与当地政府文明环境建设工作，围绕城市公共区域如公园景点、汽车站、火车站，累计建成吸烟点73个，吸烟亭1个，严格按照建设标准设置吸烟区标识、二维码、长椅等设施。

5.**推动营销队伍职能转型**。以专业化分工为核心，对客户经理岗位、工作职责、服务片区进行重新划分，设置终端经理2名，品牌专员、客服专员、督察专员、综合专员各1名。

【专卖管理】全年查处各类违法卷烟案件163起，完成任务进度181.11%，查获违法卷烟215.449万支，完成任务进度179.54%，案值73.548万元，完成任务进度133.72%。打假破网实现新突破。全年查处物流寄递环节案件61起，查获数量4.098万支，完成任务进度455.33%。通过专卖CMMI看板、日常检查、月度绩效考评等方式，加强对专卖人员模型应用情况和市场监管手机APP使用的检查督促，确保了市场监管指标的有效提升。

【领导名录】

局长（主任）：蒲启新

副局长：高家瑞（2月止）、王少林（9月任）

副主任：牛丽峰（10月止）、贾振威（10月任）

（供稿：张潇；审稿：贾振威）

国网供电

【概况】国网渭源县供电公司前身为渭源县电力局。现有员工235人（其中国网职工148人，三新公司87人）。现有党员55人。高级职称1人；中级职称7人，初级职称72人。公司设职能部（室）5个（办公室、人资财务部、安全监察部、生产技术部、营销部）、2个业务机构（综合服务中心、供电服务指挥中心）、1个产业单位（甘肃昊源工贸有限责任公司渭源分公司）、6个供电所（清源供电所、会川供电所、莲峰供电所、北寨供电所、新寨供电所、田家河供电所）。

渭源电网是一个以110千伏渭源变为中心，35千伏电网为骨架，10千伏配网辐射各乡、村、社的小型电网。110千伏线路为主电源，现辖35千伏变电站8座，主变总容量83.35兆伏安，35千伏线路7条，线路总长度89.55公里；10千伏线路34条，线路总长度1670.5公里，0.4千伏线路4031.151公里，形成了覆盖全县的县级电力网络。电网内配电变压器共计2539台（其中公变1670台、专变869台），总容量1432.77兆伏安。2007年底实现户户通电，2016年6月底全县精准扶贫贫困村动力电覆盖率达到100%，全县自然村动力电覆盖率达到100%。服务各类用电客户10.39万户。

【助力脱贫攻坚】全面完成“十三五”配农网建设任务，全年完成“两保户”免费电量兑付1.17万户，共计69.33万元；2020年全年光伏电站上网电量5444.11万千瓦时，累计支付上网电费及补贴3969.12万元。公司全体职工为帮扶村爱心捐款22370元，对口帮扶的会川镇河里庄村及该村33户贫困户全部脱贫摘帽。贯彻落实绿色发展理念，拓展电能替代深度和广度，累计完成电能替代项目69个，实现电能替代电量2207.86万千瓦时；有序推进“煤改电”清洁取暖，投资535.42万元为县内70处乡镇行政、公安、卫生、教育单位进行了煤改电配套电网建设改造。全力提升公司供电服务质量，公司全业务投诉数量同比下降64%，1个供电所实现全业务“零投诉”。完成线上办电率99.53%，全年节约客户办电成本301.75万元。开展带电作业16次，累计减少停电时长48小时，不断提升客户用电体验。落实市公司家庭电气化推广要求、深化清洁高效绿色校园行动和“暖警”工程，高质量完成9所学校、7个基层派出所的“电采暖”配套电网项目。

【安全生产】落实安全生产责任，开展全网隐患排查专项行动，下发隐患告知书71份并报县安监局备案，有效防范法律风险；会同县公安局召开深化警企合作第一次联席会议，完成县、所两级警企战略合作协议签订；完成电网外部隐患现场踏查，同县应急管理局签订外部环境整治协议，建立问题隐患清单43条。夯实安全生产基础，深入开展“四不两直”督查，发现各类隐患175处，均在期限内完成治理；高质量高密度开展春、秋季检修，完成2条10千伏线路的频跳治理，共计治理输、变、配各类缺陷36项，清理树障655棵。推动安全生产管理转型。完成2条10千伏馈线的升级改造，保障国家级项目和渭源县重点项目用电需求；以安全标识的规范升级、辅助设施的翻新维修、人文环境的美化整治、运维管理的综合提升等四个方面为抓手，投资62.45万元完成35千伏莲峰变标准化改造。

【电网发展建设】完成公司“十四五”总体规划编制工作，滚动修订完善“十四五”35千伏及以上项目8项，完成农网精细化项目390项，概算总投资2.8亿元；完成8项368万元的技改大修类项目储备。总投资6661.27万元的2020年电网建设工程，除调增工程外已全部竣工。

【经营管理】大力推广“互联网+”服务模式，高压智能缴费推广率100%，低压智能缴费推广率100%，停电成功率98.27%，复电成功率99.06%。强化电费“一户一策”防控，完成零度户销户107户，完成4321户销户客户结余电费的登报公示和系统接转工作，电费回收实现月清月结，持续保持100%。密切跟踪重点项目、拓展用电市场，2020年完成新装（增容）1216户、总容量47582.5千伏安；严格计量物资出入库管理，落实计量设备主人制，开展基础数据校对处理，月均综合采集成功率达99.99%；警企协作强化电力设施保护，全面推进营业普查，2020年公司完成反窃查违追补25起，实现堵漏增收33.14万元；立足提质降损，2020年公司台区线损达标率99.31%，同比提升2.92个百分点；高效推进营配数据治理，共计完成高低压台区治理2235个。

【抗击新冠肺炎疫情】全力保障抗疫供电，出动疫情防控党员突击队员54名、青年突击队员35名、发电车1辆、保电车8辆、应急发电机8台，全力做好疫情防控期间保供电工作，第一时间接通新增临时防疫用电65处，高效完成渭源县人民医院双电源改造，以24小时随时待命的方式，在疫情期间对渭源县定点医院渭源县人民医院进行保电。严密有效防控疫情，全力确保“双零”目标，守护职工生命健康。主动服务“六稳”“六保”。积极推动辖区内电网工程提前复工；严格落实疫情期间“欠费不停供”措施及降低企业用电成本优惠政策，减免渭源县人民医院第二电源高可靠性供电费用33.6万元，让利企业用能成本188.04万元，惠及客户1.14万户。

【领导名录】

经理：崔同武（3月止）、滕志贤（3月任）

副经理：张聪（3月止）、于文高、闫志雄、马源（3月任）、王晓明（5月任）

（供稿：马书田；审稿：罗飞）

金融　保险

金　融

中国人民银行渭源县支行

【概况】中国人民银行渭源县支行（以下简称渭源县人行）内设股室4个，在册职工16名，下设党组1个、党支部1个，党员11名。班子成员4人，行级干部2人，股级干部6人。

【业务发展】

1.加强逆周期调节，促进货币信贷均衡增长。按照"信贷总量要上去、信贷结构要优化、融资成本要下降"的要求，大力推进"融资畅通提速年"活动，努力破解融资不畅难题和堵点。2020年12月末，金融机构各项存款余额达到813377万元，同比增加79576万元，增长10.84%；各项贷款余额569163万元，同比增加24585万元，增长4.51%；金融机构累放贷款297065万元，累收贷款272480万元；存量贷存比69.98%，增量贷存比30.89%。

2.助力新冠疫情防控，积极支持实体经济有序发展。组织开展"行长进企业，金融破困局"大走访专项行动，督促金融机构一对一上门对接，提供个性化融资方案，多层次、全方位服务县域优质诚信小微企业。截至11月末，各银行业金融机构办理小微企业贷款余额180258万元，当年新增办理小微企业贷款8632万元、办理小微企业首贷业务33笔6914.25万元。引导金融机构运用省市应对疫情促进经济发展各项优惠政策，全力支持稳企业保就业工作。截至12月末，各银行业金融机构完成首贷业务增量扩面工程33笔7127万元、信用贷款创新推进工程57笔3425万元、延期还本付息应延尽延工程53笔24570万元、创业担保贷款攻坚工程600笔8765万元、银税互动提质增效工程41笔13871万元、供应链金融突破工程2笔2950万元、减费降本支持工程90笔563万元。

3.积极履行央行职责，做好县域金融支持服务工作。积极发放特色优势暨民生类贷款，全力支持实体经济发展。截至12月末，全县银行业金融机构发放马铃薯产业贷款14538万元，中医药产业贷款185443万元，草牧产业贷款32722万元，双联惠农贷款629万元，扶贫贴息贷款50039万元，农户小额信用贷款14896户98092万元，创业贷款1190笔13170万元。支行与县金融办密切协作，力促农金室标准化建设全覆盖，打通了金融服务"最后一公里"，在全县16个乡镇建成农金室217个。

4.积极践行社会责任，做好脱贫攻坚成果巩固工作。引导金融机构将新增贷款和金融服务优先向脱贫边缘人口倾斜，力促扶贫小额信贷应贷尽贷、精准投放。加强和改善扶贫小额信贷管理，充分发挥其在脱贫攻坚中的作用。支行确定渭源县信用合作联社负责全县精准扶贫小额信贷工作任务落实，以确保精准扶贫小额信贷工作有序推进。截至12月末，已累计发放精准扶贫小额贴息贷款3195户金额15629万元，为破解贫困户发展生产资金短缺难题提供了有效支持。

5.积极做好风险防控，努力防范化解金融风险。强化风险防控工作协调，定向处置化解风险，要求县农村信用合作联社在2021年9月底前进行纠改，对县联社高管人员进行了约见谈话，要求其多措并举加大不良贷款清收化解力度，做好风险监测预警，强化新增贷款风险控制。开展“七个一批”系列活动，处置化解农信社存量风险。县农村信用合作联社清收化解不良贷款19670.73万元，其中诉讼清收1620万元，现金清收2234.55万元，结息盘活清收15816.18万元。

6.强化各项基础工作，全力提升基层央行履职质效。加强金融宣传工作。受疫情影响，督促辖内金融机构以“非接触式”宣传为主，运用电子屏滚动播放、张贴宣传海报、悬挂宣传横幅、设置咨询台、手机微信、美篇等，切实做好存款保险条例和标识启用、“断卡”行动等宣传。强化经理国库职能，支库办理预算收入退库中央级468.87万元，同比增长11.20%；地方级354.9万元，同比增长2.04%；合计823.76万元，同比增长7.06%；支库TIPS业务量合计29025笔，金额86349.77万元。其中，电子业务29025笔，金额61002.03万元；手工业务180笔，金额25347.74万元；电子笔数占比99.38%，电子金额占比70.65%。收入合计415700.26万元，支出合计403602.89万元，确保了国家减税降费惠民政策的全面落实。提高支付服务水平，6月底前完成了金融服务空白村（峡城祁家寨）的便民服务点建设，督导渭源县农村信用合作联社，助力县城公交车辆拓展云闪付等5种支付方式，步入移动支付新时代。加强农村现金服务工作，督促信用联社对金融服务便民点设备进行了安装，并加强现金服务档案管理。对全县36家营业网点现金收付、消毒、残损币和大小币兑换进行了督导检查；对渭源县355家便民服务点进行了检查。认真开展个人及企业信用报告查询工作，截至12月末，共查询个人信用报告6502人次、企业信用报告128笔；评定信用乡（镇）7个、信用村121个，信用农户66206户。

【领导名录】

党组书记、行长：魏旭峰（10月任）

党组副书记、副行长：魏旭峰（主持工作，10月止）

党组成员、副行长：蔺建雄、乩会生

党组成员、纪检组长：王军

（供稿：姬红玉；审稿：魏旭峰）

中国农业银行渭源县支行

【概况】中国农业银行渭源县支行下设支行营业室、首阳路支行、新街支行、会川支行和莲峰分理处五个网点，机关内部设立运营财会部/综合管理部、风险管理部、个人金融部、公司业务部4个部室。全行正式职工75名，其中党员27名。2020年，选拔10名35岁以下青年员工到部室任副经理、网点副主任岗位。2020年度，荣获农总行颁发的中国农业银行定点扶贫先进集体奖、省分行年度县域先进支行奖、市分行年度纪检工作先进单位奖、渭源县委县政府颁发的支持地方经济建设贡献奖。辖内会川、莲峰、首阳路三家网点均荣获2020年度甘肃省分行优秀网点奖，会川、营业室、首阳路、莲峰荣获6项市分行重点产品奖项。

【主体业务】2020年12月底，各项存款余额19.07亿元，较上年减少8070万元，（其中个人存款余额14.84亿元，较上年增加1.27亿元；对公存款余额4.23亿元，较上年减少2.07亿元）；存量份额位居全县四行第一位，同业第二位。各项贷款余额11.55亿元，较上年净增1.78亿元。各项贷款存量居全县四行第一位；实现中间业务收入808万元，较去年增加117万元；各项营业收入5876万元，实现净利润1778万元。

【新冠肺炎疫情防控】新冠肺炎疫情防控期间，贯彻落实支持企业特别是小微企业和个体工商户纾困发展各项政策，为渭源县正东建筑安装工程有限公司、渭源县玖强建材有限责任公司、渭源陈生道地中药材有限公司等11家中小微企业全部发放抵押e贷、纳税e贷，并进行利率优惠，贷款执行利率均在4.05%～4.25%之间，贷款金额共计603.3万元；为渭源县通利建材有限公司900万元贷款、渭源县鑫大地春农业发展科技有限公司270万元贷款分别办理了贷款展期业务，贷款执行利率在普惠利率基础上下浮85bp，执行利率为4.35%，给予上述2家企业办理贷款展期共计1170万元，执行进一步利率优惠政策，让利利息共计9万元，使这两家企业顺利渡过难关。同时借新还旧，为渭源县宏源新型建筑工程有限公司办理续捷e贷，贷款金额270万元。执行利率在普惠利率基础上下浮127bp，执行利率3.85%，让利利息3.43万元，最大限度地减轻小微企业付息压力，让这些企业切实得到了信贷优惠，帮助企业渡过难关，让企业得以稳定发展，进一步保住了近6000名劳动者就业岗位。动员员工向湖北省慈善总会捐款共计1.5万元，向定点帮扶村盛家坪村疫情监测点捐助口罩3000个、消毒液30瓶、方便面10箱、矿泉水8箱。

【助力脱贫攻坚】扎实推进定点扶贫，会同县农业农村局对接，对存量1773笔余额819.9万元养殖贷款，完成2020年度贴息合计40.97万元。累计投放富民产业贷“马铃薯贷”142笔2523万元，累计投放富民产业贷“中药材贷”40笔1562万元，农行渭源县支行累计投放农担贷456笔8092.6万元。积极推动消费扶贫，将陇原大安油坊食用油，甘肃永丰现代农业开发有限公司金丝皇菊，渭源县电子商务公共服务中心粉丝、蜂蜜、地搭菜，中亚高原各类饮品，岗家岔麦麸醋等产品上线到掌银扶贫商城中。积极参与上级行工会组织的“扶贫爱心购活动”，支行职工通过扶贫商城线上共消费110笔，总金额为17000元。掌银扶贫商城销售额达17万元。

【“两户”建设】2020年，新增对公结算账户207户，其中日均余额0～1万元结算账户数104户，日均余额1～5万元结算账户数32户，日均余额5万元以上结算账户数27户。交易银行折效户较年初新增111户，对公新增结算套餐92户，新增线上活跃客户228户，单位结算卡161张。个人有效客户数187649户，较年初净增4551户；个人贵宾客户数5767户，较年初净增37户。私人银行折效客户增量1户，营销陇明公项目4个，绑卡98张。

【重点零售】聚合码较年初净增2590户。掌银动户数较年初新增10212户，动户率为90.36%，他行Ⅱ、Ⅲ类电子账户较年初净增19846户，完成市分行计划的128%。有效场景建设18户，完成市分行计划的300%，新增扶贫商城商户6户，“两险代缴”带动客户数1724户，掌银月均活跃客户数净增3402户。信用卡有效客户新增1283户，当年新进件3788户，完成市分行计划的64%。信用卡分期交易额4019.95万元，完成市分行计划的61%。

【普惠金融】持续改善了农村支付结算环境，打通我县惠农服务的“最后一公里”。电子机具在全县217个行政村中覆盖209个，覆盖率96%。设立惠农服务点181个，其中：安装智付通130台，智能POS 37台，并结合县委、县政府新设立农金室74个，于年底全部完成升级置换，置换率达100%。惠农通服务点行政村覆盖率84.79%，月点均交易笔数7笔，交易笔数合计3950笔，交易金额合计337万元，互联网惠农圈场景3个。以富民产业贷为重点，制定并实施了马铃薯贷、中药材贷两个金融服务方案，全力推进普惠金融提质增效。2020年，累计投放富民产业贷“马铃薯贷”142笔2523万元、富民产业贷“中药材贷”346笔6507万元，有效服务了马铃薯、药材商贩收购旺季的信贷需求。主动适应发展转型需求，对未纳入富民产业贷准入标准的客户，营销惠农e贷。2020年，支行累计投放惠农e贷438笔8442.8万元，较年初净增4782.2万元。整村推进农户信息建档，提升农户贷款数字化发展的基础。全年共完成完成87个行政村2011户农户信息建档工作，其中有效建档67个村1882户农户，预授信额度2.9亿元。创建会川镇罗家磨村为信用村，评定信用户115户。

【信贷风险控制】2020年，支行不良贷款余额2511万元，较年初增加529.46万元，不良占比2.17%，较年初上升0.14个百分点。全年累计清收处置各类不良贷款1150万元，其中现金清收不良贷款424万元，核销不良贷款726万元。剔除前瞻性反映不良，我行不良贷款实际较年初下降108万元。个人新增不良贷款控制在591万元，逾期贷款控制在225万元，现金收回率96.12%，不良贷款生成率0.54%。清收处置信用卡不良92.28万元，其中现金清收不良43.14万元，核销35.49万元，证券化13.69万元。清收已核销信用卡不良7.41万元。

【领导名录】

党总支书记、行长：于占海（5月止）、陈江峰（5月任，8月止）、卢亚仙（8月任）

党总支副书记、纪检委员：雷志雄

党总支委员、副行长：王国玉、田小莉（女，1月止）、郭惠霞（女，1月任，12月止）、张博（11月任）

党总支委员、行长助理：左晓东（5月止）、马菲（女，12月任）

（供稿：毛鹏；审稿：马菲）

中国工商银行股份有限公司渭源支行

【概况】中国工商银行股份有限公司渭源支行，现有员工10人，营业网点两个，ATM4台，智能机4台。

【业务发展】经营效益：2020年12月末，实现利息收入1558万元，实利润1040万元。实现中间业务收入276万元，完成任务的101%。在市分行经营绩效和业务发展考评中，获得第3名，得分1444.03分，等级B++。存款业务：2020年12月末，各项存款余额为29614万元，其中：储蓄存款余额16716万元；公司存款余额3663万元，机构存款余额9235万元。信贷业务：2020年12月末，各项贷款余额为26933万元；其中公司贷款余额10360万元，个人贷款余额16573万元，增加3002万元。存贷比为90.95%。代理业务：2020年12月末，累计发放公积金委托贷款20142万元，当年发放3750万元。

【领导名录】

行长：刘伟

副行长：康小平、辛翔辉

（供稿：兰天航；审稿：刘伟）

中国邮政储蓄银行渭源县支行

【概述】中国邮政储蓄银行渭源县支行成立于2012年7月26日。现有员工15人。经营业务种类有：小额贷款、消费贷款、商务贷款、小企业贷款、房屋按揭贷款等20多个贷款产品，存款、理财、银行卡、信用卡、电子银行、第三方存管（CTS）、POS收单、ETC、基金、保险、贵金属、烟草代收等银行业务。

【业务发展】2020年末，各项存款余额14828.37万元，各项贷款结余24551.76万元，信用卡本年结存卡片4538张，保险销售60万元，基金销售171.0925万元，理财保有量1852万元，贵金属本年销量6.59万元，公司余额4317.83万元，烟草签约结存户数269户。

【领导名录】

行长：汪静（女，3月止）、谢强（3月任）

副行长：石岩（6月止）、蹇菊兰（女，6月任）

（供稿：肖晶；审稿：谢强）

中国建设银行渭源支行

【概况】中国建设银行渭源支行成立于2019年1月，有1个网点。现有职工4名。

【业务发展】截至2020年12月31日，一般性存款2600.76万元，其中对私存款2291.69万元，对公存款309.06万元。开办个人信用卡类小额贷款，个人类小额贷款余额1080.06万元。发展“裕农通”普惠金融服务点130个，服务点存款余额100余万元，签约农户170余户，累计交易600多笔。在新冠肺炎疫情防控期间，为1户小微企业办理线上信用贷款70万元，实现了在小微信贷方面零的突破。全年拓展商户210户，布放商户收款码200多个，争取对公开户30户。

【领导名录】

行长：赵渭清

（供稿：赵渭清）

甘肃银行股份有限公司渭源支行

【概况】甘肃银行股份有限公司渭源支行有营业网点1处，24小时自助服务厅2处，内设综合管理条线、会计运营条线、信贷业务条线、个人业务条线4个管理条线。现有职工16名。支行自2014年成立以来，连续七年荣获定西分行“先进集体”称号，连续五年荣获渭源县“支持地方经济建设贡献奖”。

【助力脱贫攻坚】处置化解“户贷企用”扶贫小额贷款2307.17万元，完成了全县“户贷企用”贷款问题整改工作。新冠肺炎疫情防控期间，为中小微客户办理延迟还本付息等方式缓解企业资金压力，帮助企业复工复产；全年累计为14笔12140万元贷款办理延迟结息；办理2笔1480万元支小再贷款；新增发放小微企业贷款1480万元，公司贷款3000万元。

【业务发展】截至2020年12月31日，支行各项存款余额146176万元，较年初净增28596万元；其中对公存款余额42498万元，较年初增加13472万元；储蓄存款余额103678万元，较年初净增15124万元。支行各项贷款余额90400万元，较年初减少6172万元；其中公司贷款余额48560万元，较年初减少5943万元；个人贷款余额41840万元，较年初减少229万元。新增个人账户11741户，新增代发工资34户，新增信用卡1240户，新增聚合支付247户。

【领导名录】

党支部书记、行长：陆汉

党支部组织委员、会计主管：常晶（女）

副行长：丁强

（供稿：丁强）

渭源县农村信用合作联社

【概况】渭源县农村信用合作联社（以下简称渭源联社）共有内设部门9个，辖属营业网点23个，其中营业部1个，信用社18个，直属分社4个，设立便民金融服务点160个，其中三农服务终端45个，惠民服务终端115个，共有在册职工210名。下设党支部8个，党员89名，占员工总数的42.83%。

【业务发展】截至2020年末，我县联社资产总额40.63亿元，较年初增加4.70亿元；负债总额37.37亿元，较年初增加4.63亿元；所有者权益3.26亿元。各项存款35.98亿元，较年初增加4.33亿元；各项贷款31.06亿元，较年初增加2.37亿元，存贷比86.33%；农户贷款25.31亿元，较年初减少0.33万元；实现拨备前利润5207万元；电子银行业务替代率91.47%；固定资本比率22.09%；拨备覆盖率37.68%；贷款损失准备充足率54.96%。

【领导名录】

党委书记、理事长：张俊峰

党委副书记、主任：苏敬国

党委委员、纪委书记、监事长：高鸿鸣（3月任）

党委委员、副主任：马俊中、郭晓明（8月止）、王渭林（9月任）

（供稿：王昕）

保　险

中国人寿渭源县支公司

【概况】中国人寿渭源县支公司下辖银保部、城市营销分部、收展服务部和田家河、会川、北寨、莲峰、路园、新寨、庆坪7个农村营销服务部，柜面服务窗口1个。营销员总数513人，100%持证上岗。

【业务经营】实现总保费收入8876.9万元，同比增长23.29%，其中首年期交保费2187.24万元，较上年有所增长；十年期以上保费达1413.67万元；保障型产品保费达929.23万元，同比增长41.48%；短期险业务达到834.08万元；在全市系统2020年度综合绩效考核中，排名全市第一。

【理赔情况】全年共计理赔金额656.48万元，同比去年421.21万元增幅55.86%。其中学平险保费111万元，赔付73.99万元，赔付率为66%；员工福利保险保费105万元，赔付63.8万元，赔付率为73.45%；帮扶队长保费2.1万，赔付30万，赔付率1430%。政府“两保一孤”保费55.74万，赔付50.1万，赔付率为89.9%，短期意外险总保费834万，累计赔付575.4万，赔付率为68.9%。

【社会业务】加强保险服务，为全县22所学校，12383名学生提供了人身意外保障；为会川、路园、五竹等乡镇6813户提供了计划生育保险。全县“两保一孤”保费收入55.7万元，赔付50.1万元，赔付率89.9%。

【领导名录】

经理：张轲（12月止）、周卓（12月任）

机构业务部经理：张立军

（供稿：张文涛；审稿：周卓）

中国人民财产保险股份有限公司渭源支公司

【业务发展】中国人民财产保险股份有限公司渭源支公司（简称：人保财险渭源支公司或PICC）2020全年实现保费5125.87万元，同比增长12.57%，支付各项赔款2510.03万元，同比减少5.65%，代扣代缴及自缴税金415万元，新吸纳就业10人，支出各项扶贫及社会捐赠1.02万元。公司主要经营车辆保险、商业非车险、政策性农业保险和城乡居民大病保险等板块业务。

【经营风险防范】公司实行平台化运营，系统化管理。实行统一法人授权制度，逐级签订转授权书和再转授权书，依据《权责规范手册》严格核定各级权限责任。实行机构、渠道和条线协同，财务集中，理赔垂直，大病保险单独核算的运营管理机制。公司注重风险管理，逐级签订依法合规经营承诺书，定期开展内部专项审计，严格管理权限审批程序，开展“诚信我为先”教育活动与治理销售误导、非法集资和反洗钱核查工作，开展3·15客户维权及“银保监会”风险排查专项活动。

【保险扶贫】农业保险方面，承办清源、会川等10个乡镇的农业保险，全年共承保玉米、马铃薯、冬小麦、中药材等种植业品种31.51万亩，森林37.17万亩，牛、羊等养殖业品种2.91万头（只），提供风险保障685775.54万元，支付各项农业保险赔款1143.72万元，受益农户6.1万户，有力保障和助推了全县农业产业发展。城乡居民大病保险方面，共参保城乡居民大病保险30.07万人，总筹资额为2706.41万元，全年共为11979人次提供了城乡居民大病保险补偿服务，支付补偿资金3274.23万元，城乡居民大病患者的整体报销比例在基本医保的基础上提升了21.7个百分点，报销比例达到67.37%。不断强化“一站式”结报服务，开展患者回访、稽核审计等工作，让患者少跑路，进一步提升患者服务质量，同时确保大病保险资金安全。

【社会服务】提升保险服务质量和水平，推广并运行“95518”24小时服务热线、中国人保APP，人保E通、人保E农通、微信公众号、在线理赔、智慧农险系统、大病保险智能审核系统等互联网服务工具和平台。新建2家“三农”保险服务部，深化“农金室”建设，持续强化农村保险服务；落实农村道路“两站两员”建设，新建劝导站13家；联合开展“一盔一带”电动车安全文明骑行活动，开展电动车第三者责任保险，保障电动车240台，帮助解决电动车道路安全难题。

【助力脱贫攻坚】认真落实企业政治和社会责任，联系帮扶路园镇王家山村，派出1名干部职工驻村开展帮扶工作。结合行业特色，为帮扶村农户办理农业保险、大病保险、“两保一孤”保险、救助保险等，建立绿色理赔渠道，及时进行保险赔付，全年向村上支付各项赔款31.08万元。全力支持基础设施和产业发展，全年捐赠资金及实物价值1.02万元。

【领导名录】

党支部书记、经理：何自强

副经理：祁琴（女，9月止）、赵勇

经理助理：赵倩妮（女）、罗玉龙（5月任）

（供稿：杨江涛；审稿：何自强）

中国平安人寿保险股份有限公司渭源支公司

【概况】中国平安人寿保险股份有限公司渭源支公司是甘肃分公司定西中心支公司下辖的四级县域网点，于2013年3月15日挂牌营业。经理1名，内勤员工2名，营销人员40人。

【业务发展】2020年，平安人寿渭源支公司，实收初年度保费236.73万，年度达成率133%，1—12月收取续期保费333.4万元，合计保费收入570.13万元。

【理赔情况】2020年1—12月渭源支公司共计理赔242件，理赔金额1251723.2元。

【获奖情况】2020年，中国平安人寿渭源支公司荣获“中国平安星级营业网点”荣誉称号，并由总公司颁发星级营业网点牌匾。

【领导名录】

经理：王寿宾

经理助理：康满川

（供稿：王寿宾）

中国大地财产保险股份有限公司渭源支公司

【概况】中国大地财产保险股份有限公司渭源支公司现有在职员工8人，保险营销人员7人，员工及保险营销人员基本为下岗再就业人员和未就业大学毕业生，其中大中专院校普通毕业生5人。

【业务发展】2020年，中国大地财产保险股份有限公司渭源支公司完成保费896.93万元，同比增长15.84%，居当地财险行业第四，承担社会风险责任753412.16万元。为帮扶村路园镇陆家湾村从上级公司申请5000元专项资金，用于开展人居环境整治工作。

【领导名录】

经理：兰卫东

经理助理：黄智博（6月任）

（供稿：兰卫东）

交通运输

交 通

【概况】渭源县交通运输局（以下简称“县交运局”）内设办公室、综合股（地方海事处）、建设管理股、行政审批服务股。现有工作人员20名。下设渭源县交通工程质量安全服务中心、农村道路建设服务中心、交通运输综合行政执法队、道路运输和公路水运服务中心。

【项目建设】2020年实施交通扶贫新续建工程项目4类8项，完成投资2.12亿元。一是渭河大道渭源县城至河锹西路旅游公路工程，项目起点位于平桥路与清源路交叉十字路口，路线布设至老君山，设置分离式长隧道通过，终点与河锹西路形成T型交叉。沿河锹西路向南1公里即可到达渭源县火车站。建设总里程2.935公里（其中包含隧道：1347米/1座，桥梁：120米/2座，涵洞6道，平面交叉6处），估算总投资3.92亿元，建安费2.68亿元，该项目已完成节能评价、社会稳定风险评价、用地预审、项目规划选址、水土保持方案的编制和审批等所有前期手续办理，正在等待市交运局协商开工建设相关事宜。二是S227渭源至五竹至渭河源景区旅游公路工程项目。线路全长27.623公里，其中新建15公里，总投资35502.6896万元，项目分两期建设。一期工程于2017年5月开工建设，截至2020年10月底已全部完成建设任务并全线通车。三是朱家山至韩家湾县乡道改造工程，路线全长32.255公里（含断链172.916米）。预算总投资3891.6012万元。全线采用设计速度20公里/小时双向两车道四级公路技术标准，设计路基宽度6.5米，路面宽度5.5米，该项目于2019年6月开工建设，截至2020年11月底已全部完成建设任务并全线通车。四是2020年新建的291.705公里村组道路建设项目，该项目覆盖全县16个乡镇，分三批下达，总投资1.44亿元，具体项目由各乡镇人民政府实施，交通运输局负责行业监管。截至2020年10月底已全面完成建设任务。五是“畅返不畅”整治和水毁灾损整治工程项目，2020年全县实施“畅返不畅”整治工程40.218公里，整治道路8条，总投资1995.024万元；实施水毁维修道路14条，总投资209.6328万元，截至2020年10月底已全面完成建设任务。六是2020年农村公路隐患路段安全生命防护工程，该项目全面整治隐患道路67.519公里，总投资472万元，截至2020年9月底已全面完成建设任务。七是2020年危桥改造工程。改建西五路小沟桥、王家沟桥2座，总投资126.5万元，（其中上级补助38万元、县级配套88万元，具体为王家沟桥65.514万元、小沟桥60.991万元）；截至2020年10月底该项目已全面完成建设任务。八是2020年养护维修工程。养护维修路河公路23.51公里，总投资196.68万元。

该项目于5月12日开工建设，截至2020年8月底已全面完成建设任务。

【规范行业管理】

1.全面落实路长制责任。确定了全县每条县道、乡道、村道路长，县道路长由县交运局相关分管领导担任，乡道路长由乡镇府分管领导和乡镇公路管理分管负责人担任，村道路长按路线途径行政村由村民委员会推选路长。分别在全县所有县乡道路和217个行政村设立了路长制公示牌。

2.持续规范执法管理。县交通运输综合行政执法队与县公安局联合制定并印发了《渭源县治理车辆超限超载联合执法常态化制度化工作实施方案》。联合开展车辆超限超载专项整治230人次，查处违法车辆190多辆。认真落实巡查制度，各乡镇结合全县“拆危治乱”专项提升行动开展，对农村公路沿线打粮晒场、乱堆乱放、违法建筑进行了专项整治，出动车辆130多次。

3.全面提升安全管理水平。及时与相关单位签订了安全生产责任状，压实安全管理责任；围绕年度安全生产工作目标，开展安全教育培训，以案示警，提升安全生产管理意识和管理水平；成立安全检查专项工作小组，专门确定2人具体负责安全检查工作，开展月检查、季度评比，发现问题立即通报批评，连续两次出现问题直接由执法队按照规定进行处罚。共开展安全检查30余次，发放整改通知书20份，处理处罚5家。组织开展“打非治违”80余次，打击各种客货运输违法行为53起，彻底维护市场运营安全。

【农村公路养护】

1.及时配套县级养护经费。分级明确县、乡、村三级公路养护目标任务，列出了任务清单，逐级靠实养护责任。安排农村公路养护资金875.8万元，对部分县乡道和全县16个乡镇的87条村道水毁灾损进行全面养护整修，所有道路已全部安全通畅。

2.强化日常养护管理。制定《渭源县农村公路建设管理养护办法》和《渭源县农村公路管理养护责任制》，按照“有路必养、养必到位”的目标，落实了县、乡、村道路三级养护责任单位，采用“县道县养、乡道乡养、村道村养”的养护工作模式，共养护农村公路233条1432.473公里，其中：县农路中心养护县道1条46.97公里、乡道12条长211.92公里，16个乡镇养护村道220条1173.583公里；列养率达到100%。争取公益性岗位217人，补充到农村公路养护岗位，落实村道养护员1202人，利用农闲时间每月组织群众集中养护3次以上。

3.规范乡镇农村公路管理工作阵地建设。全县16个乡镇农村公路管理所职能全部划转到乡镇政务便民服务中心，并配备专职中心主任和工作人员到岗开展农村公路养护管理工作，各项规章制度、图表全部上墙，各类公路档案资料规范齐全，能够有序开展辖区内农村公路管护工作。16个乡镇均配置了独立的办公场所，专兼职工作人员均能按时到岗开展各项公路养护管理工作。

【交通产业发展】充分发挥交通运输+效益作用，把交通扶贫与产业发展、生态建设、美丽乡村建设相结合，不断赋予“四好农村路”新内涵。

1.实施交通运输+旅游产业。大力实施生态交通建设，全面建成县城至渭河源景区旅游公路工程，规划建设首阳山旅游道路，持续提升景区综合实力；栽植行道树1200公里，建成公路景观节点15处，实现县域公路绿化美化全覆盖，形成了“干线公路一路多景，农村公路一村一景”的美丽乡村示范带。

2.实施交通运输+特色产业。通过实施撤并建制村通硬化路工程、自然村通硬化路工程、农村公路提升改造工程等多类项目实施，将水泥路、沙化路通到群众田间地头和产业园区，有效带动全县马铃薯、中药材、畜产品、蔬菜等传统优势特色产业快速发展。

3.实施交通运输+乡村客运。大力推进城乡交通一体化建设，建立了铁路为主、客运班线车辆互补的互联互通网络，制定了《渭源县城乡公交一体化实施方案》，积极推动农村客运公司化、公交化、区域化、网络化改造。

4.实施交通运输+电商物流。建成了县有服务中心、乡有服务网络、村有服务站点的县乡村三级电商服务体系，12家大型寄递企业在渭设立分支机构，乡镇寄递邮政网点、物流服务站实现了全覆盖，村级物流网络节点覆盖率达75%，有效畅通了物流动脉，促进了农民增收，带产业、连基地、促增收的交通运输效益日益凸显。

【脱贫攻坚】交通扶贫专项提升任务全面完成。坚持谋划和争取提前着手，前期和建设同步推进，2020年分二批实施自然村组道路建设项目291.705公里，总投资1.4亿元，于10月份全部保质保量完成任务。

【领导名录】

党组书记、局长：文鹏祥

党组成员、副局长：汪洋、柏景春、陈骞（9月止）

党组成员、交通运输综合行政执法队队长：张亚军

（供稿：朱会林）

交通运输综合行政执法队

【概况】2019年3月组建成立县交通运输综合行政执法队，正科级事业单位，隶属于县交通运输局管理。2020年实有干部职工19人，党员12人，管理干部4人，专业技术人员3人，工勤人员11人。

【路政执法管理】加强法律法规宣传力度，提高公路沿线群众爱路护路意识，加强与公路养护单位的互动协作，建立信息互通机制，早发现、早调查处理各类公路违法案件，把大部分违章行为消灭在萌芽期。共计发放法规宣传单2200余份，悬挂横幅56多条、利用微信、出租车、公交车LED屏滚动宣传4126多条。巡查公路21000公里，上路巡查210天。

【运政执法管理】进一步净化交通运输市场环境，结合“扫黑除恶”“深化全县交通运输领域突出问题乱点、乱象攻坚整治”“全县交通安全百日集中整治”等活动开展进行了专项斗争。检查各类违法违规车辆1020台次，出动稽查车辆540台次，查处各类违法违规车辆480台次（其中打击查处非法营运车辆40辆，违章出租车150辆，拆除加高货运车辆200多辆，查处超限超载货运车辆50多辆）。严厉查处驾培市场方面“黑驾校、黑教练、非法培训点、非法招生网络平台”、不按驾培操作程序等违法行为1起，约谈驾校2次，下发整改通知书2份。共计罚款16万元。为加快推进交通运输综合行政执法队伍建设，成立4个稽查队及政策法律法规股室，购买统一执法服装和执法记录仪、违法查询仪等执法设备。

【领导名录】

队长：张亚军

副队长：常勇、罗顺平

（供稿：张小龙）

农村道路建设服务中心

【概况】渭源县县乡公路管理站成立于1984年4月20日，2009年7月6日更名为渭源县农村公路管理局，2019年4月更名为渭源县农村道路建设服务中心，正科级事业单位，隶属于渭源县交通运输局管理。现有职工15人，党员5人。离退休人员10人。实有干部职工中管理干部5人，专业技术人员6人，工勤人员4人。

【农村公路养护】农村公路按照“有路必养、养必到位”的目标，落实了县、乡、村道三级养护责任单位，严格按照“四好农村路”养护标准进行考核。2020年全县共养护农村公路1312.77公里，其中：县道261.258公里，乡道270.826公里，村道780.686公里。列养率达到100%。

【养护工程管理】

1.危桥改造工程。省市计划下达2020年危桥改造工程项目2个，为西五路小沟桥、王家沟桥2座，下达补助资金38万元，委托兰州路通工程咨询有限责任公司于4月底完成了2座桥的施工图设计，5月完成招投标工作并开工建设，于9月底完工，正在进行交竣工验收。

2.安全生命防护工程。省市计划下达2020年农村公路安全生命防护工程67公里，下达补助资金472万元。委托甘肃博通工程咨询有限公司完成了该项目施工图设计，渭源县交通运输局《关于渭源县2020年大安至毛家湾公路等17条农村公路安全生命防护工程一阶段施工图设计的批复》文件批复，共计建设2020年公路安全生命防护工程17条67.519公里，预算投资486.84万元，其中省财政下达2020年车购税补助472万元，其余为县自筹资金。工程于5月完成招投标等前期工作，6月份开工建设，7月底全部建设完工，正在进行交竣工验收。

3.养护维修工程。省市计划下达2020年农村公路养护维修工程为路河公路23.51公里，下达补助资金196.68万元。委托兰州路通工程咨询有限责任公司4月初完成施工图设计，渭源县交通运输局下发《关于渭源县2020年路麻滩至河里庄公路养护维修工程一阶段施工图设计的批复》，于5月完成招投标工作并开工建设，9月底全部建设完工，正在进行交竣工验收。

【水毁抢修工程】2020年水毁抢修工程包含2条道路：路河公路、瓦漫公路，于2020年9月份开工，2020年10月份完工，完成了设计批复的全部工程量，完成投资85.0012万元。路河公路水毁维修工程于2020年9月份开工，10月份完工，完成设计批复全部工程量，完成投资11.4125万元。阳殊公路水毁维修工程于2020年9月份开工，10月份完工，完成了设计批复的全部工程量，完成投资6.652万元。

【领导名录】

主任：张国平

副主任：张东生（4月止）、张一炜

（供稿：赵国庆）

定西公路管理局渭源公路段

【概况】渭源公路段成立于1973年12月18日，2014年更名为定西公路管理局渭源公路管理段，2019年3月更名为定西公路局渭源公路段。现有在职职工78人。内设综合办公室、生产技术部、机械设备材料部、财务资产部；下设会川、清源、北寨3个养管站，1个专业化路面养护队，1个桥涵养护队，主要承担着G212线、S227线、G310线共计115.268公里国省干线公路日常养护及水毁抢修工作。

【新冠肺炎疫情防控】新冠疫情发生后，坚决扛起疫情防控重大责任，树立战时标准，进入战时状态，严格战时纪律，全力以赴做好疫情防控各项工作。慰问了3处疫情防控点，为扶贫点新寨镇购买捐赠了一批口罩、消毒液、方便面等防疫生活物资。通过渭源县红十字会向渭源县人民医院捐赠了25套医用防护服，充分彰显了公路行业的责任与担当。

【公路养护】清扫路面1052.7公里，整理路容349.8公里，整修标准路72.8公里，清理垃圾1684.2立方米，每月做到了对G212线波形护栏、警示柱、百米桩、里程碑清洗2次。共处治翻浆、油路修补3次，处治S227线基层6932.7平方米，修补油路8703.2平方米，补划热熔标线2202.2平方米。翻松、整平G212线自救车道6684平方米，割草65公里，刷白行道树4571棵。在G212线实施预防性贴缝13417.6米，在S227线开挖排水土边沟2719米，疏通桥梁泄水孔271个。刷新桥涵及交通安保设施2590平方米，刷新涵洞台帽43.5米/13道，清理涵洞淤积119道/313.2立方米，清理桥梁淤积14座/92.5立方米，边沟等勾缝抹面

1707.4平方米/25处，八字墙等圬工体维修628立方米，更换维修波形护栏168米/44块、警示柱76根、百米桩22根，粘贴警示柱反光膜25.8平方米。

【道路保畅】

一是公路突发事件应急演练。5月14日，以"安全第一、预防为主、全力保畅"为原则开展了公路突发事件应急演练。演练背景假设为渭源县突降暴雨暴发山洪，渭源段管养的S227线K196+400—K196+660处山体塌方，使K208+980尕地窝桥上下游河道淤塞，排水不畅，形成安全隐患，开展应急抢险。开展消防应急演练2次。

二是及时修复公路水毁。入汛以来，集中人力和机械对S227线红沟梁路段和半阴坡路段出现的持续路基滑移、路面沉陷进行了多次抢修与处治，尽全力保畅保通。在水毁修复中共清理疏通边沟348.3公里，清理塌方、泥石流119立方米/12处，填补天然砂砾1767立方米，铺筑土工格栅1920平方米。

三是春运期间，克服疫情防控影响，加强公路巡查力度，落实局关于冬季养护和春运保畅的各项工作安排，做到以雪为令，及时撒布融雪剂和防滑料，圆满完成春运保畅工作。修订完善防滑保畅方案，实行领导包线划段制度，遇到特大暴雪天气时，主要领导和带班领导驻守养管站指导防滑保畅工作。储备防滑料300立方米、融雪剂116吨，组织开展防滑工作13次，有力保障管养路段安全畅通。

【获奖情况】 获得2020年渭源县"七五"普法先进单位、2020年定西公路局先进工作单位、2020年定西公路局安全生产先进单位、2020年定西公路局新闻宣传先进单位等称号。

【领导名录】

党支部书记：杜明昕

段长：刘春晖

工会主席：王虎强

副段长：高魁

（供稿：王仲选；审稿：王虎强）

邮政 通信

邮 政

【概况】中国邮政集团有限公司甘肃省渭源县分公司现辖17个农村邮政分支机构，4个综合营业网点、4个邮政网点。全县有44条农村邮路，邮路总长1760公里，8条城市邮路，邮路总长240公里。现有职工33人。

【业务发展】2020年收入超额完成年目标预算，业务收入累计完成1184.53万元，占年计划的106.74%，绝对值74.83万元。金融业务完成766.28万元，占年计划的113.52%，绝对值91.28万元。寄递业务收入完成218.39万元，占年计划的123.39%，绝对值41.39万元。普包业务收入完成11.09万元，占年计划的59.92%。文传业务收入完成104.89万元，占年计划的97.12%；其中，函件业务收入完成14.13万元，占年计划的100.94%，集邮业务收入完成19.91万元，占年计划的79.62%，报刊业务收入完成70.85万元，占年计划的102.68%；渠道平台业务收入完成56.06万元，占年计划的62.28%；其中电商代理收入完成19.64万元，占年计划的75.54%，分销业务收入完成36.42万元，占年计划的56.9%；其他业务收入完成27.83万元，占年计划的67.54%。

【领导名录】

总经理：李晓雄（5月止）、徐随定（6月任）

副总经理：刘建林

（供稿：朱秀琴；审稿：徐随定）

电 信

【概况】中国电信渭源分公司内设综合办公室、客户销售分部、客户服务分部、渠道中心、政企客户部、综合维护中心，下设1个营销中心，即会川营销中心。现有合同制员工31人。

【业务发展】建成11个数字化综合网格，即莲峰数字化综合网格、五竹数字化综合网格、北寨数字化综合网格、新寨数字化综合网格、清源数字化综合网格、新城数字化综合网格、城郊数字化综合网格、西关数字化综合网格、东关数字化综合网格、上湾数字化综合网格、田家河数字化综合网格。3个营业厅，即首阳路营业厅、会川营业厅、第二营业厅。主要经营农村电话、市内电话、国际国内长途电话、数据通信、云业务、移动电话，宽带、ITV等业务。服务网点遍及全县各乡镇，承担着全县通信服务以及长途通信的汇接任务。现有电话用户0.52万户，移动用户13.1万户，互联网用户近5.01万户，ITV电视用户4.7万户，移动电话及宽带已通的行政村达到100%。

【领导名录】

总经理：袁文慧

副总经理、会川营销中心总经理：刘永刚（6月任）

副总经理：雍惠

技术负责人兼综合维护中心经理：牛映杰

（供稿：张志武）

移　动

【概况】中国移动通信集团甘肃有限公司渭源县分公司于1999年9月成立，现有员工52人，公司设有3个部门、11个网格和1个自办营业厅，全县有核心渠道53家，特约代理点27家。

【经营情况】2020年新增客户数2.6万户，其中5G客户2.2万户，用户总数达到14.25万户，通信客户普及率45%。

【基础设施建设】2020年，新建19个5G基站、20个4G基站，基站总数达到841个，无线基础网络覆盖优势不断提升，自然村4G网络覆盖率达到99%；新建3个汇聚机房，乡镇汇聚机房覆盖率达到87.5%；新建市到县100G OTN 、县到乡100G OTN环网，传输网络能力大幅度提升，网络出口带宽达到200G。

【领导名录】

总经理：卢国强（4月止）、金建宇（12月任）

副总经理：杨冬花（女）、吴世贵（12月止）

（供稿：马玉萍）

联　通

【概况】中国联合网络通信有限公司渭源县分公司（简称联通渭源县分公司）是中国联合网络通信有限公司定西市分公司在渭源县的分支机构，成立于2001年，现有员工18人，平均年龄37岁，90%以上为大专以上文化程度。公司内设一部三中心，即综合部、营销中心、维护中心、政企客户中心。现有合作厅代办点37家。2名骨干员工成功竞聘CEO；1名维护人员成功入选省级人才库，1名营业人员通过甘肃联通一星级营业岗位认证。

【网络建设及投资情况】2020年，中国联通以用户为中心，持续深化“提速降费”各项举措，按需推出互联网化产品和业务应用，惠及广大用户及中小企业，全力推进互联网化运营，建成移动基站218个，光缆线路皮长达1600多公里，宽带覆盖小区端口数达730个。公司全力推进“沃4G+”品牌战略，打造网络覆盖更加完善、上网速度加倍提升、通话体验更加出色的4G精品网络。在移动网络建设方面，联通新增4G基站60多个，4G基站已达163个；与电信共享5G基站5个。

【助力脱贫攻坚】积极承担社会责任，充分发挥帮扶单位优势，加强与市分公司的协调沟通，协调资金6.7万元用于大坪村公共设施建设。

【领导名录】

总经理：张生平

副总经理：张泰（6月止）

（供稿人：马碧萍）

经济管理与监督

发展和改革

【概况】 渭源县发展和改革局加挂渭源县粮食和物资储备局牌子。渭源县LPAC项目办公室更名为渭源县外援项目服务中心，于2020年8月撤销。渭源县物价检查所更名为渭源县物价服务中心，于2020年8月撤销。渭源县项目建设办公室更名为渭源县项目建设服务中心。渭源县项目稽查办与西部开发办公室更名为渭源县西部开发项目服务中心，隶属县发改局。渭源县以工代赈办（易地搬迁办公室）更名为渭源县以工代赈（易地搬迁）项目服务中心。2019年11月成立渭源县十大生态产业服务中心。2020年底，县发展和改革局有在职职工29人。

【重点项目建设情况】 一是2020年投资清单的项目共99项（续建20项、新建79项），总投资79.4亿元，年度计划投资34.9亿元。2020年开展投资项目集中开复工活动4次，截至12月底，开复工89项，开复工率89.8%，总投资57亿元，年度计划完成投资28.1亿元。二是市列重点项目共3项，截至12月底，润园华府、佛慈红日2个项目已开工建设，秀峰山景区项目因企业资金紧缺、融资难，土地出让手续还未办理，未开工建设。三是中央预算内投资项目15项，争取中央预算内资金1.61亿元，截至12月底，已开工12项，正在招投标3项。四是地方政府专项债券项目6项，争取债券资金2.5亿元，截至12月底，已全部开工建设。

【国家资金争取情况】 争取各类债券资金4.27亿元，其中：地方政府专项债券资金2.5亿元，一般债券资金9219万元，抗疫国债资金8450万元。争取中央预算内项目资金1.61亿元，同比增长168.3%。

【重大项目谋划情况】 一是建立渭源县黄河流域生态保护和高质量发展储备项目库，储备2020年启动或开展前期项目28个，总投资33.9亿元，远期谋划开展的项目40个，总投资56.7亿元。二是以“十四五”规划为着力点，谋划项目740项1017.12亿元。以“会清循环一体化”区域战略布局，谋划“会清一体化”重点项目100项409.6亿元。三是储备生态产业项目209项，总投资278.7亿元。四是结合李克强总理《政府工作报告》提出的“两新一重”政策投向谋划项目202项181.7亿元；紧盯疫情暴露出的县城城镇化短板弱项，谋划项目24项10.35亿元，申请新增中央投资5.66亿元。五是紧盯地方专项债券支持的“九大领域”政策，谋划专项债券项目39项，总投资98.5亿元，拟申请地方政府专项债券资金62.4亿元。六是初步谋划2021年投资清单各类项目100项（续建38项，新建62项），总投资88.9亿元，2021年计划完成投资44.8亿元。

【项目审批情况】项目在线审批平台共受理项目202个，申报总投资167.01亿元；其中审批类168个，申报总投资106.55亿元；备案类34个，申报总投资60.45亿元。共审批各类项目160项。其中：立项批复50项，可行性研究报告批复65项，备案项目34项，初步设计批复7项，施工图批复4项。

【易地扶贫搬迁情况】一是对2013年至2015年期间实施的易地扶贫搬迁65个未验收项目，按照完成一个、验收一个、销号一个的工作要求，具备验收条件的62个项目已完成验收，未具备验收条件的3个项目，督促项目实施单位，加快工作进度，尽快完成验收。二是投资656万元实施田家河乡、路园镇、莲峰镇、北寨镇、会川镇、祁家庙镇等7个易地扶贫搬迁补短板项目全部完成验收并投入使用。三是对“十三五”期间易地扶贫搬迁项目于2020年4月底前全面完成市级综合验收工作。

【通村动力电情况】对2020年脱贫退出的5个贫困村通动力情况进行了验收，经验收5个贫困村自然村通动力电实现了全覆盖，覆盖率达到100%，该项指标已达到脱贫退出标准。

【物价工作】一是认真开展市场价格监测报告工作，特别是做好疫情期间保供稳价工作，选取全县范围内的大型超市等场所为价格监测点，重点对生活必需品进行了价格监测，并建立了生活必需品日监测报告制度，制定了应对预案，确保发现价格异常波动能够及时上报。二是自2020年2月1日起至12月31日止，对除高耗能行业用户外，现执行一般工商业、大工业电价的电力用户，计收电费时，统一按原到户电价水平的95%结算。共惠及用户1.14万户，合计优惠电费188.04万元。经政府认定的因疫情防控需要新建、扩建的医疗场所用电，免收高可靠性供电费，免收供电费33.60万元。经政府认定的疫情防控物资生产企业确因流动资金紧张、交费有困难的，疫情防控期间不停电。三是对天华物业等3家物业公司申报的物业管理综合服务收费标准按照审批权限和程序规定进行了批复。对锹峪镇毛窑宝贝幼儿园等3所民办幼儿园收费标准进行了备案。四是农业水价改革已完成水价监审、灌区监审水价的公示和灌区民意调查问卷。组织人员对当前的执行标准、征收、使用情况以及存在的主要问题进行了调研，及时向市发改委上报了调查摸底情况。

【“十四五”规划、“会川—清源”区域经济一体化发展规划编制进展情况】完成“十四五”规划纲要文本，于2021年2月28日提交县政府常务会、县委常委会进行讨论，正在按照会议讨论意见进行修改，提交县人代会进行审议；委托国家发改委国地所，已完成《会清一体化规划纲要（初稿）》，2020年9月23—25日，规划编制单位将再次来渭进行现场调研，征求各级各部门的意见，吸纳合理化诉求，对规划（初稿）进行实质性修改。

【政策文件制定情况】牵头起草了《渭源县贯彻落实新时代甘肃融入“一带一路”建设打造“五个制高点”规划的实施方案》《渭源县贯彻落实新时代推进西部大开发形成新格局若干重大措施工作要点》《渭源县促进今冬明春经济平稳健康发展一揽子政策措施》，并及时予以印发。

【领导名录】

党组书记、局长：王彦斌

党组成员、副局长：鄂寿海、张海荣（4月止）、王东（11月止）、侯雁安（11月任）

党组成员、县项目建设服务中心主任：王斌（11月任）

项目建设办公室主任：鄂寿海（11月止）

项目建设办公室副主任：王斌（11月止）、陈元兵

西部开发项目服务中心副主任：曾伟（11月任）

物价局党组成员：赵蓓艳（女，10月止）

物检所副所长：赵蓓艳（女，11月止）

贫困地区儿童项目办公室主任：马国平（11月止）

（供稿：张小锋）

粮食和物资储备中心

【概况】渭源县粮食和物资储备中心内设办公室、财务股、业务股3个股室。2020年末，全县国有粮食部门共有职工35人。全县粮食系统共有各类单位10个，其中事业单位1个，国有独资企业1个，基层粮管所（站）8个。

【粮食安全工作】

1.新增应急成品粮规模如期完成。强化“领导重视到位、市场调研到位、融资筹措到位、质量标准到位、安全保障到位、入库验收到位”六到位措施，于9月份完成新增储备面粉120吨任务，全面完成“十三五”期间县级储备任务。

2.省级储备粮轮换工作圆满完成。根据《甘肃省省级储备粮管理办法》规定，省级储备粮在2020年已达到了3～5年安全储存期。结合大清查结果整改要求，对储存的2000吨省级储备粮进行了轮换，轮换工作于8月份全面完成，并通过了省市验收。

3.全面落实了2020—2021年冬春蔬菜储备任务。制定《渭源县冬春蔬菜储备工作实施方案》，县财政对2020—2021年冬春蔬菜补助资金10万元列入当期财政预算，用于保障储备费用。储备冬春蔬菜300吨，正在进行储备蔬菜验收。

4.“优质粮食工程”等项目建设进展顺利。实施总投资1092万元的“优质粮食工程”子项目4个。总投资132万元的粮库智能化提升改造建设项目分别在县城粮油收储公司库点和会川库点实施，实现了粮库管理可视、可感、可控、可防、可联的建设目标，并通过了省市验收。总投资400万元的粮油质检体系建设项目，基础设施及实验改造已全部完成。总投资500万元的粮食产后服务体系建设项目与渭源县金鸡产业扶贫项目饲料加工厂项目整合实施，已全面完成建设内容。总投资60万元的农户科学储粮仓建设项目于今年6月份将1354套储粮仓已全部发放到农户手中，并通过了市级验收。

5.仓储管理取得新成效。2020年仓房21栋（其中有效仓容14栋），仓容25400吨（其中完好仓容22000吨，需维修3400吨）。全系统认真落实行业《一规定两守则》，积极开展安全生产、科学保粮、推广使用保粮新技术，粮情监测实现常态化，粮食出入库实现机械化，仓储管理实现了智能化。经省市部门检查验收，渭源县仓储规范管理工作持续保持了“省级二类仓储先进单位”称号。

6.强化依法管粮，维护粮食流通秩序。大力开展爱粮节粮宣传教育活动，积极开展“粮食科技周”和“世界粮食日暨粮食安全宣传周”等系列活动，积极推进粮食应急体系建设，重新确定授牌18家放心粮店、18个应急供应网点、1个配送中心和1个储运企业。加强粮食产销合作，国有粮食企业、社会粮食经营大户创新产销合作形式，积极开展马铃薯、蚕豆、玉米、小麦收购，有效促进我县农产品交流。

【新冠肺炎疫情防控工作】新冠肺炎疫情防控期间，全力做好粮食市场监测预警，第一时间了解粮油筹措和库存情况，尽最大努力调运大米、面粉、食用油，不断满足粮油市场需求。应急供应网点调运面粉1021吨、大米100吨、食用油40吨。设立粮油价格监测点3个，坚持每周向市局报告机制，及时反馈粮油保障供应和粮油价格变动情况。根据检测情况，小麦平均销价1.05元/斤、面粉平均价格为4元/公斤、大米平均销价6元/公斤、菜籽油平均销价12元/公斤。

【军粮供应保障工作】认真执行军粮供应政策，全力做好军粮供应工作。严把粮油进货关、重视粮油检验关、加强粮油储藏关，强化军供人员业务培训，进一步提高军粮供应管理水平，落实电话预约、主动上门送粮和征求意见等服务措施，执行小品种粮油供应政策，丰富当地驻军的米袋子。春节、“八一”建军节前夕，慰问县中队，了解情况，进一步加强当地驻军和粮食部门的沟通联系。

【领导名录】

主任：王伟峰

副主任：郭淑萍（女，11月止）、杨叶艳（女）

（供稿：陈西媛）

国家税务

【概况】国家税务总局渭源县税务局内设机构13个，即办公室、纪检组、人事教育股、法制股、纳税服务股、收入核算股、征收管理股、税政一股、税政二股、社保费和非税收入股、财务管理股、风险管理股、机关党委；事业单位1个，即信息中心；派出机构5个，即第一税务分局(办税服务厅)、第二税务分局、清源税务分局、会川税务分局和莲峰税务分局。全局现有在职干部87人，共管辖纳税人及缴费人4773户。

【组织收入】2020年，全县税务系统共组织各项收入61577万元，同比增长14.76%，增收7919万元。其中税收收入完成19172万元，同比增长0.16%，增收30万元；非税收入1059万元，同比增长3.42%，增收35万元。社保基金收入38084万元，同比增长23.04%，增收7132万元。工会经费入库107万元，职业年金入库3155万元。完成一般公共预算收入9034万元。

【减税降费】落实国家出台的支持疫情防控、助力经济发展的税费优惠政策，对受疫情影响生产经营发生严重困难的企业，坚决落实依法延期缴纳税款等支持措施，缓解资金周转压力，助力企业开源节流、纾难解困。2020年1—11月（申报期），全县累计新增减税降费2397万元，其中：2020年出台的支持疫情防控和经济社会发展税费优惠政策新增减税降费1916万元；2019年年中出台政策在今年翘尾新增减税降费481万元。

【依法治税】牢牢把握依法治税生命线，严格规范税收执法行为，提高风险防范能力，助推税收执法水平全面提升。健全领导干部日常学法机制和税务人员学法用法培训制度，严厉打击各类涉税违法行为，全力查处税收违法案件，抓好扫黑除恶专项斗争、税收违法“黑名单”和联合惩戒工作，切实营造公平公正的税收环境。全面落实法治“三项制度”建设，认真开展“七五”普法等活动，多形式、多角度、分层次开展税收法律、税收政策、税收业务等方面的宣传辅导，不断提升纳税人对税法遵从度。

【纳税服务】牢固树立以纳税人为中心的思想，深入开展“便民办税春风行动”，以“一窗办、一网办、简化办、马上办”改革工作为抓手，在实现“一厅通办”“一窗通办”“一网通办”“只跑一次”的基础上，大力推行“容缺受理”“税邮专递”等措施，推动服务纳税人“最多跑一次”基础上实现“只跑一次”。大力深化“互联网+”理念运用，依托电子税务局、手机APP，税企微信群等帮助纳税人足不出户，指尖上即可了解“税事”。

【领导名录】

党委书记、局长：董彦明（11月止）、张忠明（11月任）

党委委员、副局长：姜红（9月止）、曹雨天（12月任）、马克义、李雁彬、尤文彬、赵兴宏

党委委员、纪检组长：曹雨天（12月止）、张永禧（12月任）

（供稿：曲园）

财政预算与管理

【概况】渭源县财政局下属国资中心、非税中心、会计核算中心3个二级单位；内设人秘股、预算股、国库股、监督股、经建股、行财股、农财股、社保股、综合股、会计股、采购中心、帮

扶办、信息中心13个股室。现有职工94人，其中：县局机关53人，乡镇财政人员41人。

【财政收入】 2020年，一般公共预算收入完成16193万元，同比增收858万元，增长5.6%，占调整预算15535万元的104.24%，超收658万元。

【财政支出】 2020年，全县一般公共预算支出完成313529万元，同比增支1396万元，增长0.45%。

【资金争取】 一般公共预算收入16193万元，返还性收入1824万元，一般性转移支付收入247238万元，专项转移支付收入40355万元，上年结转1350万元，地方政府向国际组织借款（转贷）收入588万元，动用预算稳定调节基金348万元，调入资金688万元，债务（转贷）收入11419万元。减去专项上解支出1498万元，债务还本支出2521万元，安排预算稳定调节基金1351万元。全县实际可用财力为314633万元。

【财政监督管理】 制定《2020年财政监督检查工作计划》，开展了2019年度省直单位帮扶村和县直单位帮扶村村级经费、村干部报酬、驻村帮扶工作队经费和基层政权建设项目资金使用情况进行监督检查工作。对各乡镇人民政府和县级相关非税收入招收单位开展2020年度非税收入收缴情况自查和重点检查。检查范围为2020年度行政事业性收费、罚没收入、国有资源（资产）有偿使用收入、其他收入等，检查内容为非税收入是否收缴到位及管理是否规范。

【预算执行】

1.财政收入预算执行情况

2020年，一般公共预算收入完成16193万元，同比增收858万元，增长5.6%，占调整预算15535万元的104.24%，超收658万元。

2.财政支出预算执行情况

全县一般公共预算支出完成313529万元，同比增支1396万元，增长0.45%。分科目支出为：一般公共服务支出27451万元、国防支出363万元、公共安全支出7045万元、教育支出64778万元、科学技术支出362万元、文化旅游体育与传媒支出4896万元、社会保障和就业支出43008万元、卫生健康支出24712万元、节能环保支出9643万元、城乡社区支出7892万元、农林水支出96371万元、交通运输支出5786万元、资源勘探信息等支出164万元、商业服务业等支出267万元、自然资源海洋气象等支出1136万元、住房保障支出14858万元、粮油物资储备支出705万元、灾害防治及应急管理支出1496万元、债务付息支出2553万元、其他支出30万元、债务发行费用支出13万元。

3.政府性基金收支完成情况

（1）收入预算执行情况：全县政府性基金收入完成16172万元，占年初预算12850万元的125.85%，同比增收6426万元，增长65.93%。其中：农业土地开发资金收入18万元，国有土地使用权出让收入15521万元，城市基础设施配套费收入633万元。

（2）支出预算执行情况：政府性基金支出48556万元，同比增支23022万元，增长90.16%（主要是上级补助增加8655万元、新增专项债券增加12000万元，本级收入安排增加2367万元）。分科目支出为文化旅游体育与传媒支出46万元、社会保障和就业支出120万元、城乡社区支出10596万元、农林水支出612万元、其他支出26040万元（其中地方政府专项债券支出25000万元）、债务付息支出2646万元、债务发行费用支出35万元、抗疫特别国债安排的支出8461万元。

4.社会保险基金收支完成情况

（1）收入预算执行情况：社会保险基金收入完成43170万元，占年初预算37756万元的114.34%，同比增收1584万元，增长3.81%，其中：企业职工基本养老保险基金收入7524万元，城乡居民基本养老保险基金收入12976万元，机关事业单位基本养老保险基金收入16443万元，职工基本医疗保险基金收入6056万元，工伤保险基金收入171万元。

（2）支出预算执行情况：社会保险基金支出36579万元，同比增支1586万元，增长4.53%，占年初预算35110万元的104.18%。其中：企业职工基本养老保险基金支出7981万元，城乡居民基本养老保险基金支出10275万元，机关事业单位基本养老保险基金支出13750万元，职工基本医疗保险基金支出4331万元，工伤保险基金支出242万元。

【非税收入】围绕实施积极财政政策、依法理财、优化结构、统筹兼顾、突出重点，加大对全县非税收入的监管力度，确保非税收入管理改革工作稳步推进。全面实施《甘肃省财政票据管理暂行办法》，加大对违规使用票据行为的查处力度，逐步规范了票据管理。以票统收，确保财政专户资金应收尽收、确保非税收入及时足额入库。强化收入征管，财政收入实现持续增长。加强非税收入征缴，专项收入、行政事业性收费、罚没收入分别增长42.58%、35.25%和61.69%。

【脱贫攻坚和民生投入】2020年大力盘活财政存量资金，清理收回存量资金6042万元，全部用于“三保”和重大民生支出。积极争取地方政府新增债券34219万元，再融资债券9400万元。一是巩固拓展脱贫成果，安排县级财政专项扶贫资金4078万元、统筹整合使用财政涉农资金52070万元，着力解决脱贫攻坚中的短板弱项，稳定增加农民收入；落实扶贫资金绩效管理，聘请第三方开展绩效评价，确保扶贫资金使用效益。二是坚持教育优先发展战略，加大教育投入力度，拨付资金64778万元，落实城乡义务教育补助，完善扶困助学机制，全面保障教育事业发展。三是保障医疗卫生事业发展，拨付资金24712万元，重点支持医疗卫生机构能力建设、医疗保障服务能力建设、中医药事业传承与发展等工作；拨付资金1624万元，全力做好新冠疫情防控资金保障。四是落实社会保障政策，拨付资金16140万元，保障困难群众基本生活；拨付资金12448万元，实现基本养老、基本医疗、失业、工伤等制度全覆盖。

【政府采购】政府采购工作严格按照省市有关文件精神，将我县50万（含50万）元以上政府采购项目上划市级公共资源交易中心平台统一交易。全县共组织政府集中采购130批次，采购预算22746.34万元，采购金额22176.7万元，节约资金569.64万元；涉密采购2批，采购预算152.68万元，采购金额152.59万元，节约资金0.09万元；紧急采购1批，采购预算118万元，采购金额115.066万元，节约资金2.934万元；节约率达2.5%。

【国有资产管理】

1.行政事业性国有资产管理情况

（1）利用有效“载体”，夯实资产家底。全县153个行政事业单位全部按照财政部门统一配发的“资产管理信息系统”软件，将所有固定资产数据和信息录入信息系统，实现了单位资产管理信息化，在全县范围内建立了国有资产月报制度和年报制度。通过“登记、新建、申报、查询、分析、统计、审核、处置、报表”等系统功能，基本实现了对全县国有资产从“入口”到“出口”的全过程监管。

（2）按照审批程序，合理处置资产。按照政府非税收入“收支两条线”相关规定，共审批处置资产事项34件，在处置资产中报废处理30件，无偿调拨4件。上缴非税收入908.8万元（其中出租收入202.6万元，处置收入706.2万元）。加大国有资产盘活处置力度，对全县闲置资产进行了核查。其中，对原县人民医院住院部大楼闲置资产680平方米进行盘活处置，出租给渭源县正东建筑工程安装有限公司使用2年，实现国有资产收益18万元，已全额上缴非税。

（3）加大检查力度，全面整改问题。县财政局组织检查组，自9月21日开始，对第三高级中学、第三幼儿园、公安局、司法局、自然资源局、住建局、水务局、中医院等13个县直单位及16个乡镇国有资产管理制度贯彻执行情况、内部控制制度建立健全情况、新增资产系统录入情况、固定资产账务建立情况、资产配置处置情况进行了检查，并对检查中存在的新增资产录入不及时、未按月计提折旧等问题进行了督促整改。

2.企业国有资产管理情况

（1）健全完善企业管理制度。制定下发了《关于印发国有企业前置研究重大事项清单（试行）的通知》，对企业重大决策事项进行清单管理。按照《中共渭源县委渭源县人民政府关于进一步加强和规范县级国有融资平台建设管理的意见》，督促各国有企业制定并完善了财务及资产管理等内部控制制度。

（2）规范企业运营管理。为进一步深化企业“管资本、管改革、管监管、管主业”的多层面管理，重点对正源扶贫有限公司原股东开展了企业核算、注册资本减资和公司企业性质变更等工作。全县30家国有企业编制了2021年国有资本经营预算，督促县属国有企业对“三重一大”相关资料和数据进行全面梳理，规范了企业经营行为。

（3）有序推进国有企业重组。为了创新融资模式，助推脱贫攻坚，将县水务投资有限公司和县鼎凯城乡基础设施建设有限公司股权划转到市水务投资有限公司，为我县融资1.26亿元，有效解决了我县自然村通硬化路基础设施建设资金困难问题。

（4）完成国有企业改革工作。按照渭源县分类推进事业单位改革领导小组印发《关于印发渭源县黄香沟牧场改革方案的通知》和《渭源县给排水公司和污水处理厂改革方案的通知》精神，对黄香沟牧场和给排水公司开展国有企业改革工作。黄香沟牧场通过清产核资、资金筹措、资产移交、撤销单位和注销事业单位法人，移交退休人员社会化管理等工作，已全面完成改革任务。给排水公司于8月至11月进行了清产核资和财务审计工作，申请成立了渭源县供排水有限责任公司。

（5）加大县属国有企业混改力度。渭源县渭河源文化旅游投资开发管理有限公司实物出资约1000万元，占股20%；甘肃维佳农业科技有限公司货币出资1950万元，占股39%；市文旅体公司以货币出资2050万元，占股41%，成立丝路佳英文旅公司，共同完成“黄河流域渭河源生态综合治理和乡村旅游产业扶贫项目”，主要建设渭河文化风情园、运动休闲游乐区、中医康养理疗园和民俗风情体验园，实现了国有企业股权多元化，提升了国企发展活力。

（6）有效应对疫情防控促进经济持续健康发展。在做好疫情防控工作的同时，支持全县批发、零售、住宿、餐饮、文化旅游、交通运输（包括快递物流）等六大行业和工业企业共渡难关，有序恢复经营秩序，全县涉及国有资产出租的企业3家，分别是渭源县粮油收储公司、渭源县莲峰镇裕兴农业投资有限责任公司和渭源县给排水公司，共减免租金11.78万元。

（7）积极推进国有企业退休人员社会化管理工作。县政府成立了国资国企改革推进工作领导小组，制定印发《渭源县推进国有企业退休人员社会化管理工作方案》《渭源县国有企业退休人员社会化管理接收方案》，截至2020年12月底接收23家国有企业退休人员210人（其中：党员39名），完成退休人员组织关系、人事档案、管理职能转移接收工作；并将国有企业退休人员街道（乡镇）和社区（村）社会化管理服务经费纳入同级财政预算，按照《定西市财政局关于下达2020年国有企业退休人员社会化管理补助资金的通知》要求，对12个乡镇拨付了补助资金1万元，保证了退休人员社会化管理服务经费、办公经费、退休人员活动经费、党组织工作经费、档案管理服务经费、基础设施建设经费等方面支出。

（8）全面排查企业财务风险。对县属国有企业形成的债务进行了再排查，共排查渭源县粮油收储公司、渭源到给排水公司、渭源县水利工程公司等三家企业现有债务5131.73万元，并建立了排查台账；对国有企业财务制度建设情况、内部控制情况、资金管理情况，岗位设置、人员配备及履职情况、印鉴密钥和票据管理情况等进行了排查并上报了自查报告。

（9）加强国有企业突出问题整改。根据《关于开展县属国有企业突出问题专项审计工作的函》要求，县属国有企业从基层党建、落实中央八项规定精神、薪酬发放、选人用人、重大项目招标经营管理、靠企吃企、侵吞国有资产、设租寻租、关联交易和贪污贿赂等10个方面正在开展自查自纠工作。通过自查、审计、市县督查，对国资中心及各国有企业存在的24条突出问题建立了台账，制定了整改措施和时限积极整改，已全面完成整改。

（10）加强国有扶贫资产管理。组织各国企业对2019年至2020年对扶贫资金形成国有资产进行了自查，并建立了扶贫资产台账及明细账。据统计，2019年至2020年全县共投入扶贫资金48403.22万元，形成资产价值41780.88万元。其中：渭源县正源扶贫开发有限公司，2019年至2020年投入扶贫资金23699.31万元，形成资产为渭源县光伏扶贫建设项目（一期工程），价值15090.65万元，会川园区35千伏外线接入工程1500万元，配套电网工程497.91万元，资产价值共计17088.56万元。渭源县聚源产业开发有限公司，2019年至2020年投入扶贫资金24249.51万元，形成资产为渭源县"金鸡"产业，价值24237.92万元。渭源县莲峰镇裕兴农业投资有限责任公司，2019年至2020年投入扶贫资金454.39万元，形成资产为莲峰镇花卉产业扶贫基地，资产价值454.39万元。

【强农惠农】2020年共发放强农惠农补贴资金32项30717.66万元，其中：农村危房改造882.8万元，农村部门计划生育家庭奖励扶助269.5万元，计划生育家庭特别扶助56.58万元，失独家庭一次性补助4万元，农村独生子女父母奖励6.1万元，计划生育特困家庭补助2.8万元，天然林资源保护工程二期集体和个人所有公益林管护补助99万元，完善退耕还林政策补助资金45万元，新一轮退耕还林还草补助300万元，建档立卡贫困户选聘生态护林员资金106.86万元，自然灾害生活救助资金1137万元，优抚对象抚恤补助资金123万元，农村居民最低生活保障8169万元，特困人员救助供养2160万元，临时救助3522万元，孤儿基本生活保障补助71万元，医疗救助3356万元，残疾人两项补贴878万元，乡村公益性岗位补贴244万元，新一轮草原生态补助奖励政策资金309万元，耕地地力保护补贴3974万元，农机具购置补贴360元，农机深松整地作业补贴25.8万元，城乡义务教育阶段家庭经济困难寄宿生生活补助582.34万元，甘肃省高职（专科）建档立卡贫困家庭学生免除（补助）学费和书本费301.25万元，甘肃省普通高中国家助学金448万元，甘肃省中等职业教育学校国家助学金131.48万元，草原管护员补助资金43.6万元，精准扶贫专项贷款2456万元，两后生职业技能培训654万元。

【领导名录】

党组书记、局长：潘继平

党组成员、副局长：祁永胜、杜军、常洁（女，9月止）

国资中心主任：张建华

国资中心副主任：杜清

会计核算中心主任：陈彦虎

非税中心主任：史学智（9月任）

非税中心副主任：仲世彪（9月任）

财金监督检查办公室主任：祁永胜

财金监督检查办公室副主任：李雁玲（女，7月止）

（供稿：石博）

审计监督

【概况】渭源县审计局内设办公室、综合管理股、法规审理监督股、行政事业企业审计股、固定资产投资审计股、电子数据审计股6个股室，下设渭源县“三农”资金审计中心、渭源县经济责任审计中心2个事业单位。现有职工26人，正式党员17名，预备党员2名。

【财政预算审计】以推动深化财税体制改革、促进积极财政政策贯彻落实、提高财政资金使用绩效、维护国家财政安全为目标，对县财政局组织实施的2019年度县级预算执行及其他财政收支情况进行审计，对县卫健局、县民政局、县教育局、县交运局等4个部门单位进行延伸审计，积极探索对县本级财政电子数据联审，努力实现了县本级财政一级预算单位审计全覆盖。共发现违规和管理不规范资金53177.81万元，整改46421.98万元，整改率87.3%。

【民生资金审计】完成了对新型冠状病毒感染肺炎疫情防控资金和捐赠款物使用情况、县政府交办的2019年“厕所革命”和清洁村庄项目资金管理使用情况、水务局2018—2019年度各基层供水单位财务收支情况的专项审计。对2019年度国家重点生态功能区资金管理使用情况、殡葬服务行业管理情况、渭源县2019年度就业补助资金管理使用情况、渭源县2019年度东西部扶贫协作项目资金管理使用情况、2019年渭源县保障性安居工程资金投入和使用绩效进行了审计。

【经济责任审计】完成了以前年度遗留的县林业发展中心、北寨镇、新寨镇、会川镇4个单位的经济责任审计；完成了莲峰镇、县发改局等8个单位的审计和县残联、县科技局等16个单位领导干部经济责任事项交接。查处主要问题金额9538万元，其中交办、移送处理违规资金29万元，管理不规范资金9509万元。

【公共投资审计】以加强政府投资项目管理、促进提高政府投资效益、确保资金安全高效使用为目标，切实加强公共投资审计。完成了年度计划审计项目5个。根据政府安排购买社会服务委托中介审计项目154个，支付服务费284.91万元，核减节约建设资金3182.8万元。

【领导名录】

党组书记、局长：杨天如

党组成员、副局长：杨国忠、马晓军

项目稽查办公室副主任：段少杰（4月止）

“三农”资金审计中心主任：裴云（7月任）

（供稿：审计局）

统计调查

【概况】国家统计局渭源调查队于2007年8月挂牌成立。国家统计局渭源调查队既是政府统计调查机构，也是统计执法机构，依法独立行使统计调查、统计监督的职权，独立向国家统计局甘肃调查总队上报调查结果，并对上报调查资料的真实性负责。承担地方政府委托的统计调查任务。

【数据质量管理】

1.2020年粮食总产量18.40万吨。其中：小麦种植面积19.53万亩，亩产182.30公斤，总产3.56万吨；玉米种植面积13.88万亩，亩产379.14公斤，总产5.26万吨；马铃薯种植面积29.49万亩，亩产279.11公斤，总产8.23万吨。

2.2020年城镇居民人均可支配收入26562元，同比增加1337元，增长5.3%。一是工资性收入较快增长。城镇居民人均工资性收入24255元，同比增加1276元，增长5.6%，工资性收入占可支配收入比重的91.3%，工资性收入仍然是城镇居民收入的主体，对可支配收入增长的贡献率为95.4%，拉动城镇居民可支配收入增长5.1个百分点，是促进城镇居民收入稳定增长的重要支撑因素。二是经营净收入稳步增长。人均经营净收入630元，同比增加5元，增长0.8%，经营净收入占可支配收入比重的2.4%，对可支配收入增长的贡献率为0.4%。三是财产净收入平稳增长。人均财产净收入765元，同比增加17元，增长2.4%，财产净收入占可支配收入比重的2.9%，对可支配收入增长的贡献率为1.3%，拉动城镇居民可支配收入增长0.1个百分点。四是转移净收入平缓增长。人均转移净收入912元，同比增加38元，增长4.3%，转移性收入占可支配收入比重的3.4%，对可支配收入增长的贡献率为2.8%，拉动城镇居民可支配收入增长0.2个百分点。

3.2020年农村居民人均可支配收入8815元，同比增加607元，增长7.4%。一是工资性收入稳步增长。农村居民人均工资性收入1270元，同比增加86元，增长7.3%，占可支配收入的14.4%，对可支配收入增长的贡献率为14.1%，拉动农村居民可支配收入增长1.1个百分点。二是经营净收入快速增长。农民人均经营净收入5013元，同比增加426元，增长9.3%，占可支配收入的56.9%，对可支配收入增长的贡献率为70.2%，拉动农村居民可支配收入增长5.2个百分点，成为促进农民收入稳定增长的重要因素。三是财产净收入继续增加。农民人均财产净收入739元，同比增加16元，增长3.9%，占可支配收入的5%，对可支配收入增长的贡献率为2.6%，拉动农村居民可支配收入增长0.1个百分点。四是转移净收入稳中有增。农民人均转移净收入2093元，同比增加79元，增长3.9%，占可支配收入的23.8%，对可支配收入增长的贡献率为13%，拉动农村居民可支配收入增长1个百分点。

【调研分析】2020年，针对各专业调查内容和范围，量定调查信息、分析工作任务，鼓励针对节日、农耕备耕等时点开展专题调研，鼓励亲近农村、城镇生活实际开展调研，鼓励围绕县委县政府重大决策部署开展调研，力争统计产品优质化、精品化。2020年渭源队被总队内网采编工作动态36篇，纪检动态14篇，党建工作动态9篇；调查信息50篇，调查分析22篇。国家局采用调查分析1篇。

【依法行政】开展“9·20”统计开放日“12·4”国家宪法宣传日和“12·8”统计法颁布实施纪念日，通过召开专题普法学习、组织观看专题栏目、悬挂横幅、发放宣传单、政务宣传栏张贴法治资料等多形式学习宣传，为统计法制宣传营造了良好氛围。同时，积极组织职工考取统计执法证，在下点调查过程中持证上岗。

【领导名录】

队长：白随义

副队长：杨国珍

纪检员：张科

（供稿：王小强；审稿：白随义）

统计监督

【概况】渭源县统计局设置3个内设机构，1个副科级事业单位（渭源县普查中心），一个股级事业单位（服务业调查队）。现有职工15人。主要有综合、农业、工业、商贸、服务业、劳动工资、十大生态产业、电子商务、质量提升、统计执法、人口统计、城乡划分、固定资产投资、房地产统计、建筑业、文化产业、脱贫攻坚、乡村振兴等统计业务。

【渭源县第四次全国经济普查】对第四次全国经济普查全面进行了工作总结和技术总结，按照省、市要求按时发布了《渭源县第四次全国经济普查公报（1—6号）》。普查结果显示，2018年末，全县共有从事第二产业和第三产业活动的法人单位1482个，与2013年第三次全国经济普查相比，增长47.61%；从业人员20573人，增长2.06 %；产业活动单位1727个，增长57.14%；个体经营户7086个，并根据四经普数据对我县生产总值进行了修订。

【十大生态产业统计监测】参照省、市统计局的任务分工，把十大生态产业的统计监测任务落实到工业、能源、农业和服务业等相关专业和股（室）。针对市政府年初下达我县十大生态产业增加值年度责任目标：比重提升4.2%，加强指标预警监测。

【统计督查】坚持指导、督查、宣传等多管齐下，狠抓数据质量这条生命线。强化培训提质量，分批次对全县24家“四上”企业和16个乡镇统计业务人员开展了年定报培训，做到规模企业全覆盖。全年共组织了4次统计业务培训。强化督查提质量，根据《全市工业企业统计数据质量核查的通知》精神，要求全县9家规模以上工业企业开展产值数据自查，对企业存在的问题逐一反馈，要求企业立即整改。各专业人员在深入各乡（镇）、企业、工地进行调查，掌握第一手材料的同时，加强业务指导，帮助建立健全统计台账，确保源头数据真实可靠。

【助力脱贫攻坚】按照《定西市统计局关于开展脱贫攻坚“回头看”排查解决问题的整改通知》和《渭源县脱贫攻坚“回头看”排查问题整改工作实施方案》，9月份，对全县16个乡镇剩余未脱贫的建档立卡户365户1374人进行了人均纯收入县级验收。

【渭源县第七次全国人口普查】

1.安排部署，宣传培训。县政府成立了由县委常委、县政府常务副县长任组长的渭源县第七次人口普查领导小组及办公室。全县16个乡镇，217个行政村，3个居民委员会也组建成立了普查领导机构和办事机构。县政府召开全县统计工作推进会议，对第七次人口普查工作进行了专题安排部署。县人普办采取多种方式开展第七次全国人口普查宣传。全县220个普查区共选调普查指导员220名，普查员676名。县人普办集中利用2天时间组织16个乡（镇）人普办和清源、新城、会川3个社区38名业务骨干集中开展普查区区域划分和绘图业务培训。

2.普查摸底，合法合规普查。自10月11日起，全县439名普查指导员、1309名普查员全面深入普查小区，严格按照《第七次全国人口普查摸底工作细则》和《普查小区图》，坚决做到“四个摸清”“五个着力”，对普查小区内的建筑物和住房单元逐一入户进行摸查，掌握人口和居住情况。10月30日—11月2日，对抽中的全县16个乡镇的16个普查小区进行了摸底阶段质量验收工作。经抽查，抽中的16个“普查小区图”为合格，“建筑物数量”为零差错，“住房单元数”指标差错率为零差错，“户籍人口”指标差错率为1.58‰、“出生人口”与“死亡人口”指标为零差错。11月16日—11月20日，按照市人普办的统一安排部署，县普查办随机抽样，分4组对抽中的16个普查小区开展县级验收，共核查验收登记人口1192人，户籍人口1126人。经抽查，抽中的16个普查小区“登记人数”指标差错率为3.36‰，“户籍人数”指标差错率为2.66‰，“出生人口”与“死亡人口”指标为零差错。严格按照省人普办《关于做好人口普查低龄死亡人口专项核查的通知》，认真按时完成了低龄死亡人口漏报专项核查。

【领导名录】

党组书记、局 长：冯香娥（女）

党组成员：副局长：赵克俭、王海军

普查中心主任：张文斌（11月任）

（供稿：桑君强；审稿：王海军）

市场监督管理

【概况】渭源县市场监督管理局（渭源县食品安全委员会办公室、渭源县知识产权局）设置15个内设股室。派出机构为渭源县市场监管综合行政执法队和16个乡镇市场监督管理所。直属事业单位为渭源县食品药品检验检测中心、质量技术监督检测所、消费者权益协会、个体私营企业协会。现有党组书记兼局长1名，副局长2名，执法队长1名。全系统现有干部职工125人。

【市场监督管理】全县共有私营企业1591户，内资企业155户，个体工商户14402户，农民专业合作社1337户；食品生产企业18家，食品销售经营单位2130家，餐饮单位562家；药品生产企业30家，药品批发企业7家；药品零售企业82家；各类医疗机构339家；化妆品专卖店105家；特种设备使用单位103家，其中在用特种设备492台，在用压力管道413米，渭源驻点电梯维保单位9家。

1.聚焦商事制度改革，进一步优化营商环境。进一步压缩企业开办时间，推动登记注册手续向“一日办结”转变，推动“证照分离”全覆盖，积极推行“一网通办”机制，切实提高了无纸全程电子化登记和电子营业执照运用率，扩大了“政银便民通”业务覆盖面，切实降低了市场准入门槛；加快推进企业“多证合一”，个体工商户“两证整合”工作，实现了“零见面”发照。共发展私营企业257户，农民专业合作社54户，个体工商户发展1693户，完成年度增速12.04%。

2.聚焦主体责任，质量强县战略有序推进。对全县在建工程先后开展专项检查36次，排查出质量安全隐患268条，累计发放建设工程质量整改通知书33份，大中型工程一次验收合格率达到100%。全面推进乡村旅游示范村建设，上湾镇侯家寺村完成了省级乡村旅游示范村、会川镇罗家磨村完成了省级乡村旅游样板村建设。计量检定能力不断强化，检查眼镜配置计量器具35台件，检查加油站12个，检查检定计量器具2963台件，设置公平秤28台；县质量技术监督检测所完成了实验室认证，并获得计量授权证书；建成了出租车计价器电子一体化整车检定装置项目。标准化体系进一步健全，印发了《渭源县人民政府关于加快推进特色优势产业标准化工作的实施意见》，制定出台了“渭源白条党参”道地药材质量标准。

3.聚焦市场风险，坚决守住质量安全监管底线。一是积极推进“双安双创”工作，落实属地管理责任和生产经营者主体责任，于12月底通过了省级验收；开展重大活动和会议食品安全保障活动7次。二是践行“四个最严”要求，不断强化食品安全全链条监管。从严、从重、从快查处一起非法狩猎野生动物和销售野生动物制品案，该案件在甘肃卫视《法治伴你行》进行了报道。完成快检2749批次，完成率137.5%，抽检1048批次，完成率100%，不合格共25批次，后处理系统处置率100%，食用农产品快检室完成快检任务6220批次，完成率128%；1 6家食品生产企业追溯平台应用率100%，企业自查率100%，监管人员网上核查率100%，巡查率100%，集中约谈“美团”“贪吃蛇”等6家网络餐饮服务平台2次，农村聚餐备案管理手机APP录入聚餐信息435起，餐饮服务单位餐桌文明推广率100%；全县44家学校食堂和64家餐饮服务单位已全部完成了“互联网+明厨亮灶”提档升级改造工作，100%接入“陇上食安”一体化平台。11月13日以来，就地封存进口冷冻食品853.4公斤，采集食品外包装和接触人员咽拭子样本195份，均为阴性。共出动执法人员565人次，检查各类学校食堂及校园周边食品经营者3685家次，开展食品生产经营单位主体责任约谈6次，召开食安委全体会议4次，食品安全风险会商会议2次，食安办联席会议4次，全县未发生食品安全突发事件。三是守牢安全底线，不断强化药品医疗器械安全风险管理。有序推进疫情防控期间药品、医疗器械、化妆品等经营单位复工复产复市，109家药品生产经营企业实现正常营业，办理药械经营许可和备案事项53件，开展各类药械化专项整治10次，监督检查生产经营使用单位2289家次，下发责令改正14家次，清理回收近效期和过期药械848盒（粒/片）；完成药械抽检82批次，上报药品医疗器械化妆品不良反应/事件累计368例；飞行检查药品生产经营使用单位32家，给予警告18家，责令限期改正8家；办理药品医疗器械化妆品违法违规类案件65件，移交公安机关2件，罚没款15万元，有效震慑和教育了违法分子。四是完善网格化监管，消除特种设备安全隐患。持续加大监督检查力度，共出动执法人员230人次，检查特种设备150余台次，发出指令书3份，特种设备隐患率为0.2%，全县未发生特种设备安全事故；办理车用气瓶登记67只，完成告知登记63台，办理停用、报废登记11台，办理使用登记31台。五是突出监管重点，工业产品质量进一步提升。积极开展食品药品、烟花爆竹等跨部门联合执法专项行动，共出动执法人员368人次，检查煤炭经营场所78家、农资经营户118余户；抽检煤炭、涂料、农资、成品油、水泥、儿童用品、钢筋、空心砖117批次，其中2批次钢筋和1批次空心砖不合格，合格率为97.4%；660家餐饮服务单位全部安装了油烟净化装置，580家使用了清洁能源；完成了14家砖瓦建材企业环保竣工验收；完成了县级饮用水源保护区环境问题排查及整改方案的上报工作，核发排污许可证54家；持续加强燃煤锅炉整治，坚决打赢“蓝天保卫战”，完成锅炉告知登记3台，10蒸吨以下承压燃煤锅炉全部清零。

4.聚焦综合执法，维护公平竞争的市场秩序。一是落实“双打”责任，综合执法成效显著。全年共查办各类违法案件239起，其中简易程序87件，一般程序152件，收缴罚没款合计28万元，移交公安机关8起；办理侵权假冒案件4起，移交公安机关受理1起，为涉嫌经营假冒伪劣产品案（牛栏山酒），查封564瓶，总货值金额13万元。二是严格落实公平竞争审查制度，加大价格监管力度。全县共出动执法人员5576人次，检查市场主体2288家，下发责令改正通知书22份，查处自立收费项目向小区自有车库业主收取续卡费的违规案件1起，罚款2520元，为消费者挽回经济损失1260元；查处各类价格违法案件13起，罚款2.13万元；严格落实公平竞争审查制度，审查增量文件8份，各政策制定机关自查文件14326份，进入清理范围文件61份，1份文件因新文件出台生效而废止，审查率100%。三是实施商标专利“提速工程”，积极推进全县特色优势产业转型升级和高质量发展。指导甘肃圣源中药材有限公司牵头组织对“渭源白条党参”申请马德里国际商标。全县万人发明专利拥有量为0.36件，占任务指标的97%。专利申请171件，占任务指标的100.6%。专利授权70件，占全年任务指标的140%，商标申请191件，商标注册142件，全县商标有效注册量687件。四是扎实推进网络交易监管，不断改善广告环境。不断推进“以网管网”，加强对网上非法野生动物及其制品交易行为的监测，积极开展“2020网剑行动”、防范电信网络诈骗活动，全力推进动产抵押登记工作，加大广告市场整治力度。出动执法人员102人次，办理动产抵押登记3家，约谈35人次，检查重点场所及经营门店19个，检查重点领域各种广告35条次，责令整改违法广告6条，立案查处广告违法案件1件，罚没款0.2万元。五是加快信用体系建设，完善分类监管机制。定向抽查各类市场主体1837户，下发责令改正11份，给予警告120家，立案查处8起，抽查结果100%录入协同监管平台。完成了监管事项目录清单认领744条，梳理585条，录入行政检查行为信息13446条、行政处罚行为信息137条、其他行为信息9条。

5.聚焦事中事后监管，完善市场监管机制。一是加强市场监管法治建设，提升全系统干部职工业务素质。印发了《行政执法公示行政执法全过程记录重大行政执法决定法制审核“三项制度”实施方案》《2020年法治政府依法行政工作要点》。全年共开展执法培训2次，参加省局组织的视频培训5次，执法案件100%录入执法信息公示平台，对随机抽取的42份案卷进行了评查，提升了办案水平。二是强化宣传，充分发挥网络平台舆论阵地作用。建立健全了新闻宣传制度，加强宣传队伍建设，在县级以上媒体发布信息67条，微信公众号发布动态信息252条，公布行政处罚信息11期。特别是今年10月23日，最高人民检察院官方微博、官方微信公众号发布了“走进一线检察官：一号检察建议的渭源实践”，真实记录了我县加强学校食品安全的各项有效举措和成果。2020年9月21日，《渭源县全面深入整治“舌尖上的浪费”的创新举措》在中共甘肃省委办公厅《甘肃信息要事跟进（第822期）》发布，得到了省委、省政府领导的充分认可。三是建立健全规章制度，综合协调突发事件应急管理工作得到加强。结合县情，对食品药品安全、安全生产、大规模从事传销、严重自然灾害等重大突发事件，明确了详细具体、操作可行的应对措施，对食品药品特种设备应急预案进行了修订，开展应急培训1次，组织有关应急演练2次。

*6.聚焦提升非公党建工作，助推县域经济发展。*按照“应建必建、全面覆盖”的原则，不断扩大非公经济领域党组织覆盖面，新建党支部2个，现有非公企业党支部16个，党员79人，党组织覆盖率为87.3%，党的工作覆盖率100%；持续开展“千企帮千村、党建促脱贫”“千名干部进企业、精准帮扶促发展”等行动，对“不忘初心、牢记使命”主题教育整改落实情况进行了“回头看”，不断提升了全县非公经济组织党建工作水平。

*7.聚焦消费维权处理，进一步改善了消费环境。*结合常态化疫情防控工作，积极创新宣传形式，全面开展“3·15”消费者权益日宣传活动。组织辖区内企业、超市、酒店等市场主体利用LED显示屏广泛宣传2020年消费年主题、消法、消费者权益保护法，增强消费者依法维权意识和经营者诚信兴商意识。全县共受理消费者投诉举报332件，办结率为100%，调解成功率91.5%，为消费者挽回经济损失12.6万元，已立案6件，罚没款0.63万元。

【获奖情况】

2020年3月，局机关党支部被县委组织部评选为“最美帮扶机关党支部”。支部书记曹登铭被市委组织部表彰为市场监管暨疫情防控工作中表现优秀、成绩突出的优秀党员。

【领导名录】

党组书记、局 长：曹登铭

党组成员、副局长：赵旭红（4月止）、姚希贤（11月止）、陈维民、何艳屏（女）

党组成员、纪检组长：卢淑霞（女，4月止）

党组成员、县市场监管综合行政执法队队长：杨效义（11月止）、姚希贤（11月任）

（供稿：县市场监督管理局）

应急管理

【概况】渭源县应急管理局现有各类工作人员58名，其中公务员12名，事业人员29名，公益性岗位17名。下属4个事业单位：职业安全健康监督队、综合性应急救援中队、应急救援指挥服务中心、安全生产监察执法大队。主要承担安全生产、防灾减灾救灾、应急管理等工作。

【安全生产】

*1.安全生产四项指标情况。*2020年全县共发生生产安全事故2起，均属于道路交通事故，死亡2人，直接经济损失0.2万元。同比事故起数下降50%；死亡人数下降50%；受伤人数、经济损失大幅下降。

*2.全面推进企业本质安全体系建设。*坚持把标准化和“双体系”建设作为“防风险、除隐患、遏事故”、提高本质安全的有力抓手，年初确定4家示范企业（渭源县顺达燃料有限责任公司，中国石油甘肃定西销售分公司渭源城东加油站，西安华通新能源股份有限公司渭源县分公司，渭源衡顺堂药业有限公司）的创建工作进展顺利。

*3.高危行业整治情况。*危险化学品专项整治共检查加油气站14个次，发现问题隐患27项，已全部整改。紧盯工贸行业安全生产21项重点检查事项，对全县35家（砂厂和砖厂）工贸企业进行检查，发现问题337项（其中自查问题156项，执法检查181项），完成整改314项，整改率

93.2%。印发《渭源县火灾防控百日集中整治工作方案》，组织召开物业小区、消防重点单位、物流企业、消控室单位负责人约谈会6次，联合相关行业部门开展高层建筑专项整治，检查单位298（家、次），发现和督改隐患309处，依法临时查封1家，责令三停1家；对人员密集场所、居民楼院、小微企业和农村消防安全等重点区域进行全覆盖排查。组织开展消防安全警示教育大会和疏散逃生演练，增强消防安全意识，提升自防自救能力。深刻吸取岷县茶埠镇等地发生的道路交通事故教训，开展道路交通安全百日集中整治，共出动警力230多人次，上路检查各类机动车2200余台次，查处交通违法行为39起。普速铁路安全隐患综合治理方面，33条问题已完成整治销号。

4.保驾护航脱贫攻坚。由县人社局牵头，人社、应急局等相关部门配合，开展了消防安全生产知识培训，对全县25家扶贫车间开展隐患排查治理，加强了扶贫车间场所内部的巡查，督促落实防火巡查制度，有效提高了扶贫车间等系统应对应急和消防的能力，进一步筑牢扶贫车间安全防线。

【防灾减灾救灾】

1.积极应对突发事件。在“8.13”洪涝灾害发生后，县委、县政府第一时间实地查看、调研指导抢险救灾，建立县级领导包抓乡镇防汛救灾工作责任制，及时启动应急响应，共调拨救灾帐篷92顶、床83张，组织群众转移避险，确保了人民群众的生命安全。9月4日晚，上湾镇周家窑村池湾社发生山体滑坡，积极采取应急措施，未造成人员伤亡。

2.准确上报灾情。2020年，全县共发生自然灾害8次，灾害造成16个乡镇77232人受灾，农作物受灾面积1720.55公顷，造成道路、市政工程等基础设施受损，直接经济损失共计20359.38万元。特别是8月以来，多次出现大范围降雨过程，发生严重洪涝灾害引发多起地质灾害，造成农村居民住房倒损共计475户1130间，道路、市政工程等基础设施受损严重，造成直接经济损失18740.37万元。县应急局统筹把关，准确上报各类灾情数据，为上级部门全面准确掌握灾害情况和制定灾后重建规划提供了第一手翔实资料。

3.及时救助困难群众。及时制定《渭源县“8.13”洪涝灾害受灾群众生活救助方案》，联合住建部门及时指导131户灾后重建户开展重建，确保救灾资金用在刀刃上上级累计下达房屋重建资金696.5万元，130万元补助资金已发放到位。2019—2020年度冬春生活救助总投入1009万元，救助农户25439户，其中实物救助7880户，现金救助17659户。

4.严防森林草原火灾。及时召开全县森林草原防灭火工作会议，印发《关于加强森林草原防灭火工作的通知》《关于开展野外火源专项治理行动的通知》《关于印发打击森林草原违法用火专项行动方案的通知》，紧盯重点时段，层层压实责任，完善防控体系，落实领导分片包干制，强化督导检查，把防控责任分解到公墓、坟场、山头、地块等区域，对重点人群和野外用火进行严格管控。通过在重点林场群众赶集日发放森林草原防灭火宣传单，在微信、公众号等新媒体发布宣传短视频，在重点时段群发警示短信等方式，全面提升全社会森林草原防火意识和能力。针对3月19日锹峪镇裕丰村河沟社和5月1日锹峪镇永丰村和乔阳村交界处森林火灾问题，准确掌握火灾起因，研究制定《渭源县森林火灾督办问题整改方案》进行相关处理和评估。

5.创建标杆，示范带动。按照社区申报、考察推进、评审考核等程序在全县范围内进行了评比筛选，将上湾镇侯家寺村申报为省级综合减灾示范社区，有力推动了全县综合防灾减灾工作的提升。

【应急管理】

1.深化应急改革，健全应急机制。成立由县委、县政府主要负责同志共同担任主任的县应急管理委员会，下设县安全生产委员会和县防灾减灾救灾委员会，县防灾减灾救灾委员会下设县防汛抗旱指挥部、县森林草原防灭火指挥部、县抗震救灾指挥部（县防震减灾工作领导小组）、县地质灾害应急指挥部，办公室均设在应急管理局。制定各机构的议事规则和职责职能以及《渭源县气象因素引发自然灾害防御救援和灾情统计工作制度》《森林草原防灭火工作规则》《防汛成员单位职责》。各乡镇社会管理和应急管理办公室全部完成组建，人员全部配备到位，各项工作有序开展。

2.统筹物资保障，理顺运行机制。对全县社会资源进行了摸底调查，已统计各类社会物资7大类112种。排摸出各类设备8大类79种。理顺应对机制，积极应对灾害灾情，特别在疫情期间紧急调拨各类救灾物资906件（台、套），其中单帐篷210顶，棉帐篷250顶，折叠床252张，被褥99床、炉具95套。在防汛期间调拨帐篷92顶。加强应急物资使用的跟踪指导服务。未雨绸缪，做好应急物资储备，中央防汛物资储备资金50万元、县级财政防汛物资储备资金14.8万元已完成招标；中央应急物资储备资金150万元，已将采购计划函告粮食和物资储备中心进行集中采购。

3.强化应急演练，推进预案编制。修订完善了《公共突发事件总体应急预案》和自然灾害、生产安全事故、公共卫生事件、社会安全事件等专项预案4项，防汛、地震、民航航空、气象、教育、特种设备等部门预案14项。16个乡镇均开展了防汛应急演练或森林草原防灭火演练，各类学校开展了防震、防溺水、防交通事故等突发事件应急演练，310国道项目部、高速公路收费管理站、定临高速公路项目部等企业开展了火灾、高处坠落、交通事故等应急演练，加油站等危险化学品经营企业开展了火灾应急救援演练。全国“消防宣传日”宣传期间，举办了“安全生产+消防演练”活动。

4.加强队伍建设，提高应急能力。加强基层应急力量，提高综合应急能力。积极组织应急局和乡镇应急管理分管领导业务人员参加应急管理大讲堂培训9期，参加全省应急管理系统干部网络培训班，有效提高应急管理专业工作能力。各乡镇都设有灾害信息员、地质灾害群测群防员、山洪灾害信息员、气象信息员和地震速报员等各类应急人员535人。

5.借鉴巉口模式，提升基层管理。按照“资源共享、数据互通、应用共联”原则，持续推进视频监控全覆盖和应急救援管控中心建设，在上湾、会川、路园、锹峪已建成的基础上逐步达到乡镇全覆盖。进一步推进乡镇综治和应急管理有效整合，提升基层治理水平。

6.狠抓宣传教育培训，推动全民性的事故灾害防范教育体系建设。扎实开展“安全生产月”活动，特别是在6月24日君山广场开展了“2020年安全生产月咨询日”集中宣传活动，各乡镇在本地同步进行了宣传教育活动。积极参与应急管理网络知识竞赛。认真组织了“5·12”全国防灾减灾日和“国家安全日”活动。广泛开展“五进”活动。深入乡镇进行冬季用电、煤炭及森林草原防火等安全宣传，进一步提升了民众全面防火的意识和自救能力。举办高层建筑消防安全治理为民办实事器材装备配发暨“119”消防宣传月活动启动仪式，进一步提高广大人民群众的消防安全意识。

7.安排部署自然灾害综合风险普查。在省、市第一次全国自然灾害综合风险普查工作办公室的直接指导下，严格按照普查工作要求和部署，第一时间成立渭源县自然灾害综合风险普查领导小组，设置办公室，建立健全各类普查工作制度，组建工作专组，科学筹划，精心组织，为第一次全国自然灾害综合风险普查试点工作有力有序推进打好基础。

【放管服改革】修订完善《政务服务事项目录清单》，共有10项行政审批事项进驻政府大厅，其中3项为行政许可事项，3项为行政给付，3项为其他权力事项，1项为行政奖励。压减审批环节，重点对烟花爆竹零售许可事项审批环节进行压减，由原来的4个压减到1个，办理时限压缩为即办件。对危险化学品经营许可证核发、烟花爆竹经营许可证核发等10个事项审批环节由原来的6个压减到4个，对审批时限进行了再次压缩，将法定的45个和25个工作日压都缩为5个工作日办结。

【领导名录】

党组书记、局长：王鹏宇（4月止）、李盛（4月任）

党组成员、副局长：陈维军、白建军（4月止）、王元贵（4月任）

党组成员、县地震局局长：贾军凯

党组成员、县消防救援大队大队长：常宪德

应急救援指挥服务中心副主任：袁世宏（11月任）

（供稿：刘宏斌；审稿：袁世宏）

消防救援大队

【概况】渭源县消防救援大队现有干部4名。受县应急管理局委托，县消防救援大队代管渭源县综合性应急救援中队，县综合性应急救援中队现有工作人员30名，其中县事业编制人员13名，公益性岗位人员17名。配备执勤水罐消防车2台，各类器材装备804（件、套），担负全县16个乡镇的防火、灭火和抢险救援任务。

【灭火救援】2020年以来大队共接警出动82起（其中火灾类66起、抢险救援类10起、社会救助类6起），抢救被困人员21人。全年未发生人员伤亡及较大以上火灾。

【队伍建设及管理教育】新招录公益性岗位消防队员12名，全部通过支队集训投入执勤。坚持从难从严、从实战需要出发，全员参与岗位大练兵，按纲施训、科学组训、安全施训，全员体能及业务技能考核达标，队伍整体素质和综合战斗力稳步提升。采购救生衣、抛投器、风力灭火机、割灌机等装备器材共计69件（套）。以“两严两准”为主线，强化管理，树先争优，大队申请创建县级精神文明单位，1名消防文员评为总队“优秀共产党员”，1名专职队员评为“全县疫情防控优秀青年个人”，1名专职队员入选“全县敬业奉献模范”候选人。

【火灾防控】一是紧盯消防安全专项整治三年行动，扎实开展消防车通道、高层建筑消防安全治理、火灾防控百日集中整治等专项活动，主推行业部门监管责任，消防责任体系逐步完善。2020年大队累计“双随机”检查单位331（家、次），督促整改火灾隐患或违法行为346处，依法临时查封1家、责令三停1家、行政处罚24家。二是督促社会单位落实主体责任，全县43家消防安全重点单位全部落实户籍化管理，消防控制室累计持证上岗83人，投入使用高层建筑接入物联网监控平台41幢、签订维保合同39份，推动安装联网型独立感烟探测器852个，22个住宅小区全部完成消防车通道标线标志工作，火灾防控基础有效夯实。三是大队充分利用“119消防宣传月”等节点，多种形式开展消防宣传进党政机关、小区、学校等活动，营造消防宣传浓厚氛围，在辖区各类场所累计开展消防宣传培训80余次，发放消防知识宣传资料10000余份、张贴消防安全宣传海报1500余份。

【领导名录】

大队长：常宪德（6月任）

副大队长：常宪德（6月止）

政治教导员：宋冬（6月任）

副政治教导员：李旭琰（6月止）

（供稿：陈林；审稿：宋冬）

自然资源管理

【概况】渭源县自然资源局加挂渭源县林业

和草原局、渭源县不动产登记管理局、渭源县绿化委员会办公室牌子。现设局长1名，副局长2名，局机关内设办公室（行政审批服务股）、耕地保护与国土空间综合股、生态修复与矿产地质综合股、林业和草原股；下属土地执法队、土地储备中心、土地交易中心、不动产登记中心、国土空间规划中心，清源国土资源中心所、会川国土资源中心所、莲峰国土资源中心所、北寨国土资源中心所、田家河国土资源中心所等10个事业单位。

【城乡建设用地增减挂钩】针对2020年城乡建设用地增减挂钩项目，根据《定西市自然资源局关于加快推进城乡建设用地增减挂钩工作的通知》精神，对全县16个乡镇217个村进行了排摸统计，编制了《渭源县北寨镇、莲峰镇等16个乡镇城乡建设用地增减挂钩项目实施方案（2020年）》，项目拆旧区涉及北寨镇、莲峰镇等16个乡镇138个行政村，拆旧区454个地块456户。拆旧区总面积180.59亩，全部完成拆除复垦，市县进行了验收并通过省级举证及备案工作，交易资金收入5400万元已拨付。

【耕地保护】全县耕地保有量86170公顷（下达耕地保有量指标84482公顷），基本农田保有量67460公顷。在政府层面与16个乡镇政府签订了《耕地及永久基本农田保护目标责任书》，制定印发《渭源县乡（镇）政府耕地保护责任目标考核办法》，继续将耕地和基本农田保护纳入政府目标管理。开展了永久基本农田补划，编制了《永久基本农田补划方案》，共补划基本农田66977.81亩。

【土地资源】渭源县行政区域总面积205349.04公顷，其中，耕地86171.48公顷，园地28.12公顷，林地53588.12公顷，草地40048.24公顷，城镇村及工矿用地8330.38公顷，交通运输用地3060.25公顷，水域及水利设施用地2482.68公顷，其他土地11639.77公顷。

【地质灾害防治】加强了汛前排查排摸工作，向各乡镇下发《关于加强地质灾害防治工作的通知》，补充完善《渭源县2020年地质灾害防治方案》，为各隐患点农户发放了融合地质灾害防治知识、地质灾害防灾“两卡”及防灾减灾预案为一体的《防范地质灾害，构建美好生态家园》宣传挂历，为每位监测员送去了《给地质灾害隐患点监测员的一封信》和慰问品。建立了“一点一表、一点一案、一点一图、一点一档、一所一册”的地质灾害防治“五个一”工程。

【生态环境保护】编制完成《渭源县矿产资源总体规划（2016—2020年）局部调整方案》，并通过专家评审。印发《渭源县“举一反三”纵深推进矿产资源领域违法违规行为暨矿山地质环境破坏整治行动工作方案》并推进落实，有效规范了矿业开采秩序。

【测绘与地理信息】加强依法行政工作，健全测绘管理机构，强化测绘地理信息市场监管。加强测绘地理信息成果应用，推动地理信息产业发展，积极开展国家版图意识宣传教育，积极推动测绘地理信息成果为政府决策、经济建设服务及应用。加强基础测绘管理与实施，联合县发展和改革局编制年度基础测绘计划。开展测绘地理信息宣传、报道及法律法规培训，开展了“8·29”测绘宣传日“规范使用地图、一点都不能错”，加强国家版图意识宣传教育，引导社会各界更加关心、理解、支持测绘地理信息工作，为测绘地理信息事业发展营造了良好的环境。

【不动产登记】年内颁发各类不动产产权证书30443本，不动产证明6755份，其中农房方房地一体确权发证18114本，颁发其他不动产产权证书5574本。加快农房补充调查及房地一体确权登记发证工作，我县16个乡镇217个行政村约78255宗农房，截至2020年12月31日，颁发农村宅基地证书75327宗，其中房地一体不动产产权证书18170宗，发证率99.1%。

【土地储备交易工作】储备国有建设用地15宗，储备面积21.0242公顷。以公开出让方式供应国有建设用地使用权9宗，出让面积11.5公顷，土地出让价款1.77亿元。

【国土空间规划】完成渭源县国土空间总体规划公众参与调查问卷、县直部门及乡镇资料收集以及渭源县国土空间综合整治与自然资源开发利用等10个专题的初稿，按照市级国土空间规划编制指南同步开展县域国土空间规划。2020年11月，全面启动15个乡镇的国土空间总体规划编制工作和62个重点村的村庄规划编制工作完成了调研摸底工作。

【领导名录】

党组书记、局长：董麒

党组成员、副局长：韩胜前（12月止）、边小军、马世虎（回族）

党组成员、国土空间规划中心主任：王原平

党组成员、林业和草原中心主任：姬平

党组成员、四级主任科员：程俊林

党组成员、土地执法队队长：李新斌

（供稿：张小会）

城乡建设与生态环境保护

住房和城乡建设

【概况】 渭源县住房和城乡建设局内设城建股、村镇股、房管所、质监站、城市建设投资中心、房屋征收中心等股室，辖市政服务中心、正煜供热中心、给排水公司3个事业单位。2020年，住建系统建设项目固定资产投资累计完成9.14亿元；房地产销售面积10.35万平方米，房地产单位从业人员215人，劳动者报酬685.1万元。

【危房改造】 危房改造全面推进，紧紧围绕贫困户“住房安全有保障”要求，全面实现“危房不住人、住人无危房”。开展巩固农村危房改造冲刺清零后续行动，按照“巩固成果、提升水平、动态监测、应改尽改”原则，完成动态新增17户农村危房改造工作。补齐住房短板，实现危房“清零”。全面开展“四有人员”户危房集中整治行动，对1007户“四有人员”危房户分类制定整治措施，完成整治工作并通过县乡两级验收。克服灾情影响，对纳入灾后重建计划的143户因灾受损户逐户进行鉴定核查，制定措施，全力开展恢复重建工作。规范操作程序，精准确定危改对象，严把危改标准，杜绝超标准建房现象发生，完善村户资料，建立健全危改档案资料。完成甘肃省农村危房改造三年行动农户档案检索系统和脱贫攻坚住房安全有保障核验信息的数据录入工作，做到了账账相符、账实相符。强化危改政策宣传，每年组织专业技术人员开展农村危房改造政策宣传及技能提升培训，及时妥善处理农村危房改造的信访、投诉、举报事件，有效提升农户对危房改造的满意率和认可度。全面抓好问题反馈整改工作，共完成中央和省市县脱贫攻坚巡视、巡察、检查反馈涉及住房安全的19个牵头问题的整改工作。

【项目建设】 2020年，谋划实施城建项目26项，总计投资39.5亿元，当年计划完成投资15.93亿元，其中，续建项目8项，2020年计划投资5.05亿元；新建项目18项，2020年计划投资10.88亿元，完成投资12.9亿元。完成北环路东段棚户区改造建设项目四期72户（共74户）房屋征收工作。完成城市危房改造26栋1121套住宅楼，其中县城区773套，会川镇348套。

【全域无垃圾】 督促各乡镇先后组织开展全域无垃圾综合治理工作800余次，对省厅无人机航拍反馈672处垃圾堆放点，督促各乡镇及时完成整改销号。在县城区启动实施生活垃圾分类处理系统工程，完成项目选址、可研编制及审批，正在进行环评建设130座卫生公厕，全部投入使用。

【市政服务】 市政管理全面加强，2020年县城区清扫保洁总面积108.5万平方米，机械化清扫率达到60.65%。实施县城区生态景观加密提升工程，共计栽植各类绿化苗木59.9万株。对城区已建成运行的7座停车场加强管理，规范县城区部分道路临时停车管理，城市管理水平得到有效提升。

【建筑工程安全质量监督】加大执法检查力度，切实强化建筑工程质量和安全管理，开展安全质量监督检查48次，下发《安全质量问题清单》48份，发现安全质量隐患398条，并严格督促各施工单位进行整改；下发《责令停工通知书》3份，《行政处罚决定书》3份，处罚金额33万元，全额上缴。新建住宅工程质量典型问题预防和治理覆盖率达到100%，住宅工程质量水平明显提高。

【供热管理】2020年，实施会川镇城区集中供热工程，新建1台46兆瓦燃煤热水锅炉及配套设施，正常运行供暖，并成立会川益民供热有限公司进行经营管理。推进生产经营类事业单位改革工作，规范集中供热运营管理，注册成立渭源县正煜供热有限公司，公司成立后原县供热中心债务债权业务同时划转到渭源县正煜供热有限公司。督促各供热企业提前着手做好供热物资储备，从保障民生出发，全县于10月23日提前对具备条件的小区、单元楼开始供暖。全县集中供热工作整体运行平稳。

【供排水】渭源县城区生活污水处理厂提标改造工程项目于2020年3月18日开工，完成3000立方米调节池、配电间风机房、产水泵房及污泥处理车间的主体工程、2号氧化沟全部拆除，并完成AAO+MBR池的主体及封顶。配电柜、搅拌机、闸阀及软连接等管材已进厂待安装。完成工程投资249.39万元，占工程总投资的60%。新增自来水用户100户，其中河口村单家泉社自来水入户安装70户。县城区供水普及率稳定在98%以上。配合城市危旧房改造，对县委县政府家属楼、县医院家属楼等住宅楼用水设施进行提升改造。更换新型智能水表594块，有效提升用户生活条件，降低自来水漏损率。

【“放管服”改革】深化“放管服”改革，优化营商环境。共取消行政审批项目4项，承接省市下放行政审批项目22项，调整为备案制管理项目1项，梳理可承诺制办理的政务服务事项共3项。加快推进工程建设项目审批系统与一体化政务服务平台系统对接，运用定西市工程建设项目管理系统对建设项目进行网上办理，按照建设项目审批从立项到竣工验收审批时间压缩控制在120个工作日以内的要求，积极主动衔接建设单位和施工单位，采取“不见面”网上办理的方式，加快建设项目手续办理进度。该系统上线运行以来共办理工程建设项目192个。推进运用互联网+模式对行政许可、行政处罚等政务信息进行公开，加强部门政务监管信息互联共享渠道，推动转变部门职能。在甘肃省执法信息公示采集系统公示政务信息41条。

【领导名录】

党组书记、局长：李德麟

党组成员：贾卫勇、段耀武、魏兴奎、谢峥勇、王鹏宇（4月任）、黎刚（回族）

副局长：贾卫勇（9月止）、段耀武（11月止）、魏兴奎、谢峥勇

市政服务中心主任：黎刚（回族）

市政服务中心副主任：文海红（11月任）

（供稿：郭济平）

供排水有限责任公司

【概况】渭源县给排水公司始建于1989年，隶属县住房和城乡建设局管理，单位性质为国有企业。根据渭源县分类推进事业单位改革工作领导小组《关于印发〈渭源县供排水有限责任公司和污水处理厂改革方案〉的通知》精神，2020年8月至11月对县供排水公司及县污水处理厂进行清产核资和财务审计，经2020年11月30日县政

府第104次常务会研究，同意成立渭源县供排水有限责任公司。现有职工41人（包括污水处理厂10人），其中正式职工33人，大学生进企业4人，临聘人员4人。公司下设污水处理厂、五竹净水厂、办公室、水费收缴稽查股、财务室、工程安装维修队等6个股室。

【供水范围】供水范围包括县城区及周围清源镇河口村、柯寨村、张家湾村部分住户、路园镇锹家铺村部分住户、东湾村部分住户，供水总户数1.1万户（其中到户收费户5600户，智能表用户6000户），城区供水覆盖面为97%。水厂及供水系统是2006年建成并投入使用的，设计供水能力0.75万立方米/天，目前水厂供水量为0.58万立方米/天。主要担负着县城约4万多人的生产、生活用水。

【供水规范化管理】县城区供水水源为峡口水库库水，距离五竹镇西侧约2公里，总库容745万立方米，水质好，符合城区饮用水取水标准。水处理设施及输配水设施包括：位于五竹镇的净水厂1座，位于县城区西侧的高位水池1座，输配水管网48公里，县城区供水普及率为97.5%，服务用户约11600户。为加强对水源地的管理，及时掌握供水水质状况，制定完善水质管理制度和水质信息报送制度，并由县卫生健康局每季度对城区水源水、出厂水及用户末梢水进行分析监测，确保供水水质达到GB5749-2006饮用水卫生标准，所供水质稳定，没有出现超标现象。全力保障水厂运行，建立了水厂质量控制体系，制定供水设施和设备日常保养、定期维护、大修理三级维护检修制度，对发现的设备故障及时抢修，使设备完好率达到95%以上。建立健全巡回检查制度、安全防护制度和事故报告制度度，设立安全生产专职监管人员，安装在线监控系统，做到24小时值班值守。建立健全供水服务与投诉监管制度，实行24小时值班制度，全力解决用户投诉问题。加强应急管理能力，2020年5月，在五竹水厂举行防恐防暴应急演练，达到了预期效果。

【领导名录】

党支部书记：陈金柱（10月止）

经理：段耀武（11月止）

副经理：辛廷贵（11月止）、王新荣（11月止）、李军峰（11月止）

（供稿：贾渭红）

住房公积金管理

【概况】渭源县住房公积金管理部成立于2003年1月，隶属定西市住房公积金管理中心，现有在岗职工7人，其中党员2名。管理部内部岗位主要按归集、信贷、提取业务要求设立。

【住房公积金归集】正常汇缴单位191个、正常汇缴职工10112人，其中：财政代扣行政、事业单位175个，9666人；省、市驻渭单位及企业有14家，446名缴存人。2020年，共归集住房公积金17659.23万元（含6月30日为住房公积金缴存人结息934.56万元），渭源县管理部已累计归集住房公积金120512.20万元，当前公积金余68263.71万元。

【住房公积金提取】全年办理各类公积金提取业务1855人次、11640.78万元，占全年归集额的65.92%。全年转入本县25人，转入公积金165.69万元；全年本县转出47人，转出公积金308.90万元。2020年底，累计为14782人办理住房公积金提取业务，累计提取53416.02万元。

【住房公积金贷款】全年发放贷款377人，发放金额12489万元。当年收回贷款7085.61万元。累计发放贷款5626人次、92982.61万元，累计收回贷款53526.30万元。住房公积金累计贷款余额39456.32万元。公积金个贷率达到57.80%，逾期率0.28‰。

【公积金改革管理】全力推行“定西市住房公积金管理中心公众号”“定西市住房公积金管理中心网上大厅”等互联网业务服务，缴存业务从年初就实现全部网上办结，提取、信贷业务接中心网办通知后，提取业务除非本人业务外全部实现线上办理，信贷业务共办理206笔，线上办理182笔，线上办结率88.35%。

【领导名录】

副主任：马振国、杨建平

（供稿：孙亮）

城市管理综合执法

【概况】2020年8月，县委机构编制委员会下发《关于渭源县住建局科级事业单位人员编制及领导职数的通知》，将渭源县综合执法局更名为渭源县城市管理综合执法局，隶属县住建局。内设办公室、法制宣教股、监督监察股3个股室，下设市容市貌管理执法大队、城乡建设执法大队、环境卫生执法大队3个执法大队。2020年3月，划转出执法权231项，8月份将水利水保执法大队划转到县水务局。现有执法人员41人，其中党员31名。主要履行城市市容管理、市政管理、城市环保、城市规划管理等8个方面的48项行政处罚权和户外广告设置、临时占用城市道路等方面4项行政审批权。2020年，共收缴各类罚款38.33108万元，全部进行上解。

【市容交通秩序】通过采取网格化管理措施和错峰上下班管理模式，进一步加大对乱泼、乱倒、乱堆、乱放的“四乱”违法行为和占道经营、乱摆摊点违法的巡查整治力度。全年共计查处城区水果蔬菜摊点和沿街商铺占道经营行为316起，取缔流动摊点248家，处罚12起，警告300余起；与临街单位、店铺重新签订《门前“五包”责任制》1128份；拆除危旧门头牌匾11块，其他广告牌33块，破旧条幅、标语320余条。按标准设置门头牌匾36家；清除建筑物墙体、电线杆张贴的各类小广告、“牛皮癣”1.3万余条。按照保障安全、方便群众、合理布局的原则，设置临时经营地摊区三处，共计安置临时摊点160个。

【违法建设行为查处】按照“全覆盖、无空白”管理原则，突出现场制止措施。全年共计巡查查处在宅基地内实施违法建设的行为12起。巡查发现未取得土地使用许可相关手续在耕地内实施的违法建设行为为15起，全部进行现场制止停止建设。报请县政府同意后，依法强制拆除耕地内违法建筑3起216平方米，通过强有力管控，违法建设数量逐年下降。

【环境卫生质量】通过与建筑工地签订《规范文明施工责任书》，与砂厂、商砼搅拌及煤场站签订《城区建筑运料（商砼）车辆规范管理责任书》和《城区煤炭运输车辆规范管理责任书》，进一步加大执法检查力度，全年责令整改、批评教育轻微违法人员30人，立案调查并依法处罚6起，全部从严从重进行处罚，有效减少了拉运车辆沿路抛洒遗漏和带泥上路行为的发生，净化了道路出行环境。

【领导名录】

党组书记、局长：李盛（4月止）、王鹏宇（4月任）

党组成员、副局长：张雯娟（女）、周小华

市容市貌管理执法大队大队长：张龙

城乡建设执法大队大队长：袁高彦

环境卫生执法大队大队长：李新平

（供稿：张凤生；审稿：张雯娟）

生态环境保护

【概况】市生态环境局渭源分局现有在职职工24人，隶属市生态环境局、渭源县委县政府双重管理，承担全县生态环境保护职能。

【生态环境保护】

1.**水环境质量**。通过定西生态环境监测中心对县域生态功能区渭河进口、出口断面和峡口水库、漫坝河集中式地表饮用水水源全年监测数据来看，末梢饮用水水质达到饮用水质《地表水环境质量标准》（GB3838-2002）Ⅲ类标准，达标率100%。

2.大气环境质量。2020年度，可吸入颗粒物（PM10）、细颗粒物（PM2.5）浓度、二氧化硫、臭氧浓度均值均控制在57微克/立方米、26微克/立方米、11微克/立方米、117微克/立方米，优良天数比率达到97.2%以上，均控制在市政府下达的年度目标要求之内。

3.土壤环境质量。委托第三方机构完成路园镇胜利村、庆坪镇庆坪村、会川镇本庙村的农村环境质量监测试点工作，土壤环境质量保持稳定，符合《土壤环境质量》（GB15618-1995）二级标准。

4.污染减排指标。完成“三改”3090家，锅炉淘汰共计55蒸吨；完成会川污水处理厂项目建设和县污水处理厂提标改造工程。

【污染治理】

1.大气污染防治。贯彻落实《甘肃省打赢蓝天保卫战三年行动作战方案（2018—2020年）》，会同有关部门开展大气、燃煤锅炉、燃煤、扬尘、餐饮油烟、工业企业废气、秸秆焚烧等污染治理。完成全县6台10蒸吨及以下燃煤小锅炉整治。督促县城区11个建筑工地严格落实施工现场围挡、工地物料堆放及土方覆盖、施工场地沙化或硬化、出入工地车辆冲洗、现场湿法作业、渣土运输车辆覆盖密闭6个100%措施，定期开展施工现场扬尘治理专项检查，达到扬尘防治的目标。严格落实黄标车限行措施，有效减少机动车尾气排放，全县黄标车及老旧车做到应淘汰尽淘汰。超额完成“土灶、土炕、小火炉”清洁能源改造3090户。督促县市场监管局严格按照《渭源县餐饮服务业油烟污染治理工作实施方案》，做到县城区及各乡镇镇区所有餐饮单位全部安装高效油烟净化设施并保障其正常运行。加强工业烟尘治理，召开砖瓦建材企业负责人集中约谈会议14次，全县16家砖瓦建材企业全部安装了脱硫除尘设施，其中8家安装了在线监测设施，1家已联网运行。加强秸秆和垃圾焚烧管理，有效遏制随意焚烧秸秆垃圾及地埂边沟杂草的现象，使辖区内空气质量有所改善。按照《渭源县煤炭销售市场整治实施方案》，配合相关部门对全县二级煤供网点、开展大排查、大检查，督促不合规煤炭经营企业限期完成整改，对体系外销售煤炭的行为依法进行查处，衔接清理取缔县城建成区燃煤茶浴炉、经营性小火炉，有效促进煤炭市场健康有序发展。

2.水污染防治。制定并印发2020年《渭源县水污染防治工作计划》，对全县138个入河排污口进行全面排查整治，确定排污口131个。定期不定期对渭河、漫坝河、秦祁河等重点流域巡查，并完善全县水污染防治数据库。谋划争取总投资2.3亿的洮河、渭河流域水污染防治项目和渭源县农村污水处理工程，并通过省生态环境厅专家论证。县城区生活污水处理厂提标改造工程完成建设任务并投入运行；莲峰镇污水处理厂完成项目建设任务的99%；会川镇污水处理厂正在组织环保竣工验收。完成上湾镇农村生活污水处理站项目建设任务和验收；在全县范围内开展农村黑臭水体排查摸底工作，未发现黑臭水体。

3.土壤污染防治。制定并印发《渭源县2020年土壤污染防治工作计划》，督促各相关单位认真落实土壤污染防治工作方案。编制印发了《县域农村生活污水治理专项规划》，全面开展土壤环境质量调查摸底工作，完成11个农村环境综合整治项目建设任务并投入使用。配合省市完成辖区内土壤环境质量监测点位采样，开展全县农村环境质量试点监测工作，监测数据均显示达标，全县土壤环境质量保持稳定。全县2020年度土壤环境重点监管企业共计2家。全面排查辖区内从事过有色金属冶炼、石油加工、化工、焦化、电镀、制革、医药制造、危险废物利用处置等行为企业关闭搬迁遗留地块，未发现危险化学品生产企业搬迁改造腾退地块。

【生态环境保护综合行政执法】

1.**环境监管方面**。按照《渭源县重点环境问题排查整治方案》《渭源县2020年“双随机”执法工作方案》，重点对县级58家一般监管企业和7家重点监管企业开展“双随机”执法检查工作110余次，对饮用水水源的保护专项检查7次，对旅游景区检查3次，对国家重点监控污染源县城污水处理厂开展了每月不少于4次现场执法监察；对县上确定的重点污染源金蛋蛋马铃薯科技有限责任公司、县医院、县二院、县中医院和一般污染源等72多家企事业单位进行了每月不少于1次的现场执法监察，规范现场监察记录，确保污染源染污治理设施正常运转和达标排放。

2.**环境违法行为查处方面**。严厉查处环境违法行为，消除环境污染隐患，分局对重点污染源、饮用水水源地、16家砖瓦建材、20家砂场及全县建设项目进行日常执法检查。督促20家砂场全部建设了三级沉淀等污染防治设施。对全县13件环境违法行为立案处罚，办结12件，共收缴罚款141.225万元。

【领导名录】

分党组书记、局长：陈强

分党组成员、副局长：张彬、刘宝

（供稿：马晶；审稿：刘宝）

社会事业

教　育

【概况】 2020年，全县各级各类学校343所，其中幼儿园159所（公办幼儿园137所，民办幼儿园22所）、小学65所、教学点89个、初中15所、九年制学校9所、特教学校1所、高级中学4所、中职学校1所。在校（在园）学生46588人，其中幼儿园（含学前班）10797人、小学18069人、九年制学校3485人、独立初中6440人、特教学校85人、普通高中6413人、中职学校1299人。教职工4193人，其中专任教师3934人，专任教师中幼儿园427人、小学及教学点1523人、初中1064人、特教学校22人、普通高中752人、中职学校146人。县教育局党委现设党总支18个，下设64个党支部，直属党支部35个。现有党员1269人，2020年新发展党员21人。

【学前教育】 建成省级示范性幼儿园1所，省一类幼儿园6所。学前三年毛入园率达到97.95%。

【义务教育】 全面消除了56人以上大班额。小学学龄儿童净入学率100%，义务教育阶段适龄儿童少年除因身体原因不具备学习条件外无失学辍学。

【特殊教育】 适龄残疾儿童少年295人，特教学校就读51人，普通学校随班就读160人，送教上门50人，完成义务教育13人，延缓入学9人，入学率达到95.9%。

普通高中招生1903人。高中阶段毛入学率96.5%。参加高考3281人，本科录取1578人，本专科共录取2731人。

【中等职业教育】 招生515人，毕业生261人，毕业生升入高等学校239人。

【成人教育】 甘肃广播电视大学渭源县工作站被评为全省新型城镇居民终身学习中心。参加自学考试43人，依托渭源县职业中等专业学校完成中药材炮制检验培训50人次，带动更多农村劳动力在家门口实现就业。

【民办教育】 民办幼儿园22所，在园幼儿3110人，教职工241人，其中专任教师167人。民办培训机构30个，其中2020年新审批设立10个。

【教师队伍】 录用教师62名，其中特岗教师43名、事业单位招录14名，引进紧缺专业教师5名。专任教师学历小学合格率100%，大专以上占90.02%；初中合格率100%，本科以上占86.37%；普通高中合格率98%，研究生占2.93%；中职学校合格率91.78%，“双师型”教师占32.58%。培训教师9678人次。

【教研教改】 省级课题立项41项，鉴定通过21项；市级课题立项54项，鉴定通过20项。组织20多名优秀选手参加全市中小学教师技能大赛，我县8人取得全市一等奖的好成绩；组织38名教师参加全省第一届教师基本功大赛参加省市比赛，其中37人获全省决赛一、二、三等奖；参加全省首届中小学（幼儿园）教师微课大赛106人获奖；全省教师论文大赛我县358人获奖；参加全省心理健康微课大赛26人获奖；开展“中小学技能大赛·观摩·评价·研讨·培训活动”4次16科；开展集团办学教学视导暨送教下乡活动9次；开展群文阅读、小学低年级写话教学、新高考培训等主题教研活动7次。

【办学条件】基本建设投资7939万元，新建、维修校舍总3.6万平方米，改造取暖2万平方米。校舍总建筑面积55.5万平方米，生均建筑面积小学11.83平方米，初中21.93平方米，普通高中19.06平方米。生机比小学4.99∶1、初中4.36∶1、普通高中3.68∶1。

【校园文化建设】以阳光体育运动和体育艺术“2+1”活动为载体，在全县中小学全面开展了以“发展特点项目，培养特长学生，创建特色学校”为主题的区域特色办学工作，定期举办田径运动会、越野赛、球类比赛、文艺汇演、书画展览等活动，活跃校园文化，促进学生全面发展。截至2020年，全县共创建全国青少年校园足球特色学校5所，全国校园足球特色幼儿园2所，全国青少年校园篮球特色学校4所，甘肃省快乐校园示范学校9所，甘肃省中小学德育示范学校16所。

【语言文字工作】举办“中小学（幼儿园）教师‘三字一话’教学基本功竞赛”“‘万众一心抗疫情·我与祖国共成长’主题征文书法绘画展示活动”等系列活动，组织师生参加了“第二届中华经典诵写奖大赛”，1人获省级一等奖；开展了第23届全国推广普通话宣传周活动和送教下乡活动，印发了《渭源县语言文字服务脱贫攻坚行动实施方案》，在未脱贫村开展了普通话培训。命名188所学校为语言文字达标校，达标率100%。

【教育管理】制定了《渭源县2020年学校布局调整规划》，新建县第四幼儿园、会川镇第二幼儿园投入使用，开始招生办学；将渭源县教师进修学校改办为渭源县教师发展中心，隶属关系、机构规格不变。印发了《渭源县职业教育改革实施方案》《渭源县关于全面深化新时代教师队伍建设改革的实施方案》《渭源县中小学幼儿园教师培养培训发展规划（2019—2023）》等制度，全面推进职业教育不断发展，加强新时代教师队伍建设，促进教师专业成长。对全县中小学、幼儿园进行了4次教学常规督导检查，有效规范了基层学校教学常规管理工作。强化学校安全管理，开展了校园周边环境排查整治活动，举办了学校安全管理人员专题培训班，开展了各类应急演练，创建了4所市级“平安校园”，县级平安校园实现全覆盖。

【领导名录】

市教育局驻渭源县督学：王建生（7月任）

党组（委）书记、局长：王建生

纪委书记：何雄

副局长：余伯荣（4月任）、李军（9月止）、王秋荷（女）

县教师发展中心主任：李军（9月任）

县教师发展中心副主任：龚兵兵（11月任）、陆暎（女，11月任）

县教研室主任：王秋荷（女，11月任，兼）

县教研室副主任：边雪燕（女，11月任）、单小平（11月任）

县政府教育督导室副主任：周建农

教师进修学校党支部书记：白随来（10月止）

教师进修学校校长：雍谋（11月止）

教师进修学校副校长：曹化清（11月止）、张星晔（11月止）、姚军（11月止）

（供稿：张静；审稿：余伯荣）

学生资助中心

【概况】渭源县学生资助中心成立于2007年12月5日，原名为渭源县学生资助管理中心，2019年4月更名为渭源县学生资助中心。2020年，变更为副科级事业单位，现有工作人员4人。主要工作职责为负责全县家庭经济困难学生资助各项工作，具体经办学前免（补）保教费、义教家庭经济困难学生生活补助、中职免学费和国家助学金及奖学金、高中免学杂费和国家助学金、省内高职（专科）院校建档立卡学生免学费和书本费、贫困大学生生源地信用助学贷款和新生入学资助、村干部学费代偿及其他社会资助项目。

【学前教育】减免省内公办幼儿园和普惠性民办幼儿园中具有甘肃户籍的在园幼儿保教费，按学期核算，春秋两学期共免除（补助）学前保教费20654人次1009.22万元，其中建档立卡幼儿5077人次295.75万元。

【义务教育】为城乡义务教育阶段家庭经济困难寄宿生发放生活补助（小学生1000元/学年、初中生1250元/学年），从2019年秋季学期起，将义务教育阶段建档立卡学生，以及非建档立卡的家庭经济困难残疾学生、农村低保家庭学生、农村特困救助供养学生等四类家庭经济困难非寄宿生纳入生活补助发放范围（小学生500元/学年、初中生625元/学年）。按学期核算，2020年共计拨付城乡义务教育阶段家庭经济困难学生生活补助18963人次582.34375万元，其中建档立卡17216人次529.68125万元。

【普通高中教育】对具有正式注册学籍普通高中家庭经济困难学生（含建档立卡家庭经济困难学生、非建档立卡的家庭经济困难残疾学生、农村低保家庭学生、农村特困救助供养学生）按照物价部门批准的收费标准免学杂费；优先为建档立卡等家庭经济困难在校学生发放高中国家助学金（每生2000元/学年）。按学期核算，春秋两学期共计免除高中学杂费3938人次148.658万元，其中建档立卡3477人次130.368万元；发放高中国家助学金4479人次447.9万元，其中建档立卡4018人次401.8万元。

【中等职业教育】为县职专全日制学历教育正式学籍一、二、三年级在校生免除学费（每生2000元/学年），为一、二年级在校涉农专业学生和非涉农专业家庭经济困难学生发放国家助学金（每生2000元/学年）。按月核算（全年10个月），共计拨付免学费12241人次244.82万元，发放国家助学金6524人次130.48万元。为县职专2名优秀在校学生发放中职国家奖学金12000元（每生6000元/学年）。

【高等教育】免除2020年秋季学期省内高职（专科）院校建档立卡学生学杂费和书本费1205人301.25万元（每生2500元/学期），为家庭经济困难学生办理国家生源地信用助学贷款5492人3616.3万元。配合团县委、民政局及各社会团体积极做好全学段各类爱心资助，实现了贫困家庭学生资助政策全覆盖。

【领导名录】

主任：王亚阵（11月任）

（供稿：王亚阵；审稿：李军）

渭源县第一中学

【概况】甘肃省渭源县第一中学始建于1943年，属省级示范性普通高中、省级文明校园。现有53个教学班，在校学生2588人。现有教职工254人，其中党员66人，专任教师244人。研究生学历15人，本科学历230人，大专学历1人；正高级教师3人，高级教师107人，中级教师96人，初级教师38人。全国优秀教师1名，陇原名师1名，特级教师2名，获省“园丁奖”教师3名，省级学科带头人1名，省级骨干教师9名，省级青年教学能手7名。

【一训四风】学校秉承“勤奋严谨、求实创新”的校训，大力倡导“厚德博学、爱生敬业”的教风、“勤学慎思、刻苦向上”的学风、“民主协作、与时俱进”的领导作风，创建“睿智笃学、团结奉献”的校风，坚持“以人为本、全面发展，使每个学生在一中都受到良好教育”的办学理念，把“争创陇上一流名校”作为学校的办学目标。

【学校管理】学校坚持社会主义办学方向，全面贯彻党的教育方针，围绕办学目标，致力于科学化、人文化、规范化、精细化管理。学校完善管理制度、健全竞争机制，完善岗位职责、强化内部督导，完善监督机制、实行校务公开，完善教学考核制度、加强常规检查，完善安全管理制度、保障师生平安，管理工作人性化、提升职业幸福感，齐心协力立德树人，稳步推进以提升人才培养质量为核心的内涵发展，在日常管理、教育质量、社会声誉等方面实现了稳步提升。当年慰问62位离退休教师和困难职工、看望13位有病教工及家属，向95位教职工发放了困难职工生活补助金。

【德育工作】学校以德育为本，以文明习惯养成教育为重点，走出了一条具有一中特色的科学、规范德育工作之路。坚持“四条主线教育”（以班级管理为主线的正面教育、以课堂教学为主线的学科渗透教育、以学生会和社团活动为主线的学生自我教育、以家长委员会为主线的社会教育），调动各方面的积极性、主动性、创造性，形成了学校、教师、学生纵向一体，学校、家庭、社会横向交融，课堂教育、课外教育、社会教育三者并举，党团组织教育相互补充的工作格局，架设了多渠道、全方位、立体化的思想教育立交桥，实现了思想政治工作的网络化。2020年9月下旬，学校举办了以“浓情中秋 欢度国庆”为主题的第十一届校园文化艺术节。艺术节活动内容丰富多彩，有学生文艺汇演，教职工排球比赛，师生摄影、书法、绘画等美术作品展览，学生广播体操、硬笔书法和手抄报比赛等，充分展现了师生的青春风采和精神风貌，推动校园精神文明建设迈上新台阶。

【教育教学】学校积极谋划拓展“一对一”结对办学的外延建设，强师德、铸师魂，全力打造新时代“四有”教师队伍，通过开展“新老教师结对帮扶”、“班主任经验交流”、“党员教师示范”、“新课程探究公开课”、同课异构等活动，促进教师专业水平的发展。组织教师积极参与教研科研活动，教师发表论文168篇；有120多名师生获得县级以上专业竞赛、综合表彰奖励，有5项省级课题、3项市级课题顺利结题，5项省级课题、1项市级课题立项。2020年毕业生毕业率为100%；高考文化课一本上线330人，上线率为30.90%，73人被“985”和“211”院校录取。

【特色校园】学校努力打造德育教育、地方文化、科技创新、国防教育、心理咨询、团学工作等“六项特色”，不断提高校园文化品位；按照“校园建设营造整体美、绿色植物营造环境美、师生佳作营造艺术美、人际和谐营造文明美”的思路，从设施建设、环境建设、文化建设、活动建设和制度建设五个方面入手，重点实施了校园文化建设提升工程，对教学区、办公区、生活区、活动区分类进行布置，设计了文化墙、新校标、主题橱窗等，对校园进行硬化、绿化、美化。同时，以规范师生行为为切入口，加强学校行为文化建设。以建设优良的校风、教风、学风为核心，举行形式多样的学校文化活动和礼仪教育，让学生学会守法，学会担当，学会感恩。

【基础建设】2020年，争取到普通高中改善办学条件项目175万元，更新了高考监控系统和听力设备，升级了校园广播系统，更换了校园监控设备，实现了校园监控全覆盖；给高三级教室安装一体机和投影仪18台，实现了全校通、优质资源班班通、教师网络学习人人通，提高了学校信息化水平，推进了智慧校园和智慧课堂的建设。争取渭锦佳苑为学校捐款30多万元，新修围墙、北校门和门房，改善了办学条件。

【合作交流】学校以“抓基础、抓落实、抓实效”为主题，组织渭源一中教育联盟同课异构及高考备考研讨活动3次，共上示范课30节，有13名教师在活动中获奖；有180位老师参加渭源县高考综合改革暨2021年高考备考全员培训活动；组织教师参加统编教材培训、新课标学习，组织全校教师全员参加网络专技天下集中研修，组织教师参加省市县培训368人次；2020年10月，组织12名教师到会宁县考察学习高中教育教学、新高考综合改革工作的工作经验、成功做法，近距离感受教育名校抓管理、促质量的浓厚氛围和精神力量。兰州外国语高中支教老师张辅良、徐竹顺利完成了为期一年的帮带任务，并分享交流了教学和班主任工作理念、经验。

【教育脱贫攻坚】学校狠抓支部共建，助力推进河口村党支部建设进程；坚持定期入户走访，及时宣传扶贫政策，增强贫困户主动脱贫的信心和意志。截至2020年底，帮扶清源镇河口村的118户贫困户，有117户脱贫、1户兜底。安排教师与河口村学生结对帮扶，进行学业、心理辅导，确保每名家庭困难学生都能考上一所好大学；依托国家春秋季高中生助学金、免学费补助、香港培苗助学金、加油木兰助学金等十类资助金，按照国家助学政策要求，对帮扶村品学兼优、生活困难的学生予以照顾。2020年，共发放资助金额454.096万元，为河口村在我校就读的17名学生累计发放各类各批助学金42760元。

【表彰奖励】2020年，学校被国家机关事务管理局、国家发改委、财政部确定为全国节约型公共机构示范单位；被省委办公厅、省政府办公厅命名为全省节约型公共机构示范单位；被县委、县政府评为全县教育工作先进集体、高考工作先进单位；李永红被评为全县优秀教育工作者；赵立春、贾丽娟、刘亚辉、王菊红等被评为全县优秀教师；尚晓东、张欣、马爱平等被评为全县优秀班主任；李瑞奎、雍录平、何立文、何春英等被评为全县优秀德育工作者；李强、刘文莉、张婷婷、邬霞萍、马雪峰、王春荷、魏永鑫、刘红玉、王瑞霞、卢国强、杨刚、李鹏飞等被评为全县教学质量优胜奖；马燕燕被评为全县教学质量进步奖。

【领导名录】

校长：张兆明

党总支部书记：张学恩

党总支部副书记、副校长：张晓军

副校长：杜永成、杨彦辉（11月止）、虎梅芳（女）、高庆国（11月任）

总务处主任：龚士周

政教处主任：高庆国（11月止）

教研室主任：谢启红

工会主席：张禄荣

办公室主任：张晓龙

总务处副主任：吴学文

教研室副主任：陈亮

工会副主席：张正华

教务处副主任：毛雄（11月止）

政教处副主任：李勇

办公室副主任：李永红、龚兵兵（11月止）

教务处副主任：常靖（11月任）

（供稿：李永红；审稿：杜永成）

渭源县第二中学

【概况】渭源县第二中学始建于1945年，前身是会川县立初级中学，1958年设立高中部，1962年6月改名为甘肃省渭源县第二中学，1980年被确定为定西地区重点中学，2008年12月被命名为市级示范性普通高中。学校占地面积80.68亩，建筑面积20232平方米。主要建筑有教学楼三栋，办公楼两栋，教师、学生公寓楼各一栋，师生食堂一栋。大小操场3个，面积33300平方米。多功能报告厅1个，计算机教室2个，一体机教室42个，实验室9个，仪器室5个，学生实验台252台。阅览室、图书室各1间，图书室有图书49772册，阅览室12680册，共62452册，生均27.56册。学校设有党总支、办公室、教务处、政教处、教研室、总务处、工会、团委、学生会等机构。学校党总支下设2个党支部，有党员57人，其中男党员46人，女党员11人。现有35个教学班，学生1551人，教职工198人（其中职员2人，专任教师191人，工勤人员5人）。专任教师中研究生5人，大学学历183人，教师学历达标率为98.4%。正高级职称2人，副高级职称62人，中级职称75人，初级职称51人，未定级1人。有省园丁奖获得者3人，省级骨干教师9人，省级农村骨干教师25人，省级青年教学能手4人；市级优秀教师11人，市级青年教学能手4人，市级骨干教师21人，市优秀教育工作者2人；县优秀教师49人，县优秀教育工作者9人，县青年教学能手17人，县优秀德育工作者19人，县优秀班主任18人，“县管拔尖人才”1人。

【常规教学】学校努力构建校长负责制下的精细化管理模式，在“细”字上下功夫，在“实”字上求效果。实行全方位管理，确保管理无空档，努力抓好抓实常规工作。整体促进学生进步，打造班级优良学风。课堂教学倡导“四到位”，即：备到位、讲到位、练到位、督促检查到位，严格管促教学过程的落实。每次考试后分年级、班级、备课组及时召开学情分析会，查找问题，弥补不足。各备课组利用教研会时间，积极开展集体备课，研究学科重点、突破学科难点，积极交流合作探究。研究学生学情，查漏补缺，取长补短，形成了很好的合力。组织开展了理、化、生“实验能力”竞赛和“核心素养下教师教学能力”竞赛，并对竞赛优胜者进行了表彰奖励。这些活动有效促进了我校课堂教学质量的提高。

【德育工作】学校建立了政教处、年级组、班主任、思政课教师、团委及学生干部组成的德育工作体系。通过以老带新的班主任培养模式，培养了一大批业务素质高、工作能力强的优秀班主任，形成了一支敬业、爱岗、实干、奉献的德育主力军。学校注重仪式教育，用仪式凸显使命担当，通过升旗仪式、入团仪式、毕业仪式等活动强化国家意识和集体观念。2020年6月召开了2021届学生“走进高三”誓师大会；10月18日学校分班级召开了全校学生家长座谈会，为家校合作提供强而有力的保障；严格落实上级教育主管部门要求，开展新冠肺炎疫情防控应急演练，组织开展“共抗疫情，爱国力行”主题宣传教育和学习园地专题展示、抗疫征文大赛、手抄报及绘画竞赛活动；经常组织各年级各班开展消防演练、火灾逃生、预防校园欺凌、预防溺水、垃圾分类、防灾减灾、反对邪教、禁毒、防电信诈骗、珍惜粮食崇尚节俭、新时代爱国主义等主题教育班会等活动。11月18日由阿里巴巴基金会捐助的渭源二中新未来高中生自强班正式开班。

【教师队伍建设】学校采用多种形式强化教师业务培训。先后利用教工大会、教研活动和假期新课改培训等对教师进行培训。2020年有210多名教师赴福州、会宁、定西、陇西、临洮等地参加了群文阅读、思政课、优秀骨干教师赴渭源送教、甘肃省中小学教师交互式教学设备应用能力提升、全体教师参加新高考综合改革培训等多项培训。通过派出学习、示范课、汇报课、公开课、同课异构、教学技能竞赛、优秀教师、服务育人标兵、十佳教师、十佳班主任评选等多项措施，培养优秀教师群体。2020年有2名教师晋升了正高级教师职称，有12名教师晋升了高级教师职称，17名教师晋升了一级教师职称，2名教师晋升了二级教师职称。竞争机制、奖励机制和动态管理的实施极大地增强了教职工的竞争意识，激发了教职工教书育人的积极性、主动性和爱岗敬业精神。

【教研教改】我校历来重视教研工作，学校教研氛围浓厚。我们在坚持教研组活动正常开展的同时，积极参加教师培训、校际交流和课题研究。一年来，教师教育教学论文有70多篇在省、市级以上报纸杂志发表。有7项省级课题立项，2项市级课题结题。2020年10月，地理教研组及9名教师获第36届渭源县青少年科技创新大赛一、二、三等奖，虎瑞林、张文隆同学获第36届渭源县青少年科技创新大赛青少年创新成果竞赛二等奖，11月，麻玉琛同学在渭源县中小学“宪法在我心中”征文活动中，荣获高中组二等奖。

【高考备考】高考是一个学校办学水平高低的重要标志，是老百姓衡量学校教育教学质量的主要标准。经过全校师生的共同努力，高考二本以上上线共385人，文化课二本以上上线367人，上线率75.67%；一本上线105人，上线率21.65%，较去年净增3个百分点。其中2名同学进入全县理科前十名，2名同学进入全县文科前十名。黎志光同学以661分的成绩位居全县理科第一名，被浙江大学录取。

为力争2021高考再创佳绩，尽早制定管理计划和教学计划。各备课组统一计划、统一进度、统一资料、统一测试。大胆起用青年教师，齐抓共管加强班级管理，发挥备课组的群体优势，集思广益优化教学进程，从严治考完成从复习到考试的衔接，想方设法激发教师积极性，狠抓落实明确备考目标，捕捉新高考信息做到有的放矢，积极创设备考情景，营造浓厚氛围，重视心理辅导和体育锻炼，确保学生良好备考状态。

【学生资助】按规定程序做好普通高中国家助学金发放管理工作，建档立卡户学生免学费、书本费工作和大学生生源地助学贷款工作。根据渭源县资助中心的安排，政教处承担了2020年生源地助学贷款预申请工作，全校共为730人办理了生源地预申请贷款。2020年有278名学生享受香港培苗行动奖学金，每人每学年2500元；78名学生享受顺丰莲花助学金，每人每学年3200元；50名享受新红旗梦想助学金，每人每年2000元，50名学生享受新未来助学金，每人每年3000元，根据教育扶贫有关政策，政教处评选出了470名建档立卡户、低保、残疾学生，上报申请国家助学金，每人每学年发放2000元。354名未脱贫建档立卡户、低保、残疾学生每人每年减免学杂费840元。许多受资助的同学以优异的成绩考入了理想的大学，实现了他们的人生理想。

【学校安全】学校组织成立了安全工作领导小组，推行“一岗双责”，即无论是领导还是教职工，既承担所在岗位的业务职责，又承担相应岗位的安全职责。学校不仅通过主题班会对学生进行安全教育，每学期还安排法制副校长举办一次法制、安全教育专题讲座，增强学生法制意识和安全意识。积极安排地震应急演练、校外寄宿生安全隐患排查等活动，加强对学校食堂、危险化学药品的管理，加大对校园电路、各种教学设备的隐患排查。通过加强以上常规安全工作，配合校园欺凌、扫黑除恶等专项整治活动，积极构建“平安校园”，使得学校安全工作有了进一步的提高，给学生提供了一个安全的学习环境。

【特色校园建设】为了给全校师生提供更好的工作和学习环境，在资金十分困难的情况下，学校根据自身发展的需要，科学规划，千方百计，多渠道筹集资金，改善办学条件。2020年筹资30万余元购置教师办公桌椅及办公立柜，极大地改善了教师办公条件。积极向县上相关部门协调，先后以各种渠道解决办公费20余万元，解决取暖费47万元，生均公用经费增至1000元，实现班主任费500元/人。在弘毅楼安装一块彩色显示屏，每天播放国际国内新闻，开阔了师生视野，在办公楼安装射灯，使夜晚的校园更加明亮。根据学校总体规划，在不断提升现有基础设施标准的同时，规划设立初中部。目前，综合楼、食堂、学生宿舍楼及附属工程建设项目可行性研究报告已经完成。预计项目总投资6894.2万元，建筑总面积达7100多平方米。建成后可容纳近2000名学生。初中部的设立是渭源县教育上的一件大事，也是二中历史上的又一件大事，意义重大，影响深远，建成后将有效缓解会川片区初中上学压力，优化我校高中生源，进一步提升学校教育资源。学校高规格、高标准谋划学校未来发展蓝图，现已申报贮备初中部教学楼、宿舍、大灶、操场项目7000余万元，申报贮备1500万元的报告厅、阶梯教室项目，与会川镇协调贮备26亩未来学校建设用地，与县教育、人事部门协调完成未来5年教师结构性缺编计划，努力建成绿色校园、文化校园、智慧校园，打造会川片区优质教育中心。

【学校获奖】2020年9月，学校被县委、县政府评为全县教育工作先进集体、高考工作先进集体；10月，获得定西市教育局颁发的全市普通高中学生“青春正飞扬·群文助成长”演讲辩论比赛团体二等奖；11月，学校女排代表渭源县参加定西市第二届“华奥杯”运动会（青少组）排球比赛荣获女子组第三名。

【教职工获奖】2020年3月，蔡霁萍被渭源县妇女联合会评为2019年度“渭源县巾帼建功标兵”，任玉慧被评为2019年度“渭源县三八红旗手”，杨红艳被评为2019年度“渭源县妇女工作先进个人”，王彦东被共青团渭源县委评为2019年度“渭源县青年岗位能手”，王鹏红获得共青团定西市委颁发的“定西青年五四奖章”。在教师节期间，赵明珍被评为渭源县优秀教育工作者，乔宏伟、王胜军、包生宏、周向君被评为渭源县优秀教师，王涛林、王彦东、张辉、钟国成被评为渭源县优秀班主任，何华、郭世峰、秦奋起被评为渭源县优秀德育工作者，董伟军、苟彦君、汤宝林、杜海玲、徐正玉、赵星、王国清、刘晓军、漆永利、王旭峰、姚世宗获得县教学质量优胜奖，漆建华获得县教学质量进步奖。2020年9月，乔宏伟被评为“定西市学科带头人”，乔宏伟、辛海军、董伟军、姚晓泓被评为“定西市骨干教师”。2020年10月，王文英、郝亚东获第36届渭源县青少年科技创新大赛青少年创新成果竞赛二等奖。何华、裴自强获第36届渭源县青少年科技创新大赛优秀科技辅导员方案三等奖，王宏、王涛林获第36届渭源县青少年科技创新大赛优秀辅导员创新成果项目三等奖，董伟军、杨洁琼获第36届渭源县青少年科技创新大赛科技创新优秀实践活动一等奖，虎小粉获第36届渭源县青少年科技创新大赛优秀科技辅导员方案二等奖。2020年12月，胡富存、张效良、王鹏红被评为“定西市名教师”。

【领导名录】

校长：赵明珍

党支部书记：石贵平

党支部副书记：胡富存

副校长：祁彦佐、王国清、徐正玉

工会主席：张效良

教务处主任：郭世峰

总务处主任：张永福

政教处主任：麻建基

政教处副主任：郝亚东（11月任）

教务处副主任：周宇峰、姚世宗（11月任）

总务处副主任：杜向兵

办公室副主任：蔡霁萍（女）

教研室副主任：李建军（11月任）

工会副主席：何华（12月任）

（供稿：杨世春；审稿：蔡霁萍）

渭源县第三高级中学

【学校概况】渭源县第三高级中学现有教学班33个，学生1315人，教职工192人。有党员64人；省园丁奖教师1人，省级学科带头人1人，省级骨干教师5人，市级骨干教师3人，市级青年教学能手3人，市级名教师2人，市级名班主任1人；高级教师47人，中级教师76人，初级教师61人。专任教师学历均在本科以上，合格率100%，研究生学历占2%，生师比为1∶6.85。

【办学效益】2020年，高考二本以上上线276人，比2019年净增41人，上线率为57.86%，其中一本上线123人，较上年增加近12个百分点。学校有19名教师获得了县委、县政府的表彰奖励，被县委、县政府评为2020年高考工作先进集体，给予8万元的高考奖励。2020年5月，被定西市教育局命名为“定西市示范性普通高中”。

【教研教改】进一步完善了《青蓝工程实施方案》，加强教师业务提升培训力度。派出62人次到福州、兰州、张掖、定西、会宁、临洮及县内兄弟学校交流学习。选派教师参加渭源县高中教育联盟开展的“同课异构”等教研活动；承办县教研室组织的“群文阅读”研讨交流活动；举行青年教师课堂教学竞赛活动；组织骨干教师示范课13节，青年教师汇报课8节，“同课异构”课126节，有效促进了教学交流和研讨。有5位教师的课题被甘肃省教育科学“十三五”规划立项，4位教师获得甘肃省首届中小学（幼儿园）教师微课大赛一、二等奖。

【办学条件】学校严格执行国家、省市县财务管理制度，开源节流，合理安排资金，基本建设投资77066元。完成了冬季取暖设施、校园电信网络改造，加装了学生公寓窗防护栏，加强校园绿化管护和财产管理，有效保证了学校正常工作的开展。

【学校特色】2020年，高考艺术体育生上线144人，比2019年净增55人，体艺考生的上线率达80.90%。成立思政教育工作室，设置“四史”宣传版面，充分彰显校园文化特色。申报甘肃省排球特色学校，成功举办了庆元旦艺术汇报展演活动。代表渭源县参加定西市第二届运动会，获得女篮第二名、排球第六名、田径项目一金、五银、三铜的好成绩。

【领导名录】

校长：袁爱忠（11月止）、杨彦辉（11月任）

党总支书记：翟斌

副校长：彭东红、马龙、漆建平（11月止）、寇晓锋（11月任）。

（供稿：张福荣；审稿：彭东红）

渭源县第四高级中学

【概况】渭源县第四高级中学位于渭源县莲峰镇，其前身为莲峰农中、莲峰中学。2013年8月，原莲峰中学高初中分离，设立渭源县第四高级中学。学校占地面积43333平方米，建筑面积19073平方米。现有多媒体、电子白板等现代化教学设备35套；装备微机室1个、录播室1个。装备物理实验室2个，化学实验室1个，生物实验室1个，图书室藏书3.5万册，操场面积16800平方米。教职工133人（女教工44人），其中高级教师43人，一级教师58人；本科学历124人；党员教师35人；省级骨干教师3人，省级农村乡镇骨干教师9人，市级骨干教师及青年教学能手3人，县级青年教学能手3人。教学班25个，在校学生1024人，校外寄宿生829人。办学目标是创办具有艺术特色的市级示范性普通高中。

【一训三风】学校形成“格物、尚仁、弘毅”的校训，“明理、修身、笃行”的校风、“崇德、创新、博学”的教风，“勤苦、慎思、进取”的学风，凝结成“团结、实干、进取、奉献”精神。

【学校管理】学校围绕办学目标，致力于科学化、人文化、规范化、精细化管理。完善管理制度、健全竞争机制，完善岗位职责、强化内部督导，完善监督机制、实行校务公开。完善教学考核制度、加强常规检查，完善安全管理制度，保障师生平安，管理工作人性化。弘扬“三苦两乐精神”，坚持“合格+特长”的办学思路。构建文明、和谐校园。学习衡水经验，推进教学改革，构建有效、高效课堂教学。加强体育艺术专业训练，积极开展社团活动，坚持大课间和课外兴趣小组活动，切实提高学生体质健康水平，提升艺术素养。2020年建筑面积2040平方米的艺体综合楼建成投入使用，建成605平方米的水冲式厕所一栋。完成校园硬化面积5150平方米。全面提升后勤管理服务水平，保障教育教学质量提高。

【教育教学】积极开展学科听课、说课、评课、优质课展示等活动。在2020年5月举办的“全市2020年中小学幼儿园教师教学技能大赛暨‘同课异构’教研活动”中肖玉龙荣获美术组二等奖，张艳红荣获信息技术组二等奖。2020年5月学校举办青年教师授课评优活动，王永君、左红明、肖玉龙获得一等奖；司雪琴、常振中、张艳红、李云飞、侯保军、吴红获得二等奖；胡海龙、孟繁星、张建军获得三等奖。11月举办的青年教师授课评优活动中，李红梅、范佳凤获得一等奖；赵淑琴、赵秀萍、吴红、王义刚、常振中获得二等奖。2020年高考中，文化课二本上线292人，专业生二本上线65人。

在保障日常教育教学工作、全年开展新冠疫情防控工作的同时，也组织开展了多种活动，丰富校园文化生活。2020年1月份，肖玉龙举办个人画展《路过》；2月份，召开认真准备防控新冠肺炎疫情暨开学工作会议；3月份，高三年级第一次居家课程测试顺利完成；4月份，三个年级学生安全有序开学复课；5月份，举办第一次青年教师授课评优活动；6月份，举办2020年“健康人生，绿色无毒”禁毒宣传月进校园活动；8月份，举行2020年学生军训活动；9月份，召开秋季学期开学典礼暨法治安全教育大会；开展庆祝第36个教师节系列活动；召开2020年秋季学期校外寄宿生房东暨疫情防控常态化安全管理工作推进会；定西市副市长杨晓锋莅临学校调研新高考推进和高考备考工作；县高考备考中心到学校开展高中教学视导活动；10月份，学校举行“庆国庆　迎中秋”合唱比赛；举行地理实践力培养之莲峰镇“农光互补”食用菌产业扶贫基地实践活动；成功举办秋季球类运动会；11月份，举办渭源四中“缅怀革命先烈”思政课活动；12月份，举办深入学习宣传习近平法治思想，大力弘扬宪法精神活动；举办交流促成长、教研助教学——渭源三中同仁来校交流活动。

【特色校园建设】丰富课外活动，增强学生身体素质，充分落实阳光体育“2+1”要求。利用课余时间在校园播放经典名曲，缓解学习压力，陶冶学生情操。每周星期二、四，高一、高二年级利用课外活动时间进行体育社团活动，让所有学生真正做到出汗运动。街舞、架子鼓、吉他、播音主持、剪纸等社团活动效果良好。

【获奖情况】2020年9月，闫斌杰被评为“甘肃省特级教师”；于伟国被评为全县“优秀班主任”；陈文彧、马德斌等被评为全县“优秀教师”；史文帅、韦伟被评为全县“优秀德育工作者”；谢宏娥、袁博、何文强、魏孔艳、张正梅、王进禄、范彩霞获得全县“教学质量优胜奖”；严保伟获得全县“教学质量进步奖”。

【领导名录】

校长：张耀军

党支部书记：寇晓锋（11月止）、何文斌（12月任）

副校长：谭长伟、毛雄（11月任）

政教处主任：袁旺林

教研室主任：汪建军

办公室主任：何文斌

总务处主任：孟繁星

教务处主任：何文强（9月任）

教研室副主任：陈文彧（9月任）

办公室副主任：侯保军（9月任）

政教处副主任：苏靖平、曾宝林（9月任）

总务处副主任：王国军

妇委会主席：魏孔艳（女）

工会主席：王成（9月任）

团委书记：肖玉龙（9月任）

（供稿：第四高级中学；审稿：何文斌）

渭源县职业中等专业学校

【概况】渭源县职业中等专业学校始建于

1986年，是一所市级重点职业学校，其前身是渭源县职业技术学校。2009年11月，更名为渭源县职业中等专业学校。学校占地75亩，建筑面积34000平方米。教职工147人，其中专任教师146人，占教职工总数的99.3%。专任教师中研究生学历4人，本科学历141人，大专学历1人，理论课教师学历合格率为100%；专任教师中高级职称有34人，占专任教师的23.3 %；双师型教师49人，占33.6%，师生比为1∶8.9。现有教学班39个，在校学生1299人。建成VR虚拟仿真、3D打印、数控车床、数控铣床、气体焊接现代电工技术、PLC、楼宇智能化工程技术、护理技能等各类专业实训室56个。电子备课室，阅览室、录播室各1间，多媒体教室2间、微课室4间、一体机教室46间、计算机400多台。

【一训三风】学校秉承“严谨、勤学、敬业、育人”的校训，大力倡导“奋发向上、学艺求知、勇于实践、全面发展”的学风，创建“朴实、文明、团结、创新”的校风，遵守“以服务为宗旨，以就业为导向”的职业教育理念，把诚信办校、质量立校、特色强校、科研兴校作为学校的办学方向，把“学会做人、学会求知、学会生存、学会创新”作为育人目标。

【教育教学】学校始终把课堂教学和实训作为核心工作，紧紧围绕“实施有效教学，打造高效课堂”，要求各教研组从备、讲、辅、改、考、研、训等方面进行课堂改革，教师不仅要传授给学生更多的文化知识，而且要让学生熟练掌握更多的就业劳动技能。围绕信息化教学，组织全校教师参加了信息化教学大赛和教师微课制作比赛。学校高度重视教学科研工作，教师申报甘肃省教育科学规划“十三五”2020年度课题1项，申报“疫情与教育”专项课题5项，申报2020年度省社科规划项目2项。学校大力推行“整理、整顿、清扫、清沾、素养、安全”6S管理模式和“精细化管理工程”。编写下发班级“6S”和精细化管理指南，对教师进行“6S”管理和精细化管理专题培训。

【校企合作和产教融合】学校与甘肃康华制药机械设备有限公司、渭源县友谊汽车维修服务有限责任公司、渭源怡龙谷数字科技有限公司、渭源县中医院、渭源县第二幼儿园、清源镇渭水润园幼儿园、清源镇百花经典幼儿园、渭源县餐饮行业商会、甘肃圣源中药材有限公司等9个单位进行合作办学并建立了校外实习实训基地。学校与浙江古利汽车有限公司、九易汽车服务连锁集团合作，开设吉利班和九易班等订单班。学校与甘肃圣源中药材有限公司正式签约，建立校企合作共享共赢办学新路子。学校与福州天宏创世科技有限公司在计算机平面设计、计算机网络技术、动漫游戏设计、工业机器人技术、汽车电子技术（新能源方向）等5个专业方面进行合作，合作协议的框架已经基本成型。与北京幼儿园、苏州方正融合通信服务有限公司进行合作，开展学生顶岗实习工作。

【社会服务】学校完成涉及5个工种的职业技能提升培训350人次。组织参加国家级统一技能鉴定考试537人，取得证书358人。其中参加初级考试300人，考试合格取得初级工技能证书的有181人；参加中级考试237人，考试合格取得中级工技能证书的有177人；鉴定工种主要有焊工、电工、保育员、育婴员、钳工五个工种。完成“两后生”引导性培训1300人次。

【电大和社区教育】2020年8月，电大教育和社区教育业务、人员和可流动资产划归县职专。学校开始承担电大教育和社区教育工作任务。全年新招生107人，在读学员346人，有近100人取得了高一级学历。社区学院、社区教育指导服务中心工作人员积极深入各个社区及乡镇，调研城乡居民教育需求，编制《渭源县社区教育“十三五”总结及“十四五”发展规划》；参与“全市全民终身学习周”活动，制作了全县教育教学、文化旅游、职业技能教育与培训、学历提升与教师培训四块展板，展示了我县“全民终身学习”成果。

【专业建设】学校开设中草药种植、中药制药、药品食品检验、学前教育、幼儿保育、文秘、汽车运用与维修、机电技术应用、电子技术应用、电子商务、计算机应用、美术绘画、运动训练、音乐、旅游服务与管理15个专业。为进一步调整优化专业结构，加强了幼儿保育、机械加工、旅游服务与管理、汽车运用与维修、电子商务5个特色骨干专业建设。将护理专业逐步向口腔修复、眼视光配镜、中医康复保健等专业转型。根据“一校一品”专业建设要求，重点建设中草药种植专业。现已投入262万元配置中草药鉴定实训设备、分析控制实训设备、安全技术实训设备，引进了中药学教师。学校将以质量提升为核心，以技能训练为重点，以校企合作为平台，创新人才培养模式，打造品牌专业，办学特色，志在培养更多高素质劳动技能型人才。

【获奖情况】2020年，学校获得渭源县“源头清风润初心，同心共筑小康梦”廉洁经典诵读竞赛二等奖、渭源县中小学生“宪法在我心中”征文活动优秀组织奖。在参加省级技能大赛15名学生中有2人获一等奖，3人获二等奖，6人获三等奖。3名教师获得省级优秀指导奖。在参加全市中职学校学生技能大赛的447名学生中有32人获一等奖，87人获二等奖，187人获三等奖。3名教师获得省级学生技能大赛优秀指导教师奖；187名教师获得市级学生技能大赛优秀指导教师奖；4名教师在定西市2020年中小学幼儿园教师教学技能大赛暨同课异构比赛中分别获得一等奖和三等奖，1名教师在定西市思政课同课异构教学比武比赛中获得第二名。

【领导名录】

校长：杨国军

党支部书记：张天斌（10月止）

副校长：张学文、冯爱平、张星晔（11月任）

（供稿：郸复；审稿：杨国军）

渭源县龙亭学校

【概况】渭源县龙亭学校系原渭源一中初中部，成立于1943年。2006年与高中部分离，更名为渭源县龙亭中学。2012年8月完成整体搬迁。2019年8月改为九年一贯制学校，更名为渭源县龙亭学校。学校占地47048平方米，建筑面积24425平方米。学校现有学生1889人，教师156人，研究生学历1人，本科学历146，大专学历9人。高级教师35人，一级教师56人，二级教师65人。学校秉承“和韵”文化的核心理念，坚持“和谐向上、和衷共济”的龙亭精神，围绕“书香和韵”“墨香和韵”“课堂和韵”“社团和韵”“人际和韵”“德育和韵”等方面，立德树人谋发展，智慧执教创特色。

【精准扶贫和控辍保学】高质量完成了辍保学各项工作任务。根据工作需要，临时调整了部分教师的工作，成立控辍保学工作小组。配合教育局、清源镇以及其他相关单位，多次核对各项数据，确保上报数据准确无误，巩固率达到100%。

【教育联盟】完善2020年盟区活动计划，制定盟区教育教学工作计划、盟区中考备考研讨会方案、盟区思政课工作方案。2020年5月，在盟区总校龙亭学校召开中考备课策略研讨会，6月组织盟区中考应试策略讲座，实现资源共享，达到共同提高的目的；5月下旬、12月上旬，组织盟区教学视导活动，督促帮助盟区成员学校规范教育教学环节，提高教育教学水平，提升教育教学质量。组织盟区思政观摩课2次，加强思政课和德育教育交流研讨，转变思政课教育理念，提升各学校思政课教育质量。7月9日，开展盟区“万众一心抗疫情，我与祖国共成长”主题征文绘画展示活动。6月9日，进行理化生实验技能竞赛。5月30日，进行盟区“三字一话”教学基本功竞赛，提高盟区教师基本教学技能，强化盟区教师间的交流，为盟区学校均衡发展奠定了坚实的基础。

【常规教学】组织了11次集体备课观摩活动，提高了教师集体备课水平；召开本校和盟区教学质量分析研讨会，协商讨论教学对策，为今后教育教学提升奠定坚实基础；开展2次优秀教案、作业展品活动，优秀教学案例评选活动，以身边的榜样带动全体教师形成示范引领效应；组织开展全校优质示范课观摩活动7次，通过上课、说课、评课、总结等环节提高教师教研教改水平，提升教育教学质量；承办各级各类教研活动14次，加强了教师业务能力培训；平时学校注重过程性管理，加强查课、推门听课、抽查教案作业等常规工作，督促教师重过程、重细节，体现学校精细化管理。

【德育工作】学校围绕"珍爱生命和责任意识"教育这一主题，继续抓好"有序出行·低声说话"常规工作。每年都组织刚进入我校的七年级新生进行为期一个月的"入学常规教育"活动，学校联合县退役军人事务管理局组织2020级新生410人参加了军训活动，培养了学生吃苦耐劳的精神、严明的纪律意识，形成敢于面对困难、克服困难的优秀品质。通过法治报告、专题活动、召开主题班会、国旗下讲话、模拟法庭活动、不定期进行紧急逃生疏散演练、"爱惜生命，远离毒品"、"爱惜生命，反对邪教"、"拒绝校园欺凌"手抄报、征文、绘画、书法竞赛等系列德育活动，加强法制教育，继续强化"有序出行、低声交谈"，以"三个文明"教育为主线，以进一步加强理想信念和弘扬民族精神教育为重点，突出以责任教育、感恩教育、养成教育，培养学生良好的道德品质。

【教师培训】选派26位教师远赴江苏、海南、福州、兰州、敦煌、定西、陇西等地参加专业培训学习，不断促进教师专业化成长，同时学校注重小本培训。海纳百川、有容乃大，这些"走出去、请进来"的观摩学习活动，将进一步促进我校教师的专业化成长和课堂教学水平的提高。

【后勤工作】争取100万元项目资金，完成了学校五栋楼梯的外墙涂料粉刷及楼面防水维修工程。2020年7月，福州市秀山中学为学校捐赠图书一批，价值2.5万元，完成智慧图书室建设工作。购置了打印机2台，彩色打印机1台，装修音乐教室1间。继续完善学校食堂工作，对校园广播进行维修，化粪池进行了清理，地下管道进行了冲洗，对校园花园进行了换土移栽，重新栽种景观树9株。规范学校防疫物资的采购与管理。完成学校禁毒教育基地及小学部教室楼道装修布置。在财务管理方面，严守工作纪律，在会计核算、会计监督、会计报告等方面规范财务运行。在校产管理方面，进一步完善了校产设备台账，规范物品采购流程，确保物资采购安全。

【中考成绩】2020年中考，全科均分和位居全县第一，省级示范高中录取296人，录取率达63.5%，比2019年提升了10.7个百分点；普通高中录取383人，录取率为82.2%，比去年提升了3.4个百分点；全县前十名我校有五名同学，特别是范珈硕、李若愚两位同学摘得全县第一、第二的桂冠，全县前100名有53人，前200名有96人。

【师生获奖】在全县教师节表彰大会上，胡国梁、谢文琼、罗宏文、邓会春被县委、县政府评为优秀教师，甘永军、后小红被县委、县政府评为优秀班主任，张建平、傅会梅被县委、县政府分别评为优秀教育工作者、优秀德育工作者；张爱霞、常想军等28位老师被县委、县政府授予"教学质量优胜奖"；渭源县小雏鹰"防疫自护致敬先锋"主题线上活动中石锦泓等17名同学获奖；九月"万众一心抗疫情 我与祖国共成长"主题征文书法绘画展示活动曹剑等43名同学获奖，王丽丽等8名教师获指导教师奖；郭爱萍等5名教师荣获渭源县廉洁经典诵读竞赛优秀奖；苏晓芸等8名教师获渭源县主题征文书法绘画展示活动优秀指导教师奖；白丽梅老师获全县中学生主题演讲比赛优秀指导教师，同时被评为渭源县优秀少先队辅导员；张国栋老师获渭源县“庆国庆、迎中秋”书画作品展优秀奖；罗宏文被评为全县禁毒工作先进个人；逯宝宝、李吉祥老师获建党99周年扶志扶智暨志愿者服务彩绘技能大赛一等奖；陈涛等24名教师在甘肃省2020年学前、中小学、高等教育教学优秀论文比赛中获奖；潘伟泰、陈涛、郭科军等4名教师被评为定西市中小学骨干教师；李吉祥老师的作品入选全市民族团结一家亲、齐力奋进展风采书画联展；赵小龙获渭源县青少年书信大赛优秀辅导教师奖；马逢伯、石晶、胡双斌、李吉祥、罗宏文老师在全省“三字一话”基本功大赛中获奖；11月渭源县中小学生“宪法在我心中”征文活动中漆培赟等4名同学获奖。

【学校获奖】2020年4月，学校被甘肃省禁毒委员会评为“甘肃省毒品预防教育示范学校”。2020年6月，学校被中共渭源县教育局委员会评为“先进基层党组织”。2020年9月，学校被县委县政府评为“全县教育工作先进集体”。

【领导名录】

党支部书记、校长：周彦东

党支部副书记、副校长：姜维新

副校长：张建平、李小龙

办公室主任：胡国梁

教务主任：张立军

总务主任：何武

政教副主任：邹步仁

（供稿：胡国梁；审稿：姜维新）

渭源县清源中学

【概况】渭源县清源中学，1976年9月命名为渭源县第三中学。1981年更名为渭源县城关中学。1988年更名为渭源县清源中学。2014年，县委、县政府将渭源县职业中专旧址13亩划归清源中学。学校现为市级示范性独立初中，占地26467平方米、建筑面积6959.5平方米。现有3个年级20个教学班，在校学生886名，教职工96人，其中专任教师94人，高级教师18人，一级教师40人，二级教师36人。中共党员29人。学校秉承“学会做人、学会求知、学会健体、学会共处”的校训，唱响“以德立校、质量兴校、科研优校、特色强校”的核心口号，以“团结、求实、创新、进取”为校风，以“正本清源”为办学思想，努力构建“平安校园、质量校园、书香校园、文化校园、特色校园”。

【德育工作】学校始终坚持“以德立校，全面育人”理念，把“正身、正言、正行、正德”作为“正本德育”目标。校名“清源”寄寓学校领导清正廉洁，教师两袖清风，学生清身洁己。学习清源之水的八大品质：自信、勇敢、坚强、谦虚、善良、团结、宽容、无私，努力完善社会、学校、家庭三位一体的教育体系。

【教学工作】“兴贤育德，贵在师儒”。全体师生不忘初心，始终坚持“厚德、博学、慎思、笃行”的教风和“勤学、善思、诚实、刻苦”的学风。课堂教学继承4133教学理念，积极构建“学生为本、合作为本、能力为本、高效为本”的“正本课堂”。通过师生互动、生生互动、小组合作、探究学习，把课堂还给学生，让学生动起来，让课堂活起来，让效率高起来。

【教师培训】学校共选派40余位教师赴福建、江苏、兰州、定西、临洮、陇西等地参加专业培训学习，不断促进教师专业化成长。

【后勤管理】学校建立健全了后勤管理各项规章制度，加强了财务管理，严格执行国家、省、市有关经费管理制度、收费政策和标准，及时公开、公示有关经费开支和收费项目、标准，主动接受职工、学生、家长及社会监督；坚决打赢校园疫情防控阻击战，全校筑牢了校园疫情防控安全网，确保了师生生命安全；大力改善办学条件，规范食堂管理、宿舍管理、安全管理、卫生管理，为师生营造了一个舒心、安心、安全、和谐、稳定的工作、学习和生活氛围。

【教学成绩】 2020年中考参加考试282人，参考率100%；全县600名之前50人，占17.7%；均分472.11分，位居全县独立初中第七名，上线率第七名。普通高中共录取175人，录取率62.05%。七、八年级均分位居全县第三，合格率居全县第四，实现了“保四争三”的目标。

【学校特色】 学校以甘肃省体育传统项目学校、甘肃省音乐教学改革研究基地、定西市毒品预防教育示范学校为契机，成立了美术、舞蹈、体育、音乐、书法、校园之声广播站等19个社团，经常性开展书法、演讲、征文、歌咏等丰富多彩的活动，发展兴趣，施展才华。

【师生获奖】 李晓惠、郭爱萍被评为县级优秀教师、杨杰、谢小刚被评为县级优秀德育工作者、张少军被评为县级优秀班主任；郭爱萍荣获县级教学质量优胜奖；魏淑萍、刘玉花、孙亚琴、余芳艳、汪娟彬荣获县级教学质量进步奖；蒙建军、陈丽荣获渭源县初中物理、化学实验技能竞赛荣获一等奖；蒙建军荣获定西市教师实验技能竞赛一等奖；陈丽荣获定西市教师实验技能竞赛二等奖；杜琳娜荣获渭源县2020年初中心理健康教学技能大赛中荣获二等奖；马涛被评为渭源县优秀少先队辅导员；郑慧菁荣获渭源县2020年初中生物教学技能大赛中荣获一等奖；张立鹏荣获甘肃省第一届中小学教师“三字一话”基本功竞赛综合类二等奖；魏军、刘欣欣、王月梅、金群荣获2020年省级优秀论文一等奖；杨杰、程瑞龙、杨桃、郭爱萍荣获2020年省级优秀论文二等奖；李耀权、张新平、陈宝兰荣获2020年省级优秀论文三等奖；刘欣欣、朱红梅荣获甘肃省首届中小学幼儿园教师微课大赛一等奖。

【学校获奖】 学校荣获渭源县教育系统先进基层党组织、2019年度渭源县妇女工作先进集体、渭源县中小学“宪法在我心中”征文活动优秀组织奖、“我和我的祖国”全市青少年书信大赛优秀组织奖。

【领导名录】

党支部书记、校长：李耀权

副校长：杨杰、陈建军

教务主任：汪祎

办公室主任：魏军

政教主任：尹强

总务主任：王跃峰

教务副主任：马海林

政教副主任：虎　珺（女）

总务副主任：王甲龙

（供稿：魏军；审稿：李耀权）

渭源县特殊教育学校

【概况】 渭源县特殊教育学校始建于2012年，2014年8月投入使用，是一所九年一贯制寄宿制培智学校，占地面积14亩，建筑面积4004平方米，有生活康训楼、教学楼各一幢。设有康复训练室、感统训练室、陶艺室、烘焙室、烹饪实训室、洗车实训室等功能室，能满足在校学生康复教育需求。现有教学班6个，学生85名（在校学生63名，送教上门学生22名）。教师22人，其中高级教师5人，一级教师8人，二级教师9人；本科学历19人，专科学历3人。学校形成“让每个生命精彩绽放”的办学理念，“自尊、自信、自立、自强”的校训，“真爱相伴、责任同行”的校风，“爱育爱、智启智、手牵手”的教风，“点滴认识、点滴模仿、点滴做起、点滴进步”的学风，“为每个孩子提供最适合的教育，促进他们最大限度的融入社会”的办学宗旨和“让学校成为学生一生中到过最美的地方”的办学追求。

【办学条件】 学校利用每年下达的特教能力提升经费，不断改善办学条件，健全功能室并配齐设施设备，为学生的康复教育提供有力保障。在校园文化建设中，通盘考虑，力求形散而神不散，每个区域既各具特色，又风格一致，避免杂乱无章，让每一面墙“会说话”，赋予文化内涵，有教育意义。环境建设在注重绿化、美化、安全化的同时，用大量的废旧材料进行创设：用废旧轮胎做了花坛和假山，用废旧洗衣液瓶做了花盆，用玉米棒、废旧玻璃、木头片在楼道墙面镶嵌了一幅幅名画，在教育学生、提高学生审美能力的同时，培养学生的环保意识和节俭意识。学校为寄宿制学校，教育对象又是特殊孩子，为让每个孩子安心学习康复不想家，在环境创设上力求有家的感觉，给厕所里张贴镜子，购买晾衣架，在宿舍和厕所摆放盆花，张贴学生喜欢的图画，给恋家的孩子购买绒玩具，陪伴孩子安心度过离开父母的每个夜晚。校园里设有果园、菜园和动物饲养角，让孩子们感觉学校是他们到过最美最温馨的地方。

【教师发展】 学校采取“走出去”、“请进来”、定期组织开展校本培训和康复教育研讨、网上自学、教师读书交流活动等方式来助推教师成长，在不断学习、实践、反思、交流过程中提高教师的康复教育水平，促进专业成长，提升综合素养。张晓玲在全国“一师一优课、一课一名师”活动中获得省级优质课一等奖；冯水兰在全省教师基本功大赛中荣获智障组一等奖；张玉琴被县委县政府聘为“第五届拔尖人才”；崔亚屏被县委县政府评为“渭源县优秀教师”；刘月辉被市妇联评为“最美家庭”。

【康复教育】 学校潜心个别化教育、综合课程的开发研究，带领老师们进行课程改革，力求为每个孩子精准施教，让学生享受到优质公平的教育。学校在开齐开足各门课程、定期开展各项康训活动的同时，开发串珠、洗车、陶艺、烘焙、烹饪实训等特色校本课程，对学生进行潜能开发，缺陷补偿，逐步形成“分科+综合+康复”的课程模式，在发展学生精细动作的同时，让学生掌握一门生存技能，提高学生的生活自理能力和社会适应能力，为今后融入主流社会奠定基础。学校注重学生的养成教育，将养成教育融入一日康复教育活动中，从生活中的小事抓起，通过说儿歌、做游戏、讲故事、呈现本校学生生活记录图片等形式来让学生养成上课、生活、卫生、礼仪、协作等方面的良好行为习惯，让学生明是非、辨美丑，知道怎样做一个文明的孩子。经过老师们和生活老师的不懈努力，学生的生活自理能力不断提高，良好习惯逐步养成。

【精细管理】 建立健全各项管理制度，形成用制度管事管人的机制，各项工作稳步推进，营造民主和谐、团结向上的工作环境。安全工作是学校工作的重中之重，学校与分管领导、家长、教师、生活老师、厨师、门卫签订安全责任书，形成层层落实岗位责任的工作机制，并通过安全演练、开设安全教育课、观看安全教育宣传片等提高学生的安全自救自护意识。另外狠抓晨午检工作，严格按一摸二看三问四查进行晨午检，排除安全隐患。工作中形成了带班领导、值班教师、班主任、任课教师、生活老师紧密配合的无缝隙衔接安全工作体系，做到安全工作无盲区、无盲点。

【资源中心】 学校承担县随班就读资源中心工作，为全面贯彻落实特殊教育二期提升计划等文件精神，提高随班就读和送教上门工作质量，实现随班就读与送教上门工作科学化、制度化、规范化。学校根据特殊学生分布情况，以学区为单位，划四个片区，每个片区安排两名资源教师，定期下乡督导普校随班就读和送教上门工作，每学期末召开总结会，对工作突出学校和个人进行表彰奖励，通过培训指导，规范随班就读和送教上门工作，转变普校校长和教师的康复教育理念，为全县特殊儿童提供公平而有质量的教育奠定基础。

【学校获奖】 学校被人社部、教育部授予“全国教育系统先进集体”荣誉称号；被甘肃省语言文字工作委员会、甘肃省教育厅评为“省级语言文字规范化示范校”、被定西市教育局评为“定西市平安校园”“定西名学校”“定西市教师培训基地”；被县委县政府评为“全县教育工作先进集体”。

【领导名录】

校长：张玉琴（女）

教导主任：崔亚屏

教导副主任：刘月辉（女）

（供稿：崔亚屏）

渭源县会川中学

【概况】渭源县会川中学于1988年建校，学校占地面积44599平方米，总建筑面积17072.3平方米。现有35个教学班，1638名在校学生；现有教师142人，其中高级教师36人，一级教师61人，二级教师40人。正式党员42人。

【德育教育】为了提高德育队伍的整体素质，不定期召开班主任工作会议，有针对性地分析评价全校各级班主任工作情况，指出不足，提出改进要求和措施。加强对各班常规管理的指导，及时传达和落实学校工作要求，提高班主任工作的实效性。定期召开全校教职工大会，加强政治学习。开展丰富多彩具有鲜明时代特征的活动，丰富了校园文化生活，培养了学生的时代精神，使德育工作达到寓教于乐的效果。举办“五四精神、传承有我”“感党恩、忆党史”“庆祝新中国成立71周年”文艺汇演。开展“3·5”学雷锋日主题活动。开展“不忘初心，展校园风采，奏梦想华章”师生书画展。组织开展“绽放战疫青春·坚定制度自信”纪念五四运动101周年系列主题活动，激励同学们具有积极向上、乐观进取的精神，培养中学生爱国主义、集体主义精神。隆重举行“从小学先锋，长大做先锋”纪念中国少年先锋队建队71周年主题活动暨七年级建队仪式，增强了每个少先队员的自豪感，让红领巾凝聚团结在一起，听党的话，做好少年。加大校园文化建设力度，增强对学生的爱国教育，红船精神、延安精神、抗战精神、抗美援朝精神、抗疫精神醒目彰显，爱国精髓已渗入师生内心。

【常规教学】学校与时俱进抓管理，社团活动创特色。学校坚持以“三步五环节”展示课堂教学改革魅力；以“激情教育”呈现蓬勃校园无限生机；以“国学诵读”传承国学精粹定向发力；以“激情跑操”增强体质保驾护航；以“激情课间”提供全面育人宽阔舞台。学校全面引领学生在古典诵读中彰显文化自信，在书法训练中探寻民族之魂，在美术培训中展现个性特长，在音乐吟唱中陶冶心灵情操，在舞蹈跳动中展示时代风采，在校刊编撰中突出学校品牌。

【教师培训】学校结合疫情特殊时期，在确保教师安全的前提下，积极配合县教研室和教师发展中心工作安排，先后组织教师参加甘肃省语文教师（国培计划）江苏盐城师范学院培训、“全市2020年‘福州·定西教育帮扶’小学教研活动”、全县中小学班主任工作专题培训、全县首届初中语文教师群文阅读培训等活动，培训教师95人次。加大线上培训力度。先后组织教师参加初中语文教师群文阅读网上培训、甘肃省专业技术人员继续教育专业课培训等，先后达200多人次。

【安全教育】建立健全安全管理制度，全面落实安全工作责任制。学校制定《会川中学学生管理制度》《校园安全事故紧急处理预案》等预案，签订《总务主任安全工作责任书》等各处室责任书，保证安全工作落实到具体部门和责任人。建立健全安全信息通道制度，严格门卫制度；落实值周值勤制度；注重家校配合，增强家长的法制意识和安全意识；注重安全应急疏散演练工作；强化全体师生处置突发公共事件（地震、火灾等灾害）的应急意识，掌握逃生技巧，提高自救自护能力；注重禁毒、反邪教知识宣传教育活动；注重扫黑除恶、扫黄打非宣传工作；重视学生心理健康教育，狠抓学生的心理疏导工作。

【师生获奖】杜宏、侯兰兰、贾春荣、杨茜、祁小丽、王尚英、黄宝军受到县委县、政府表彰奖励。杨茜、张海军、张冬梅被评为定西市市级骨干教师。范小平在渭源县2020年初中生物教学技能大赛中荣获一等奖，赵雅婧在渭源县2020年初中生物教学技能大赛中荣获二等奖，刘梦莎在渭源县2020年初中心理健康教学技能大赛中荣获特等奖，赵文洁在会川中学教育集团教学视导暨送教下乡活动中承担示范课一节，杨茜受邀在渭源县2020年中考研讨会中授县级示范课一节，黄渭蓉在渭源县2020年初中英语教师教学技能大赛中荣获二等奖。校团委被评为定西市五四红旗团委、渭源县五四红旗团委；九年级（10）班团支部被团委评为渭源县五四红旗团支部；八年级（1）班中队被评为渭源县优秀少先队集体；禹静被评为“渭源县优秀共青团干部”；冯亚林被评为“渭源县疫情防控优秀青年个人”。

【领导名录】

党支部书记、校 长：杜宏

党支部副书记、副校长：李翔

副校长：高晴、王尚英

办公室主任：张万青

办公室副主任：杨茜（女）、马志刚

教务处主任：贾春荣

教务处副主任：赵志龙

政教处主任：李永红（9月任）

政教处副主任：冯亚林

总务处主任：魏宝瑛

（供稿：校委会；审稿：杜宏）

渭源县清源镇第一小学

【概况】渭源县清源镇第一小学创办于清光绪二十九年（公元1903年），由时任渭源县知县梅树南倡议创建，是全县创办最早的公立学校，校址选在县城十字路口西大街龙王庙左侧（原县人武部和原县法院处），建校初期命名为渭源县两等小学堂。创办一个世纪以来，十四次易校名，两次整体搬迁，历经32位校长、数千名教师的勤劳耕耘和苦心经营，培育出万余名优秀基础人才。2013年8月，学校第二次整体搬迁至清源镇上磨村。

学校现有33个教学班，在校学生1675名。学校占地面积28999.5平方米，生均用地面积17.31平方米；建筑面积10456平方米，生均6.25平方米；运动场面积14900平方米，生均8.91平方米，设有100米直线跑道和300米环形跑道。标准篮球场4个，羽毛球场2个，室外乒乓球台21组。

学校承袭110多年的办学经验，秉承“厚德、博学、健康、尚美、求实、创新、自强、卓越”的校训，坚持“文化树人、特色立校、全面发展、和谐快乐”的办学理念，以国家课程为核心，深入推进礼仪教育、书文教育、地方文化教育、健体教育、艺术教育和科学教育相结合的课程体系，形成明礼、崇文、知乡、尚美、砺身、探索的“新六艺”课程体系。狠抓师德师风建设和教育科研工作，不断提升教师队伍整体素质，逐步形成了“自强不息，追求卓越”的良好校风，教学质量稳步提高，社会影响不断扩大。

【德育教育】学校秉持“文化树人、特色立校、全面发展、和谐快乐”的办学理念，科学规划，打造专业的德育师资队伍，落实立德树人根本任务，形成了“12538”德育工作新机制：立足一个主阵地，即牢牢抓住《道德与法治》课堂这个主阵地；做好两个坚持，即坚持“以素质培育素质，以人格塑造人格”；通过五个途径，即开辟“少先队引领、学科渗透、活动感化、制度约束、环境熏陶”的德育工作途径；搞好三项活动，即“仪式教育、研学实践、家风宣传”活动；达到八个培育目标，即培育“厚德、博学、健康、尚美、求实、创新、自强、卓越”的清源一小好学生。“12538”德育工作机制引导学生“扣好人生第一粒扣子”，走出了一条“科学谋划、万木共发，师生共建、百花齐放”的德育工作新路子，为培养合格的社会主义建设者和接班人奠定基础。

【集团办学】2020年5月，在集团总校举行了教师“三字一话”教师基本功大赛。2020年9月，清源一小教育集团按照集团总校的安排，视导集团分校兰渭希望小学，集团总校数学教研组长杨亚丽、英语教研组长师霞、福州晋安区支教教师陈岚分别展示了三节示范课，受到了集团教师的好评。视导教师肯定了兰渭希望小学的各项工作，也提出了更高的要求。

【常规教学】2020年，学校全面落实《中国教育现代化2035》的战略部署，围绕《关于深化教育教学改革全面提高义务教育质量的意见》和《关于加强和改进新时代基础教育教研工作的意见》，全面贯彻党的教育方针，落实立德树人根本任务，发展素质教育，促进信息技术与教育教学实践深度融合，继续深入推动课堂教学改革，创新教育教学模式，促进育人方式转变，支撑构建“互联网+教育”新生态，发展更加公平更有质量的教育，加快推进教育现代化，办好人民满意的教育，促进学生全面发展。各教研组共开展70多节公开课展示，加大说评课力度，提高教师专业素养。学校加大集体备课力度，规范课堂教学行为，实施“青蓝工程”，做好传帮带工作。继续深入推进礼仪教育、书文教育、地方文化教育、健体教育、艺术教育和科学教育相结合的“新六艺”课程体系，打造学校特色品牌。

【教师培训】学校根据新冠肺炎疫情防控形势，有计划开展教师培训。学校先后组织教师参加“全市中小学群文阅读实验与推广研究项目启动培训活动”全市教学技能大赛暨“同课异构”教研活动、“全市2020年‘福州·定西教育帮扶’小学教研活动”、全县中小学班主任工作专题培训等活动，培训教师55人次。积极承办县教研室组织培训。加大线上培训力度。先后组织教师参加红旗梦想艺术课堂公益项目专题培训、小学各学科教材培训、甘肃省专业技术人员继续教育专业课培训等，先后达150多人次。

【疫情防控】学校加强疫情防控力度。按照上级疫情防控工作要求，制定详细的“两案九制”，建立疫情防控网格化管理机制，强化校园环境治理，完善防控物资配备，上好“复学第一课”，提高师生自觉防控意识与能力。提高思想认识，加大宣传教育。自疫情暴发以来，学校积极行动，做好校园消杀工作；落实好晨午检制度和因病因事师生追踪登记制度，全面排摸外省外市返渭人员，及时准确上报；积极引导师生及家属提高思想认识，养成良好的生活和卫生习惯，先后推出有关疫情防控的公众号20多期；每个月开展一次疫情防控的主题队会，做到教育一个孩子，带动一个家庭的效果。

【安全教育】结合学校实际，制定综治、维稳、禁毒、反邪教、普法、扫黑除恶计划和方案，并按期开展各项工作。改建清源一小禁毒基地，新装了清源一小禁毒室。“七五”普法工作通过省市县验收。“一号检察建议”调研得到省市县检察院表扬。

【师生获奖】刘万兴、杨亚莉、张娟参加全县小学教师技能大赛，分别获得特等奖和二等奖。刘海霞老师参加全县小学科学课实验技能大赛获得特等奖，同时荣获定西市科学课实验技能大赛三等奖。“面向核心素养培育的中小学STEM优秀教学案例征集与评选活动”中，王玲霞等6位老师的课例获得二等奖，时旭宾等3位老师的课例获得三等奖。侯正清老师的课例《不一样的狐狸》入围2020年新媒体新技术教育应用研讨会暨第十三届全国中小学创新课堂教学实践观摩活动网络课例遴选典型课例；王玲霞、温璐雄老师的课例分别获得入围奖。边雪燕被评为全县优秀德育工作者，师霞、贾彩琴被评为全县优秀教师，单艳芬被评为全优秀班主任，师霞和单艳芬分别被授予教学质量优胜奖和进步奖；在定西市学校艺术展演活动中，周渭旦、黄淑琴和温璐雄获得教师组软笔书法二、三等奖，古筝社团《祝福祖国》获得二等奖，舞蹈社团《街舞少年》获得三等奖，侯正清、刘海霞老师的作品《寒号鸟》《一个苹果》获得三等奖，王雨田软笔书法获得二等奖，牛美婷、黄戈雅的硬笔书法获得三等奖，杨亚莉等8位老师三件校园文化建设案例分别获得三等奖，张娟的《阳光下成长——童心创艺工作坊》获得三等奖；温璐雄、董丽萍参加定西市中小学幼儿园教师教学技能大赛暨“同课异构”活动，分别获得二等奖。牛丽萍、樊丽丽、汪燕燕、杨彦花被评为“渭源县优秀少先队辅导员”；丁胤玟、杨佳琪被评为“渭源县优秀少先队员”；唐嘉豪被评为“甘肃省新时代好少年”。在渭源县第36届青少年科技创新大赛中，师生的42项作品分别获得一、二、三等奖。刘海霞、魏春燕、汪伟军的作品在全省中小学幼儿园首届微课大赛中荣获得一等奖；王玲霞、任可桃、章海霞获得二等奖；全省教育教学省级优秀论文评比中，魏春燕等7名教师荣获得一、二、三等奖，甘肃省第一届中小学幼儿园教师“三字一话”教学基本功竞赛活动中，周渭旦毛笔字获得二等奖，章海霞普通话获得三等奖；黄淑琴、孙宏兵、魏春燕被评为定西市“骨干教师”，徐淑红被评为定西市“名教师”，魏春燕被评为定西市“名班主任”。12月，李繁、边雪燕取得正高级教师资格。

【领导名录】

党支部书记、校长：边雪燕（女，11月止）、牟凤英（女，11月任）

副校长：权淑兰（女，5月止）、刘万兴（11月止）、时旭宾（5月任）

教导主任：时旭宾（5月止）、张艳霞（女，5月任）

教导副主任：张艳霞（女，5月止）、孙宏兵（5月任）、魏春燕（女，5月任）

（供稿：校委会；审稿：牟凤英）

渭源县清源镇第二小学

【概况】渭源县清源镇第二小学始建于1920年，系甘肃省教育系统先进集体、定西市首批市级示范性小学。学校现有校本部和书院两个校区。校本部设一至四年级，书院校区设五至六年级，两校区共有36个教学班，学生1759人。学校围绕“温暖校园”文化，努力构建温馨的环境文化、温厚的课程文化、温雅的活动文化、温润的人际文化立体框架，建设“温暖校园”。

【教师培训】走出去，请进来，打造名师工程，以培训促提高，通过外派学习、二次培训、自我培训，促进教师专业发展。语文组9位教师参加了全市群文阅读培训，张娟、祁慧琴参加了“福州定西”教育帮扶培训。9月，王文宏赴福州参加了骨干教师跟岗培训，李洁琼参加了全市九年义务教育质量监测教研活动。11月，孙学林参加了甘肃省中小学书法骨干教师培训班。参训教师返校后均做了二次培训。

【教研工作】各年级备课组、集团中心备课组集体备课不断加强，使团队的力量得以凝聚。5月，在2020年数学、音美体教师教学技能大赛暨“同课异构”研讨活动学校初赛和集团复赛中，12位老师参加了学校初赛，张志军、逯玉、陆丽寰、李燕燕4位老师参加了全县决赛并获特等、一等奖；陆丽寰在全市的小学音乐教师教学技能大赛中获一等奖。6月上旬，承办了全县科学教师实验技能大赛集团复赛和全县决赛，袁世良老师获特等奖。9月，罗金星、杜辉参加了新进教师岗前培训之岗前试讲活动。10月，第五届语数英教师教学技能大赛暨“同课异构”研讨活动中，杨昕、郭萍、虎婧等16位老师进行了课堂教学展示和现场说课。承办的全县2020年首届小学教师阅读论坛活动中，吕凡秀和张殿军老师分别做了《阅读，遇见美好的自己》和《阅读让爱传递》精彩读书分享。11月，周根霞（《品味母爱》示范课）参加了首届小学语文群文阅读教学研讨活动，王文宏、吕凡秀等7位老师做了“群文阅读，我们在路上”专题沙龙。12月，清源二小教育集团在庆坪中心小学开展了教学视导暨送教下乡教研活动，王文宏、贾娟娟、陆丽寰等7位送教老师的示范课得到了一致好评。

2020年，省级课题结题3项，汪琼主持的《西北地区农村留守儿童良好学习行为习惯培养的研究》，庞亚东主持的《“五环四点”小学数学本色有效课堂教学策略研究》，刘春龙主持的《“三节”教育活动在农村小学开展有效行为研究》；市级课题结题1项是张秀梅主持的《基于学生核心素养发展下小学音乐课堂趣味性教学研究》；4项市级课题立项在研，吴小林主持的《农村留儿童家庭教育现状调查及策略研究》、贾娟娟主持的《农村家长陪读现象研究》、梁亚梅主持的《小学体育教学中教与玩有效结合和策略研究》、吕凡秀主持的《小学语文班级读书会教学设计的研究与实施》。

【德育工作】学校树立“大思政”观，全面落实立德树人根本任务，充分发挥课堂教学的主渠道作用，实现《道德与法治》课与其他课的“有效共振”。一是丰富、创新德育工作的形式，强化教育的现实性、针对性、亲近性，使思想教育内化于心，外化于行。二是结合建校一百周年，围绕“我们的二小、大家的二小”，开展寻根二小精神、寻根中华优秀传统文化实践活动。三是结合重大节日开展一系列富有成效的专题德育活动，“清明祭英烈 共筑中华魂”“绿色环保共建美好家园”“我爱我的祖国”“谢谢老师——我向您说句心里话”“光盘行动，远离浪费”“提高自护意识，在互联网中快乐游弋”“铭记历史，兴我中华，争做新时代好队员”等专题活动的开展，充实了德育内容，提升了学生的品德修养。四是通过开展疫情下的责任与担当系列主题活动，从心理健康、卫生防疫等方面入手，开展了“心灵陪伴，防疫有你有我”“我为祖国出点力，防护知识要牢记”“致敬最美，‘逆行者’”“心系疫情　感恩于行”等疫情防控宣传教育活动。五是以仪式教育为主线，丰富德育内涵。一年级新生入学仪式及“献礼祖国七十华诞，争做新时代好队员”新队员入队仪式、四年级“责任、感恩、成长”十岁的天空成长仪式、六年级“最美的童年在最美的二小”毕业仪式，强化了学生仪式感和责任感。

【学生发展】各学科都以百年校庆为主题，组织了各类竞赛。春季学期，语文“百词过关”竞赛、优秀读书卡、优秀硬笔书法作品评比，数学文化成果展示，英语知识竞赛、班班项目比赛，庆“六一”学生书画手工作品展，学科思维导图绘制比赛，为疫情防控期间的校园增添了色彩与活力，发展了学生核心素养。秋季学期，“献礼百年二小，致敬我的祖国”歌咏比赛，第三届翰墨书香百人现场书法大赛，秋季球类趣味运动会，第四届趣味科学实验竞赛，第四届英语绘本故事演讲比赛，语文组“我爱阅读”现场作文竞赛，数学知识竞赛，大大丰富了校园文化生活，培养了学生各方面的能力。

【教学质量】2020年小升初全县统测中，六年级语文、数学、英语三科及格率达90%以上，语文均分73.91分，数学均分76.76分，英语均分76.75分，均居全县前列。谢丽、魏亚莉、罗瑞霞、王建军、虎婧、张艳琴、刘春龙、张云燕、李洁琼、张娟10人获全县教学质量优胜奖，吴小林获全县教学质量进步奖。

【教师获奖】党支部书记、校长康雅莉被评为市级精神文明建设先进工作者、会川镇脱贫攻坚帮扶工作先进个人；王建军、张云燕被评为县级优秀班主任，梁红萍、张艳琴被评为县级优秀进教师，王振华被评为县级优秀德育工作者；2020年全省中小学心理健康教育微课大赛中，杨彩获一等奖，贾永霞、吴小林2人获二等奖，陆丽寰获三等奖；2020年全省优秀论文竞赛中，吴小林、刘春龙、胡培峰、甘海红4人获一等奖，王文宏、庞亚东、李洁琼、田冬芳、石庭东、虎婧、贾永霞、李燕燕、张秀梅、吕凡秀、陆丽寰、张霞娥、张云燕、祁慧琴、王建军15人获二等奖，年旭红、汪富强、王燕3人获三等奖；2020年全省首届中小学（幼儿园）教师微课大赛中，吕凡秀、汪富强、尤文丽3人获一等奖，张云燕、胡培峰、陆丽寰、韩芳4人获二等奖，李志斌、王文宏2人获三等奖；2020年全省第一届中小学教师“三字一话”教学基本功竞赛中，孙学林获钢笔字类一等奖，魏亚莉获综合类钢笔字一等奖；牛龙、马春红被授予“定西市优秀少先队辅导员”荣誉称号；牛龙、安永军、杨昕、胡云霞4位老师被授予“渭源县优秀少先队辅导员”荣誉称号；汪富强、王文宏、袁世良3位老师被评为“渭源县向上向善好青年——青年岗位能手”。

【单位获奖】2020年6月，学校被渭源县文化馆、渭源县文化馆三人行书画培训基地评为渭源县庆“六一”儿童书画展组织奖。2020年7月，学校党支部被中共渭源县教育局委员会评为“渭源县教育系统先进基层党组织”。2020年9月，学校被中共渭源县委、渭源县人民政府评为“全县教育工作先进集体”。2019年12月，学校被中共定西市委、定西市人民政府评为全市第二届文明校园。

【领导名录】

党支部书记：李强（11月止）、康雅莉（女，11月任）

校长：陆暎（女，11月止）、康雅莉（女，11月任）

副校长：李强、刘春龙、庞亚东

教导副主任：汪富强、王福琴（女）

工会主席：翟晓华（女，9月止）、袁世良（9月任）

（供稿：王振华；审稿：康雅莉）

渭源县中心实验小学

【概况】渭源县中心实验小学于2010年建成并投入使用。现有学生1074人，23个教学班，教师62人，其中本科学历51人，大专学历11人，学历合格率100%。平均年龄38岁。省市骨干教师9人，省市青年教学能手3人，市学科带头人2人。本年度获得县级以上奖励182余人次，各级各类刊物发表论文80余篇。学校继续推行素质教育，全面贯彻教育部关于落实学生体育艺术“2+1”的精神，以“实以治学，雅以为人”为办学理念，以“打造实雅教育，书写幸福人生”为办学目标，努力构建“五实课堂”，以校本教研促进教改，以“乡村少年宫”社团活动为第二课堂，充分结合“少年军校”和“书香校园”的创建，以达成培养脚踏实地、言行优雅、全面发展的实雅少年的育人目标。与此同时，着力塑造儒雅的教师形象，形成高雅的校园文化。

【德育工作】学校实行“全员德育制度”，加强细节管理，努力践行社会主义核心价值观，促进学生健康成长，努力创建和谐校园。以课堂为主，学科渗透。每学年举办2次法制讲座，引导学生学法、懂法、守法。每周二下午第一节课召开班会，周班会与年级月主题班会相结合，做到有主题、有记录，形式多样内容丰富，教育效果良好。学校建立了家长委员会组织，实行家长开放日制度，定期召开家长座谈会，引导家长委员会参与学校的日常管理，每学期组织班主任、科任教师家访一次，营造学校、家庭、社会一体化的共同育人的德育氛围。学校非常重视心理健康教育，心理咨询室有专人负责，每天课外活动组织学生游戏、心理疏导等。每学期组织一次校本培训或请心理专家对分别教师和学生做讲座。六（3）中队荣获“全国优秀少先中队”称号。

【教育教学工作】加强教学常规管理，促进教师队伍建设。学校按要求开足开齐课程，各部门、各教研组学期初有计划，期末有总结。教导处每周批阅各教研组长的教案，各教研组每周批阅教师教案，做到提前备课。每学年进行8次集中性的教师教案作业检查，并在教师会反馈检查与整改情况。本学年共进行校本培训8次，分别以校内的骨干教师主讲、邀请校外专业人士主讲。积极组织全体教师参加省市县安排的各类培训，并严格落实二级培训，外出参加培训的老师回来后，在教研组进行再次培训。举办两次全体教师参与的教师技能素质比赛活动，上学期进行的是“青年教师演讲比赛”，本学期举行了“简笔画”教学技能竞赛活动。推选出的任永良、陈岚老师分别荣获省级粉笔字、普通话二等奖。本学年组织了思政、数学、音乐、美术、体育、科学等高效课堂观摩活动，推选出的李小强老师在定西市美术赛课活动中荣获二等奖，李小强、陈永胜在县美术、数学赛课活动中荣获特等奖，李新龙、王慧武老师在县音乐、体育赛课活动中荣获二等奖。学校鼓励教师积极申报省事教育科研课题，加强课题研究。结题的有省级课题杨淑珍主持的《小学科学户外探究活动设计与组织管理策略的研究》，市级课题张丽英主持的《农村小学留守儿童教育问题研究》；新申报立项的有赵彩芸《有劳动教育与小学综合实践活动相结合培养学生自理能力的研究》、任永良《小学生书法教学现状与教法实践研究》、岳莉《小学语文群文阅读教学中的现状及策略研究》、董鑫《小学安全长效机制的建立与学生自护自救能力的培养研究》和李春燕《农村小学英语单元整体设计与实施的研究》。与路园小学建立帮扶关系，开展了主题党日互促共建活动、篮球联谊赛，并选派学校青年骨干教师杨瑾、李雯雯老师承担送教下乡。

【学生综合素质提升】学校重视学生身心健康发展，严格落实1小时阳光体育锻炼，落实“三操两课”，大课间、课外活动有具体的安排表，每学年都举行庆六一、国庆主题系列活动和春季、秋季运动会，组织学生开展体质健康达标活动。重视体音美特长生专业训练，依托社团活动的开展学生进步明显。本学期举办数学、作文、英语等竞赛各1次，每次活动参加人数不少于在校人数的20%。学校积极组织并参加省市县教育主管部门组织的各项学科竞赛活动。陈栋在全市疫情防控学生征文竞赛活动中荣获三等奖，刘岩钊、韩瑞琪、张会军等在县反邪教知识小学组征文比赛中荣获一、二、三等奖，在县科协组织的科幻系列作品竞赛中有40多名学生获奖。学校重视学生阅读，图书发放到班级，建立班级图书角，每周开设不少于1节的阅读课；阅览室按规定正常开放，并能开展每学期至少2次的读书交流活动。

【安全工作】学校牢固树立“安全第一，责任重于泰山”的思想，制订好切实可行的校园综治安全工作计划，进一步制定和完善各项制度和预案，认真学习安全法律法规，坚决贯彻执行上级有关文件精神，利用升国旗仪式、晨会、校园橱窗、电子屏、横幅、标语、黑板报、手抄报、习作、学科渗透、专题讲座等开展内容丰富、形式多样的交通、防火、防盗、防震、食品卫生、禁毒、反邪教、防洪防溺水、防恐怖、防校园欺凌等安全教育。

【领导名录】

党支部书记、校长：刘万兴

副校长：何元庆

教导主任：赵彩芸（女）

副教导主任：陈岚、杨耀国

少先大队辅导员：杨玲（女）

（供稿：陈岚；审稿：刘万兴）

渭源县幼儿园

【概况】渭源县幼儿园始建于1982年，是一所全日制公办幼儿园。2013年10月，幼儿园整体搬迁至清源镇党校路14号。新园所占地面积13.8亩，建筑面积5143.21平方米，于2017年8月晋升为甘肃省示范性幼儿园。现有教学班17个，幼儿660余名。教职工67人，其中高级教师13名，一级教师20名（保健医生1名），二级教师34名（专职保安1人），大专以上学历67人，专任教师合格率为100%。幼儿园玩教具配备合理，设施齐全，园所环境优美，文化氛围浓厚，教师队伍专业，以“快乐永驻童年”为办园宗旨，注重幼儿身心健康发展，努力打造社会满意、家长放心、幼儿开心的一流园所。

【教育集团联盟】2020年是不寻常的一年，疫情阻挡了孩子们的入园，但阻挡不了渭源县幼儿园教育集团帮扶的脚步，为落实市县教育主管部门的精神，充分发挥省级示范性幼儿园的示范作用，带动全县幼儿教育健康发展，1月份开展了集团分园业务知识竞赛及联欢会。定期线上为集团分园推送疫情防控知识、绘本故事、美德教育、小游戏30余次，指导集团分园制定“两案九制”；5月，召开了2020年集团（联盟）办学推进会，签订了帮扶协议书，邀请各分园部分园长、教师参加了疫情防控专题培训、集团教育业务知识培训、集团内学前教育宣传月启动仪式、“三字一话”教学基本功竞赛；6月，开展了集团园数学领域、社会领域、音乐领域“同课异构”技能大赛；9月，对集团开学工作进行了指导；10月，各园结合本园实际情况，开展了爱国主题教育系列活动。11月，开展了城区幼儿园联片教研；骨干教师、党员教师深入各分园进行了送教下乡活动。12月，深入会川幼儿园开展了送教下乡活动，保证了送教活动全覆盖。

【教育教学】2020年，是不平凡的一年，渭源县幼儿园开展了一系列与教育教学主题相结合的有针对性的教育教学活动。

1.*幼儿层面*。突出爱国教育、感恩教育、养成教育，培养幼儿良好的道德品质。3月份，线上开展“向雷锋叔叔学习”“爱妈妈、爱老师”“大家一起植树”等主题教育活动；4月份，结合清明节，线上让小朋友观看革命故事，缅怀革命先烈，进一步加深了孩子们对我国传统节日的了解；6月份，结合环保日，开展了环保主题教育活动、“三节三爱”主题教育活动；7月份，大班幼儿开展了汇报演出，表达对老师的感谢及对幼儿园的不舍；9月份，结合重阳节，以“爱从身边做起”为主题，进行了尊老、敬老、感恩、回报系列教育活动；小班年段幼儿举办了“我向祖国送祝福”歌表演活动；10月份，全体中班幼儿开展了经典诵读活动，全体大班年段师幼举行了“童声唱红歌，童心献给党”主题歌唱会，“中秋节”主题活动；12月份，开展了家长半日开放活动，让每一位家长参与幼儿园教育，评价教师的工作，以及对幼儿园教育管理的意见和建议。元旦开展了迎新年联欢会。

2.*教师层面*。着重于教师专业素养的培养及业务能力的提高。4月份，结合疫情防控期线上开展了学习培训；5月份，分级开展了“疫情开学第一课”研讨；6月份，开展了全园教师现场课大赛；7月份，开展了教师自制玩具评比；9月份，结合小班幼儿年龄特点，开展了议题为“小班年段如何开展足球特色活动”园本教研；10月份，开展了“幼儿园如何开展思政课”教研活动，结合教师说课、教案书写，开展了议题为“怎样开展说课、规范书写教案”“如何开展园本课程建设”园本教研。11月份，我园全体教师开展了“域”见美好、“戏”亮童心，各年段区域活动开展；12月份，开展了各年段集体备课、“六顶思考帽”现场课堂教学研讨活动展示。

【教师培训】全园教师参加线上培训10余次，先后选派4名教师参加县级专业培训，选派3名教师参加市级专业培训和国培计划项目培训，选派2名教师参加省级国培项目培训，选派3名教师赴临洮参加定西市幼儿园教师教学技能大赛，6名骨干教师进行观摩学习，不断促进教师专业化成长。

【园所特色】县幼儿园以“快乐永驻童年”为办园宗旨，以“精心呵护幼儿身心，营造快乐空间，服务家长，服务幼儿”为办园理念，遵循“团结、求实、创新、奉献”的园风和“微笑面对家长，精心呵护孩子，宽容对待同事，善于挑战自我”的园训，以“爱心、善诱、严谨、活泼”的教风，提出了“健康活泼有毅力，探索求知好动脑，热情友爱善交往，心灵手巧会表现”的幼儿发展目标。在30多年的发展历程中，逐步形成了以“快乐教育”为内涵的园所发展理念，通过“快乐生活活动、快乐集体活动、快乐户外活动、快乐区域活动”四大模块，科学合理安排幼儿一日活动，促进每个幼儿富有个性的成长。其中室外“创新游戏”“传统游戏”已经积累了丰富的活动案例，形成了独具特色的园本游戏模式，为幼儿每天2小时的户外游戏活动提供了保障。

县幼儿园自2019年被全国青少年校园足球工作领导小组办公室、教育部体育卫生与艺术教育司确定为“全国足球特色幼儿园”以来，结合实际情况，开设了幼儿园足球特色活动课程，探索足球特色教育，发展幼儿的个性和特长，培养合作能力及团队意识，提高身体素质，让幼儿在掌握足球运动技能的同时强身健体，并于7月21日至7月23日，开展了“玩转足球，乐享童年”全园教师暨大班年段幼儿足球联谊赛。

【帮扶和支教工作】响应东西部教育扶贫协作的号召，福州支教队员丁远锋千里迢迢赴渭源县幼儿园，进行了为期6个月的支教工作（2020年6月至2020年11月）。响应三区支教号召，派出年轻教师张金玲去会川幼儿园支教1年（2020年9月至2021年8月）。

【学校获奖】2020年3月，被中共渭源县委宣传部表彰为推广运用“学习强国”学习平台先进集体。

【教师获奖】党支部书记、园长白晓芸在2020年6月被县委、县政府聘为第四届领军人才；李晓莉被县委、县政府表彰为优秀德育工作者，曹娟被县委、县政府表彰为优秀教师，杨婷婷被县委、县政府表彰为优秀班主任，李晓莉在渭源县幼儿园教师技能大赛艺术领域中获得特等奖、在定西市教育科学研究所组织的教师教学技能大赛暨“同课异构”艺术领域中荣获一等奖，李娜在渭源县幼儿园教师技能大赛中获得特等奖、在定西市教育科学研究所组织的教师教学技能大赛暨“同课异构”社会领域中荣获二等奖，贾浪涛在渭源县幼儿园教师技能大赛科学领域中获得特等奖、在定西市教育科学研究所组织的教师教学技能大赛暨“同课异构”科学领域中荣获二等奖，王正科负责的课题《家园合作教育模式探索研究》完成结题，在甘肃省第一届中小学（幼儿园）教师“三字一话”教师基本功竞赛中获得二等奖；罗艳萍、杨婷婷、王晶晶、尉晓燕、刘玉凤、张小红、周婧在全省中小学幼儿园心理健康教育微课大赛中获得二等奖；凌旭涛、曹爱第、王正科在2020年学前、中小学、高等教育教学优秀论文评比中获得二等奖；在甘肃省首届中小学（幼儿园）教师微课大赛中李莉获得一等奖，曹爱弟、杨婷婷、周婧、王晶晶、尉晓燕、张小红获得二等奖，罗艳萍、祁君获得三等奖。

【领导名录】

党支部书记、园长：白晓芸（女）

党支部副书记、副园长：杨文晶（女）

副园长：周婧（女）、包霞英（女）

（供稿：包霞英；审稿：白晓芸）

渭源县第二幼儿园

【概况】渭源县第二幼儿园位于渭源县首阳路23号，始建于2014年6月，占地面积6680平方米，建筑面积3222.45平方米，于2015年8月正式投入使用。2016年1月晋升为甘肃省省级二类幼儿园，2018年11月晋升为甘肃省省级一类幼儿园。现有19个教学班，幼儿811名，教师56人，其中高级教师4人，一级教师9人，二级教师43人，“省园丁”1人，市、县级优秀教师25人，教师合格率达100%。幼儿园以“和谐、敬业、务实、超越”为园训；以“培养健康、乐群、自信、个性、活泼的孩子”为办园目标；以“用爱教育、潜能培养、全面发展、服务幼儿、服务家长”为办园宗旨，坚持走本土化教学的特色办园之路。

【立德树人】牢固树立“育人为本，德育为先”理念，不断丰富德育教育形式。在环境创设中，结合疫情，创设“最美逆行者”“抗疫英雄”，让孩子从小敬畏生命、学会感恩；紧扣传统节日开展主题活动：清明节、端午节、中秋节、重阳节等节日，让孩子们感受中华传统文化的博大精深，学会分享、感恩、敬老、爱国等优良品质；每周一的升旗仪式、国旗下讲话，有不同主题教育（爱国、诚信、尊老等），每班轮流国旗下表演：唱红歌、诵经典，孩子们在庄严的国旗下汲取真、善、美的养料。

【教育教学】2020年，重点围绕省级课题《本土文化背景下的幼儿园特色活动研究》，梳理本土区域活动六条主线，确定开展秦腔、编织、木工房、渭河自然坊、家乡民俗馆、舌尖上的渭源区域活动，在传承本土文化的同时，极大提高了孩子们动手操作能力；注重生活活动，结合疫情不定期开展主题教育，从疫情防护、个人行为习惯、感恩教育等方面入手，融汇五大领域课程，实现多元化课程架构；户外活动技能性运动与器械游戏相结合，保证每日两小时户外活动时间，分年段设立活动目标，强健幼儿体魄，促进幼儿健康成长。

【教研培训】教研培训活动扎实开展。2020年，共进行53节赛课评课活动，12节骨干教师示范课，6节党员示范课，采用六顶思考帽教研发进行研课评课，教师教研水平不断提升；10月，刘晓娟教师参加中小学幼儿园骨干教师赴福州市名优学校跟岗培训，郭文静参加“立德树人——做懂孩子的幼教人”西北幼教论坛活动；11月，黄艳萍参加甘肃省2019年“金钥匙”导师团导师研修项目；12月，魏丽霞、李晚霞参加2020年“国培计划”——定西市幼儿园新入职教师规范化培训项目。

【示范引领】2020年5月，在集团总园举行“三字一话”教师基本功大赛。6月，举行渭源县幼儿园教师基本功大赛第二幼儿园集团初赛活动；11月，第二幼儿园集团按照集团总园安排，在北寨渭北幼儿园、新寨幼儿园开展送教下乡活动，邀请大安、黎家湾、秦祁公办、民办幼儿园教师参加，第二幼儿园黄艳萍就幼儿园疫情防控方面就在指导，郭文静开展现场互动教研，党雪梅、邵小娟组织观摩课，总园各位教师的专业指导，规范了分园卫生保教常规，为城乡教育均衡发展奠定了基础，形成优质资源共享。

【特色活动】2020年，结合特使时期开展大班云端毕业典礼，采用直播方式，向家长展示幼儿三年的成长经历；“师幼同欢迎国庆，齐心共筑中国梦”渭源县第二幼儿园庆祝新中国71周年华诞暨第六届廉政文化进家庭亲子趣味运动会；线长家长开放日、“庆元旦、迎新年”亲子联欢会等活动，全面展示了教师和幼儿风采，幼儿园先进的办园理念得到家长的一致好评。

【个人获奖】2020年6月。园长黄艳萍被县委、县政府聘任为渭源县第五届拔尖人才，9月被县委、县政府评为优秀教育工作者；11月被评为定西市名园长，省级课题《本土文化背景下的幼儿园特色活动探究》结题，鉴定为优秀课题。王爱红教师在6月全市中小学（幼儿园）教师“三字一话”教学基本功综合类竞赛活动中获得一等奖，7月被县第二幼儿园党支部评为2020年优秀共产党员；8月，作品《立足本职，为党旗添彩》在全市“学党史、感党恩、听党话、跟党走，我为党旗添光彩”主题征文大赛中获得二等奖；12月，在甘肃省第一届中小学（幼儿园）教师“三字一话”教学基本功综合类竞赛活动中获得一等奖。6月，黄艳萍被中共渭源县教育局委员会评为优秀共产党员，赵凤兰被评为优秀党务工作者；全县幼儿园教师基本功大赛中，党雪梅获特等奖、柴蕾获一等奖、赵丽君、陈莉、李琴获二等奖；9月，牛晓丽被县委、县政府评为优秀教师，陈莉被评为优秀班主任；在《2020年定西市学校艺术活动》中，郭文静获得优秀案例一等奖，黄艳萍手工获二等奖，陈小燕、井小花、柴蕾的舞蹈《傣族舞韵》获得三等奖。

【学校获奖】2020年3月，被渭源县妇女联合会评为妇女工作先进集体；2020年6月，被渭源县教育局党委评为先进基层党组织；2020年12月，被定西市教育局评为“十三五”期间市级平安校园创建工作中表现突出的先进集体。

【领导名录】

党支部书记、园长：黄艳萍（女）

副园长：郭文静（女）、李芳（女）

大班级级主任：王雯（女）

中班级级主任：汪雅虹（女）

小班级级主任：邵小娟（女）

（供稿：郭文静；审稿：黄艳萍）

渭源县第三幼儿园

【概况】县第三幼儿园位于渭源县清源镇上磨村，毗邻清源一小，于2018年4月开工建设，2019年3月31日正式成立，为三年制公办省二类幼儿园。幼儿园占地面积6593.27平方米，建筑面积3047.15平方米。户外活动区配有大中小组合型玩具、种植园等。园内现设有教学班12个，其中小班6个、中班4个、大班2个、幼儿574名。2020年，全园共有教师35名，其中本科学历32人，大专学历3人，教师平均年龄32岁，教师学历合格率100%；高级教师3名，一级教师3名，二级教师29名；学前教育专业13人，艺术专业8人。幼儿园形成“以自然为本，启探索之门，创童梦乐园”的办园宗旨，以“办一所高品质的幼儿园，给孩子一个美丽的起点”为办园目标，秉持“启智成长，快乐相伴”的办园理念，快乐育人，育快乐人生。

【幼儿园发展】在环境创设和班级特色教学方面，完成教学楼北侧大型玩具的摆放区域橡胶地垫的铺设工作，对教学楼外侧的台阶及南侧活动场地全部用人工草坪进行了软化，保证幼儿户外活动的安全性。2020年12月底，以新型泡沫材料创设的教学楼西侧楼道以“传统·传承”为主题的环境创设工作顺利完成。

【教育教学】

1.日常教育教学活动。在一日活动上，科学制定了室内外活动内容，让幼儿的学习生活做到动静交替。根据园内各年龄段孩子的不同特点，开展了丰富多彩的活动，寓教于乐，让幼儿不断获得成长的喜悦，一个个主题活动丰富了幼儿的生活，也培养了他们良好的生活行为习惯。班级特色活动的开展不仅丰富了幼儿日常生活，促进教师提升了特色育人水平，更为孩子发展和展示自我提供了平台，有利于更好地让每一位孩子在幼儿园里找到兴趣、找到自信。线上家长开放日活动更是得到了家长们的一致好评，让家长了解幼儿在园的生活学习情况，了解幼儿园的教育工作，助推家园共育，促进幼儿园保育、教育工作更好的发展。

2.特色主题活动。为促进幼儿情感教育和技能发展开展了一系列活动。在幼儿园创新教育理念的引领下，形成了各有亮点的班级特色活动，红色经典系列、棋韵、声势造势、扎染、水墨画、音乐游戏、手工编织、沙画、非洲鼓、竹竿舞、腰鼓等一个个极具童趣个性的游戏，成为幼儿园活动的主要内容，为幼儿健康成长提供良好的环境，为幼儿的个性化成长奠定基础。2020年9月，“庆国庆·颂党恩·小手绘长卷为祖国妈妈庆生”系列主题活动开展，幼儿在长卷上尽情地描绘心中的梦想；中班级“浓浓中秋情、快乐做月饼”手工活动开展；“忆经典故事抒爱国情怀”亲子共读活动开展；10月，民族舞间操展评活动；11月，常态化区角活动开展；12月，民间游戏活动和“童心画语”绘画活动开展。

【安全工作】把创建“平安校园”放在工作的首位，建立健全各类安全工作制度，利用消防安全主题活动、交通安全主题活动、消防演练活动、防震演练活动、安全家长会、安全教育平台、《致家长的一封信》、美篇宣传等方式，对幼儿进行安全知识和技能教育，提升了幼儿的安全防护意识。2020年12月，被评为市级“平安校园”。

【校际交流】2020年10月，莲峰幼儿园教育集团“艺术”领域教学研讨活动在县第三幼儿园开展，来自莲峰幼儿园、路园幼儿园、绽坡幼儿园和县第三幼儿园的4位老师分别献上幼儿艺术活动大餐一份，有效促进了“艺术”领域活动开展的水平；2020年11月，蒠娟娟、郭秋菊、祁蕊老师将自己精心设计的活动带到路园幼儿园、莲峰幼儿园以及蒲川学区的绽坡幼儿园、星河幼儿园、快乐幼儿园，与他们一起分享幼儿园活动的设计，交流活动的心得，提升活动的效果。

【获奖情况】在渭源县廉洁经典诵读活动中，荣获集体“二等奖”。2020年3月，被县妇联评为三八红旗集体、王小斐被评为三八红旗手；2020年4月，郭晨霞被团县委评为渭源县青年岗位能手；6月，在县教育局举办的渭源县幼儿园教师教学技能大赛中，蒠娟娟荣获艺术学科组一等奖；郭秋菊荣获社会学科组一等奖；9月，梁瑞明被县委、县政府评为优秀教师，张娇龙被县委、县政府评为优秀班主任；11月，佟燕君等9名教师在渭源县廉洁经典诵读活动中荣获二等奖；4月，薛晶被县委宣传部评为“渭源县疫情防控优秀青年”；6月，佟燕君被中共渭源县教育局委员会评为“优秀党务工作者”，郭秋菊被中共渭源县教育局委员会评为“优秀党员”。

【领导名录】

党支部书记、园长：张素萍（女）

副园长：王小斐（女）、佟燕君（女）

（供稿：剡文海；审稿：张素萍）

渭源县第四幼儿园

【概况】渭源县第四幼儿园位于清源镇北关村县统办大楼旁，毗邻清源镇第二小学和渭源县第一中学，于2019年7月开工建设，2020年8月27日正式成立。2020年10月19日，渭源县第四幼儿园党支部成立，10月22日设立支委会，共有正式党员7名，其中女党员6名。第四幼儿园占地面积2866.10平方米，建筑面积3035.85平方米，总投资1300万元。2021年1月5日晋升为省级二类幼儿园。现有教学班7个，幼儿305名，其中有小班4个，幼儿168名，中班2个，幼儿83名，大班1个，幼儿54名。教职工19名，其中本科以上学历15人，大专学历4人，教师平均年龄37岁。学历达标率100%。高级教师3名，一级教师6名，二级教师10人；学前教育专业6名，艺术专业8人。各功能室齐全，室外大中型玩具、室内小型玩具、幼教一体机、电钢琴、消毒柜、幼儿桌椅等一应俱全，为孩子们的健康快乐成长提供了良好的教育条件。以“爱中塑心、动中塑体、趣中启智、乐中尚美”为办园理念，以培养幼儿“爱运动、爱阅读、善交往、乐探究”为办园目标，以“教有童趣、学有童真、园有童年、家有童话”为园训，坚持“书香沁童年”的办园特色。

【教研培训】教研活动扎实推进，共进行了18节听课评课活动，3节示范课，每个教研组每月研课磨课1节。为进一步加大教师培训力度，开阔教师视野，提升业务素养，先后选派4名教师赴定西、张掖等地参加业务培训学习；组织全体教师参加县幼儿园联片教研活动、福州支教教师丁远峰专题培训会；组织县城区4所幼儿园进行联片教研活动；组织5名教师赴莲峰镇幼儿园交流学习。定期请骨干教师分享保教经验，外出学习教师进行园本二次培训。

【**教学教育**】我园认真学习贯彻《幼儿园教育指导纲要》精神，遵循《幼儿园工作规程》的要求，以德育教育为主，将“五大领域”教学目标贯穿于幼儿一日活动中，坚持开展每月主题教育，并结合各主题开展各种系列活动。每月教育教学主题活动与区域活动有效结合、相互渗透。室内外活动动静结合，每天保证幼儿2小时室外活动，大力提倡创新游戏和传统游戏的积极开展，让幼儿在愉快地游戏中达到体能锻炼与发展的要求。

【**改善办园条件**】

1.*硬件建设*。2020年8月，将一至三楼楼道墙面进行了软包，对党建室进行了装修布置。添置了构建试室搭建组合玩具，图书室购买了3套卡通小沙发，每个活动室、功能室分别配置了一套组合衣帽架，新置打击乐9套。

2.*环境创设*。教师们对全园的环境创设进行了大力构思创设，科学合理地将废旧材料运用到环境布置之中。一楼以文明礼仪、德育教育为主题，二楼以家乡的特色文化为主题，三楼以国学经典为主题，创设了有教育意义的环境。楼道墙壁装饰画分别以幼儿基本礼仪、传统游戏、绘本故事为主，美化环境的同时，为幼儿创造了具有浓郁童趣的学习氛围，达到环境育人的目的。

【**特色活动**】2020年9月初进行了全园教师汇报课活动，9月底举办了“庆国庆 迎中秋”汇报演出及全园器械操比赛活动，进行了全园教师、幼儿及家长“书香溢满园，阅读伴成长”读书活动启动仪式，每班每月进行一次班级读书活动成果分享；10月全园开展了区角评比活动；11月初进行新招聘教师汇报课，参加了由县纪委监委、县委宣传部主办的渭源县“源头清风润初心、同心共筑小康梦”廉政文化系列活动——廉政经典诵读竞赛活动，11月底开展了全园家长半日开放活动；12月全园开展了“童话世界、创意无限”美术公开课及幼儿绘画比赛活动，班级开展各具特色的讲故事比赛，12月底分年级组进行了游园活动。

【**获奖情况**】2020年11月，在县纪委监委、县委宣传部主办的渭源县“源头清风润初心、同心共筑小康梦”廉政文化系列活动——廉政经典诵读竞赛活动中荣获一等奖，共有10教师分别获优秀个人一等奖；何维华在2020年9月定西市教育局2020年度中小学校消防安全教育“优质课案”评选活动中获幼儿组一等奖，2020年11月参评的课例《面对挫折我不怕》在“全省中小学幼儿园心理健康教育微课大赛”中被甘肃省教育科学研究院评为省级二等奖；赵燕红的绘画作品《防疫一线》在中共渭源县委宣传部、渭源县教育局主办的“众志成城抗疫情”主题文艺作品创作评选活动中荣获优秀奖。

【**领导名录**】

园长：汪淑珍（女）

党支部书记、副园长：刘渭君（女）

副园长：崔云琴（女）

（供稿：张爱玲　审稿：汪淑珍）

会川镇西关中心小学

【**概况**】渭源县会川镇西关中心小学始建于1921年，原名为渭源县第二高等小学堂，后更名为渭源县第二高等小学校，1935年改称渭源县官堡小学，1944年与文峰小学合并，更名为会川县官堡镇中心国民学校。1949年中华人民共和国成立后改名为会川县第一完全小学，1958年后改称会川镇西关中心小学并沿用至今，迄今已有100年的建校历史。学校坐落于历史悠久的“诃诺木藏城”（磐石堡）西侧，占地面积16220平方米，建筑面积10000平方米。学校现为甘肃省德育示范学校、甘肃省快乐校园示范学校、2011年度全省少年宫项目学校、定西市示范性小学、定西市文明校园、定西市平安校园、定西市教育工作先进集体。学校设有30个教学班，在校学生1406人，专任教师70人，其中特级教师1人，省级骨干教师2人、省级农村骨干教师5人，市级优秀教师2人、市级名师3人、市级名班主任1人，县级优秀教师15人、县级优秀班主任10人。会川镇西关小学党支部成立于1990年，现有党员22名，女党员13名，支委会成员5名，下设3个党小组。

【办学理念】学校全面贯彻党的教育方针，坚持“育人为本，成才为志，以人为本，和谐发展”的办学理念，注重“一训三风”建设，紧紧围绕“团结勤奋，务实创新”的校训，始终做到“三个精心”，精心打造“严谨求学，敬业奉献”的教师团队，精心培养“勤奋善思，合作创造”的合格学生，精心创建“快乐同行，和谐发展”的美丽校园。以立德树人为根本任务，将“树文化”作为学校的核心文化，通过开展“阅读树人、墨香树人、活动树人”三大特色工程，让树文化静静地浸润到学生的心田，培养德智体美劳全面发展的人。

【校园文化建设】学校以习近平新时代中国特色社会主义思想为指导，以社会主义核心价值观为核心，贯穿学校“树文化”主线，制作了大型浮雕、书简、宣传栏、主题墙面，校园栏杆、墙面、楼道走廊等处巧妙设计宣传画、张贴师生书画作品，使整个学校具有了浓厚的文化氛围。学校本着“年度有主线，月月有主题，天天是活动，处处受教育的原则”，以体育艺术“2+1”项目活动为重点，以乡村少年宫建设为依托，以少先队活动为主线，以大型活动、班队会活动为载体，定期开展少年宫兴趣小组、阳光大课间、科技节、经典诵读、运动会、重大节日庆祝活动，丰富了校园文化。特别是学校科技组近年来参加全国青少年机器人大赛屡获佳绩，校管乐队演奏娴熟已成为校园一道亮丽的风景线。

【德育工作】学校始终把德育工作摆在教育的首要位置，坚持以育人为本、德育为先，动员全社会共同关心参与，努力构建未成年人思想道德建设新格局，不断提高德育工作水平，为加强和改进未成年人思想道德建设提供有力保障。学校通过晨会、班队会、思政课、校园广播、各项实践性活动贯彻全国教育大会“六个下功夫”，深入开展弘扬和培育民族精神教育、习惯养成教育、法制法律教育、心理健康教育、网上思想道德教育、特殊群体学生教育，以切实可行的行为规范引导人，以生动活泼的群体活动教育人，培养学生努力成为社会主义核心价值观的践行者、传播者和弘扬者，学习新思想，做好接班人。

【常规教学】学校坚持以质量为生命线，狠抓教学常规工作，强化过程管理，积极探索教研教改思路，推行“1+1”教师成长体系、“321”评课模式和“思维导图下”的高效课堂模式。在教导处的统筹组织下语文、数学、英语开展了校本培训、骨干教师观摩课、青年教师成长课、推门听课等活动。学校强化教师理论学习，规范教师教案书写，提升教师听课、研课、磨课、评课、集体备课等教学业务能力，多年来学校教学质量一直位居全县小学前列。

【教育集团办学】学校作为西关小学教育集团的总校，充分发挥示范带头作用，合理制定西关小学集团教学计划，坚持每个季度至少组织并开展一次教育集团内的学习交流活动。2020年5月组织开展教育集团内数学、体育、音乐、美术优质课复赛，2020年6月组织开展教育集团内科学教师实验技能复赛，2020年10月组织开展教育集团内一年级语文拼音、识字写字教学专题示范研讨活动，2020年11月组织开展教育集团内语文、数学、英语“同课异构”专题教研活动。西关小学教育集团教研活动成绩显著，有效地实现了集团内教育资源共享和有力地推动了集团内的教育均衡发展。

【疫情防控】2020年初春，面对肆虐的新冠肺炎疫情，学校领导及后勤工作者未雨绸缪、积极储备学校疫情防控物资，默默奉献、做好疫情防控宣传工作的同时认真领会了《渭教发［2020］66号》文件精神，根据《西关小学开学期间新冠肺炎疫情防控工作方案》迅速制定了《西关小学防疫物资管理制度》，制作了《西关小学防疫物资储备清单》，建立了《西关小学防疫物资领用台账》，切实把学校疫情防控物资的管理做到精细化。经过学校不遗余力地努力和积极筹备，储备的各类防疫物资有力地保障了正常开学后的使用，截至2020年3月31日学校储备：学生用一次性口罩2700个，教师用一次性口罩715个，84消毒液300多斤，红外测温仪14把，空气消毒剂48瓶，免洗手消毒凝胶50瓶，拖把240把，各类手套200双。学校防疫物资储备工作走在了会川学区的最前列。

【学校获奖】2020年3月，被中共定西市委宣传部、定西市文明办、市教育局评为优秀乡村学校少年宫；2020年5月，被定西市科学技术协会、定西市教育局评为定西市青少年科技教育工作先进集体；2020年5月，被渭源县文化馆评为庆“六一”全县儿童书画展优秀组织奖；2020年6月，被渭源县教育局评为渭源县教育系统先进基层党组织；2020年6月，被渭源县委政法委、渭源县教育局评为全县教育系统反邪教知识竞赛活动优秀组织单位；2020年9月，被县委、县政府评为2019—2020学年度先进集体；2020年10月西关中心小学三（1）中队被共青团渭源县委、渭源县教育局、渭源县少工委评为“渭源县优秀少先队集体”；2020年11月被中共渭源县委宣传部、渭源县司法局、渭源县教育局评为渭源县中小学生“宪法在我心中”征文活动优秀组织奖。

【教师获奖】2020年4月，许惠娥荣获2019年度渭源县青年岗位能手。2020年5月，梁振宇荣获全市青少年科技教育先进个人，安月娥荣获渭源县小学数学教师技能大赛一等奖。2020年6月，文娟获得渭源县优秀党务工作者。2020年7月，曹丽丽在全市疫情防控征文比赛中获得优秀辅导奖。2020年9月，安月娥、樊丽萍、张思兰荣获渭源县优秀教师，曹丽丽、范海旺、李欣、李勇、牛彩红、王彦琴、闫锁香荣获2019—2020年度县级教学优胜奖。2020年10月，朱云玲在渭源县小学低年级写话研究活动中承担示范课一节。2020年11月，包生军荣获县级优秀辅导员，侯瑞军在渭源县首届群文阅读研讨活动中做示范课一节，何晶晶荣获甘肃省中小学幼儿园心理健康教育微课大赛一等奖。

【学生获奖】魏已涵荣获渭源县反邪教知识小学组征文比赛一等奖；包晨曦荣获渭源县禁毒知识小学组征文比赛二等奖；虎含璐在第36届渭源县青少年科技创新大赛中获得少儿科幻画一等奖。2020年11月，李潇、麻浩文被共青团渭源县委、渭源县教育局、渭源县少工委评为渭源县优秀少先队员；周会芹荣获定西市教育局全市疫情防控征文比赛一等奖。

【领导名录】

党支部书记、校长：陆月平

党支部副书记、副校长：辛小丽（女）

教导主任：侯瑞军

（供稿：侯瑞军；审稿：陆月平）

会川镇文峰中心小学

【概况】渭源县会川镇文峰中心小学始建于1934年，原名渭源县官南乡民众学校。由地方乡贤联名创办，因地处文峰山下，故取名渭源县官南乡文峰小学。迄今已有87年的建校历史。学校坐落于风景秀丽的漫坝河畔，人文荟萃的文峰山下，316国道旁。学校占地面积9836平方米，校舍建筑面积5997平方米。学校设有26个教学班，在校学生1200人，女591人。现有教师60人，其中女教师28人，学校党支部有党员15人。省级农村骨干教师6人，市级优秀教师1人、学科带头人1人、骨干教师2人，县级优秀教师8名。学校功能室齐全，运行正常。有图书20000册，学生人均17.2册。有微机室2个，共有计算机115台。每个教室均配备电子白板，全面为教学服务。

【发展思路】学校全面贯彻党的教育方针，坚持以“厚德尚贤，求实发展”为校训，以“文明、和谐、活泼、进取”为校风，以“爱生、敬业、善导、创新”为教风，以“乐学、善思、勤奋、互助”为学风，确立了让每一位学生都全面发展、充分发展、健康发展的办学宗旨，实施“依法治校、民主理校”的治校方略，初步形成了自己的管理风格和办学特色。学校确定了“当名师、办名校、争一流”的长远发展思路，以“美化校园、提升质量”为基本，以“提高课堂教学水平”为抓手，逐步实现高效的课堂教学，教学质量逐年提高。学校环境不断改善，校园文化氛围浓厚，办学特色不断凸显。

【校园文化建设】校园文化围绕“美德”展开建设，充分体现了立德树人的教育思想。2020年3月，栽种了翠竹丛，布置了以翠竹精神为主题的北文化墙。同时布置了宣传疫情防控知识为主题的西文化墙，宣传党史的西文化墙，文化墙的布置、装饰增强了校园文化育人气息。三座教学楼分别以美德，学习科学、健康成长，艺术为主题进行布置。学校注重校园活动文化的建设，以经典朗诵、歌咏比赛、知识竞赛、体操表演、大课间、兴趣小组等为主题的校园活动文化已经形成特色，稳步推进。

【德育工作】学校狠抓道德与法治课教学管理，转变道德与法治课教师的思想观念，把道德与法治课作为主课来对待。学校充分利用少先队阵地，认真制定落实德育活动计划，在各项活动中逐一进行德育教育，让学生在活动中潜移默化地接受德育教育，收到了很好的效果。学校注重德育教育向各学科渗透，形成各科教师抓德育、各个学科有德育的良好氛围，促进学生形成优秀的道德品质。

【教研工作】学校牢固树立了“有教无类”“人人皆可成才”的观念，突出学生主体，深入开展“自主、合作、有效”课堂的探索研究，着力构建符合本校实际、师生自主、生生合作、教有效益的课堂新格局。致力于创造良性教学秩序，力求教学模式与方法创新，实现各班级各学科有效均衡发展。学校积极开展推门听课、同课异构、教学竞赛、磨课、研课等教学活动，有效地推广了高效课堂教学模式。2020年学校有19人次参加了各种培训，参训教师回校后在全校、教研组内展开二次培训，使最新的教学理念、最先进的教学方法让大家及时掌握，力争受益最大化。

【学生发展】学校狠抓基础教育，提升素质教育，促进学生身心健康。一年来，学校开展了经典诵读、英语情景剧展演、英语口语大赛、数学知识竞赛、数学手抄报展评、硬笔书法竞赛、作文竞赛、英语手抄报展评、思维导图绘制比赛等活动，开展了庆“六·一”经典朗诵比赛、第二届秋季师生趣味运动会、庆祝新中国成立71周年文艺汇演，20多个社团活动开展有序进行。一系列活动，激发了学生积极参与的兴趣，提高了合作能力和实践能力，培育良好品格，学生综合素养得到全面提升。

【家风教育】学校根据当前小学生劳动技能缺失的现状，积极探索和实践学校教育与校外教育联合育人模式。一年来，学校举行了“家长说教育”家风教育主题家长会，开展了“好家风”宣讲活动，“亲子家庭”读书活动，“我为孩子做表率”实践活动，家长进校园配合班级搞卫生、布置教室、排练节目等，大力弘扬中华传统家庭美德，提高家庭教育质量。通过一系列活动，带动更多的家长认识到家庭教育的重要性，劳动教育的必要性。同时让更多的家长参与到学校、班级管理中来，家校合作的途径更加广泛，联合育人的效果更明显。

【安全工作】学校始终将安全教育工作放在首位，警钟长鸣，常抓不懈，人防、物防、技防三防措施到位。开学初，学校同学生、家长、教师及相关单位、个人都签订了各类安全责任书。路队管理除了值周教师每天跟踪管理外，学校每天安排一个年级的教师按路队分工管理，强化了管理。课间管理实行年级任课教师责任承包制，跟班活动。通过晨会、班会、法制报告会，节假日放假前的安全教育等活动，及时对师生、家长进行集中安全教育。组织开展应急避险、防火防震、防恐防暴演练，提高全体师生的安全意识和自我救护能力。学校实行封闭式管理，严格门卫管理制度和来人登记制度。电警棍等防恐、防暴器械齐全。

【师生获奖】

1.**教师**。2020年1月，学校教师段晓玲、张启燕指导的节目《花开新时代》，在“2019年定西市中小学艺术展演活动”中获得三等奖。2020年3月，祁斌孝在扶贫驻村期间，被上湾镇人民政府评为脱贫攻坚帮扶工作先进个人。2020年5月，张启燕制作的“《（小鼻子）小学音乐》课件”，在甘肃省教师继续教育协会组织的活动中获二等奖；同月，她在渭源县小学音乐教师技能大赛中获特等奖。2020年9月，段晓玲、张文胜在定西市学校艺术活动中获辅导奖。同月，樊培田老师被评为定西市中小学市级骨干教师。教师节前夕，王海东被渭源县委、县政府评为优秀教师，王雅茹被评为优秀班主任，虎迎春获得了教学质量进步奖。2020年10月，段晓玲被评为渭源县优秀少先队辅导员。2020年12月，张文胜撰写的论文在甘肃省教育科学研究所组织的“2020年学前、中小学、高等教育优秀论文评比”中获二等奖。

2.**学生**。2020年7月，五（1）班焦子桐同学和五（4）班徐瑾同学在渭源县禁毒中心、渭源县教育局举办的“禁毒知识小学组手抄报比赛”中获三等奖。2020年11月，六（3）班郭田馨同学和五（1）班刘欣玥同学在渭源县教育局组织的“宪法在我心中”征文活动中获三等奖。

【领导名录】

党支部书记、校长：樊培田

副校长：陆建平

副校长：常志敏

教导主任：张晓莉

副教导主任：赵晓丹

少先大队辅导员：段晓玲

（供稿：常志敏；审稿：樊培田）

科学技术

科　技

【助推脱贫攻坚】

1.**实施科技特派员“11151”助推精准脱贫帮扶计划**。以习近平总书记对科技特派员制度推行20周年重要指示为契机，整合全县科技特派员、省市下派“三区”科技人才、驻村工作队及乡镇涉农专业干部，充实优化科技特派员服务团力量，共计组成人员384人，实现了建档立卡贫困村全覆盖。建成科技成果转化示范基地10个，投放马铃薯原种60000粒，良种3000斤，发放病虫害防治药品2500袋，叶面肥、微量元素肥1200袋，培育科技示范户160户，农民技术员33名，发放各类培训资料1000余份，完成科技示范培训700多人（次）。

2.**申报科技计划项目，支持贫困村产业发展**。向市科技局申报的“贫困村科技特派员创新创业示范基地建设项目”，申请市级补助资金6万元，在帮扶村路园镇胜利村、陆家湾村实施。拉运有机肥24吨，对贫困户全覆盖发放，每村建成中药材有机肥科技成果转化应用示范基地1个，举办“中药材种植技术及病虫害防治技术培训班”1期，带动贫困户106户，助推贫困村中药材种植产业持续发展。

3.**实施科技成果转化项目，助推特色产业发展。中药农药“世创植丰宁”党参、马铃薯、蔬菜、金丝皇菊等作物上开展大面积试验示范，2019年党参每亩增产66.70公斤，增幅为15.38％，实现了中药材、马铃薯、蔬菜等特色产业病害全程绿色防控。2020年，中药农药“世创植丰宁”试验示范共投入资金144万元，应用面积1.2万亩，向9个乡镇、7家科技型企业组织发放示范应用药剂1000箱60000瓶，推动了全县特色产业提质增效。

4.聚焦技术合作与交流。把引进东部新技术作为东西部科技协作的关键，6月份，派出1名副局长、1名企业负责人参加市科技局组织的东西部科技扶贫协作对接交流活动，与晋安区发展和改革（科技）局开展精准对接。促成渭源县南谷莓缘农业科技开发有限公司、渭源县瑞丰农业科技有限公司分别与福建省农业科学院生物技术研究所、土肥所签订技术合作协议，形成了2个科技扶贫协作项目，由福州市科技局、晋安区发展和改革（科技）局分别给予立项支持，在县内相关企业进行转化实施，确保东西部科技扶贫协作真正取得实效。

【科技特派员选派管理】

1.抓好政策落实，优化创新创业环境。按照组织部门牵头抓总，科技部门具体抓，各成员单位各负其责的工作要求，对科技特派员离岗创业全面实行“三保留四优先”优惠政策（保留编制、工资、职务或职称，优先提拔使用、评定职称、评优选先、项目支持），最大限度调动科技特派员创新创业积极性。修订完善了《渭源县科技特派员考核管理办法》等规范性文件，健全科技人员在基层一线干事创业的制度机制。

2.强化选派管理，建强科技人才队伍。严格落实科技特派员领导小组办公室监管、派出单位协管、服务单位日常管理的管理体制，着力打造一支作风优良、素质过硬、服务质量优的科技特派员队伍。全县有109个科技服务团队、45名科技特派员服务于脱贫攻坚、企业创新和乡村振兴一线，组成人员共计383人。

3.强化督查考核，发挥典型引领作用。将平时督查、半年考核、年终考评相结合，全面评价每一名科技特派员作用发挥情况，有效激发科技特派员干事创业的内生动力。推荐全省科技工作先进个人1名，市级优秀科技特派员8名，县科技局被省科技厅评为“2019年度全省科技特派员管理工作先进集体”，优秀科技特派员王枝祥受到省科技厅通报表扬。

【实施科技计划项目】一是召开全县科技计划项目组织管理培训会议，重点解读组织申报2020年度省市科技计划项目申报主体、申报流程、时间节点等内容。积极动员企业要把谋划争取实施科技计划项目作为引导，加大企业科研投入，不断增强企业的创新能力和发展后劲。二是县科技局、县税务局联合推荐申报渭源县德园堂药业有限公司、甘肃圣源中药材有限公司、甘肃渭水源药业科技有限公司等9家企业申请补贴资金110万元，引导企业持续加大研发投入。三是围绕中医药精致饮片加工、马铃薯种薯繁育、食用菌、草莓新品种引进及种植技术应用推广、沙棘产品深加工技术研发等特色优势产业和企业创新关键技术需求，推荐申报省级科技计划项目26项，市级科技计划项目5项，已下达省级科技计划项目6项，补助资金110万元，市级科技计划项目2项，补助资金20万元。引导企业充分发挥科技创新主体作用，逐步提高企业自主创新能力，增强发展后劲。

【创新平台建设】一是创建新型研发机构，着力增强创新能力，促进县域经济高质量发展取得实效。1月9日，渭源县科技创新研究中心（定西科技创新研究院渭源分院）揭牌成立，为聚集县内外创新资源，促进产学研深度融合和依靠科技创新推动县域经济高质量发展提供科技支撑。二是积极培育科技型企业和高新技术企业。动员科技型企业开展中小企业评价备案入库工作，享受国家税收优惠政策。渭源县宏源新型建材有限公司、渭源县德园堂药业有限公司等5家企业完成省级创新型企业的入库备案。推荐省级技术转移示范机构1家，渭源省级农业科技园区已通过省科技厅评审，新认定高新技术企业3家，复审通过2家，全县高新技术企业达到了8家。

【领导名录】

党组书记、局长：杨有平（9月止）

党组成员、副局长：高胜平

（供稿：高胜平）

地　震

【概况】县地震局为隶属县政府管理的正科级事业单位，设局长1名，副局长1名。现有职工7名。中共党员3名。渭源县境内有马啣山—兴隆山断裂带、黄香沟断裂带2条断裂带，被划定在国家地震重点监视防御区范围内。2020年，渭源县临近周边发生地震二次：3月15日，甘南州卓尼县发生3.4级地震，峡城乡、田家河乡、麻家集镇、会川镇有震感，其中峡城乡、麻家集镇震感强烈，无人员伤亡和财产损失；7月19日，临洮县发生2.2级地震，震源深度9公里，我县无震感。

【震情监测】加强了地震宏观观测点管理工作，年初县局与莲峰镇、会川镇、锹峪镇、庆坪镇、麻家集镇5个地震宏观观测人员签订《渭源县地震宏观观测点管理协议》，制定《渭源县地震宏观观测点管理办法》，按照“五有标准”进行规范建设，建立了地震宏观观测点《检查制度》《核实制度》《保密制度》《备案制度》《培训制度》《考评制度》。8月19日至20日，配合市地震局完成对渭源地震宏观骨干观测点调研工作；11月4日，县地震局召开全县地震宏观观测员业务培训会议。五竹镇、会川镇地震监测台站运转正常，数据上报及时准确。

【科普宣传】县地震局、县教育局联合印发了《关于在全县中小学校组织开展应急避险疏散演练活动的通知》《渭源县2020年防震减灾宣传教育工作方案》《渭源县2020年防灾减灾宣传周活动方案》《渭源县2020防灾减灾宣传日活动实施方案》。积极利用5.12防灾减灾日、科技宣传周、宪法日等重大节庆开展集中宣传和防震减灾知识进农村、进家庭、进社区、进企业活动。5月12日上午，在君山广场开展以“提升基层应急能力，筑牢防灾减灾救灾的人民防线”为主题的第十二个全国防灾减灾日集中宣传活动。由县防灾减灾救灾委员会办公室牵头，县应急管理局、消防救援大队、县司法局等单位抽调10台车辆组成流动宣传车队，在县城主干道巡回播放防灾减灾音像。县气象局、县电信局、移动渭源分公司、联通渭源分公司分别通过“12379”等手机短信平台，向全县手机用户免费发送防灾减灾宣传短信50000余条。

【项目建设】《国家地震烈度速报与预警工程甘肃子项目》在我县总投资31万元，其中新建秦祁基准站1个，投资23万元；新建新寨基本站1个，投资5万元；新建清源一小、会川中学、新寨中学Ⅱ型预警信息发布终端站点3个，投资3万元。配合省地震局全面完成涉及我县的秦祁乡糜川村新建基准站、新寨小学基本站站址建设任务和Ⅱ型预警信息发布终端站点清源一小、会川中学、新寨中学终端站点安装工作任务。协助省地震局开展黄香沟、锹峪峡口村GPS地震监测站建设工作。

【应急准备】修订完善《渭源县地震局应急预案》，莲峰中学等20多所学校开展“防灾减灾”主题班会500场次，大安中学、路园中学、清源一小等300多所各类学校开展防震减灾避险应急演练。时刻保持与省市地震部门及周边观测台网的联系，加强与毗邻地区信息交流与联系，共享监测信息资源。建立“渭源防震减灾救灾减灾工作群”，将县乡63名工作人员纳入工作群，对全县235名地震灾情速报人员信息进行了更新。3月15日卓尼县3.4级地震，7月19日临洮县2.2级地震后，以《震情信息》及时上报市地震局和县委、县政府。

【保障服务】做好2020年全国“两会”、国庆、中秋两节期间地震安全保障服务工作。加强值班值守，对县地震台和5个地震宏观监测点进行应急检查，确保地震监测设施设备正常运行、监测数据准确无误。按照震情跟踪方案，加强震情监视跟踪工作，严格执行宏微观异常零报告制度和异常核定工作规程。按时上报《渭源县地震局业务系统运行状态零报告表》《地震安全保障服务专报》，完成地震安全保障服务工作。

【抗震设防】开展建设工程地震安全监管检查和数据专项复核工作。4月28日，召开全县建设工程地震安全监管检查工作会议，建立了工作联系微信群。由县地震局牵头组成联合检查组，共检查重大工程5项，高层建筑3项。学校工程项目225项，医院工程项目44项，按规定提高抗震设防要求均达到100%。全面启动建设工程地震安全监管检查数据专项复核工作，重点对全县20家乡镇中心卫生院、22所民营幼儿园、15所学校建设工程进行了专项复核。9月28日，召开房屋及工程设施建设项目摸底调查培训会议。10月28日，县地震局、住建局抽调工作人员组成执法检查组，对县城区超过55米的渭水源大酒店2号楼等4处建设工程执行《中国地震动参数区划图》（GB18306—2015）情况进行了执法检查，消除风险隐患。根据《定西市农村建筑工匠抗震业务培训方案》精神，8月28日，市、县地震局在麻家集镇联合举办农村建筑工匠抗震业务培训班，50多名农村建筑工匠参加了培训。制定出台《渭源县地震局行政审批告知承诺制工作规程》《渭源县地震局告知承诺制惩戒机制》，制作《渭源县地震局证明事项告知承诺书》样表，共办理抗震设防登记备案手续33件，其中不予受理5件，受理28件，办结率达到100%。渭源县地震局被甘肃省地震局评为2020年度全省县级防震减灾工作综合考核先进单位，赵会新获得2020年度全省市县防震减灾先进工作者。

【领导名录】

局长：贾军凯

副局长：赵会新

（供稿：贾军凯）

气　象

【概况】渭源县气象局成立于1956年11月1日，是县政府管理气象工作的主管部门，行使同级人民政府管理气象工作的行政职能。内设3个科室：政策法规科、应急减灾科、办公室（财务科）；2个直属单位：气象台、气象服务中心；2个地方机构：渭源县人工影响天气办公室、渭源县气象灾害防御指挥部办公室。现有职工14人，聘用1人。中级专业技术职称5人，副高级职称1人。2020年，被省政府授予“省级文明单位”荣誉称号。

【公共气象服务】实现了部门间资源共享，建立了协作机制，在农业种植、病虫害监测、森林防火、天然林保护、植被恢复、河道防洪、灾情调查、环境保护等方面，开展气象预警信息发布和专题气象服务。全县16个乡镇全部建立了气象工作站，乡镇气象信息员实现了全覆盖，完善了地质灾害气象风险预警流程和气象短临预警平台。针对当地农业生产需求，建成及时、高效的气象为农服务产品制作与发布平台，及时提供针对性较强的气象为农服务产品，与农民专业合作社及乡镇政府、村委会建立“直通式”联系，实现了针对性、快捷性的气象服务。

【气象为农服务】不断完善农业气象服务能力和农村气象灾害防御体系建设，紧密围绕农业产业结构调整和气象为农服务“两个体系”建设要求，实施了2012年和2016年气象“三农”专项建设、2020年乡村振兴专项气象服务建设项目。建成了农田小气候观测站一套，便携式自动气象站一套，可触摸式交互终端大屏三台，极大地提升了县级气象局为农服务能力。服务产品有《短期气候预测》《重大气象信息专报》《专题气象服务》《重大气象信息服务专报》《灾害性天气预警信号》《农业气象服务》《雨情快报》等。

【气象为农服务基础业务保持稳定】近年来，建成了气象卫星接收地面站，特别是自动站资料实时显示处理系统、Micaps预报产品应用系统、Swan、中小河流洪水和山洪地质灾害气象风险预警服务平台、甘肃省县级预报预警业务平台的投入使用，有效加强了监控、预报预警等技术手段，提高了预报预警准确率和及时率。天气预报发布渠道不断顺畅，通过电视、广播、网络、手机短信、传真、“村村响”大喇叭、服务材料专送等形式，使天气预报信息覆盖面更广，服务更及时，成立为农服务专家团，及时开展为农服务。地面观测等实现无人值守，极大地提升气象观测自动化水平。

【气象灾害防御体系建设】全面完成“村村响”大喇叭建设项目和基层防灾减灾标准化建设项目建设。建立可视天气预报会商系统，完善公共气象服务网站。完成气象灾害预警决策服务对象信息更新和备案，组织开展暴雨洪涝灾害风险普查或隐患排查，开展重大灾害性天气联合调查和评估，落实防雷防静电安全责任。继续完善了防灾减灾“六个一”标准化建设工作，不断提升防灾减灾能力。制作包含气象监测点、人影作业点、地质灾害隐患点、山洪沟、加油站、学校、水库等7个易灾点以及防御责任人联系方式等信息的气象防灾减灾地图，制作渭源县气象局地形沙盘模拟图一套。

【人工影响天气】全县布设标准化人工防雹炮点5个，并在每个炮点建成了灾害性天气实景监控系统一套，一个移动式火箭作业一台，区域自动站30个，乡镇气象工作站16个、信息员217人。全年共开展火箭增雨作业1次，耗弹4枚，高炮消雹作业9点次，耗弹223发，为预防减轻冰雹灾害做出了积极贡献。

【气象科普宣传】2010年，被渭源县委宣传部、县科协命名为“青少年科普教育基地”。2011年12月15日，被定西市委宣传部、定西市科学技术协会命名为“定西市科普教育基地”。2012年2月被县委、县政府命名为“爱国主义教育基地”。全年积极开展“3·23”气象日、“防灾减灾日”“安全生产日”等宣传活动。完成了中国气象报1篇，省局门户网站41篇，甘肃天气资讯网10篇，其中一篇被中国天网高清图集采纳，极大地提升了宣传报道能力。

【领导名录】

党组书记、局长：齐晓声

副局长：张涛

纪检组长：黎彩霞（女）

（供稿：齐晓声）

文体广电和旅游

【概况】渭源县文体广电和旅游局内设办公室、法制和行政审批服务股、公共文化服务股、资源规划与产业发展股。下属管理渭源县文化综合行政执法队、体育运动中心、图书馆、博物馆、美术馆、文化馆。全系统现有干部职工62名。2020年，接待旅游人数154.13万人次，同比增长2.4%，创经济收入7.5亿元，同比增长5.4%；体育彩票收入1480万元；电脑彩票1210万元，即开型彩票270万元，支出41万元；广播电视累计收入181.38万元，与去年同期持平。全年乡村旅游接待人数38.38万人次，创经济收入0.64亿元。

【项目建设】2020年实施项目共10个，续建4个，新建5个，已竣工1个。其中，续建渭源县文化综合场馆馆前广场建设项目，该项已完成验收和审计工作；渭河源景区旅游基础设施建设项目完成游客中心主体工程级室内外装修，停车场铺装，累计完成固定资产投资1297.08万元，已申请第三方进行审计；渭水源头——渭源历史文物陈列展项目建设内容全部完成并进行审计；渭源县全民健身体育馆附属工程建设项目现已完成门球场建设任务，公共厕所完成，篮球场、笼式足球场的平整硬化，正在组织竣工验收；新建渭源县“百美村宿”乡村旅游扶贫示范项目完成8座民宿主体工程建设，正在进行室内外装修，完成固定资产投资2000万元；渭河源大景区秀峰山景区开发建设项目（一期）完成排洪渠的建设，1号、2号民宿屋主体完成，正在进行配套设施安装，其余民宿屋同时开工建设，完成投资500万元；渭河东源景区旅游基础设施建设项目，争取预算内资金1000万元，完成游客中心主体框架工程、道路铺油等，累计完成投资800万元；首阳山景区德源殿（采薇苑）室内装饰装修工程建设项目总投资128.8万元，主要对德源殿（采薇苑）进行室内装饰装修，完投资50万元。首阳山景区德源广场周边生态治理及马武挂鞭树周边生态治理工程建设项目总投资128.98万元，完成德源广场石材铺装，马武挂鞭树周围场地平整，正在进行基础工程施工，累计完成投资72万元。渭源县文化综合场馆项目已竣工，包括土建工程及装饰装修工程，项目审定总投资8553.16万元。渭源县天井峡景区文化旅游基础设施建设项目、渭源县全域旅游厕所系统建设项目、上湾镇侯家寺村乡村旅游基础设施建设项目、黄河流域渭河源生态综合治理和乡村旅游产业项目（一期）项目已列入政府专项债券库。

【乡村旅游建设】

1.集中力量打造样板村。罗家磨村“百美村宿”乡村旅游扶贫项目已投入资金2100万元，建成了8座民宿主体工程、游客中心，完成了水、电、路等配套服务设施，将罗家磨村打造成全省乡村旅游样板村。田家河乡元古堆村完成7套民宿改造，年内实现营业。

2.突出特色建设示范村。努力创建“一乡一品”“一村一特”的“渭水源宿”乡村旅游品牌，全面推进上湾镇侯家寺村、会川镇罗家磨村、田家河乡香卜路村、麻家集镇土牌湾村、祁家庙镇乔家沟村5个村乡村旅游示范村建设，搭建贫困劳动就业平台，拓宽贫困群众增收致富渠道。投资120万元资金，全面提升上湾镇侯家寺、会川镇罗家磨、田家河乡香卜路、麻家集镇土牌湾、祁家庙镇乔家沟等村乡村旅游基础设施建设，完善配套服务功能。

3.多渠道整合投入建设资金。采取政府投入、项目整合等方式投入资金1600万元，推进乡村旅游基础设施建设。其中整合财政专项扶贫资金1500万元启动罗家磨“百美村宿”项目，统筹100万元涉农资金为会川镇罗家磨村配备旅游露营地建设服务设施，为五竹镇鹿鸣村打造乡村旅游民俗客栈。合理运用省级乡村旅游扶贫资金120万元，做到专款专用。

【宣传推介】

1.拓展媒体广告宣传。利用渭源电视台，渭源党政网，大美渭源APP，注重微信、快手、抖音等新媒体作用发挥，在“文旅渭源”微信公众号及旅游达人、网红达V、“大美渭源”快手、抖音账号及时发布我县旅游咨询服务、招商引资、节庆赛事活动及优惠政策等信息800多条，发布的旅游节、活动周讯息被人民日报、新华网、定西新闻、定西日报等10多家媒体转发。

2.注重客源市场推介。强化线上文旅宣传，借助第三方平台，积极与携程、美团、去哪儿、途牛、驴妈妈、快票出行等大型的涉旅媒体合作，拓展营销渠道。“国庆中秋”来临之际，在省城兰州召开渭源县首届“丝路古韵·渭水流歌”旅游文化周专场推介会，推出“灵秀渭源、消费渭源、活力渭源、诗画渭源、艺韵渭源”五大板块20项文旅活动。在古城西安参加“到甘肃定西过一个只有20℃的夏天·定西市文化旅游招商推介会暨第三届渭水文化旅游节新闻发布会”，积极参加“渭水源头·李氏故里·当归定西”甘肃省定西市文化旅游资源西宁推介会。完善旅游营销产品体系，制作了《华夏文明渭河源》宣传光碟、《渭源旅游地图》、渭河源大景区成套折页、渭河源景区手绘地图等，借助参加大型节会活动对外发放宣传。

3.抓好主题营销。隆重推出了“一号”节庆主题活动，将每月的重大节庆日融入文化、旅游等核心要素，开展秦腔表演、活态非遗进景区等子活动。制定出台旅游景区、星级酒店、旅游宾馆，全县各景区对全国医务工作者凭有效证件享受全年免票、“渭源人免费游渭源”优惠政策。推出休闲游、探源游、农业观光游等一日游、二日游精品旅游线路，促进经济消费。

4.发挥市场主体。全县星级酒店大厅醒目处及住宿房间全部摆放《定西之旅》《定西冬春季冰雪温泉游》《渭源旅游地图》等宣传册及折页。举办重大活动、会议时在景区、会场通道摆放渭源风光宣传展板，荧屏投放旅游宣传专题片，极大提升了“渭水源头”美誉度和影响力。

【旅游“厕所革命”】随着全县景区、乡村旅游的基础设施不断完善和配套服务接待能力的提升，游客日益增多，通过政策引导、省市专项资金补助、标准规范化等手段继续推进“旅游厕所革命”。全县累计完成旅游厕所41座，推动“旅游厕所革命”由景区向农家乐延伸建设。全面完成会川镇罗家磨村、德元堂药业有限公司等新建（扩建）旅游厕所11座建设任务。

【公共文化服务体系建设】

1.全面推进图书馆文化馆总分馆制建设。按照《渭源文化馆图书馆总分管制建设实施方案》，投资220万元，完成图书馆、文化馆总馆建设，全县16个乡镇分馆建设任务，实现县级图书馆文化馆总馆建设和各乡镇文旅服务中心分馆图书室的图书资源共享，通过云图书馆平台使全县图书资源共享共建和通借通还。

2.积极争取上级文化旅游部门项目支持。为新寨镇泉湾村等11个乡镇28个行政村配备了价值56万元的音响、电子琴等开展文化活动所需的设施设备；为清源镇、莲峰镇等7个乡镇综合文化服务中心配备价值12.985万元的公共数字提档升级设备。

3.推进应急广播体系建设及广播电视数字化无线覆盖网运营维护。充分利用我县16个行政村已建成的“百县万村”广播器材配置项目，建立完善科学的应急信息发布和管理机制，有效提升应急管理能力、提高扶贫工作效率。渭源县应急广播项目已全部完成项目设计的各项内容，功能满足省市级平台对接要求。定期不定期对所有台站设备进行检测、维护，确保广播电视安全播出。中央无线覆盖及市县地面数字电视运行维护未发生重大安全播出事故，李家湾广播电视转播台购置了40KVAUPS不间断电源，保障了设备供电需求。

【文化旅游节庆活动】成功举办第三届渭水文化旅游节，定西冬春季冰雪温泉乡村游活动渭源县冰雪旅游活动开幕式，有序开展猜灯谜、摄影大赛等系列活动。在“五一黄金周”推出“渭源人免费游渭源”、驻景演出等活动。开展书画义写义画、秦腔表演、活态非遗进景区等活动。“六一”儿童节来临之际，举办以源头风光美“六一”亲子游为主题的“瑞鼠吐宝”鼠年文物图片展、流动图书阅读等亲子体验系列活动。国庆中秋“双节”期间，开展2020年首届“丝路古韵·渭水流歌”旅游文化周启动仪式，开展以“金城万人游渭源”“秀美源头·骑游金秋”山地自行车赛等20项系列活动。为期10天的旅游文化周，吸引了新华社、中新社、人民日报、新华网、每日甘肃网、省文旅厅微游甘肃公众平台、甘肃经济日报、定西新闻网、定西日报等多家中央和省、市媒体集中报道，浏览量达到200多万人次，助力渭源文旅再度“升温”。

【文艺创作】发展秦腔艺术：制定出台《渭源县推动秦腔艺术传承发展实施方案》，培育县级秦腔演艺龙头企业，渭源县渭河源演艺公司成功创排优秀秦腔剧目《三喜临门》《灞陵桥》。《三喜临门》于6月中旬成功首演，在全市五县一区巡回演出共36场次，社会反响良好，受到广大观众的充分肯定。非遗传承：开展非遗项目羌蕃鼓舞、渭源花儿、渭源泥塑、渭源皮影、渭源剪纸等民间舞蹈和技艺进景区、进校园、进军营活动15场次。组织渭源泥塑、刺绣、木雕、皮影、剪纸等5个项目的70余件非遗文创作品亮相第三届渭水文化旅游节“渭源精品农特产品暨文创产品展销”。对全县初具规模的渭源陇原巧手非遗扶贫就业工坊、渭河泥人非遗扶贫就业工坊上报申请市级非遗扶贫就业工坊。开发高石崖花儿会折扇、羌蕃蕃鼓舞圆扇等文创产品10余种。泥塑、刺绣、麦麸醋申报为市级传统工艺振兴项目。

【文化市场综合行政执法队】渭源县文化市场综合行政执法队现有职工9名。全县共有文化经营单位67家。成立了行业治理及安全生产领导小组，强化文化旅游安全责任制，与文化娱乐场所、KTV、网吧、旅行社、星级酒店、星级农家乐34家签订安全生产责任书和“扫黑除恶”问题承诺书，利用安全生产日、安全生产月、禁毒日、“5·12全国防灾减灾日”“安全生产万里行”和“渭河源景区”“文旅渭源”微信公众平台对文化旅游安全工作进行宣传，发挥各旅游景区直接服务游客作用，通过电子显示屏、标识牌、悬挂横幅等多种方式宣传，增强了游客安全意识。组织执法人员和文化市场经营业户进行安全生产培训，加强对《安全生产法》《消防法》《甘肃省消防安全责任制实施办法》《互联网上网管理条例》等法律法规宣传。开展重点时段安全隐患大排查、大整治行动和中秋、国庆长假前及长假期间文旅行业安全生产大检查和年初岁末火灾防控百日集中整治及冬季道路交通安全专项整治行动。11月6日，在渭河源大景区举办定西市2020年文化市场应急消防演练。2020年，共出动执法人员415人次，检查经营单位226家余次，排查安全风险隐患5家，整改6家

【文化馆】渭源县文化馆创于2020年9月迁址于君山公园文化综合场馆C区，馆舍面积2100多平方米。现有职工8名。其中管理岗位1人，专业技术岗位5人（副高级职称1人，中级职称3人，初级职称1人），工勤岗位2人。馆内开设文学、音乐、美术、摄影、非遗、舞蹈等业务。

1.**公共服务**。2020年以来，县文化馆按照疫情防控要求，实行预约错时开放，平均每天开放时间8小时（8：30—12：00 14：30—17：30 18：30—21：30），部分场馆开放时间多达11小时。聘请新时代文明实践中心文艺轻骑兵志愿服务队为授课教师，举办舞蹈、音乐、美术、书法、非遗等各类公益辅导培训班8期，培训学员4150人。经常性邀请省、市著名书画家开展书画研讨交流培训活动。舞蹈合唱综合排练厅、百姓舞台等各功能室常年免费对外开放，安排城乡文艺爱好者排练。文化馆成为全县群众文化活动的重要阵地。

2.**馆办活动有声有色**。2020年，举办、承办、协办大型文化活动22场次，文艺比赛活动6场，书画展览8场。元宵节文艺演出暨猜灯谜活动、全县少儿声乐器乐舞蹈大奖赛、六一节少儿书画展、渭水文化旅游节大型文艺演出，会川镇“庆七一”文艺晚会、全县广场舞大赛、全县花儿歌手大赛、百姓舞台渭源县秦腔业余选手大奖赛、国庆节大型文艺演出、中秋诗韵晚会、迎新春书画临摹写生创作活动、廉政书画展、廉政文学作品征集以及指导各分馆承办乡镇特色节会如九曲黄河灯会、大型文艺演出等，成为广受群众欢迎的品牌文化活动。

3.**文艺创作**。常年开展辅导活动，指导乡镇、社区和学校开展文艺演出40场以上。2020年，全县有4人分获市委市政府马家窑文艺奖，2件作品获省市表彰奖励。新编秦腔历史剧《渭水医魂》代表甘肃在晋京演出和省内外成功巡演，获得国家及省市大奖。普法剧《公民张三》、脱贫攻坚主题剧《禹河春》《三喜临门》等在省内外巡回演出。

4.**数字文化馆**。依托超星文化传媒完成渭源县数字文化馆一期工程建设工作，内容涵盖了馆务咨询、信息发布、网上培训、艺术鉴赏、咨询指导、艺术欣赏、场馆预约、活动报名、网络直播等多个项目，线上各类学习资源达160多小时，基本满足了广大人民群众多样化的文化需求。数字文化馆共服务群众7000多人次，其中音乐舞蹈视频共发布22条，网络直播演出12场，吸引线上观众49万多人次。

5.**文化下乡**。结合当地民俗文化活动、节庆赛事活动，组织馆里专业技术人员和馆聘文化志愿者、"三区人才"，赴全县16个乡镇开展文化志愿者服务基层开展送培训辅导、送文艺演出、送书画春联等文化下乡活动。2020年，指导各分馆举办文艺演出12场，特色文化节会16场次，参与群众近12万人次。文化馆文艺小分队编排集器乐类、歌舞类、武术类等近30个节目常年进行演出。

6.**文化遗产保护**。总投资70万元，设计建设渭源县非遗文化展室和全市第一家皮影传习所，展出灞陵桥、农具、皮影、剪纸、刺绣、木雕、泥塑等珍贵实物200余件。非遗展陈馆正在进行布展。皮影馆完成主体工程，正在进行布展设计。公布县级代表性非遗项目96项。其中渭河八面鼓、渭源小曲、木雕灞陵桥技艺、本庙庙会、醾冽子青稞酒酿制技艺等35项列入定西市市级非遗名录。渭源皮影戏、麻家集高石崖花儿会、羌蕃鼓舞、首阳山伯夷叔齐祭祀、民间彩绘被列入省级非遗名录；认定省市县级非物质文化遗产项目代表性传承人83名，积极争取到"渭源皮影戏""羌蕃鼓舞""高石崖花儿会"专项保护经费共65万。整理出版了渭源县非物质文化遗产丛书——《渭源民间故事》《渭源小曲》《渭源花儿》。

【美术馆】渭源县美术馆成立于2014年12月，为渭源县文体广电和旅游局下属正科级公益一类事业单位，现有工作人员4人。主要负责全县美术作品的交流、展览和研究等工作。先后举办了"庆国庆，迎中秋"书画展、脱贫攻坚主题书画展、书画精品收藏交流展、渭源县"源头清风润初心，同心共筑小康梦"迎新廉政书画展。组织书法爱好者26人赴宝鸡观摩十二届国展。会同县文化馆、县书协联合召开"与古为徒，传承经典"渭源书法学术研讨会。邀请岷县美术骨干来罗家磨等地写生采风，参观指导脱贫攻坚主题书画展。召开全县书法人才培养体系研讨会。组织书法爱好者在源达美食城、老王沟、峡口等地送春联1000余副，为精准扶贫户义写春联、中堂500多副，义写义画作品300多幅。举办首届源头风光美"六一"亲子游活动中组织亲子游亲子绘画体验活动、庆"七一"全县文广系统书画才艺比赛活动、渭河源景区组织美术体验活动。

【博物馆】渭源县博物馆成立于1997年6月，为正科级公益一类事业单位，隶属于渭源县文体广电和旅游局管理，现有工作人员6人。经我县第三次全国不可移动文物普查，共发现登记不可移动文物111处，其中全国重点文物保护单位2处（灞陵桥、战国秦长城遗址），省级文物保护单位8处，市级文物保护单位3处，县级文物保护单位33处。国有博物馆一家，馆藏各类历史文物1431件，其中三级以上珍贵文物150件（其中二级文物15件，三级文物135件）。

1.**陈列展览**。在原有基本陈列"璀璨渭源——历史文物图片展"的基础上，2020年新制作《瑞鼠吐宝——庚子鼠年新春生肖文物图片联展》展板60块和《渭水源头——渭源历史文物图片展》展板60块，作为流动展览走进校园、社区、企业、乡村。2020年2月，在疫情期间开展线上展览《瑞鼠吐宝——庚子鼠年新春生肖文物图片联展》；在2020年11月20日新馆开馆之际，《渭水源头——渭源历史文物展》《借古开今 意韵渭水——渭源县博物馆馆藏书画展》《漫步于画中的乐园——渭源县年画精品展》三个展览面向观众开放。

2.藏品管理和征集。渭源县博物馆馆内珍藏有各类历史文物1431件，其中三级以上珍贵文物150件（其中二级文物15件，三级文物135件）。时代上起原始社会，下迄1949年，以史前马家窑文化、齐家文化、寺洼文化及秦汉时期的艺术品为主要特色。藏品门类广泛，涵括石器、铜器、玉器、陶器、瓷器、铁器、书画、织绣等十几大类。2020年10月，协调县公安局移交文物59件。不断加强文物信息数据化管理。

3.文物安全及保卫工作。渭源县博物馆属于重点安全防范单位，有完善的安保及消防工作应急预案，并定期按预案进行演练。2020年，开展专项安全检查12次，专业消防培训2次，通过了省市文物行政部门和消防单位的专项检查。建立了以文物为重点的安全防范体系，馆内配备了6名专兼职安保人员，完善了关键部位的安防监控设施，更换了消防设备及灭火器，加强了对易燃易爆及其他物品的监管。坚持馆领导查班制度，做到制度明确，操作规范，责任到人。

4.社会教育。发挥博物馆的社会教育功能作用，持续推进博物馆的健康运行，弘扬渭水源头文化，体现博物馆社会教育功能。博物馆与1所小学签订馆校共建基地，全年共完成线下《学思乐园》社会教育活动6次，制作课件5件；在微信公众号推出各种形式的线上展览70期。通过多种展览形式，累计免费接待参观人数达到4.3万人（次），其中未成年人数2.5万人（次）。

5.馆际交流学习。9月26日，联合定西市、临洮县、陇西县、通渭县和嘉峪关长城博物馆在嘉峪关长城博物馆举办《陇中秦遗——定西战国秦长城》展，此次展览累计接待参观人数达0.6万多人（次）。10月19日至20日，相继去陇西县、武山县、甘谷县等博物馆开展馆际交流活动。11月26日，联合定西市、安定区、陇西县、通渭县、福州市林则徐纪念馆到福州市林则徐纪念馆和闽侯县博物馆分别举办《翰墨陇中·情系榕城——定西市馆藏书画精品展》。

6.国际博物馆日。2020年5月13日，渭源县博物馆临时闭馆100多天后恢复对外开放。在2020年“5·18”国际博物馆日，通过线上展览、四进活动和“学思乐园”社教活动等形式开展展览活动6场次。在渭河公园通过现场讲解和发放宣传资料为主要形式，现场为广大群众发放《甘肃省文物保护条例》《文物保护法》《长城保护条例》、博物馆宣传彩页等宣传资料1500余份，并开展有奖知识问答，活动吸引了现场广大群众驻足观看、聆听讲解、查阅资料和咨询问题，并在微信公众平台开设《学思乐园》线上社教活动。

7.世界遗产日。第四个文化和自然遗产日来临之际，结合馆藏文物，积极开展社会教育活动，安排讲解员制作课件《感受非遗文化 领略皮影魅力》在渭源县中心实验小学开展进课堂《学思乐园》社教活动，开展了《瑞鼠吐宝——庚子鼠年新春生肖文物图片联展》和《渭水源头——渭源历史文物图片展》进校园宣传活动，累计参观学生1200多人。并开展了以“传播文物价值 展现中华风采”为主题的有奖征文活动。

8.项目建设。完成《渭水源头——渭源历史文物陈列展》布展项目，总投资432万元，主要装修新馆前厅、基本陈列展厅、2个临时展厅、多功能厅、珍贵文物库房、一般文物库房、文创室、监控室及6间办公室等内容。全面完成省文物局投资55万元的馆藏文物保存设施提升项目（文物囊匣），正在申请验收。全面完成省级文物保护专项资金69万元（博物馆新馆安全技术防范系统工程项目），设备正在调试中。省文物局投资38万元的《灞陵桥保护规划》已完成批复，上报国家文物局备案。省文物局投资150万元的渭源县水磨群保护修缮工程项目张新荣水磨和乔建珍水磨已完工；乔立军水磨和张芳水磨正在施工。省文物局拨款54万元的博物馆预防性保护项目和68万元的馆藏纸质文物保护修复项目正在实施。

9. **文物安全**。完成了野外不可移动文物的不定期安全巡查工作，确保野外不可移动文物的安全工作，全年未发生文物安全事故。开展辖区内16个乡镇111处各级各类不可移动文物和县博物馆等文物收藏单位的安全排查工作，对发现的3类8个问题进行了整改。建立了县、乡、村三级保护网络，全县共成立14个文物保护领导小组，100多个文物保护小组，文物保护员达200多人，其中长城保护员有51人。采取属地管理办法，县文物行政主管部门定期不定期巡查，督促乡镇文化站做好监督，确保文物安全。配合渭武高速、临渭高速、定渭公路改造等工程建设，积极开展沿线文物调查。配合县检察院开展国有文物公益诉讼活动。

【图书馆】渭源县图书馆为科级文化事业单位，隶属渭源县文体广电和旅游局。现有管理人员2人，专业技术人员7人。馆内设有图书借阅室、报纸杂志阅览室、少儿阅览室、资料文献室、特藏室、采编室、电子阅览室、文化信息资源编辑室、多媒体活动室。2020年，共计接待读者近2.5万人次左右，其中阅览室接待读者1.4万多人次，借阅室接待读者1.1万多人次，电子阅览室、资料咨询室共计接待读者200人次左右。2020年10月，完成新馆搬迁工作并面向官大读者免费开放，新馆新增亲子阅读室，馆内配备了电子图书借阅机、自助借还机、门禁系统等自动化设备，基本实现图书自动化借阅。筹措资金150万元，完成路园镇、会川镇等10个乡镇的分馆建设和锹峪镇裕丰村、会川镇和平村等10个服务点建设，实现全县16个乡镇分馆全覆盖。全面做好图书馆免费开放工作。

【体育运动中心】渭源县体育运动中心位于清源镇柯寨村，建筑面积8850平方米。体育运动中心下设业余体校、办公室、业务股。现有干部职工11人。

1. **项目建设**。渭源县全民健身体育馆项目已经竣工并顺利投入使用。渭源县全民健身体育馆附属工程项目完成全部建设任务，并投入使用。渭源县足球场建设项目位于清源镇柯寨村渭源县全民健身体育馆南侧，完成审计结算，并投入使用。渭源县渭河公园健身步道建设项目实施在县渭河公园和渭河风情线内，约2.6公里（健身步道采用13毫米厚塑胶合成面层），完成全部建设任务，并投入使用。

2. **承办赛事活动**。2020年，筹备承办省级赛事4项："西部嘉沃杯"甘肃省第二届民族广场舞大赛、"西美国际杯"甘肃省羽毛球邀请赛、"甘肃法信杯"第二届徒步穿越渭河源头越野跑、"渭水传奇"冰雪徒步穿越活动。成功举办"天华旅游"2020渭河源露营大会。组织参加定西市第二届运动会，渭源县代表团青少年组参加篮球、足球（11人制）、田径、象棋、武术、乒乓球、跆拳道、轮滑、排球9个大项的比赛；大众组参加篮球、围棋、足球（11人制）、武术、乒乓球、羽毛球、健身气功、象棋、中式台球、门球、气排球、广场舞、游泳13个大项的比赛。男、女运动员，教练员，领队共计352人（青少年组182人、大众组170人）；渭源县代表队夺得19金25银28铜的好成绩。

3. **竞技体育**。挑选优秀苗子，教练员下到各乡镇学校招生十余次，发现体育苗子20余人，给省体工队、省自行车训练管理中心、市体育运动学校输送优秀体育后备人才6人次。

4. **体育产业**。2020年，完成体彩销售额1480万元，其中电脑型彩销售约1220元，即开型彩票销售约260万元，体彩发行安全运行。新增5个体育彩票终端机布点任务，体育彩票终端机布点合计25个。

【获奖情况】2020年6月，渭源县体育运动中心被甘肃省体育局评为圆满完成第四次经济普查暨体育场地统计调查先进单位。2020年9月，渭源县体育运动中心被甘肃省体育局评为甘肃省体育扶贫工作先进单位。县文化馆在第八届定西市"紫御华府杯"声乐器乐大赛中，荣获组织奖。县融媒体中心被评为定西日报社2020年通联宣传工作先进集体。田家河乡元古堆村成功创建成国家AAA级旅游景区，上湾镇南谷新村创建成国家AA级旅游景区，渭河源景区创建成省级旅游度假区。2020年10月，渭源文旅市场工作首次列入全省舆情月报正面热度排名前列。渭源县文化市场综合行政执法队荣获定西市2020年文化市场案卷评查优秀组织奖。

【领导名录】

渭源县文体广电和旅游局

党组书记、局长：王纲（4月任）

党组成员、副局长：刘科、姜平

党组成员：何佐平（4月任）、杨立强（4月止）、张亚南（4月任）、王正强（4月任）

渭源县文化市场综合执法队

队长：何佐平

副队长：朱永升、贾红亮

渭源县旅游服务中心

主 任：赵玲霞（女，11月任）

渭源县图书馆

馆 长：刘科

副馆长：欧阳艳（女）

渭源县体育运动中心

主 任：杨立强（4月止）、张亚南（4月任）

副主任：刘渭军

渭源县博物馆

馆 长：牟召勇

渭源县美术馆

馆 长：杨宏宇（4月止）、蒲志俊（4月任）

渭源县文化馆

馆 长：王宏（9月任）

（供稿：县文体广电和旅游局）

渭河源大景区管理委员会

【概况】定西市渭河源大景区管理委员会于2018年1月成立，为县级事业单位，隶属渭源县人民政府管理，业务上接受县文体广电和旅游局协调指导。内设办公室、规划建设部、资源环保部，均为正科级建制，办公室设主任1名，副主任1名；规划建设部、资源环保各设部长1名，副部长1名。现有干部职工45名，其中党员21名。

【管辖范围】大景区四至范围为：北至316国道会川镇半阴坡村路口、南至会川镇与漳县接壤处、西至会川镇与田家河乡交界大娃鱼沟、东至莲峰镇何家湾村张家庄。涉及莲峰镇、五竹镇、会川镇、锹峪镇4个乡镇共9个行政村，总人口1.491万人，总面积约187平方公里，其中：农用地154.3平方公里，建设用地4.7平方公里，未利用地27.53平方公里；涉及莲峰、五竹、会川3个林场117.14平方公里。涉及已批准开放的宗教场所7处。涉及文物保护场所6处，其中：省级1处，为《首阳山辩》碑；市级2处，为马鹿山石窟群和夷齐陵园。

【景区项目建设】2020年，实施项目6个，其中：续建项目1项，新建项目5项。总投资4.6353亿元，已累计完成投资4047.4万元。其中：渭河源景区旅游基础设施建设项目（续建）完成扫尾工程，累计完成固定资产投资1000万元；渭源县“百美村宿”乡村旅游扶贫示范项目于4月10日开工建设，累计完成投资1576万元；渭河源大景区秀峰山景区开发建设项目（一期）临建工程于6月20日开工，完成投资500万元；渭河东源景区旅游基础设施建设项目于5月27日已开工建设，累计完成投资831.34万元；首阳山景区德源殿（采薇苑）室内装饰装修工程建设项目于8月份开工建设，完投资50万元；首阳山景区德源广场周边生态治理及马武挂鞭树周边生态治理工程建设项目完成德源广场石材铺装，马武挂鞭树完成场地平整，正在进行基础工程施工，累计完成投资90万元。渭源县人民政府与甘肃文旅产业集团有限公司签订了《渭河源大景区项目合作协议书》，注册成立甘肃文旅集团渭源投资有限公司。

【旅游宣传推介】

1.强化线上文旅宣传。结合省文旅厅推出的“快手大V”培训计划，借助快手、抖音平台，发布大景区短视频105个，平台直播16期，实现线上云旅游617万人次，并通过微信公众平台发布旅游信息87条。

2.完善旅游营销产品体系。设计制作了渭河源大景区旅游攻略及首阳山景区宣传折页，整合大景区周边及县内旅游产业，推出渭源半日游、一日游、二日游、三日游精品旅游线路10余条，并策划推出渭河源大景区旅游套票。

3.全力打造冬春季旅游产品。渭河源景区成功举办第三届定西冬春季冰雪温泉游活动启动仪式，在渭河源、天井峡两个景区打造了冰挂、雪雕等观赏性项目，促进了冬春季旅游收入持续增长，实现了旅游从“夏秋热”到“全年旺”的跨越。2020年，渭河源大景区共接待游客121.42万人次，旅游综合收入3.27亿元。

【景区规范管理】

1.严格落实疫情防控常态化措施及各项优惠政策。各景区建立健全疫情防控应急机制，严格执行限量接待、网上预约、实名入园、“健康码”扫码核验、消毒等防控措施。严格落实各项优惠政策，对各景区减免2020年1至3月份租费共计45.38万元。

2.提升旅游服务标准化和规范化。抓实景区安全生产工作。细化了景区消防、反恐和医疗救护、安全生产等方面工作应急预案，建立健全了旅游行业安全检查台账，做到了检查有记录，问题有台账，整改有结果。同时，加强了各景区监督检查，杜绝违法违规经营行为。

3.积极推动景区评星创A工作。指导天井峡景区按照国家《旅游景区质量等级评定管理办法》和《旅游景区质量等级的划分与评定》标准，制定了国家4A级旅游景区创建工作方案。渭河源景区于2020年12月份成功创建省级旅游度假区。

【领导名录】

党组书记、主任：魏长缨（12月止）、何晓云（12月任）

副主任：包进忠、何俊（12月止）、杨叶梅（女，7月任）

办公室主任：张启华

规划建设部部长：刘青达（女）

规划建设部副部长：姜妍莉（女，7月止）、李晓静（女，7月任）

资源环保部副部长：王洁（女）

办公室副主任：赵雷

（供稿：杨国亮；审稿：张启华）

渭源县苏维埃政府纪念馆

【概况】渭源县苏维埃政府纪念馆成立于2012年9月，为副县级事业建制，隶属于中共渭源县委员会，负责县域红色文化的发掘、红色文物资料征集、研究和宣传教育，革命文物的维护和利用工作。内设综合办公室、文保研究室、展览宣传室。现有工作人员6名。设有党支部1个，中共党员5名。2013年8月，原纪念馆展厅按照县城整体规划已拆迁，县上在县城渭河公园西侧规划建设综合文化场馆，苏维埃政府纪念馆新馆设在主楼B区四楼，建筑面积为1614平方米，展览布置面积737平方米，布展工作于2020年12月底基本完工，具备对外免费开放条件。

【展陈情况】渭源县苏维埃政府纪念馆的陈列布展，高举中国特色社会主义伟大旗帜，深入贯彻习近平新时代中国特色社会主义思想，按照“尊重历史、注重创新、突出重点、深化主题、展示特色、发挥功能”的原则，以中国革命的历程为主线，以弘扬伟大的长征精神为主旨，以渭源县苏维埃政府和中共陇右工委及渭源党组织活动为重点，全面展现新民主主义革命时期，中国共产党带领渭源人民为争取民族独立解放前赴后继、英勇奋斗的历程，继承和弘扬革命精神，在新的征程取得的巨大成就。展厅共分6部分，由序厅、四个单元及渭源籍英烈名录碑组成。序厅：浮雕作品展现1936年红军经过渭源时，渭源群众及开明乡绅欢迎红军场景。第一单元：红军长征播火种，渭源建立苏维埃。第二单元：陇右斗争志更坚，星星之火终燎原。第三单元：解放炮声震撼陇原，武装起义解放渭源。第四单元：优良传统永不忘，革命精神代代传。渭源籍英烈名录碑记录了从土地革命时期到现在，登记在册的渭源籍烈士名录。

【红色文化宣传】以红色文化传承为依托，走进校园，为广大师生提供免费讲解服务。2020年开展“流动的纪念馆活动”6次、“红色文化进校园”活动5次、“红色文化进机关、进企业”活动2次。

【领导名录】

馆长：张会平（12月止）

副馆长：侯定东（9月止）、张念龙（9月任）

（供稿：祁英；审稿：张念龙）

渭源县融媒体中心

【概况】2019年，在原渭源县广播影视中心的基础上，整合渭源电视台、渭源广播电台、政府网站、县委报道组等机构平台，组建渭源县融媒体中心，并于2019年1月29日挂牌成立，正科级建制，县政府直属一级事业单位、归口县委宣传部管理。现有工作人员36人。内设办公室、宣传股、事业建设股、法制股、新媒体运营中心、李家湾广播电视转播台6个股室。2018年1月，被中宣部、文化部、国家新闻出版广电总局授予全国第七届服务农民、服务基层文化建设先进集体。2020年，被定西日报社评为先进通联单位。

【宣传发布平台】传统媒体平台主要为渭源电视台、渭源人民广播电台。“大美渭源”APP是全县唯一一个“新闻+政务+服务”为一体的综合新媒体服平台。先后开通了“爱渭源”微信公众、“爱上渭源”视频号、渭源融媒官方抖音号、渭源融媒体官方快手号、《学习强国》视频号、新华社现场云、新华社客户端、渭源融媒官方微博号、渭源融媒今日头条号等10个新媒体平台。

【新闻宣传】坚持党媒姓党，牢固树立正确的舆论导向，优化栏目设置，相继开设17档不同栏目，特别是《脱贫故事》《抗疫一线》栏目受到广大干部群众一致好评。截至12月底，渭源广播电视台共播出各类新闻756条，“爱渭源”微信公众号发布838条，“大美渭源”APP发布3493条，其中转载531条，专题182部，各类公益广告、公告等288条；在全媒体平台播出各类新闻稿件3000条以上，专题200多部；在人民网、新华社、光明日报、中新网、学习强国、甘肃日报等中央省市媒体刊发各类外宣稿件270件，专题12部。

【广播电视事业建设】投资432万元的深度贫困县应急广播体系建设项目于2020年9月通过省广播电视局组织的项目竣工验收。投资410万元的融媒体中心全台网高清化设备改造和融媒体中心建设项目于2020年6月底完成设备安装、功能室制景等工作，并于8月28日实现全台整体搬迁工作，于11月通过县级竣工验收。完成中央无线覆盖一期2台1000万、二期7个乡镇补点14台50瓦发射机及附属设备的运行维护工作。完成全县市县地面数字电视农村覆盖网工程的运行维护费工作。完成融媒体中心采编播管理系统网络二级等级保护建设及测评服务工作。全面完成李家湾广播电视转播台6套调频广播的安全播出工作，主要转播《中国之声》《甘肃新闻综合》《甘肃农村广播》《定西新闻综合》《定西交通广播》《渭源人民广播》等六套调频广播节目。完成了转播中央及省市县15套电视节目的中央无线覆盖工程，满足了广大群众公共文化需求。

【助力脱贫攻坚】近年来，在全媒体（各类）

累计播发脱贫攻坚内容的新闻8000多条。在新华社、人民网、学习强国、光明日报、甘肃日报等中央和省市级媒体累计刊发各类涉及脱贫攻坚内容稿件7000多件。其中，推出系列报道1000多期，采访驻村帮扶队长16人，衔接中央省市媒体直播全县大型活动50场次。累计阅读量达540多万人次，在全国扶贫日“渭源县获得全国脱贫攻坚奖、创新奖”仅当日客户端单条新闻阅读量超过2.8万人，实现对县域脱贫攻坚重大新闻100%首报，100%参加全省重大主题宣传活动。单位帮扶干部进村入户18次，在拆危治乱工作中向路园镇筹措资金5000元用于拆危治乱工作。

【领导名录】

党组书记、主任：王纲（4月止）、王正强（4月任）

党组成员、副主任：漆国华、崔志强、江朝清（挂职，4月任）

党组成员：王宏（9月止）

（供稿：漆国华）

广播电视网络

【概况】甘肃省广播电视网络股份有限公司源县分公司于2012年5月24日挂牌成立，为省国有大型文化企业驻渭机构。现有在职职工16名，其中女职工7名。党员4名。内设综合办公室，城网运维部、农网运维部、网建运维部，新业务发展部等5室。拥有有线电视用户6000余户。

【业务范围】2020年，公司实施“宽带乡村”“乡村通”工程，但用户覆盖率不高，全县光缆能通到行政村村部的仅50个村。在北寨镇架设光缆14.2公里，发展用户157户，实现收入10.6万元。累计发展农网用户327户，线路延伸22公里。共计销售电视机125台，销售额28.5383万元。借助三产营销，在安防监控、电器、农资、办公用品等全面进行多元化发展。2020年，完成经营收入360.42万元，新发展用户640户，发展甘小果77户，发展联通融合业务92户。

【安全维稳】坚持落实分公司周一卫生安全检查工作制度和公司月度乡镇机房、干线、线路巡检制度，始终把安全播出和安全维稳作为工作的政治生命线，重要播出节点实行领导带班和双岗值守，全年未发生一起安全责任事故。

【领导名录】

经理：张黎晖

副经理：剡丽霞（女，5月止）、蒋小军（5月止）、李升东（5月任）

工会主席：剡丽霞（女，5月任）

（供稿：姚海涛；审稿：张黎晖）

新华书店

【概况】渭源县新华书店是国有图书发行企业，成立于1953年5月。2010年公司改制成甘肃新华书店飞天传媒股份有限公司渭源县分公司。现有职工15任。高级图书发行人员2人，中级图书发行员8人，初级图书发行员2人。中共党员6人。县城中心门市部、会川门市部、莲峰门市部、北寨门市部营、县城第二门市部营业面积分别为200平方米、150平方米、80平方米、110平方米、75平方米。

【经营指标】2020年，全年计划销售任务980万元。利润指标10.5万元。完成含税销售收入970.46万元，其中教材教辅以及一般图书销售954.31万元，比上年同期增长67.56万元，增长7.62%；完成销售净收入932.58万元，完成年计划的95.74%，房租收入16.15万元。实现利润总额11.02万元，完成年计划的104.95%，比上年同期的7.58万元净增长3.44万元，增长率为31.22%。发生三项费用157.21万元，其中：管理费用82.73万元，经营费用75.95万元，财务费用-1.48万元，实际费用率为17.15%；三项费用比上年同期下降21.89万元，下降率为12.22%。期末库存90.63万元，其中门市部65.49万元，库房25.14万元。商品进销差价51.35万元，为库存的56.65%。劳动生产率为59.64万元。人均创利6890元。

【图书发行】

1.教材、教辅征订及发行。2020年，按照教材发行要求，保证在规定时间内将全部中小学及幼儿园教材送到每所学校。幼儿园教材发行四个品种（《资源包》《操作材料》《安全教育》《家园联系册》），配套率100%。4所高中一年级教辅由新华书店发行，共计9350册379865元。除教育厅审定目录内1—9年级配套练习外，又增加新的品种《美好生活劳动创造》8530册127950元、《学业水平考试指导》2450册70560元、《群文阅读》1992册75696元、《研究性学习活动》760册8968元、《考试大卷》200套10000元。

2.重点图书的发行。发行《习近平谈治国理政》（第三卷）2671册213680元、《中国制度面对面》2411册60275元、《读者》360套77760元、《日志录》99册8712元、《习近平总书记教育重要论述讲义》704册24640元、《十九届五中全会辅导读本》68册2448元、《十九届五中全会百问》127册3556元。

3.教材工作。新增中小学宪法知识读本9.20万元，检测卷20.40万元，幼儿安全教育资源包7.42万元。《党章》609册2436元、《十九大汇编》236册2832元、《十九大报告》706册8472元、《十九大读本》265册8745元、《新宪法》70册280元、《习近平谈治国理政》（第二卷）1725册13.8万元、《新时代面对面》2449册51429元、《习近平新时代中国特色社会主义思想三十讲》4856册184528元，《日志录》160册12480元。在4月23日“世界读书日”活动期间，会同渭源县实验中心小学师生成功举办“读者·中国阅读行动——‘书香陇源·读中国’”活动。

【领导名录】

经理：马海霖（10月任）

副经理：马海霖（主持工作，10月止）、王军

副督导专员：张红兵

（供稿：刘晓博；审稿：马海霖）

卫生健康

【概况】渭源县卫生健康局内设办公室、医政医管药政股、规划信息和体制改革股、中医股、行政审批服务和卫生法制监督股、疾病预防控制和妇幼保健股、基层卫生健康股、科教和老龄健康股、人口和家庭发展股。全县共有医疗卫生单位28个，即县人民医院、县中西医结合医院、县中医医院、县疾控中心、县妇幼保健院、卫生计生监督所、乡镇卫生院18个（中心卫生院4个，一般卫生院11个，分院3个）、清源社区卫生服务中心1个，民营医院3个。核定编制床位1836张（县级1256张，乡级410张，民营医院170张），每千人口拥有病床5.51张。一体化管理村卫生室217个，标准化村卫生室217个，村医221人，其中：执业医师4人，执业助理医师19人，乡村全科执业助理医师25人，乡村医生172人。60岁及以上14人，50～59岁72人，40～49岁70人，30～39岁45人，30岁以下20人。

全县现有卫生人员853人（县级人员479名，乡级人员374名）。其中：专业技术人员797人，占93.43%；管理人员6人，占0.70%；工勤人员50人，占5.86%。专业技术人员中，本科以上学历596人，占74.8%；专科学历170人，占21.3%；中专及以下31人，占3.9%。正高职称11人，占1.38%；副高职称105人，占13.17%；中级职称117人，占14.7%；初级职称564人，占70.8%。执业医师（含执业助理医师）452人，千人口拥有执业医师（含执业助理医师）1.31人。注册护士234人，每千人口拥有注册护士0.68人。

【新冠肺炎疫情联防联控】自新冠肺炎疫情进入常态化防控以来，渭源县坚决贯彻落实习近平总书记重要指示精神和党中央决策部署，严格

按照国家、省市疫情防控工作要求，落实疫情防控工作任务。

1.提高思想认识，压实“属地、部门、单位、个人”四方责任，以高度的责任担当完成好疫情防控工作任务。一是提高思想认识，压实“属地、部门、单位、个人”四方责任，以高度的责任担当完成好疫情防控工作任务。一是立足“四早”、前移关口，持续抓好常态化疫情防控。持续强化“外防输入”防控策略，各乡镇、各部门时刻绷紧疫情防控这根弦，坚决克服盲目乐观、麻痹大意、消极懈怠等思想，加强沟通衔接和应急处理协调，主动担当作为，切实履行主体责任。加强重点地区来渭返乡重点人员进行排摸，通过网格化管理健全“及时发现、快速处置、精准管控、有效救治”的常态化防控机制，以严的措施、快的行动切断疫情蔓延的渠道和链条。二是把好疫情防控两个关口。一方面把好两站关口。对火车站、汽车站要严格落实“体温监测+健康码核验+身份证查验+旅居史询问”等措施。另一方面把好人员排摸报告关口。各乡镇、各部门、企事业单位继续落实网格化、动态化管理，加大外省来渭返渭人员排查力度，做好出租房屋人员管理、集体宿舍人员管理和外来人员管理。严格落实“日报告”“零报告”制度，对当天外省来渭返渭人员，在到渭第一时间确定专人报送。

2.严防死守，毫不懈怠，持续筑牢外防输入的严密防线，将严防疫情输入作为当前疫情防控的重中之重。严防境外疫情输入，精准做好有中高风险地区旅居史人员的摸底排查和健康管理。对入境人员实施从“国门”到“家门”的全链条无缝对接和闭环运作，坚决防范境外输入性病例导致的疫情扩散和蔓延。同时，加强了人员排摸管控，切实抓好流动人员的核查登记，确保所有人员纳入疫情防控体系。截至2020年12月，共摸排省外来渭31000人，其中：中高风险区来渭返渭人员0人，低风险去来渭返渭人员30947人（返回超过14天的30558人、未超过14天的386人），境外来渭返渭人员57人。均按照疫情防控相关措施采取了管控。

3.提高工作针对性，紧盯重点环节重点人群，加强中高风险地区来渭返渭人员排查筛查，强化对进口冷链食品全链条监管，稳妥有序做好秋冬季疫情防控工作。一是重点强化汽车、火车等交通工具和汽车站、火车站等客运场站的管控，加强农贸市场、商场、超市、酒店、宾馆等公共场所以及游览景区等重点场所的管理主体责任和行业监管责任。二是督促市场监管部门继续做好重点食品的检验检疫力度，切实加强对进口冷链食品、冷冻产品的监管，强化环境和货品检测，全面排查风险隐患，确保人民群众“舌尖上的安全”。截至2000年，共采集并进行核酸检测样本9批次239份（其中从业人员133人、物表132份），检测结果均为阴性。三是教育部门严格落实防疫要求，细致实施全链条防疫措施，做好暑假期间学生心理健康、安全教育、疫情防控教育工作，保障假期学生健康安全。四是根据疫情风险状况和旅游资源特点，县防控办指导景区分类完善了应急预案并做好清洁消毒和公共卫生，引导游客错时错峰流动，做好必要的防护措施，督促县域内住宿企业严格落实体温检测、清洁消毒等防控措施。五是县市场监管局等相关部门每周对全县各市场商场冷链食品进行了核酸检测加强食品生产经营企业冷链食品的追溯管理，做到来源可查、去向可追，对来源不明的冷链食品依法进行查处。六是全县各级医疗机构对发热门诊、呼吸科和感染科门诊病房、地面、墙壁、物体表面采集样本进行了医院环境监测，县疾控中心对全县各乡镇卫生院的发热门诊、隔离留观室进行了抽验。七是做好酸检测实验室生物安全管理和质量控制，对实验室从业人员进行严格管理，要求从业人员持证上岗，按制度要求进行实验室检测各项工作。

4.严格集中隔离点管理制度，做好隔离人员服

务保障，加强应急物资储备。按照国家政策严格落实隔离期限和解除隔离标准，统一了全县的隔离收费标准，严格落实了隔离点安全保障和人防、物防、技防措施，同时做好集中隔离人员人文关怀和服务管理工作。截至2020年12月，全县累计留观509人，解除留观509人；全县3所县级医院和县疾控中心的4所核酸检测实验室已全面建成，并通过验收投入使用。强化应急物资购置、储备，目前储备有医用N95口罩16450个、医用外科口罩105129个、隔离衣690件、防护服、5198套，护目镜480副、KN95口罩732个、一次性医用口罩94270只、医用外科手套17402双、防护面屏1000个、医用橡胶手套7698双、红外线额温枪1452把、含氯消毒片1356瓶、75%医用酒精2127L、84消毒液1472L、医用鞋套15654双、一次性帽子22211个、抗菌洗手液978瓶、消毒凝胶2495瓶、医用长筒鞋套3000双、超低容量喷雾器5台，84消毒片677瓶，水银体温计990支，紫外线消毒车4台，帐篷416顶、采暖炉259台、折叠床527张，应急物资能够满足全县需求。

5.进一步加大宣传和预警力度。加强新冠肺炎疫情防控知识的宣传普及，引导辖区广大群众做好个人防护，坚持少聚集、一米线、戴口罩、用公筷、勤洗手、常通风的良好卫生习惯。引导14天内有中、高风险地区旅居史人员主动向社区报告；提示辖区居民做好家庭个人自我健康监测，一旦出现发热等不适症状，要及时向村社（社区）网格员报告，同时主动到当地村卫生室、乡镇卫生院排查，主动配合相关防控措施。

6.加强应急演练，提升战“疫”能力。2020年10月15日，在老君山广场举办全县2020年新冠肺炎疫情防控应急演练活动，从新冠肺炎患者的发现和报告开始，经过现场流行病学调查、密切接触者追踪管理及标本采集、疫点消杀、医疗救治和健康教育与宣传6个重点演练场景，全面演练了新冠肺炎患者处置的全部处置流程。本次演练不断激发全县广大卫生应急工作人员立足本职，钻研业务的热情，不断提高应急处置的理论水平和实战能力，不断锤炼精益求精的专业素养和不畏艰险的奉献精神，全力锻造一支素质过硬、本领过硬、纪律过硬的卫生应急队伍。同时，通过本次演练，全县将进一步查找疏漏，补齐短板，熟练掌握疫情防控各项技能及处置流程，把疫情风险控制到最低，为全县人民健康安全保驾护航。

7.加强监督检查，确保各项措施落实到位。加强督查工作力度，抽调相关部门工作人员组成督查组，不定时对各乡镇、各单位落实中央及省市县各项联防联控措施情况督查，对发现的问题发通告函要求立即整改。为靠实加强各领导小组疫情防控工作，先后印发《渭源县新型冠状病毒感染的肺炎疫情联防联控领导小组机构人员及职责》等规定，进一步压紧压实各领导小组责任，为坚决打赢疫情防控阻击战划出纪律红线。

【助力脱贫攻坚】自2020年2月28日，省政府批准渭源县整县脱贫退出以来，县卫生健康局在全力开展新冠肺炎疫情防控工作的基础上，进一步强化工作职责，统筹开展基本医疗有保障工作。按照“基本医疗有保障（医疗部分）”要求，在全面完成县乡村三级医疗机构标准化建设、医疗设备配置、合格医务人员配备的基础上，落实“四个不摘”要求，进一步巩固脱贫成果，提升医疗服务能力，全面开展基本医疗有保障（医疗部分）冲刺清零后续行动和未脱贫村挂牌作战，全力保障贫困人口看病有地方、有医生，为推动全县高质量完成剩余减贫任务，如期打赢脱贫攻坚“收官战”助力。一是实施基本医疗有保障（医疗部分）挂牌作战。制定《渭源县未脱贫村及重点健康扶贫任务挂牌作战方案》，对未脱贫的5个村实施局领导包抓责任制，对重点健康扶贫任务责任到股室、到人；完成了未脱贫5个村卫生室建筑面积、室内设置、合格村医配备、诊疗设备配置和正常业务开展等方面的达标验收。二是巩固脱贫成果，进一步提升脱贫质量。通过加强村卫生室建设和乡村医生管理、加强“县乡一体、乡村一体”机制建设、加强县级医院能力建设、加强疾病综合管理防控、加大健康扶贫政策宣传、强化保障，确保攻坚成效等六项措施的实施，进一步巩固了脱贫成果，全面提升脱贫质量。三是坚持问题导向，认真做好各项问题整改。对中央脱贫攻坚专项巡视“回头看”问题整改、脱贫攻坚成效考核和排查等发现问题整改、脱贫攻坚督查巡查、及时约谈整改问题等重点工作全面认领，认真对照做好整改。各级反馈问题涉及基本医疗有保障（医疗部分）方面的问题已全面完成整改。

2020年7月20日至8月10日，完成了脱贫攻坚国家普查。2020年9月，按照要求组织复核检视工作组对全县健康扶贫进行行业部门复核检视和拟脱贫贫困村退出验收，2020年拟脱贫的5个贫困村村卫生室全部达到退出验收标准。省、市脱贫办组织工作人员对县级复核检视情况进行了抽查和对拟退出村进行了验收。全县1所县级医院、16个乡镇卫生院和217个村卫生室全部达标。县卫生健康局帮扶莲峰镇蒲河村和田家河乡西沟村、庆坪镇老王沟村，派出3名驻村工作队队员，共计落实帮扶物资、资金5.8万元。

【医疗卫生工作】

1.积极推进医改重点工作。三家公立医院通过完善医院管理制度，制定了医院章程，建立健全了各项管理制度。落实了分级诊疗制度，县人民医院分级诊疗病种268种，县中西医结合医院分级诊疗病种211种，县中医院分级诊疗病种为202种。三所县级医院先后与省级医院建立了专科联盟，全县所有医疗单位开通甘肃省远程会诊平台，积极开展会诊和远程教育。

2.全面提升医疗服务质量。各医疗单位严格落实医疗质量安全核心制度，加强重点科室、重点区域、重点环节、重点技术的质量安全管理，推进合理检查、用药和治疗，形成长效工作机制。全县三所县级医院完成了二甲等级评审工作，两所民营医院完成了二乙等级评审工作。三所县级公立医院创建了普外科、骨科、脾胃病科、针灸科、内分泌科等6个省级重点学科。依托县人民医院建成检验、心电、病理、消毒供应、影像五个县级区域医学中心，推进了县级区域中心与乡镇卫生院信息互联互通，提升了基层医疗卫生机构诊断水平和医疗质量。县人民医院建成胸痛、卒中、创伤、危重孕产妇救治和危重新生儿救治等5个危重病症救治中心。县中西医结合医院卒中中心通过省级评审，有效提高了危重症救治成功率。县人民医院成立精神病科，填补了我县精神疾病专业诊治科室空白。县卫健局及5家医疗机构与晋安区签订帮扶协作协议，选派7名管理人员和14名医护人员赴福州市进修学习，福州市晋安区分五批选派余侃等31人来我县人民医院开展为期一个月的东西部协作对口帮扶工作，具体开展临床带教、技术指导、手术示范、讲座授课等活动，帮扶医院开展专科建设、培养业务骨干。晋安区卫健局为渭源县人民医院和渭源县疾控中心捐赠价值20万元的核酸检测试剂63盒、核酸提取试剂100盒，缓解了全县“应检尽检”人员核酸检测试剂短缺问题；晋安区医院等5个医疗机构为北寨等5个卫生院帮扶资金1.1万元。定西市人民医院、渭源县人民医院、渭源县中医院签订医疗人才“组团式”健康扶贫对口帮扶贫困县县级医院责任书。市人民医院选派4名专家到县人民医院开展帮扶工作。

3.加快实施“互联网+医疗健康”工程。全县加快推进“互联网+医疗”的健康服务，完善全民健康信息平台，三所县级医院结算窗口实现基本医保、城乡居民大病保险、医疗救助“一站式”即时结报服务。全县医疗机构全面启用居民电子健康卡，取消传统就诊卡。乡镇卫生院和村卫生室全部启用医院信息管理系统。

【中医药工作】

1.中医药服务网络建设不断完善。县中医医院和中西医结合医院均被评审为二级甲等医院，18个乡镇卫生院及分院均设置了中医科室，上湾卫生院和路园卫生院中医馆已完成建设任务，目前已建成中医馆14家。

2.中医药人才力量逐步增强。全县第三批师承教育9名指导老师和18名继承人带教工作完成了第三年度的教学任务，进行了结业考核和出师验收工作。全县22名中医一技之长乡村医生开展了换证和再次注册工作，进一步充实了中医人才队伍力量。加强中医适宜技术的推广应用，县中医医院、中西医结合医院分别有15名中医药人员报名参加45项中医适宜技术培训，另有60余名医务人员使用上述人员账号同步参加学习。县医院按照省中医院的课程安排在远程会诊室组织医护人员收看讲座。12月12日至13日，举办中医药论坛暨中医药适宜技术培训班，邀请省中医药大学教授及市中医院专家讲授了“《金匮要略》经方体系管窥”“五运六气基础及运用”“注意生活方式，调理身心健康”等课程，开展了《金匮要略》知识竞赛活动，医疗卫生系统负责人、中医药工作人员、村卫生室医务人员、广大中医药爱好者约180人参加。

3.中医药参与新冠肺炎防治。新冠肺炎疫情发生以来，县上及时成立了中医药救治专家小组，1例确诊的病例成功康复。2020年2月5日开始，各医疗卫生单位向医护人员部分有需求的群众免费提供预防性中药。隔离点医护人员和隔离人员累计61人服用汤剂464剂，留观点医护人员和留观人员累计222人服用汤剂1013剂，居家隔离人员累计963人服用汤剂2679剂，疫情监测点工作人员和义务人员累计1872人服用汤剂7185剂，使用香囊1067个。同时，适时进行了服用反应的跟踪，反应良好，所有隔离观察人员中未出现一例疑似和确诊病例。

【疾病预防控制】

1.免疫规划。实行专人负责冷链管理，全年进行12次冷链运转，运转一类疫苗70244支。2020年，共接种一类疫苗75180剂次，接种率以乡为单位均达到了95%以上，维持常规免疫高水平接种率，接种二类疫苗8157剂次。共上报疑似麻疹病例12例，确诊4例，外地报至本地AFP病例2例。全县23家医疗卫生单位完成了数字化接种门诊建设评审，其中县中医医院、县中西医结合医院产科数字化接种门诊评审为1A级，县人民医院产科数字化接种门诊评审为2A级，中医医院、会川卫生院数字化接种门诊评审为4A级，其余医疗卫生机构数字化接种门诊评审为3A级。

2.地方病慢性防控。2020年，碘缺乏病共监测5个乡镇（清源镇、锹峪镇、上湾镇、新寨镇、会川镇）的200份学生家中盐样，非碘盐0份，合格碘盐（21～39 mg/kg）197份，不合格碘盐3份，碘盐覆盖率为100%，合格碘盐食用率98.5%。监测5个乡镇的200份学生尿样，检验结果显示尿碘低于100 μg/L的70人，其中低于50 μg/L的18人，尿碘中位数为130.39 μg/L。现场甲状腺触诊检查8～10名儿童200人，甲状腺肿大0人，甲肿率0。开展重点人群包虫病检查8066人。包虫病患者救治方面，2020年管理患者4例，接受药物治疗的病人2人，药物治疗率为50%。犬驱虫与管理方面，全县共建立了5000多条家犬登记卡，2020年全县累计驱虫59027犬次，犬驱虫覆盖率为98.38%。检测犬粪500份，无阳性病例检出。在五竹镇、锹峪镇、会川镇3个片区小学，B超筛查在校的一年级和六年级学生，共计筛查1505人，无可疑病例查出。2020年在清源镇葛家湾村和北寨镇阳坡村开展了饮用水地方性氟中毒监测，检查8～12岁儿童169人，检出氟斑牙患者5例，氟斑牙检出率为2.96%；采集检测监测点饮用水9份，测定水氟含量，结果均正常。大骨节病监测方面，共计治疗大骨节病患者70人（大骨节病Ⅰ度患者44例，Ⅱ度患者19例，Ⅲ度患者7例），采用门诊治疗和住院治疗方式开展，门诊治疗50人，住院治疗20人。治疗方法以口服药物治疗为主，部分病例辅以按摩和物理疗法，开展口服药物（硫酸软骨素+VE）治疗70人，辅助按摩治疗2人、热疗18人。70例治疗患者关节功能障碍指数评分治疗前评分总和为433，治疗后评分总和为329，改善率为24.02%。

3.重大传染病防控。通过县乡村三级层层签订重大传染病防控责任书。加强医务人员业务知识培训。年内法定传染病14种1023例（包括1例新冠肺炎确诊病例），发病率为304.55/10万。2020年，共接诊可疑肺结核病人190例，初诊痰检人数189例，初诊痰检率为99.50%。确诊活动性肺结核病例31例，其中病原学阳性病例13例，病原学阴性病例18例（单纯性结核性胸膜炎8例）。全县可疑肺结核症状者受检率为56.5/10万，病原学阳性检出率为41.9%。2020年，学校结核病筛查学校29所，筛查新入学学生4522人，教师1434人，共计筛查5956人。2020年全人群HIV抗体检测43696人次。

4.检验检测。全年检测水样414份，共设监测点76个，覆盖100%的乡镇，完成全县26个饮水工程点的饮用水水源类型、水处理方式、供水能力、覆盖人口等基本信息的调查和网络上报工作，检测结果显示：合格水样396份，合格率95.65%；2020年，共计开展核酸检测3600份，配合地方病科化验碘盐碘含量300份、尿碘检测300份、犬粪检测500份、包虫病血清检测50份、布病检测103份、艾滋病检验824人份、医院消毒检测224份。

5.职业病及学校卫生防控。年内组织专业人员对全县22所医疗机构进行辐射安全与防护状况评估调查，对辖区56所重点职业病危害企业进行摸底调查和数据录入；对辖区内适龄儿童进行窝沟封闭人数361人，封闭牙齿1298颗，完成总任务1200颗的108.16%，封闭完好率93.61%，儿童健康知晓率96.01%，止确刷牙率95.01%。食源性疾病监测医疗卫生单位22家，村卫生室217家，上报食源性疾病病例1334例食物中毒事件及食品安全事件0起。

6.慢性非传染病防控。2020年全县老年人目标任务为39403人，共体检28036人，体检率为71.15%；全县高血压目标任务23629人，管理30593人，管理率117.10%，体检24952人，体检率81.56%。全县糖尿病目标任务4758人，管理3847人，管理率80.85%，体检3124人，体检率81.20%。严重精神障碍患者累计建档患者人数1679人，在册患者人数1507人，报告患病率4.53‰，并建立了居民健康档案，规范管理1405人，规范管理率93.23%。全县累计管理癫痫387人，管理率为1.16‰。免费治疗人数为180人，其中苯巴比妥组57人，丙戊酸钠组94人，共同服药60人，免费治疗率为0.54‰。

【地方病防治】2020年，全县管理现症地方病患者317例（建档立卡178例），其中Ⅱ度及以上甲肿病人151例（建档立卡68例），地方性克汀病16例（建档立卡5例），大骨节病109例（建档立卡79例），地方性氟中毒病41例（建档立卡22例）。包虫病患者4例（1例治愈），麻风病7例（5例在家，2例在和政疗养院）。积极落实麻风病项目工作，开展麻风病的防治监测工作、健康教育宣传工作，关注麻风病人开展慰问活动。按照包虫病防治方案，开展包虫病防治项目工作。组织协调各成员单位完成地方病防治专项三年攻坚行动终期评估工作。开展碘缺乏病宣传日、世界防治麻风病日等宣传活动。

【妇幼保健】渭源县妇幼保健院的前身是渭源县妇幼保健站，是一所集预防、保健、医疗、健康教育为一体的公益性非营利性事业单位，始建于1973年8月，建筑面积600平方米。2013年4月，县政府划拨清源镇上磨村（县司法局和档案局大楼西侧）土地2380平方米，新建渭源县妇幼保健站。现有业务用房2500平方米，总建筑面积4978.42平方米。2020年机构改革后，渭源县妇幼保健站更名为渭源县妇幼保健院。现有职工19人，其中：副高级职称4人，中级职称5人、初级4人、管理人员2名，工勤人员4名。现主要医疗设备有彩超、阴道镜、妇科光热复合治疗仪、微量元素测定仪、骨密度分析仪等，设有中医综合门诊、妇科门诊、儿科门诊、儿保、妇保、乳腺、放射、检验等业务科室。妇幼保健院主要承担妇女儿童常见病、多发病的防治及诊疗；托幼机构的管理、出生医学证明办理管理、基层妇幼卫生监测、督导、培训，信息管理等工作；机构改革后，增加了农村妇女孕前优生检查项目、农村妇女增补叶酸预防神经管畸形项目、避孕药具发放等工作。

1.加强管理，完善制度。县政府将妇幼健康重点指标纳入政府考核内容，由县妇儿工委牵头，印发《渭源县妇儿工委成员单位协调工作机制》和《妇儿工委成员单位工作职责》，明确了各部门职责，建立各部门协作机制。县卫生健康局将妇幼健康工作纳入各医疗机构综合目标考核责任书，县妇幼保健院成立了妇幼健康业务管理领导小组，建立了妇幼健康六大工作机制（信息互通反馈机制、妊娠风险预警评估机制、部门联动机制、跟踪督导机制、首位排名机制、孕产妇死亡约谈机制），促使母婴安全保障责任得到进一步靠实；制订妇幼健康绩效评价方案，明确考核方法、考核指标体系，细化工作措施，明确工作任务和工作责任，妇幼健康工作实行季度督导、半年绩效评价、年终绩效评价。

2.加强群体保健保障母婴安全。加强群体保健工作，围绕“找到服务对象，落实保健指导，加强高危管理”的工作思路，因地制宜，推行信息互通反馈机制，实现了孕产妇产检信息和分娩信息共享，孕产妇健康管理工作进一步夯实。加强孕产妇系统管理，母婴安全措施有效落实。母婴安全保障“五项核心制度”，特别是妊娠风险筛查评估、高危专案管理、危急重症救治等制度落实到位。加强危重孕产妇和新生儿救治中心建设，人员设备符合要求，保持急救绿色通道畅通、指挥有力、协作顺畅。具有健全的县级产科转诊体系，建立了1小时急救圈。加强儿童健康服务工作。

3.完善妇幼健康服务体系，着力提升妇幼站服务能力。2020年，农村育龄妇女叶酸应服3063人，投服2806人，叶酸服用率91.6%，知晓率97.4%，依从率81.8%。全县产妇数2328人，孕期接受艾滋病、梅毒、乙肝检测2637人，孕期检测率91.7%。产前筛查干血斑任务数200人，全部完成筛查任务。2020年下达的“两癌”检查任务2025人，完成率100%，其中建档立卡户648人。贫困地区儿童营养改善项目2020年执行2017、2018年整合项目，任务数3500人，收到营养包36000盒，累计发放48616盒，受益儿童6865人，发放率96.7%，有效服用率91.8%。乡镇卫生院开展0～6岁儿童残疾初筛，县妇幼保健院进行复筛，全县共筛查0～6岁儿童筛查23244人，筛查阳性人数235人，并按照项目方案要求进行了项目救助。做好遗传代谢性疾病的救助和出生缺陷三级预防，全县“两病”筛查2082人（其中精准扶贫322人），两病筛查率为99.7%。新生儿先天性心脏病筛查1956人，筛查率93.7%，筛查阳性29人，均转上级医院治疗。按照《渭源县第三周期新生儿复苏项目实施方案》，建立了新生儿复苏培训与复训制度，确保每位参与新生儿窒息复苏抢救的医务人员均接受培训，举办全县项目培训班一期，各助产机构也开展了项目培训和复训工作，选派人员参加省、市级培训7人。2020年，上级下达我县项目检查任务数为929对，实际检查1235对，检查率为132.93%，早孕随访率为96.03%，已孕1998人，妊娠率为26.59%，已孕随访1912人，妊娠结局随访率为95.67%，开展项目宣传和培训，相关资料齐全，优生科学知识知晓率为95.3%。

4.加强妇幼保健院能力建设，不断拓展服务范围。2020年7月底，县妇幼保健站与人口和计划生育服务中心整合，县妇幼保健站更名为县妇幼保健院，按照“以保健为中心，以保障生殖健康为目的，保健和临床相结合，面向群体，面向基层和预防为主”的妇幼卫生工作方针，根据县级妇幼保健院建设标准，优化服务流程，合理规划设置科室。新开设中医门诊、妇科门诊、儿科门诊等临床业务科室并规范运行。规划新建住院部、护理部及规范化免疫接种门诊，对原有婴幼儿洗浴中心进行改扩建，新建游泳池。结合东西部扶贫协作项目，选派人员到福州市晋安区完成了为期三个月的进修。

【爱国卫生运动事务】1974年，渭源县爱国卫生运动委员会办公室（简称渭源县爱卫办）成立，与县卫生局合署办公。2002年6月从县卫生局分设出来，独立编制，独立办公。2019年3月，渭源县爱国卫生运动委员会办公室更名为渭源县爱国卫生运动事务中心（简称渭源县爱卫中心）。2020年8月17日，隶属县卫健局管理，是县爱国卫生运动委员会的办事机构。现有职工8人。

1.*农村改厕技术指导*。3月17日，组织召开全县农村改厕技术培训会议，邀请省级改厕专家来我县开展现场指导培训。印发农村改厕技术指导手册7000册。成立指导组，对全县16个乡镇63个改厕重点村进行指导，确保改厕符合卫生技术要求。

2.*第32个爱国卫生月活动*。4月份，县爱卫中心组织开展“防疫有我·爱卫同行”主题宣传活动，悬挂横幅21条，制作展板12块，发放各类宣传资料3000多份，接受健康咨询210多人次。各乡镇各村社也通过微信群等媒体，积极进行“防疫有我·爱卫同行”主题和爱国卫生知识宣传，积极倡导健康文明生活方式，不断提高人民群众参与意识。

3.*环境卫生整治行动*。4月29日，县四大班子主要领导亲自带队，分四个片区召开了全县人居环境整治及脱贫攻坚反馈问题整改落实和‘3+1’冲刺清零现场推进会，现场实地参观学习环境卫生整治、拆危治乱示范点，后进乡镇和后进村进行了表态发言，主要领导亲自点评，限期进行整改落实。通过综合整治，全县城乡环境卫生发生了极大改善，人人动手、人人参与爱国卫生运动的良好氛围初步形成。

【干部保健】2020年3月20日至9月30日，县上对全县各乡镇、各单位在职财政供给人员进行了健康体检，体检由县人民医院、县中医院、县中西医结合医院三所县级医院具体承担。全县参检单位共181个，应体检干部职工9169人，实际体检8585人，参检率为93.63%，其中副县级以上干部体检30人，副高级以上职称干部体检1175人，其他人员体检7380人。体检结果表明，化验项目异常指数较多有5项，分别为谷丙转氨酶、总胆红素、直接胆红素、尿酸、甘油三酯。疾病谱排在前十位的疾病及占比情况是：慢性咽炎2648人，占体检总人数的29.15%；慢性鼻炎1740人，占体检总人数的19.15%；脂肪肝882人，占体检总人数的9.71%；高血压570人，占体检总人数的6.27%；前列腺增生556人，占体检总人数的6.12%；血脂异常496人，占体检总人数的5.46%；甲状腺结节348人，占体检总人数的3.83%；乳腺增生310人，占体检总人数的3.41%；尿酸异常277人，占体检总人数的3.05%；胆囊息肉271人，占体检总人数的2.98%。

【项目建设】县级医院建设部分：深化全县公立医院体制改革，推进卫生健康系统基础设施建设长足发展，渭源县对3所县级医院进行整体搬迁，严格按照二级甲等医院标准建设实施。渭源县人民医院总建筑面积43335平方米，总投资1.5亿元，占地面积100亩，设置床位350张，于2011年8月份顺利完成整体搬迁；县人民医院感染性疾病业务用房建设项目于2020年10月20日开工建设，正在进行基础施工，现设置床位500张。渭源县中西医结合医院总建筑面积14450平方米，总投资0.82亿元，占地面积58亩，设置床位400张，于2012年8月份顺利完成整体搬迁；

县中西医结合医院中医综合楼、职工周转宿舍建设项目均完成主体建设。渭源县中医医院总建筑面积30830平方米，总投资1.01亿元，占地面积70亩，设置床位350张，于2014年12月顺利完成整体搬迁。

【红十字会事业】 大力弘扬红十字“人道、博爱、奉献”精神，开展“三救”“三献”工作。全县新型冠状病毒肺炎疫情防控工作中，累计接受社会捐赠款物144.2868万元，其中捐款21.7245万元，物资价值122.5623万元；捐赠物资全部调拨相关单位，捐款全部下拨。款物接收和使用情况在县政府网站公示共10期。严格按照程序接收和发放捐赠款物，及时公示捐赠款物接收和使用情况。制定了《渭源县红十字会改革方案》。先后开展6次无偿献血407人、献血量421u91800 ml。组织开展造血干细胞血样采集工作，共完成75例血样采集。安排部署应急救护培训工作，完成救护员培训820人、普及性培训3200多人。在全县范围内开展了先心病患儿摸底工作。发展红十字志愿者20人、红十字会基层组织1个，在清源镇成立清源社区红十字服务站。

【领导名录】

渭源县卫生健康局

党委书记、党组书记、局长：李国伟（4月止）、张百灵（4月任）

党组成员、党委专职副书记：尉德（9月止）

党组成员、副局长：宋永平、张建雄（7月止）、常效生（7月止）、史万兵（7月任）

党组成员、纪委书记：袁见喜

党组成员、县红十字会会长：曹军红（11月任）

渭源县中医药管理局

局长：李国伟（4月止）、张百灵（4月任）

渭源县人口和计划生育服务中心

主任：史万兵（7月止）

副主任：周福祥（7月止）

渭源县疾病预防控制中心

主　任：苏亚平（7月止）、张文军（7月任）

副主任：李玉柏、王永军

渭源县地方病防治中心

主　任：刘学军（女，11月止）、赵永福（11月任）

渭源县妇幼保健站

站长：李红霞（女，7月止）

副站长：王爱国（7月止）

渭源县妇幼保健院

院　长：周福祥（7月任）

副院长：王爱国（7月任）、王玉霞（女，7月任）

渭源县爱国卫生运动事务中心

主　任：景莉君（女）

副主任：谢全平、蒲小兰（女，11月止）

渭源县卫生健康局综合监督执法队

队　长：常凯

副队长：常雪云

渭源县保健中心

主　任：魏小花

（供稿：县卫生健康局）

渭源县人民医院

【概况】 渭源县人民医院的前身是始建于1947年7月只有7名医药护工作人员的渭源县卫生院，地址在下北关岳王庙。1949年迁址县城南城门外。1956年，迁址清源镇首阳路5号。2011年8月完成整体搬迁。医院占地面积91亩，建筑面积5万平方米。拥有资产2.137亿元，编制床位500张，职工539人（卫生专业技术人员454人，占比84.5 %，正高职称9人，副高职称42人，中级职称62人），是集医疗、预防、急救、康复、教学为一体的综合性二级甲等医院。2018年4月，加挂定西市人民医院渭源分院牌子，为全县

120急救中心、感染性疾病定点收治医院，市级文明单位。医院设院务部、医务部、护理部3个职能部门，党办、院办、医务、药械、财务、信息、后勤保障等职能科室；设内、外、妇、儿、急救等19个临床科室；设药械科、检验科、放射科等8个医技科室。拥有朗润1.5T超导型核磁共振设备、西门子64排128层螺旋CT设备、核酸提取仪、核酸扩增仪、DR、西门子Luminos Fusion数字胃肠机、意大利Modulo Easy30数字化移动摄影X射线机、飞利浦高端四维彩超、数字胃肠机、电子胃镜、超高清电子宫腔镜、阴道镜、全自动生化分析仪、病理图像诊断系统、德国贝朗血液透析、8座高压氧舱、奥林巴斯电子腹腔镜、等离子气化电切镜、体外震波碎石机、强生超声高频外科集成系统GEN11、关节镜等较为先进的医疗设50多台件。

【业务情况】2020年门急诊12.5632万人次，出院1.2577万人次，各级手术3255例，病床使用率64%，出院者平均住院天数9.2天。平均住院费用4371元，药占比26.2%，较2019年下降2%；百元医疗收入（不含药品收入）消耗的卫生材料为22.15元，较上年增长1.78%；医疗服务收入（不含药品、耗材、检查、化验收入）占业务收入比重为36.5%，下降0.6%。因受2020年新冠肺炎疫情影响，就诊病人减幅明显，疑难危重住院患者增多，导致次均费用、材料费用增长，医疗服务费用降幅明显。全年业务收入7713.88万元，比2019年同期减少492.63万元。全年支出总额10076.29万元。其中2020年新增固定资产8724.91万元（房屋建筑物6292.62万元，专用设备2253.1万元，通用设备179.18万元）。在建项目工程感染性疾病业务用房完成投资拨付1495万元，自筹费用114.11万元。

【坚决打赢新冠肺炎疫情防控攻坚战】

1.疫情防控工作取得阶段性成果。新冠肺炎疫情发生后，作为全县唯一定点救治单位，坚决贯彻落实习近平总书记重要指示和李克强总理批示精神，认真落实党中央及省市决策部署，在市县联防联控领导小组的领导下，全院上下众志成城，创新措施，强化防控，积极救治，全力保障人民群众生命安全和身体健康，积极开展复工复产，疫情防控工作取得了阶段性成果。医院感染科作为定点救治专科，在原有16名医护人员的基础上，心内科、重症科、手术室等科室业务骨干主动请缨走进防治最前线。健全完善工作制度及流程，认真做好测量体温、预检分诊、询问病史和隔离防护，发热患者及时引导至发热门诊进行诊疗，根据流行病学史、临床表现、实验室检查和胸部影像学检查等结果进行初步判定。紧急启用综合楼设立集中隔离医学观察点。2月1日在第一例新冠肺炎患者确诊后，县人民医院通过省卫生健康委医疗远程会诊平台与省市医疗救治专家组成功进行了多学科远程会诊。专家组到现场会诊，指导救治，2月15日，经过18天全院努力和科学治疗，全县唯一一例新冠肺炎重症患者治愈出院。17名密切接触者观察期间无任何症状，全部解除隔离观察。派出支援武汉医疗队员1名，圆满完成任务。

2.强化常态化疫情防控措施，坚决打赢新冠肺炎疫情防控攻坚战。认真落实最严主体责任、实行最严防控措施，做到“组织领导、预案制度、安排部署”三个到位，对疫情防控工作进行再动员、再部署、再安排。狠抓“预检分诊、发热门诊、收治专科、消杀、医疗废物处置、核酸检测能力、督导检查、全员培训、应急物资保障、医疗救治、人员梯队”等15个关键环节工作落实，全面做好新冠肺炎疫情常态化防控工作。

（1）门急诊管理方面。严格落实预检分诊制度，引导发热患者至发热门诊就诊，制定并完善重症患者的转出、救治应急预案并严格执行。门诊严格执行“一人一诊一室”制度和“1米线”等相关要求，候诊病人不扎堆不聚集，严格执行“一米线”。

（2）预检分诊和发热门诊管理方面。坚持

“严”字当头，坚持“外防输入、内防反弹”不放松，发挥预检分诊的哨点作用，做好患者的分诊分流和风险管控，把住第一道关口。改造医院大门口，分别设置医务人员和患者及陪员进出通道，车辆进出通道，明确标志。8月20日，对我院发热门诊进行升级改造，占地近740平方米，实行24小时值班制，在原感染病科一楼改造发热门诊，二楼改造收治专科，按照三区两通道要求改造，严格划分清洁区、半污染区、污染区；规范设置发热诊室1间、备用发热诊室1间、隔离留观病房10间，救治病床50张，重症病床5张。

（3）病区管理方面。病区管理严格实施“一患一陪护”制度，实施24小时封闭管理，合理设置缓冲病区和隔离病房，满足疑似或确诊患者就地隔离和救治的需要。医务人员严格执行预防措施，做好个人防护和诊疗环境的管理。

（4）个人防护方面。对重点科室及隔离病区的工作人员配发防护衣、隔离衣、防护口罩、防护眼镜等物品，提供营养膳食，针对岗位特点开展健康监测，包括一日两次测量体温、相关症状和旅居史询问等。

（5）核酸检测管理方面。医院投资144.9万元，改造房屋103平方米，安装了实时荧光PCR仪、核酸提取仪等检测设备，6月26日全面建成核酸检测实验室，7月6日顺利通过省卫健委专家组验收。实验室工作人员7人，全部参加了甘肃省卫健委委托甘肃省临床检验中心举办的PCR上岗培训。另10名检验人员已通过PCR理论考试。按照“应检尽检”要求，对发热门诊患者、新住院患者及陪护人员、医疗机构工作人员等八类重点人群全部进行核酸检测；对其他人群主动提供服务，确保“愿检尽检”，12小时内出具报告。截至11月30日，累计检测16064人次。

（6）火车站监测点。细化检疫工作流程，按照一核、二测、三登、四拣的工作方法，继续做好铁路入渭旅客的体温监测、登记、医疗转运等工作（配备救护车辆一辆）及监测点消毒、医疗废物处理工作，抓实抓细火车站出站口检疫工作，有效阻断疫情传播途径，切实保障人民生命安全和身体健康。

（7）先后3批派出祁小云、赵雅丽、王艳红、后菊珍 、蔚惠琴、梁永艳6名护理业务骨干赴兰州新区开展隔离防疫工作，圆满完成工作任务。

【人才队伍建设】实行医师考核管理办法，建立专业技术档案；建立了新进人员岗前培训，每年按时完成继续教育工作，加强重点学科建设和人才培养，建立科室人才选拔机制。2020年，40人晋升通过高级职称。

引进急需紧缺人才。引进急需紧缺医疗卫生人才11人。持续开展东西部扶贫协作、“组团式”健康扶贫工作，2020年福州市派驻我院4批次31人，常驻我院开展帮扶工作。诊疗543人次，会诊21人次，义诊453人次，学术讲座60场次，业务培训544人次，教学查房101次，远程医疗1次，开展新业务新技术10项。我院选派放射科张兴、麻醉科谢旭峰、急诊科包丽媛3人赴福州市第二医院完成进修。2018年4月，与定西市人民医院建立了对口支援关系，市人民医院副院长李淑梅具体负责对口帮扶工作，加挂定西市人民医院渭源分院牌子。2020年4月，市医院派出骨科医师梁小弟，心内科医师马丽锋，麻醉科医师李芙蓉，皮肤科医师王淑琴，妇产科医师马玲香常驻我院开展帮扶工作。4月至10月，帮扶人员共诊疗门、急诊患者642人次，住院患者152人次，开展手术397人次，讲课培训科室62次，完成远程会诊28次，开展新技术新业务30项。落实带教计划，各科专人带教，接收见习学生17人、实习学生8人。积极组织职工参加省市县各项专业技能培训，累计培训1000多人次，各科室每周组织业务培训，切实提高了医务人员的综合素养。

【医疗质量持续改进】一是落实医疗质量安全院、科两级责任制，建立了全员参与、覆盖临床诊疗服务全过程的医疗质量管理与控制工作制度。组织核心制度全员培训并考试，定期深入病案室及临床科室检查首诊负责、三级查房、分级护理、手术分级管理、抗菌药物分级管理、临床用血审核等医疗质量安全核心制度落实情况。二是继续推进“八八排队”并对排队结果进行公示，加强重点科室、重点区域、重点环节、重点技术的质量安全管理，提高医疗质量，规范临床诊疗行为，切实加大质控督查力度，控制不合规医疗费用，对药占比及次均费用严格限制，在绩效考核中作为核心内容严格兑现奖罚，为患者提供安全有效的医疗服务，以查促改形成长效工作机制，推进了合理检查、合理用药和合理治疗。三是依法执业方面对相应证件按期申请效验并按照审批范围执业。科室设置、命名规范，不存在虚设科室、未经批准增设及变相出租承包科室情况。医护人员都具备相应的资格证和执业证持证上岗。医院开展临床医疗技术均符合相关规定及法律，无限制性临床应用技术。四是实行院科两级医疗质量考核管理，从运行和归档病历质量、医疗安全、18项医疗核心制度落实、传染病管理、公共卫生管理、临床路径管理、科室内部平时质量及绩效考核管理方面全方位进行医疗质量考核。五是认真落实《医疗废物管理条例》，医疗废物专人管理，医疗废物的分类、收集、贮存、包装、运送、交接、转运达到了规范化管理，严防因医疗废物管理不善引起感染暴发。

【优质护理服务示范工程】按照省护理质控中心要求，牵头建成全县护理质控中心。2020年9月，成立护理质量与安全管理委员会及四个院级质控小组，修订了优质护理服务、基础护理、护理文书书写、急救物品管理与感染控制四个考核标准，每月对20个临床科室及医技科室的护理岗位进行考核，在全院护理质控会以PPT形式进行反馈汇报，及时查找问题，进行原因分析并提出整改措施和效果评价，将考核结果及时反馈各科室进行整改。科室成立质控小组并开展工作。年内与质控科合作，每季度集中开展病历质量考核1次。全面施行6S管理、推行APN弹性排班模式，实施责任制整体护理模式并持续改进，减少护士交接班的频率，全面履行护士的职责，实行扁平式管理，每个患者都有专个护士负责病人的护理、宣教、康复等。认真落实“护理不良事件上报制度”，全年共上报护理不良事件31例，事件涉及查对错误、药物外渗、巡视不及时、意外伤害、跌倒等。每季度组织护士长例会，分析讨论事件的原因，制定整改措施，抓好整改落实。

【药械耗材管理】

1.*严格执行基本药物制度*。按照2018年版《国家基本药物目录》，结合我院具体临床需求，按“从新就低原则”不断调整医院处方集，鼓励医师优先使用基本药物。为提高基本药物使用比例，更好地满足临床需求，目前医院在用药品459种，其中基本药物423种，非基本药品236种，基本药物品种占64%，使用率比例达70%以上，中药饮片在用品种351种，中药颗粒244种。

2.*抗菌药物专项整治工作*。医院通过培训学习、签订抗菌药物责任状、加大处方/医嘱点评工作力度，使抗菌药物分级管理和临床合理应用水平有了大幅提高，抗菌药物有34个品种，41个规格，其中非限制使用品种有25种，限制使用品种有6种，特殊使用级1种。抗菌药物使用品规结构比较合理；抗菌药物使用率、使用强度等硬性指标都有了较大进步，具体改进如下：门诊抗菌药物使用率19.36%；住院部抗菌药物使用率54.4%；抗菌药物使用强度52.1。

3.*特殊药品的管理*。医院对精麻药品等“特殊管理药品”按照相关法律法规、规章管理制度，实行三级管理和“五专”管理、安全管理方面安装有监控视频、保险柜贮存、24小时值班制，同时严格执行医师处方权限，重点点评精麻药品处方，使临床使用规范合理性有了很大提升。

4.*医嘱/处方点评*。医院对不规范用药重拳出击，加大管控力度，纳入了绩效考核。通过对口帮扶，科室相关人员到定西市人民医院培训学习，多次特邀该院临床药学专家来我院指导、参与医嘱/处方点评，并召开医师反馈会议，面对面交流探讨，指出用药不合理之处；在提高医嘱/处方合理率，提升医疗质量，控费、降低药占比、抗菌药物临床使用指标等方面都取得了显著成绩，我院药占比今年持续性降低，全年平均为26%。

5.临床药学工作开展情况。我院有临床药师2人，主要开展临床药学服务，为临床医师、护士提供合理用药培训和用药指导咨询，对患者进行用药教育，开展药学查房、参与病例讨论，这些都大大提高了临床药物治疗学水平。

【医院感染管理】认真落实《医院感染管理办法》等有关法律、法规、规范，每月进行医院感染质量监控检查，整改存在的问题，院感工作持续改进。建立医院感染控制小组，业务院长担任医院感染管理负责人。落实医院感染控制管理工作职责，加强医院感染管理知识培训，不断提高医护人员的医院感染控制和消毒隔离意识。加强一次性使用用品的管理。认真开展医院感染控制与消毒隔离监测工作，强化手术室、消供中心、血液透析室、口腔科、内镜室、NICU、产房、换药室等医院感染重点科室的感染监测，及时发现感染隐患，减少院感事件发生，降低感染率，年内未发生医院感染暴发流行。强化手卫生管理，更新全院脚踏式水龙头设施83个，在各病区配备方便医护人员使用的速干手消毒剂，组织手卫生全员培训，规范洗手流程，各病区粘贴洗手流程及洗手时机图，有效提高了医务人员手卫生依从性。

【实验室管理】设置以院长为第一责任人的生物安全管理委员会，制定完善实验室安全和质量控制措施。积极推进PCR实验室建设，并顺利通过验收。规范科室布局及完善理疗设备，实验室整体搬迁建设完成，新建科室分区布局合理，污染区、半污染区和清洁区划分明确。拥有莱卡RM2245轮转式切片机、莱卡ASP200S型自动组织脱水机、亚光YB-6LF型包埋机、亚光TY-7FB型自动恒温摊烤片机、赛尼科技SR10废液回收机、病理图文分析系统、奥林巴斯BX41及莱卡DM1000显微镜、麦克奥迪Easyscan数字切片扫描仪等设备。加强专业技术培训，病理中心实验室人员每周参加省上86个县区远程培训，切实提升了诊断准确率，更好地满足了患者需求；现有诊断医师1名，病理技术人员3名。规范更衣室管理，疫情期间进行更衣室更换。为解决疫情期间疑难病例，申请开通91360数字切片远程义诊平台，使医院患者得到全国病理专家的精准的病理诊断，共计会诊74人次。与定西市人民医院。兰州市第一人民医院。甘肃省妇幼保健院建立远程会诊关系，共计会诊54人次。2020年，病检例数823例，比2019年度增加53例；各类脱落细胞学检查1099例，比上年度增加841例；HPV检测306例，比上年度增加116例；两癌筛查液基细胞学898余例，组织病理30余例。

【健康扶贫工程】紧紧围绕脱贫攻坚重点工作任务，坚决履行签约服务和帮扶单位工作职责。2020年签约医师69名，签约服务5乡镇81村建档立卡贫困户，严格按照签约对象实际和签约团队履约能力制定帮扶措施，如实记录“健康甘肃”手机APP健康档案。继续做好重点帮扶村清源镇葛家湾村帮扶工作，5名院领导班子成员人均帮扶贫困户6户，实现稳定脱贫30户；为村部购买电脑、打印机等办公用品累计5000多元；赴葛家湾村文化广场进行义诊活动，义诊260多人次，免费体检和发放药品12553元，各种疾病健康宣教册1000余份；“扶贫日”期间，为帮扶户送去大米40袋，价值4000多元。

【完善科室配置】一是完成新住院部大楼搬迁。建成五大区域医学中心（影像、检验、心电、病理、消毒供应）、五个急救医学中心（胸痛、卒中、新生儿急救、孕产妇急救、创伤），新增精神科、老年病科、风湿骨病科、康复科，进一步提升医院在疫情防控、医疗救治、应急救援、核酸检测等方面的能力。二是不断加大设备采购投资。完成朗润1.5T超导型核磁共振设备、西门子64排128层螺旋CT设备、核酸提取仪、核酸扩增仪等设备的采购论证、招标及安装使用，医院医疗质量不断提升。三是建立心电远程会诊中心，建立了严格的质量控制标准及流程；超声、放射严格落实核心制度，做好个人防护，按照国家标准落实阳性率。四是不断开拓创新，提升医疗技术水平。新开展“中医特色治疗（数控、中药塌渍、冲击波等）”、“两孔法阑尾切除术”、“腹腔镜下翻页式胆囊切除术”、“运动治疗（PT）”、“物理因子治疗”、膝关节关节镜诊治、肱骨骨折闭合复位髓内针固定、前路DAA髋关节置换术等多项新技术、新项目。“腹腔镜微创手术”在胆囊切除术、阑尾切除术、腹腔探查术、疝修补术、精索静脉高位结扎术、胃穿孔修补术六大类常见疾病实现全覆盖。我院第一例日间手术的顺利开展，代表ERAS理念在我院外科领域的引入并实践。五是打造互联网办公暨管理生态圈“互联网+”新模式的慢病管理，结合MMC慢病管理中心，定期组建糖尿病等慢性病患者及老年群体进行慢性病健康教育。促进医生与居民做到全程健康管理，指导居民规范合理就医，成为群众的健康“守门人”。

【加强联盟组建，持续推进“互联网+医疗健康”】一是不断加强紧密型技术联盟和专科联盟建设，推行医联体内同质化的管理、诊断、治疗、护理、治愈效果考核，促进县域内医疗服务能力的整体提升。2020年5月，与兰大二院签紧密型甘肃省神经外科专科联盟；2020年8月，与兰大一院签定血液病专科联盟；2020年7月，与甘肃省中医院紧密型风湿骨病专科联盟；2020年9月，与兰大一院签定甘肃省心血管危重症及ECMO技术联盟；2020年11月，依托省中医院紧密型风湿骨病专科联盟，启动运营风湿骨病（免疫）专科，设置床位40张，开展针刀、三氧等中医特色治疗，突出中医特色，专注于免疫疾病，结合疼痛学、中医学、微创学等学科，制定多学科规范诊疗方案，致力为风湿骨病类患者提供专业、优质的诊疗服务。特聘省中医院风湿骨病中心主任王海东教授为首席专家，杨会军博士担任科室主任。指导科室建设，开展专家义诊，培养留得下、用得上的专科医护人才。二是加强信息化建设管理水平，完善各类信息平台。为持续推进“互联网+医疗健康”建设，完善医院信息管理系统，今年完成了甘肃省居民电子健康卡系统的建设，并在我院积极推广患者使用，应用情况效果明显。电子健康卡在各医疗机构应用，目前已发卡4.51万张，使用率达到90%以上。与HIS工程师协调配置完成了甘肃省双向转诊系统的建设。与心电图室、放射科、消毒供应室配合，辅助完成了我院几个区域中心信息化的建设工作。

【项目建设】

渭源县人民医院综合楼建设项目由渭源县发展和改革局批复立项，综合楼项目扩建（新建）地下一层、地上八层（局部九层）框架—剪力墙结构综合楼1栋，总建筑面积18458.56平方米，其中地下建筑3071.48平方米，地上建筑15387.08平方米。项目估算总投资6780万元，资金来源为中央预算内投资5000万元，其他投资1780万元。项目由兰州昌顺岩土勘察有限公司进行勘察，甘肃宏图建筑设计有限公司设计，甘肃兴陇建筑安装工程有限责任公司中标承建，甘肃兴通项目管理有限公司中标监理，工程于2018年6月1日开工，2020年6月30日完工。2020年10月16日完成竣工验收，现已投入使用。

根据渭源县发展和改革局关于渭源县人民医院感染性疾病业务用房建设项目可行性研究报告的批复和渭源县卫生健康局关于渭源县人民医院感染性疾病业务用房建设项目初步设计的批复，医院建设感染性疾病业务用房项目，建设项目建筑面积11492.34平方米，项目概算总投资为10123.44万元，2020年8月底已完成项目前期手续挂网招标，9月1日完成了资格预审。11月3日完成监理和施工的招标工作，项目由甘肃兴陇建筑安装工程有限责任公司承建，监理方为甘肃民泰工程建设监理有限责任公司。项目于2020年11月20日开工建设，计划于2021年11月20日完工。

【获奖情况】 2020年，县人民医院被甘肃省卫生健康委员会评选为“甘肃省优秀医师团队”；被中共渭源县委 共青团渭源县委评选为“渭源县新冠肺炎疫情防控优秀青年集体”。

【领导名录】

党委书记：单永平（7月任）

党委副书记：张万弟（7月任）

院长：单永平（7月止）、张万弟（7月任）

党委委员、纪委书记、副院长：杜宏国

副院长：赵军民、章耀华（7月止）、张新元（7月止）、康富文（7月任）

党委委员、副院长：李耀武（7月任）

党委委员、院务部部长：赵琳

党委委员、医务部部长：马学文

党委委员、护理部部长：龙玉琴（女）

（供稿人：赵琳）

渭源县中西医结合医院

【概况】 渭源县中西医结合医院，原渭源县第二人民医院，始建于1944年，于2012年10月完成易地整体搬迁，占地面积为39244平方米，建筑总面积16168.2平方米。2013年3月，经甘肃省卫生厅批准，更名为渭源县中西医结合医院，编制床位400张，实际开放床位400张。医院设有外一科、外二科、内一科、内二科、妇产科、针灸科、急诊科、内三科等11个临床科室。2015年5月，针灸科被甘肃省卫计委评为省级重点专科。现已发展为一所科室基本配套、设备基本完善，集医疗、教学、康复、预防于一体的中西医结合医院，是甘肃中医药大学附属医院协作医院。医院共有职工273人，正式职工120人，专业技术人员238人，正高职称1人，副高职称22人，中级职称31人。2020年8月15日召开党员大会，选举产生中国共产党渭源县中西医结合医院第一届委员会及第一届纪律检查委员会。党委会成员由7人组成。党委书记1人，党委副书记2人，党委委员4人；纪律检查委员会由5人组成，纪委书记1人，纪委委员4人。

【健全工作机制】 医院党委坚持以习近平新时代中国特色社会主义思想为指导，按照《关于印发甘肃省公立医院党委议事规则基本要求等3个制度的通知》及相关法律法规，研究制定了《渭源县中西医结合医院章程》《中共渭源县中西医结合医院委员会议事规则》《中共渭源县中西医结合医院委员会院长办公会议事规则》《中心组学习制度》等。

【基础设施建设】

1. **中医综合楼项目。** 总投资5165万元，资金来源为专项债券2150万元、中央预算内资金3015万元。建筑面积14683平方米，框架结构，地上九层，面积为13263.66平方米，地下一层，面积为1419.34平方米，该工程于2020年5月2日动工修建，现已完成主体工程。

2. **职工周转宿舍项目。** 建筑面积2081.76平方米，建筑高度17.7米，建筑抗震类别为丙级，抗震设防烈度8度，建筑耐火等级为二级。工程总投资500万元，资金来源为医院自筹。该工程于2020年5月14日全部办结工程设计，施工图审查、工程规划许可证、工程招投标、施工许可证等所有前期手续，于2020年5月15日动工修建，现已完成主体工程。

3. **对中医综合楼室内配套、室外配套工程及综合布局进行统筹谋划。** 优化内部结构，最大化提高使用效率，其中室外配套设施建设项目，项目总投资1602.25万元；室内配套工程，工程总投资1997.86万元，完成可研编制，申请可研批复；室内配套工程完成债券资金申报，室外申请立项。

4.对医院暖气进行了改造。所有洗手盆水龙头安装了热水器和脚踏阀，对破损的院面进行了切割后重新硬化，完成了数字化接种门诊建设、门诊警务室进行了内粉装修、重新改造了预检分诊，使医院环境得到了改善。

【新冠肺炎疫情常态化防控】

1.严格落实新冠肺炎疫情防控措施。自新冠肺炎疫情发生以来，医院本着坚决打赢疫情攻坚战的必胜信念，“防控于未然，厄难于未发”的宗旨，隔离传染源，切断传播途径，消除新型冠状病毒肺炎疫情，保护人民群众的生命安全，防止院内感染，自接到疫情防控通知后，第一时间按照疫情防控要求对发热门诊及预检分诊进行了全方位的改建，医院制定了应急预案及防控方案，成立防控工作领导小组、救治小组并及时抽调业务能力突出人员加强发热门诊及预检分诊力量。按照县委、县政府及卫健局党委要求积极组织全院职工学习疫情防控工作会议精神及防控方案；对本院职工、住院患者及家属进行医院感染相关知识培训，并对所有防控人员的穿脱防护用品、手卫生、消毒隔离、新冠防控知识等进行业务培训；每天坚持对各科室防控流程、院感和消毒隔离制度的落实情况及各病区、保洁员日常清洁消毒工作进行实时监督检查。药剂科供应保障部采购工作准备充分、防控物资基本得到保障。

2.建成PCI实验室并投入使用。根据国家卫健委2020年6月8发布的《关于加快推进新冠病毒核酸检测的实施意见》中对二级医院的要求，按照县卫健局部署，于11月11日核酸实验室改建完成，11月19日通过省级专家组验收并正式投入运转。现有检测人员6名，均已取得核酸检测培训合格证。核酸检测实验室的建成使用，为疫情防控和诊疗工作提供了技术保障，实现了会川镇及其周边地区核酸检测能力从无到有的跨越，能够满足全面落实重点人群“应检尽检”、其他人群“愿检尽检”的要求。

【医疗质量】

1.建立健全院科两级医疗质量管理体系，严格落实首诊负责制及18项核心制度。按照绩效考核方案，深入开展医疗质量检查，规范医疗行为，对医疗质量实施有效监控，在绩效考核方案中对医疗质量和医疗安全工作严格要求，加强管理考核，从医疗核心制度落实、抗菌药物使用率、门诊病人信息登记、归档病历、运行病历、处方书写规范、临床路径管理、分级诊疗制度管理落实、大查房及大交班、规范住院管理、医疗差错及事故、医疗纠纷及安全上报、科室医疗质量安全月分析、科室业务学习管理、医德医风学习及管理等方面，严格按照国家卫健委二级中医医院评审标准和县级公立医院综合考评标准，完善医院医疗质量和安全管理制度，并加以每月考核、反馈、纳入绩效，并进行整改，医院在管理方面实现了规范化、制度化、科学化。对相关指标根据实际情况进行调整，召开医疗质量医疗安全月分析会议，分析院内医疗投诉产生的原因，总结经验和教训，妥善处理。2020年共派13名以提高我院整体医疗服务水平。

2.严格落实分级护理制度，加强护理质量控制。贯彻以病人为中心的服务理念，完善护理管理制度，注重医患沟通，实现了从单纯责任化护理到人性化整理护理为主，保障护理工作安全。全院各科室实行APN排班，书写体现辨证施护的整体护理病历，为患者提供连续、全程、无缝隙的精细化护理服务。表格式电子病历的运行使护士有更多的时间和精力为患者提供直接的护理服务，进一步把时间还给护士，把护士还给患者。6S管理的常态化运行机制创造了安全整洁的就医环境，树立了良好的科室形象；持之以恒的物品放置有序，使工作起来更加方便，使患者得到了快捷有效的护理服务，不良事件发生的第一时间网上无惩罚直报制度，让各个护理单元受到前瞻性警示，杜绝了同样的事件在其他科室发生，明显降低了不良事件的发生率。

3.持续加强医院感染管理。制定医院感染制度、流程、绩效考核方案、细则，成立医院感染委员会、各科室感控小组。健全科室督导员，规范医务人员手卫生。开展重点人群的监测、手卫生监测、新生儿监测，三管监测，手术部位监测，并在全院各楼道、电梯口安装手消架。所有病房张贴洗手图。各病区设置洗漱间，各个住院部设置普通传染病隔离病房，新冠临时隔离病房，用物齐全。加强消杀和患者管理，医务人员防护。落实医院感染所有制度规范措施，落实感染性疾病措施落实，开展本院职工、住院患者及家属医院感染相关知识培训，所有防控人员的穿脱防护用品、手卫生、消毒隔离、新冠防控知识等业务培训50次。制定全院防控宣传栏、发热门诊及预检分诊的改造，各种制度、规范、流程拟定并装框上墙。医疗废物管理，按照规范要求重新修建暂存点，使暂存点规范合理化。

4.进一步加强医院学科建设，提升医院综合服务能力。2020年11月1日，正式成立内三科，病区开设床位35张，现有医护人员11人，其中主治医师1名，住院医师2名、医师1名，护师1名、护士6名。内三科以呼吸系统和老年病专业为主线，旨在提高呼吸系统患者诊疗质量和老年病患者诊疗水平。建成卒中防治中心，并通过甘肃省卒中防治中心评审认证，开展阿替普酶溶栓治疗，与南部7个乡镇卫生院建立卒中防治协作关系，开展相关卒中防治技术指导培训，使卒中防治工作更加规范。

【健康扶贫】严格执行贫困人口住院“先诊疗，后付费”政策，全面落实“一站式”即时结算服务措施，方便患者报销。全面落实“一人一策”家庭签约服务。从全院38个科室中共抽调48名医生组成6组家庭医生签约团队，赴会川镇、上湾镇、麻家集镇、田家河乡、峡城乡，对各乡镇帮扶对象开展签约工作。在稳定签约数量、巩固覆盖面的基础上，确保新的建档立卡贫困人口家庭医生签约100%全覆盖。

【公共服务】优先做好建档立卡贫困人口中高血压、糖尿病、严重精神障碍、结核病等慢性疾病患者以及老年人、孕产妇、儿童、残疾人等重点人群签约服务。对高血压、糖尿病、严重精神障碍患者的管理，每年提供1次健康检查、不少于4次面对面随访评估和健康指导等服务。为65岁以上签约老年人提供1次生活方式和健康状况评估以及体格检查、辅助检查等服务。为签约孕产妇提供孕期5次产检和产后2次访视服务；为0～6岁签约儿童提供各年龄段儿童健康管理、健康检查和预防接种等服务，服务信息录入居民健康档案管理。现高血压管理人数212人，实际签约201人，管理率94.8%，糖尿病管理人数81人，实际签约77人，管理率95.1%，严重精神障碍患者人数6人，管理率100%。针对没有参加体检及行动不便的人员，通过电话预约、入户等形式进行体检，力求免费体检率达任务要求。

【医联体帮扶】对口支援南部乡镇7个卫生院。开展学术讲座、临床带教，进行业务技能指导，提高基层医务人员诊疗水平。针灸科与甘肃省中医院风湿骨病科、甘肃省中医药大学附属医院建立专科联盟，骨伤科与兰州大学第二医院骨科、甘肃省中医院骨伤科建立专科联盟，神经内科参加定西市卒中中心联盟，麻醉科与兰州大学第一医院建立甘肃省麻醉医学紧密型专科联盟。内分泌科与甘肃省医学会内分泌专业委员会建立甘肃省内分泌代谢病管理技术联盟，与甘肃中医药大学附属医院建立丝绸之路中医药技术合作联盟，让患者在家门口就能享受到省内知名专家的技术服务。

【中医药重点工作】为贯彻落实《定西市中医人才联盟工作实施方案》的文件精神，邀请定西市名中医张银川、赵爱良、胡彦军开展为期三天的坐诊、讲课、查房工作，增强医院间中医优势互补、名医互动，全面提升基层中医药服务能力。特聘请北京中医药大学在读博士杨映映坐诊，共诊疗4074人次，为广大患者提供更加优质、便利的中医药服务。

【人才队伍建设】制定《2020年度引进急需紧缺人才方案》，共引进急需紧缺人才3人，其中1人已正式分配到医院，其余2人已通过面试及体检，聘用到医院上班。

【信息化建设】全面完成医院HIS系统、全结构化电子病历系统、PACS图文报告系统、LIS医院检验管理系统、临床路径管理系统等信息化建设项目，实现患者信息化管理、病历电子化审核、医技报告数据化传输，为群众就医提供更便捷的服务，为医护人员方便了工作，为患者就医提升了效率。完成全国二级公立医院绩效考核2017—2019年数据上报并持续上报2020年数据共39864条，达标率99%，并且按照考核指标对医院相关工作做出调整，用精确的数据精细化服务患者。完成发热门诊、新冠病毒核酸检测、妇幼信息上报、临床用血报销系统对接及数据上报，以精准的数据服务当前新冠肺炎疫情防控，成为我院疫情防控工作精准的支撑。先后开通微信扫码支付、微信公众号挂号和费用预交及报告查询、医院官方网站预约挂号等便捷挂号付费服务。完成机房升级改建，全面提升机房安全、信息安全、运行效率，建成渭源县医院首家网安警务室，信息化建设通过信息安全等级保护（二级）测评，为保障医院及患者信息安全筑起了坚实的防护网。

【领导名录】

党委书记：张建雄（7月任）

院长：张万弟（7月止）、章耀华（7月任）

副院长：李世元、孙喜军、罗红涛、孙智军（7月止）、陈平（7月任）

（供稿：渭源县中西医结合医院）

渭源县中医医院

【概况】渭源县中医医院创建于1984年6月，是一所集医疗、康复、预防、保健、教学、科研、养老为一体的二级甲等中医医院。医院占地面积80亩，建筑面积30829.39平方米。医院编制床位350张，实际开放床位400张，设11个职能科室、23个临床医技科室、9个住院病区、1个健康管理中心和1个医养中心，省级重点专科2个（脾胃病科、糖尿病科），市级重点专科2个（针灸科、老年病）。核定人员编制93人，现有职工355人（正式职工128人，临聘227人），其中，高级职称21人（正高级3人，副高级18人），中级职称48人；硕士研究生1人，本科112人，大专108人。现有定西市名中医2名，市县级拔尖人才、领军人才3名，五级师承教育县级指导老师3名。医院拥有0.35T核磁、西门子螺旋CT、TTM热断层扫描系统、美国GE-8四维彩超、奥林巴斯腹腔镜、鼻胃镜、碎石机、500 mA双床双球管X光机、DR、全自动血液细胞分析仪、全自动生化分析仪等先进医疗设备50多台（件）。

【业务开展情况】全年完成门诊人次110527人次，同比2019年（108530人次）同期增长1.84%；住院人次11664人次，同比2019年（12800人次）同期减少8.89%；业务收入6224.31万元，同比2019年（6833.47万元）同期降低8.91%；手术人次992人，同比2019年（964人次）同期增长2.9%。2020年1—12月份综合药占比（不含中药饮片）28.5%，百元医疗收入耗占比21.28%，医疗服务收入占比41.29%，各项指标基本符合上级要求。全年无二级乙等以上医疗事故发生。

【疫情防控】新冠肺炎疫情发生以来，医院高度重视、快速行动，立即按照突发公共卫生事件一级响应机制做好应对筹备工作，坚持与疫情抢时间、与病毒抢生命，主动担负全县疫情救治定点后备医院责任，及时有效地预防、诊治和控制新冠病毒肺炎疫情，为我县坚决打赢疫情防控人民战争、总体战、阻击战作出积极贡献。

1.高度重视，应急指挥灵敏高效。为快速应对突发公共卫生事件，医院成立了应急领导小组。以党政一把手为组长的医院应急领导小组第一时间进入战时状态，迅速对新冠病毒肺炎疫情防控工作进行全面领导和统一指挥，促使各项工作有条不紊推进。

2.集中力量，医疗救治支撑到位。对于突发的传染性疾病必须抓紧抓早抓小，为了能够第一时间介入突发公共卫生事件患者的诊疗，抢占先机，医院成立了由医院党委书记、院长任组长，副院长任副组长，医院医务科、护理部、院感科、质控科、门诊、内科、儿科、急诊科、检验科、放射科及超声科负责人为成员的突发公共卫生事件医疗救治专家小组共计27人、核酸采集人员9人。为进一步做好新冠疫情的医疗救治，制定了《渭源县中医医院应对秋冬季新冠疫情演练方案》，于2020年10月24日开展了应急演练。

3.统筹有方，专业技术高效协作。为做好统筹协调，确保全院上下一盘棋，劲往一处使、心往一处想，召集医务科、公共卫生科、院感科、药剂科、检验科、放射科等科室，成立了突发公共卫生事件专业技术小组。各科室按照工作职责做好人员培训、预检分诊、物资储备、院感防控等工作。由领导小组统一指挥，形成防控合力。全院医务人员全部取消春节假期，全力以赴投入到新型冠状病毒感染的肺炎应急防控工作上来。医院仅用半天时间，就设置建立了隔离病区。并派驻专门的治疗小组，随时应对突发状况。合理科学规划，进一步强化预检分诊、发热门诊和隔离病区的“哨点”作用，确保首诊负责制落实到位，确保对“三区两通道”和候诊室、留观室的要求落实到位，确保预检分诊和发热门诊工作一体化闭环管理要求落实到位。向前来就诊的发热患者免费发放口罩，及时识别可疑病例，做到早发现、早报告、早隔离、早治疗。

4.强化管理，防控物资足量储备。相关科室配足配齐急救、抢救、重症救治、监护、检测等仪器设备，做好医用耗材、药品、防护装备、消毒用品等储备工作，完善物资储备清单，实行物资设备动态储备，储备N95口罩1000个、医用防冲击护目眼罩100个、医用外科口罩5000个、一次性使用医用口罩10000个、隔离衣800件、一次性使用非灭菌橡胶外科手套10000双、84消毒液300瓶、酒精（95%）200瓶、医用防护服800套，满足医院30天满负荷运转需求。

5.加强基础，核酸检测全面提升。从2020年9月份开始筹建核酸PCR实验室，10月底竣工。2020年11月19日，甘肃省临床检验中心委托专家组对我院PCR实验室进行验收，顺利通过验收。核酸实验室配备检测人员9人，其中2人取得《甘肃省临床基因扩增检测实验室人员感染疾病专项岗位培训合格证》，其余7人已通过考核培训。实验室配备荧光定量PCR仪1台，可以开展1∶10、1∶5混检及单检，单日可完成3600人次的最大检测任务。

6.狠抓落实，督导指导精准有力。为防止工作脱节，医院成立联合督导小组，具体负责对应对突发公共卫生事件时，对各参与部门、参与人员的工作指导和作风督导，确保高效运转。在新冠疫情阶段，联合督导小组充分发挥作用，每天深入到发热门诊、各门诊室、药剂科、总务科等各个重点环节开展专项督查，重点督查预检分诊制度落实、应急物资储备、人员值班情况、防护措施落实等，对物资调配等情况进行现场指导，确保医院新冠病毒肺炎防控工作快速有序开展。

7.放大优势，中药服务主动跟进。充分利用中医优势，在提升免疫力上下功夫，为人民健康筑牢一道安全防线，处置突发公共卫生事件时第一件事是要打好防守战、阻击战，在科学防疫的同时，提升人体免疫力至关重要。根据定西市卫生健康委员会《关于做好为疫情防控工作人员提供中医药服务的通知》，医院领导班子高度重视，勇担使命，经过精心配伍，配制成中药配方颗粒，为一线抗疫人员、留观人员和广大群众发放提高免疫力的中药汤剂和中成药品。

【健康扶贫】医院以健康扶贫先锋行动为引

领，以县乡村“一保四有”为目标，抽调执业医师组建专家团队，与清源、七圣、祁家庙、庆坪、秦祁、大安等7个乡镇的建档立卡户中的重大疾病和高血压、糖尿病、结核病、严重精神障碍4病开展家庭医生签约。对清源镇辖区内16个行政村的建档立卡贫困人口“一人一策”“一病一方”开展健康帮扶，并通过“健康甘肃”手机APP动态监测工作进展、监管措施落实、评估签约帮扶质量。坚持“送医上门”“送人就医”，为因病致贫返贫户有针对性地制定签约服务包，提供个性化的、全方位的、免费的家庭医生签约服务，通过分片包干，落实“一人一策”帮扶措施，着力解决有病看不了、看病就医难、健康管不好等问题。截至目前，按照制定的帮扶措施落实医疗服务，未脱贫的建档立卡贫困人口签约了18户66人，其中患病人群23人，其他人群43人。已脱贫的建档立卡贫困人口签约了1807户7346人，其中患病人群1458人，其他人群5889人。慢性四病患者高血压患者签约了2592人，糖尿病患者签约了343人，严重精神障碍患者签约了151人，肺结核患者签约了14人。建档立卡贫困人口中高血压患者签约了741人，糖尿病患者签约了64人，严重精神障碍患者签约了71人，肺结核患者签约了6人。地方病患者签约了19人，其中未脱贫5人，已脱贫11人，一般户3人。残疾人签约了933户960人，其中建档立卡户354户364人，一般户579户597人。

【公立医院改革】

1.严格落实临床路径管理。强化医疗质量和医疗安全管理，切实规范诊疗行为，严格落实核心制度，实行临床路径管理，分级诊疗病种全面实行临床路径管理。医院制定了《渭源县中医医院临床路径管理办法》，加大医务人员奖罚力度，逐步实现医疗质量由经验性诊疗向规范化、标准化迈进。

2.靠大联强，探索组建中医医联体。按照“组成联盟、上下互动、资源共享、抱团发展”的思路，医院积极与兰大一院及二院、省人民医院、省中医院、定西市人民医院对口衔接，签订医联体及专科联盟协作协议，邀请上级医院专家教授长期来院坐诊、查房、手术、讲学等，助推我院特色、重点专科建设。

3.建立完善现代医院管理制度。医院积极推进现代医院管理改革，建立了由党委书记、院长牵头，分管领导分工负责的领导小组，制定了医院章程并上报备案，积极推动医院发展方式由规模扩张型向质量效益型转变，管理模式由粗放管理向精细管理转变；逐步建立健全医院预算管理、成本管理、财务报告、信息公开制度，定期开展内部和第三方审计工作，确保医院各项工作公开、公正、透明。

4.完善了医院绩效评价机制。医院按照“两个允许”的要求，探索建立灵活的人事薪酬制度。继续优化医院绩效考核制度，按照多劳多得，优劳优得的原则，使医院内部各类、各级岗位的薪酬水平适当拉开距离，向重要岗位倾斜，向临床一线高风险、工作量大、条件艰苦的岗位倾斜。

5.完善药品供应保障制度。贯彻落实国务院《关于完善公立医院药品集中采购工作的指导意见》精神，进一步规范我院药品医用耗材及检验试剂网上集中采购行为，不断加强基本药物使用，除中药饮片、精麻药品外全部药品实行网上集中及阳光采购，统一配送，全部实行两票制。同时，积极响应全省“4+7”带量采购政策，完成我院正在使用的第一批12个品种、第二批6个品种和第三批15个品种的国家组织药品集中带量采购和使用中选甘肃药品采购协议签订工作，已于1月份开始按照省上统一要求开展药品带量采购工作，进一步降低药品费用，让更多老百姓受益。

【医疗质量】

1.严格落实医疗质量安全核心制度。加强重点科室、重点区域、重点环节、重点技术的质量安全管理，推进合理检查、用药和治疗，以查促改并形成长效工作机制；实施临床路径管理、单病种质量控制等措施，规范高值耗材应用，推动优质护理服务向门急诊、手术室等非住院岗位延伸，为患者提供安全有效的医疗服务。

2.*着力打造重点学科*。根据《定西市市级医疗重点学科评审实施方案（2019—2022年）》要求，医院积极创建市级重点学科。立足针灸科、脾胃病科、老年病科、糖尿病科等优势重点学科，在相关科室分设临床学科专业组，确定中医优势病种20个，分别制定了相应的中医诊疗（护理）方案，目前医院能开展中医诊疗服务项目48项。在重点学科的带动引领作用，医院医疗服务能力进一步提升。

3.*强化医疗质量培训*。定期开展业务学习，加强“三基、三严”培训和考核。进一步完善疑难病历讨论、死亡病历讨论、会诊、术前讨论、院长行政查房及值周制度，狠抓医疗质量，规范医院管理，确保医疗安全。将医疗质量管理方面的知识、技能纳入教育培训范围，使医务人员熟练掌握各项管理制度和具体流程。

4.*加强处方点评，促进合理用药*。2018年7月份开始，特邀请兰大二院定西医院处方点评专家郭永福主任对我院处方及医嘱进行点评，并进行学术专题交流。通过点评及学术专题交流，提升了我院医疗质量，提高了临床药物治疗学水平，有效控制医疗费用不合理增长、促进合理用药，降低药占比。

【卫生人才队伍建设】衔接县委编办增加人事编制39名，由原来的54名编制增加至93名，中高级岗位数都相应增加。继续选派6名卫生技术人员到兰大二院、甘肃省中医药大学、定西市人民医院等省级三甲医院进修学习，选派3人赴福州市进修学习。选派多名人员参加了省内短期学术会议及各类培训班，有效提升医院业务技术水平。加强名中医工作室建设。采取内引外联柔性引才，定期邀请兰大二院专家协助开展白内障复明手术，邀请省人民医院外科专家协助开展腹腔镜手术，邀请省人民医院妇产专家指导开展妇科微创手术，并进行学术讲座，提高业务水平，带来先进管理理念，培养一批业务骨干。成立了儿科，拓展业务，完善医院科室建设。

【大健康中医药康养】2017年成立康养中心、养护院、老年病科。2018年3月，开始建设中医药膳馆，现已投入使用。截至2020年底，收治医养结合病人485人次，单纯养老46人。与奇正藏药集团联系，免费引进建设藏医药浴治疗中心。

【公共卫生服务】医院承担清源镇16个村的国家基本公共卫生服务。2020年，为清源镇29252人建立了居民健康档案，占辖区服务人口的96.27%，并按要求录入居民电子健康档案系统。为辖区内65岁以上3784位老年人建立了健康档案，体检2696人，并对2696个老年人进行了中医药体质辨识和中医药保健指导。已登记管理高血压患者2585人，糖尿病患者344人，严重精神障碍患者151人，结核病8例。适龄妇女自助发放机累计发放避孕药具数1200盒。

【领导名录】

党委书记：移鹤林（7月任）

党委副书记：苏亚平（7月任）

院长：移鹤林（7月止）、苏亚平（7月任）

副院长：漆生权、张文军（7月止）、康富文（7月止）、孙智军（7月任）、张喜春（7月任）、马进连（7月任）

（供稿：牟纪平）

民生保障

民　政

【概况】渭源县民政局设置3个内设股室，设置渭源县社会组织服务中心、社会救助服务中心、福利服务中心、救助站4个直属事业单位。现有干部职工25人，其中：局机关15人，县救助站3人，县社会救助服务中心1人，县社会组织服务中心3人，县社会福利服务中心2人。负责社会救助、社会福利、社会组织、地名区划、基层政权、婚姻登记、流浪乞讨人员救助、殡葬服务等业务。

【疫情防控】向社会各界发出了抗疫募捐倡议，共接收捐赠款共计35000元，定向为渭源县人民医院采购捐赠N95口罩1200个、隔离服960个、一次性医用橡胶检查手套2000个，合计35567.92元。引导全县23名社工参与疫情防控10000余小时，志愿者参与疫情防控5000余小时。

【城乡低保】全面实行渐退机制，2020年1至12月清退不再符合条件低保对象22户90人，新纳入农村低保对象1280户4656人。全县共有农村低保对象9033户25067人，占全县农业人口的8.0%，其中：一类保障对象1340户2067人、二类保障对象4629户12312人、三类保障对象2479户8501人、四类保障对象585户2187人。做到应兜尽兜、应保尽保。全年共发放农村低保保障资金6965.35万元。2020年城市低保446户844人，全年共发放城市居民最低生活保障资金446.098万元，城市居民最低生活保障价格补贴35.9万元。

【特困供养】全县共有特困供养对象2252户2252人，其中农村特困供养对象2141户2141人，城市特困供养对象11户11人，实现了应养尽养，全年共发放城乡特困供养资金1355.1781万元。同时，制定印发了《关于加强配备农村养老服务员有关工作的通知》，严格按要求配备了农村养老服务员708名，其中男511人，女197人，为分散特困供养对象提供居住环境卫生清理、个人卫生清洁、清洗、生活照料、住院陪护和安全排查等关爱服务。开展了“环境卫生大扫除、个人卫生大清洗、脏乱衣被大撤换”行动，共发放衣服类17162份，床上用品、厨房用具、米面油7448份。为全县分散特困供养对象购置了杂物柜（衣柜）、就餐桌椅（一桌四椅一柜）和床上用品，共发放2117份杂物柜（衣柜）、就餐桌椅（一桌四椅一柜）和床上用品。彻底解决了分散特困供养对象卫生问题。

【残疾人两项补贴】全县共有符合享受补助条件的残疾人9679人，做到应补尽补。全年1—12月共发放残疾人两项补贴805.605万元。

【物价补贴】农村低保对象和农村特困人员临时物价补贴按照相应人均标准及时发放到位。1—

9月共发放农村低保临时物价补贴531.45万元。1—9月共发放特困供养临时物价补贴48.02万元。

【兜底保障】扎实开展挂牌作战行动。围绕责任落实、政策落实和工作落实“三落实”，建立了挂牌作战责任制，成立15个挂牌作战工作组，全面抓好全县剩余5个未退出的村（庆坪镇老王沟村、莲峰镇簸箕湾村、大安乡邱家川村、麻家集镇土牌湾村、秦祁乡白土坡村）兜底保障工作，对所有建档立卡贫困人口中的兜底保障对象、农村低保保障对象、特困供养对象、边缘户、监测户进行了全覆盖核查，对影响脱贫攻坚兜底保障的突出问题进行挂牌作战。在全县范围为困难群众购置了一批食品类（米、面、油）、衣服类（棉衣）、煤炭、床上用品类物资；为全县一类低保户、孤儿、事实无人抚养儿童、特困供养对象、一级残疾人发放了食品类物资、衣服类物资、煤炭、床上用品类物资等物资，各类物资金额共计1134.7321万元，共发放食品类物资5749份，衣服类6531份，煤炭5429份，床上用品类3328份，所有物资全部由县民政局统一公开招标采购，煤炭由直接送到了特困供养人员家中，其余物资送到了各乡镇人民政府，由各乡镇人民政府配发到了困难群众家中。

【政府购买服务】2019年10月份开始，由定西市居家养老服务中心对渭源县农村分散特困供养人员进行照料护理服务，全县16个乡镇，定西市居家养老服务中心按区域划分了四个片区，设车队4组，每组车队都配备了洗衣机、理发、刮胡刀等工具，同时，有定点服务员233人，每周为分散特困供养人员提供各项服务。

【孤儿基本生活保障】根据甘肃省财政厅、民政厅《关于提高我省孤儿基本生活费保障标准的通知》，散居孤儿基本生活供养标准提高到每人每月1000元，福利机构孤儿每人每月1360元。2020年，发放孤儿基本生活费30人61万元，孤儿价格临时补贴1.32万元。

【“三留守”人员关爱服务】全县共有留守儿童691人，困境儿童87人；留守老人479人；留守妇女135人。分别提供每月4次的相关服务，共计完成服务40000多人次；联合村医为778名“三留守”人员完成了普通体检；完成495场“政策宣讲进村（居）”活动；为留守儿童和困境儿童组织了1场夏令营活动、6场集体生日会活动，让留守人员真切感受到党和政府的关爱与温暖。

【事实无人抚养儿童】全县共有事实无人抚养儿童79人，2020年1—12月共发放事实无人抚养儿童生活补贴76.096万元，发放事实无人抚养儿童价格临时补贴1.05万元。

【养老服务机构】全县集中供养对象111户111人。集中供养情况如下：清源敬老院16人，莲峰中心敬老院14人，会川敬老院15人，秦祁中心敬老院9人，福利中心44人，渭源县博爱康养中心8人，麻家集敬老院3人。

【项目建设】渭源县殡葬服务所建设项目已完成综合业务用房一层框架建设，悼念大厅基础建设。会川镇敬老院供暖设施改造工程建设项目已完成建设任务。社会福利服务中心消防喷淋及基础设施改造项目正在进行施工。未成年人保护中心附属工程基本完成建设任务。田家河乡元古堆敬老院新建项目、大安乡中心敬老院建设项目。祁家庙镇中心敬老院建设项目基本完成建设任务。峡城乡中心敬老院建设项目完成主体验收。按照各乡镇上报的敬老院实施方案和资金缺口数额，县政府研究解决资金1346万元，用于渭源县未成年保护中心（包括社会福利服务中心）、会川镇会川社区老年人日间照料中心、会川镇中心敬老院、祁家庙镇中心敬老院、峡城乡中心敬老院、上湾镇中心敬老院、新寨镇中心敬老院、大安乡中心敬老院8个社会福利及养老机构项目建设缺口补助资金。

【社会组织党建】全县169个社会组织（社会团体86个、民办非企业83），共组建党组织22个，其中单独建立党组织4个，联合建立党组织18个，选派党建指导员169名，党组织覆盖社会组织93个，党组织组建率为23.4%、覆盖率为55.6%。

【社会信用体系建设】 推进行政许可、行政处罚的“双公示”工作。组织专门人员，通过接受举报、排摸核对、实地查看等形式，坚决查处社会组织违法行为，依法取缔非法社会组织。通过督查，排摸出了20家未正常运转的“休眠组织”和“僵尸组织”。

【社会组织登记管理】 截至2020年12月31日，新登记成立社会组织6家（其中社会团体4家，民办非企业2家），变更登记10家。按照全县村级互助资金退出管理的统一安排，对已完成财政扶贫资金归集任务的76个村级互助协会进行了注销登记。

【社会组织参与脱贫攻坚】 2020年8月，上报渭源县五竹农村专业技术协会联合会为社会组织扶贫案例，该联合会充分发挥渭源县马铃薯种薯繁育销售优势，以科技和信息服务为抓手组织会员单位带动农户发展种薯产销，增加农民收入，助力我县精准脱贫。

【东西部扶贫协作】 积极选派2名社会工作督导人才参加了福州市民政局举办的社会督导人才培训班，因疫情影响，培训采取网上线上培训的方式。同时，积极和福州市晋安区衔接申报了培训全县民政部门、社会工作机构、养老机构社会专业人才30名、“晋渭牵手·陪伴成长”关爱留守儿童项目、“晋渭牵手·爱在四季”唤醒留守儿童全面成长项目、“养老服务·你我同行”晋渭养老服务（集中供养）项目和“养老服务·你我同行”晋渭养老服务（分散居家养老）项目五个项目，助力我县体脱贫攻坚。2020年福州市晋安区慈善总会，给渭源县麻家集镇土牌湾村捐赠价值一万元的家用电视机一台。

【领导名录】

党组书记、局长：李文忠

党组成员、副局长：汪文军、谢朝晖

党组成员、社会组织服务中心主任：项文丽（女，4月任）

（供稿：县民政局）

人力资源和社会保障

【概况】 渭源县人力资源和社会保障局下属社保服务中心、劳动就业服务中心、劳务服务中心3个事业单位。内设办公室、职业能力建设股、专业技术人员管理办公室、事业单位人事管理办公室、劳动关系股、工资福利计划股、保险股、档案室等8个内设机构。现有职工26人。

【就业扶贫】

1. **农村贫困劳动力培训**。制定印发《2020年全县农村劳动力培训工作实施方案》《渭源县培训券使用管理办法》，完成职业技能提升行动培训任务5200人，实际完成5272人培训。培训工种涉及挖掘机操作、电工、中药材种植、中式烹调师等26种。完成建档立卡贫困劳动力各类培训1488人，占任务的133.3%，其中完成就业技能培训1189人，实用技术培训299人。完成创业培训1342人，占任务700人的192%。

2. **“扶贫车间”建设**。制定《渭源县扶贫车间监管办法》，2020年以来，全县新认定扶贫车间6个，累计认定扶贫车间25家，吸纳劳动力就业人数1282人，其中建档立卡贫困劳动力731人。

【创业就业和人才交流开发】

1. **加强高校毕业生就业服务**。2020年共报到毕业生有1158人。普通高校毕业生就业758人，就业率达到89.4%。协助办理失业证件、开具证明48份；接收高校毕业生档案1337份，开具调档函调回档案52份，转出档案184份。

2. **“三支一扶”**。严格按照“三支一扶”人员招募有关要求和条件，选拔12名普通高校毕业生到农村基层从事支教、支农（水利）、支医、扶贫、就业和社会保障工作。

3. **大学生进企业就业**。严格审核筛选，确定企业14家，需求学生71人，经市局批准确定企业14家，就业学生指标33名，于2020年8月6日召开高校毕业生进企业就业招聘会。

4.特岗教师。录用特岗教师43人。

5.东西协作。积极推进福州市2020年事业单位公开招聘和到国企就业工作，广泛宣传动员本县确定的建档立卡户未就业高校毕业生报名参加2020年福州市事业单位面向定西市公开招聘及国企招聘，积极引导未高校毕业生到福州市就业。通过笔试、面试、体检、政审等环节，完成2020年赴福州事业单位就业2人，到国企就业7人的工作任务。

【劳动人事争议仲裁】进一步加强劳动人事争议处理效能建设，完善劳动人事争议多元处理机制，突出工作指导和协调，不断提高调解仲裁规范化、标准化、专业化、信息化水平。积极探索劳动争议案件调解工作新机制，进一步体现劳动争议仲裁工作在化解劳动者和用人单位矛盾方面的重要作用，减少当事人的诉讼成本，坚持把调解作为劳动争议处理工作的主线。2020年，受理案件22件，其中确认劳动关系7件，工伤待遇1件，工资、二倍工资等14件，按照《工伤保险条例》工伤认定条件，进行现场调查核实，上报市局认定工伤15件。

【职业技能提升行动培训】2020年，定西市人社局下达渭源县2020年能力素质提升培训计划5200人，县人社局按照《定西市职业技能提升行动实施办法（2019—2021年）》，通过行业部门摸底上报培训工种，在渭源党政网上公开招募培训机构，按照培训机构许可的培训工种及制定的培训实施方案、课程计划及师资情况等，择优选择培训机构。在培训前严格执行培训备案审批，培训过程中采取不定时抽查，培训结束后对培训学员按照20%的比例进行电话抽查，并对理论授课、实际操作、满意度情况进行综合考评，按照综合考评情况进行资金拨付。开展职业技能提升行动培训5272人，其中就业技能培训2704人，岗位技能提升行动培训1386人，创业培训1182人，拨付资金959.2105万元。

【干部人事制度改革】

1.事业单位人事管理。优化事业单位岗位等级变动人员等级认定和聘用备案工作，共认定岗位等级及聘用人员1729人。其中管理人员94人，专业技术人员1618人，工勤人员17人。解除18名事业干部聘用合同，根据《事业单位工作人员处分暂行规定》，全年共解除7人处分。根据事业单位工作人员离岗创业相关规定，及时办理3人离岗创业期满回原单位工作手续，2人离岗创业手续。

2.人才队伍建设。2020年完成了483人的职称申报、审核和评审工作，其中正高级60人，副高级231人，中级192人。根据《定西市“双招双引、对标福州”东西部扶贫协作千人培训实施方案》，组织完成三期培训共35人。完成东西部扶贫协作专业技术人员赴福州开展交流学习70人（其中教育55人，卫生14人，农业农村1人）；福州选派专业技术人员到我县开展支教支医活动63人（其中教育24人，卫生39人），完成培训我县专业技术人员1665人。组织3762名专业技术人员完成了公需课培训，1691名专业技术人员完成了专业课培训。配合县委人才工作领导小组办公室引进急需紧缺人才11名（其中教育系统3名，卫生系统8名）。

3.机关事业单位工资福利管理。按照政策规定，及时兑付机关事业单位工作人员增资，全年职务变动1396人月增资156.14万元；取得较高学历50人月增资0.81万元；转正定级103人月增资2.57万元；公检法系统警务人员因警衔变动45人月增资4500元；审批丧葬费44人共发放417.17万元。完成2020年正常晋升工作，共计审核8779人月增资68.83万元补发412.5万元。对全县174名“三支一扶”和“西部计划”人员进行了重新确定，增资补发从2020年7月起执行，共计补发12.53万元。2020年度科学发展业绩奖方面，共计审核科学发展业绩奖8823人9694.40万元。取暖费方面，按照每人1500元标准发放，共计审核发放10977人1646.55万元。根据车改相关规定，对全县符合政策规定人员积极兑现2020年全年公务用车补贴1302人1078.2万元。落实公务员优秀奖和三等功政策。2020年10月份审核发放公务员优秀奖金182人27.3万元，三等功奖金22人6.6万元。

【领导名录】

党组书记、局长：赵建雄（4月止）、李国伟（4月任）

副局长：刘一平、周拴红

人力资源培训中心副主任：雍文静（女，9月任）

（供稿：甘云飞）

社会保险事业服务

【概况】渭源县社会保险事业服务中心现有在职职工30人，设办公室、基金监督与基金结算股、公共信息股、公共业务股、机关事业单位养老保险待遇股和城乡居民基本养老保险服务中心。经办基本养老保险（包括企业职工基本养老保险、机关事业单位养老保险、城乡居民基本养老保险、被征地农民养老保险、村干部养老保险）、工伤保险、失业保险和全民参保登记计划等工作。

【养老保险】

1.城乡居民基本养老保险。全县参保人数216026人，待遇领取人数51331人。收缴养老保险费3226.94万元，其中个人缴费2395.96万元，政府代缴830.98万元，参保率98.6%。全年共计发放养老金7207.83万元，其中发放高龄补贴137.17万元。为2048名死亡人员发放丧葬补助金241.32万元，为748名缴费期间死亡人员发放个人账户61.93万元。

2.被征地农民养老保险。2013至2020年被征地农民养老保险共参保2405人（完全失地399人，部分失地2006人），使用各级配套资金4270万元，个人缴费1205万元。待遇享受人员830人，累计发放待遇2450万元。

3.村干部养老保险。全县村干部养老保险于每年9月份开始收缴费保险费，全年应缴费人数656人。基金收入为：省级补助35万元、县级补助7.63万元、个人缴费18.27万元。待遇享受人数为151人，累计发放待遇10.23万元。

4.机关事业单位养老保险。参保单位170个，参保人数9104人，缴费人数9104人，退休人员养老保险待遇共涉及144个单位2180人，全年基金支出14690万元。

5.企业职工养老保险。全县参加企业职工养老保险的城镇职工3460人，征收基金3144万元，有退休人员1622人，其中："五七工、家属工"1人。8月份对2019年12月31日前办理了退休手续的1564名退休人员进行了养老金调整。调整后人均增资额达到167.22元，人均养老金达到2513.46元。

【工伤保险】全县参加工伤保险的职工11838人，征缴工伤保险费169万元，领取工伤待遇22人，建筑企业农民工参保12家（其中上年度未竣工项目2家，2020年新开展项目10家）单位812人，农民工参保率100%，全年工伤保险费支出222万元。

【失业保险】全县参加失业保险职工9970人，征收失业保险费507万元，全年支付失业金63万元，其中失业金13.7万元，失业补助金3.72万元，价格临时补贴0.28万元，为50家企业884人发放2019年稳岗补贴37万元，为1家经营困难且恢复有望企业稳岗返还6.67万元，为领取失业保险金的参保人员代缴职工医疗保险费支出1.63万元。

【助力脱贫攻坚】

1.2020年承担脱贫攻坚任务。扎实开展贫困人员参保数据核实比对，将符合条件的贫困人员及时纳入参保范围并代缴养老保险费用，收集整理不符合条件人员（16周岁以上在校学生、企业职工、机关事业人员、服刑、参军）证明材料；

做好年满60周岁贫困人口的养老保险待遇发放工作，按月足额发放养老保险各项待遇，确保实现贫困人口基本养老保险全覆盖。

2.脱贫攻坚任务完成情况。“五类人群”按100元/人/年的标准汇报县政府列入财政预算。三年来，代缴城乡居民养老保险费共计2392.5万元，完成“应代尽代”。排查81954人纳入“五类”人群全部参保，完成“应保尽保”和“应参尽参”。每月对贫困人口“过筛子”，及时核定养老保险待遇并及时发放养老金，做到“应发尽发”。逐户逐人核实和动员参保，做到“不漏一户、不漏一人”，排查77057人参保，实现了贫困人口未参保人员清零。排查符合待遇领取条件的临界人员，核查、核定待遇，为符合条件的15304人按时足额发放待遇，做到待遇发放清零。实行社保业务人员包抓乡镇制度，针对动态对比中发现的问题，由各乡镇包抓人员协同乡镇问题数据清零。在夯实数据台账的基础上，汇报由副县级领导、人社部门主要负责人、就业专责组成员单位负责人组成核查组，开展6轮到户核查，并按照“缺什么补什么，边核查边整改”的要求，及时反馈乡镇清零，确保贫困户户内资料完整。

3.工作亮点。建立以“完善四项制度机制、落实四项参保工作、开展四大行动、做好四个衔接”为内容的“4444”社保扶贫体系机制，形成可复制的社保扶贫模式，社保扶贫工作在全省人社工作推进会上作了经验交流发言。在脱贫攻坚专项奖励中城乡居民养老保险服务中心得到集体“记功”奖励，县城乡居民养老保险服务中心主任石正兵得到个人“记功”奖励。

【应对疫情支持经济社会发展】落实减免社会保险费工作，2020年2—6月减半大型企业单位缴费部分养老保险3家，减半额度65.04万元，减半单位缴费部分失业保险7家，减半额度5.54万元，减半单位缴费部分工伤保险7家，减半额度2.38万元。2—6月减半社会组织单位缴费部分养老保险4家，减半额度1.50万元，减半单位缴费部分失业保险4家，减半额度0.07万元，减半单位缴费部分工伤保险4家，减半额度0.02万元。减免中小微企业单位缴费部分养老保险141家，减免额度512.21万元，减免单位缴费部分失业保险141家，减免额度22.40万元，减免单位缴费部分工伤保险141家，减免额度13.91万元。截至2020年，共计减免（半）社保费用623.07万元。

【领导名录】

局长：单凯军

副局长：张国林、高锦花（女）

（供稿：马国杰）

就业服务

【概况】渭源县就业服务中心隶属县人力资源和社会保障局。现有职工10人。中共党员7人，其中女党员3人。

【促进贫困户就近就地就业】在原有乡村公益性岗位1709个的基础上，2020年新增开发乡村公益性岗位468个（其中疫情期间临时性乡村公益性岗位222个），全县乡村公益性岗位数量达到2177个，全面完成了三年目标任务。乡村公益性岗位每人每月补贴500元，2020年共落实补贴资金1234.8万元，促进了贫困家庭劳动力就近就地就业，提高了家庭收入。乡村公益性岗位的设置，改变了以往“给点钱”的输血式扶贫方式，让农村贫困群众通过劳动自主脱贫，灵活照顾了无法外出的贫困群众，激发了贫困户内生动力，同时改善了农村人居环境，服务了乡村公益事业，为接续乡村振兴提供了人员保障。

【城镇新增就业】2020年，完成城镇新增就业2348人，完成全年目标任务2100人的112%；失业人员实现再就业人数475人，占目标任务350人的136%；就业困难人员实现再就业人数257人，占目标任务140人的184%；累计城镇登记失业129人，全县城镇登记失业率为2.96%，在控制指标4%以内。

【创业担保贷款】2020年，共发放创业担保贷款9090万元，其中个人贷款发放604人（其中，自主创业农民365人，城镇失业人员79人，高校毕业生73人，退役军人18人，建档立卡贫困人口15人，刑满释放人员3人，残疾人2人），金额8850万元，小微企业贷款发放户数1户，金额240万元。

【整治拖欠农民工工资问题】认真落实劳动保障“五项制度”，加大《保障农民工工资支付条例》宣传力度和农民工讨薪案件办理力度。通过开展劳动保障日常巡查和专项检查，大力宣传劳动保障法律法规，特别是对《保障农民工工资支付条例》进行重点宣传，印制宣传彩页1000余份，深入在建项目工地、人员密集的场所，面对面向农民工进行了讲解，同时要求各项目在进入施工现场入口处制作宣传栏。并将《保障农民工工资支付条例》推送至地方媒体、渭源县人社、县就业服务中心微信公众号和职业技能培训、农民工工资支付微信群，扩大了条例宣传的知晓度。持续加大根治拖欠农民工工资工作力度，依法向社会公布2起重大劳动保障违法案件，申请法院强制执行完毕案件1件。年内共检查用工单位159家次（其中建筑施工类企业85家次、生产加工类企业23家次，住宿餐饮51家次），涉及各类用工2300人，按程序发出调查询问通知书20份，责令补签劳动合同15家。全面落实《保障农民工工资支付条例》，依法办理欠薪案件，共受理农民工讨薪案件53件，其中，立案办理24件，协调处理19件；按时办结上级批办信访案件15件，办结率100%，共为924名农民工讨回欠薪1396.603万元。退还农民工工资保证金63笔，金额合计约608万元。电子民生平台共接收工单82件，已办结78件，办结率95%、按时办结率92.68%、满意率98.51%、双满意率70.15%、及时接收率98.78%。

【就业援助】2020年，新增公益性岗位167人，全县现有公益性岗位923人，其中，临时性公益性岗位101人，下岗职工431人，长期失业人员226人，高校毕业生164人，退伍军人48人，残疾人34人。年内落实公益性岗位补贴1254.4213万元。同时，按照为公益性岗位就业人员缴纳工伤保险的规定，要求各用人单位限期缴纳工伤保险，从根本上消除了工伤工亡事故给用人单位和就业人员带来的赔偿风险。

【创新落实一次性创业补贴】根据甘肃省财政厅、甘肃省人力资源和社会保障厅《关于印发甘肃省就业补助资金管理办法的通知》《关于甘肃省就业补助资金管理办法的补充通知》精神，制定《一次性创业补贴方案（试点）》，于2020年6月8日印发了《关于申报2020年第一批一次性创业补贴的通知》，首次创办小微企业或从事个体经营且创办企业或个体工商户自工商登记注册之日起正常运营1年以上的离校2年内高校毕业生、就业困难人员、建档立卡贫困劳动力、退役军人、返乡创业农民工给予5000元的一次性创业补贴。共受理申报资料470份，通过查证营业执照、实地考察核实经营状况等方式，最终为符合条件的216份申请资料，经过公示无异议后共发放一次性创业补贴108万元。

【社会保险补贴政策落实】根据《就业补助资金管理办法》，对就业困难人员、高校毕业生、建档立卡贫困劳动力缴纳个人城镇居民养老保险的，到所在社区报名登记，按照实际缴费额的2/3给予社会保险补贴，一般补贴年限累计不超过3年。根据《国务院关于进一步做好稳就业工作的意见》第十一条规定，对享受社保补贴满3年仍未实现稳定就业的，可延长享受社保补贴政策1年。通过社区登记汇总，今年共落实社会保险补贴2批285人218.065万元，其中，第一批110人（其中有20人享受第四年社保补贴政策）82.576万元，第二批175人135.4890万元（其中有146人享受第四年社保补贴政策）。

【就业见习政策落实】2020年确定就业见习基地15家，安排就业见习人员40人，按照见习

3—12个月，最长不超过12个月的见习期限，按季度发放见习补贴，今年共发放就业见习补贴10.1万元。

【一次性吸纳就业补贴落实】县就业服务中心于9月24日在本单位以及渭源县人社局微信公众平台发布了一次性吸纳就业补贴申报公告，为申请的2020年1月1日至2020年12月31日期间，中小微企业招用毕业年度高校毕业生且签订1年以上劳动合同的，按每人1000元的标准给予企业一次性吸纳就业补贴，今年共发放一次性吸纳补贴1家企业2人2000元。

【就业创业服务补助落实】根据甘肃省财政厅、甘肃省人力资源和社会保障厅《关于印发甘肃省就业补助资金管理办法的通知》要求，根据《就业补助资金管理办法》规定，为鼓励充分就业社区对就业工作的贡献，对每个省级充分就业社区给予每年2万元的补助，对市级充分就业社区给予每年1万元的补助。今年，落实就业创业服务补助4万元，其中，为2018年认定的省级充分就业社区会川社区落实奖补资金2万元，市级充分就业社区清源社区和新城社区落实奖补资金各1万元。

【领导名录】

主 任：李荣

副主任：杨东香（女）、王春林（4月止）、岳效勇（4月任）

劳动保障监察中队中队长：王成（4月止）

（供稿：漆亚轩；审稿：杨东香）

劳务服务

【概况】渭源县劳务服务中心隶属渭源县人力资源和社会保障局管理。现有在职科级干部5人，事业人员（高级工）1人。公益性岗位6人。

【劳务输转】2020年，累计输转7.01万人，占年度目标任务6.71万人的104.5%；其中组织输转6.4492万人，组织化输转率为92%；建档立卡贫困劳动力已输转3.5081万人，占年度输转完成比例的100%；实现劳务收入15.32亿元，占目标任务14.32亿元的106.9%，全面完成了“两个超过、两个不低于”的目标任务。

【东西部“晋渭”劳务扶贫协作】2020年，共举办16场次面向农村劳动力的“渭源春风行动暨大型专场招聘会”，发放招工信息、农村实用技术、《农民工外出手册》《农民工务工培训读本》《劳动合同法》《就业促进法》《农民工维权口袋书》4.5万余册，免费为约3.2万名农村劳动者提供职业介绍，通过多渠道帮助农村劳动者实现就业人数达2.3万人。继续加强驻晋工作站职能，与福州市晋安区开展“晋渭”扶贫劳务协作对接。在疫情防控期间，对有外出务工意愿的贫困劳动力实行点对点劳务输转，通过“专车+专列”的方式向福州、厦门、杭州、义务及内蒙古等地输送务工人员。2020年累计组织专列6列，专车35辆，组织输转1743人，其中建档立卡户867人。

【奖补政策落实】根据“六稳、六保”精神，梳理各类奖补政策，落实到福州市稳定就业3个月奖补4500元、稳定就业6个月奖补7500元；省外其他地区：稳定就业3个月奖补3900元、稳定就业6个月奖补6300元；省内就近就业：稳定就业3个月奖补3600元、稳定就业6个月奖补6000元。累计发放疫情期间务工奖补1961.6841万元，其中稳岗补贴1081.0941万元，生活补贴670.65万元，交通补贴209.94万元，受益群众4856人。发放东西协作补短板奖补资金250.95万元，受益群众涉及16个乡镇499人；兑现发放福州市帮助全县贫困人口就近就地就业和其他地区就业人员交通补贴297.16万元，受益群众8845人，同时，对我县享受奖补政策人员通过集中发送短信的方式，告知其政策兑现落实情况。

【劳务中介机构及劳务经纪人培训】充分发挥7家劳务机构力量，创建“乡镇+中介机构+乡镇劳务工作站+劳务经纪人”的组织化输转模式，通过乡镇与中介机构的精准对接，大力发展劳务输转产业，全力开展稳岗就业工作对因疫情影响订单缩减导致停产返乡的务工人员，妥善做好安抚疏导和工作安置。积极开展劳务经纪人培训班，累计培训劳务经纪人367人，发放劳务经济人证书367本。

【领导名录】

主任：张卫军

副主任：张砚军

（供稿：张辉；审稿：张卫军）

医疗保障

【概况】县医疗保障局属政府职能部门，下设办公室、规划财务和政策法规股(行政审批服务股)、待遇保障股、医药价格和招标采购股4个内设机构。划拨办公室7间,会议室1间。下属事业单位2个，分别是渭源县医疗保险服务中心、渭源县医疗医保咨询和药品招标采购服务中心。2020年底有职工19人。承担全县城乡居民和城镇职工医疗保险、城乡医疗救助、医药价格监管、药品招标采购、医保基金监管等任务，监管全县25家定点医疗机构、48家定点药店、217家村卫生室的医保服务，服务全县参保群众30.91万人。

【城镇职工医疗保险】2020年,全县职工参保人数为13529人,其中在职10789人,退休2740人。基金收入情况:财政补助资金4631.87万元、个人缴费1382.35万元、利息及其他收入为162.45万元，2020年实际筹措资金为6176.67万元，2020年与生育保险基金合并后上年累计结余基金为11905.72万元，累计筹资基金为18082.39万元。基金支出情况：拨付住院费用费为789.42万元(含异地就医结算为329.31万元)、划转个人账户2890.58万元、特殊门诊报销1020人159.99万元、生育保险费报销318人86.99万元、生育津贴报销42人124.04万元、上解市级调剂金119万元，2020年基金共计支出4170.02万元。累计结余为13912.37万元。

【城乡居民医疗保险】2020年,全县城乡居民参保人数为297557人。基金收入情况:中央财政补助资金13355万元、省级财政补助资金3106.12万元、县级财政补助资金300万元、个人缴费7438.93万元、利息及其他收入为95.18万元，2020年实际筹措资金为24292.23万元,上年累计结余基金为5500.47万元（其中包括风险金3291.21万元)，累计筹资基金为29795.7万元。基金支出情况:拨付实施总额控费的医疗机构总额控费金额为13019.7万元、异地就医结算为2800.54万元、上解大病保险2706万元, 2020年医保基金共计支出18526.24万元。

【助力脱贫攻坚】通过开展“挂牌作战”、冲刺清零、检视清零、数据清洗、问题整改、政策宣讲、参保缴费等有力措施，努力推进全县脱贫攻坚医疗有保障工作。确保了贫困人口参保全覆盖。2020年城乡居民基本医保个人缴费250元每人。建档立卡人口参保101613人，参保率100%。边缘户人口参保6739人，参保率100%。对贫困群众落实参加城乡居民基本医疗保险个人缴费部分落实资助政策，对城乡特困供养人员（含孤儿）、农村一类低保对象、城市低保全额保障对象实施全额资助，资助标准为250元每人。对农村二类低保对象实施差额资助，资助标准125元每人。对农村三、四类低保对象、建档立卡贫困人口、城市低保差额保障对象实施差额资助，资助标准60元每人。全年落实资助资金833.6万元，资助113628人。统筹推进基本医保、大病保险、医疗救助倾斜照顾政策。2020年全县落实建档立卡户基本医疗保险报销17517人次，累计报销医药费5526.56万元，其中基本医保报销4788.34万元，大病保险报销56.86万元，医疗救助报销681.26万元。同时，根据政策调整，对我县特困供养人员（含孤儿），城乡低保对象、建档立卡贫困人口经基本医保、大病保险报销后剩余的个人自负部分，提高医疗救助报销比例5个百分点。慢特病门诊用药充分保障，建档立卡人口办理慢特病卡12055本，占全县慢特病持卡人数的50.32%，占建档立卡人口的11.85%。2020年度慢特病门诊报销17023人次，报销金额668.93万元。备案“两病门诊”7102人次，报销485人，报销金额2.75万元。

根据《甘肃省精准脱贫验收标准及认定程序》和《渭源县2020年度贫困退出验收工作实施方案》要求，9月8日至12日，组织人员对各乡镇2020年拟退出贫困人口基本医疗有保障情况进行了单项认定。各乡镇共上报2020年拟退出贫困人口365户1374人。经认定，365户1374人均符合基本医疗有保障标准。

根据《甘肃省精准脱贫验收标准及认定程序》和《渭源县2020年度贫困退出验收工作实施方案》要求，9月8日至12日，组织人员对各乡镇2020年拟退出贫困人口基本医疗有保障情况进行了单项认定。各乡镇共上报2020年拟退出贫困人口365户1374人。经认定，有365户1374人符合基本医疗有保障标准。

【药品带量采购】优化药品配送体系，按照《甘肃省医疗保障局、甘肃省卫生健康委关于执行2017—2018年甘肃省公立医疗机构公开招标中标结果的通知》(甘医保发〔2019〕56号）精神，结合我县医疗机构药品配送需求和配送现状，强化药品配送企业考核，完成全县公立医疗机构基本药物配送企业年度考核，筛选新增5家“两票制”配送企业和1家中药饮片配送企业；积极开展国家组织药品集中带量采购和使用各项工作，2020年组织公立医疗机构签订四方合同343份，确认采购金额82.73万元，下拨预付款15.63万元，付款率占18.9%；组织全县公立医疗机构集中采购药品，通过积极落实保障措施，大力筹措资金，全年支付药品采购款2300万元。

【疫情防控及助推企业复工复产】出台了《渭源县医疗保障局新型冠状病毒感染的肺炎疫情联防联控应急预案》，联合县财政局、县卫健局印发了《关于积极做好新新型冠状病毒感染的肺炎疫情医疗保障的补充通知》，制定了特殊报销政策和经办流程，同时向县级医院预拨新型冠状病毒感染的肺炎疫情防控预付金200万元（先后分两次为县医院预拨医保金150万元，为中医院预拨50万元），有力保障了新冠肺炎防治的政策指导和资金支持。疫情防控初期，紧急调运耳温枪200支、84液20件（24瓶/件）、来苏消毒液20桶（5公升/桶）、75%酒精10件（5公升/桶）分发到县乡两级医疗机构，保证了疫情最初检测、防控顺利开展。随后调运过氧乙酸1吨、84消毒液40桶、75%酒精40桶到县疾控中心进行备用。2月13日，组织药品企业为县医院、县中医院分别捐赠防护服1箱50套，84消毒液20桶（5公升/桶），75%酒精10桶（5升/桶）。从速兜底报销新冠肺炎患者医药费用。在我县收治的一例新冠肺炎确诊患者在住院16天治愈出院时，共花费医药费用总计25713.14元，基本医保报销18047.72元，剩余的7665.42元，按照相关报销政策，纳入国家和省级财政专项费用报销，本人未承担任何医疗费用。报销疑似留观病人医药费8.14万元。落实医保缴费优惠政策，助推企业复工复产。充分落实因受疫情影响困难企业职工医保费“减”“缓”政策。自2020年2月起，对参加城镇职工基本医疗保险的企业单位缴费部分、灵活就业人员缴费进入统筹基金的部分和个体经济组织缴费进入统筹基金的部分减半征收，连续减征5个月，减征期限为2020年2月至6月期间，共减免94家企业191.1万元医疗保险费；对受疫情影响、面临暂时性生产经营困难、确实无力按期足额缴纳城镇职工基本医疗保险费的企业执行了不超过6个月的缓缴期政策。

【领导名录】

党组书记、局长：陈绪昌

党组成员、副局长：赵金虎、曹军红（10月止）、田应虎

医疗保险服务中心主任：马金云（11月任）

（供稿：蔡继军；审稿：赵金虎）

乡镇概况

清源镇

【概况】清源镇地处渭源县中心地带，是全县政治、经济、文化、交通中心。东依路园镇，西与祁家庙镇、庆坪镇接壤，南与五竹镇和锹峪镇为邻，北接新寨镇、北寨镇。总面积182.78平方公里。316国道、定渭、临渭公路穿境而过。全镇辖25个行政村，有176个村民小组，2个社区17个居民小组，总人口16332户54921人，其中城镇人口6968户17573人，农业人口9364户37408人，耕地面积12.81万亩。2017年被列为市级贫困乡镇，有贫困村19个，非贫困村6个。农民收入主要以中药材、马铃薯、劳务输出为主，粮食作物主要有小麦、蚕豆、胡麻等。2020年全镇居民人均可支配收入9958.83元，贫困人口人均可支配收入6439.85元。

【全面从严治党】

1.扎实开展“不忘初心、牢记使命”主题教育“回头看”。镇党委通过党委理论中心组学习、集中学习和个人自学相结合的方式，跟进学习习近平总书记重要讲话和指示精神及习近平总书记对甘肃工作的重要讲话和指示精神，按照渭源县“不忘初心、牢记使命”主题教育整改落实情况“回头看”督查清单，逐项分析研判，共自查出4个方面5条问题，其他各党组织自查出4个方面148条问题，明确整改措施，逐条整改，确保整改任务全面落实。

2.狠抓社会治安综合治理。共排查化解矛盾纠纷38起。加强反恐怖反邪教工作宣传教育。全面落实禁种铲毒责任，社区戒毒（康复）人员全部正常管控，社区戒毒、康复执行率均达100%。依法加强对宗教活动场所改扩建等事项的审批管理。紧盯群众身边的涉黑涉恶腐败、充当黑恶势力“保护伞”、工作推动不力等三类问题，广泛收集涉黑涉恶问题线索，切实维护群众利益。

3.党管武装和人大工作稳步推进。高度重视武装工作，定期召开会议研究部署各项工作任务，完善普通民兵编组，圆满完成征兵任务。认真履行宪法和法律赋予的职权，圆满召开清源镇十八届第八次、九次、十次人代会。组织人大代表开展视察、调查、评议、执法检查和各项监督活动，有力推进了全镇依法治理的进程。

【脱贫攻坚成效】清源镇共有建档立卡人口2651户10539人，紧盯贫困人口退出6项、贫困村退出4项（11小项）指标，全力攻坚，已全部脱贫，贫困面下降到0%，19个建档立卡贫困村全部脱贫退出，出列村占比达到100%。

1.脱贫攻坚成效显著。2020年，全镇重点对“三类人群”（未脱贫户26户96人，脱贫监测户56户226人，边缘户202户618人）责任到人，精准制定“一户一策”帮扶措施并实时监测，现已通过县级验收和市级抽验，未脱贫户现已全部脱贫退出，脱贫监测户和边缘户已全面消除返贫风险。经动态管理，共排摸出档外八类特殊困难户326户690人，通过入户核查，人均纯收入均在5000元以上，“两不愁三保障”全部达标。对中央省市县反馈及自身查找排摸出的各类问题146条，已全部完成整改。全镇农户自来水接通率达到96.98%，安全饮水率达到100%。通过实施危房改造及易地搬迁项目，新建（维修）住房3812户，占全镇农户的40.71%，农户安全住房率达到100%，实现了居无危房。全镇无义务教育阶段辍学学生，义务教育巩固率为100%。城乡居民养老、医疗保险入库率达98.2%、2021年医疗保险收缴率达53.4%，建档立卡户、边缘户、“四类”人员三个百分百全覆盖，无漏保人口。现有一、二类低保户526户173人，特困供养222人，兜底保障面占一、二类的3.73%。

2.**富民产业持续向好**。种养业奖补方面，共排摸出牛奖补需求户94户，羊奖补需求户12户，发放养殖业奖补资金106万元；种植业奖补涉及边缘户170户，未脱贫及监测户78户，共奖补资金88.66万元。产业发展方面，按照“五统一分一标三提高”的要求，在葛家湾、秦王、苏家窑建成青豆种植基地700亩；以马家窑、里仁为核心，以阳殊公路为辐射带，建成中药材种植基地5000亩；在聂家山村建成藜麦种植基地150亩；在马家窑等6个村建设马铃薯原种种植基地1580亩。农业保险方面，完成中药材当归1500亩、党参5000亩、黄芪1900亩、蚕豆1000亩、牛600头、羊500头、中蜂120箱的收缴工作，实现有种养殖产业建档立卡户农业保险100%全覆盖。金融资金支撑方面，对有贷款需求发展产业的农户办理续贷1351户5524.7万元，发放扶贫小额贷款191户955万元。电子商务方面，实现电子商务服务点镇村全覆盖，开展电子商务普及性培训1500人次，新孵化微店、网店17个。劳务输转方面，致力于打造清源“到客”品牌，召开“企业到村、岗位到人”专场招聘会55次，完成劳务输转任务8934人，其中省外务工3284人，省内5650人（县内务工4082人、县外1568人），输转建档立卡贫困劳动力3692人。清源镇正源劳务协会与辖区内企业签订复工复产协议36家，输转人员1860人。动员贫困劳动力赴福州晋安区、浙江义乌转移就业107人。共计申报劳务奖补1198人，涉及奖补资金578.55万元，已发放奖补资金220人99.54万元。消费扶贫方面，建成农特产品体验直销馆24个，改造提升乡镇电商服务站1个、村级服务点24个。红岘村依托村级合作社创办的油坊，加工销售胡麻油4000余斤，带动全村97户建档立卡贫困户增收；池坪村良种兔养殖合作社月出栏商品兔1000余只，带动年家河、聂家山村建档立卡户89户，辐射带动红岘、里仁、聂家山等3个村50户建档立卡户发展肉兔养殖，增加收入来源。通过向帮扶单位宣传动员出售胡麻油、兔肉、蜂蜜等农特产品，带动合作社收益达10万元以上。社会各界消费扶贫达30万元以上。光伏产业方面，19个建档立卡村制定了光伏产业收益分配管理办法，通过设置公益性岗位，购买贫困户劳务的方式进行分配，经考核后兑付岗位薪酬，发放资金117.87万元。扶贫车间方面，依托田地公司，在河口村建立扶贫车间带动并吸纳周边富余劳动力130人就业（建档立卡户贫困劳动力22人），为6个村带动村级收益分配资金20万元。建成清源镇卓峰箱包制造扶贫车间，实现贫困户家门口就业，吸纳贫困劳动力200余人。村集体经济稳固提升方面，25个行政村已全面消除了集体经济空壳村，19个建档立卡贫困村村集体经济收入283.73万，村均达到5万元以上。合作社规范运营方面，按照“五个一批”的要求，对全镇295家合作社逐个研究整改提升措施，改组改造村办合作社24家，完成规范提升166家，新建合作社5家，注销91家，206家合作社均实现了规范化运营。

3.**项目建设稳步推进**。基础设施方面，完成投资1287万元的自然村组道路硬化工程25.74公里、投资50万元的清源镇蛟龙村插花安置通社路硬化项目1.013公里、投资379.8万元的村内主巷道硬化工程47475平方米、投资30万元的上磨村农村环境整洁项目、投资51万元的七圣村党群服务中心、投资17万元的年家河村党群服务中心。争取资金30.045万元对11个村23处水毁点进行了维修。环境整治方面，完成投资30万元的清源镇2020年上磨村农村环境整洁项目，投资40万元的清洁村庄行动项目涉及聂家山、年家河、马家窑、里仁、红岘、崔家河、七圣、柯寨、河口、张家湾等10个村正在实施。城镇化建设方面，完成北大路东段土地储备专项债券用地7.74亩；G310线过境段累计征用土地237.21亩（其中耕地179.61亩、林地57.6亩）；3号桥旁生态停车场建设征用土地40.69亩；河口村马铃薯博览园建设征用土地22.15亩；渭源县全民健身体育馆附属工程建设征用土地10.04亩。

4.生态环境明显改善。生态绿化方面，筹资20余万元，完成镇级面山绿化500亩，栽种云杉15万株；完成村级面山绿化2500亩，栽种云杉20万株；完成行道树种植14000株。“两违”整治方面，立案查处21起，其中非法占地建设案8起，对城关村3起违法建筑进行强制拆除。立案审查森林防火区内擅自野外用火案4起，查处随意倾倒生产生活、建筑垃圾案5起。河长制方面，完成镇级河长巡河45次，村级河长巡河380次，做到了镇村两级河长巡河常规化，并通过执法巡查、村社监督、群众举报等途径获取线索，对非法采砂和破坏河沟道的行为进行严厉整治。卫生厕所方面，户用卫生厕所改造共涉及6个村，改厕农户717户（建档立卡户321户，一般户396户），其中崔家河村133座、年家河村72座、马家窑村120座、七圣村95座、聂家山村114座、张家湾村183座，全面完成建设任务。拆危治乱方面，按照“点、线、状、面”四位一体总体布局，着力绘制绘“路美、河美、村美、景美、百姓美”的美丽乡村新画卷，彻底消除视觉贫困。苏家窑村以路口为点，修建通村标志、文化墙1面36平方米，利用废旧砖头、瓦片修建小花园4个。建成张家湾村保洁服务中心，以文化广场为点，建设花海3.5亩，安装健身器材9套，丰富群众文化娱乐活动，建成分类式垃圾亭2座。以316国道、310国道、定渭路、S227渭五旅游路线为主，着力推进美化工作，沿通村道路建成小花园美化带52处1214平方米。整治庄前屋后，清理垃圾池、生活垃圾、乱堆乱放点182处，清理道路、学校、市场等公共区域暴露垃圾322吨，清理河道、池塘、沟渠等的漂浮物、障碍物155吨，清理生活垃圾327吨，污水乱排乱倒743户，整治农户庭院，农机具、杂物、生产生活资料乱停乱放743户，“六净六无”整治8692户，共拆除危房及残垣断壁586处、私搭乱建拆除538处，清理破旧广告牌、标识标语291条；清理电线、电缆乱搭乱接6.5公里，村庄环境整洁面貌已基本形成。

5.民生福祉得到进一步保障。疫情防控方面，确保全面打胜疫情防控阻击战，共排摸省外来渭7581人，其中湖北省武汉市来渭118人，境外来渭17人，北京市来渭375人，新疆来渭1076人，对排摸出的武汉及外省返渭来渭人员建立了“3+1”责任体系，确保全面排查管控到位。各村、社区取消或推迟喜庆事宜70场，丧葬事宜坚持从简，推进复工复产1638家。公共卫生方面，全面贯彻二孩政策，控制计划外多孩出生，计生率达99%，奖励扶助对象371人，完成孕前优生检查141例，办理生育登记223例。基本社会保障方面，全镇现有农村低保对象943户2675人，其中，一类保障对象110户165人、二类保障对象416户1008人、三类保障对象338户1181人、四类保障对象79户321人，累计发放农村低保资金404.85万元。为36户142名困难群众发放临时救助金12.54万元；为2020年考入高职高专以及大学的146户贫困家庭发放大学生专项救助金73

万元。为1013名残疾人发放“两项补贴”50.859万元，为87名经济困难老年人发放困难老年人生活补贴5.47万元。为46人办理了大病救助，贫困人口家庭医生“一人一策”签约率达到100%。激发内生动力方面，积极探索了“组织引领、党员带头、驻村帮带、群众互动、村规管理、社会共建”的“六联共建”机制，深层次激发群众内生动力，开展群众喜闻乐见的活动15场次，宣讲法律政策累计入户宣讲13000多人次，各帮扶单位、社会企业捐赠防疫物资折价16.31万元。全镇建立高标准“道德积美超市”5个，25个村2个社区普遍开展“六积”模范评选，推动形成新习俗新风尚。设立“红黑榜”定期对工作进展情况进行通报，对先进模范人员及单位进行公开表扬，对12名道德失范的村民进行曝光，有力地促进了乡风文明建设。

【社会治理创新】全镇召开扫黑除恶专项斗争工作安排部署会议13次，研究部署扫黑除恶专项斗争各项工作。充分发挥25个村2个社区划分193个治安小网格“一长四员”的作用，营造全镇整体一张网，网中有格，按格定岗，人在格上，事在网中的工作格局。加强重大节会、重点时段和敏感时期维稳工作。坚持每月至少研究一次、带队检查一次安全生产工作，及时分析安全生产形势，协调解决重点问题，召开安委成员会议4次。不断加大食品药品保障力度，对所有餐饮经营户、学校食堂、食品批发户及大中型超市负责人开展集中培训4次，共检测各类食品70余项430批次，办理健康证1200个，查处清源镇辖区内违法案件10起，处置12315举报投诉50起。

【放管服改革】推进行政决策科学化、民主化、法治化。坚持严格规范公正文明执法，强化对行政权力的制约和监督。进一步完善强农惠农信息公开平台建设工作，按照《渭源县政务公开工作制度》，及时公开扶贫领域项目、易地扶贫搬迁、危房改建、民政领域等惠农政策的落实，并建立工作台账，对各类扶贫、惠农政策公示50余次，涉及五类45项。电子民生平台督办工作进一步加强，共办结400件，办结率99.26%，按时办结率99.26%，满意率83.1%。

【领导名录】

党委书记：毛卫东

人大主席：王福祥

党委副书记、镇长：段小军

党委副书记：乔明德、赵雷（5月任，挂职）

纪委书记：张春梅（女，11月止）、蔡春芳（女，11月任）

副镇长：麻建国（5月止）、张嘹亮、项文丽（女，月止）、李阳（5月任）、魏永辉（ 月任）

武装部长：聂云鹏

党建办主任：逯彦斌（12月止）

人大副主任：吴国兰（女）

司法所所长：刘南晖（4月止）、麻建国（5月任）

综合行政执法所副所长：孙铜言（女，4月止）

综合行政执法队队长：李海军（5任）

综合行政执法队副队长：孙铜言（女，4月任）、王海峰（5月任）

扶贫工作站站长：毛睿杰（4月止）

农业农村综合服务中心主任：毛睿杰（4月任）

文化旅游服务中心：曾苑（女，4月任）

政务（便民）服务中心主任：郑建军（4月任）

公共事务服务中心主任：唐小花（女，5月任）

社会治安综合治理中心主任：苏振寰（5月任）

市场监督管理所所长：胡志斌

市场监督管理所副所长：贾红勤（4月任）

农村公路管理所副所长：曾苑（女，4月止）

综治办副主任：王振华（4月止）

民政工作办公室主任：闫勤劳（4月止）、郑

建军（4月任，4月止）

食品药品监督管理所副所长：贾红勤（4月止）

计划生育办公室主任：连晓丽（女，4月止）

（供稿：李天威；审稿：张嘹亮）

五竹镇

【概况】五竹镇位于渭源县城南部，距县城15公里，227省道、西五公路穿境而过，全镇平均海拔2200米，年平均气温5.6℃，无霜期128天，年降雨量562毫米，属南部高寒二阴区。全镇辖7个行政村、58个村民小组，总面积63平方公里，耕地面积4.63万亩，常住人口3333户12395人。现有建档立卡户1073户4194人，全部实现稳定脱贫退出，贫困发生率降至0。2020年农民人均可支配收入8960元，建档立卡人均可支配收入7300元。

【全面从严治党】

1.紧盯思想政治建设，凝聚科学发展强大共识。召开党委中心组学习30场次，党委委员到联系村党组织讲党课16场次，建立党委中心组“固定学习日”制度和干部职工“周一学习日”制度，撰写心得体会90余篇，举办各类综合素质能力提升培训26人次，积极组织开展“学党史、感党恩、听党话、跟党走”聚民心活动7场次。

2.紧盯党建任务落地，基层组织建设有序推进。持续深化巩固党支部建设标准化，对7个村党支部书记进行了集中约谈，开展基层党建督导检查6轮42场次。全镇“一肩挑”村达到100%。持续完善党组织阵地功能，把7个村级阵地打造成为办公议事、便民服务等综合性服务场所，面积均达到240平方米以上。研究制定了《苏家口村软弱涣散党组织整顿提升工作方案》，全力推进整顿提升措施落实，顺利通过了市县验收。切实强化驻村帮扶工作队管理，及时兑付1至12月份生活补助、通信补贴共计16.8万元，全员落实人身意外伤害保险等基本保障措施。圆满完成了村级党组织换届选举工作，共选举产生党组织书记13名、党组织委员63名。

3.紧盯压力传导到位，党风廉政建设从严落实。先后召开党委（扩大）会议2次进行专题研究部署党风廉政建设工作。镇党委主要负责人到各村、镇属单位开展专题调研10次，开展监督检查97次，集中约谈8场360余人次，谈心谈话42人次，听取责任落实情况汇报28次。班子成员及科级领导干部对分管领域开展督查247次，约谈38次。邀请县纪委联系乡镇纪检组参加“三重一大”事项的研究4次，对科级领导干部、村干部开展集中约谈6场次，组织观看警示教育片6场次。

4.紧盯职能作用发挥，各项工作全面统筹推进。认领中央脱贫攻坚专项巡视“回头看”和国家脱贫成效考核反馈问题等各级各类问题181条，已全部完成核查整改。全年召开党委专题会议研究人大工作2次，镇人大主席团召开会议6次，依法召开人代会3次，审议通过了2019年政府工作等工作报告，依法补选镇政府镇长、副镇长各1名。严格落实镇党委领导责任、党委书记“第一责任人”和党委副书记“直接责任人”职责，建成文化长廊2个、文化墙20多处，在镇区和各村刷写宣传标语400多处，悬挂横幅60多条。向甘肃日报、每日甘肃网等各级媒体网站报送信息100余篇，通过镇微信公众平台“灵秀渭河源”发布各类信息120余篇。意识形态工作深入推进，结合基层党建工作为党委委员建立意识形态工作联系点8个，制定并印发了《2020年五竹镇意识形态工作责任清单》，建立健全了意识形态工作研判机制，定期分析研判意识形态领域情况，牢牢掌握意识形态主动权。

【脱贫成效】全镇共有行政村7个，其中建档立卡贫困村4个，2020年底，全镇7个村全部脱贫退出，1073户建档立卡户全部实现稳定脱贫，贫困发生率降为0。

【产业发展】马铃薯产业方面。实现年产脱毒组培苗500万株、原原种600万粒和带动原种田1500多亩、一级种田10000多亩的能力。中药材产业方面。全镇完成中药材种植1.07万亩，在渭河源村、郭家沟村和苏家口村完成中药材标准化种植基地1200亩，膜侧当归种植基地500亩。畜草产业方面。全镇牛饲养量达到2400头，羊饲养量达到15800只，猪饲养量达到3100头，鸡饲养量达到12500只，肉类总产量达到750吨，禽蛋产量达到600吨，鲜奶产量达到120吨。新建渭河源村为养羊专业村，扶持发展草牧业贫困户120户，以草牧业实现脱贫45户。完成黄牛冻精改良980头，完成肉羊改良3636只，良种母牛引进26头，良种母羊引进145只，巩固提升肉羊良种示范场1家，粪污资源化利用养殖场2家。开展饲草料技术讲座6期，培训农户580人，种植多年生优质牧草1800亩，一年生优质牧草1240亩（其中高粱400亩，其他牧草200亩，燕麦500亩）。旅游产业方面。完成五竹村、渭河源村市级乡村旅游示范村建设，重点扶持渭河园生态农庄、竹寨园农家乐等农家乐和渭河源村“旅游服务中心+农家乐（农家客栈）+农户”带动经营模式的提档升级，延伸服务链条，吸纳当地就业80多人，全年累计接待游客12万余人次。引导当地群众在景区开设小商品、食品经营店2家，小吃摊点8个，吸纳旅游从业人员50人以上；强化镇电商服务站和各村服务点服务功能，组织有意愿的群众参加各类培训300多人次，指导全镇各网店规范化运行，今年以来交易额达到125万余元。

【民生保障】

1. **住房安全方面**。全面完成了19户危房改造任务；全镇共有“四有人员”1204户，其中有C级房屋50户，已全部采取措施整改到位；扎实推进易地扶贫搬迁入住和拆旧复垦工作，对“一户一宅、占新拆旧”政策广泛宣传，2018年易地扶贫搬迁17户（其中进城安置2户），全部入住，旧房全部拆除。

2. **安全饮水方面**。针对自来水观察井深度不够等原因造成管道冻裂的67户（其中贫困户24户），通过实施工程措施（维护鹿鸣村大草滩、上鹿泉87米管道；重新埋深大草滩、上鹿泉460米管道；铺设渭河源红沟200方蓄水池溢流管；对入户管道进行重新埋深），全面解决了供水不正常问题。

3. **道路建设方面**。共争取道路项目建设资金1094万元，先后实施了投资408万元的主巷道硬化51000平方米、投资390万的自然村通硬化路7.878公里、投资296万元的产业路2.569公里，目前已全部完成建设任务。

4. **义务教育方面**。全镇实现适龄学生均能接受义务教育，并全部享受“两免一补”和“营养餐”教育资助政策的基础上，继续靠实由学校教师为成员的送教组和以镇村社三级干部为成员的帮教组责任，及时组织入户走访和实时监测，全力做好控辍保学工作。

5. **基本医疗方面**。落实贫困家庭医生签约服务制度，“一人一策”签约率达到100%；及时督促未缴纳保险人员足额缴纳保险，同时采取多种手段全力收集异地参保佐证资料，全镇2020年参保率达到96.86%，其中贫困人口参保率均达到100%，慢特病门诊卡办理累计达到1141人（贫困人口796人）。

6. **兜底保障方面**。全镇现有农村低保对象435户1088（其中一类85户120人、二类282户752人、三类55户174人、四类13户42人），特困供养对象137人（其中集中供养9人、分散供养128人），残疾人502人，孤儿1人，同时完成了229户598人建档立卡对象兜底核查工作。

【项目建设】共争取投入各类项目资金3306万元，实施项目11项，其中渭源县五竹镇面山绿化亮化建设、渭源县五竹镇2020年第一批财政专项扶贫资金自然村通硬化路、渭源县五竹镇2020年第一批统筹整合涉农资金自然村通硬化路等10个项目全面完成建设任务，渭源县五竹镇管网及生活污水处理项目正在进行前期手续办理工作。

【社会治理】

1.建强基层基础。投资4万多元，建成镇级综治中心，设立反邪教警示教育工作室、矛盾纠纷调处室、法律服务工作室、信访接待室，推行“中心吹哨、站所报到”工作运行协调机制，同时，建成村级综治中心7个，村级综治中心覆盖率达到100%。健全完善基层网格58个，配备总网格长7名、网格长58名，选聘指导员58名，划分网格244个，确定网格员244名，形成多层次、立体化社会治安防范网络。

2.加强综合治理。强化矛盾纠纷排查力度，推行周排查、半月分析、月汇报机制，排查出各类矛盾纠纷27起，成功调处27起。同时在全镇7个村组建包括五竹派出所人员、村两委班子成员在内的治安巡逻队7支，在58个社组建3至5人的义务巡防队58支，有效织密治安巡逻防控网络。

3.防范处理邪教。严格落实“无邪教创建”工作措施，全力做好邪教人员排查摸底，针对参教重点稳控人员，实行“4+1”帮教机制，镇上与各村村民签订《家庭拒绝邪教承诺书》3200余份，较大程度上防范了邪教的滋生。

4.严管禁种铲毒。先后组织镇村社三级干部、护林员、网格员对辖区内国有林场、农户的房前屋后、田间地头、集体林地开展集中地毯式踏查6轮850余人次，对农户庄前屋后及浅山区进行随时踏查8轮1200余人次。同时，结合“6·26”国际禁毒日，利用已建成的镇区禁毒教育基地，组织召开群众大会8次，接受教育群众1500余人。

5.开展扫黑除恶专项斗争。与7个村签订责任书，结合网格化管理，深入推进扫黑除恶专项斗争户户联防、社社联防、村村联防，深入各社，深挖煽动闹事、寻衅滋事、侵吞集体资产、非法高利放贷等涉黑涉恶线索，坚决做到“有黑扫黑、有恶除恶、有乱治乱”。

【生态建设】小城镇建设方面，按照打造“渭河源生态小镇”的总体定位，充分发挥市场监督管理所和综合执法所的职能，依法取缔各类流动菜摊、水果摊20多个，制止乱建和抢占事件1起，签订门前“五包”责任书100余份，清运垃圾600多车，有力地维护了城镇建设秩序，为特色小镇建设奠定了坚实的基础。全域无垃圾专项治理方面，投入资金5万余元，对渭河河道五竹段、渭河源村草滩安置区、五竹村八社九社集中安置点等重点区域卫生进行了多轮集中清理，出动车辆24台次，悬挂宣传横幅80余条，发送宣传信息4000余条；对探索建立的以政府购买服务方式由秀源保洁有限公司统一组织开展镇村垃圾清运收集工作机制组织进行了考核评价，考评结果良好。美丽乡村建设方面。在春季对镇区所有树池及空闲区域、路麻滩花坛、渭河源村木质花坛、各村文化广场周围以及农户庄前屋后空闲绿地进行了全面美化；以227省道、西五公路、旅游公路、河道沿线为重点集中开展“拆除四旧、治理四乱、实现四化”行动，取得实质性效果。生态绿化方面。完成行道树栽植2290株，种植花草4940平方米，建成乡村景观4处。进一步落实落细森林防火措施，镇政府及时组建了30人的应急扑救队伍，各村分别组建了20人的应急扑救队伍，配备林业管护人员47名（其中公益林管护人员21名，建档立卡护林员26名），先后发放封山禁牧、森林防火等宣传资料5000余份，书写并粘贴临时性防火标语30余条，悬挂固定性防火标语8条，致学生家长通知书1200余份，与坟地较多区域坟主签订《护林防火协议书》，并完成了智障人员的排摸及监护人的宣传教育工作。

【领导名录】

党委书记：杨叶梅（女，7月任渭河源大景区管委会副主任）

人大主席：黄国胜

党委副书记、镇长：王玉平（4月止）、陆华（4月任）

党委副书记：马和平

纪委书记：万青海

武装部长：寇喜东

副镇长：崔虎、张学兰（女，11月止）、赵强（11月任）

文化旅游服务中心主任：田建平（4月任）

综合执法所副所长：梁潇（4月止）

综合行政执法队副队长：梁潇（4月任）

党建办主任：李彤（女， 月止）

农村公路管理所副所长：田建平（4月止）

扶贫工作站站长：侯立强（4月止）

计划生育办公室主任：李爱红（女，4月止）

民政工作办公室主任：王立（4月止）

农业农村综合服务中心主任：侯立强（4月任）

社会治安综合治理中心主任：王全民（4月止）、邵伟（4月任）

账务（便民）服务中心主任：耿建华（5月任）

司法所所长：李鑫（4月任）

食品药品监督管理所副所长：王博（4月止）

市场监督管理所副所长：王博（4月任）

（供稿：包健欣；审稿：马和平）

锹峪镇

【概况】锹峪镇位于渭源县城南部，南北长20公里，东西宽5公里，总面积67平方公里，距县城13公里，距国家AAAA级渭河源景区12公里，东、东南接莲峰镇，南与漳县接壤，西南、西与五竹镇为邻，西北、北连清源镇，东北依路园镇。位于东经104°05′51″～104°14′48″，北纬34°56′45″～35°07′42″。辖11个行政村，73个村民小组，农业人口3979户14979人，城镇人口559人，总耕地面积34079亩。共有党支部14个，现有党员706名（其中女党员144名）；有建档立卡贫困村7个、建档立卡贫困人口1354户5356人。

【全面从严治党】

1.严抓管党治党，强化责任落实。全面落实主体责任和“一岗双责”职责，对班子成员落实“一岗双责”情况进行随机督查，持续健全“一把手负总责，分管领导各负其责，班子成员齐抓共管、镇纪委协调督查”的领导体制，建立健全《党委议事规则》和《锹峪镇党政一把手“三个不直接分管”的制度》。严格落实《关于新形势下党内政治生活的若干准则》。

2.严抓意识形态，强化思想教育。一是深入开展党性教育。镇党委理论学习中心组开展集中学习36次，重点学习了《习近平新时代中国特色社会主义思想学习纲要》、《习近平扶贫论述摘编》《习近平谈治国理政》（第三卷）、《中国共产党纪律处分条例》等党内政策法规，进一步增强了党员干部的政治意识、廉洁意识和履职能力。二是牢牢把握意识形态主导权。严格落实意识形态工作责任制，修订完善了《中共锹峪镇委员会关于网络舆情管控工作实施方案》，与全镇11个村签订了《意识形态目标责任书》，党委会议研究部署意识形态工作6次。三是严抓惩治腐败，强化廉政建设。深入落实党风廉政建设“一台账两清单”工作台账制度要求，切实把党风廉政建设主体责任扛稳、抓牢、做实，向班子成员发放了《锹峪镇党政领导班子成员落实主体责任提醒函》，以“提醒”达到咬耳扯袖、自觉履行责任的目的，2020年共发出提醒函11件。四是建强基层组织，着力夯实党建基础。突出抓好党内政治生活、党员教育管理、村级集体经济发展、党建品牌创建四项工作，认真组织开展“三引四领一融合”党建助推脱贫攻坚行动，进一步提升了党建引领社会发展、推动基层治理、服务党员群众的能力和水平。五是坚持严学严做，深入推进主题教育成果转化。持续开展“不忘初心、牢记使命”主题教育，认真贯彻执行党章和《准则》《条例》等纪律规定，严格执行党的“六大纪律”，全面落实民主集中制及领导班子议事规则，严格落实“一把手”末尾表态等制度，严格执行请示报告制度、领导干部个人事项报告制度。

【脱贫攻坚成效】扎实做好“六稳”工作，全面落实“六保”任务，啃下脱贫攻坚最后的“硬骨头”，较好完成各项工作任务。

1.如期实现脱贫目标。全镇共有建档立卡贫困人口1354户5356人，累计减贫1354户5356人，其中2020年脱贫10户38人，贫困发生率从34.28%下降到0，农村居民、贫困人口人均纯收入从2014年的4620元、2632元增长到2020年的9680元、6817元，年均增长率分别为8%、12%，稳定实现扶贫对象不愁吃、不愁穿，义务教育、基本医疗、住房安全有保障，群众认可度达到98%以上，如期实现了脱贫目标。

2.项目建设有序推进。2020年第一批财政专项扶贫和统筹整合财政涉农项目共5个，总投资1155.5万元。紧盯中央定点扶贫和东西部扶贫协作机遇，签约2个项目，分别为乔阳村的“渭源县育肥猪循环产业园建设项目”和正在实施的曹家庄村、古树村的“渭源县良种肉兔养殖基地建设项目”，引进签约资金在5740万元以上。

3.民生福祉不断增强。接通自来水3843户，通过水质监测，全部达标，安全饮水率达到100%；累计改造农村危房741户，完成易地扶贫搬迁345户1451人，3979户农户全部实现“居无危房”；全镇义务教育阶段适龄学生均有学上，学前三年毛入园率达到98%；11所标准化村卫生室均配备了合格村医，组建家庭医生签约服务团队11个，累计办理慢特病门诊卡1309人，城乡居民医疗保险参保率达到99.01%，建档立卡贫困人口参保率达100%；发放农村低保493户1304人324.78万元、城市低保12户16人8.65万元、特困供养（五保户）资金151户153人73.92万元，切实做到应保尽保；发放临时救助533人次54.9万元，为550名残疾人发放“两项补贴”资金44.927万元，为88名经济困难老年人发放生活补贴8.42万元；完成镇便民服务中心改造提升，全面落实村级便民服务中心挂牌值班制度，提升当场办结业务比例，基本实现“小事不出村、大事不出镇”，广大群众办事更加便捷高效。

4.落实就业扶贫政策。全年输转劳动力3455人，其中晋渭输转59人（建档立卡42人）、义乌输转18人（建档立卡1人），输转人数较2019年增加780人，其中新增建档立卡300人。完成劳动力职业技能培训73人；申报劳务奖补政策121人，发放资金50.01万元，已有557人提交并审核通过奖补资料，申请资金270.15万元，镇上审核通过并发放资金215人98.88万元；2020年新开发乡村公益性岗位33人，开发村级公益性岗位231人。

【生态环境建设】大力开展人居环境综合整治行动，重点对火车站站前广场周围和铁路沿线影响环境的柴草堆、生活垃圾、危房圈舍等进行了集中清理整治，共拆除危房及残垣断壁192处、私搭乱建101处，清除各类垃圾352吨，栽植巷道绿化行道树6900棵、花草910平方米，完成乡村景观建设11处，整理农机具杂物、生产生活资料乱堆乱放2476户；新建卫生厕所513座、行政村公厕6座；完成11个村环境整洁村创建工作。

【平安建设】大力开展矛盾纠纷排查调处，做到早发现、早报告、早控制、早解决，全年排查调处各类矛盾纠纷55起，受理各类信访件28件，办结率、反馈率均达到100%；严格执行安全生产“党政同责、一岗双责、失职追责”责任制，积极开展交通劝导，上传劝导日志20074条，高度重视森林防火工作，制作宣传牌3面，印发警示宣传材料1000余份，全镇安全生产形势总体平稳；持续加强法制建设，开展法治宣传活动11场次；深入开展扫黑除恶专项斗争，民族宗教政策全面落实。

【新冠肺炎疫情防控】积极开展新冠肺炎疫情防控。及时建立四级防控和线上“防疫组织”体系，充分发挥“网格”作用，多维度管理，广范围宣传，无死角排摸，做到信息传达及时准确，防疫措施精准有效。

【产业发展】

1.**传统产业不断壮大**。种植业方面：全镇种植中药材1.1万亩、马铃薯5000亩、蚕豆3000亩。大力发展蔬菜产业，建成蔬菜种植产业基地150亩，主要种植辣椒、大蒜、西葫芦、莴笋等品种，实行“龙头公司+合作社+基地+贫困户”的产业化运作模式。利用100多座钢架蔬菜大棚以及修建的恒温库、运输冷藏车，建成了锹峪镇设施蔬菜产业示范区。养殖业方面：采取“龙头企业+合作社+农户”的饲养模式，为2020年脱贫的10户贫困户、26户边缘户实施养殖业到户奖补项目，引进良种牛32头，羊36只。根据市场需求，在乔阳村引进育肥猪养殖企业，建立育肥猪养殖基地；在曹家庄村、古树村引进肉兔养殖企业，建立年出栏量1万只的肉兔养殖基地，在新丰村建成养殖规模达100头牛的示范养殖合作社。

2.**新型产业稳步推进**。坚持以农耕文化为魂、田园风光为韵、村落民宅为形、生态农业为基、自然分散为曲的价值取向，全面打造“渭水源宿”乡村旅游品牌。投资6800多万元建成占地300亩的乡野香旅游山庄1处，新发展旅游专业村1个、农家乐（客栈）3家，接待游客10万人（次），实现旅游综合收入200余万元。同时，新增峡口村“拾光”民宿园一处，现已完成设计，预计2021年完成建设并运行。大力发展“小家禽、小庭院、小手工、小作坊、小买卖”五小产业项目，对全镇8个村18户贫困户发展五小产业发放奖补资金3.14万元。电子商务业绩稳步提升，完成电商人才培训19人，先后发展网商、微商20多家，农副产品、特色产品交易销售额达到254.5万元。坚持把产业扶贫作为贫困群众稳定脱贫的根本支撑和源头活水，紧扣“四个带动”，对全镇92家合作社再次进行排摸，完成改组改造提升54家，淘汰38家，已全部完成整改。

【民生保障】

1.**基础设施明显改善**。共接通自来水3843户，通过水质监测，全部达标，安全饮水率达到100%。各村全部通水泥硬化路，73个自然社中，90%的自然社通硬化路。73个自然社全部完成动力电改造，全镇有线宽带覆盖率均达到100%。累计改造农村危房741户、完成易地搬迁356户1567人，3991户农户全部实现“居无危房”，其中特例备案户210户，“四有”人员危房91户已全面完成整改，剩余119户常年外出户在外均有安全住房。

2.**公共服务能力明显提升**。累计改造农村危房741户、完成易地搬迁356户1567人，3991户农户全部实现“居无危房”，其中特例备案户210户，“四有”人员危房91户目前已全面完成整改，剩余119户常年外出户在外均有安全住房。

【社会治理创新】完善信访接待制度，共接待群众来访109人次，调处民事纠纷56起。电子民生平台规范运转，共办理各类民生事项182件次，按时办结率为100%，回复率为100%，满意率为95.51%。坚持全民共治、源头防治，全面整治燃煤散烧、污水排放等，建成垃圾低温焚烧热解站1处，完成燃煤锅炉改造提升2个。充分发挥镇村两级安全生产网格员作用，认真做好安全标准化建设、安全技能培训、隐患排查治理、重点行业领域专项治理等重点工作，全年无重大安全生产事故发生。全面落实河长制，坚持乡村两级河长周巡河、巡河员日巡河制度，对发现问题立即整改；对河道内非法采砂现象进行严厉打击，查扣车辆2台；平复河道3公里，清理河道内垃圾、杂物10余处。开展食品、药品、医疗器械及化妆品等重点领域专项整治活动12次，出动执法人员120人次，农村自办宴席登记36次，酒店承办集体聚餐备案登记17次，流动厨师培训2场次，流动厨师登记备案3人。立案查处违法经营案件2起，罚没款910元。对辖区内重点市场主体进行了责任约谈，督促辖区内经营者依法依规经营，切实保障了广大人民群众的合法权益。

【领导名录】

党委书记：张百灵（4月止）、尹文忠（4月任）

人大主席：年小兵

党委副书记、镇长：尹文忠（4月止）、蒲永亮（4月任）

党委副书记：王小东

纪委书记、监察室主任：蔡春芳（女，10月止）、张学兰（女，11月任）

副镇长：赵海龙、汪刚、邱小平（4月止）、何亚军（5月任）

武装部长：李海军（5月止）、王煜（5月任）

党建办主任兼党委组织员：魏永辉（5月止）、朱燕军（5月任）

综合行政执法队队长：邱小平（4月任）

司法所所长：任建涛

人大副主席：吕海梅（女，5月任）

综合执法所副所长：余亮亮（4月止）

综合行政执法队副队长：余亮亮（4月任）

农业农村综合服务中心主任：张晓亮（5月任）

政务（便民）服务中心主任：苏健（4月任）

文化旅游服务中心主任：李建龙（4月任）

社会治理综合治理中心主任：张东起（4月任）

食品药品监督管理所副所长：赵鹏飞（4月止）

市场监督管理所所长：焦红霞（女，5月任）

市场监督管理所副所长：赵鹏飞（4月任）

农村公路管理所副所长：李建龙（4月止）

扶贫工作站站长：赵响霞（女，4月止）

计划生育办公室主任：石燕（女，4月止）

民族工作办公室主任：苏健（4月止）

（供稿：杨秀萍）

路园镇

【概况】路园镇位于渭源县城东部，渭河和310国道穿境而过，东西长16公里，南北宽11公里，总面积约79平方公里，境内居住着回汉两个民族；距县城10余公里，平均海拔2150米，年平均气温6℃，无霜期90天，年降雨量543.7毫米，有耕地面积46442亩，人均2.2亩。全镇辖12个行政村、91个村民小组，共有农业人口5032户21105人，常住人口4769户19919人，全镇有陆家湾、潘家岔、王家山、东湾、峪岭、小园子6个贫困村，有建档立卡贫困人口1354户5862人，现已全部脱贫，贫困发生率下降到0。2020年全镇居民人均可支配收入10829.8元，贫困人口人均可支配收入6945.14元。境内有新石器时代的仰韶文化和齐家文化的上坪、寺坪和马家窑文化的王家咀等遗址及斜坡汉墓群。境内川区为渭河各灌溉区，北部为干旱山区，水土流失严重。南部为二级坪台地和山区，地势西高东低，南北高，中间低，有灌溉渠道及截引、井坎、提灌等水利工程，较大的有北干渠和南丰渠。

【全面从严治党】

1.强化理论武装，提高政治站位。坚持将习近平新时代中国特色社会主义思想和党的十九大精神、十九届二中、三中、四中、五中全会精神等融入“三会一课”、“主题党日”等组织生活中，引导党员树牢“四个意识”、坚定“四个自信”。通过领导干部带头学、围绕阵地集中学、媒体平台宣传学和结合工作深入学等多种方式，在镇党委理论中心组学习计划中分批次系统学习习近平新时代中国特色社会主义思想。

2.突出政治建设，从严落实主体责任。坚持将政治建设摆在首位，始终将履行全面从严治党主体责任作为不折不扣落实党中央各项决策部署的具体行动，切实将全面从严治党主体责任扛稳抓牢，党委书记带头认真履行第一责任人责任，班子成员切实履行“一岗双责”，积极履职，把从严治党主体责任落实纳入工作总体布局。

3. 加强党风廉政建设，转变干部纪律作风。紧紧围绕扶贫领域腐败和作风问题专项治理这“一条主线”，全面落实党风廉政建设主体责任和监督责任，灵活采用“四不两直”工作法，持续加强对各党支部，各站办所履行职能责任的日常监督。开展扶贫领域日常监督检查30次，受理扶贫领域问题线索3件，对发现的整改类问题35件督促相关责任人及时整改，发出督查通报5起，充分运用约谈提醒等第一种形态问责36人次，作出书面检查6人组织召开党员干部警示教育会议3次。推行村级权力监督，梳理出“六项清单”及权力运行流程图，切实增强工作的主动性和积极性。

【脱贫质量巩固提升】2014年以来，经过多次动态调整后全镇共有建档立卡贫困人口1354户5862人，贫困村6个，其中深度贫困村4个，2020年已全部脱贫，贫困发生率从2013年底的29.29%降至0。建档立卡户全部加入各村有发展能力的合作社，贫困村集体经济收入均达到5万元以上。贫困人口人均可支配收入从2014年底的3125.44元提高到6945.14元，全部实现了不愁吃不愁穿，所有符合条件的建档立卡人口养老保险代缴和医疗保险资助工作全面完成，住房安全基本有保障，全镇九年义务教育巩固率达到100%，饮水安全比例达到100%，纳入建档立卡的农村低保对象215户736人、特困供养对象4户4人，实现了应保尽保和动态管理，确保了全镇建档立卡贫困人口1354户5862人稳定脱贫退出，有效巩固了脱贫成果。

【经济社会全面发展】始终坚持把统筹推进疫情防控和经济社会发展作为主要任务，扎实做好“六稳”工作，全面落实“六保”任务。疫情防控方面，成立由党委书记、镇长任组长的新型冠状病毒感染肺炎处置工作领导小组，明确责任、细化任务，确保指挥有力、调度有序。采取网格化管理的防控措施，迅速排查返乡人员，落实包户到人、每天两次的走访监测的工作机制，确保村不漏社、社不漏户、户不漏人，全方位无死角地做好疫情排查、监测、预警工作。各村设置卡点，安排镇村党员干部24小时轮流值班，轮流值守在各出入口，对进出人员进行劝返宣传、测量体温、备案登记，对外来人员和车辆进行劝阻。同时，保证农资供应充分，确保做好疫情期间春耕备耕正常进行。产业发展方面，全力推进传统产业提升，持续加强对已到户项目的监管力度，完成中药材种植面积达到12000亩以上，蔬菜种植10000余亩、金丝皇菊200多亩，全膜双垄沟播玉米种植示范推广8000亩、马铃薯种植4000亩，收益农户1876户（其中建档立卡户962户），全镇牛养殖量3523头、羊养殖量8957只，带动农户持续增收。同时，全力做到有意愿参加农业保险人口全覆盖，有效防范市场风险。就业扶贫方面：劳动力共输转4286人次，开发生态护林员、垃圾清洁员等公益性岗位337名，完成就业技能培训405人次，农业实用技术培训53人次，完成晋渭输转22人，新疆移民搬迁3户10人，人均增收达到3000元以上。合作社规范化运营方面，通过“规范提升一批、示范引领一批，创新发展一批，清理整顿一批”，突出抓好农民合作社质量提升，全镇规范提升109家，改组两社融合发展25家，注销35家。合作社建立完善了“一户三表四制”的农民专业合作社规范管理体系。易地扶贫搬迁后续扶持产业项目，在易地扶贫搬迁安置点，完成了投资50万元新建广场硬化项目、投资730万元新建高标准节能日光温室大棚、投资98万元的路园镇金丝黄菊种植及加工项目。道路建设方面，提升村级基础设施建设项目，完成投资205万元路园镇三河口金鸡产业园产业路建设项目，投资376万元的双轮磨村、东湾村、大路村、峪岭村、小园子村巷道硬化项目，投资506万元路园镇自然村通硬化路项目。

【社会治理创新】健全党组织领导的自治、法治、德治相结合的乡村治理体系，构建共建共治共享的社会治理格局，以10户为1个网格构建“户、社、村、镇”四级管理责任网络。一是以乡风文明为主线，持续开展“听党话、感党恩、跟党走”宣讲活动，积极发展红白理事会和道德评议会等民间组织，持续推进高价彩礼专项治理，抵制红白喜事铺张浪费，鼓励和引导群众积极参与基层治理，创新发展新时代“枫桥经验”，不断推进社会治理现代化。二是强化生态文明建设，先后用油松、云杉等树种完成面山绿化1700余亩，完成行道树栽植15公里。在310国道沿线锹甲铺、大路等村路边空闲区域，组织群众栽植菊花、三叶草等花木1.1万余株，小花坛32个，全力打造“四季有景、三季有花”的美丽路园。进一步凝聚党群、干群合力，共拆除危房及残垣断壁225处，拆除私搭乱建225处，垃圾革命整治672吨，风貌革命整治7713平方米、村道绿化行道树3648棵，农户庭院整治2386户、精神面貌整治1749户，完成475户农村户厕改造任务。三是扎实开展扫黑除恶专项斗争，全力维护社会和谐稳定发展。对三河口加油站乱停乱放问题和路园小学门口电动车违法载人等乱象先后开展专项整治24次，深入开展“扫黑除恶主题党日”活动，全方位、多领域排查掌握各种线索，不断凝聚强大正能量，鼓励、支持、动员基层党员干部和群众坚决同黑恶势力作斗争。四是全面维护社会安全稳定，有效推动法治宣传教育。举办法治宣传讲座36起，培训人员1.2万余人；安装监控设备19套135个摄像头，动员部分个体工商户、合作社安装视频监控摄像头240多个，对刑释解教人员、涉毒人员等各类重点人员定期进行回访、开展谈心谈话、教育学习，深入开展矛盾纠纷排查调处工作。共排摸各类矛盾纠纷72起，调解成功72起，调处成功率达100%。

【放管服改革】持续压减政务服务事项，规范事项标准化办事指南，固化了办事流程、公布办事指南，大力提高服务指南的知晓度，方便群众办事。积极推进“网上办事”“不见面审批”事项，让群众少跑路，提高办事效率。政府及12个村积极清查、更新、录入政务服务事项，共录入483项，办结率100%，进一步提高了群众满意度。

【领导名录】

党委书记：杜映辉

党委副书记、镇长：王东奎

人大主席：蒲永亮（4月止）、任兴华（4月任）

党委副书记：刘文轩

纪委书记：崔婧（女）

副镇长：马莉娜（女）、梁建文、王永新

武装部长：康继龙（4月止）、余雄雄（5月任）

党建办主任兼党委组织员：张建国（4月止）、罗晓军（4月任）

人大副主席：谢秀红（女，5月任）、石燕（女，5月任）

司法所所长：邓渭君

综合执法所所长：黎得平（4月止）

综合执法所副所长：蒋保平（4月止）

综合行政执法队队长：黎得平（4月任）

综合行政执法队副队长：蒋保平（4月任）

农业农村综合服务中心主任：乔红桃（女，4月任）

文化旅游服务中心主任：张永瑞（4月任）

社会治安综合治理中心主任：王银全（5月任）

政务（便民）服务中心主任：卜登辉（4月任）

食品药品监督管理所副所长：朱含章（4月止）

市场监督管理所副所长：黄敏（4月任）

农村公路管理所副所长：张永瑞（4月止）

扶贫工作站站长：乔红桃（女，4月止）

社会治安综合治理办公室副主任：余雄雄

（4月止）

计划生育主任：张芳芳（女，4月止）

民政工作站站长：卜登辉（4月止）

（供稿：王艺喆；审稿：刘文轩）

莲峰镇

【概况】莲峰镇位于渭源县东南部，东接陇西县，南部与莲峰国有林场和漳县相连，西与锹峪镇毗邻，北与路园镇接壤，是陇西、渭源、漳县三县的集市贸易中心。莲峰镇镇域南北长23公里，东西宽17公里，总面积约145平方公里。镇政府驻莲峰镇上街村，距县城25公里。全镇共辖23个村177个社11240户43378人。2020年末，全镇总户数11240户，总人口43378人。其中农业人口10797户，农业人口45245人。2020年末全镇总劳动力约26640人。2020年，粮食作物播种面积132516.99亩，其中马铃薯播种面积32177.36亩；经济作物播种面积52254.88亩，其中中药材面积达52184.88亩。境内有全县爱国主义教育基地——坡儿红军烈士陵园。

【全面从严治党】镇党委坚持将政治建设摆在首位，始终履行全面从严治党主体责任，严明政治纪律和政治规矩，严格贯彻执行民主集中制，坚持集体领导、充分发扬民主，严格按程序决策、按规矩办事；严格落实“三会一课”、组织生活会、民主评议党员等制度，强化党性锻炼。对照认领中央脱贫攻坚专项巡视“回头看”和2019年度国家脱贫攻坚成效考核反馈问题、中央纪委国家监委调研督导反馈问题及其他各类巡视巡察反馈问题共计177条。巩固深化“不忘初心、牢记使命”主题教育成果，镇党委高度重视宣传思想工作，牢牢掌握意识形态的领导权主动权，把意识形态工作纳入党建工作责任制，纳入领导班子、领导干部目标管理的重要内容，纳入领导班子成员民主生活会和述职报告的重要内容。树立鲜明选人用人导向。强化组织建设，提升组织覆盖力。全镇有10个村设立党总支，成立产业党支部，有效扩大党的组织和工作覆盖，进一步织密基层组织之网，夯实党在农村的执政根基。

【脱贫攻坚】坚持把打赢脱贫攻坚作为压倒一切的政治任务，紧盯“两不愁三保障”目标，全镇上下敢死拼命、攻坚拔寨，举全镇之力向贫困“啃骨头”发起总攻，各类资金投入达到前所未有，2020年，项目投入资金达到8311.53万元。“冲刺清零”全面完成。严格落实教育扶贫政策，实现义务教育阶段学生零辍学。全面落实家庭医生签约服务和医保、医疗救助政策。投资117.6万元，完成危房改建56户，拆除危旧房304处；投入资金839.1069万元，落实自来水入户960户。完成114户易地扶贫搬迁后续产业配套。全镇55户227人贫困人口全部实现脱贫退出。

【产业发展】着力构建主导产业保收入、新兴产业拓渠道、就业扶贫促增收、政策保险防风险的发展格局，优化产业奖补、入股配股、资产收益模式。农民人均可支配收入达到8423元，增幅12.97%；建档立卡户人均可支配收入达到6093元，增幅19.9%。推行“龙头企业+合作社+基地+农户”“五统一分一标三提高”“养殖贷+牛羊托养”等带贫模式，建成绽坡村富硒食用菌生产扶贫车间、老庄村和团结村花卉生产加工扶贫车间、元明村高原夏菜种植基地、下街村香菇种植基地等特色产业基地6处，在何家湾村、团结村建成药材加工小区2个。

【项目建设及招商引资】2020年，全镇共续建项目3项，概算投资142万元；新建项目共19项，总投资8073.53万元，谋划重大项目4项，总投资1.75亿元。先后投资955万元，新修农村公路18.1公里；投资579.2万元，新修主巷道7.24万平方米。招商引资引进企业4家，共计签约资金13063.28万元，到位资金2520.6万元，完成固定资产投资1.16亿元。通过土地经营模式，共出租社留地528.5亩，实现村集体收入3.32万元；

建设村级光伏电站10处。到2020年底全镇实现所有村级集体经济收入2万元以上。

【城乡建设与环境保护】城乡建设方面，完成渭武高速延伸段以及投资1037.55万元镇区一号路东段管网建设、水稳铺设以及铺油造面，投资3950.6万元建成并投入使用莲峰镇镇区污水处理工程。完成了旧农贸市场改建，规范镇区乱摆摊点、乱堆乱放等行为。完成了团结、绽坡、老庄、上街、下街、何家湾6个清洁村庄示范村创建，提前谋划编制城乡国土空间规划以及团结、绽坡、老庄、上街、下街、何家湾6个村庄建设规划。生态建设方面，完成镇级面山绿化500亩，完成村级面山2303亩，栽植3.12万株完成行道树75.9公里，群众义务植树40万株。完成莲峰卫生院、镇政府20吨以下锅炉拆除，集中开展施工现场扬尘、“大棚房”、违建别墅专项整治等。修建卫生厕所383座，修建公厕10座。

【社会事业】全镇共有学校25所，其中高中1所，独立初中2所，独立幼儿园2所，六年制小学20所；学前儿童入学率100%。全镇建成村级文化广场23个，相应配备各类体育健身器材300余件，成立村级图书室23个。全镇共有卫生院2个，村卫生室23个，医护人员60余人，年内门诊就诊人数58216人（次），住院人数2369人（次）。全镇参加2021年城乡居民医疗保险38536人，收缴医疗保险金1079.0080万元，城乡居民医疗保险参保率96.04%；参加城乡居民基本养老保险20345人，年内收缴养老保险费3368.61万元，城乡居民基本养老保险续保率93%以上，为6804人累计发放养老金912.18万元，发放率100%。

【社会民生】2020年，办理农村低保1415户4252人，发放资金1197.6172万元；特困供养对象255户258人，累计发放特困供养金165.899万元；享受残疾人“两项补贴”902人，发放资金100.18万元；享受经济困难老年人补贴115人，发放资金13.15万元。孤儿对象8户9人，累计发放孤儿资金8.7万元；事实无人抚养儿童对象3户5人，累计发放事实无人抚养金2.7万元；临时救助对象522户2210人，累计发放临时救助资金243.0183万元；报批医疗救助共计190人次，发放救助金79.62万元。

【领导名录】

党委书记：张平义

人大主席：曹彦华（女）

党委副书记、镇长：孙智军

党委副书记：章军、张倩（女，5月任，挂职）

纪委书记：黎明东（4月止）、康继龙（4月任）

监察室主任：黎明东（4月止）、康继龙（5月任）

副镇长：石睿、汪旺林、王成亮（4月止）、安晓东（4月任）

武装部长：赵建平

党建办主任：陈刚（4月任）

人大副主席：蒋陆军

市场监督管理所所长：任兴华（4月止）、黎明东（4月任）

司法所所长：党小强

政务（便民）服务中心主任：孙永红（4月任）

民政工作办公室主任：徐永天（4月止）

农村公路管理所副所长：孙永红（4月止）

文化旅游服务中心主任：包生明（4月任）

综合执法所所长：王宗（4月止）

综合执法所副所长：张文学（4月止）

综合行政执法队队长：王宗（4月任）

综合行政执法队副队长：张文学（4月任）

农业农村综合服务中心主任：何喜军（4月任）

社会治安综合治理中心副主任：薛益鹏（5月任）

食品药品监督管理所副所长：王辉（4月止）

市场监督管理所副所长：王辉（4月任）

扶贫工作站站长：何喜军（4月止）

社会治安综合治理办公室副主任：杨绑军（4月止）

计划生育办公室主任：包生明（4月止）

食品药品监督管理所所长：王辉（4月止）

（供稿：王文明；审稿：章军）

北寨镇

【概况】北寨镇位于渭源县东北部，定渭公路和首漫公路穿境而过。全镇以黄土丘陵地貌为主，黄土梁峁沟壑区，地势东高西低，常年干旱缺雨，植被稀少，水土流失严重，自然条件严酷，资源贫瘠，是市级深度贫困乡镇。全镇总面积144.28平方公里，平均海拔2200米，平均气温5℃，年降水量420.6毫米，无霜期150天。主导产业为中药材、马铃薯、蔬菜、畜草、劳务输转。全镇共辖13个行政村92个村民小组4255户17238人，共有建档立卡贫困人口1222户4985人，全镇13个村均为建档立卡贫困村，陈家渠村为深度贫困村。主导产业主要为中药材、马铃薯、蔬菜、畜草、劳务输转等。

【全面从严治党】结合巩固“不忘初心、牢记使命”主题教育成果，严格落实逢会必学制度，重点对习近平新时代中国特色社会主义思想、《习近平扶贫论述摘编》《党章》《定西市扶贫领域违法犯罪典型案例警示录》等党纪法规进行学习，切实提升领导干部全面从严治党和预防职务犯罪责任意识，进一步增强党员干部规矩意识和自律意识。严格实行《党委会议议事规则》、《北寨镇驻村帮扶工作队管理办法》、“三重一大”等决策程序，积极探索建立了副科级以上领导干部“六张清单”和村级“小微权力清单”。

【脱贫攻坚成效】

1.脱贫挂牌作战。北寨镇有建档立卡人口1210户4890人。针对全镇19户65人未脱贫户、26户108人脱贫监测户和39户151人边缘户，制定了符合实际且有操作性的挂牌作战方案。对未脱贫的18户由镇脱贫攻坚前线指挥部正副指挥长、所在村的脱贫攻坚总队长和镇上科级干部及第一书记负责作战，18名帮扶责任人开展帮扶。26户脱贫监测户由镇脱贫攻坚前线指挥部正副指挥长、脱贫攻坚总队长、驻村帮扶工作队队长负责作战，24名帮扶责任人开展帮扶。39户边缘户由11名包村领导负责作战，27名干部为作战责任人，进行结对开展帮扶，高质量完成了剩余贫困人口减贫任务。

2.产业发展。完成北寨镇万亩党参标准化种植产业基地10643亩，沿川四村蔬菜种植形成规模基地，面积达1000亩以上。对全镇39户边缘户、19户未脱贫户和26户监测户马铃薯、中药材、小杂粮种植进行奖补；并按照边缘户、未脱贫户、监测户养殖需求，引进基础母牛23头，8+1良种羊108只（12户），每户奖补1万元。投入资金7.4万元，对全镇34户符合贫困户发展“五小”产业要求的建档立卡贫困户进行扶持奖补。引导发展中药材、马铃薯、玉米、牛、羊、猪、蜂的农户能保尽保、愿保必保，对有种养业的建档立卡贫困户100%全覆盖。共完成中药材保险6630亩，马铃薯保险11810亩，大田玉米15632亩，基础母牛526头，基础母羊1142只，能繁母猪258头，种植业理赔金额已全部发放到户。按照农民合作社质量提升整县推进试点要求，合作社通过示范引领种植马铃薯、党参、蔬菜、食用菌，养殖牛、羊、鸡、兔，切实带动增加贫困户收入，进一步壮大村级集体经济。13个贫困村村集体经济均达到5万元以上，各村以村级光伏扶贫电站、中药材、马铃薯、食用菌、蔬菜、旅游等扶贫项目资产收益分配资金。

3.稳就业促收入。先后输转劳务人员3725人（含建档立卡1875人，边缘户23人），其中向福州组织输转23人，向义乌输转26人，完成赴疆转移就业安置19户50人。完善公益性岗位人员选聘方案和考核管理办法，全镇设置村级公益性岗位296人，在岗人员都能履职尽责。

4.消费扶贫。在全县消费扶贫月（季）活动启动仪式上，康鑫源生态农业科技发展有限公司、石头泉土鸡养殖农民专业合作社、金蛋蛋马铃薯产业有限责任公司、酒北合作社、白老耕专业合作社等企业及合作社参加展销，将自产地达菜、兔肉、土鸡、土鸡蛋、淀粉、粉条、香菇、中药材、胡麻油、蜂蜜等农特产品进行了集中推介展销。

5.改善民生。安全饮水方面，对陈家渠村和郑家川村8公里自来水冬季冻管问题，列入全县规划投资860万元的2020年农村饮水安全固强补弱项目和小型集中供水工程巩固提升项目，于6月底前完成自来水冻管管道的更换，全面提升了农村饮水安全保障水平。在张家堡村新建500立方米蓄水池1座，确保了全镇安全饮水供水稳定。安全住房方面，针对排摸出的3户建档立卡户C级危房户短板，拨付危房补助资金7.2万元，全面完成竣工并搬迁入住。农户自愿改造37户，其中建档立卡户15户，低保户9户，分散供养户4户，其他农户10户，共拨付危房补助资金77.2万元，全部完成建设任务。共排摸出因灾受损房屋12户，纳入危房改造8户，灾后重建4户，已全部完成改造。基本医疗方面，对全镇1217户建档立卡户4942人，全部进行了“一人一策”家庭医生签约，对2020年家庭医生签约服务到期的3253人建档立卡贫困人群全部进行了续签。共计办理门诊慢性特殊疾病就诊手册1484人，其中建档立卡贫困人口门诊慢性特殊疾病就诊手册1063人。社会救助方面，全镇现有城市低保保障15户25人，农村低保保障499户1448人，特困供养101人。共发放农村低保金7077944元，城市低保金125295元，特困供养金661054.5元。为307户特殊人群户发放了过冬物资。

【项目建设】道路建设方面，实施自然村通硬化路项目1145万元，涉及全镇4个村22.9公里；巷道硬化5.14万平方米。易地搬迁方面，完成总投资95万元的张家堡村安置点防灾治理工程项目。产业项目方面，2019年定点帮扶资金北寨镇食用菌种植大棚建设项目37万元，在盐滩村和张家堡村建设食用菌大棚，带动当地12户建档立卡贫困户。渭源县鑫顶渭丰牧业有限公司草畜一体化资产收益项目投入141.65万元，配股到北寨镇前进村、盐滩村和张家堡村，每村约47.2万元，按照投入财政扶贫资金的8%每年向3个村进行资产收益分配。北寨镇盐滩村发展壮大村级集体经济项目安排资金50万元，在北寨镇盐滩村新建占地面积480平方米，容积2000立方米，贮存量400吨以上果蔬的气调库1座。2019年东西部扶贫协作新增财政帮扶资金良种兔养殖项目49.84万元，在北寨陇玉兔业专业合作社建设集中养殖区1处，带动周边村50户建档立卡贫困户发展肉兔养殖。招商引资方面，继续与渭源县鑫顶渭丰牧业有限公司签订续建协议，建设占地330亩养殖厂一座，引进牛养殖14000头的养殖园区项目，追加投资2亿元，2020年到位资金12000万元，已完成5座养牛大棚建设，引进5000头良种牛。

【改善人居环境】坚持“精心规划、精致建设、精细管理、精美呈现”的推进思路，拆除危旧房屋143处、残垣断壁112处、烂舍烂圈32处，群众精神面貌整治1005户。稳步推进“厕所革命”，共完成573户（其中建档立卡贫困户182户）农户卫生厕所改造，建设公厕8个。在麻地湾村栽植云杉3.5万株，完成镇级500亩面山绿化精品点；全镇13个村完成面山绿化1300亩，行道树38公里，栽植云杉10.4万株。

【便民服务】加大“放管服”改革优化营商环境，加快推行全镇“一网通办”为主线，切实提高政务服务质量与效率，方便企业群众办事。在政务大厅设立社保、民政、劳务、医保等窗口，按照AB岗落实好值班制度。对13个行政村设立了便民服务站，并接通了政务外网。承接并建立完善镇级63项事项和村级31项事项，加载村级证明事项5项，村级公布31项政务服务事项目录。积极推进“不见面审批”事项6项。

【领导名录】

党委书记：张海波

人大主席：柴原

党委副书记、镇长：张吉林

党委副书记：乔学君、卯雪元（5月任，挂职）

纪委书记、监委主任：吴小强

副镇长：庞永强、何建林、王煜（5月止）、张旭鹤（5月任）

武装部长：袁黎伟

党建办主任：王小龙

食品药品监督管理所副所长：席建国（4月止）

市场监督管理所所长：王建军（4月止）

市场监督管理所副所长：席建国（4月任）

司法所所长：张旭鹤（4月止）、魏培华（5月任）

人大副主席：杨惠琴（女，月任）

综合执法所所长：张继明（4月止）

综合执法所副所长：张晓帆（4月止）

综合行政执法队队长：张继明（4月任）

综合行政执法队副队长：张晓帆（4月任）

农业农村综合服务中心主任：王军（4月任，11月止）、张凌源（11月任）

政务（便民）服务中心主任：王彦龙（4月任）

文化旅游服务中心主任：纪燕玲（女，4月任）

社会治理综合治理办公室主任：周治忠（5月任）

社会治理综合治理办公室副主任：王建强（4月止）

农村公路管理所副所长：纪燕玲（女，4月止）

扶贫工作站站长：王军（4月止）

计划生育办公室主任：李伟峰（4月止）

民政工作办公室主任：司淑珍（女，4月止）

（供稿：张蕾；审稿：乔学君）

大安乡

【概况】大安乡位于渭源县东北部，东接陇西县，北连安定区，西依秦祁乡，南邻北寨镇，南北长16公里，东西宽15公里，总面积131平方公里，属典型的北部干旱山区。最高海拔2531米，最低海拔2231米，年平均气温5.7℃，无霜期140天，年降雨量260毫米，有耕地面积51747亩，人均占有耕地4亩，退耕还林面积32500亩。全乡辖10个行政村68个村民小组，共有农业人口2501户10151人，建档立卡贫困人口1086户4374人。2020年底全乡贫困村和贫困户全部实现脱贫退出。

【全面从严治党】

1.**落实主体责任，强化压力传导**。全乡签订了《大安乡2020年度全面从严治党目标管理责任书》《大安乡2020年度党风廉政建设目标管理责任书》和《大安乡2020年度班子成员（副科级领导干部）党风廉政建设目标管理责任书》，党委书记主持召开党委会专题研究全面从严治党工作8次，听取从严治党工作汇报11次，督查指导全面从严治党工作6轮次。班子成员开展督查调研6轮次。

2.**加强廉政教育，筑牢思想防线**。一是强化理论武装。2020年，召开党委理论学习中心组学习会议33次、乡科级领导干部撰写心得体会45篇、开展交流研讨30人次、观看教育片22场，干部例会上组织学习45余次，各支部组织学习170场次。全乡“学习强国”“甘肃党建”APP正常使用人数达到400余人，所有班子成员“学习强国”积分均达到15000分以上，每月网络自学时间都在15小时以上。二是强化履职监督。针对疫情防控期间责任落实不到位的问题和日常工作中干部作风不严不实造成重大失误的问题，建议并协助乡党委对1名村干部进行了诫勉谈话、对3名乡干部和2名村干部进行了告诫约谈。对市县纪委监委关于扶贫领域腐败和作风问题典型案例通报7起。三是强化意识形态。组织修订完善乡党委意识形态工作责任清单，建立了领导分工责任制和目标管理责任制，加强了党管意识形态的部署要求，组织召开意识形态专题会议3次，配备乡级宣传员2名，村级宣传员10名。

3.聚焦“三个保障”，强化党建引领。一是聚焦党建保障脱贫攻坚。组织党员干部扎实开展“3+1”冲刺清零等巩固脱贫攻坚质量行动，全面落实“三级书记”遍访制度，乡党委书记、村党支部书记和村第一书记遍访1086户建档立卡贫困户。二是聚焦党建保障疫情防控和防汛救灾。疫情防控阻击战中，乡党委设立临时党支部3个，吸纳机关党员40名，设关卡、测体温、排摸上报外来人员，180余名党员干部捐资捐物，切实维护了群众生命安全。三是聚焦党建保障乡村治理。开展80余次“听党话、讲政策、解难题、办实事、暖民心”活动，全面落实“四议两公开”和“民事民议民建民享民管”工作机制，减少了信访量，提高了乡村治理水平。

【脱贫成效】全乡共有建档立卡贫困村10个，其中杜家铺村和井儿山村为深度贫困村。2020年底，全乡10个村全部脱贫退出，1086户建档立卡户全部实现稳定脱贫，贫困发生率降为0。

【产业发展】一是不断夯实产业基础。建成马铃薯种植基地4200亩。投资400万元，实施大安陇玥草畜一体化产业扶贫项目；投资50万元建成方家庄村鸡舍560平方米和中庄村鸡舍800平方米；实施了邱家川村扶志农牧业农民专业合作社100万元建设项目，引牛48头、建设圈舍400平方米。全乡现有牛羊存栏量达到3295头和17148只。二是规范合作社运营。成立了乡财政扶贫资金项目巡查监管工作组和10个村财政扶贫资金项目质量监督组，制定完善了《大安乡村集体经济项目（村办合作社）监督管理办法》，改组改造和注销“空壳社”“挂牌社”，全乡现有规范运行农民专业合作社34家，健全管理制度和运行规范，提高了服务带动能力。三是做好马铃薯基地建设。建设马铃薯原种种植基地1202亩，250亩马铃薯示范基地，2731.75亩马铃薯良种大县产业基地建设项目建设，2000吨储藏库1座。四是落实农业保险。完成牛保险449头、羊保险1527只，中药材、玉米、蚕豆等种植业保险3.0716万亩。五是落实小额信贷。全乡排摸出符合信贷条件且有贷款意愿的贫困户339户已向信用社进行了推荐，目前已为符合条件的244户发放贷款1168万元。六是推进消费扶贫全年实现农特产品消费扶贫161.59435万元，推荐录入贫困县重点扶贫产品供应商名录2家，农特产品综合品牌“悦芝蓝”成功入驻“832”消费扶贫平台。

【民生保障】收入方面：全乡人均纯收入9400元，其中建档立卡户人均纯收入7600元。“两不愁”方面：全乡1086户建档立卡户和69户边缘户“两不愁”全部达标，实现了吃穿不愁，家有余粮。安全饮水方面：2020年，全乡共完成了10个村57.9公里自来水管线深埋和邱家川村调蓄池建设，安全饮水率达到100%，且水质达标、供水稳定。义务教育方面：全乡现有义务教育阶段适龄儿童1064人全部接受义务教育，无辍学学生，“两免一补”“营养餐”等教育扶贫政策全部落实。基本医疗方面：全乡9840人参加了基本医疗，参保率达98%，建档立卡参保率100%。组建家庭医生签约服务团队10个，1098人办理了慢性病卡。住房安全方面：10户危房改造户和7户因灾受损户全部竣工并搬迁入住，95户“四有人员”危房户通过搬入安全住房、加固维修和重建等方式消除了安全隐患。基本公共服务方面：2020年养老保险参保5337人，参保率为95.66%，建档立卡人口参保率100%，10个村均建成标准化村卫生室一座，配备保健员1名。低保面为9.23%，兜底面为7.6%，实现了“应保尽保、应兜尽兜”。

【项目建设】 投资3056.961万元，完成道路硬化27.62公里，巷道硬化33107平方米。筹资66万元，对汛期水毁道路及时进行了维修抢修。投资210万元，完成中心敬老院附属工程及邱家川、方家庄村集体经济发展建设项目。投资400万元建成大安陇玥草畜一体化产业扶贫项目。争取资金51万元改善厂区道路等基础设施条件。投资210万元完成中心敬老院消防、供暖、院落硬化等附属设施。完成500万元以上固定资产投资项目2项，为渭源县大安乡自然通硬化路建设项目，概算总投资1381万元，新建通村硬化路27.62公里；投资537万元大安中心敬老院建设项目已全面完成投资计划。

【社会治理】 一是政治为统领，提升乡村治理凝聚力。全面推行“一肩挑”，全乡“一肩挑”比例达到90%，2020年选聘专职化党组织书记3名，招聘村文书2名。高质量完成潘家湾村软弱涣散党组织整顿提升。扎实开展村“两委”换届各项工作。二是自治为根本，激活乡村治理原动力。对10个行政村功能室进行了完善，设置了党务公开栏和村务公开栏及时公开公示，落实网格化管理制度，设置村级总网格长10名，网格长68名，网格指导员68名，网格员223名。三是法治为保障，增强乡村治理意志力。深入开展“七五”普法活动，成立“七五”普法领导小组，培养普法联络员和骨干97人，法律明白人和普法带头人150人，举办普法宣传活动5次，参与群众4000余人，印发普法宣传资料1万余份，悬挂宣传标语50余条。四是德治为基础，激发乡村治理内生力。2020年全乡各村利用群众大会、党员大会表彰“星级家庭”126户，在文化惠民活动中表彰“星级家庭”87户。常住人口《村规民约》全部到户上墙，增强了村民的主体意识和责任意识。五是智治为支撑，强化乡村治理助推力。全乡“学习强国”正常登录人员200人，基层党员全部利用“甘肃党建”APP参加组织生活；六是以“放管服”为举措，强化政务服务效能。乡级全程网办事项63个，村级网上办件事项34个，实现了在线办理。中心受理4210件，办结4210件，其中受理即办件3797件，承诺办件413件，办结率100%；好差评评价788人次，受理咨询913人次。

【生态保护】 全面完成植树造林2250亩，栽植云杉、速生柳11.5万株。在红堡子、张家川村栽植云杉、油松500亩。完成10个村道路绿化57公里，栽植速生柳1000株，栽植樟子松1000株，栽植杏树12万株。结合秋季植树造林工作，采购红叶李230株对街道树木进行了重新栽植。护好现有资源，成立了大安乡林区禁牧专项治理工作组，对各村林区放牧情况进行专项整治，发放林区禁牧告知书600余份，并建立定期巡察机制，对放牧人员及时劝回，防止对林区生态环境的破坏。打好污染防治攻坚战，及时召开大安乡村容村貌整治工作推进会议，制定印发专项整治方案，组织全乡力量扎实开展了“拆危”“治乱”“清脏”三项行动，全面整治“21乱”，共整治乱点329处。

【驻村帮扶】 全乡现有驻村帮扶工作队10支，帮扶单位6个，其中省直帮扶单位4个，县直帮扶单位2个。现有驻村帮扶工作队成员30名，其中省直单位选派23名，市直单位选派1名，县直单位选派6名。现有410名帮扶责任人帮扶1086户建档立卡贫困户，其中省级以上单位帮扶责任人292人，市级帮扶责任人1名，县级帮扶责任人23名，乡级帮扶责任人94人，实现了对建档立卡贫困户的全覆盖。各级帮扶责任人定期到村到户开展帮扶工作，建档立卡户对帮扶责任人满意度高达100%。

【领导名录】

党委书记：李陆军（4月止）、王玉平（4月任）

人大主席：韩金平

党委副书记、乡长：孙宏军

党委副书记：石瑞东、王宏亮（4月任，挂职）

纪委书记：谢顺平

人武部部长：张学俭

党建办主任：秦彦敏（9月止，兼党委组织员）、彭龙（11月任）

副乡长：王海军、善勇

司法所所长：赵强（11月止）

综合执法所副所长：李虎（4月止）

综合校长执法队副队长：李虎（4月任）

食品药品监督管理所所长：赵思中（4月止）

食品药品监督管理所副所长：杨金卓（4月止）

市场监督管理所所长：赵思中（4月任）

市场监督管理所副所长：杨金卓（4月任）

政务（便民）服务中心主任：魏军平（4月任）

农业农村综合服务中心主任：段瑞峰（4月任）

文化旅游服务中心主任：牛林（5月任）

社会治安综合治理中心主任：王科荣（4月任）

社会治安综合治理中心副主任：彭龙（4月止）

农村公路管理所所长：魏军平（4月止）

扶贫工作站站长：段瑞峰（4月止）

计划生育办公室主任：王科荣（4月止）

民政工作办公室主任：任海霞（女，4月止）

（供稿：任海兵；审稿：王科荣）

秦祁乡

【概况】秦祁乡地处渭源县北部，西面与临洮县连儿湾乡接壤，北面与临洮县漫洼乡、安定区内官镇相邻，距渭源县城47公里。境内地势西北高，东南低，山多沟深，东西长18公里，南北宽17公里，地域面积115.95平方公里，最高海拔（岗家岔山顶）2585米，年平均气温5°C，年降水量420毫米降水量分布不均匀，主要集中在秋季，土壤瘠薄，植被稀少，境内有秦祁河穿过，秦祁乡以此河而得名。全乡耕地面积4.06万亩，人均占有耕地4.09亩，退耕还林面积28456亩，人均退耕还林面积2.87亩。全乡有11个行政村64个村民小组2424户9104人，有5个贫困村，共有建档立卡贫困户999户4038人，已全部脱贫，全乡贫困发生率下降到0。现有脱贫监测户57户218人，边缘户71户256人。渭源县贫困面最大的乡，也是全省40个特困乡乡之一。

【全面从严治党】

1.提高政治站位，压实各级责任。坚持把党的政治建设摆在首位，跟进学习贯彻习近平总书记重要讲话和指示批示精神，先后召开25次党委会专题研究全面从严治党工作。坚持问题导向、目标导向，有针对性地确定8个专题，采取“四不两直”方式开展调研，帮助基层一线解决难题345个。坚持真管真严、敢管敢严、长管长严，制定全面从严治党任务清单和责任清单，压实各党支部书记第一责任人责任和下属各单位及机关各部门负责人“一岗双责”责任。

2.强化理论武装，打牢思想根基。以党委理论学习中心组为龙头，把持续深入学习习近平新时代中国特色社会主义思想和《习近平谈治国理政》第三卷作为首要任务，开展党委中心组理论学习27场次，集体学习30多场次，开展专题研讨1次，心得体会交流1次5人次，召开基层党建工作推进会10次，业务知识培训12次，组织包村领导、党支部书记、第一书记及党务工作者到兄弟乡镇学习考察2次，党委委员讲党课10场次，参学党员达2100多人（次）。

3.严把政治标准，夯实基层基础。坚持抓班子带队伍，通过开展“学党史、感党恩、听党话、跟党走”聚民心活动，吸收入党申请人185名，确定入党积极分子93名，新发展党员10名，开展支部结对共建活动20多场次。投资26万元科学设置“三室一中心”，全乡11个党群服务中心均达到了阵地标识统一、布局合理、功能完善、管理规范、作用显著的目标，村级集体经济均超过10万元。通过甘肃党建信息化平台，实时监测各党支部“三会一课”“主题党日”“支部融合共建”开展情况，确保组织生活高质量开展。在软弱涣散党组织整顿中通过配强一个班子、培养七支队伍、建立一套制度、规范一个阵地的“1711”思路，对软弱涣散党组织进行了全方位整顿。

4.持续正风肃纪，树立清风正气。坚决扛起党风廉政建设主体责任，会同乡纪委定期会商研究，形成两个责任贯通的有效合力，处置问题线索5条，给予党纪政务处分3人。支持乡纪委履行监督责任，编印运用监督执纪“第一种形态”工作手册，推动党内监督常态化具体化，运用“第一种形态”处置干部68人次。扎实开展形式主义官僚主义、不作为不担当问题专项治理，查处形式主义官僚主义、不作为不担当问题3起，处理相关责任人3人。坚持走好群众路线，认真回应群众诉求，共代办民生事项58件次，解决民事纠纷13起。

【脱贫成效】秦祁乡现有建档立卡户999户4035人，已全部实现稳定脱贫，57户216人脱贫不稳定户和71户256人边缘户的人均纯收入均高于5000元且全部消除了返贫致贫风险，经脱贫验收及复核检视，5个贫困村脱贫退出4项指标全部稳定达标。经测算，全乡2020年人均纯收入达到8150元，同比增长9.5%，建档立卡户人均纯收入达到5727元，同比增长10.07%。

【产业发展】种植业方面，通过项目辐射带动全乡完成旱作农业种植3万亩（其中黑膜蚕豆6000亩，全膜玉米18000亩，地膜党参1000亩，黑膜马铃薯5000亩）。建成杨川、白土坡、武家山850亩富硒蔬菜产业基地一个，中坪—秦祁千亩地膜党参种植基地一个，芨芨沟村马铃薯种薯繁育基地一个，西坪—豹子沟村建设千亩黑膜马铃薯种植基地和双膜沟播蚕豆种植基地。在芨芨沟村，引导致富能人采取“合作社+基地+贫困户”模式，建设马铃薯良种网棚繁育基地一个，新建网棚14座。养殖业方面，全乡注册养殖业合作社10个（养羊合作社7个、养牛合作社3个），发展规模养殖户298户，羊存栏达到14585只，全乡群众户均饲养羊达20只，户均增收1万元左右，真正将养羊业培育成秦祁群众脱贫增收的稳定产业。特色产业建设方面，坚持因村制宜，因户施策，“一村一业”发展村级扶贫主导产业，依托引洮灌区工程，引进渭源县鑫大地春农业科技发展有限公司，在杨川村建设500亩蔬菜产业园，辐射带动周边村种植蔬菜850亩，带领全乡群众走出一条干旱贫困山区脱贫致富的路子，2019年带动贫困户178户，户均年增收1.1万元。依托引洮灌区节水灌溉项目，在糜川、杨川、白土坡、武家山村落实高原夏菜种植850亩。合作社建设方面，2019年以来，通过政府参与组建、政策大力扶持、程序持续简化等方式，全乡共有农投公司1家，农民专业合作社41家，其中带动贫困户农民专业合作社22家，实现了每个行政村2家合作社全覆盖和带动所有建档立卡贫困户入股合作社。其中全乡运行较好的合作社有20个，运营规范的32个，运营一般的14个，提升运营的有9个。

【民生保障】饮水安全方面，投资15万元对排摸出的6.5公里自来水冻管和6户群众的自来水进行改造，全乡所有农户已全部接通了自来水，并配备水管员11名，对稳定供水情况实时监测，全乡安全饮水率为100%。义务教育方面，全乡有中学1所，小学7所，幼儿园2所，共有教师63名，学生217名，其中学前35人，小学105人，初中77人，有需求贫困村幼儿园覆盖面达到100%，学前三年入园率达到100%，九年义务教育阶段巩固率达到100%。全乡无义务教育阶段辍学学生，已建立厌学学生、孤儿、留守儿童、家庭经济困难学生等特殊群体管理责任台账，进行精准管理，动态监测。农网改造方面，全乡64个自然村升级改造了动力电，实现了动力电全覆盖。安全住房方面，多方筹措帮扶资金37万元（其中兰州大学帮扶20万元），对73户疑似危房进行了维修改造，全乡农户安全住房率达到100%。基本医疗方面，全乡参保率98%，其中建档立卡户、边缘户参保率100%，累计完成852人慢性病就诊卡办理工作（建档立卡714人）。11个村各设有标准化卫生室1座，有村医11名，办公设备配备齐全。人居环境方面，完成229省道16公里行道树栽植和90亩核桃经济林建设项目，500亩生态绿化点已完成栽植；投资75.72万元完成户厕改造437户（建档立卡户291户），创建清洁村庄6个，完成巷道硬化3.6万平方米。结合"拆违治乱"专项攻坚行动，全乡拆除危房213户，残墙断壁832处，烂圈烂舍679处，清理垃圾378吨，清理河道沟渠48处，精神面貌整治1420户，"视觉"贫困的问题得到有效解决。民政社会保障方面，城乡居民养老保险参保率达95%，其中建档立卡贫困人口参保率达100%；无社保卡人员信息采集率达100%。对家庭特别困难的211户495人依托农村一二类低保和特困供养实行政策兜底脱贫，安排护林、保洁、水管、护路等扶贫专岗162个，确保了特殊困难群体稳定脱贫。

【社会治理】平安建设不断深化，扫黑除恶专项斗争推进有力。同时，对村"两委"干部进行了联审，净化村社班子。信访生态和谐稳定，进一步加大电子信访案件和民生平台办理力度，充分运用便民服务中心和电子民生平台，完善了信访接待制度，共接待群众来访68人次，调处民事纠纷14起。电子民生平台规范运转，共办理各类民生事项102件次，按时办结率为100%，回复率为100%，满意率为96%。污染防治成效凸显，坚持全民共治、源头防治，全面整治燃煤散烧、污水排放等。安全生产齐抓共管。充分发挥乡村两级安全生产网格员作用，认真做好安全标准化建设、安全技能培训、隐患排查治理、重点行业领域专项治理等重点工作，全年无重大安全生产事故发生。河道管理日趋规范，全面落实河长制，坚持乡村两级河长周巡河、巡河员日巡河制度，对发现问题立即整改；对河道内非法采砂现象进行严厉打击，查扣车辆2台；平复河道12公里，清理河道内垃圾、杂物18余吨。市场监管全面规范，在年初乡经济会议上与11个村、乡属单位签订了食药安全目标责任书，完善乡村两级食品药品安全领导机构，建立健全乡食品药品安全各项监管体系。完善制定《秦祁乡食品药品安全应急预案》《秦祁乡食品药品安全监管工作实施方案》《秦祁乡食品药品安全责任追究制度》等监管体系。联合派出所、执法所、安监站等部门联合专项执法检查10次，依法查处食品药品安全违法经营行为8家，立案6起，结案归档6起。加大对农村自办宴席的监管力度，对超出20人的聚餐和农村自办宴席及时报告并登记备案，现场检查率达100%，并对本辖区从业的流动厨师进行登记、培训并实时监管。

【领导名录】

党委书记：万维

人大主席：黄田平

党委副书记、乡长：吕斌

党委副书记：闫亚军、杨晓东（4月任，挂职）

纪委书记：姚海林

副乡长：刘万鹏（4止）、赵毕、郸钊（4月任）

武装部长：秦继宗

党建工作办公室主任：董文君

文化旅游服务中心主任：孙建龙（5月任）

综合执法所副所长：张素平（4月止）

综合行政执法队副队长：张素平（4月任）

农业农村综合服务中心主任：漆仲黎（4月任）

政务便民服务中心主任：杨筱（5月任）

社会治安综合治理中心主任：常小龙（4月任）

司法所所长：郑玉龙（4月任）

食品药品监督管理所副所长：郭莉（女，4月止）

市场监督管理所副所长：汪占平（5月任）

农村公路管理所副所长：陆宏兵（4月止）

扶贫工作站站长：漆仲黎（4月止）

社会治安综合治理中心副主任：郑玉龙（4月止）

计划生育办公室主任：罗成虎（4月止）

民政工作办公室主任：郸钊（4月止）

（供稿：郸钊）

新寨镇

【概况】新寨镇位于渭源县北部，总面积160平方公里；距县城35公里，平均海拔2200米，年平均气温4℃，无霜期120天，年降雨量400毫米。全镇耕地总面积66466亩，人均3.4亩。全镇辖19个行政村119个村民小组，共有5222户19626人。有大坪村、三合村、泉湾村、廖家寨村4个贫困村，有建档立卡贫困人口975户3845人，现已全部脱贫，贫困发生率下降到0。2020年全镇居民人均可支配收入11506元，贫困人口人均可支配收入10872元。

【全面从严治党】

1.强化理论武装，提高政治站位。着力将习近平新时代中国特色社会主义思想和党的十九大精神暨十九届五中全会精神等融入“三会一课”“主题党日”等组织生活中，结合甘肃党建APP、“学习强国”等新媒体，组织引导党员干部强化理论武装，不断巩固深化“不忘初心、牢记使命”主题教育成果，引导党员树牢“四个意识”、坚定“四个自信”。召开专题党委会议40次，开展集中学习31余次，组织党委理论中心组学习研讨20次。

2.突出政治建设，从严落实主体责任。严格落实全面从严治党各项规定，细化分解履行全面从严治党清单，党委书记带头认真履行第一责任人责任，坚持带头示范，亲自推进主体责任的落实。班子成员切实履行“一岗双责”，把从严治党主体责任落实纳入工作总体布局。强化督查倒逼责任落实。把督查问责作为落实全面从严治党主体责任的重要抓手，建立健全党委全面督查体制，坚决纠正和查处落实主体责任不力以及干部作风方面存在的问题，确保主体责任落实到位。

3.加强党风廉政建设，转变干部纪律作风。紧紧围绕扶贫领域腐败和作风问题专项治理这“一条主线”，开展扶贫领域日常监督检查30次，受理扶贫领域问题线索3件，对发现的整改类问题35件督促相关责任人及时整改，发出督查通报7起，充分运用约谈提醒等第一种形态问责36人次，作出书面检查4人，工作中形成了强有力的震慑。组织召开党员干部警示教育会议3次。积极推行村级权力监督。

【脱贫质量巩固提升】全镇共有建档立卡贫困人口975户3845人，贫困村4个，2020年已全部脱贫，贫困发生率从2013年底的19.59%降至0。建档立卡户全部加入各村有发展能力的合作社，贫困村集体经济收入均达到5万元以上。贫困人口人均可支配收入提高到10872元，全部实现了不愁吃不愁穿，所有符合条件的建档立卡人口养老保险代缴和医疗保险资助工作全面完成，住房安全基本有保障，全镇九年义务教育巩固率达到100%，饮水安全比例达到100%，纳入建档立卡的农村低保对象487户1445人、特困供养对象164户170人，实现了应保尽保和动态管理，确保了全镇建档立卡贫困人口稳定脱贫退出，有效巩固了脱贫成果。

【经济社会全面发展】疫情防控方面，多次召开专题会议进行安排部署，明确责任、细化任务，确保指挥有力、调度有序。采取网格化管理的防控措施，全方位无死角地做好疫情排查、监测、预警工作。保证农资供应充分，确保做好疫情期间春耕备耕正常进行。产业发展方面，高标准建成20000亩党参标准化种植基地和3000马铃薯标准化种植基地。三合村建成农光互补食用菌大棚28座，带动84户贫困户种植香菇；黎家湾村办合作社流转土地60亩，种植党参40亩、马铃薯20亩。姚集村合作社建成设施蔬菜大棚2座。就业扶贫方面，全镇共输转劳动力4733人，其中“晋渭”输转33人、福州祥鑫新能源汽车配件公司输转4人、赴疆就业转移安置5户19人、其他地区4677人。申报就业扶贫奖补385人，落实奖补资金176.52万元。发展壮大集体经济方面，依托光伏产业、“德青源”金鸡资产收益分配模式增收，带动廖家寨村、泉湾村、三合村、大坪村4个贫困村发展壮大集体经济。4个建档立卡贫困村通过光伏发电各实现收入50万元以上，15个非贫困村依托德青源金鸡资产收益实现收入2万元，用于开发公益性岗位、特殊困难群众救济、设立并运行道德积美超市等。易地搬迁方面，“十三五”期间易地搬迁207户，已全部搬迁入住，并同步完成拆除复垦复绿工作。道路建设方面，投资300万元硬化大坪村通社道路4.5公里和泉湾村通社道路1.5公路；投资400万元泉湾村泉湾社—学校门口硬化道路2.18公里、新寨村姚集阳峊路口—粮管所路口硬化道路5.91公里；投资56万元维修2020年水毁道路工程0.811公里。

【生态文明建设】坚定贯彻落实“绿水青山就是金山银山的发展理念”，筹集资金70万元，栽植行道树0.75万株、云杉13.4万株，成片绿化1093亩。19个村积极开展秋季补植补造工作，栽植各类苗木4万株。扎实开展全域无垃圾综合整治及拆危治乱专项行动，投入资金30多万元，清理垃圾池、生活垃圾乱堆乱放点229处，清理道路、学校、市场等公共区域暴露垃圾138吨，清理破旧广告牌、标识标语99处，清理河道、池塘、沟渠等的漂浮物、障碍物38.7吨，收集废旧农膜、尾菜325吨，清理电线、电缆乱搭乱接5.5公里，种植花草2750平方米，建设景观小品13处。实施村庄清洁行动6个，完成户厕改造475座，改造沼气36座。

【平安建设】扎实开展扫黑除恶专项斗争，全力维护社会和谐稳定发展。始终坚持“有黑扫黑、有恶除恶、有乱治乱”的要求，先后开展专项整治20余次，全方位、多领域排查掌握各种线索，不断凝聚强大正能量，鼓励、支持、动员基层党员干部和群众坚决同黑恶势力作斗争。推动法治宣传教育，进行依法行政知识抽查测试1次，开展执法案卷评查1次，组织开展依法行政检查12次。建立健全政府信息公开监督和保障机制，定期对政府信息公开工作进行评议考核。共排摸各类矛盾纠纷72起，调解成功72起，调处成功率达100%。

【放管服改革】镇政府设立了政务（便民）服务中心，共设计生医疗、养老保险，劳务培训、退役军人，综治信访，民政救助4个服务窗口。通过甘肃政务网为群众受理办理事项7090件。19个行政村均设立便民服务站，统一悬挂了便民服务站机构牌，建立值班值守制度，真正做到了“服务群众最后一公里”。

【领导名录】

党委书记：周发国

人大主席：石汉举

党委副书记、镇长：王彦军

党委副书记：黄波

纪委书记：汪爱军

副镇长：姜润东、闫静芳（女）、陈必强

武装部长：张顺平

党建办主任：张东起（4月止，党委组织员）、罗成虎（5月任）

人大副主席：乔海霞（女）

司法所所长：刘万鹏（5月任）

综合执法所副所长：郭八一（4月止）

综合行政执法队副队长：郭八一（4月任）

农业农村综合服务中心主任：王菊（女，4月任）

文化旅游服务中心主任：陈淑霞（女，4月任）

社会治安综合治理中心主任：乔忠孝（5月任）

政务（便民）服务中心主任：祁红强（5月任）

食品药品监督管理所副所长：杨小龙（4月任）

市场监督管理所副所长：杨小龙（4月任）

农村公路管理所副所长：陈淑霞（女，4月止）

扶贫工作站站长：王菊（女，4月止）

社会治安综合治理办公室副主任：王建平（4月止）

计划生育办公室主任：祁彦伟（4月止）

民政工作办公室主任：杨国荣（4月止）

（供稿：马富平；审稿：罗成虎）

庆坪镇

【概况】庆坪镇位于渭源县北部，镇政府驻庆坪村老庄社，距渭源县城19公里，东接新寨镇，南邻清源镇，西与祁家庙镇毗邻，北与临洮县窑店镇、康家集乡接壤，属北部干旱山区，地势东北高，西南低，平均海拔2100～2492米，土地面积97平方公里，属二阴山区，北部干旱，南部湿润，年平均气温6.1℃，年降水量450毫米左右，无霜期130天，主要粮食作物有小麦、蚕豆、马铃薯、玉米、油菜，主要经济作物有当归、党参、黄芪等中药材，耕地面积41060亩。全镇辖14个行政村，65个村民小组，总人口3545户14784人，常住人口有3506户，13099人。庆坪镇风景秀丽，历史古迹众多，自古享誉为丝绸之路古道的重镇，境内有秦长城遗址、夜月崖、王韶堡等名胜，境内秦长城遗址被列为国家级文物保护单位，二郎庙被列为省级文物保护单位。交通十分便利，310国道穿境而过，是我镇经济发展的大动脉。

【全面从严治党】

1.坚定信念，夯实理论根基。坚持以习近平新时代中国特色社会主义思想为指导，认真学习贯彻习近平总书记在甘肃重要讲话和指示精神，和党的十九大及十九届二中、三中、四中、五中全会精神，先后召开党委理论中心组学习会议14次，干部集中学习32场次，专题宣讲15场次，党员干部的学习热情进一步高涨，政治理论水平进一步提升，工作能力进一步增强。

2.严格落实意识形态责任制，凝聚社会发展正能量。镇党委坚持以党的政治建设为统领，以落实全面从严治党要求为主线，认真贯彻落实中央和省、市、县委意识形态工作责任制，坚持党管意识形态不动摇，牢牢把握意识形态工作主导权，把意识形态工作纳入领导班子、领导干部目标管理的重要内容，建立健全意识形态工作研判机制，坚持意识形态工作原则，全力打好意识形态工作主动战，专题安排意识形态工作4次，为推进全镇经济社会大发展，建设幸福美好新庆坪提供坚强有力的精神动力、思想保证和舆论支持。

【脱贫攻坚成效】认真学习贯彻习近平总书记关于扶贫工作的重要论述，坚持目标不动摇，全面完成“3+1”冲刺清零行动和“5+1”脱贫攻坚质量提升行动，高质量完成脱贫退出和脱贫成效考核工作，全力以赴打赢脱贫攻坚战。针对全镇剩余的1个未脱贫村老王沟村、24户89人未脱贫人口，47户193人脱贫监测人口和123户314人边缘人口存在的短板弱项，实行挂牌作战，逐项销号。全镇最后一个贫困村和24户89名贫困人口如期实现脱贫退出。2020年出列最后1个贫困村（老王沟），贫困村已全部出列，贫困人口全部脱贫，贫困发生率降至0。脱贫监测户、边缘人口全部实现稳定脱贫退出，无返贫风险。

【民生保障】经“两不愁三保障”摸底核查，全镇农业人口3545户14784人均不为吃穿发愁，家有余粮或有钱购粮，四季都有衣换，均能满足日常生活需求。义务教育有保障方面，全镇适龄儿童均接受义务教育，义务教育阶段全面落实“两免一补”、营养餐补助等教育扶贫政策，积极推进控辍保学，全镇九年义务教育阶段巩固率为100%。对辖区内在园幼儿全部免除学前教育保教费。义务教育阶段学生全部实施“两免”政策，对家庭经济困难的学生发放家庭经济困难学生生活补助。辖区内义务教育阶段学生全部实施营养改善计划。住房安全有保障方面，危房改建8户，投资19.2万元，全部完成建设任务及县级验收入住，报账率100%。帮扶动员11户贫困户完成住房维修加固，全镇住房安全问题全面解决。基本医疗有保障方面，全面落实基本医保个人缴费减免等健康扶贫政策，城乡居民医疗保险参保率达到98.2%（建档立卡贫困户达到100%）。全面实行“先诊疗后付费”制度，组建家庭医生签约服务团队14个，建档立卡贫困户签约率达100%。累计办理慢特病门诊卡1258人（其中建档立卡贫困户560人），实现了应办尽办。安全饮水方面，紧盯“四项标准”组织全镇各级帮扶干部及镇村干部于11月前对全镇所有农户开展了一次安全饮水“大排查”“大整改”活动，建立完善了全镇农村饮水安全信息台账，做到了数据真实、信息准确。全镇自来水普及率达到98.7%（其中：建档立卡户普及率100%），安全饮水率达到100%。全部达到有安全饮水指标脱贫验收标准 。

【社会治理创新】始终把平安建设放在党政工作的突出位置，纳入经济社会发展全局中去谋划和推进，形成了全镇上下齐抓共管、社会力量广泛参与的工作格局。结合法律“十进”活动，开展集中宣传5场次、发放宣传资料1万余份、悬挂横幅、刷写固定标语100余条，通过微信公众号等新媒体推送有关内容1000余条、各类群众会议宣讲180余场次。在镇属单位和各村设立扫黑除恶线索举报箱17个。通过6.26国际禁毒宣传日及12.4国家宪法日等活动宣传，刷写禁毒标语28条，发放禁毒宣传资料3000多份。分别在庆坪中学、庆坪小学开展了“禁毒一堂课”法治讲座，进一步营造全社会共建共享的良好氛围。全面推广运用精细化网格化管理体系，按照“两长两员”网格构架，全镇共设立总网格长14名、网格长60名、网格指导员60名、网格员260名，形成了处处有网格、处处有管控，在联防联控中切实发挥出了网格员小团体的大作用。

【基础设施和新型产业发展】种养业方面，通过与田地公司签订供销协议，采取“公司+合作社+农户”的形式建成2200亩马铃薯种薯示范基地，涉及农户1223户，其中建档立卡户637户；建成3200亩标准化党参种植示范基地，带动全镇种植中药材面积达到1.3万亩，其中，建档立卡贫困户户均3.5亩以上。投资268.1万元在关山根村建成光伏食用菌产业园区，建成食用菌大棚15座、100平方米恒温库一间、分拣车间一处。排摸出有意愿养殖的“三类人口”68户，共引进良种牛57头，“8+1”模式良种羊99只，按照“能保尽保、愿保必保”的原则，全镇有1250户养殖户参加养殖业保险，其中养殖业到户奖补项目引进牛羊保险623户，参保率达100%。光伏扶贫方面，截至2020年底，全镇村级电站光伏收益526.26万元，支出156.52万元，剩余369.73万元，其中用于村级基础设施改善、道路维修、积美超市日用品采购等41.79万元（占比26.7%），发放公益性岗位工资114.73万元（占比73.3%）。电商及消费扶贫方面，庆坪镇电子商务服务站销售党参、粉条、黄芪、当归等农产品共计8万余元，23户农户每户增收1000元以上，组织业务干部赴福州晋安区参加电子商务业务培训班一期。全镇驻村帮扶工作队和村社干部帮助销售贫困户农副产品共计24万余元。利用元旦、春节等重大节日，挖掘假日经济潜能，加快党参、当归、蚕豆、蜂蜜等农产品直入市场，销售额较往年明显上升。发展壮大村集体经济方面，争取资金50万元，采取“龙头企业+合作社+基地+贫困户”的模式，在松树村建成中药材加工厂房一处，并成功注册“三棵松”麦麸醋品牌。老王沟村争取资金50万用于老王沟村东东养殖合作社规范提升，引进中蜂470箱，收益村集体经济分红5万元；争取资金50万对老王沟村麦麸醋坊改造提升，持续增加村集体经济。窑坡村争取资金50万建成中药材加工厂房一处。全镇14个村级合作社种植马铃薯、玉米、蚕豆、荞麦等经济作物105亩，集体经济收入来源单一的关山根村建成占地24亩的光伏食用菌种植大棚15座，填补了全镇没有设施农业的空白。全镇7个贫困村村级集体经济均在2万元以上，其中窑坡、关山根、李家堡、王家川等村达40万元以上，清泉、老王沟、线家沟村达10万元以上。东西部扶贫协作和中央定点扶贫项目方面，2020年东西部扶贫协作建设项目分别为老王沟村东东养殖合作社中蜂养殖项目和松树村种植农民专业合作社扶持建设项目，总投资100万元。老王沟村中蜂养殖项目470箱中蜂已全部完成引进并投放到位，已报账50万元，报账率100%。松树村种植农民专业合作社建设项目完成场地硬化、办公活动用房建设，并采购了洗药机等中药材粗加工设备，全面完成建设任务并投入使用。

【生态保护和农村人居环境】

1. *村组道路建设高质量完成*。2020年共下达村组道路建设项目9条17.606公里，总投资880.3万元，已全部完成硬化及竣工验收工作。实际完成投资871.464468万元，完成报账871.464468万元，报账率100%。下达贫困村主巷道硬化共计52775平方米，总投资448.59万元，已全部完成硬化及竣工验收工作，已完成报账448.59万元，报账率100%。

2. *人居环境优化升级*。积极践行“绿水青山就是金山银山”的理念，将生态文明理念贯穿经济社会建设的全过程，加大力度绿化、亮化、美化生态环境。结合拆危治乱专项行动和农村人居环境改善提升专项行动，拆除危房100处，残垣断壁48处，烂圈烂舍81处，清理生活垃圾272吨，收集废旧农膜105.4吨。全面完成463座户厕改造任务，总投资69.509万元，已全部完成改造任务，完成报账69.509万元，报账率100%。完成面山绿化1980亩，栽植云杉等各类苗木15.2万株，道旁植树8600棵，种植花草31000平方米。14个行政村以党群服务中心标准化建设为契机，在中心周边实施亮化、美化、绿化建设，积极打造环境整治示范点、美丽乡村小景观，建成党建宣传墙1200平方米，全镇人居环境整治工作取得阶段性成效。

【领导名录】

党委书记：李尚智

人大主席：张明

党委副书记、镇长：李学军（10月止）、沈琰（女，11任）

党委副书记：陆华（4月止）、张东生（4月任）

纪委书记：祁旺生

副镇长：张春梅（女）、魏培华（4月止）、陈永平（4月止）、杨和平（5月任）、王军（5月任）

武装部长：姜学嘉

党建办主任：牛明强

镇人大副主席：何春霞（女）

司法所所长：苏建兵

政务（便民）服务中心主任：董文麒（4月任）

综合执法所副所长：杨维（4月止）

综合行政执法队队长：谢国锋（4月任）

综合行政执法队副队长：杨维（4月任）

农业农村综合服务中心主任：马霞玲（女，5月任）

文化旅游服务中心主任：严亮（女，4月任）

社会治安综合治理中心主任：康金旭（5月任）

食品药品监督管理所副所长：田文刚（4月止）

市场监督管理所所长：闫凯宁（4月止）

市场监督管理所副所长：田文刚（4月任）

安监站站长：魏培华（4月止）

农村公路管理所副所长：严亮（女，4月止）

扶贫工作站站长：王军（4月止）

社会治安综合治理办公室副主任：周海峰（4月止）

计划生育办公室主任：董文麒（4月止）

民政工作站站长：康金秀（女，4月止）

市场监督管理所所长：闫凯宁（5月止）

（供稿：王红玲；审稿：杨和平）

祁家庙镇

【概况】祁家庙镇位于渭源县南部，镇政府驻金家坪村周华寨社，距渭源县城24公里，南北长18公里，东西宽9公里，土地面积95平方公里，海拔2220～2623米，气候温和，土地肥沃，属南部高寒阴湿区，年平均气温4℃，年降水量560～600毫米，无霜期130天，主要粮食作物有小麦、蚕豆、马铃薯、油菜，主要经济作物有当归、党参等中药材，耕地面积71331亩，人均4.09亩，有林地43390亩，森林覆盖率为30.4%。全镇辖13个行政村，60个村民小组，有农业人口4074户16408人。

【全面从严治党】

*1.严抓思想建设，促进主题教育成效提升。*镇党委紧紧围绕主题教育"守初心、担使命，找差距、抓落实"的总要求，采取镇领导班子"带头学"、全体干部"集中学"、现代网络工具"推送学"、专题教育片"辅助学""三会一课""主题党日""结合学"、对年老体弱党员"帮送学"的"六学"模式，先后开展党委中心组学习32场次，全镇干部集中学习35多场次，开展知识测试6次，各村结合"三会一课"、主题党日、党员冬训，组织村社干部及党员群众学习170多次，讲专题党课2次。集中开展党的十九届五中全会精神宣讲活动，成立6个宣讲志愿服务小分队，完成宣讲18场次，进一步引导党员干部增强"四个意识"、坚定"四个自信"、做到"两个维护"，为抓好党建和全镇脱贫攻坚等各项重点工作的扎实开展奠定了基础。

*2.强化组织建设，促进基层党建任务提质增效。*一是完善制度机制，靠实党建责任。年初镇党委与13个党支部、7个镇属单位签订了《全面从严治党目标管理责任书》，与班子成员及副科级以上领导签订了分管领域内《党风廉政建设目标管理责任书》，结合村"两委"换届选举工作，督促镇村干部签订了村"两委"换届纪律承诺书、廉政承诺书，形成责任具体、环环相扣的"责任链"，为全面落实主体责任提供有力保障，促进党风廉政建设责任制由虚到实、由宽到严、由软到硬的根本转变。二是强化组织建设，推动战斗堡垒作用发挥。以推进"四抓两整治"为主要措施，筹资建成了官路、金家坪和瓦楼三村"一站式"便民服务站。有序推进村党支部书记、村委会主任"一肩挑"，选聘专职化党组织书记2人、大学生村文书5人。以提升组织力为重点，全程指导边家堡村软弱涣散党组织整顿提升工作，选优配强了村"两委"班子成员，为依法依规推进"两委"换届工作夯实了基础；深化拓展"学党史、感党恩、听党话、跟党走"聚民心活动，储备入党申请人132名，培养入党积极分子65名，发展党员15名。

*3.突出班子建设，努力营造风清气正氛围。*坚持正确用人导向，切实选好用好干部，年内推荐提拔副科级干部1人、调动科级干部5人，强化了班子队伍建设，调动班子成员的积极性，进一步形成了工作上合力。按照"一台账两清单"工作要求，认真落实党委负责人和班子成员主体

责任清单要求，镇党委主要负责人认真履行“第一责任人”职责，组织班子成员召开党风廉政建设专题会议4场次，结合村“两委”换届选举召开村社干部、竞选人员警示教育大会1场次，督促班子成员对廉政风险较高岗位和工作中出现失误的干部进行集中约谈15场次212人、告诫约谈8人、党纪处分3人，教育引导各党支部书记把基层党建工作作为“主业”和“首责”抓在手上、扛在肩上。

4.坚持以人为本，推进精神文明建设取得新成效。大力开展公民道德建设宣传教育活动，印发各类宣传品2000余份。利用文明实践站建设和“道德积美超市”建设为载体，大力加强社会公德、职业道德和家庭美德教育。认真开展精神文明创建活动，表彰五星级文明户13户，优秀共产党员13人，脱贫致富带头人13名。认真扎实开展文体旅游宣传工作。2020年，受新冠疫情影响，全镇共开展各类文化活动3场次，受益群众达4000余人；农家书屋正常免费开放，全年借阅书籍达200余册；市文旅局为川套村、烟雾沟村2个行政村配备了价值4万元的文化活动设施设备，受益人群2200余人；省文旅厅给祁家庙镇文化旅游服务中配备价值1.855万元公共数字提档升级设备一套，受益人群8000多人；在乔家沟村建成乡村旅游提升工程一处，规划打造乔家沟草滩寺景区—官路常家沟特色农业体验区—金家坪绿色康养基地为一体的祁家庙全域乡村旅游带，以建设祁家庙田园综合体为主体目标，结合乡村振兴战略的实施，推动祁家庙镇旅游事业及文化进步快速融合发展，受益人数2000余人。

【脱贫攻坚成效】全镇上下认真贯彻落实总书记视察甘肃时的重要讲话和“八个着力”重要指示，坚持以习近平新时代中国特色社会主义思想为指导，以脱贫攻坚和全面小康建设统揽工作全局，全力推进脱贫攻坚各项工作有序开展，取得了显著成效。2020年，脱贫34户89人，使全镇贫困户和贫困村全部退出，对全镇1411户5749人建档立卡户和11个贫困村进行了全面核查检视，确保2013—2020年以来线上和线上数据的一致。对贫困人口1817人劳务输转数据进行了核查维护，做到输转人员的真实性。

【产业发展】从“种植、养殖、劳务+种植、劳务+养殖”对贫困户以及边缘户脱贫主业进行调查摸底核实，并完成了643户贫困户的产业对接。落实种植业奖补户191户764人，涉及补贴资金85.5125万元，养殖业奖补户79户79万元，其中牛70户，羊9户。借助全县合作社改组改造规范提升机会，完成了对36家合作社进行规范提升，对5家合作社进行改组改造，对11家未运营的合作社进行注销，全镇共有合作社36家，村办合作社19家，私人领办17家。其中种植类17家，养殖类14家，农机类1家，其他类4家。规范运行14家，较规范运行22家。制定完善了全镇748户未脱贫户（2017年底）“一户一策”精准脱贫计划并每月进行动态调整，已全部上传到甘肃省大数据信息管理平台，并发放到户。

【民生保障】经“两不愁三保障”摸底核查，全镇农业人口4074户16408人（建档立卡贫困户1411户5749人）均不为吃穿发愁，家有余粮或有钱购粮，四季都有衣换，均能满足日常生活需求。全镇自来水入户率100%，安全饮水率100%。全镇实施危房改造24户，8月底已全部完成竣工。9月因灾实施灾后重建17户，其中上报县应急管理局4户，县住建局13户，截至2020年全部完成竣工。办理慢特病卡210人，其中一般户9人，特殊人群5人；门诊两病卡办理412人，其中建档立卡141人，一般户250人，特殊人群21人；“4+1”联包签约团队为建档立卡1411户5749人全部进行了签约服务，管理高血压1932人、糖尿病216人、精神病67人、肺结核2人。2018—2020年农村妇女“两癌”免费检查任务为2313人，已参检2056人，参检率达88.9%。全镇2020年城乡居民医疗保险应参保15692人，已参保15520人，参保率98.9%，其中建档立卡贫困人口5749人（本地参保5652人，异地参保并提供证据资料97人），参保率100%。全镇现有学校12所，其中初级中学1所，完全小学2所（包括中心小学），教学点8个，幼儿园1所。义务教育阶段适龄学生1717名，其中建档立卡义务教育阶段适龄学生581名，义务教育巩固率100%，学前教育入园率98%以上。经镇、村两级干部认真排摸和学校摸底统计，全镇无义务教育阶段辍学学生。

【社会治理创新】一是以“抓源头、细排查、强化解、重回访”为工作思路，充分发扬“枫桥经验”，通过“三调两研一核查”矛盾纠纷排查调处机制，每季度召开一次专题会议进行安排部署，每季度由镇村社联合集中排查调处一次，并由户主进行签字确认，共排摸矛盾纠纷62件，现成功调处62件，调解率100%。二是加强法治宣传教育，提升干部群众法律素养。始终坚持让“法”走进千家万户，让懂“法”成为“普”遍现象为行动指南，培养骨干法治宣传队伍140余人，聘请法治副校长12人，聘请法律顾问1人，充分做好法治宣传工作。巩固和壮大网格化服务管理工作队伍，任命13名总网格长、60名网格指导员、66名总网格长，推选313名网格员组成网格化服务管理工作队伍。重视校园周边环境治理，镇综治中心联合派出所、各学校负责人，集中开展了4次校园外住宿生安全大检查活动。同时，学校、派出所、监护人、房屋出租人四方签订了《祁家庙镇校外住宿生安全管理承诺书》。强化治安防范，在提高防控水平上上新台阶。

【项目建设】2020年，争取到项目资金3079.4万元，其中国扶办定点帮扶资金443万元，2020年财政专项及涉农统筹整合自然村及主巷道建设项目1344.46万元，社会兜底保障祁家庙中心敬老院及附属工程建设项目595万元，恒大集团捐赠产业路130万元，郭家山壮大村集体经济项目50万元，食用菌产销研一体化项目151.5万元，2020年水毁40万元，其他项目投资325.44万元，配合实施庆周路畅返不畅工程。目前完成入库500万以上4个项目，1000万以上1个，完成项目前期14个。

【新型产业培育】

1.传统特色优势产业加快发展。实施了总投资79万元的养殖业良种牛、羊引进项目，共计引进牛70头，羊9只；实施了总投资85.5125万元的种植业奖补项目，涉及191户764人；实施了投资5万元的当归育苗项目，涉及金家坪村、瓦楼村等11个村192户；新建养殖企业（小区、养殖场）2个；发展“规模养殖户”96户；牧草种植0.56万亩，青贮2.4万吨；猪牛羊耳标佩戴率达到100%，免疫率99.5%。

2.新型产业拓宽增收渠道。在金家坪村建成占地30亩的育菌及菌棒生产加工车间1处，在官路、瓦楼及郭家山村建成占地75亩食用菌生产基地3处，主营夏季食用菌花菇的生产及销售，2020年出菇菌袋共计60万袋，共计出菇约260吨。依托渭源县食用菌产销研一体化项目，在祁家沟及石家营光伏点已建成的羊肚菌种植基地开展羊肚菌种植基地6080平方米。建成投资3220万元的光伏电站14个，惠及除露巴、大寨子村之外的11村，年收益63.9万元。大力实施电子商务进农村工程，建成镇级电子商务服务站一个，村级电子商务服务点11个，组织电商培训15人，实现线上交易额50多万元，带动线下农产品销售200多万元，参与电商贫困农户人均增收240元以上。建成总投资572万元渭源县牡丹湾归芪生标准化生态养殖基地1处。投入资金9.625万元，在祁家庙镇郭家山村野泉梁建成高品质啤特果示范基地1处200亩，瓦楼村堡子山建成高品质啤特果示范基地1处300亩。各村结合面山绿化工作，栽植经济林木啤特果树7000棵。从栽植苗木的成活情况来看，啤特果在祁家庙镇表现出较好的生态适应性。

3.积极创新方式方法，促进合作社作用发挥。严格按照“五统一分一标三提高”标准加快种植业奖补政策落实，积极与县供销联社、亳春堂联系，通过免费测土配方及农资统购配送服务，实现精准化施肥，最大限度减少了群众的生产成本，保障了农资品质，开展宣传120多场次，充分发挥了合作社统一服务、统一培训的作用，激发了群众内生动力，有效提升了全镇新型经营主体的带动能力和贫困户的组织化程度。

【城乡人居环境】完成了投资510万元的易地搬迁基础设施镇区雨水管网提升改造项目，新建雨水管道1798米，铺装人行道7349平方米，栽植人行道绿化刺槐154棵，街面商铺招牌改造42处，安装太阳能路灯55盏，硬化街道路面667平方米，铺油罩面3552平方米，现浇混凝土台阶83.7平方米、道路标线1025平方米；完成投资30万元的官路村环境综合整治项目；投入资金60万元为烟雾沟、川套、石家营、大寨子、乔家沟、瓦楼修建公共厕所各1个；大力开展全域无垃圾综合整治行动，建成总投资165万元祁家庙镇垃圾低温磁化热解站1个，与渭源县丽丽保洁公司达成镇区垃圾外包协议由其运营，处理各类生活垃圾300多吨。

【领导名录】

党委书记：王学军

人大主席：赵怀伟

党委副书记、镇长：吴义军

党委副书记：焦红霞（女、4月止）、闫恺宁（4月任，正科级）

纪委书记：尹志军

副镇长：王彦龙、苏玉林、何亚军（5月止）、赵响霞（女、5月任）

武装部长：王永平（4月止）、张建国（4月任）

党建办主任：邵伟（4月止，兼党委组织员）、祁旭东（4月任）

人大副主席：张瑜（女）

市场监督管理所所长：王治军

司法所所长：王小红（女）

综合执法所副所长：朱应举（4月止）

综合行政执法队队长：王立伟（4月任）

综合行政执法队副队长：朱应举（4月任）

农业农村综合服务中心主任：麻建彪（4月任）、马海龙（11月任）

文化旅游服务中心主任：蒋艳红（女，4月任）

社会治安综合治理中心主任：邓俊（4月任）

政务（便民）服务中心主任：马新星（5月任）

市场监督管理所副所长：曹鹏元（4月任）

农村公路管理所副所长：蒋艳红（女，4月止）

扶贫工作站站长：麻建彪（4月止）

综治办副主任：祁旭东（4月止）

计划生育办公室主任：曹慧琴（女，4月止）

民政工作办公室主任：吕海梅（女，4月止）

安监站站长：何亚军（4月止）

食品药品监督管理所副所长：曹鹏元（4月止）

（供稿：樊效文）

上湾镇

【概况】上湾镇位于渭源县西北部，南北长16公里，东西宽13公里，总面积108平方公里。全镇耕地47692.1亩，辖11个行政村119个村民小组，5022户1.99万余人。临渭高速和国道212线穿境而过，镇区距县城40公里，距临渭高速会川出口2公里。总面积108平方公里上湾镇地处漫坝河河谷地区，地势南高北低，漫坝河由南向北流经12公里，与临洮接壤。最高海拔（马脊山梁）2632米，最低海拔（文家坪）2060米。中药材、劳务、旱作农业、养殖为主导产业。

【全面从严治党】

1.**主体责任落实方面**。进一步强化压力传导，全面靠实党委书记第一责任、领导班子成员分管责任和村党组织书记第一责任人职责，先后召开专题研究全面从严治党、党风廉政建设及反腐败工作会议6次，督促班子成员认真履行分管领域的党风廉政建设及反腐败工作约谈4次84人次，对班子成员和各党组织目标责任书的完成情况进行督查2轮次，对党政领导班子成员落实主体责任不力的发出监督提醒函3份，组织开展扶贫领域腐败和作风问题专项督查4次，开展全面从严治党阶段性重点工作督查检查48次，下发纪检监察建议书8份。

2.重点任务落实方面。严格执行群众来访接待制度、群众来信批阅处理制度，对群众反映的问题第一时间受理，反映扶贫领域的问题第一时间查办，结合扶贫领域腐败和作风问题专项治理、涉黑涉恶腐败和“保护伞”、村级“小微权力”清单建立、领导班子文风整治等重点工作开展，充分运用“四种形态”，坚持“快查快办”。共开展各类约谈8次16人次，受理扶贫领域问题线索1件，立案审查1件，现已办结，纪律处分1人（党内严重警告1人）。发挥了案件查办的治本功能，释放了从严治党、从严执纪的强烈信号。

3.基层组织建设方面。全面落实“四抓两整治”举措，扎实推进基层党建“整乡推进、整县提升”行动，新建上湾村、尖山村党群服务中心2个，打造高标准便民服务中心12个，高质量完成常家坪村软弱涣散党组织整顿；扎实开展村班子、党员“优化培育”行动，通过“一选两聘”形式选聘村文书5名，配置专职化党组织书记2名，储备入党积极分子88名，新发展党员22名。同时结合村“两委”换届工作，共选举产生村党组织委员会委员55名，其中党组织书记平均年龄39.5岁，较上一届下降8.8岁，大专以上学历由换届前36.4%提升至63.6%。村党组织委员会委员平均年龄42.85岁，较上一届下降11.2岁，高中以上学历由换届前47.6%提升至76.36%，新一届党组织班子结构进一步优化。

【脱贫攻坚成效】扎实推进“3+1”冲刺清零后续行动及“5+1”脱贫攻坚质量提升专项行动，完成危房改造22户，新建蓄水池5座，更换老化供水不正常自来水管道3.5公里，为90户贫困户引进良种牛82头，羊72只，为225户未脱贫户、脱贫监测户、边缘户落实种植业奖补资金达73.21万元，成立了南谷现代农业科技农民专业合作社，采取“五统一分一标三提高”产业发展模式，带动162户农户发展花卉产业种植，持续壮大村级集体经济，9个贫困村村集体经济稳定超过20万元，抓好就业扶贫工作，完成技能培训85人，农业实用技术培训40人，外出劳务输转4778人（其中赴晋安区到48人），同时本镇南谷田园、巾帼、天启、陇源红等扶贫车间吸纳225人就地就业，开发村级公益性岗位283个，落实疫情劳务奖补共申报845人次，发放奖补资金371.95万元，全镇脱贫攻坚短板全面补齐，剩余14户64人贫困人口全部脱贫。2020年11月10日国新办在兰州举行甘肃脱贫攻坚情况新闻发布会，省委副书记孙伟在回答凤凰卫视记者时举例了渭源县上湾镇南谷新村易地搬迁后续产业典型事例。

【乡村振兴】把创建“南谷新村”旅游景区作为促进乡村振兴的重要途径。以“四区一园一中心”的空间格局为基础，全面构建文体旅融合发展模式，全力打造以“玫瑰相约、浪漫南谷”为主题的生态宜居旅游特色小镇，乡村振兴成绩显著，2020年全镇乡村振兴相关工作被新华社、中国新闻网等多家官方主流媒体进行了宣传报道，其中市级以上官方媒体刊发报道达39次。2020年5月，渭源县乡村振兴人才培训中心被省农业农村厅评选为“全省农民培训示范基地”，2020年8月，“渭水南谷”商标获得国家知识产权局核准注册，2020年12月，南谷景区被定西市文体广电和市旅游局评定为AA级景区。

【项目建设】投资1735.01万元的污水处理厂建设项目完成前期编制工作，投资967.516万元的自然村道路硬化建设项目和投资40万元水毁道路项目全面竣工，投资600万元的上湾镇南谷玫瑰园半穴式温室大棚建设项目和投资220万元的上湾镇天启纺织有限公司扶贫车间建设项目已生产运营，投资40万的渭源县上湾镇2020年易地扶贫搬迁安置点基础设施补短板旱厕、水厕项目全部完成，投资54万元的尖山村、上湾村党群服务中心建设项目已投入使用。同时大力推进招商引资，引进南谷现代产业园、万头生猪养殖、甘肃天启纺织有限公司牛仔布生产线扶贫车间和陇原红生物科技有限公司二氧化碳超临界萃取项目共4个，总投资2.25亿元。

【民生保障】

1.城乡建设。2020年实施危房改造任务22户，已全部通过县级竣工验收并入住；消除了农村住房安全隐患。易地搬迁入住率达到100%，“十三五”期间易地搬迁拆旧复垦率达100%，在镇区建成高标准公厕2座。抓好“四好农村路”建设，全镇11个村积极按照上级业务部门及镇农路所的安排，组织各村保洁员、养护员定期对辖区内公路进行管理养护。完成道路水毁项目1个，总投资40万元，为各村发放防滑盐24袋。

2.农村“三变”改革。积极推进农村“三变”改革，整合各类村集体经济资金984万元投入到陇源红生物科技有限公司、天启家纺扶贫车间等企业之中带动分红，每年可产生村级集体经济89.4万元。同时将东西部扶贫资金300万元量化到162户贫困户中，由村民入股到南谷现代农业科技农民专业合作社中，每年可获得分红股金1万元以上，同时11个村全覆盖注册股份制合作社11个，将所有建档立卡户全部纳入到合作社中入股带动，每年可获得股金收益30元。

3.医疗保障工作。全镇应参保19593人，已参保18801人，参保率为98.03%。其中特殊人群8094人，共资助参合金102.688万元（政府全额资助256人，资助金额7.168万元；定额资助7838人，资助金额95.5万元），已全部资助到位。

4.社会保障工作。2020年全镇应参保人数为14666人，60周岁及以上应参保人数为3330人，待遇领取人员3330人，发放率100%。截至2020年12月25日，累计实参保人数为13936人，参保率为98.1 %；其中政府代缴6148人。

5.残疾人工作。完成了636人的残疾人动态更新；对符合条件的470人发放残疾人“两项补贴”共计518820元；对12户残疾人进行了无障碍改造，联系县残联3次为行动不便的残疾人办理残疾证。

【社会治理创新】

1.疫情防控。自新型冠状病毒感染的肺炎疫情发生以来，上湾镇按照中央、省、市工作部署和县委、县政府工作安排，迅速反应，周密安排，及时落实各项防控措施，全镇疫情防控取得重大胜利。

2.平安建设。依托平安建设信息化管理平台，有效整合“雪亮工程”、综治信息平台、应急管理平台、派出所、交通、应急等视频监控网络、网络广播系统、“祝您平安”微信宣传群、应急值班热线电话等各大平台，建成上湾镇社会治理和应急指挥中心，配备了专门场所和设备，并确定3名专职工作人员，实行24小时值班制度。建立了“两长两员”的网格化管理机制和“治安户长”制度，设立总网格长11名，网格长119名，网格员378名，治安户长119名。尤其是在疫情期间，各村建立了“云端调解室”，实现了矛盾纠纷“隔空调解”，有力提升了矛盾纠纷化解水平。

3.扫黑除恶收官之战。对照《渭源县“八查八摆”活动实施方案》，并针对查摆出的问题有针对性地开展整改落实，现已全部整改完毕。同时与11个行政村、7个镇属单位主要负责人作出本单位无涉黑涉恶问题承诺，并组织镇村两级干部、镇属单位全体工作人员270人签订个人无涉黑涉恶问题承诺书，同时组织广大干部群众积极参与扫黑除恶专项斗争总体成效评估调查问卷活动，充分调动人民群众参与平安建设、维护社会治安的积极性，不断壮大群防群治力量，并通过

“查”“访”“评”“听”等多种方式对扫黑除恶开展情况开展评估，建立了长效工作机制。

4.应急管理体系。健全社会监测预警应急机制，积极推行“巉口模式”，强化现代科技手段，筹措资金20万元，在镇区安装高清探头40个，11个村和镇属企业、大型养殖场全覆盖安装摄像头62个，实现了对公共场所和应急救援防控区域的24小时监控；针对当前防汛压力及地质灾害堵点，筹资15万元购置了防汛抗灾、山洪灾害等必要应急物资，同时鼓励群众自主储备；11个村全部配备“村村响”大喇叭；强化地质灾害综合治理，建成标准化劝导站4个，标准化应急避险场所和应急管理科普宣传教育示范基地3处。

【放管服改革】对照全县2020年“放管服”工作要点，研究制定工作方案，坚持把简政放权、放管结合、职能转变落实到优化服务上，不断提高群众对政府工作的满意度。优化政务服务，着力提升政务服务水平。镇便民大厅设立综合服务、食品药品监管、社会保障、计划生育、民政救助、劳务输转等8个窗口，严格落实首问责任制、一次性告知、“AB岗”、服务承诺、限时办结等制度。镇村便民服务中心全部接通政务服务外网，11个村级便民服务站全部具备办公条件，电脑、桌椅、打印复印机、档案柜等办公设施齐全，配置休息桌椅、暖水瓶、一次性杯子、意见箱等各项便民服务设施。积极落实“乡镇长进大厅零距离服务”制度，政府主要领导、分管领导进大厅指导工作10余次，帮办政务服务事项40余件。2020年政务服务事项累计线上办件量3387件，线下办件量4339件。镇政务（便民）服务中心购置安装“好差评”评价器2部，目前累计评价量达1115件。推进行政审批，优化网上服务。全面梳理了“一件事一次办”“秒批秒办”“不来即享”事项目录清单。全镇共梳理镇级事项63项，村级事项34项，“全程网办”镇级19项，占事项总数的30.2%，村级14项，占事项总数的41.2%。

【领导名录】

党委书记：张会平（12月止）

人大主席：何海军

党委副书记、镇长：麻建华

党委副书记：牛启隆

纪委书记：张润林（4月止）、陈永平（4月任）

监察室主任：张润林（5月止）、陈永平（5月任）

副镇长：王虎、王生民、陈明哲（4月止）、常建伟（5月任）

武装部长：王立伟（4月止）、陈明哲（5月任）

党建办主任：汪啟涛

市场监督管理所所长：张继党

司法所所长：张润林（5月任）

人大副主席：王东光（4月止）、王小东（5月任）

农业农村服务中心主任：周彩琴（女，4月任）

综合执法所所长：陈世宏（4月止）

综合执法所副所长：常建伟（4月止）

综合行政执法队队长：陈世宏（4月任）

综合行政执法队副队长：关亮（4月任）

食品药品监督管理所副所长：徐国民（4月止）

市场监督管理所副所长：徐国民（4月任）

政务（便民）服务中心主任：郭莉（女，4月任）

文化旅游服务中心主任：吴海娟（女，4月任）

社会治安综合治理办公室副主任：王小东（4月止）

社会治安综合治理中心主任：陆宏兵（4月任）

民政工作办公室主任：关亮（4月止）

扶贫工作站站长：周彩琴（女，4月止）

计划生育办公室主任：金彦林（4月止）

安监站站长：陈明哲（4月止）

农村公路管理所副所长：刘爱军（5月止）、吴海娟（女，4月任）

（供稿人：周福）

麻家集镇

【概况】麻家集镇坐落于洮河之滨、南屏山麓，平均海拔2105米，年降雨量523.5毫米，年平均气温5.7℃。距县城66公里，东北与上湾镇相连，南与峡城乡毗邻，东连田家河乡，西北与临洮县南屏镇接壤。耕地30560亩，林地17784.8亩，退耕还林面积1900亩，森林覆盖率18.8%。主要粮食作物有马铃薯、小麦、玉米等，经济作物以当归、蚕豆为主。辖10个行政村88个村民小组，3832户16140人，有建档立卡贫困村5个，其中深度贫困村3个。

【全面从严治党】

1.*履行全面从严治党主体责任*。与领导班子成员、10个行政村和镇属各单位签订了党风廉政建设和反腐败工作目标管理责任书。先后召开8次党委会议专题研究干部纪律作风情况，党委书记、镇长开展集中约谈12次600多人次。镇纪委共办理各类案件3件5人，立案审查1件3人，给予党纪处分3人，提醒约谈、告诫约谈、诫勉谈话12人，极大地促进了干部作风转变。以“不忘初心、牢记使命”主题教育为契机，组织副科级以上干部开展落实主体责任教育培训6次；组织党员领导干部开展分管领域党风廉政警示教育21次；开展“以案说法”专题讲座11场次800多人次。

2.*狠抓基层党组织建设*。镇党委会先后专题研究部署党建工作10次，成立5个调研组对10个村党建工作全覆盖走访调研。每月召开1次党建工作调度会、开展1次督查检查，对存在的问题督促改正。以党支部标准化建设为抓手，以基本队伍建设和规范组织生活为重点，8个村推行了支书主任“一肩挑”，清理联审发现问题的村“两委”成员3名，培养入党积极分子30名，发展党员8名，储备村级后备干部40名，完成毗达、路西2个村软弱涣散党组织整顿提升，在全市农村基层党建“整乡推进、整县提升”行动试点乡镇评估中，顺利通过了市级验收。

3.*抓好综治维稳反邪教禁毒工作*。充分利用庙会、“花儿会”等民俗节日加大宣传力度，发放“防范邪教，创建平安”宣传资料1100多份、农民工维权法律知识手册500本。扎实开展矛盾纠纷排查化解，共排查出矛盾纠纷376件，调处376件次。开展“七五”普法宣传活动，每村发放反邪教光碟1个。与全镇3852个家庭签订了《家庭拒绝邪教承诺书》。向10个村发放了“珍爱生命、远离毒品”的扑克牌500多副，印发《甘肃省毒品违法犯罪举报奖励办法》5000份，在重点路段制作禁毒固定宣传版面20个，悬挂禁毒横幅3条，刷写禁毒固定宣传标语180多条。组织镇村社干部、志愿者及党员、群众开展集中踏查6次，经踏查我镇辖区内无毒品原植物种植。

4.*加强精神文明建设*。以农历六月六花儿会为载体，在全镇范围内开展“最美家庭”和“先进个人”评选表彰活动，2019年表彰“最美家庭”89户，“先进个人”88人，新时代乡贤5名，营造了良好的社会风尚，激发了群众建设美好家园的积极性。2019年麻家集镇被评为市级文明乡镇，袁家河村被评为市级文明村。

【脱贫攻坚成效】全镇有建档立卡贫困村5个，其中深度贫困村3个（塄坎、毗达、袁家河），非贫困村5个，2014年建档立卡识别贫困户1544户6663人，贫困发生率为40.74%（2014年农业人口16356人），7年来共减少贫困人口1681户6857人，（发展生产脱贫1299户5657人、易地搬迁脱贫80户360人、生态补偿脱贫30户30人、发展教育脱贫107户472人、社会保障脱贫165户338人），塄坎、毗达、袁家河、四沟、土牌湾5个贫困村脱贫退出，贫困面下降到0，农民人均纯收入从2013年的4236元增长到2020年的11378元，贫困人口人均纯收入由2013年的2366元增长到9099元。2014年以来全镇严格按照“六个精准”要求，深入实施“五个一批”工程，共投入资金4.74亿元，为全镇决战决胜脱贫攻坚奠定了坚实基础。

【富民产业培育】以“三引四领一融合”党建引领促脱贫攻坚行动为抓手，推行“三链”建设，成立产业党支部2个、产业党小组8个，指导各村党支部带领党员群众大力发展青豆、蔬菜、劳务和养殖等产业，筹资50万成立了袁家河村劳务协会、137万元建成塄坎村养猪场、260万元建成集加工和冷藏的百合加工扶贫车间，实现了6个村村集体经济达到5万元以上。种植业方面：2019年全镇青豆种植达1万亩以上，建档立卡户1300多户参与种植，种植面积达3800多亩，每亩青豆增收1000多元；发展西兰花种植200亩，100多户建档立卡户参与种植，同时试验种植甘蓝、红笋、有机花菜、娃娃菜等73亩，每亩蔬菜增收3000元以上，青豆和蔬菜共落实产业扶持资金158.776万元。养殖业方面：大力扶持全镇良种牛、羊、猪等养殖，两年来共引进良种母牛706头、良种羊52只、良种生猪10头、中蜂95箱，2019年实施牛、羊托养155户（牛118头、羊333只），共落实各类奖补资金937.2万元。劳务产业方面：2019年实现劳务输转4107人次，赴晋劳务输转71人，新疆移民搬迁10户20人。选聘30名建档立卡贫困劳动力为生态护林员，参加森林资源管护服务；积极开发镇村新型服务性岗位76人；推选集体资产收益公益性岗位381人，激发贫困户内生动力的同时，实现稳定脱贫。

【民生保障】

1.义务教育有保障。全镇共建成幼儿园7所，建成六年制小学6所，教学点3所，建成初中1所，实施义务教育阶段小学薄改项目8所，实施麻家集中学周转房项目，保证义务教育阶段学生有学上，实现了适龄学生均能接受义务教育，并全部享受“两免一补”和“营养餐”教育资助政策，无因贫失学辍学学生。同时，及时组织各级干部入户走访和实时监测，全力做好控辍保学工作，进一步稳步提升义务教育质量。

2.住房安全有保障。2019年全镇完成危房改造171户（存量危房159户、“过筛子”核查12户），其中，建档立卡户123户、分散供养特困人员8户、低保户35户、贫困残疾人1户、一般户4户，现已全部竣工并搬迁入住。同时，危房特例备案84户，确保全镇所有群众住无危房。

3.安全饮水有保障。全镇有安全饮水3832户（水量够用、取水方便、水质达标），自来水入户率达到97.4%，安全饮水率达到了100%。2019年实施自来水入户52户（建档立卡户10户），实施泉水改造26座（建档立卡户7户），实施水井工程2处，实施人饮巩固提升工程167户（建档立卡户），目前全部竣工且供水正常，农村饮水安全保障水平全面提升。

【美丽乡村建设】自2016年以来，以麻家集镇路西村郭家山社为试点开展了以清除“四旧”（废旧房屋、废旧墙壁、废旧杂物、废旧设施）和建设“四化”（道路硬化、环境美化、乡村绿化、人居环境亮化）为主题的美丽乡村建设，按照“四好（选举好领导小组、制定好实施方案、使用好项目资金、组织好施工建设）三提高（人居环境和人民生活水平明显提高、政府公信力和干部工作能力明显提高、群众致富信心和自身综合素质明显提高）二严格（严格质量监督、严格资金监管）一实现（实现精准脱贫、全面建成小康社会）”的工作思路，争取统筹各类资金520多万元，全镇8个村40个社约1800多户参与了美丽乡村建设，共召开各类宣传动员会议200余次，组织群众拆除危旧房屋200余座，残垣断壁400余处，清理集中清理整治垃圾堆放点92处，硬化道路、巷道50余公里，新建房屋1000余座，建设文化广场22座7000余平方米，安置路灯1000余盏，人居环境得到了“翻天覆地”的变化。2019年投资210万元，完成袁家河村美丽乡村建设项目，并通过县级竣工验收。

【人居环境改善】

1.河长制全面落实。建立完善河长制工作制度，组织各级河长开展巡河280次，结合全域无垃圾整治，组织群众开展河道集中整治12场次，清理河道垃圾120余吨，清除防洪隐患1处，对全镇的河流确定河长，流经的社每社确定一名巡河员、一名保洁员。各村级河长督促巡河员和保洁员全天候开展工作，确保河流沟道无违章违法行为、无乱倒垃圾现象。

2.全域无垃圾专项治理持续推进。按照人居环境整治“1+8”方案，进一步完善《麻家集镇村环境综合整治行动实施方案》。严格按照《方案》要求，进一步明确镇村环境卫生综合整治工作责任，切实解决全镇环境卫生“脏、乱、差”等突出问题。严格落实“河长+警长制”和四级网络化、环境监察网格化管理制度，同时对省住建厅无人机航拍第四批非正规垃圾堆放点2处已整改到位。

3.环境污染明显好转。结合美丽乡村建设，在辖区10个村大力开展农业废弃物回收利用工作，鼓励农户对种植业产生秸秆等废弃通过埋肥的方式进行还田，镇上成立农业技术团队专门进村进户指导埋肥和堆肥技术，全年共计还秸秆55吨；对玉米、大豆等农作物秸秆进行加工饲料化，通过青贮、烘干、粉碎等形式用来饲养牲畜；镇村两级建立废旧农膜回收和以旧兑新的网点，对种植业产生的废旧农膜进行回收再利用，全年回收农膜23立方米。

4.生态环境不断改善。大力推进生态文明建设，实施面山绿化2000亩，栽植苗高40厘米云杉96110株、20～35厘米花椒17390株，完成10个村村部及广场周围美化面积2000平方米，栽植四季玫瑰、水蜡、榆叶梅、丁香等树种2万多株；对通村通社道路及田麻公路两旁进行了补植补造，栽植苗高1米以上云杉10250株、2米以上速生柳7500棵，完成了路西、宗丹、漆家沟、四沟、土牌湾村2015年退耕还林补植补造工作，共栽植1米以上云杉10810株，对我镇10多条通社道路进行了美化和行道树进行了施肥，打造了干净整洁的美丽麻家集新形象。

5.全力根除脏乱差病根。按照改善农村人居环境和全域无垃圾专项治理行动，落实“户分类、社收集、村转运、镇处理”的垃圾清运处理机制，结合公益性岗位人员，推行划片包干机制，实现定期对垃圾的清理清扫，做到日产日清。在乔家滩、宗丹、漆家沟、麻家集、袁家河5个村投资20万元实施清洁村庄项目，实现了村容村貌干净整洁。全力推进宗丹村“厕所革命”整村推进试点建设，完成改建卫生厕所301座，新建公共厕所2座，配备吸粪车1辆。

【社会事业】全镇养老保险应参保11665人，实际参保11432人，参保率98%，建档立卡人口参保率100%，全面落实建档立卡贫困人口养老保险代缴政策，代缴资助5503人55.03万元；全镇新型农村合作医疗应参保15813人，实际本地参保15521人，异地参保80人，未参保212人，参保率98.66%（其中建档立卡户人口参保率100%）；全镇现有低保户537户1274人，其中兜底保障人口165户338人，实现了最低生活保障应保尽保。接县民生办批转上访事项110件次，共办结107件次，3件次正在办理，办结率达到97.27%，满意率达到90%以上。

【领导名录】

党委书记：陈进

人大主席：苏帅新

党委副书记、镇长：郭继文

党委副书记：李海龙

纪委书记：邓胜晖

武装部长：郭宝东（4月止）、杨喜宏（4月任）

副镇长：白旭东、曲世雄、瓦志春

党建办主任：王成

人大副主席：包续兵（ 月任）

司法所所长：陆海龙

农业农村综合服务中心主任：王涛（4月任）

文化旅游服务中心主任：侯鹏（4月任）

社会治安综合治理中心主任：肖琴玉（女，4月任）

综合执法所副所长：汪劼彬（4月止）

综合行政执法队副队长：汪劼彬（4月任）

政务（便民）服务中心主任：赵磊（4月任）

食品药品监督管理所副所长：马鸿亮（4月止）

食品药品监督管理所所长：陈世宏（4月止）

市场监督管理所副所长：马鸿亮（4月任）

农村公路管理所副所长：侯鹏（4月止）

扶贫工作站站长：王涛（4月止）

综治办专职副主任：杨喜宏（4止）

计划生育办公室主任：赵磊（4月止）

民政工作办公室主任：杨和平（4月止）

（供稿：郭耀宗；审稿：肖琴玉）

峡城乡

【概况】峡城乡位于渭源西南部，距县城69公里。地处“三州五县”（三州为定西市、临夏州、甘南州，五县为临洮、卓尼、临潭、渭源、康乐）交汇地带，东南连卓尼县，西北接临洮县，西南与临潭、康乐隔河遥望。地形呈南北狭长东西较窄走向。多以高山丘陵，草原草甸为主，河谷平地为辅。北连海甸峡、南近九甸峡、西临冶木峡、东贯磨沟峡，东西长27公里，南北宽7公里，总面积约72平方公里。位于东经103°48′17.42"，北纬34°59′44.91"。辖8个行政村，46个村民小组，农业人口2463户8890人，城镇人口110人，总耕地面积26595亩。现有党的基层组织13个，其中党委1个，党总支1个，党支部11个。党员422人，其中女党员58人；有建档立卡贫困村7个、建档立卡贫困人口666户2681人。

【全面从严治党】

*1.严抓管党治党，强化责任落实。*乡党委团结带领班子成员坚持以“从严落实、加快发展、维护稳定”为目标，有效落实了党委主体责任和“一岗双责”责任，形成了“党委主责、分管领导主抓、党员干部主干”的责任体系，始终将加强全面从严治党作为最大政治任务，统筹推进各项工作，全乡各项事业保持了较好发展态势。

*2.严抓意识形态，强化思想教育。*一是深入开展党性教育。始终以贯彻学习习近平新时代中国特色社会主义思想和党的全会精神为抓手，教育引导党员树牢“四个意识”，坚定“四个自信”，坚决落实“两个维护”。打造“12345”学习模式，开展党委中心组集中学习24场次，干部集中学习52场次。以“三会一课”“主题党日+”为载体，不断加强党性锻炼。举办党支部书记培训5场次，党务干部业务培训会4场次，开展交流研讨8场次，举办各类主题党日活动110场，全体党员的提高党性意识明显提高。二是牢牢把握意识形态主导权。我高度重视意识形态工作，专题会议研究4次，开展督查8次，积极维护本辖区内网络舆情等意识形态安全，依托道德讲堂、新时代文明实践站和积美超市等引导群众树立正确的价值取向，开展星级文明农户评选表彰6场次，评选道德模范等示范户42户，先进个人38人。

*3.严抓惩治腐败，强化廉政建设。*深入落实党风廉政建设“一台账两清单”工作台账制度有关要求，与各副科级以上领导干部签订了《党风廉政建设责任书》，切实把党风廉政建设主体责任扛稳、抓牢、做实。针对以往“同级监督”“难”“软”的问题，积极探索尝试，向班子成员发放了《峡城乡党政领导班子成员落实主体责任提醒函》，以“提醒”达到“咬耳扯袖”、自觉履行责任的目的，以“零容忍”的态度坚决做到有

案必查，有腐必惩。共开展警示教育8场次，集中约谈村组干部150人次，个别约谈35人次，共立案调查5起。

4.**建强基层组织，着力夯实党建基础**。围绕抓党支部建设标准化，扎实推进农村党支部标准化建设。一是加强组织建设。严格落实了村组干部绩效报酬，完成了软弱涣散村集中整顿，纵深推进扫黑除恶专项斗争和党员信教问题专项整治，整合优化党群服务中心功能室设置，更新破旧版面50余块。二是严肃组织生活。指导各支部从严落实“三会一课”、组织生活会、民主评议党员、谈心谈话等党内组织生活制度。三是加强队伍建设。以选优配强村党组织书记为出发点，选配专职化书记5名，面向社会招聘大学生村文书3名。严格选人用人标准和程序步骤，顺利完成村党组织的换届工作。储备村级后备干部40人。四是规范工作程序。严格按照标准抓好党员发展、党费收缴、党组织关系转接等各项工作。全年共发展党员12名，培养入党积极分子27名，不断为党组织注入新鲜血液。

【脱贫攻坚成效】深入学习贯彻习近平总书记关于扶贫开发工作的重要论述及系列指示精神，坚持以脱贫攻坚为统筹，聚焦精准、着力精准，精准扶贫、精准施策，扎实推进脱贫攻坚年度战役各项工作。全乡共有7个贫困村（杨家大庄村、脱甲山村、大林村、康家村、祁家寨村、门楼寺村、秋池湾村），1个非贫困村（峡城村），七个贫困村已于2019年全部出列。全乡现有建档立卡户666户2680人，且全部达到退出验收标准，贫困发生率下降到0。2013年底全乡农村居民人均可支配收入仅3240元，贫困人口人均可支配收入仅1466元。到2020年，全乡农村居民人均可支配收入达到9457，贫困人口人均可支配收入达到8720元。八年来，全乡居民人均可支配收入增长1.9倍，贫困人口人均可支配收入增长4.95倍，实现了整乡脱贫。

【产业发展】

1.**大力发展特色种养业**。基地建设：由峡城乡门楼寺村文平种植专业合作社实施中药材标准化种植基地，以门楼寺为中心，种植柴胡550亩涉及大林村、康家村、门楼寺村、祁家寨村、峡城村、杨家大庄村，种植党参175亩涉及脱甲山村、大林村、康家村；在秋池湾村、门楼寺村、峡城村种植金丝皇菊65亩，新建种植大棚20座；在脱甲山村种植藜麦100亩。三类人群种植业奖补及五小产业：种植业方面，确保三类人群都有稳定的收入来源和增收途径，享受奖补户共计60户24.059万元，其中：未脱贫户11户，享受奖补资金4.275万元；监测户11户，享受奖补资金4.62万元；边缘户38户，享受奖补资金15.164万元。60户的奖补资金已全部发放到户。养殖业方面，三类人群养殖业奖补项目落实40户，享受奖补资金40万元，其中边缘户30户，监测户8户，未脱贫户2户。为27户边缘户引进良种牛27头，3户边缘户良种羊3户27只；为8户监测户引进良种牛8头，为2户未脱贫户引进良种牛2头，已完成牛羊引进及投放工作。五小产业方面，共排摸有意愿发展五小产业贫困户5户，已完成奖补资金发放。

2.**建好村级光伏电站**。现有村级自建光伏电站2个、并网电站3个，涉及7个村，2020年渭源县正源扶贫开发有限公司、渭源县扶贫办、渭源县正和城市建设投资经营有限责任公司累计向7个贫困村村集体经济累计拨付光伏收益资金279.99万元。其中杨家大庄村36.08万元；脱甲山村53.42万元；大林村39.02万元；康家村39.02万元；祁家寨村36.08万元；门楼寺村36.08万元；秋池湾村40.29万元。

3.**大力发展村集体经济**。全乡8个村均有稳定的集体经济收入来源，1个非建档立卡贫困村峡城村依托德青源金鸡项目已实现收益2万元以上。2020年，全乡8个村村级集体经济收入达290.05万元，其中：杨家大庄村38.82万元，脱甲山村54.02万元，大林村39.02万元，康家村39.02万元，祁家寨村36.08万元，门楼寺村39.34万元，秋池湾村40.79万元，峡城村2.96万元。

4.**大力实施就业扶贫**。累计输转富余劳动力1646人，输转建档立卡贫困劳动力1036人。2020年外出务工没有回流贫困劳动力，做到了应输尽输。全面落实鼓励支持贫困劳动力输转就业交通补贴、劳务奖补和生活补助等奖补政策，上报审核通过稳岗、生活补助573人，交通补助454人；发放稳岗、生活补助64人，交通补助454人。全乡劳动力培训155人，其中技能培训151人，实用技术培训完成4人。

【民生保障】

1.**安全饮水实现全覆盖**。全乡自来水入户率99.8%，安全饮水率100%，通过“3+1”专项巩固提升行动，对全乡农户饮水情况、管道及冬季冻管等方面进行再筛查，为补齐短板，康家村新建50立方米蓄水池，保障全村供水量。

2.**义务教育有保障**。全乡现有学校9所，其中：独立初中1所，完全小学5所，教学点1所，公办幼儿园1所，民办幼儿园1所。现有教职工88人，其中专任教师88人。6～15周岁适龄儿童共计1028人，其中建档立卡307人。义务教育阶段适龄学生全面落实享受“两免一补”政策，无一名学生因贫失学。

3.**基本医疗有保障**。全乡医疗保险应参保8029人，实际参保人7906人，参保率为98.47%，建档立卡贫困人口参保2681人（39人异地参保）参保率100%。8个村均建有标准化卫生室，诊断室、药房、治疗室、防保室四室分离，均配备村医一名，贫困人口家庭“一人一策”签约率达到100%，实行基本药物制度，零差率销售。全面推行一站式即时结算全覆盖、贫困人口家庭“一人一策”签约率达到100%，实现了健康脱贫政策全覆盖。截至2020年，共为符合条件的548个慢性病患者办理了慢性病卡（其中建档立卡人口464人），做到了应办尽办，享受到了慢特病报销优惠政策。

4.**住房安全有保障**。2020年，通过农户申报、乡上初排发现的疑似危房17户，并及时上报县住建局。经县住建局技术人员认定，符合危房改造政策的农户10户（建档立卡贫困户3户、低保户3户、五保户2户，其他农户2户），其中2户建档立卡贫困户纳入中央省级危房改造，其余8户纳入县级筹措危房改造。危房改造农户10户已全部竣工，达到入住条件，并全部入住，经县级验收全部合格。10户危改户补助资金21.2万元（其中“四类重点对象”户均补助2.4万元、其他农户户均补助1万元）全部拨付到农户一卡通账户。2020年6月，对全乡有财政供养、有房、有车、有企业等26户“四有人员”危房户进行了整治，并对整治情况逐户进行了验收，经实地查看验收，自行维修户5户、自行拆除户5户、搬迁至安全住房居住并对原有危房设置防护措施的15户、列入“四有人员”危房整治计划的重建户1户，经验收26户“四有人员”户危房全部完成了整治工作。

5.**人居环境整治**。持续推进人居环境整治工作，前半年共拆除危房77处、残垣断壁36处、烂圈烂舍17处；拆除占用公共场所店外店、店外棚、简易房16处，群众房前屋后及严重影响村容村貌建筑物共计296处；清理生活垃圾池、垃圾乱堆乱放点276处，处理生活垃圾等125.8吨。按照县脱贫攻坚领导小组2020年第十次会议暨县中央脱贫攻坚专项巡视反馈意见整改工作领导小组第十一次会议精神，制定《峡城乡农村人居环境提升工程提升方案》，各村成立专项工作组，并对农村环境问题进行再次大排查，列出问题清单，建立问题台账，倒排工期进度，实行销号管理。后期共排摸出破旧房26户，已完成26户；残垣断壁10处，已完成10处；生活垃圾乱堆乱放15处，已完成整治15处；柴草杂物乱堆乱放34户，已完成整治34户；废旧农膜4吨，已清理4吨；畜禽粪便暴露16户，已清理16户；庭院和卫生厕所需整治户30户，完成清理30户；群众精神面貌需提升81户，面貌改善81户。为建立环境提升长效机制，形成环境整治工作常态化，制定了《峡城乡环境整治提升奖惩办法》，并成立由乡人大、纪委、执法队组成督查组，从专项整治开始，对各村专项行动开展情况进行常态化督查，督促该项工作落实。

6.“厕所革命”。2020年户厕改造任务449户67.7712万元，全部完成改造，完成县级验收。

【社会治理创新】

1.平安建设不断深化。拓宽宣传渠道，增强人民群众同黑恶势力做斗争的决心，在全乡范围内营造了全民扫黑除恶的浓厚氛围。专项斗争开展以来，组织集中宣传10次，发放宣传资料5200多份，制作大型固定宣传版面4块。与各阶段全乡中心工作相结合全方位、多角度深入开展宣传发动，营造打击声势，做到人人知晓、户户知策。

2.信访生态和谐稳定。进一步加大电子信访案件和民生平台办理力度，充分运用便民服务中心和电子民生平台，完善了信访接待制度，共接待群众来访30人次，调处民事纠纷20起。2020年接到信访案件6件，已全部办结。电子民生平台规范运转，共办理各类民生事项70件次，按时办结率为100%，回复率为100%。

3.污染防治成效凸显。坚持全民共治、源头防治，全面整治燃煤散烧、污水排放等，建成垃圾低温焚烧热解站1处，完成燃煤锅炉改造提升1个。

4.安全生产齐抓共管。充分发挥乡村两级安全生产网格员作用，认真做好安全标准化建设、安全技能培训、隐患排查治理、重点行业领域专项治理等重点工作，全年无安全生产事故发生。

5.河道管理日趋规范。全面落实河长制，坚持乡村两级河长周巡河、巡河员日巡河制度，对发现问题立即整改；对河道内非法采砂现象进行严厉打击，清理河道内垃圾、杂物16余处。

6.市场监管全面规范。乡市场监管所开展食品、药品、医疗器械及化妆品等重点领域专项整治活动15次，出动执法人员120人次，市场经营主体责任约谈及培训2场，农村自办宴席登记31次，流动厨师培训2场次，流动厨师登记备案4人。立案查处违法经营案件8起，其中当场处罚4起，罚没款0.4万元。全年快检完成150批次，主要以食用农产品为主，完成率100%，快检未发现不符合食品安全标准的食品。督促辖区内餐饮单位全部完成高效油烟净化设施安装工作，全乡油烟净化设施安装率达100%。对辖区内重点市场主体进行了责任约谈，督促辖区内经营者依法依规经营，切实保障了广大人民群众的合法权益。

7.抓好疫情防控。外防输入，进一步夯实了乡、村网格化责任，实行常态化排查巡查，对外来人员重点管理，果断处置。同时，严禁了群体性聚集行为，降低疫情传播风险。结合新时代农民实践站所，组建了党员志愿服务队，开展助力贫困农工防控疫情党员志愿服务活动，深入村户，为贫困群众宣传疫情防控知识，形成群防群治、联防联控的良好格局。

【放管服改革】科学设置便民服务窗口，在设岗过程中设A、B岗，全面推行“前台综合受理、后台分类审批、统一窗口出件”服务模式，做到只进一扇门最多跑一次。乡便民服务中心制度公开，群众意见簿及办件统计表全面运行，政务网已延伸到乡便民服务大厅，完成了乡政务服务事项与定西市一体化平台对接，实现了“一网通办”。8个村结合驻村帮扶工作队驻村办公，设立了村级便民服务中心，开展相关业务办理和民事代办工作。

【领导名录】

党委书记：王宏林

人大主席：安玉祥

党委副书记、乡长：许永强

党委副书记：仲宝林

纪委书记：邵强

副乡长：赵鹏、葛小平

武装部长：张海龙

党建工作办公室主任：邓俊（4月止，兼党委组织员）、徐永天（4月任）

司法所所长：程彦杰

综合执法所副所长：杜滨（4月止）

综合行政执法队副队长：赵克信（4月任）

扶贫工作站站长：黄满强（4月止）

农村农业综合服务中心主任：黄满强（4月任）

农村公路管理所副所长：赵瑞平（4月止）

文化旅游服务中心主任：赵瑞平（4月任）

计划生育办公室主任：段永宏（4月止）

社会治安综合治理办公室副主任：王海涛（4月止）

社会治安综合治理中心主任：席艳琴（女，4月任）

民政工作办公室主任：杨新彦（4月止）

政务（便民）服务中心主任：杨新彦（4月任）

食品药品监督管理所副所长：王志龙（4月止）

市场监督管理所副所长：梅国强（4月任）

（供稿：仲宝林）

田家河乡

【概况】田家河乡位于渭源县西南部，距县城47公里，沈峡公路、田麻公路穿境而过，总面积67平方公里，平均海拔2300米，属高寒阴湿气候。全乡有党组织18个，党员465名，其中农村党员419名，辖8个行政村72个村民小组，2623户11046人。有建档立卡贫困村5个，建档立卡人口905户3567人，5个贫困村全部退列，贫困发生率下降到0，2019年底实现全乡整体脱贫摘帽。

【全面从严治党】

1.忠实履职尽责，持续推进全面从严治党。乡党委始终坚持挺纪在前，坚持“党委书记负总责、分管领导协助抓、支部书记具体抓”的工作制度，严格落实“一岗双责”，坚决贯彻民主集中制，认真执行“三会一课”、民主生活会、组织生活会、支部书记述职评议、民主评议党员等制度，要求班子成员主动参加所在支部活动，自觉接受党员群众民主监督，使党委集中统一领导更加坚强有力，营造了清正、清明、清廉的良好政治氛围。共开展约谈15场次，约谈乡村社干部184人次，发出履职尽责函32份；全乡通报2人次，免职1人，乡纪委立案办理扶贫领域问题线索1件，给予党内警告处分1人，诫勉谈话3人，告诫约谈3人。

2.靠实工作责任，守牢意识形态主阵地。坚持把增强班子政治敏锐性和政治鉴别力，防范化解政治风险隐患作为重要工作，时刻保持对政治敏锐性问题的高度警惕。党委统筹推进、出拳亮剑，牢牢掌握意识形态工作的领导权、话语权，畅通信息渠道，正确引导社会舆论。维护意识形态安全，党委高度重视意识形态安全建设，教育广大党员干部审慎甄别各类信息，加强意识形态阵地建设，以“田家河政务”微信公众号为依托，宣传党的政策，传递社会正能量，讲好脱贫故事。

3.建强基层组织，着力夯实党建基础。围绕抓党支部建设标准化，扎实推进农村党支部标准化建设。严格落实了村组干部绩效报酬，完成了软弱涣散村集中整顿，纵深推进扫黑除恶专项斗争和党员信教问题专项整治，整合优化党群服务中心功能室设置，更新破旧版面60余块。以选优配强村党组织书记为出发点，选配专职化书记1名，面向社会招聘大学生村文书3名。严格选人用人标准和程序步骤，顺利完成村党组织的换届工作。储备村级后备干部50人。严格按照标准抓好党员发展、党费收缴、党组织关系转接等各项工作。全年共发展党员18名，培养入党积极分子26名，不断为党组织注入新鲜血液。

【脱贫攻坚成效】坚持以脱贫攻坚为统筹，抢抓中央和省市县关于精准扶贫、精准脱贫政策机遇，聚集最大人力、物力、财力，精准施策、精准发力，全乡减贫成效明显，户脱贫六项指标和村脱贫十一项全部达标，905户建档立卡户全部实现脱贫，其中“十三五”期间累计减贫905户3560人，全乡农民人均可支配收入由2016年的6600元提高到2020年的9199元，贫困户人均可支配收入由2016年的3866元提高的2019年底的7880元，8个行政村全部整村脱贫退出，实现了整乡脱贫。

【产业发展】

1.产业扶贫。一是合作社改组改造规范提升，全乡原有合作社56家（其中乡级联合社3家、村级联合社1家、村办合作社19家、私立合作社33家）。规范提升或改组改建合作社，政府指导规范提升合作社28家（其中村办合作社7家、私立合作社21家），能人领办规范提升合作社3家，“两社”融合发展模式改组改造合作社9家，注销清理合作社10家。二是种植业奖补项目涉及三类人群104户（未脱贫户18户、监测户37户、边缘户49户），奖补面积451.7亩、申请奖补资金37.4825万元（其中未脱贫户18户、奖补面积74亩、申请奖补资金6.125万；监测户37户、奖补面积171亩、申请奖补资金14.5625万元；边缘户49户、奖补面积206.7亩、申请奖补资金16.795万元），已由县农业农村局将奖补资金由农业农村局统一拨到农户一折通。三是养殖业奖补项目共涉及三类人群27户（边缘户14户、监测户10户、未脱贫户3户），共引进牛25头（补助1万，自筹五千）、羊18只（补助1万，自筹0.42），已全部发放到户并且完成保险的投保工作。四是五小产业培育共排摸出14户，其中小家禽养殖户8户、小作坊3户、小买卖3户，补助资金已由农业农村通过一折通账户拨付给农户。五是基地建设方面，完成900亩的中药材基地建设和368亩的百合基地建设，光伏食用菌基地（元古堆基地已完成21个大棚的羊肚菌种植，高石崖和韦家河基地已完成钢架棚建设，正在铺设保温膜）。六是农业保险收缴方面，完成12701.5亩的种植保险和447头（箱）的养殖保险，完成率100.75%。建档立卡户除未种养的70户192人外，共完成7113.7亩种植业保险和341头（箱）的养殖保险，完成率100%。

2.就业扶贫。现有省市县开发的72名公益性岗位（省级6名，市级39名，县级19，省级开发临时性公益性岗位8名）。现有护林员46名（生态护林员30名，天保护林员9名7478亩，公益林护林员7名3200亩）。通过村集体经济收益分配的公益性岗位开发和二级网格员设置，全乡开发出232个就近就业岗位，232户无法外出务工的贫困户通过劳动等方式户均增收1410元。全乡累计输转1970人，其中建档立卡户1014人，一般户956人。自谋输转143人，有组织输转1827人，组织输转中政府组织点对点输转39人。

3.易地搬迁扶贫。“十三五”易地扶贫搬迁共实施22户98人，其中2016年4户19人，为每户配套5千瓦光伏发电产业，2018年易地扶贫搬迁（进城安置）18户79人，分别配套了养殖业、种植业、公益性岗位、外出务工等后续产业，现已销号清零。拆旧复垦22户。

4.村组道路建设。实施村组道路硬化15.699公里，全部完成基层砂垫和水稳铺设，正在硬化路面工程，完成50%预付资金。主巷道硬化田家河村、香卜路村、高石崖村、韦家河村4个自然村50640平方米。

【民生保障】

1.安全饮水实现全覆盖。共接通自来水2378户，覆盖率为90.66%，饮用水为井水的48户，集中供水点18户，泉水179户，安全饮水实现全覆盖。新集村一座50平方米蓄水池、田家河村红沟30平方米蓄水池、汤尕沟0.5公里新修DN63管线已完工并通水。

2.**义务教育有保障**。义务教育阶段适龄学生1283名，建档立卡户贫困家庭适龄学生399名均接受九年义务教育，并享受“两免一补”和“营养餐”等教育资助政策，无因贫失学辍学学生。

3.**基本医疗有保障**。8个村标准化卫生室全覆盖，并配齐了有乡村医生以上资格职业医师到村正常开展工作。应参保10583人，实参保10457人，参保率98.8%；建档立卡3566人，本地参保3529人，异地参保37人，参保率100%；边缘户65户206人，参保率均达100%，做到了应办尽办，享受到了慢特病报销优惠政策。

4.**住房安全有保障**。2020年，组织各驻村干部、村社干部，对所有农户住房安全情况再次开展了一次大排查，重点排查建档立卡贫困户、低保户、分散供养特困人员和贫困残疾人家庭等四类重点对象和其他农户中建设年代时间较久的老旧生土住房、地质灾害易发隐患区域住房安全情况。全乡共排摸新增危房3户，已全部竣工并通过县级验收。进一步规范了历年危改档案，“四有人员”危房整治户共47户，现已全部完成整改。

5.**人居环境整治**。拆除危房106处，残垣断壁36处，烂圈烂舍39处，占用公共场所店外店、店外棚、简易房3处，清理群众房前屋后73处，拆除严重影响村容村貌建筑物18处，清理垃圾池、生活垃圾、乱堆乱放点52处，清理道路、学校、市场等公共区域暴露垃圾25吨，清理破旧广告牌、标识标语71条，清理河道、池塘、沟渠等的漂浮物、障碍物19.1吨，收集废旧农膜、尾菜100.01吨，种花草3400平方米，栽植行道树9430棵，乡村景观建设29处，清理生活垃圾82吨，清理粪堆、土堆、柴堆113处，整治污水乱排乱倒230户，整治农机具、杂物、生产生活资料乱停乱放87户，改厕完成320户，整治六净六无2354户，整治讲话文明、行为规范、衣着整洁149户。

【社会治理创新】

1.**平安建设不断深化**。大力开展矛盾纠纷排查调处，做到早发现、早报告、早控制、早解决，全乡共排查出各类矛盾纠纷52起，已调处成功51起，调处率达98%。共受理电子民生平台反映事项95件，已全部办结，电子民生平台规范运转，按时办结率为100%，回复率为100%，全乡全年未发生重大刑事案件。深入开展安全生产“大检查”活动，全乡安全生产形势平稳发展，社会和谐安定。元古堆村荣膺“全省民主法治示范村”和“全省精神文明村镇”。

2.**污染防治成效凸显**。坚持全民共治、源头防治，全面整治燃煤散烧、污水排放等，建成垃圾低温焚烧热解站1处，完成燃煤锅炉改造提升1个。

3.**安全生产齐抓共管**。充分发挥乡村两级安全生产网格员作用，认真做好安全标准化建设、安全技能培训、隐患排查治理、重点行业领域专项治理等重点工作，全年无安全生产事故发生。

4.**抓好疫情防控**。外防输入，进一步夯实了乡、村网格化责任，实行常态化排查巡查，对外来人员重点管理，果断处置。及时建立三级防控和线上“防疫组织”体系，充分发挥“网格”作用，多维度管理，发放张贴《一封信》《倡议书》6000份，悬挂横幅35条，设置检查督导牌、宣传版面13个，共排查人口984人次，各监测点过境车辆人员404人次，劝返95人次。做到无死角排摸，信息传达及时准确，防疫措施精准有效。

【领导名录】

党委书记：王宝林

人大主席：赵新军

党委副书记、乡长：王小明

党委副书记：杨云庆、朱惠军（4月止，挂职）

纪委书记：张祥平

副乡长：贾元平、张永红（4月止）、杨国荣（5月任）

武装部部长：陈国锋
党建工作办公室主任：辛军
司法所所长：王有祎
综合执法所副所长：李树茂（4月止）
综合行政执法队队长：朱惠军（4月任）
综合行政执法队副队长：李树茂（4月任）
扶贫工作站站长：王一平（4月止）
农业农村综合服务中心主任：王一平（4月任）
农村公路管理所副所长：张小林（女，4月止）
文化旅游服务中心主任：张小林（女，4月任）
计划生育办公室主任：安晓东（4月止）、杜滨（4月任）
社会治安综合治理办公室副主任：高远（4月止）
社会治安综合治理中心主任：刘爱军（4月任）
综合执法所所长：谢国锋（4月止）
民政工作办公室主任：雒彦军（4月止）
政务（便民）服务中心主任：杜滨（4月任）
食品药品监督管理所所长：马成军（4月止）
食品药品监督管理所副所长：郭海平（4月止）
市场监督管理所所长：马成军（4月任）
市场监督管理所副所长：郭海平（4月任）

（供稿：杨云庆）

会川镇

【概况】会川镇位于渭源县西南部，北距省城兰州市117公里、临洮县25公里，东距渭源县城35公里，国道212和316线交汇贯穿，兰海高速临渭段途经会川并设有出口，交通便利，区位优势明显，是古丝绸之路的主要交通要道和商埠重镇。民国曾设会川县，治所官堡。全镇总面积127平方公里，辖22个行政村，1个居委会，209个村民小组，10110户4.4万人，耕地10.29万亩，草地4.6万亩，林地2.2万亩，属温带大陆性气候，为高寒阴湿地区，年平均气温5℃，年降水量580毫米，无霜期131天，土壤肥沃，土层深厚，适宜马铃薯和各种中药材生长。镇区规划面积为10.06平方公里，现已形成“三纵三横”道路网框架，镇区主街道实现集供水、供热、供气、通讯、排水“五网合一”的道路管网改造，城镇化发展水平逐年提高，各项功能日趋完善。渭源县第二中学、渭源县中西医结合医院均位于会川镇区。洮河支流漫坝河自南向北流经全境，罗家磨村黄香沟境内的生态无人区漫坝河，为渭源北部农村饮水安全项目工程水源地，水资源优势明显。境内太白山，有“小华山”之称，是渭水源国家级森林公园景区之一。

【新冠肺炎疫情防控】镇联防联控领导小组指导各村、各镇属单位针对疫情发展形势，及时调整应对措施，在监控对象上紧盯“六返”人员，确保实现“清一防二禁三”目标。镇属各单位严格落实省市县政策，力争各类市场主体、工业企业、重大工程项目有序实现复产复工。各村积极主动作为，加强农资调运、结构调整、产业基地落实、农业保险、顶凌覆膜、农作物疫病防治等各项工作，及时掌握群众意愿进行调查摸底，积极与省农资公司兰州分公司对接联系，调运各类肥料330吨，种子2万公斤，保障了春耕物资，完成了“三春”（春播、春防、春造）各项工作任务。

【脱贫攻坚】紧紧围绕“两不愁三保障”标准，紧盯贫困村4项、贫困人口6项脱贫指标，扎实有序全面推进脱贫攻坚各项工作。对全镇31户102名未脱贫人口、92户358名脱贫监测人口、342户1123名边缘人口挂牌督战，持续深入开展产业扶持、转移就业、生态补偿、医疗救助、教育资助、住房保障、安全饮水、内生动力“八大冲刺”攻坚行动，精准落实到户到人政策措施，全力保障稳定脱贫。实现了全镇所有贫困人口稳定脱贫，贫困发生率下降为0，顺利通过了市县验收和全国脱贫普查。

1.**深入推进就业扶贫**。全镇完成劳务输转9317人，9家扶贫车间就近吸纳248名贫困家庭劳动力就业，创新培养劳务输转经纪人36名，排摸出符合疫情期间外出就业奖补人员425人，开展各类技能培训380人次。在西关规划夜市摊位200多个，并免收场租费、摊位费，有效促进了群众创业就业。

2.**不断创新消费扶贫模式**。今日头条“快乐三农”项目已全面上线运行，培养本地“网红”39名，推出优质三农领域创作者32名，共推送中长视频5569条、短视频4256条、图文作品4329条，该网络矩阵影响力进入全网前20名，通过直播带货、软文宣传、链接推送等形式，将本地中药材、马铃薯等特产和旅游资源借助电商渠道销售和推介，不断增加贫困人口收入和会川影响力。

3.**落实小额信贷及光伏收益分红分配工作**。共落实小额信贷370户1820万元，有力促进贫困户的产业发展；督促各贫困村将光伏收益的80%用于贫困人口公益岗位工资和村级公益事业建设劳务费用，20%主要用于小型公益事业建设、道德积美超市、网格化管理、困难救助及补贴、奖励补助等5个方面，村民的内生动力得到充分激发。

4.**巩固提升住房安全**。持续做好农村住房安全动态监测，全面完成住房安全性鉴定（认定）查漏补缺“回头看”，确保所有农户住房安全性鉴定全覆盖，不留死角、不漏一户。排查上报的2020年45户危房改造户全部于6月底完成建设任务，133户“四有人员”危房整治任务全面完成，列入2020年省级增减挂钩的29户农户全部完成旧房拆除，复垦耕地12.5亩。

5.**全面开展扶志行动**。开展扶志教育，加强贫困群众思想、文化、道德、法律、感恩教育，建设新时代文明实践中心（站），帮助贫困户摆脱思想贫困。建立多劳多得、多劳多奖机制，全面推广以表现换积分、以积分换物品的道德积美超市做法，落实建立贫困村村内公共设施岗位补贴、劳务补助、劳动增收奖励机制，杜绝了“保姆式”扶贫和政策“养懒汉”。

6.**推进移风易俗**。探索建立村民议事会、道德评议会、红白理事会、禁毒禁赌会等自治组织，开展高价彩礼、婚丧嫁娶大操大办、薄养厚葬、不赡养老人等专项治理，引导群众树立健康文明新风尚。

7.**产业发展水平全面提升**。在半阴坡、杨庄、棉柳坪、元寺滩四村建成马铃薯种薯产业基地3000亩；在罗家磨、沈家滩、本庙、新城、上集等村建成万亩中药材标准化种植片带。合作社规范化提升改造工作有序推进，全镇263家农民专业合作社基本完成了改组改造和规范提升的阶段性任务。食用菌产业扶贫项目和食用菌种植项目实施顺利，采取农户自愿组合等办法，参与农户全部进入园区参与种植生产。

【项目建设提质增效】

1.**项目建设**。2020年列入县级清单投资项目7项，总投资12.665亿元。其中续建项目2项，投资8220万元的金地阳光庭院住宅小区项目和投资1.3亿元的秀水丽景园二期工程均完成阶段性建设任务。投资750万元的镇区棚户区改造配套供热基础设施建设项目和投资668万元的生活垃圾低温处理站建设项目已完成建设任务并投入运行。投资8.6亿元的青年路棚户区改造一期、投资1.5亿元的永安嘉园三期棚户区改造项目正在加快推进项目前期。投资4200多万元的罗家磨渭源县百美村宿乡村旅游扶贫示范项目正在进行主体工程建设。配合县教育部门实施会川镇第二幼儿园和官堡小学已经招生并投入使用。配合住建局完成9栋348套老旧楼房的改造。

2.**农村基础设施道路建设有序开展**。在半阴坡、常家湾、元寺滩、沈家滩、新城等村分三批共完成自然村通硬化路29.53公里，资金1253万元，在王家咀等村完成畅返不畅7公里，在河里庄、新城、沈家滩等村投资236.8万元的硬化主巷道29600平方米，投资137.13万元的会川镇防洪护岸工程已完成建设任务。投资80万元的镇政府业务用房维修改造工程完成建设任务。新建村级活动场所7个，其中常家湾、半阴坡已建成并投入使用，沈家滩、新城、南沟、棉柳坪村正在进行主体工程建设，梁家坡村正在进行前期工作。

3.**招商引资取得实效**。引进甘肃中亚高原饮料有限公司在会川镇干乍村、罗家磨等村投资8500万元建设大果沙棘产业园项目、投资3000万元的沈家滩加油站建设项目均已落地开工建设。

【生态环境持续向好】

1.**全面完成面山绿化任务**。2020年全镇完成面山绿化3000亩以上，其中镇上完成面山绿化1000亩以上，各村完成面山绿化2000亩以上；完成干乍、罗家麻两村的美丽乡村绿化，完成新建道路绿化15.5公里，完成道路补植补造32.7公里。

2.**全域无垃圾及农村环境卫生治理实现质的提升**。各村通过召开村民会议、微信平台、QQ群等多种形式，深入宣传农村垃圾治理的重要意义、基础知识、生态环保常识等，实行网格化管理，划定卫生责任区，明确卫生责任人，分片包干，责任到人，实现垃圾日产日清。

3.**拆违治乱专项攻坚行动深入推进**。共拆除危房及残垣断壁893处，拆除乱搭乱建329处，清理垃圾401.51吨，拆除广告牌248处，清理河道、池塘、沟渠56公里，黑臭水体治理10条，电线、电缆12处，清洁村庄创建6个，庄前屋后垃圾1314吨，粪堆、土堆、柴堆1115处，污水乱排乱倒688户，农机具、杂物、生产生活资料乱停乱放1633处，农村改厕470户，六净六无整治户2167户，讲话文明、行为规范、衣着整洁4917户。

【**社会民生稳步推进**】全面落实城乡低保、医疗救助等保障和优抚政策，完成城乡低保、特困供养提标，全年累计为各类民政重点工作对象发放资金共计51729人次213.06万元。认真履行安全监管职责，道路交通、食品药品、烟花爆竹、供电供热取暖、防火等安全工作持续深入开展，全镇范围内未发生重特大安全生产事故，总体形势稳定向好。受理各类信访事项8件，扎实开展扫黑除恶专项斗争，严厉打击各类违法犯罪活动，受理治安案件58起，较上年度同期下降38%，禁毒工作稳步推进，社会大局和谐稳定。全面推进实事办理，动员适龄农村妇女参加免费“两癌”筛查工作，完成102人，占应参检人数105的97%。电子民生平台共计326件，办结率100%，按时办结率100%。

【**自身建设**】积极转变政府职能，提升行政效能，提高人民群众对政府的信任度、满意度。全面深化改革，以“放管服”改革为契机，投资5.5万元对政府便民服务大厅进行规范改造，在22个村全部建立便民服务中心，并公布《渭源县乡级政务服务事项指导目录》。狠抓督查问效，成立会川镇督查检查工作领导小组，以强有力的督促检查倒逼各项任务落实。自觉接受人大和社会各界监督，对列入的人大代表建议和政协委员提案召开专题会议进行交办，全镇共涉及10件，已完成10件，办结率为100%。强化廉政建设，落实党风廉政建设责任制，严格执行中央“八项规定”和省市县有关规定，以政府采购、项目建设、工程招投标等领域为重点，健全监督管理制度，严肃财经纪律，严格执行财政预算制度。推动工作全面发展。统计、档案、征兵、人防、残疾人、工会、妇女儿童以及民族宗教等其他各项工作都取得了新的发展和进步。

【领导名录】

党委书记：张俊生（9月任）

党委副书记、镇长：肖会林

人大主席：高芳（女）

党委副书记：王湖、赵学武（5月任，挂职）

纪委书记：赵作杰（4月止）、郭宝东（4月任）

监察室主任：赵作杰（5月止）、郭宝东（5月任）

武装部长：薛海强（10月止）、徐强（10月任）

党委委员、综合执法所所长：麻自胜

党委委员、副镇长：翟军平

党建工作办公室主任：李阳（5月止，兼党委组织员）、刘海军（5月任）

党委委员、二级主任科员：祁忠孝

副镇长：杨喜平、雒海通

人大副主席：罗宏伟

司法所所长：徐强（11月止）、薛海强（11月任）

文化旅游服务中心主任：张鹤（4月任）

农业农村综合服务中心主任：刘江平（4月任）

综合执法所所长：麻自胜（4月止）

综合执法所副所长：贾江龙（4月止）

综合行政执法队队长：麻自胜（4月任）

综合行政执法队副队长：贾江龙（4月任）

政务（便民）服务中心主任：薛鑫（4月任）

社会治安综合治理中心主任：王耀江（4月任）

农村公路管理所副所长：张鹤（4月止）

扶贫工作站站长：刘江平（4月止）

社会治安综合治理办公室主任：刘海军（4月止）

计划生育办公室主任：薛鑫（4月止）

民政工作办公室主任：汪强强（4月止）

市场监督管理所副所长：王志龙（4月任）

（供稿：赵继霞；审稿：赵学武）

2020年渭源县国民经济和社会发展统计公报

渭源县统计局

（2021年4月）

2020年，面对错综复杂的国内外发展环境特别是新冠肺炎疫情的严重冲击，在县委县政府的坚强领导下，全县上下坚持以习近平新时代中国特色社会主义思想为指导，全面贯彻党的十九大和十九届五中全会精神，严格落实党中央国务院、省委省政府、市委市政府的各项决策部署，科学统筹疫情防控和经济社会发展，扎实做好“六稳”工作，全面落实“六保”任务，全县经济稳定恢复向好，各项社会事业全面发展，“十三五”规划顺利收官，高质量发展取得新成效。

一、综合

初步核算，2020年全县实现地区生产总值40.08亿元，比上年增长4.6%。第一、二、三产业增加值分别为14.07亿元、3.27亿元、22.75亿元，比上年分别增长5.7%、6.4%、3.6%。三次产业结构比为35.1：8.1：56.8，对经济增长的贡献率分别为44.7%、11.8%、43.5%。

全年十大生态产业实现增加值11.25亿元，比上年增长2.3%，占全县地区生产总值的28.1%。

年内共减少农村贫困人口368户1382人，建档立卡贫困户全部实现脱贫，年末各级选派帮扶工作队人数404人。

表1　2020年渭源县生产总值及增速

指 标	2020年	
	绝对数（万元）	比上年增长（%）
生产总值	400811	4.6
第一产业	140669	5.7
第二产业	32659	6.4
工业增加值	13222	3.5
建筑业增加值	19437	8.6
第三产业	227483	3.6

二、农业

全年农作物种植面积110.52万亩，比上年增长0.54%。粮食作物播种面积71.84万亩，总产量18.41万吨。其中夏粮播种面积28.23万亩，产量4.88万吨；折粮薯类（马铃薯）播种面积29.49万亩，产量8.23万吨。油料播种面积4.43万亩，产量0.71万吨。蔬菜播种面积1.52万亩，产量1.04万吨。中草药材播种面积31.68万亩，产量

8.74万吨。

表2 2020年渭源县主要农产品面积及产量

指标	2020年	
	面积(亩)	产量(吨)
农作物播种面积	1105151.5	
一、粮食作物	718438.9	184053.5
其中:夏粮	282348.3	48772.4
小麦	195259.1	35615.2
玉米	138751.7	52644.3
豆类	80476.6	12406.3
折粮薯类	294908.6	82311.9
二、油料	44264.8	7110.2
三、蔬菜	15245.3	10372.5
四、中草药材	316823.3	87426.9
其中;当归	89364	25882.8
党参	115903.9	21041.4
黄芪	96519.8	36008.8

全县年末牛存栏4.31万头，同比增长38.5%；猪存栏8.99万头（能繁母猪0.80万头），同比增长112.0%；羊存栏15.19万只，同比增长40.2%；家禽存栏176.22万只，同比增长333.9%。全年牛出栏1.27万头，同比增长145.8%；猪出栏4.35万头，同比增长4.5%；羊出栏9.21万只，同比增长74.1%；家禽出栏88.43万只，同比增长184.9%。

表3 2020年渭源县畜牧业生产情况

指标	单位	2020年	
		总量	比上年增长(%)
一、年末大牲畜合计	头	44559	36.8
其中:牛	头	43058	38.5
二、年末猪存栏	头	89920	112.0
其中:能繁育的母畜	头	7972	936.7
二、年末羊存栏	只	151880	40.2
四、年末鸡(鸭、鹅)存栏	万只	176.22	333.9
当年鸡(鸭、鹅)出栏	万只	88.43	184.9
五、当年猪出栏	头	43456	4.5
六、当年牛出栏	头	12664	145.8
七、当年羊出栏	只	92127	74.1
八、肉类总产量	吨	6690.6	——
九、牛奶产量	吨	4070.9	——
十、鲜蛋产量	吨	5903.4	——

三、工业和建筑业

全年全部工业增加值1.32亿元，比上年增长3.5%，占地区生产总值的比重为3.3%。规模以上工业增加值增长7.5%，其中：农副食品加工业增长23.3%，中药饮片加工业增长10.3%，饮料制造业下降40.2%。规上工业企业全年实现营业收入41667.4万元，同比增长12.65%；利润总额1809.5万元，营业收入利润率4.49%。年末共有规模以上工业企业9户。

截至2020年底，全县运营的光伏发电总装机规模60.25兆瓦，全年发电量8107.67万度，实现售电收入2529.56万元，获得国家可再生能源补贴3463.65万元。

全年建筑业实现增加值1.94亿元，比上年增长8.6%。年末具有资质等级的总承包和专业承包建筑业企业4户。

四、服务业

全年交通运输、仓储和邮政业实现增加值0.52亿元，同比下降2.6%；批发和零售业实现增加值2.02亿元，同比下降0.1%；住宿和餐饮业实现增加值0.69亿元，同比下降10.0%；金融业实现增加值3.36亿元，同比增长2.0%；房地产业实现增加值3.21亿元，增长5.1%；营利性服务业实现增加值2.27亿元，同比增长14.9%；非营利性服务业实现增加值10.57亿元，同比增长3.6%。

全年铁路客运量28.82万人，货运量0.3万吨（兰渝铁路渭源站）。公路客运量284.4万人，公路货运量446.4万吨，公路运输总周转量94040.3万吨公里。年末全县已通车的高速公路里程76公里、国道里程144.2公里，省道里程239.9公里。年末共有客运车辆109辆，公交车辆90辆，出租车227辆。

全年完成邮政行业业务总量2567.31万元，比上年增长30.9%。完成快递业务55.68万件，同比增长29.3%。共有邮政营业网点18个，其中农村网点17个。年末4家电信企业共有营业网点136个，从业人员341人，完成电信业务总量6.23亿元，实现电信业务收入1.44亿元。年末固定电话用户0.85万户，移动电话用户28.7万户，固定互联网宽带接入用户9.92万户。

五、国内贸易和对外经济

全年社会消费品零售总额9.23亿元，比上年增长0.8%。按经营地统计，城镇消费品零售额增长1.2%，乡村消费品零售额下降0.9%。按消费类型统计，商品零售额增长1.2%，餐饮收入额下降1.1%。

全年共实现限额以上社会消费品零售总额0.70亿元，比上年增长25.85%，年末共有限额以上商贸单位3户。

表4　2020年渭源县社会消费品零售总额及增速

指标	单位	2020年	
		总量	比上年增长（%）
社会消费品零售总额	万元	92341.5	0.8
按经营地分:城镇	万元	73566.3	1.2
乡村	万元	18775.2	-0.9
按消费形态分:商品零售	万元	74647.3	1.2
餐饮收入	万元	17694.2	-1.1
限额以上社会消费品零售总额	万元	7001.3	25.85

全年进出口总额530万元，其中出口530万元。

全年实施招商引资项目33个，到位资金（省外）31.28亿元，比上年增长87.98%。全县电子商务销售金额0.94亿元，电子商务采购金额1.26亿元，自建电子商务交易平台3个，交易额0.12亿元。

六、固定资产投资

全县固定资产投资比上年增长15.5%，全年共实施500万元以上及房地产项目111个，其中5000万元以上项目8个，500～5000万元项目92个，房地产开发项目11个。项目投资完成额占全部投资额的65.0%，其中5000万元以上项目占28.6%，500～5000万元项目占36.4%。房地产开发项目完成投资额比上年增长68.4%，占全部投资额的35.0%。民间投资同比增长72.5%。

七、财政金融

全年全县大口径财政收入2.79亿元，比上年增长5.82%。一般公共预算收入1.62亿元，增长5.6%。其中，税收收入0.80亿元，下降4.87%；非税收入0.82亿元，增长18.4%。公共财政预算支出31.35亿元，比上年增长0.45%。其中，一般公共服务支出增长5.36%，教育支出增长10.63%，农林水支出增长30.33%，住房保障支出增长5.38%，城乡社区支出增长158.25%。

年末全县金融机构人民币各项存款余额81.34亿元，比上年末增长10.84%，其中住户存款余额64.65亿元，增长13.94%。金融机构人民币各项贷款余额56.92亿元，比上年末增长4.51%，其中住户贷款余额38.97亿元，增长5.51%；涉农贷款余额41.01亿元，增长3.99%。

年末保险机构数11个，其中财产保险9个，人身保险2个。从业人员373人，全年保费收入1.93亿元，赔付支出1.03亿元。

八、人民生活、就业和社会保障

全县城镇居民人均可支配收入26562.1元，增长5.3%；农村居民人均可支配收入8815.2元，增长7.4%。城乡居民收入比3.01，比上年下降0.06。全县城镇居民人均消费支出19498.0元，比上年增长4.1%；农村居民人均消费支出8870.5

元，增长3.6%。

全年城镇新增就业2348人，失业人员实现再就业475人。年末城镇登记失业人数129人，城镇登记失业率2.96%。当年安置退役士官8人。年末共有公益性岗位就业人员923人，其中本年安排265人。全年累计劳务输转7.01万人，同比增长17.03%，其中组织化输转6.45万人。实现劳务收入15.32亿元，同比增长18.39%。劳务品牌培训838人，东西部协作“晋渭”劳务输转711人，赴疆转移就业安置132户215人。

年末全县城镇最低生活保障人数446户844人，农村居民最低生活保障人数9033户25067人，城镇特困供养11户11人，农村特困供养2241户2241人。

年末机关事业单位养老保险参保人数0.91万人，城镇职工养老保险参保人数0.35万人，城乡居民养老保险参保人数21.60万人。工伤保险参保人数1.18万人，失业保险参保人数1.0万人。

年末城乡居民医疗保险参保人数29.76万人，收缴保险费7438.93万元；城镇职工医疗保险参保人数1.35万人，收缴保险费6014.22万元。

九、科学技术和教育

全年科学技术支出（财政）362万元，全社会研发投入3607万元，全县共有工程技术研究中心12个，科技进步奖获奖项目1项，科技特派员年末人数44人。全年专利申请授权量104件，其中实用新型专利申请授权量96件，外观设计专利申请授权量8件。年末专利拥有总量268件，其中发明专利11件，实用新型专利215件，外观设计专利42件。年末注册商标拥有量667件，其中本年注册成功142件。

全县共有普通高中4所，专任教师752人，年末在校学生6413人，当年招生1899人，毕业3227人。初级中学16所，专任教师832人，年末在校学生6440人，当年招生1677人，毕业2513人。小学151所，专任教师1425人，年末在校学生18069人，当年招生3019人，毕业2120人。九年制学校8所，专任教师330人，年末在校学生3485人，当年招生1064人，毕业839人。中等职业教育学校1所，专任教师146人，年末在校学生1299人，当年招生498人，当年毕业265人。特殊教育学校1所，专任教师22人，年末在校生85人，当年招生7人，当年毕业6人。各类幼儿园159所，在园幼儿10797人。学龄儿童入学率为100%，九年义务教育巩固率为99.66%，初中毕业生升学率100%，学前教育三年毛入园率97.95%。全县当年本科上线人数1847人。

十、文化旅游、卫生健康和体育

年末国有转企改制演艺企业1个，从业人员42人，全年演出136场次。县级公共图书馆1个，藏书量12.8万册。博物馆1个，文物藏品1431件。农家书屋217个，文化信息资源共享工程村级终端接收站点217个，乡村舞台217个，城市数字影院2家。

年末广播综合人口覆盖率99.02%，全年公共广播节目播出8760小时，全年制作广播节目120小时。电视节目综合人口覆盖率99.02%，全年公共电视节目播出6205小时，全年制作电视节目864小时。

全县有AAAA级景区2个、AAA级景区2个、AA级景区2个，旅游业从业人员302人，举办了第三届渭水文化旅游节、渭源县冰雪旅游活动，开展了首届“丝路古韵·渭水流歌”旅游文化周活动，全年接待国内外游客154.13万人次，比上年增长2.4%，实现旅游综合收入7.53亿元，同比增长5.4%。

年末全县共有医疗卫生机构333个，其中，医院6个，乡镇卫生院18个，村卫生室217个，社区卫生服务中心（站）1个，诊所、卫生所、医务室88个，专业公共卫生机构3个。医疗卫生机构卫生技术人员797人，其中执业医师（含助理）452人，注册护士234人。乡村医生、卫生员220人，医疗卫生机构床位数1586张。孕产妇住院分娩率99.9%，婴儿死亡率3.01‰。

全县共有体育场馆2个，公共体育场地面积63.24万平方米，群众健身点54个，社会体育指导员1073人，专职教练员6人，在训队员20人，等级裁判员32人，各类体育协会、俱乐部14个。为省、市体育专业机构输送优秀体育后备人才6人次，获批全省首个县级自行车比赛训练基地，承办省级赛事4项，组织参加了定西市第二届运动会，取得19金25银28铜共72枚奖牌，举办了2020渭河源露营大会。

十一、资源、环境和应急管理

全年水资源总量40.58亿立方米，人均水资源量1.14立方米。全年总用水量2923立方米，其中：生活用水量1276.3万立方米，人均用水量82.34立方米。工业用水量112.2万立方米，农业用水量748.8万立方米。

当年全县造林封育面积5.27万亩，森林面积3.28万公顷，森林蓄积量176.26万立方米，森林覆盖率16.0%。有水源地保护区3个，保护面积839.16公顷。当年完成“三同时”环保验收项目17个，总投资5.46亿元，其中环保投资0.18亿元。全县城镇生活污水处理率100%，工业废水处理14.58万吨，工业固体废物综合利用率100%。

全年平均气温6.6℃，年日照时数1929.5小时，年总降水量649.6毫米，全年无霜期178天。

全年共发生各类生产经营性安全事故4起，死亡2人，受伤2人，直接经济损失0.4万元。亿元GDP生产安全事故死亡人数0.05人。

注释：

1.本公报各项统计数据为初步统计数。

2.由于2020年开展第七次全国人口普查，相关数据拟以《渭源县第七次全国人口普查公报》发布，故公报中涉及的人口数据及与人口相关的指标数据暂缺。

3.地区生产总值、各产业增加值绝对数按现价计算，增长速度按不变价计算（2015年不变价）。

4.本公报中相关行业统计数据来自县内各行业行政主管部门。

先进单位和先进个人

先进单位

一、国家表彰

国务院扶贫开发领导小组表彰

全国脱贫攻坚奖组织创新奖：渭源县

国务院农民工工作领导小组表彰

全国农民工工作先进集体：渭源县劳务服务中心

中共中央宣传部 农业农村部表彰

2020年“新时代乡村阅读季”之“我爱阅读100天”活动中进入“全国百强”：渭源县农业农村局

农业农村部

国家农民合作社示范社：渭源县五竹田园牧歌养殖专业合作社

国家林业和草原局

国家森林乡村名单：渭源县锹峪镇峡口村

2020年度全国示范型退役军人服务中心（站）验收合格名单（7家）：渭源县退役军人服务中心、路园镇退役军人服务站、北寨镇退役军人服务站、会川镇退役军人服务站、莲峰镇退役军人服务站、五竹镇退役军人服务站、田家河乡退役军人服务站

二、省委省政府表彰

第十五批省级精神文明建设先进集体、第二届省级文明校园

1.省级文明村镇：五竹镇、田家河乡元古堆村

2.省级文明单位：渭源县气象局

3.第二届省级文明校园名单：会川镇西关中心小学

中共甘肃省委全面依法治省委员会办公室表彰

第一批全省法治政府建设示范项目：渭源县普法宣传工作

三、甘肃省体育局表彰

全省体育扶贫工作先进单位：渭源县体育运动中心

第四次经济普查暨体育场地统计调查作出积极贡献，特此纪念（荣誉纪念证书）：渭源县体育运动中心

四、市委市政府表彰

定西市中医药工作先进集体

1.定西市中医事业发展十大先进集体：路园卫生院

2.定西市中药产业发展十大先进集体：渭源县亳春堂药业有限公司、渭源县德园堂药业有限公司

定西市民族团结进步模范集体

渭源县妇女联合会

第七届定西新闻奖获奖作品

1.第七届定西新闻奖获奖作品

电视专题：渭源：六年回看元古堆 牢记嘱托再出发（主创人员：漆曼莉、王亚雄、杨亚芸、李军）；报送单位：渭源县融媒体中心；二等奖。

新闻媒体作品：一堂特殊的党课（主创人员：王宏、漆曼莉、李兰兰）；报送单位：渭源县融媒体中心；三等奖。

2.2018年度甘肃新闻奖优秀成果

电视消息：渭源扶贫车间首批6000套纺织品出口（作者：甘俊仁、漆曼莉、王亚雄；编辑：甘俊仁、乔彩凤）；报送单位：渭源县融媒体中心；三等奖。

3.2019年度甘肃新闻奖优秀成果

新闻论文：融媒体时代脱贫攻坚报道策略及思考（作者：王亚雄、甘俊仁）；报送单位：渭源县融媒体中心；一等奖。

五、市委、市政府、定西军分区表彰

先进基层武装部

渭源县清源镇人民武装部、渭源县会川镇人民武装部

六、市政府、定西军分区表彰

2020年度征兵工作先进单位

1.县（区）征兵工作先进单位：渭源县人民政府征兵办公室

2.乡镇（街道）征兵工作先进单位：渭源县大安乡人民武装部

七、定西市绿化委员会表彰

全市城乡绿化工作先进集体

渭源县庆坪镇人民政府

渭源县莲峰林场

八、定西市人力资源和社会保障局通报

全市人社系统窗口单位业务技能练兵比武优秀组织奖：渭源县人社局代表队

九、定西市马铃薯产业开发协调领导小组表彰

1.全市马铃薯产业发展先进单位：渭源县人民政府

2.全市马铃薯产业发展先进经营主体：甘肃田地农业科技有限公司、甘肃国丰种业有限公司、渭源县五竹马铃薯良种繁育专业合作社、渭源县庆丰马铃薯良种专业合作社

十、定西市统计局通报

县区综合统计工作优秀单位：渭源县统计局

十一、定西市人民政府第四次全国经济普查领导小组表彰

定西市第四次全国经济普查工作先进集体：渭源县统计局、渭源县清源镇人民政府

十二、定西市文体广电和旅游局表彰

定西市2020年文化市场案卷评查工作优秀组织奖：渭源县文体广电和旅游局

十三、中共渭源县委奖励嘉奖

给予公务员及时奖励嘉奖单位（11个）：县扶贫开发办公室、县财政局、县教育局、县住房和城乡建设局、县农业农村局、县卫生健康局、县医疗保障局、县水务局、上湾镇、麻家集镇、五竹镇

十四、中共渭源县委、渭源县人民政府2019年综合目标管理责任书考核结果及奖励

1.全面从严治党奖。对田家河乡、县纪委授予一等奖，各颁发奖牌1面；对上湾镇、县委办、县委组织部授予二等奖，各颁发奖牌1面；对麻家集镇、县政府办、县委宣传部、县委政法委授予三等奖，各颁发奖牌1面。

2.脱贫攻坚奖。对上湾镇、田家河乡、麻家集镇分别授予一、二、三等奖，各颁发奖牌1面、分别奖励现金10万元、5万元、3万元。对承担脱贫攻坚重点工作任务的县扶贫办、县财政局、县住建局分别授予一、二、三等奖，各颁发奖牌1面、分别奖励现金3万元、2万元、1万元。对帮扶单位县政协办、县人大办授予一等奖，各颁发奖牌1面、奖励现金0.5万元；对帮扶单位县委

宣传部、县委统战部、县政府办公室授予二等奖，各颁发奖牌1面、奖励现金0.3万元；对帮扶单位县委政法委、县委组织部、县委办公室、县纪委、县扶贫办授予三等奖、各颁发奖牌1面、奖励现金0.2万元。

3.**经济社会发展奖**。对祁家庙镇、上湾镇、五竹镇分别授予一、二、三等奖，各颁发奖牌1面、分别奖励现金5万元、3万元、2万元；对县财政局授予一等奖，颁发奖牌1面、奖励现金3万元。对县住建局、县教育局授予二等奖、各颁发奖牌1面、奖励现金2万元；对县农业农村局、县水务局、县卫生健康局授予三等奖，各颁发奖牌1面、奖励现金1万元。

4.**党委加强人大工作奖**。对莲峰镇、路园镇、会川镇分别投子一、二、三等奖，各奖励现金0.5万元，0.3万 元、0.2万元。

5.**党的基层组织建设奖**。对田家河乡、县委机关工委授予一等奖，各奖励现金0.5万元；对上湾镇、县卫健局党委授予二等奖、各奖励现金0.3万元；对麻家集镇、县教育f局党委授予三等奖，各奖励现金0.2万元。

6.**精种文明建设奖**。对麻家集镇、县纪委授于一等奖、各奖励现金0.5万元；对上湾镇、县检察院授予二等奖，各奖励现金03万元；对会川镇、县融媒体中心授予三等奖，各励现金0.2万元。

7.**统战民族宗教工作奖**。对会川镇、县财政局授予一等奖，各奖励现金0.5万元；对路园镇、县综合执法局授予二等奖，各奖励现金0.3万元；对锹峪镇、县供电公司授予三等奖，各奖励现金0.2万元。

8.**平安建设奖**。对清源镇、县信访局授予一等奖，各奖励现金0.5万元；对北寨镇、县检察院授予二等奖，各奖励现金0.3万元；对五竹镇、县卫健局授予三等奖，各奖励现金0.2万元。

9.**项目建设暨招商引资奖**。对路园镇、县住建局授予一等奖，各奖励现金3万元；对锹峪镇、县教育局、县交运局授予二等奖，各奖励现金2万元；对会川镇、县发改局、县畜牧中心、县扶贫办授予三等奖，各奖励现金1万元。

10.**十大生态产业奖**。对会川镇、县发改局授予一等奖，各奖励现金3万元；对莲峰镇、县工信局授予二等奖，各奖励现金2万元；对上湾镇、县商务局授予三等奖，各奖励现金1万元。

11.**生态环保奖**。对祁家庙镇、景管委授予一等奖，各奖励现金0.5万元；对庆坪镇、县综合执法局、县融媒体中心授予二等奖，各奖励现金0.3万元；对北寨镇、县本务局、县文体旅游局、县林业和草原服务中心授予三等奖，各奖励现金0.2万元。

12.**民生改善奖**。对北寨镇、县教育局授予一等奖，各奖励现金0.5万元；对秦祁乡，县卫健局、县水务局授予二等奖，各奖励现金0.3万元；对大安乡、县市场监管局、县农业农村局、县交运局授予三等奖，各奖励现金0.2万元。

13.**社会治理创新奖**。对五竹镇、县商务局授于一等奖，各奖励现金0.5万元；对新寨镇、县卫健局、县公安局授子二等奖，各奖励现金0.3万元；对清源镇、县农业农村局、县文体旅游局、县市场监管局授予三等奖，各奖励现金0.2万元。

14.**政府自身建设奖**。对田家河乡、县市场监管局授予一等奖，各奖励现金0.5万元；对庆坪镇、县财政局、县司法局授予二等奖，各奖励现金0.3万元；对上湾镇、县民政局、县住建局、县扶贫办授予三等奖，各奖励现金0.2万元。

15.**城乡建设管理奖**。对清源镇、会川镇、麻家集镇分别授予一、二、三等奖，各奖励现金0.5万元、0.3万元、0.2万元。

16.**支持地方经济建设贡献奖**。对县税务局、县供电公司、市生态环境局渭源分局、中国农业银行渭源支行、渭源调查队、县人保财险公司、中国电信公司渭源分公司、甘肃银行渭源支行、县消防救援大队、中国人民银行渭源支行授予支持地方经济建设贡献奖，各颁发奖牌1面。

十五、中共渭源县委 渭源县人民政府表彰

全县教育工作先进集体（10个）

渭源县第一中学、渭源县第二中学、渭源县龙亭学校、渭源县五竹中学、渭源县会川学区、渭源县峡城学区、渭源县清源镇第二小学、渭源县会川镇西关小学、渭源县路园镇东锹学校、渭源县路园镇路园小学

十六、中共渭源县委 渭源县人民政府 渭源县人武部

2019年度武装工作先进单位：会川镇、路园镇、新寨镇

十七、中共渭源县委组织部 渭源县脱贫攻坚领导小组办公室表彰

2020年第三季度党建扶贫工作先进村

1.党建扶贫示范村（9个）：上湾镇尖山村、田家河乡西沟村、清源镇秦王村、大安乡潘家湾村、峡城乡祁家寨村、祁家庙镇官路村、莲峰镇簸箕湾村、庆坪镇李家窑村、锹峪镇石咀村

2.基层治理先进村（2个）：新寨镇大坪村、北寨镇盐滩村

3.公益性岗位先进村（2个）：五竹镇郭家沟村、麻家集袁家河村

4.乡风文明先进村（3个）：路园镇三河口村、会川镇哈地窝村、秦祁乡糜川村

十八、中共渭源县委组织部 渭源县委直属机关工委表彰

1.2019年度党建工作先进基层党组织：县司法局党支部、县财政局党支部、县政府办公室党支部、县委组织部党支部、县纪委监委党支部、县医疗保障局党支部、景管委党支部、县审计局党支部、县人大机关党支部、县税务局机关党支部

2.2019年度最美帮扶机关党支部：县委办公室党支部、县政协办公室党支部、县农业农村局党支部、县扶贫办党支部、县人社局党支部、县民政局党支部、县市场监督管理局党支部、县自然资源局党支部、县林业服务中心党支部、县气象局党支部

先进个人

一、省委、省政府表彰

1.第十五批省级精神文明建设先进工作者

王　纲　渭源县文体广电和旅游局党组书记、局长

2.2020年甘肃省劳动模范

侯双平　渭源县麻家集镇塄坎村村民

3.2019年度全省脱贫攻坚奖贡献奖

李茂林　渭源县田家河乡香卜路村党支部原第一书记、驻村帮扶工作队队长（国务院扶贫开发办开发指导司干部）

二、市委、市政府表彰

全市中医药工作先进个人

1.定西市十大名中医

漆生权 渭源县中医院副院长、中医内科主任医师

2.定西市十大中医世家

汪永祥中医世家 第二代：汪建辉 渭源县中西医结合医院针灸科主任

3.定西市十大中医传承人（学科带头人）

单永平 渭源县人民医院院长、中医内科副主任医师

4.定西市中医事业管理十大先进工作者

张建雄 渭源县卫生健康局副局长

5.定西市康养服务十大带头人

康富文 渭源县中医院副院长、康养中心主任

杨旭东 渭源县路园镇峪岭村村医

6.定西市中药产业发展十大带头人

燕成松 渭源衡顺堂药业有限公司总经理

7.定西市中药产业十大科研带头人

孙新荣 渭源县农业技术推广中心高级农艺师

8.定西市中药产业十大先进工作者

陈　鹏 渭源县中医药产业发展中心主任

9.定西市民族团结进步模范个人

张慧如　女　汉族 中共渭源县委统战部台办副主任

马振兴　男　回族 渭源县路园镇人民政府城建办主任

乔学君　男　汉族 中共渭源县北寨镇党委副书记

三、市委、市政府、定西军分区表彰

优秀专武干部

谢　毅 渭源县莲峰镇人民武装部专武干事

四、市政府、定西军分区表彰

2020年度征兵工作先进个人

陈国峰　渭源县田家河乡人民武装部部长

林海峰　渭源县人民医院外科主任

五、定西市信访工作联席会议表彰

县局信访工作先进工作者

张旭鹤 渭源县北寨镇司法所所长

六、定西市绿化委员会表彰

全市城乡绿化工作先进个人

毛　军　渭源县林业服务中心工程师

王学军　渭源县祁家庙镇党委书记

丁志斌　渭源县市政服务中心助理工程师

赵惠斌　渭源县五竹林场助理工程师

李希权　渭源县秦祁乡杨川村村民

七、定西市人力资源和社会保障局通报

全市人社系统窗口单位业务技能练兵比武决赛获奖

个人奖项（全市人社“知识通”笔试成绩排名第四名）：田应坤　渭源县人社局工资福利计划股股长

“最佳风采奖”（按个人得分排名第四名）：

田应坤　渭源县人社局工资福利计划股股长

八、定西市马铃薯产业开发协调领导小组表彰

全市马铃薯产业发展先进个人

徐景赟　渭源县马铃薯产业发展中心主任

杜宏辉　渭源县田源泽马铃薯良种专业合作社技术总监

李瑞华　渭源县农业技术推广中心农艺师

九、定西市人民政府第四次全国经济普查领导小组表彰

定西市第四次全国经济普查工作先进个人

李　燕　渭源县统计局干部

朱增贵　渭源县统计局干部

李爱军　渭源县锹峪镇人民政府干部

武晓静　渭源县清源镇人民政府干部

十、中共渭源县委奖励嘉奖

1.给予公务员及时奖励嘉奖名单

漆世文　县委办副主任兼任档案局局长

祁柏林　县纪委副书记、监察委员会副主任、一级主任科员

苟　平　县委组织部二级主任科员

宿渭军　县政府办副主任、二级主任科员

杜　军　县财政局副局长

闫国琳　县扶贫办党组书记、主任、一级主任科员

浪小峰　县扶贫办副主任

李德麟　县住建局党组书记、局长、四级调研员

段永军　县农业农村局党组书记、局长、一级主任科员

李国伟　县人社局党组书记、局长、一级主任科员

李文忠　县民政局党组书记、局长、三级调研员

蒲亚宁　县商务局副局长

汪　洋　县交通运输局副局长

张百灵　县卫生健康局党组（党委）书记、局长、四级调研

陈绪昌　县医疗保障局党组书记、局长、一级主任科员

张海波　北寨镇党委书记、四级调研员

李尚智　庆坪镇党委书记、四级调研员

王宏林　峡城乡党委书记、四级调研员

王学军　祁家庙镇党委书记、四级调研员

陈　进　麻家集镇党委书记、四级调研员

王小明　田家河乡党委副书记、乡长、一级主任科员

吕　斌　秦祁乡党委副书记、乡长、一级主任科员

王福祥　清源镇人大主席

牛启隆　上湾镇党委副书记、三级主任科员

王　湖　会川镇党委副书记、三级主任科员

汪　刚　锹峪镇副镇长

安晓东　莲峰镇副镇长

姜润东　新寨镇副镇长

梁建文　路园镇副镇长

崔　虎　五竹镇副镇长

善　勇　大安乡副乡长

何全　上湾镇周家窑村第一书记、驻村帮扶工作队队长（县政协文史资料委员会主任）

王永林　锹峪镇乔阳村第一书记、驻村帮扶工作队队长（县委统战部二级主任科员）

赵　鸿　北寨镇麻地湾村第一书记、驻村帮扶工作队队长（县民政局四级主任科员）

曹军红　新寨镇泉湾村第一书记、驻村帮扶工作队队长（县卫生健康局党组成员、县红十字会副会长）

徐国军　庆坪镇窑坡村第一书记、驻村帮扶工作队队长（县人民法院纪检组副组长、监察室主任）

杨　枫　麻家集镇土牌湾村第一书记、驻村帮扶工作队队长（县委巡察办副主任）

雍　刚　路园镇峪岭村驻村帮扶工作队队员（县农业农村局二级主任科员）

陈龙龙　秦祁乡豹子沟村第一书记、驻村帮扶工作队队长（县财政局二级主任科员）

陈元兵　田家河乡元古堆村第一书记、驻村帮扶工作队队长（县项目建设办公室副主任）

十一、中共渭源县委、渭源县人民政府兑现2019年综合目标管理责任书考核结果及奖励

脱贫攻坚帮扶工作个人奖：

刘占忠、张程鹏、拜五旭、张熙、郑振宇、张景平、卢兆军、明小萍、何光凯、张满源、陈龙龙、张念龙、曹军红、张文学、苏渭军、张星晔、张新征、徐国军、马志刚、南月琴等20人被评选为2019年度脱贫攻坚驻村帮扶工作队优秀队长，各颁发荣誉证书一本。

宋佩欣、牛彩梅、禄永安、张如源、师芳玲、党惠霞、杜永刚、王国军、杨学强、余悦、马占川、王虎全、周永才、徐国来、杜剑、朱文星、康国宏、任海兵、张宝君、王婉华等20人被评选为2019年度脱贫攻坚驻村帮扶工作队优秀队员，各颁发荣誉证书一本。

卢少卿、李平安、崔民奇、陈风雷、孟少军、张璞、白光强、李永亮、杨启国、司战军、刘尚智、唐冰峰、刘兴旺、刘兴平、路正纬、黎玉兵、李岩斌、刑海燕、高建平、马龙强、庞钧月、肖宴平、李春萍、马志辉、董昱、苟晓雁、梁斌、兰卫东、水生涛、赵立龙、乔生彩、张永峰、梁嘉龙、张军、岳效勇、何冠兵、陈德、董建军、符丽云、杨蕾蕾、张彦龙、沈琰、马国杰、李玉柏、桑君强、任习榕、潘继平、张凌健、吕亚琴、羊冬梅、杨有平、贾海、李盛、任作鹏、王纲、张彦侠、杨旭晖、曹登铭、杨晓娟、杨炎、鄂寿海、姜红、陈强、王洁、漆改调、黄小明、乔忠孝、贾红亮、马春燕、杨小龙、魏中、李国伟、苏玉成、牛芳、何荣、朱晓宇、陈骞、窦焱、张亚南、祁柏林、史学智、张娟、李瑞宾、李永兵、姬平、张涛、赵娜、王学军、刘江花、鱼金鹏、张伟姣、李富强、李小强、陆宏兵、汪劼彬、何雪洲、王义军、曾苑、侯国林、郑小刚、杨云庆、张海波、李小

强、石军、肖琴玉、赵文馨、刘静、席艳琴、马莉娜、谢强、李虎、王耀虎、姜润东、王国军、祁平、周晓梅、郝致华、甘亚丽、邱小平、赵鹏飞等120人被评选为2019年度全县脱贫攻坚帮扶工作先进个人，各颁发荣誉证书一本。

十二、渭源县第四届领军人才（18名）

1.教育界（6名）

翟　斌　渭源县第三高级中学党总支书记

白晓芸　渭源县幼儿园园长

姜学治　渭源一中信息教研组长

牟凤英　渭源县中心实验小学校长

边雪燕　渭源县清源一小校长

李永红　渭源一中办公室副主任

2.卫生界（5名）

张万弟　渭源县中西医结合医 院院长

张文军　渭源县中医医院副院长

罗红涛　渭源县中西结合医院副院长

漆生权　渭源县中医医院副院长

马进连　渭源县人民医院脑系科主任

3.农业界（4名）

田建民　渭源县畜牧中心主任

李晓梅　甘肃田地农业科技有限责任公司总经理

李世龙　渭源县黄香沟牧场场长

毛晓军　渭源县农技中心副主任

4.工业及建筑界（1名）

乔　军　渭源县住建局高级工程师

5.文化艺术及其他（2名）

乔彩凤　渭源县融媒体中心主任编辑

蒲志俊　渭源县美术馆副馆长

十三、渭源县第五届拔尖人才（30名）

1.教育界（7名）

寇晓锋　渭源四中副校长

胡富存　渭源二中总支副书记

李耀权　清源中学校长

康雅莉　渭源县会川镇西关中心小学校长

张玉琴　渭源县特殊教育学校校长

黄艳萍　渭源县第二幼儿园园长

杨彦辉　渭源一中副校长

2.卫生界（7名）

赵文武　渭源县人民医院急救中心主任、援鄂医疗队成员

冯淑芳　渭源县中医医院主管护师、援鄂医疗队成员

黄海峰　渭源县疾控中心干部、援鄂医疗队成员

孙智军　渭源县中西医结合医院副院长

康富文　渭源县中医医院副院长

张耀华　渭源县人民医院副院长

黄　霞　渭源县人民医院超声科主任

3.农业界（7名）

孙新荣　渭源县农技中心高级农艺师

刘永红　渭源县五竹马铃薯良种繁育专业合作社理事长

杨旭晖　渭源县畜牧中心高级兽医师

王亚瀑　渭源县农技中心高级农艺师

李永成　渭源县锹峪镇人民政府高级农艺师

杨海平　渭源县林草中心高级工程师

陈鹏娟　渭源县水土保持局技术站站长

4.工业及建筑界（4名）

黎志辉　渭源县市政服务中心高级工程师

张小龙　甘肃省陇源红生物科技有限公司总经理

雷晓强　渭源德青源农业科技有限公司生产副总经理

韩世龙　甘肃佛慈红日药业有限公司副总经理

5.文化艺术及其他（5名）

王　宏　渭源县融媒体中心副主任记者

焦　仁　渭源三中教师

程雪峰　渭源县美术馆助理馆员

李海东　渭源县康荣中药材科技有限公司总经理

岳继武　渭源县五竹田园牧歌养殖专业合作

社理事长

十四、中共渭源县委 渭源县人民政府表彰全县教育工作先进个人（200个）：

1.优秀教师（80名）

乔宏伟　渭源县第二中学教师
王胜军　渭源县第二中学教师
潘　霞　渭源县大安中学教师
张耀文　渭源县锹峪中学教师
曾国秀　渭源县锹峪镇南横小学教师
包生宏　渭源县第二中学教师
贾春荣　渭源县会川中学教师
汪席杰　渭源县莲峰镇老庄学校教师
蒋霞琴　渭源县五竹小学教师
王正洲　渭源县黎家湾学校教师
周维国　渭源县莲峰镇何家湾小学教师
李凤玲　渭源县莲峰镇幼儿园教师
方国林　渭源县会川镇乔家沟小学教师
王永西　渭源县第三高级中学教师
赵明忠　渭源县第三高级中学教师
王军英　渭源县秦祁中学教师
崔亚屏　渭源县特殊教育学校教师
赵小平　渭源县兰渭希望小学教师
高卫军　渭源县教师发展中心教师
师　霞　渭源县清源镇第一小学教师
邓会春　渭源县龙亭学校教师
罗宏文　渭源县龙亭学校教师
胡国梁　渭源县龙亭学校教师
蒲小红　渭源县祁家庙镇柳滩小学教师
万彦军　渭源县莲峰中学教师
陈文彧　渭源县第四高级中学教师
王晓娟　渭源县五竹中学教师
牛小丽　渭源县第二幼儿园教师
赵伟宏　渭源县祁家庙中学教师
祁文峰　渭源县路园镇东锹学校教师
梁亚娟　渭源县中心实验小学教师
张冬梅　渭源县田家河中学教师
杨彩霞　渭源县庆坪中学教师
谢小燕　渭源县锹峪第一小学教师
周向君　渭源县第二中学教师
刘喜平　渭源县上湾学校教师
曹　娟　渭源县幼儿园教师
赵立春　渭源县第一中学教师
贾丽娟　渭源县第一中学教师
刘亚辉　渭源县第一中学教师
王菊红　渭源县第一中学教师
侯兰兰　渭源县会川中学教师
王杜国　渭源县莲峰镇后庄小学教师
张奉宏　渭源县北寨中学教师
李新燕　渭源县庆坪中心小学教师
梁瑞明　渭源县第三幼儿园教师
朱海录　渭源县麻家集镇宗丹小学教师
周宗强　渭源县麻家集小学教师
张艳梅　渭源县莲峰镇第一中心小学教师
侯海祥　渭源县第三高级中学教师
章红岩　渭源县第三高级中学教师
袁海燕　渭源县田家河幼儿园教师
黄晓娟　渭源县蒲川中学教师
吴桃桃　渭源县峡城中心小学教师
赵芳桃　渭源县兰渭希望小学教师
李晓惠　渭源县清源中学教师
郭爱萍　渭源县清源中学教师
辛治国　渭源县新寨中学教师
李　娟　渭源县清源镇七圣小学教师
龙碧涛　渭源县上湾镇高桥小学教师
王彩霞　渭源县清源镇星光学校教师
王　强　渭源县清源镇河口学校教师
贾彩琴　渭源县清源镇第一小学教师
谢文琼　渭源县龙亭学校教师
贾俊琴　渭源县新寨镇新寨小学教师
孙　威　渭源县职业中等专业学校教师
谢　晖　渭源县职业中等专业学校教师
王　军　渭源县麻家集中学教师
杨淑萍　渭源县莲峰中学教师
马德斌　渭源县第四高级中学教师

王建军　渭源县清源镇第二小学教师
张云燕　渭源县清源镇第二小学教师
王海东　渭源县会川镇文峰中心小学教师
樊丽萍　渭源县会川镇西关中心小学教师
张思兰　渭源县会川镇西关中心小学教师
安月娥　渭源县会川镇西关中心小学教师
姚娟霞　渭源县路园中学教师
李晓萍　渭源县路园镇大路小学教师
何　娟　渭源县路园镇幼儿园教师
刘向丽　渭源县大安乡大涝子小学教师

2.优秀班主任（60名）

杨　茜　渭源县会川中学教师
祁小丽　渭源县会川中学教师
邵敏莹　渭源县莲峰镇绽坡幼儿园教师
孙亚鹏　渭源县北寨中学教师
陆祖银　渭源县第三高级中学教师
王锦堂　渭源县北寨镇暖阳口小学教师
张少军　渭源县清源中学教师
姚希良　渭源县新寨中学教师
祁海军　渭源县清源镇王家店小学教师
甘永军　渭源县龙亭学校教师
连　军　渭源县职业中等专业学校教师
张　婕　渭源县职业中等专业学校教师
高原琴　渭源县五竹中学教师
李宏平　渭源县会川镇大庄小学教师
何晓霞　渭源县路园镇路园小学教师
王　姆　渭源县中心实验小学教师
毛立斌　渭源县大安中学教师
罗金星　渭源县庆坪中学教师
周海珍　渭源县锹峪第一小学教师
王涛林　渭源县第二中学教师
王彦东　渭源县第二中学教师
张　辉　渭源县第二中学教师
钟国成　渭源县第二中学教师
杨婷婷　渭源县幼儿园教师
尚晓东　渭源县第一中学教师
张　欣　渭源县第一中学教师
马爱平　渭源县第一中学教师
郭瑞民　渭源县莲峰镇蒲川小学教师
梁渭巍　渭源县五竹镇渭河源小学教师
张芳霞　渭源县五竹镇路麻滩小学教师
卯春慧　渭源县庆坪幼儿园教师
蒋秀玲　渭源县黎家湾学校教师
张娇龙　渭源县第三幼儿园教师
朱小凤　渭源县麻家集小学教师
侯金菊　渭源县莲峰镇第二中心小学教师
薛建民　渭源县莲峰镇张家滩学校教师
姚　鹏　渭源县第三高级中学教师
王新军　渭源县第三高级中学教师
苟雁如　渭源县田家河乡元古堆小学教师
邓静泊　渭源县蒲川中学教师
赵志乾　渭源县峡城乡秋池湾小学教师
谢爱军　渭源县上湾镇常家坪小学教师
单艳芬　渭源县清源镇第一小学教师
苏建军　渭源县清源镇第一小学教师
后小红　渭源县龙亭学校教师
郭艳红　渭源县新寨幼儿园教师
崔珺娟　渭源县新寨镇新寨小学教师
张青山　渭源县祁家庙幼儿园教师
马鹏程　渭源县莲峰中学教师
王琴霞　渭源县莲峰中学教师
于伟国　渭源县第四高级中学教师
张艳琴　渭源县清源镇第二小学教师
陈　俐　渭源县第二幼儿园教师
秦亚玲　渭源县祁家庙中学教师
范海华　渭源县会川镇南沟小学教师
贾红星　渭源县会川镇醋那小学教师
王雅茹　渭源县会川镇文峰中心小学教师
薛晓鹏　渭源县路园中学教师
杨文婷　渭源县路园镇东锹学校教师
吴振亚　渭源县大安乡张家川小学教师

3.优秀德育工作者（50名）

牟凤英　渭源县中心实验小学校长
韩鹏程　渭源县锹峪中学校长

康小宁　渭源县锹峪学区专干
何　华　渭源县第二中学教师
郭世峰　渭源县第二中学教务主任
李晓莉　渭源县幼儿园教师
王尚英　渭源县会川中学副校长
漆亚桃　渭源县莲峰镇尔家崖小学教师
蒋小平　渭源县秦祁学区校长
张虎军　渭源县庆坪学区校长
康小林　渭源县麻家集镇路西小学教师
李海强　渭源县莲峰镇第一中心小学教师
艾宏斌　渭源县田家河乡元古堆教学点教师
杨会生　渭源县峡城学区专干
谢小刚　渭源县清源中学教师
杨　杰　渭源县清源中学副校长
徐丽萍　渭源县上湾学区专干
边雪燕　渭源县清源镇第一小学校长
李毅军　渭源县职业中等专业学校教师
李亚涥　渭源县职业中等专业学校教师
杨建新　渭源县祁家庙学区专干
宋成林　渭源县莲峰中学教师
王振华　渭源县清源镇第二小学教师
尤凤平　渭源县会川学区专干
罗　熙　渭源县路园镇路园小学校长
秦奋起　渭源县第二中学教师
李瑞奎　渭源县第一中学教师
雍录平　渭源县第一中学教师
何立文　渭源县第一中学教师
何春英　渭源县第一中学教师
黄宝军　渭源县会川中学教师
张雯雯　渭源县五竹小学教师
陈鸿伟　渭源县莲峰学区专干
郭文斌　渭源县第三高级中学教师
张丽芸　渭源县第三高级中学教师
程军强　渭源县北寨镇麻地湾小学教师
魏玫兵　渭源县清源学区专干
马振军　渭源县清源镇黄家湾小学教师
傅会梅　渭源县龙亭学校教师
尚　晗　渭源县新寨镇新寨小学教师
韦　伟　渭源县第四高级中学教师
史文帅　渭源县第四高级中学教师
梁红萍　渭源县清源镇第二小学教师
卯文楷　渭源县五竹中学教师
张淑萍　渭源县会川镇纳定小学教师
孟雪云　渭源县会川镇西关中心小学教师
徐　琴　渭源县会川镇幼儿园教师
刘玉荷　渭源县会川镇幼儿园教师
杨建平　渭源县路园中学教师
崔学锋　渭源县路园镇三河回民学校教师

4.优秀教育工作者（10名）

赵明珍　渭源县第二中学校长
李　军　渭源县教育局副局长
李永红　渭源县第一中学教师
杜　宏　渭源县会川中学校长
霍世平　渭源县清源学区校长
张建平　渭源县龙亭学校副校长
黄艳萍　渭源县第二幼儿园园长
任大学　渭源县庆坪中学副校长
文智军　渭源县路园学区校长
王亚阵　渭源县教研室干部

十五、中共渭源县委 渭源县人民政府 渭源县人武部

1.2019年度党管武装好书记

王学军　祁家庙镇党委书记
李尚智　庆坪镇党委书记

2.2019年度武装工作先进个人

张吉林　北寨镇镇长
李海军　锹峪镇武装部部长
张亚军　峡城乡武装部干事

十六、中共渭源县委 渭源县人民政府

2019年度公务员记三等功人员名单

县纪委监委：祁柏林、莫小东
县委政法委：牛芳
县人大常委会办公室：马祥
县政协办公室：李世荣

县人民法院：谢海燕
县人民检察院：石琛福
县公安局：王占军、陈琪、孔宪帅、杨富畅
县人力资源和社会保障局：李国伟
县退役军人事务局：郭晓霞
县应急管理局：白建军
市生态环境局渭源分局：祁红
县粮食和物资储备中心：张永强
县地方志编纂中心：张念龙
麻家集镇：陈进
大安乡：王玉平
祁家庙镇：尹志军、石应德（补发）

十七、中共渭源县委组织部 渭源县委直属机关工委表彰

1.2019年度优秀共产党员

马天祥 县司法局四级调研员
牛和平 县司法局四级主任科员
汪 蕤 县财政局干部
王红霞 县财政局干部
张泽亮 县政府办公室副主任
朱燕军 县政府办公室干部
苟 平 县委组织部二级主任科员
康海峰 县委组织部干部
刘旭东 县监委委员、县纪委监委第二纪检监察室副主任
何玉龙 县纪委监委一级科员
田应虎 县医疗保障局副局长
杨竞秀 县医疗保障局二级主任科员
孟小丽 县委直属机关工委二级主任科员
王 芳 县委直属机关工委干部
刘青达 景管委规划建设部部长
林新平 渭河源景区管理中心主任
杨红霞 县审计局干部
史丽红 县审计局干部
罗 洁 县委办公室三级主任科员
李亚军 县委办公室四级主任科员
张鸿雁 县人大财经工委主任
谢永录 县人大工人
陈金银 县税务局干部
李小琴 县税务局干部
徐国民 县政协办公室挂职干部
徐锦春 县政协办公室四级主任科员
王 永 县农业农村局执法队副队长
邓承轩 县扶贫办干部
刘成来 县委政法委四级主任科员
张安军 县委宣传部报道组组长
赵 伟 县委统战部四级调研员
郑建军 县民政局干部
赵彩云 县妇联干部
余丽君 团县委干部
周栓红 县人社局副局长
祁晓芬 县委编办干部
翟来军 县法院主任科员
张继平 县检察院检察室主任
邓晓君 县林业服务中心副主任
梁锁娥 县水务局副局长
王建平 县水土保持站副站长
李满军 县农业机械化服务中心主任
祁小菊 县市场监督管理局干部
程俊林 县自然资源局土地交易中心主任
张永强 县粮食和物资储备中心四级调研员
张 龙 县综合执法局执法大队大队长
马国杰 县社保中心干部
汪永琪 县政务服务中心四级主任科员
马芳君 县马铃薯产业发展中心四级主任科员
陈 璋 县机关事务服务中心副主任
张 涛 县气象局副局长
杜立和 县农技推广中心高级农艺师
赵亚龙 县给排水公司干部
汪惠玲 县退役军人事务局干部
刘满霞 县总工会干部
张粉红 县发改局干部
石建娥 县委党校干部

乔彩凤　县融媒体中心主任编辑
张东萍　县档案馆干部
赵克俭　县统计局副局长
张一炜　县农村道路建设服务中心副主任
刘宏斌　县应急管理局干部
石霞琴　县残联四级主任科员
马晓艳　县信访局副局长
张彩虹　县科技局四级主任科员
张砚军　县劳务服务中心二级主任科员
陈　慧　县中医药产业发展中心副主任
陈海龙　县住建局二级主任科员
朱会林　县交运局干部
边新军　县就业服务中心工人
马　晶　市生态环境保护局渭源分局干部
刘渭军　县体育运动中心副主任
乔效荣　县畜牧兽医服务中心高级畜牧师
韦静花　县文体广电和旅游局四级主任科员
刘小燕　渭源调查队干部
田芳红　县地方志编纂中心副主任
刘　晶　县苏维埃政府纪念馆干部
张小龙　县交通运输综合执法队干部
刘长军　县供销联社工人
李碧艳　县能源开发服务中心干部
赵会新　县地震局副局长
谢新荣　县工商联二级主任科员
罗守龙　县科协四级调研员
陆丽霞　县邮政分公司寄递中心主任
王　军　县新华书店副经理
李晓斌　县种业发展中心干部
胡定君　县商务局四级主任科员
崔耀华　县工信局干部
党革平　会川林场场长
侯海龙　莲峰林场干部
张发琳　五竹林场干部
李世龙　黄香沟牧场高级畜牧师
崔致平　峡口水库运行调度站干部
郑志成　田家河水利站副站长
梁　琼　县市政服务中心干部
陈　麟　县供热中心主任
樊新民　原渭源一中正县级调研员
陈荣泽　原县政协副主席
祁永玲　县税务局清源分局副分局长
高保华　县税务局会川分局分局长

2.2019年度优秀党支部书记

董建军　县司法局党支部书记
张建军　县政府办公室党支部书记
罗世慧　县委组织部党支部书记
祁柏林　县纪委监委党支部书记
陈绪昌　县医疗保障局党支部书记
张彦侠　县委直属机关工委党支部书记
张启华　景管委党支部书记
杨天如　县审计局党支部书记
任作鹏　县人大机关党支部书记
马克义　县税务局机关党支部书记
王旭红　县政协办公室党支部书记
陈维光　县委政法委党支部书记
司正鹏　县委统战部党支部书记
郑文博　县妇联党支部书记
沈　琰　团县委党支部书记
赵建雄　县人社局党支部书记
赵　平　县法院党支部书记
姬　平　县林业发展中心党支部书记
董　麒　县自然资源局党支部书记
刘明星　县政务服务中心党支部书记

3.2019年度优秀党务工作者

尉继军　县人大机关党支部党务工作者
马子俊　县委办公室党支部党务工作者
常卫东　县政府办公室党支部党务工作者
刘娇娇　县纪委监委党支部党务工作者
张文斌　县委组织部党支部党务工作者
蒲汉忠　县政协办公室党支部党务工作者
孟娟娟　县委政法委党支部党务工作者
符丽云　县委宣传部党支部党务工作者
张惠如　县委统战部党支部党务工作者

李兆刚　县委编办党支部党务工作者

王惠君　县司法局党支部党务工作者

尹续平　县财政局党支部党务工作者

王　芳　县医疗保障局党支部党务工作者

周海燕　县委直属机关工委党支部党务工作者

章艳丽　景管委党支部党务工作者

杜小琴　县审计局党支部党务工作者

章文欢　县税务局机关党支部党务工作者

陈奋宏　县农业农村局党支部党务工作者

杨晓娟　县市场监督管理局党支部党务工作者

张小花　县扶贫办党支部党务工作者

王小红　县自然资源局党支部党务工作者

任　瑾　县民政局党支部党务工作者

仰文龙　县水务局党支部党务工作者

李晓艳　县人社局党支部党务工作者

梁婷婷　县妇联党支部党务工作者

仰亦欣　县法院党支部党务工作者

张燕妮　县检察院党支部党务工作者

吕亚琴　县农业机械化服务中心党支部党务工作者

浪得彪　县残联党支部党务工作者

高发其　会川林场党支部党务工作者

4.2019年度党建信息工作先进个人名单

张　倩　县委党史研究中心副主任

李红霞　县中医药产业发展中心四级主任科员

周治忠　县委直属机关工委干部

陈恩武　团县委干部

马志强　县林业服务中心干部

蒋爱霞　县水土保持站干部

郭小龙　县住建局干部

刘云毅　县交运局干部

王小强　县调查队干部

郑丽辉　市政服务中心干部

5.2019年度最美帮扶机关党员

艾国荣　县政协党组成员、县帮扶办主任

曹军红　县医疗保障局副局长、新寨镇泉湾村驻村帮扶工作队队长

李世荣　县政协文卫教体委主任、清源镇马家窑村驻村帮扶工作队队长

韩宏杰　县扶贫开发办公室四级主任科员、原锹峪镇古树村驻村帮扶工作队队长

马和平　县委政法委四级主任科员、新寨镇新寨村驻村帮扶工作队队长

谢素平　县委宣传部二级主任科员、清源镇鼠山村驻村帮扶工作队队长

杨　枫　县委组织部四级主任科员、麻家集镇土牌湾村驻村帮扶工作队队长

牟文龙　县委编办二级主任科员、莲峰镇绽坡村帮扶责任人

杨彦军　县林业服务中心干部、清源镇刘家河村驻村帮扶工作队队长

曹登铭　县市场监督管理局局长、秦祁乡岗家岔村脱贫攻坚总队长

张雯娟　县综合执法局副局长、清源镇城关村脱贫攻坚总队长

程小龙　县社会保险事业服务中心干部、莲峰镇下寨村驻村帮扶工作队队员

李有明　县水土保持站站长、新寨镇中寨村脱贫攻坚总队长

齐晓声　县气象局局长、田家河乡汤尕沟村脱贫攻坚总队长

漆文选　县农技中心推广研究员、祁家庙镇石家营村帮扶责任人

李　林　县退役军人事务局局长、会川镇罗家磨村脱贫攻坚总队长

陈元兵　县发改局项目服务中心副主任、田家河乡元古堆村驻村帮扶工作队队长

桑　钦　县融媒体中心记者、路园镇小园子村帮扶责任人

张文学　县统计局干部、莲峰镇何家湾村驻村帮扶工作队队长

张国平　县农村道路建设服务中心主任、会川镇上集村脱贫攻坚总队长

白建军　县应急管理局副局长、新寨镇东坡

村驻村帮扶工作队队长

田建民　县畜牧兽医服务中心主任、上湾镇杨家寺村总队长

贾成龙　县就业服务中心干部、大安乡张家川村驻村帮扶工作队队员

朱爱国　市生态环境局渭源分局一级主任科员、峡城乡杨庄村帮扶责任人

杨立强　县体育运动中心主任、新寨镇田家岔村脱贫攻坚总队长

常　勇　县交通运输综合执法队副队长、原北寨镇前进村驻村帮扶工作队队长

尉　漾　县供销联社副主任、会川镇和平村驻村帮扶工作队队长

南月琴　县商务局干部、清源镇漫庄村驻村帮扶工作队队长

王彦龙　县工信局干部、五竹镇五竹村驻村帮扶工作队队长

潘东平　县供热中心干部、北寨镇小寨村驻村帮扶工作队队长

其　他

一、甘肃省文化和旅游厅公布省级旅游度假区名单

定西市渭河源旅游度假区

二、定西市文化广电和旅游局公布国家级旅游景区名单

国家AAA级旅游景区：渭源县元古堆景区

国家AA级旅游景区：渭源县南谷新村景区

三、定西市文化广电和旅游局批准星级旅游饭店名单

2星级旅游饭店：渭源县会鑫大酒店

年度人物

渭源县2020年度副县级以上领导干部名录

吉　秀　市人大常委会副主任、县委书记

蔺红军　县委副书记、县政府党组书记、县政府县长

李新定　县人大常委会党组书记、主任

陈　栋　县政协党组书记、主席

张振亚　县委副书记

刘爱君　县委副书记（挂职）

刘胜安　县委副书记（挂职）

张灵勇　县委常委、县纪委书记、县监察委员会主任

王　嵘　县委常委、统战部部长、县政协党组副书记（5月任）

张拴宝　县委常委（4月止）、县政府党组副书记（6月止）、县政府常务副县长（4月止）

杨永吉　县委常委、县政府党组副书记（6月任）、县政府常务副县长（5月任）

王世宴　县委常委、组织部部长

张显峰　县委常委、县政府副县长（挂职）

林柳强　县委常委、县政府副县长（挂职）

张建明　县委常委、政法委书记（5月任）

何进忠　县委常委、宣传部部长（12月任）

左冬梅（女）　县委常委（12月止）

刘芝兰（女）　县委常委（12月任）

陈峰俊　县委常委、县人武部部长（12月止）

郝静科　县委常委（12月任）、县人武部政委

李婉玉（女）　县人大常委会副主任

李惠琴（女）　县人大常委会副主任

李云林　县人大常委会副主任

黄晓清　县人大常委会副主任

郭　凯（女）　县政府副县长（12月止）

田耀宏　县政府副县长（12月任）

李宝林　县政府副县长、县公安局党委书记、局长

潘学明　县政府副县长（12月止）

沈剑虹（女）　县政府副县长（12月任）

魏长缨　县政协党组副书记、县政协副主席候选人（12月任，12月渭河源大景区管委会主任职务止）

庞元平　县政协副主席

金雁东　县政协副主席

董学军　县政协副主席

康学斌　县政协副主席

艾国荣　县政协党组成员、三级调研员（9月晋升）

范　勰　县人民法院院长

赵金铸　县人民检察院检察长

何晓云　渭河源大景区管委会主任（12月任，县委常委职务12月止）

包进忠　渭河源大景区管委会副主任

何　俊　渭河源大景区管委会副主任

张会平　县苏维埃政府纪念馆馆长、上湾镇党委书记（12月止）

王建生　市教育局驻渭源县督学、县教育局党组（党委）书记、局长

何晓刚　县公安局政委（4月任）

杨叶梅（女）　渭河源大景区管委会副主任（7月任）、五竹镇党委书记

张俊生　会川镇党委书记（9月为副县级待遇干部）

张兆明　渭源一中校长

张学恩　渭源一中党支部书记

赵明珍　渭源二中校长

石贵平　渭源二中党支部书记

赵黎明　渭源二中副县级待遇干部

渭源县2020年度
新任副县级以上干部简历

张建明，男，汉族，1974年1月出生，1998年6月加入中国共产党，甘肃定西人，中央党校大学学历，现任渭源县委委员、常委、政法委书记兼任县委全面依法治县委员会办公室主任。1995年9月至1997年6月西北师范大学学生；1997年10月至1999年1月定西市安定区符家川镇人民政府干部；1999年1月至2004年10月定西市安定区委政法委干部（其间于1999年9月至2001年12月在中央党校函授学院甘肃分院定西学区行政管理专业本科班学习）；2004年10月至2005年4月任定西市安定区委610办公室副主任；2005年4月至2005年12月任定西市委政法委员会办公室副主任科员；2005年12月至2007年12月任定西市委政法委员会办公室副主任；2007年12月至2008年4月任定西市委政法委员会办公室主任科员；2008年4月至2010年6月任定西市委政法委员会研究室主任科员；2010年6月至2010年8月任定西市委组织部正科级干部；2010年8月至2013年11月任定西市干部教育培训办公室主任兼市委组织部研究室副主任；2013年11月至2014年6月任定西市委组织部干部教育培训科科长；2014年6月至2019年1月任定西市质量技术监督局党组成员、副局长；2019年1月至2020年5月任定西市人力资源和社会保障局党组成员、副局长；2020年5月至2020年6月任渭源县县委委员、常委；2020年6月至2020年9月任渭源县县委委员、常委、政法委书记兼任县委全面依法治县委员会办公室主任；2020年9月任渭源县县委委员、常委、政法委书记兼任县委全面依法治县委员会办公室主任、三级调研。

何进忠，男，汉族，1976年2月出生，1998年6月加入中国共产党，甘肃陇西人，研究生学历，现任渭源县委委员、常委、宣传部部长、县新闻出版局局长、县精神文明建设指导委员会办公室主任。1996年9月至1999年11月兰州工业高等专科学校学生；1999年11月至2003年9月定西地委宣传部干部（其间2000年8月至2002年12月在中央党校函授学院行政管理本科班学习）；2003年9月至2005年6月定西市委宣传部干部（其间：2002年11月至2005年3月在北京师范大学研究生院MPA研究生进修班学习）；2005年6月至2009年1月任定西市文明办创建协调科副科长；2009年1月至2014年3月任定西市文明办创建协调科科长（其间：2012年4月至2012年6月任在市委党校第十二期中青年干部培训班学习；2014年1月至2015年5月挂任临洮县连儿湾乡羊嘶川村常务副书记）；2014年3月至2015年7月任定西市委宣传部新闻管理科科长（其间：2015年5月任临洮县莲儿湾村党支部第一书记、驻村帮扶工作队队长）；2015年7月至2016年4月任定西市委宣传部办公室主任；2016年4月至2019年10月任定西市国防教育委员会办公室主任（副县级）；2019年10月至2020年12月任定西市社会科学界联合会副主席兼秘书长；2020年12月任渭源县委委员、常委、宣传部部长、县新闻出版局局长、县精神文明建设指导委员会办公室

主任。

刘芝兰，女，汉族，1971年7月出生，1991年5月加入中国共产党，甘肃漳县人，在职大学学历，现任渭源县委委员、常委。1987年9月至1991年7月临洮农校学生；1991年7月至1994年3月任漳县殪虎桥乡妇联主席；1994年3月至1998年11月任漳县妇女联合会干部；1998年11月至2003年2月任漳县妇女联合会副主席（其间：1998年9月至2000年12月在甘肃农业大学自考农学专业大专班学习）；2003年2月至2006年8月任漳县妇女联合会主席（其间：2003年3月至2005年7月在中央电大法学专业本　科班学习）；2006年8月至2010年8月任漳县草滩乡党委书记；2010年8月至2010年11月任漳县新寺镇党委书记；2010年11月至2011年6月任漳县新寺镇党委书记、人大主席；2011年6月至2012年2月任漳县新寺镇党委书记；2012年2月至2019年10月任漳县旅游管理委员会副主任（副县级）；2019年10月至2019年12月任漳县旅游管理委员会副主任（副县级）、三级调研员；2019年12月至2020年12月任漳县政协副主席、三级调研员；2020年12月任渭源县委委员、常委、三级调研员。

田耀宏，男，汉族，1971年9月出生，2004年4月加入中国共产党，甘肃通渭人，省委党校在职研究生学历，现任渭源县政府党组成员、副县长。2001年9月至2005年6月甘肃农业大学园艺专业学习；2005年6月至2005年9月待业；2005年9月至2010年4月通渭县农技中心干部；2010年4月至2011年4月任通渭县农技中心副主任（其间：2010年8月至2011年4月挂任鸡川镇党委副书记）；2011年4月至2013年12月任通渭县新景乡党委副书记、乡长；2013年12月至2016年1月任通渭县李店乡党委书记；2016年1月至2018年5月任通渭县平襄镇党委书记（其间：2013年6月至2016年6月在甘肃省委党校经济社会发展与党的领导专业研究生班学习）；2018年5月至2018年6月任通渭县人民政府副县长候选人；2018年6月至2020年12月任通渭县人民政府副县长；2020年12月任渭源县政府党组成员、副县长。

沈剑虹，女，汉族，1973年7月出生，2007年9月加入中国共产党，甘肃永靖人，大学学历，现任渭源县政府党组成员、副县长。1993年9月至1997年6月甘肃农业大学经济贸易系学生；1997年6月至1997.11月待业；1997年11月至2000年7月临夏州农业局助理农经师；2000年7月至2005年12月定西市农业局农业技术推广站农经师；2005年12月至2007年8月定西市发展和改革委员会综合科科员；2007年8月至2011年12月任定西市发展和改革委员会综合科副科长；2011年12月至2020年3月任定西市发展和改革委员会资源节约和环境保护科科长（其间：2017年1月至2019年5月派驻贫困村担任驻村帮扶工作队队长兼第一书记）；2020年3月至2020年12月任定西市发展和改革委员会发展改革和规划科科长；2020年12月任渭源县政府党组成员、副县长。

何晓刚，男，汉族，1972年3月出生，1998年7月加入中国共产党，甘肃陇西人，在职大学学历，现任渭源县公安局党委副书记、政委、二级高级警长。1993年9月至1995年7月西北师范大学体育专业学生；1995年7月至1996年7月渭源县人民武装部后勤科学员；1996年7月至1999年6月任渭源县人民武装部后勤科正排职助理员；1999年6月至1999年12月任渭源县人民武装部后勤科副连职助理员；1999年12月至2001年12月任定西军分区后勤部战勤科副连职参谋；2001年12月至2004年12月任定西军分区后勤部战勤科正连职参谋；2004年12月至2005年2月任定西军分区后勤部副营职助理员；2005年2月至2005年11月任定西市安定区人民武装部后勤科副营职助理员；2005年11月至2007年3月任通渭县人民武装部后勤科副营职助理员；2007年3

月至2007年12月任通渭县人民武装部后勤科科长；2007年12月至2011年12月任定西军分区司令部正营职参谋；2011年12月至2013年11月任定西军分区司令部副团职参谋；2013年11月至2018年9月任定西市公安局网络安全保卫支队政委（副县级）；2018年9月至2020年4月任定西市公安局网络安全保卫支队政委（副县级）、三级高级警长；2020年4月至2020年8月任渭源县公安局党委副书记、政委、三级高级警长；2020年8月任渭源县公安局党委副书记、政委、二级高级警长。

附 录

关于渭源县2020年国民经济和社会发展计划执行情况及2021年国民经济和社会发展计划（草案）的报告

——2021年3月1日在渭源县第十六届人民代表大会第六次会议上

渭源县发展和改革局局长 王彦斌

各位代表：

受县人民政府委托，我向大会报告渭源县2020年国民经济和社会发展计划执行情况及2021年国民经济和社会发展计划（草案），请予审议，并请各位政协委员和列席人员提出意见建议。

一、2020年国民经济和社会发展计划执行情况

2020年，面对新冠肺炎疫情带来的严峻考验，以及坚决打赢脱贫攻坚战和全面建成小康社会的历史重任，在县委、县政府的坚强领导下，在县人大、县政协的监督支持下，全县上下坚持以习近平新时代中国特色社会主义思想为指导，深入贯彻党的十九大和十九届二中、三中、四中、五中全会精神，全面落实习近平总书记对甘肃的重要讲话和指示精神，统筹推进“五位一体”总体布局，协调推进“四个全面”战略布局，坚持稳中求进工作总基调，坚持新发展理念，坚持推进高质量发展，坚持以供给侧结构性改革为主线，以打赢脱贫攻坚战为统揽，扎实推进稳增长、促改革、调结构、惠民生、防风险、保稳定的各项工作。

2020年，全县完成地区生产总值40.08亿元，增长4.6%。其中：第一产业增加值14.07亿元，增长5.7%；第二产业增加值3.27亿元，增长6.4%；其中工业增加值1.32亿元，增长3.5%，规模以上工业增加值增长7.5%；建筑业增加值1.94亿元，增长8.6%；第三产业增加值22.75亿元，增长3.6%；固定资产投资增长15.5%；社会消费品零售总额9.23亿元，增长0.8%；一般公共预算收入1.62亿元，增长5.6%；一般公共预算支出31.35亿元，增长0.45%；城镇居民人均可支配收入26562.1元，增长5.3%；农村居民人均可支配收入8815.2元，增长7.4%；金融机构存款余额81.34亿元，增长10.8%；金融机构贷款余额56.92亿元，增长4.5%。一年来，各项事业取得了长足发展：

（一）聚焦新冠肺炎疫情防控，科学提振经济运行

新冠肺炎疫情发生后，县委、县政府坚持将疫情防控作为头等大事来抓，认真贯彻落实中央国务院及省市防控工作会议精神，以及省市主要领导批示精神，先后31次召开专题会议，安排部署疫情防控工作，成立了由县委书记、县长任双组长，各乡镇及相关单位主要负责人为成员的疫情联防联控工作领导小组和“一办十组”联防联控机制，结合实际，制定《渭源县新冠肺炎疫情三级应急响应防控工作方案》。针对疫情对全县经济社会发展造成的冲击和影响，及时制定出台了《关于坚决打赢新冠肺炎疫情防控阻击战促进经济持续健康发展的实施意见》，配套出台《渭源县“以投资补欠收”工作实施方案》和关于支持全县工业企业、批零住餐文旅交运行业、促进城乡劳动力转移就业、促进城镇居民收入持续增加、做好财税工作、做好招商引资工作的若干措施等“1+6”政策措施，以及保居民就业、保基本民生、保市场主体、保粮食能源安全、保产业链供应链稳定、保基层运转工作方案等“3+6”政策措施，以积极的政策措施对冲疫情带来的影响。县上定期研判分析经济运行情况，寻差距、明举措，在各部门的共同努力下，全县经济运行一路爬坡过坎、稳定恢复增长，主要经济指标逐季攀升、逆势向上。

（二）聚焦脱贫攻坚目标任务，脱贫攻坚工作扎实推进

全力巩固脱贫成果，提高脱贫质量，坚决夺取脱贫攻坚战的最后胜利。严格落实“四个不摘”要求，深入实施挂牌作战，全力以赴推动“3+1”“5+1”重点任务落实。安排各类扶贫资金8.5亿元，为全面完成挂牌作战任务提供了最坚强的支撑。城乡居民基本医疗保险、养老保险参保率分别达到98.7%、98.9%，建档立卡人口、边缘人口基本医疗保险参保率均达到100%；全县慢特病持卡人口累计达到2.68万人（其中建档立卡人口1.31万人），全面落实基本医保、大病保险、医疗救助倾斜照顾政策。全县自来水普及率达到97.6%，安全饮水达标率达到100%；九年制义务教育阶段巩固率达到99.4%，建档立卡贫困户适龄儿童巩固率达到100%；投资9905万元扶持2267户易地扶贫搬迁户发展产业，实现了后续扶持全覆盖。新开发生态护林员公益性岗位65个、累计达到822名，兑付生态护林员管护资金657.6万元，户均达到8000元以上。高质量完成脱贫攻坚普查和国家、省市评估验收工作，365户1374未脱贫人口和5个未脱贫村全部脱贫退出。10月份，我县荣获2020年全国脱贫攻坚奖组织创新奖，并被国务院扶贫办确定为全国脱贫攻坚交流基地。

（三）聚焦项目谋划建设，夯实经济发展基础

紧盯国家和省市最新政策导向，以项目集中开工为抓手，深入开展项目建设。开展投资项目集中开复工活动4次，实施重点项目99项，总投资79.4亿元，完成投资27.03亿元。紧紧围绕国家产业政策和投资导向，落实项目前期费1462万元，夯实项目工作基础。2020年，争取项目资金10.17亿元。其中：发改渠道争取中央预算内项目资金1.6亿元，增长92.9%；从扶贫渠道争取项目资金4.21亿元，同比增长108.5%；争取各类债券资金4.36亿元。紧盯政策规划，立足资源优势抓项目谋划，紧盯黄河流域生态保护及新一轮西部大开发国家重大战略的机遇，积极谋划拟启动或开展前期项目28项33.9亿元，远期项目40项56.7亿元；紧盯国家发行抗疫特别国债、增加地方专债等政策，围绕地方专项债券支持的“九大领域”，谋划2021年专债项目39项98.5亿元，拟申请地方政府专项债券资金62.4亿元；结合李克强总理向十三届人大三次会议作的《政府工作报告》提出的“两新一重”政策投资谋划项目202项181.7亿元；以县城城镇化补短板强弱项为着力点，谋划项目30项25亿元；以“十四五”规划围绕现代物流、旅游开发、基础设施、生态保护等方面谋划项目559项923.05亿元；以“会清循环一体化”区域战略布局，谋划“会清一体化”重点项目100项409.6亿元。持续推进放管服改革，实行投资项目全流程网上申报、工程建设项目审批事项网上办理，在线申报项目202项，其中审批类项目168个，备案类项目34个。招商引资贯彻落实“面上宣传推介、点上集中攻坚”，通过面对面、云签约等方式成功签约项目14个，总投资33.4亿元，落实到位资金32.52亿元，增长30.13%，其中省外项目到位资金31.28亿元，增长87.98%。

（四）聚焦统筹推进城乡发展，促进基础设施提质升级

县城建设方面：续建项目中，县城棚户区改造配套基础设施建设工程、县城东区棚户区改造配套供热基础设施工程、2019年县城棚户区改造配套供热基础设施改造工程、县城北环路东段（渭水天华）S1区棚户区改造续建工程均已竣工，G310线县城过境段道路建设工程已完成地下管网及路基工程，县城北环路东段道路建设工程已完成1.3公里；新建项目中，县城区生活污水处理厂提标改造工程、禹河治理工程、金房公馆住宅小区建设项目、清源路片区棚户区改造建设工程、禹河金湾西侧房地产开发建设项目等进展顺利；一中南侧棚户区改造暨西美国际城B2区建设工程已完成主体施工；县城区道路绿化项目已全部完工；天然气支线管道工程顺利推进。当年完成投资12.88亿元。小城镇建设方面：渭武高速连接线、会川镇垃圾处理站建设工程、会川镇供热工程已投入使用；会川金地阳光庭院住宅小区已完成主体建设；会川镇秀水丽景园二期工程、会川镇区棚户区改造配套供热基础设施建设项目已完工；莲峰镇污水处理工程进展顺利；祁家庙镇、峡城乡敬老院主体建设已完工。交通运输方面：朱家山至韩家湾县乡道改造工程、渭源至五竹至渭河源景区旅游公路工程全线通车；2020年村组道路建设项目、“畅返不畅”整治项目、2020年农村公路隐患路段安全生命防护工程完成建设任务；渭河大道渭源县城至河锹西路旅游公路工程有序推进。水利水保建设方面：实施水利工程项目6项，累计完成投资1.75亿元。县城集中供水工程建成通水；发展高效灌溉农业25.1亩（其中高效灌溉农业16.19亩，景观绿化面积2.46亩，采摘园面积6.45亩）。8条县级河流和2座水库河湖确权划界工作已完成外业测量，渭河等8条县级河流“一河一策”实施方案待评审。全面落实河湖长制，县级河湖长巡河湖36人次，乡（镇）、村级河湖长巡河湖1936人次。自然资源方面：全县耕地保有量86170公顷，永久基本农田保有量67460公顷。共审批4个批次72.1708公顷建设用地，储备土地15宗21.0242公顷，以出让方式供地9宗11.5089公顷，实现收益1.78亿元，有效保障了我县项目建设顺利落地。实施城乡建设用地增减挂钩节余指标交易项目3个，目前已全部通过省市及国家验收，交易资金收益1.65亿元，有力助推我县脱贫攻坚。农村不动产确权登记工作有序开展，国土空间规划编制工作有序推动。

（五）聚焦提升产业基础能力，强化产业发展韧劲

马铃薯产业方面：完成马铃薯种植40万亩，引进种薯系列、冀张薯系列、兴佳系列、丽薯系列等42个原原种新品种，进行推广与试验示范。生产繁育脱毒瓶苗4.8亿株、原原种5亿粒。2020年第一批财政专项扶贫资金马铃薯产业扶贫到户项目、农业现代产业园项目、碧桂园捐赠渭源县马铃薯良种繁育和商品薯生产基地项目已全面完成建设任务。甘肃省定西市渭源县现代农业产业园（马铃薯）创建项目及渭源县马铃薯良种制种大县奖励项目均完成年度建设任务。中医药产业方面：完成中药材种植约35万亩，其中：党参12万亩，当归8万亩，黄芪11万亩，其他4万亩。建设标准化生产基地10.3万亩，完成育苗3万亩。全面推广“两证一标识”制度，试点开展有机党参种植。成功申报渭源白条党参入选中国特色农产品优势区。依托国务院扶贫办定点帮扶资金，在30个贫困村建设3万亩中药材可追溯基地。畜草产业方面：全县牛羊猪鸡蜂饲养量分别达到8.2、31.5、17.8、400万（头、只）、9800箱，肉蛋奶总产量2.95万吨。加快优质饲草生产基地建设，投资1000万元草畜一体化资产收益项目全面完成。全年种植多年生牧草6.01万亩、一年生牧草3.02万亩、青饲玉米10.2万亩。花卉产业方面：建设花卉产业项目15个，发展花卉扶持生产企业和合作社7家，累计投入各类资金4018.35万元，种植玫瑰、满天星、洋牡丹、金丝皇菊等10多个优质鲜切花和建设盆栽蝴蝶兰基地约1500多亩，年产各类花卉967万枝。花卉林木产业迅速扩大发展，带动建档立卡贫困户972户，年户均收入1913元。蔬菜产业方面：完成蔬菜种植面积8万亩，新增蔬菜0.2万亩，全部进行标准化生产，其中日光温室蔬菜374亩，塑料大棚蔬菜4626亩，高原夏菜7.5万亩，蔬菜总产量达到33万吨；食用菌种植大棚638座347.5亩，种植食用菌539万棒，食用菌鲜品总产量达到4627.35吨；百合种植面积达到4000亩，产量达到1440吨，全县共建成果蔬保鲜贮藏库30座，贮藏能力达到2万吨，年蔬菜吞吐量达30万吨。

（六）聚焦挖掘消费需求，拉动经济增长潜能

承办了第三届渭水文化旅游节等一系列活动，创建田家河元古堆村等3个村为省级乡村旅游示范优秀村，元古堆、南谷新村分别创建为AAA级和AA级景区。全面推进图书馆文化馆总分馆制建设，努力实现图书资源信息共享。渭源县文化综合场馆项目投入使用、渭河源景区旅游基础设施项目完成建设任务；渭河东源景区旅游基础设施建设项目和“百美村宿”乡村旅游扶贫示范项目进展顺利；全县文化旅游企业数达144家，从业人员2000人左右；全年接待游客人数154.13万人次，创旅游收入7.53亿元。电子商务交易额达2.2亿元，农村电商从业人员累计达到400多人，人均增收约1万元以上；利用全县建成的21个扶贫车间，带动1500户建档立卡贫困户户均增收3000元以上。

（七）聚焦生态保护工程，生态治理能力显著提升

大力改善生态环境，可持续发展能力不断提升。全县完成各类生态绿化6.5万亩，群众义务植树354.4万株。第二批森林植被恢复、三北防护林工程、天保工程和大果沙棘标准化示范基地完成建设任务；总投资470万元的中国扶贫基金会“蚂蚁森林”公益造林项目和国有林场林区道路建设项目（第一批）进展顺利。新增水土流失综合治理面积43.24平方公里，治理程度60.1%。多措并举，全力打好污染防治攻坚战，对县内6家规模养殖场进行了改造提升，配套建设了粪污堆积发酵场、集污池等设施，畜禽养殖废弃物综合利用率达到82%。总投资1523.7万元的农村“厕所革命”已完成建设任务，总投资345万元的废旧农膜示范县建设项目进展顺利；总投资300万的清洁村庄项目已完成75个清洁村庄的建设。全县二氧化硫、氮氧化物、化学需氧量、氨氮排放总量下降比例和重点工程减排量，以及碳排放强度完成了市上下达的减排计划。

（八）聚焦工业转型升级，工业规模不断壮大

紧紧围绕“1+1托5机制”，全面落实甘肃省支持中小微企业发展措施，以及市上工业发展“333”行动计划，积极引导企业复工复产，积极培育小微企业12家，化解民营企业堵点难点问题3个，为企业减税降费616万元，清偿拖欠民营企业中小企业账款3129.36万元，清偿率77.6%，落实优惠贷款利率5708.3万元，优惠电费183万元。同时，采用合作共建、股权改造的方式，招商引进企业3家、盘活企业3家。工业企业累计达到220家，中医药类加工企业达73家，规上企业达到13家。落实疫情期间外贸进出口海关积压物资补贴资金30万元，支持3家外贸出口企业稳定出口量。完成《渭源县工业集中区发展总体规划（2020—2035年）》编制。甘肃佛慈红日药业生产基地建设项目、粤龙药业中药饮片加工项目、渭源县浩宏缘肉制品有限公司生猪定点屠宰场建设项目进展顺利；亳春堂药业、田源农业科技有限公司企业转型升级项目通过县级验收。济仁堂、三泰峰、灵玉轩、永安、奥林药业5家企业纳入2020年东西扶贫协作招商盘活重点企业，全面进行盘活重组，拉动全县工业经济稳步增长。

（九）聚焦社会事业发展，持续增进民生福祉

教育体育方面：学校有序安全开学，无失学辍学学生，教育各项重点工作统筹推进。积极争取中央、省级等项目资金7939万元，建设义务教育薄弱环节和能力提升项目、高中改善办学条件项目、学前教育项目、教师周转宿舍、温暖工程项目、中央预算内投资项目六大类，均已完成年度建设任务。卫生健康方面：全力开展了疫情防控工作，有效维护了全县人民的生命安全和身体健康。县疾控中心核酸检测实验室开展预检测工作，县人民医院核酸检测实验室已投入使用。建成并投入使用五个区域医学中心和五个救治中心。3家县级医院和18家乡镇卫生院全部接入了远程医学信息平台。县中西医结合医院中医综合楼、职工周转宿舍建设项目进展顺利。县医院综合楼投入使用，感染性疾病业务用房项目已开工建设。劳务输转方面：建档立卡贫困劳动力各类培训1488人，累计输转7.01万人，实现劳务收入15.23亿元；开展东西部“晋渭”劳务扶贫协作和“点对点”劳务协作，输转1743人，赴疆转移就业安置132户215人。社会保障方面：发放低保金、临时救助、城乡特困供养、优抚等各类资金1.26亿元，各类价格临时补贴656.47万元。参加城乡居民医疗保险29.697万人，参保率为97.38%；参加城乡居民养老保险21.61万人，续保率98.6%；为51家单位907人发放失业保险稳岗返还43.7万元。新增城镇就业人数2348人，城镇登记失业率为2.96%。残疾人康复中心和殡葬服务所建设项目进展顺利。

二、存在问题

一年来，渭源县经济社会有了长足发展，但在发展中还存在一些问题和困难。一是经济发展水平仍然不高。在国内外经济发展速度放缓的大背景下，地区生产总值增速、固定资产投资、消费持续放缓，工业经济发展困难。经济基础薄弱，经济总量仍然较小、人均水平不高。二是产业支撑能力依然不强。产业结构不平衡、发展质量不高等状况还没有根本改变，长期积累的一些结构性矛盾凸现；设施农业总量规模、大部分农业经营主体生产经营规模仍然较小，规模效应还不明显，农业内部产业结构仍不合理，难以实现高速增长。三是城乡统筹融合发展不够。城镇化水平不高，新型城镇化建设任务艰巨，城乡发展差距较大，南北乡镇之间、区域之间发展不均衡、不充分等问题突出。巩固脱贫成果任务艰巨，部分已脱贫人口实现长期稳定可持续脱贫的不确定因素还较多，“三保障”还存在薄弱环节，推进乡村振兴任重道远。四是城乡基础设施欠账较大。虽然兰海高速、兰渝铁路等建成，但区位优势不强，互联互通的交通网络尚未形成，农村道路“最后一公里”的问题还没有完全解决，综合承载能力不强，电力、水利、能源等基础设施建设明显滞后于全国和省内部分区域。

三、2021年经济社会发展主要预期目标及主要任务

2021年是中国共产党建党100周年，是“十四五”规划开局之年，是我县乘势而上开启全面建设社会主义现代化新征程、向第二个百年奋斗目标进军的第一年。全县经济社会发展总体要求是：高举中国特色社会主义伟大旗帜，深入贯彻落实党的十九大和十九届二中、三中、四中、五中全会精神，坚持以马克思列宁主义、毛泽东思想、邓小平理论、“三个代表”重要思想、科学发展观、习近平新时代中国特色社会主义思想为指导，全面贯彻党的基本理论、基本路线、基本方略，深入落实习近平总书记对甘肃重要讲话和指示精神，统筹推进“五位一体”总体布局，协调推进“四个全面”战略布局，坚定不移贯彻新发展理念，以高质量发展为主题，以供给侧结构性改革为主线，以满足人民日益增长的美好生活需要为根本目标，实施生态立县、科教兴县、文旅活县、产业强县、依法治县战略，坚持项目支撑、城镇聚集、创新驱动、党建保障，努力打造渭河源生态保护和高质量发展先行示范县，华夏文明渭河源全域旅游示范区，建设全国马铃薯育种制种基地、道地中药材药源基地，西北绿色肉食品生产供应基地、休闲度假康养基地和寒旱特色产业基地，加快推进治理体系和治理能力现代化，为全面建设社会主义现代化开好局、起好步。

紧盯“十四五”规划预期目标，综合研判全县发展环境和经济形势变化，2021年全县经济社会发展预期目标为：完成地区生产总值42.89亿元，增长7%。其中：第一产业增加值14.91亿元，增长6%；第二产业增加值3.58亿元，增长9.5%；其中工业增加值1.46亿元，增长10.6%，规模以上工业增加值增长8%以上；建筑业增加值2.12亿元，增长9.5%；第三产业增加值24.4亿元，增长7.3%；固定资产投资增长10%以上；社会消费品零售总额9.88亿元，增长7%；一般公共预算收入1.67亿元，增长3%；城镇居民人均可支配收入28421元，增长7%以上；农村居民人均可支配收入9564元，增长8.5%以上；单位生产总值能耗和主要污染物排放控制在省上下达的调控目标之内。

主要任务

（一）固脱贫促振兴，全面实施乡村振兴战略

一是巩固拓展脱贫攻坚成果与乡村振兴有效衔接。坚持农业农村优先发展，提高农业质量效益和竞争力，推动脱贫攻坚政策举措和工作体系逐步向乡村振兴平稳过渡，用乡村振兴巩固拓展脱贫攻坚成果，坚决守住脱贫攻坚胜利果实，确保巩固拓展脱贫成果与乡村振兴在政策、规划、产业帮扶、就业帮扶、基础设施建设、公共服务提升、业绩考核等方面实现有效衔接。保持主要帮扶政策总体稳定，坚决守住脱贫攻坚成果，有力、有序推进国家乡村振兴重点帮扶县各项政策举措落地见效。进一步健全用好防止返贫动态监测和帮扶机制，及时发现风险，精准落实帮扶措施；加强扶志扶智，持续激发脱贫群众内生动力，增强致富能力；加强扶贫小额信贷管理，防范化解风险，确保更好发挥效益。深化东西部扶贫劳务协作、产业协作、消费协作。突出抓好产业带动和就业扶持，实现产业扶贫政策措施由到村到户为主向到乡到村带户为主转变；加强劳动力培训输转，认真落实稳岗就业各项政策举措，有效拓宽就地就近就业渠道，促进脱贫人口稳定就业。巩固兜底脱贫成果，建立完善对农村低收入人口常态化帮扶机制，兜实兜牢民生底线。二是全面推进乡村建设行动。继续把公共基础设施建设的重点放在农村，启动实施农村人居环境整治提升五年行动，投资3.5亿元，加快推进农村基础设施建设。新建自然村组道路322公里、硬化巷道100万平方米，统筹谋划实施农村资源路、旅游路、产业路建设项目，大力推行路长制，提升农路养护水平；启动实施人饮管网互联网+信息化改造提升工程，改造大安、秦祁等乡镇老旧供水管道；实施电网升级改造11个行政村，提升4G网络村社覆盖面。持续改善乡村义务教育办学条件、医疗卫生基础条件，推进农家书屋和农金室规范运行，不断提升农村公共服务保障能力。抓好农村生活垃圾、污水的收集处理，实施“厕所革命”50个村，新建卫生户厕8000座，创建清洁村庄80个，持续改善村容村貌，建设美丽宜居乡村。三是深化农村综合改革。持续深化农村土地制度、集体产权制度等重点领域改革，巩固农村集体资产清产核资成果，大力扶持发展新型村集体经济，确保村集体收入稳步增长。持续加强合作社改造提升和扶贫项目资金资产监管，完善农村公益性岗位管理和扶贫资产收益分配机制，完善“村集体+合作社+农户”等发展模式，年内新增合作社50家以上，创建省级示范社2家以上，保障群众稳定增收。坚决遏制耕地“非农化”、防止“非粮化”，守好耕地保护红线和粮食安全底线，加大撂荒地整治力度，新建高标准农田5500亩，稳慎推进农村宅基地制度改革试点。培育高素质农民500多人，吸引各类人才到农村创业兴业。

（二）争项目扩投资，不断夯实基础设施建设短板

一是全力抓好项目建设。充分发挥投资拉动的关键作用，准确把握政策导向，不断充实优化“一总五分”项目计划清单，做优增量、做大存量，加快培植新的增长点。实施好“一总五分”清单储备项目，严格落实“1+1托4机制”和“1346”工作要求，用好领导包抓、清单管理、集中开工、进度和资金管控等推进机制，全力推动总投资88.9亿元的渭河大道、灞陵桥路东段道路、中医院南侧开发等100个重点项目建设，确保38个续建项目4月底前全部复工，62个新建项目3月底前完成前期手续、6月底前应开尽开，年内完成投资45亿元以上。紧盯中央和省上投资动向，做细做实项目谋划，高质量储备项目130个以上，争取资金14亿元以上。坚持“渭水为魂、渭河为轴、完善规划、提升功能、南游北居、闭环发展”思路，强力快速推进总投资20亿元的渭河小镇建设，合理布局休闲旅游、商业消费、运动康养、社区服务、文化教育等功能区域，打造宜业宜居宜游的新型现代社区，争取一年成势、打开局面。建设总投资51.2亿元的渭河大道、北环路中段道路等重点项目33项，完成投资超过21亿元。实施灞陵桥北侧、原中医院周边等棚户区改造1260户。投资4800万元，实施县城东区供暖提标改造工程，切实提升供热质量。投资1000万元，继续实施城市生态加密景观提升工程和“不体面”工程改造，加快推进灞陵桥周边改造提升和县城东区生态绿地提升工程，新增城市绿地60亩以上。国道310县城过境段年内建成通车，新建停车场5处、新增停车位1000个以上。新建5G基站798个，实现县城和重点区域5G网络全覆盖。二是提升城市治理水平。制定实施《推进城市精细化管理工作三年行动计划》，继续落实“门前五包”“网格化管理”制度，谋划实施城市“蜘蛛网”改造工程。加强出租车行业管理，推广使用新能源汽车，加快推进城乡公交一体化进程，有序合理投放共享单车，不断提高公共交通服务能力。启动建设垃圾处理厂，推行垃圾分类处理，扩大精细化保洁范围，推动管控面向背街小巷、城乡接合部延伸。加快推进“数字渭源”“智慧城市”“智慧交管”建设，积极推进数字化城管平台建设。坚持不懈开展交通秩序整治，强化县城区建筑工地施工管理。严格执行《物业管理条例》，加强对物业公司的监督管理，提升城市精细化管理服务水平。三是加快建设特色小城镇。依托渭源建设投资集团有限公司，建立现代企业制度，探索建立多元主体参与的特色小镇投融资运营模式。以会（川）清（源）区域经济一体化发展为主攻方向，以建设投资16.3亿元的会川镇青年路棚户区改造、五竹镇镇区管网及生活污水处理、会川和莲峰镇区供水工程等9个城镇发展项目为重点，突出重点城镇的优势、特色，加快推动产业集聚、产城人文融合、集约高效的新型城镇化建设，不断完善中心乡镇配套功能。全面完成北寨镇街道改造，启动建设路麻滩至河里庄四级公路改建工程等县乡道路3条85.3公里，新建乡镇加油站7处，谋划启动建设大安风电场。

（三）抓招商促消费，全面激发县域经济发展活力

一是加大招商引资。始终坚持将项目招商作为稳增长的“生命线”，充分发挥消费拉动作用，扩投资、强工业、促消费，持续抓好“六稳”工作、落实“六保”任务，推动经济高质量发展。以招商引资“八大模式”为抓手，常态化开展以商招商、节会招商、小分队招商，精准对接引进项目14项，落实到位资金35亿元以上。二是优化营商环境。贯彻执行《优化营商环境条例》，对接用好定西市营商环境建设评估考核体系应用系统和金融综合服务平台，落实招商引资等各类优惠政策，强化“双随机一公开”监管，着力构建全民化、全域化的优良人文环境，打造一流营商环境。协同推进“一门、一网、一次”“互联网+政务服务”和行政审批制度改革，建立完善重大项目“容缺受理”“模拟审批”“告知承诺”“不来即享”机制，实现项目审批便利化。持续深化减税降费、商事服务效率提升、公共服务等领域改革，最大限度简化审批环节、压缩审批时间。开展“县乡村政务服务大厅标准化提升年”活动，优化“一站式”帮办代办服务，高层次提升政务服务水平。巩固“六不”土地整顿成果，加快闲置土地盘活利用，推动新增建设用地指标向大项目、好项目倾斜。三是着力激发消费潜力。全面落实促消费优惠政策，深入推广消费扶贫“八种模式”，扩大批零住餐基础消费，培育限上企业2家。争取实施国家电子商务进农村示范县升级版项目，完成县级电商同城配送平台基础建设，实现线上交易额2.3亿元以上。完善县城中心消费商业圈服务功能，持续提升夜市品质，规范建设城区蔬菜瓜果专业市场，设立早市1处，推进夜间经济、地摊经济加快发展。积极发展会议经济，推动节会消费升级。继续发挥好晋渭农特产品馆作用，巩固扩大“渭产晋销”成果。培育壮大外贸企业，争取进出口总额增长10%以上。抓好国际露营大会、渭水文化旅游节、冰雪旅游节、全国山地自行车联赛等节会赛事，提升主题消费活动。

（四）稳增长调结构，大力提升产业综合发展实力

把产业兴旺作为乡村振兴的重要抓手，坚持“南薯北药、薯药强县、旅游富民”方向，以农业产业园建设为引领，固化推广产业发展“一模式三机制”，走园区化、工业化、产业化“三化”引领的特色产业发展之路。一是推进优势产业园区化。健全完善“牛羊菜果薯药种”等“7+X”特色产业体系，深入推广“551”产业发展模式，以马铃薯种薯和中药材为主，推动形成“两园两区”优势特色产业发展新格局。按照创建“两园两区”布局，编制完成《省级现代农业（中药材）产业园建设规划》等9个产业发展专项规划，倾力建好农业产业园和产业基地。建设以路园为核心的现代农业产业园，完善金鸡产业链条，建设万亩高原夏菜基地，逐步形成蔬菜、畜牧、花卉、光伏等多元素集成的绿色产业长廊。按照“三品”统一、“四业”融合、“六化”并进思路，抓好马铃薯种薯标准化繁育和新品种引进推广，建好马铃薯产业园，年产马铃薯脱毒瓶苗5.4亿株、原原种6亿粒以上，马铃薯产值达到4.2亿元以上。在新寨、清源等9个乡镇建设标准化中药材基地10万亩，争取实施中药材优势特色产业集群建设项目，加强“渭源白条党参”中国驰名商标推广应用，实现中药材产值6亿元以上。构建现代化畜禽养殖体系、饲草种植加工体系，建设以北寨为中心的草畜产业园，建成金鸡产业扶贫项目后续工程、生猪定点屠宰场、锹峪育肥猪产业园和北寨牛羊活畜交易中心并投入使用，更好满足全县肉食品市场供应，完成草牧业增加值5.4亿元以上。围绕7个产业园，建设产业基地9类72个，力争创建国家农产品质量安全示范县。

二是推进新兴产业标准化。紧紧围绕国家加强种质资源保护和利用战略，加快建设白条党参种苗标准化繁育中心和花卉种球、食用菌制种研发中心。以莲峰为中心，建设集种球培育和花卉种植、加工、销售为一体的鲜切花卉产业园1000亩、万寿菊种植基地3万亩。在会川、田家河等乡镇建成食用菌产业园1000亩，并配套建设菌类产品加工厂和菌棒加工厂。在元古堆村建成食用菌产销研一体化研发中心，打造集生产、加工、研发、休闲、观光、服务于一体的特色休闲农业示范园。标准化种植高原夏菜8万亩。做好村级光伏电站维护运营工作。同时，积极争取省市绿色生态产业发展基金，加快弥补生态产业短板，提升发展水平，完成十大生态产业增加值14.8亿元以上。三是推进工业园区规模化。认真履行“双五”职能，实施总投资4.2亿元的物流园基础设施、污水处理和天然气等3项基础设施项目，争取完成物流园基础设施及综合楼、交易市场、展销中心主体工程，建成污水处理厂，接通天然气，进一步完善园区要素保障。创新园区融资平台体制机制，设立中小企业发展基金，通过降低利息、展期、无还本续贷等各类措施帮助企业贷款12.5亿元以上。全面落实工业“333”行动计划，及时解决民营企业堵点难点问题，新培育小微企业15家以上、规上企业2家、盘活僵尸企业3家以上，将佛慈红日培育成亿元以上企业，渭水源药业通过“专精特新”科技型中小企业认定。实施总投资3880万元工业企业技改项目7项。全年完成工业增加值1.6亿元以上、规上工业增加值1.1亿元以上，工业企业带动就业突破3000人、贡献税收超过1000万元。争取将工业集中区创建为省级经济开发区。依托物流园建设，争取实施物流园综合运营中心项目，稳步推进火车站商贸物流片区建设，加快实施渭水源中药材市场“出城入园”，完善中药材仓储物流体系，发展农产品冷链物流，建设3000吨以上农产品冷藏库13座，改扩建乡镇农贸市场3处。四是推进文旅产业全域化。编制全域旅游规划和重点乡村旅游示范村发展规划，启动渭河源文旅产业融合发展示范长廊项目和省级全域旅游示范区创建工作。加快推进与甘肃省文旅产业集团合作，实行渭河源大景区企业化、市场化经营管理。实施秀峰山景区开发等一批重点项目，办好渭水文化旅游节、国际露营大会等重大节会。6月底前建成罗家磨“百美村宿”项目并投入运营。启动渭河源国家AAAAA级景区创建工作，全年接待游客突破160万人次以上，实现旅游收入8亿元以上。

（五）守红线筑屏障，努力改善生态环境质量

深入贯彻习近平总书记视察甘肃重要讲话和指示精神，抢抓黄河流域生态保护和高质量发展战略机遇，严守生态功能保障基线、环境质量安全底线、自然资源利用上线三大红线，努力改善县域生态环境质量。一是深化生态环境治理。加快实施黄河流域生态保护和高质量发展渭河源山水林田湖草村生态产业综合治理工程，实施好渭河风情线生态廊道、渭河源特色生态小镇等8个子项目，统筹推进山水林田湖草综合治理、系统治理、源头治理，促进渭河源头全流域高质量发展。实施天然林保护、防护林体系建设、退化林修复、草原生态修复等国家重点生态工程2.9万亩，完成城乡面山绿化3万亩，义务植树150万株，持续提升生态系统碳汇能力。严格实施封山禁牧，切实巩固造林绿化成果。开展东峪沟、秦祁河等小流域综合治理，治理水土流失面积40平方公里，森林覆盖率提高到15.93%，进一步筑牢渭河源头生态安全屏障。二是持续打好污染防治攻坚战。突出精准科学依法治污，坚决守护好绿水青山和蓝天白云。巩固蓝天保卫战成果，坚决完成10蒸吨以下燃煤小锅炉整治和“小土炕、小土灶、小火炉”年度改造工作任务，高质量完成碳达峰、碳中和阶段性指标。打好碧水保卫战，落实最严格的水资源保护制度，实施总投资6385

万元的渭河流域源头区水污染防治项目，持续开展河湖“清四乱”专项行动，年内治理河道40公里。扎实推进净土保卫战，积极创建废旧农膜回收示范县，持续推进农药化肥减量增效行动，建成年产1.5万吨多元生物有机肥生产线，畜禽养殖废弃物综合利用率达到78%以上，秸秆饲料化利用率达到65%以上。三是完善生态环境保护机制。坚持山水林田湖草沙系统治理，严格落实“1+4”环境监管责任体系和“3+”环境监管模式，细化落实县级有关部门和单位生态环境保护责任，加强医疗废物集中规范化处置，坚决完成生态保护问题整改，加大对投诉举报问题的查处和督办力度，巩固保持整治成效。推行林长制，开展林业有害生物普查，维护林业生态安全。完善森林、草原等重点领域生态保护补偿机制，兑现草原生态保护补助奖励政策。

（六）惠民生增福祉，持续提高社会保障水平

坚持把实现好、维护好、发展好最广大人民根本利益作为发展的出发点和落脚点，尽力而为、量力而行，健全基本公共服务体系，完善共建共治共享的社会治理制度，不断增强人民群众获得感、幸福感、安全感。一是千方百计促进就业。始终把就业摆在突出位置，全力强化稳就业和扩就业举措。全面落实创业贷款、就业补贴等扶持政策，支持下岗失业人员、退役军人、农民工等重点群体就业创业，鼓励引导高校毕业生到企业就业、到基层发展，新增城镇就业1800人，城镇失业率控制在4%以内。促进贫困劳动力稳岗就业，输转劳动力7万人（次）以上，实现劳务收入17亿元以上。二是推动教育高质量发展。全面贯彻党的教育方针，深化教育改革，促进教育公平，深入推动义务教育均衡发展和城乡一体化。加强师德师风建设，重视青少年身体素质和心理健康教育。巩固义务教育均衡化成果，完善普惠性学前教育和特殊教育保障机制，促进高中阶段学校高质量发展。加大紧缺专业教师引进力度，重点资助引进渭源籍优秀大学毕业生。积极推进新高考改革，高考应届本科上线率提高3个百分点以上。持续加大教育投入，新建、改扩建校舍9000平方米，全面建成官堡小学、第五幼儿园，新建清源镇第三小学和第七幼儿园。建成县职专中草药种植实训基地一处，打造职业教育品牌专业。三是加快健康渭源建设。巩固健康扶贫成果，加强县乡医疗卫生机构体系建设，提高基础设施、医疗设备和医务人员配置水平，不断提高服务质量。坚持中西医并重，大力发展中医药事业，新建中医能力提升项目2个。推动大健康产业发展，鼓励企业研发中医药大健康产品和康养体验项目。建成县医院感染楼、中西医结合医院中医综合楼并投入使用，组建成立清源社区卫生服务中心和清源卫生院。加强医疗卫生人才队伍建设，提高医疗服务质量和能力。全面落实国家公务员医疗补助政策。建成祁家庙、峡城2个乡镇敬老院。抓好常态化疫情防控工作，坚决落实“四方责任”和“四早”要求，坚持“人、物”同防，织紧织密织牢“防输入”网络。完善突发公共卫生事件监测预警处置机制，健全医疗救治、科技支撑、物资保障体系。深入开展爱国卫生运动，促进全民养成文明健康的生活方式，推动从环境卫生治理向全面社会健康管理转变。

（七）强机制控风险，全面提升社会治理效能

一是建设人民满意政府。坚持把党的全面领导贯穿政府工作全方位、全过程，牢牢掌握意识形态工作的主动权，落实全面从严治党主体责任，压实“一岗双责”，拧紧廉政“发条”，严控“三公”经费，严格预算执行。用好政府治理“五大系统一平台”，强化跟踪问效，提高督查督办效率，完善激励问责机制，不断提升干部队伍执行力。全面推进政务公开，健全政府购买社会服务机制，重点推进财政预算、公共资源配置、行政执法、重大建设项目批准和实施、社会公益事业建设等领域的政府信息公开，推进政务公开信息化，加强互联网政务信息数据服务平台和便民服务平台建设。二是完善社会治理体系。健全党组织领导的城乡基层治理体系，实现政府治理同社会调节、居民自治良性互动，建设人人有责、人人尽责、人人享有的社会治理共同体。把治理有效作为乡村振兴的固本之策，持续健全政治、法治、德治、自治、智治“五治”融合的基层社会治理体系，践行新时代“枫桥经验”，深入推行网格化治理，构建共建共治共享的乡村善治格局。推动社会治理和服务重心向村组、社区下移，全面完成12个新组建社区党群服务中心规范化建设。深入开展法律进农村活动，创建民主法治示范村10个以上。加强非物质文化遗产保护利用，弘扬乡村优秀传统文化。加强社会主义精神文明建设，完善村规民约，切实整治高价彩礼等陋风陋习，推动形成文明乡风、良好家风、淳朴民风。三是全面建设平安渭源。启动实施“八五”普法规划，积极开展法治政府建设示范创建活动。依法依规提升退役军人服务工作质量，推进“双拥模范县”创建工作。加强宗教事务管理，筑牢中华民族共同体意识，促进各民族共同团结繁荣发展。加强立体化社会治安防控体系建设，坚定不移推动扫黑除恶专项斗争常态化，依法严厉打击金融诈骗、非法集资等违法犯罪活动，全力防范化解政府债务和金融风险。开展第一次全国自然灾害综合风险普查，实施自然灾害防治“九大工程”。严格落实安全生产工作责任制，启动开展安全生产专项整治三年行动，坚决遏制较大以上安全事故。强化重点领域舆情监测监控，保障网络安全。持续加强产品质量和食品药品安全监管，积极创建省级食品安全示范城市、国家安全发展示范城市。

各位代表，做好2021年全县经济社会发展工作，任务繁重，责任重大。我们要坚持以习近平新时代中国特色社会主义思想为指导，在县委的坚强领导下，自觉接受县人大及其常委会的监督，认真听取县政协和社会各界的意见建议，以更加饱满的热情、更加昂扬的斗志、更加务实的作风、更加有力的举措，进一步抢抓机遇、改革创新、主动作为、真抓实干，保持经济运行在合理区间，确保“十四五”开好局，以优异成绩庆祝建党100周年。

关于渭源县2020年财政预算执行情况和2021年财政预算（草案）的报告

——2021年3月1日在渭源县第十六届人民代表大会第六次会议上

渭源县财政局局长　潘继平

各位代表：

受县人民政府委托，现将渭源县2020年财政预算执行情况和2021年财政预算（草案）的报告提请会议审议，并请各位政协委员和其他列席人员提出意见。

一、2020年财政预算执行情况

2020年，全县财政工作在县委的正确领导下，在县人大、县政协的监督和大力支持下，以习近平新时代中国特色社会主义思想为指导，全面贯彻党的十九大和十九届二中、三中、四中、五中全会精神，坚持稳中求进工作总基调，坚持积极的财政政策，做好“六稳”[1]工作，落实“六保”[2]任务，统筹支持稳增长、促改革、调结构、惠民生、防风险、保稳定各项工作，坚持依法理财，狠抓收入征管，全力向上争取，保障重点支出，深化财税改革，加强财政监管，有力保障了全县经济社会高质量发展。

（一）财政收支预算执行情况

1.一般公共预算执行情况

收入预算执行情况：2020年，一般公共预算收入[3]完成16193万元，同比增收858万元，增长5.6%，占调整预算15535万元的104.24%，超收658万元。

支出预算执行情况：全县一般公共预算支出[4]完成313529万元，同比增支1396万元，增长0.45%。

分科目支出为：

——一般公共服务支出27451万元。

——国防支出363万元。

——公共安全支出7045万元。

——教育支出64778万元。

——科学技术支出362万元。

——文化旅游体育与传媒支出4896万元。

——社会保障和就业支出43008万元。

——卫生健康支出24712万元。

——节能环保支出9643万元。

——城乡社区支出7892万元。

——农林水支出96371万元。

——交通运输支出5786万元。

——资源勘探信息等支出164万元。

——商业服务业等支出267万元。

——自然资源海洋气象等支出1136万元。

——住房保障支出14858万元。

——粮油物资储备支出705万元。

——灾害防治及应急管理支出1496万元。

——债务付息支出2553万元。

——其他支出30万元。

——债务发行费用支出13万元。

全县实际可用财力情况：一般公共预算收入16193万元，返还性收入[5] 1824万元，一般性转移支付[6] 收入247238万元，专项转移支付[7] 收入40355万元，上年结转1350万元，地方政府向国际组织借款（转贷）收入588万元，动用预算稳定调节基金348万元，调入资金688万元，债务（转贷）收入[8] 11419万元。减去专项上解支出1498万元，债务还本支出2521万元，安排预算稳定调节基金1351万元。全县实际可用财力为314633万元。

2.政府性基金预算执行情况

收入预算执行情况：全县政府性基金收入[9] 完成16172万元，占年初预算12850万元的125.85%，同比增收6426万元，增长65.93%。其中：农业土地开发资金收入18万元，国有土地使用权出让收入[10] 15521万元，城市基础设施配套费[11] 收入633万元。

支出预算执行情况：政府性基金支出[12] 48556万元，同比增支23022万元，增长90.16%（主要是上级补助增加8655万元、新增专项债券[13] 增加12000万元，本级收入安排增加2367万元）。

分科目支出为：

——文化旅游体育与传媒支出46万元。

——社会保障和就业支出120万元。

——城乡社区支出10596万元。

——农林水支出612万元。

——其他支出26040万元（其中地方政府专项债券支出25000万元）。

——债务付息支出2646万元。

——债务发行费用支出35万元。

——抗疫特别国债安排的支出8461万元。

3.社会保险基金预算执行情况

收入预算执行情况：社会保险基金收入[14] 完成43170万元，占年初预算37756万元的114.34%，同比增收1584万元，增长3.81%，其中：企业职工基本养老保险基金收入7524万元，城乡居民基本养老保险基金收入12976万元，机关事业单位基本养老保险基金收入16443万元，职工基本医疗保险基金收入6056万元，工伤保险基金收入171万元。

支出预算执行情况：社会保险基金支出[15] 36579万元，同比增支1586万元，增长4.53%，占年初预算35110万元的104.18%。其中：企业职工基本养老保险基金支出7981万元，城乡居民基本养老保险基金支出10275万元，机关事业单位基本养老保险基金支出13750万元，职工基本医疗保险基金支出4331万元，工伤保险基金支出242万元。

4.国有资本经营预算执行情况

收入预算执行情况：国有资本经营预算收入[16] 完成34万元，占年初预算149万元的22.82%，同比增收34万元，增长100%。

支出预算执行情况：国有资本经营预算支出[17] 34万元，同比增支34万元，增长100%，占年初预算149万元的22.82%。

（二）财政收支预算平衡情况

1.一般公共预算收支平衡情况

全年一般公共预算总收入达到320003万元，其中：一般公共预算收入16193万元，返还性收入1824万元，一般性转移支付收入247238万元，专项转移支付收入40355万元，上年结转1350万元，调入资金688万元，债务（转贷）收入11419万元，地方政府向国际组织借款（转贷）收入588万元，动用预算稳定调节基金348万元。全年一般公共预算总支出达到320003万元，其中：一般公共预算支出313529万元，专项上解支出1498万元，债务还本支出2521万元，安排预算稳定调节基金1351万元，年终结余1104万元。

2.政府性基金收支平衡情况

全年政府性基金总收入58971万元，其中：县本级收入16172万元，上级专项补助10263万元，债务（转贷）收入32200万元，上年结余336万元。全年政府性基金总支出58971万元，其中：本年政府性基金支出48556万元，调出资金23万元，债务还本支出8000万元，年终结余2392万元。

3.社会保险基金收支平衡情况

全年社会保险基金总收入83939万元，其中：当年收入43170万元，上年结余40769万元。全年社会保险基金总支出83939万元，其中：本年支出36579万元，年末滚存结余[18]47360万元。

4.国有资本经营预算收支平衡情况

全年国有资本经营预算总收入35万元，其中：本级收入34万元，上级补助收入1万元。全年国有资本经营预算总支出35万元，其中：本年支出34万元，年终结余1万元。

（三）转移支付资金安排使用情况

2020年上级共下达我县返还性收入1824万元，一般性转移支付收入247238万元，专项转移支付收入40355万元。

一般性转移支付中财力性转移支付主要用于人员经费、党政机关事业单位正常运转及基本民生支出，有特定用途的转移支付用于社会保障、医疗卫生、扶贫、教育、公共安全、农村道路建设等方面支出。专项转移支付用于上级下达的教育、医疗卫生、社会保障、农林水等公共服务领域支出。

（四）地方政府性债务情况

按照财政部对地方政府债务实行限额管理的规定，2020年上级下达我县地方政府负有偿还责任的债务[19]限额205577万元，其中：一般债务85852万元，专项债务119725万元。2020年末全县地方政府性债务余额165903万元，其中：政府负有偿还责任的债务余额165371万元，政府负有担保责任的债务[20]余额532万元。债务规模在上级核定的限额之内。

（五）主要工作措施

1.强化收入征管，财政收入实现持续增长

一是认真研判收入形势，精细落实征收责任，及时跟进协调督促，促进征管责任有效落实。二是坚持摸清税源底数，动态掌握重点税源，加大税收征管监控力度，采取有效措施严防税收征管跑冒滴漏，确保财政收入及时足额入库。三是全面研判减税降费政策效应及新冠肺炎疫情影响，制定应对减税弥补措施，牢牢把握组织财政收入的主动权。四是加强非税收入征缴，专项收入、行政事业性收费、罚没收入分别增长42.58%、35.25%和61.69%。

2.坚持多措并举，财政保障能力有效增强

一是全力争取上级补助收入289417万元，同比增加7804万元，增长2.8%，其中：返还性收入1824万元；一般性转移支付247238万元、专项转移支付40355万元，分别增长1.5%、11.1%。二是大力盘活财政存量资金，清理收回存量资金6042万元，全部用于脱贫攻坚和民生类支出。三是积极争取地方政府新增债券34219万元，再融资债券9400万元。

3.优化支出结构，着力保障经济社会发展

一是围绕巩固拓展脱贫攻坚成果，提升脱贫攻坚质量，持续加大扶贫资金投入。2020年共筹措扶贫资金181550万元，优先保障深度贫困乡镇、未脱贫人口、返贫人口和监测人口、“3+1”冲刺清零、“5+1”专项提升行动等攻坚任务资金需求。二是坚持教育优先发展战略，加大教育投入力度，拨付资金64778万元，落实城乡义务教育补助，完善扶困助学机制，全面保障教育事业发展。三是保障医疗卫生事业发展，拨付资金24712万元，重点支持医疗卫生机构能力建设、医疗保障服务能力建设、中医药事业传承与发展等工作；拨付资金1624万元，全力做好新冠疫情防控资金保障。四是落实社会保障政策，拨付资金16140万元，保障困难群众基本生活；拨付资金12448万元，实现基本养老、基本医疗、失业、工伤等制度全覆盖。

4.夯实资产底数，健全国资国企运行机制

一是通过国有资产数据和信息录入系统，实现对全县国有资产从“入口”到“出口”的全过程监管。全年共审批处置资产事项26件，其中：报废处理24件，无偿调拨2件，上缴非税收入491万元，同比增长41.59%。二是规范企业运营管理，开展企业核算、国资国企改革和履行出资人职责等工作。三是按照“明确责任、有序推进、整体移交、属地管理、以人为本、平稳过渡”的要求，有序开展国有企业退休人员社会化管理工作，接收23家国有企业退休人员210人。

5.落实改革措施，全面深化财政预算管理

一是建立健全财政结转资金与预算安排统筹结合机制，严格预算编制执行，硬化预算约束，坚持无预算不开支，有预算不超支。二是深化国库管理改革，完善国库集中支付制度，2020年财政资金国库集中支付率93.6%，同比增长11.19%，确保财政资金安全运行。三是稳步推进预算绩效管理，开展预算绩效评价[21]项目838项，涉及资金141963万元，进一步提高财政资源配置效率和使用效益。四是深入推进预决算公开，细化公开内容，除涉密部门外，全县部门预决算及“三公”经费预决算全面公开，实现了依法行政、阳光理财。五是认真履行财政监督职能，开展会计信息质量、扶贫领域资金、“小金库”专项治理、惠民惠农财政补贴资金“一卡通”等专项监督检查，进一步严肃财经纪律。

6.化解存量债务，有效防范财政运行风险

一是进一步规范地方政府性债务管理，严格落实管理责任，坚持“谁举债谁负责”，坚决遏制隐性债务增量。二是全力化解存量债务，夯实还款责任，稳步推进到期地方政府债券置换，切实降低政府债务成本。三是严格在省级核定的举债限额内，合理确定新增债券资金项目，按程序报县人大批准，分类纳入财政预算管理。

各位代表！2020年是“十三五”规划收官之年。回顾过去五年，财政工作始终坚持依法理财、为民服务的理念，注重改革创新、科学发展，不断完善体制机制、提高财政效能、保障改善民生，公共财政体系更加完善，财政事业取得了新进展。

——注重完善管理机制，确保财政收支稳定增长。五年来，注重收入总量与质量“并重”的增收导向，确保实现有质量、可持续的财政收入增长。坚持联合办税机制，及时、准确掌握重点税源和税收变化情况，确保税收及时足额入库。积极推进“金财”工程建设，提升财税管理信息化应用水平。规范非税收入管理，优化收缴流程，推行收入电子化缴款，全面落实减税降费政策。“十三五”末，一般公共预算收入达到16193万元，一般公共预算支出达到313529万元。

——注重全力立项争资，财政保障能力有效增强。五年来，面对收入增长乏力、可用财力不足的形势，积极主动与上级财政部门沟通衔接，争取上级补助收入1244772万元，年均增长7.56%，其中：一般性转移支付补助913201万元，专项转移支付331571万元，专项债券85000万元。全县可用财力累计达到1388322万元，年均增长7.14%。人均可用财力由6428元增长到9446元，有效缓解了财政支出压力，财政实力进一步增强。

——注重资金统筹安排，保障脱贫攻坚资金需求。五年来，坚持把资金向精准扶贫聚拢，通过积极筹措资金，全力保障脱贫攻坚资金需求。共安排各类资金417232万元，其中：整合各类涉农资金71766万元，上级财政专项扶贫资金124123万元，县本级财政专项扶贫资金18396万元，东西部扶贫协作和定点帮扶资金31656万元，地方政府一般债券38370万元，土地跨省域调剂收入11070万元，“补短板”综合财力保障补助资金1051万元，落实扶贫小额信贷政策，发放贷款120800万元。

——注重民生福祉改善，推动社会事业全面发展。五年来，保持民生投入只增不减，保障重大民生政策落地落实，民生支出累计达到1221950万元，年均增长6.61%。支持教育事业优先发展，支出达到288660万元，年均增长7.25%；完善社会保障体系，支出达到215514万元，下降1.49%（以前年度由县级列支的城乡居民医疗保险，从2019年开始实行市级统筹列支）；持续改善医疗卫生条件，支出达到148862万元，年均增长1.82%；支持文化事业繁荣发展，支出达到19929万元，年均增长20.13%；全面落实惠农补贴政策，支出达到30718万元，年均增长0.23%。

——注重财政改革监管，提高财政预算绩效管理。五年来，不断规范预算编制，实施全口径预算管理[22]，提高预算编制的准确性、完整性；全面推行预算绩效评价，提升财政资金使用效益；加快资金支出进度，实行周调度周通报制度，加强结余结转资金管理，累计盘活存量资金89774万元；建立地方政府性债务风险预警机制和应急处置机制，累计化解存量债务26201万元；强化财政资金监管，采取全面检查、日常监督、专项监督、重点检查相结合的方式开展监督检查，对发现的问题及时整改落实。

各位代表！全县财政工作虽然取得了一定的成绩，但我们也清醒地认识到财政运行中还存在一些困难和问题：一是财政收入结构不合理，非税收入占比大，财政收入质量有待提高。二是财政保工资、保运转、保民生、促发展等刚性支出逐年增加，收支矛盾日益突出。三是财政支出进度不均衡，部分资金支付缓慢，影响资金效益发挥。四是政府债务还本付息进入高峰期，偿还债务压力较大。五是预算绩效管理水平和财政监管能力还需进一步提高。

对这些困难和问题，我们一定高度重视，认真听取各位代表、委员的意见建议，积极研究对策，采取务实措施，努力加以解决。

二、2021年财政预算（草案）

“十四五”时期是衔接“两个一百年”奋斗目标、开启我国全面建设社会主义现代化国家的重要时期，也是我县财政实现可持续发展的重要战略机遇期，财政工作将全面践行新理念、主动适应新常态、积极融入新格局，持续深化财政管理改革，加快建设现代财政管理制度，体现更加积极、更加有为、更加高效的财政担当，服务全县经济社会高质量发展。

“十四五”期间全县一般公共预算收入和一般公共预算支出预期目标增长4%。

一般公共预算收入：2025年一般公共预算收入达到19700万元，年均增长4%。

一般公共预算支出：2025年一般公共预算支出达到380750万元，年均增长4%。

政府性基金收支：2025年县本级基金收入达到18750万元，年均增长3%。政府性基金支出达到59070万元，年均增长4%。

国有资本经营收支：2025年国有资本经营收入达到90万元，国有资本经营支出达到90万元。

“十四五”期间，围绕财政预期发展目标，重点做好以下六方面工作：一是加强财源建设，提高财政收入质量，实现财政收入稳定增长。二是继续实施积极的财政政策，加强政策性资金的争取，增强可用财力。三是增强科学统筹财政资源配置能力，集中财力保障各项重大决策部署贯彻落实。四是坚持以人民为中心发展思想，不断提高保障和改善民生水平。五是统筹发展和安全，着力防范化解财政运行风险和地方政府债务风险。六是更加注重绩效管理和财政资源配置效率，加快建立现代财政制度。

2021年是“十四五”规划开局之年，预算编制指导思想是：坚持新发展理念，认真落实积极财政政策，巩固拓展减税降费成效，积极防范政府债务风险，支持供给侧结构性改革，扎实做好“六稳”工作、全面落实“六保”任务，坚持“以收定支”原则，全面落实过紧日子要求，持续优化支出结构，兜牢民生底线，坚持深化财政管理改革，严格资金管理，强化预算编制与预算绩效管理融合，促进全县经济高质量发展。预算编制原则是：量入为出、收支平衡；统筹兼顾、突出重点；厉行节约、注重绩效；规范透明、硬化约束；切实保障“三保”、防范财政风险。

（一）全县一般公共预算草案

1.收入预算

2021年，一般公共预算收入预算16679万元，较2020年完成数增长3%。

2.支出预算

2021年，全县预算财力预计213497万元（含上级提前下达的转移支付资金），相应安排2021年全县一般公共预算支出210958万元，专项上解支出2539万元。

分科目支出为：

——一般公共服务支出25702万元。

——公共安全支出4869万元。

——教育支出61711万元。

——科学技术支出359万元。

——文化旅游体育与传媒支出2121万元。

——社会保障和就业支出37078万元。

——卫生健康支出16701万元。

——节能环保支出2018万元。

——城乡社区支出1624万元。

——农林水支出41782万元。

——交通运输支出693万元。

——商业服务业等支出1079万元。

——自然资源海洋气象等支出589万元。

——住房保障支出7467万元。

——粮油物资储备支出452万元。

——灾害防治及应急管理支出653万元。

——预备费3150万元。

——债务付息支出2910万元

3.收支平衡预算

2021年，一般公共预算总收入预算213497万元，其中：一般公共预算收入16679万元，返还性收入1824万元，一般性转移支付收入177284万元，专项转移支付收入13106万元，上年结余1104万元，调入资金3500万元。2021年全县一般公共预算总支出预算213497万元，其中：一般公共预算支出210958万元，上解上级支出2539万元。

（二）全县政府性基金预算草案

2021年，县本级政府性基金收入预算12710万元，上年结余2392万元。政府性基金支出预算按照专款专用、自求平衡的原则，安排支出11602万元，调出资金3500万元。

分科目支出为：

——社会保障和就业支出4万元。

——城乡社区支出8411万元。

——债务付息支出3187万元。

（三）全县社会保险基金预算草案

2021年全县社会保险基金收入预算36406万元，其中：城乡居民基本养老保险基金12690万元，机关事业单位基本养老保险基金16820万元，职工基本医疗保险基金6568万元，工伤保险基金328万元。社会保险基金支出预算32749万元，其中：城乡居民基本养老保险基金13295万元，机关事业单位基本养老保险基金14388万元，职工基本医疗保险基金4888万元，工伤保险基金178万元。本年收支结余3657万元，年末滚存结余51017万元。

（四）国有资本经营预算草案

2021年国有资本经营预算收入预算45万元，上年结余1万元，安排支出46万元。

（五）转移支付资金预计

2021年返还性收入预计1824万元；上级提前下达一般性转移支付收入预计177284万元，其中：均衡性转移支付收入75603万元、县级基本财力保障机制奖补资金收入18061万元、结算补助收入3183万元、企业事业单位划转补助收入715万元、产粮（油）大县奖励资金收入2000万元、国家重点生态功能区转移支付收入10169万元，固定数额补助收入12290万元、贫困地区转移支付收入13642万元、教育共同财政事权转移支付收入12916万元、文化旅游体育与传媒共同财政事权转移支付收入543万元、社会保障和就业共同财政事权转移支付收入19839万元、医疗卫生共同财政事权转移支付收入5060万元、农林水共同财政事权转移支付收入1096万元、交通运输共同财政事权转移支付收入45万元、住房保障共同财政事权转移支付收入1962万元、其他一般性转移支付收入160万元；专项转移支付收入13106万元。

一般性转移支付中财力性转移支付主要用于人员经费、党政机关事业单位正常运转及民生支出，有特定用途的转移支付收入用于扶贫、教育、公共安全、农村道路建设等方面支出。专项转移支付收入用于上级下达的教育、医疗卫生、社会保障、农林水等公共服务领域支出。

（六）地方政府性债务预计

2021年预计省上新增我县地方政府性债务额度25000万元，地方政府债务限额达到230577万元，新增一般债券资金主要用于没有收益的公益性项目，专项债券资金主要用于有收益的公益性项目。年末地方政府债务余额控制在231039万元以内，其中：政府负有偿还责任的债务余额控制在230577万元以内，政府负有担保责任的债务余额控制在462万元以内。待省上核定我县地方政府性债券额度后，按程序将地方政府性债务限额、新增债券额度和拟安排情况等一并报县人大常委会审查批准。

（七）主要工作措施

1.依法强化收入征管，促进财政收入提质增效

认真研判经济形势，严格依法治税，强化征管措施，挖潜堵漏，做到依法征收、应收尽收，确保及时足额入库；进一步完善管理制度，强化对行政事业性收费、罚没收入、国有资产经营收益等政府非税收入管理，提升收入质量；继续落实各项减税降费政策，降低小微企业发展成本，培植财源，增强财政可持续发展能力。

2.加大向上争取力度，着力增强财政保障能力

及时准确掌握国家有关政策和投资方向，加大衔接汇报力度，统筹做好均衡性转移支付、县级基本财力保障、国家重点生态功能区转移支付等政策性资金、新增地方政府债券额度争取工作，增强可用财力，统筹用好各类社会资金，缓解财政保障压力，促进全县经济稳定增长。

3.坚持优化财政供给，全面保障民生事业发展

增进民生福祉，提升人民群众获得感、幸福感，不断满足人民日益增长的美好生活需要。持续加大民生投入，支持就业优先，办好人民满意教育，筑牢社会保障网，让更多发展成果惠及广大群众；坚持厉行节约，反对铺张浪费，严格控制“三公”经费等一般性支出，强化预算约束，盘活存量资金，加强结转结余资金管理，加快支出进度，提高资金使用效益；管好用好直达资金[23]，确保资金早投入、项目早实施、效益早见效。

4.强化预算绩效管理，提高财政资金使用效益

全面实施预算绩效管理，将绩效管理贯穿于预算编制、执行、监督全过程，加快构建“全方位、全过程、全覆盖”的预算绩效管理体系；加强重大项目事前投资评审论证，将评审结果作为预算安排的重要依据，提升财政科学化、规范化、信息化管理水平；加大绩效评价力度，建立健全“花钱必问效、无效必问责”的制度，拓展绩效评价内容，将绩效评价重点由项目支出逐步延伸到部门整体支出；强化支出责任，促进预算部门加强管理、完善制度、提升绩效，提高财政资金使用效率。

5.深入推进乡村振兴，落实农村改革发展政策

加大资金投入，继续推进涉农资金整合，做好巩固拓展脱贫攻坚成果与乡村振兴衔接工作，加快改善乡村基础设施建设、农村人居环境和基本公共服务；推进农业农村改革，扶持特色优势产业和新兴产业发展。支持农业龙头企业、农民专业合作社、专业大户、家庭农场发展壮大，扶持发展农业产业化联合体。加快农村集体产权制度改革，进一步扶持壮大村级集体经济。

6.深化国资国企改革，完善现代企业管理制度

深化国有企业改革，全面贯彻落实国企改革三年行动，推动各项工作落地见效；稳妥推进混合所有制改革，持续通过引入外部资本，实现县属国有企业股权多元化；建立健全规范的法人治理结构和市场化经营机制；加快国资监管职能转变，推动国有企业市场化运作，形成以管资本为主的国有资产监管体制。

7.落实风险防控措施，依法强化政府债务管理

树立风险意识和底线思维，更加有力有效防范化解债务风险，依法履行债务管理的主体责任，完善举债程序、偿还责任、考核问责等方面的制度；加强债务管控，坚决遏制地方政府隐性债务增量，积极化解存量债务。

2021年，我们将主动接受县人大及其常委会对预算决算的审查监督，认真落实县人大及其常委会有关预算、决算决议。积极主动回应人大代表关切，做好解释说明工作；广泛听取吸纳意见建议，切实做好建议提案办理工作。

各位代表！财政工作事关经济社会发展的方方面面，我们将在县委的坚强领导下，在县人大及其常委会、县政协的监督支持下，坚定信心、担当实干、攻坚克难、开拓创新，为加快建设幸福美好新渭源，为开启全面建设社会主义现代化新征程做出积极贡献！

报告注释

[1]“六稳”：稳就业、稳金融、稳外贸、稳外资、稳投资、稳预期。

[2]“六保”：保居民就业、保基本民生、保市场主体、保粮食能源安全、保产业链供应链稳定、保基层运转。

[3] 一般公共预算收入：是指地方财政上划完中央、省级财政收入之后地方留成部分收入。

[4] 一般公共预算支出：是对集中的预算收入有计划地分配和使用而安排的支出。

[5] 返还性收入：是指实行分税制财政体制后，按照保证既得利益的原则，对税收收入按新体制划分分别入中央和地方国库，同时，对在原体制下应当属于下级财政的收入确定基数后，通过年度财政结算予以返还，包括所得税分享改革后基数返还补助。这是通常的基数返还政策。按照现行财政体制，中央对地方上划消费税、增值税超过基数部分，按1∶0.3给予返还。

[6] 一般性转移支付：是指为弥补财政实力薄弱地区的财力缺口，均衡地区间财力差距，实现地区间基本公共服务能力的均等化，上级财政安排给地方财政的补助支出。一般性转移支付资金由地方统筹安排，不需地方财政配套。目前一般性转移支付主要包括均衡性转移支付、民族地区转移支付、缓解县乡财政困难补助、调整工资转移支付、农村税费改革转移支付、农村义务教育转移支付、企事业单位预算划转补助等项目。

[7] 专项转移支付：是指中央财政为实现特定的宏观政策及事业发展战略目标，以及对委托地方政府代理的一些事务进行补偿而设立的补助资金。地方财政需按规定用途使用资金。专项转移支付包括专项补助和增发国债补助收入，重点用于教育、科学技术、医疗卫生、社会保障和就业、环境保护、农林水事务等公共服务领域。

[8] 债务（转贷）收入：指下级政府财政收到上级政府财政转贷的地方政府债券收入。

[9] 政府性基金收入：指各级人民政府及其所属部门根据法律、国家行政法规和中共中央、国务院有关文件的规定，为支持某项事业发展，按照国家规定程序批准，向公民、法人和其他组织征收的具有专项用途的资金。包括各种基金、

资金、附加和专项收费。

［10］国有土地使用权出让收入：政府将土地使用权出让给土地使用者，并向受让人收取的政府放弃若干年土地使用权的全部货币或其他物品及权利折合成货币的补偿。

［11］城市基础设施配套费：指按城市总体规划要求，为筹集城市市政公用基础设施建设资金所收取的费用，它按建设项目的建筑面积计征，其专项用于城市基础设施和城市公用设施建设，包括城市道路、桥梁、公共交通、供水、燃气、污水处理、集中供热、园林、绿化、路灯、环境卫生等设施的建设。

［12］政府性基金支出：指政府财政管理的由本级政府使用的列入政府性基金预算的支出。

［13］专项债券：指省、自治区、直辖市政府（含经省级政府批准自办债券发行的计划单列市政府）为有一定收益的公益性项目发行的、约定一定期限内以公益性项目对应的政府性基金或专项收入还本付息的政府债券。

［14］社会保险基金收入：社会保险基金收入是一种强制性的专款专用的财政收入形式，其收入要专项用于政府社会保险计划的开支。我国的社会保险基金收入按项目划分可分为基本养老保险基金收入、失业保险基金收入、基本医疗保险基金收入、工伤保险基金收入和生育保险基金收入。其中每个保险基金收入项目中又分为保险费收入、财政补贴收入和基金的其他收入（主要是基金的利息收入）。

［15］社会保险基金支出：指按规定纳入预算管理，列收列支的全民所有制单位社会保险基金性质的支出，包括国有企业职工养老保险基金的社会保险机构办理的养老金、养老保险管理费的各项支出和国有企业职工待业保险基金专职管理机构办理待业救济金、待业职工在领取待业救济金期间的医疗费、丧葬补助费等。

［16］国有资本经营预算收入：是指经营和使用国有财产取得的收入。

［17］国有资本经营预算支出：是指经营和使用国有财产发生的支出。

［18］滚存结余：是指财政总收入大于财政总支出的部分。

［19］政府负有偿还责任的债务：指经审计认定确由财政资金偿还的债务，政府及其组成部门是法律意义上的负债主体，属于“政府债务”，又称“一类债务”。

［20］政府负有担保责任的债务：是指经审计认定仅限于2014年12月31日以前形成的因地方政府提供直接或间接担保，当债务人无法偿还债务时，政府负有连带偿债责任的债务，称“二类债务”。

［21］预算绩效评价：由政府部门在明确需要履行的职能和需要消耗的资源的基础上确定绩效目标，编制绩效预算，并用量化的指标来衡量其在实施过程中取得的业绩和完成工作的情况。

［22］全口径预算管理：全口径预算管理是财政预算管理的一种模式，包括一般公共预算、政府性基金预算、国有资本经营预算和社会保障基金预算。

［23］直达资金：一般是政府拨款直接到达地方的资金，资金下达“提速”，建立特殊转移支付机制，将新增财政资金通过增加中央对地方转移支付、安排政府性基金转移支付等方式，第一时间全部下达市县，避免了资金层层审批、下达耗时，有利于迅速发挥资金效益、迅速惠企利民。

渭源县人民法院工作报告

——2021年3月2日在渭源县第十六届人民代表大会第六次会议上

渭源县人民法院院长 范 勰

各位代表：

现在，我代表县人民法院向大会报告工作，请予审议，并请各位政协委员和列席会议的同志提出意见建议。

2020年主要工作

2020年，县法院在县委领导、县人大及其常委会的监督和县政府、县政协及社会各界的支持下，在上级法院的指导下，深入贯彻落实党的十九大和十九届二中、三中、四中、五中全会精神及中央全面依法治国会议精神，践行习近平法治思想，紧紧围绕“努力让人民群众在每一个司法案件中感受到公平正义”目标，全面落实服务“六稳”“六保”[①]司法举措，依法履行审判执行职责，各项工作取得了新的进步。全年共受理各类案件4962件，审（执）结4816件，法定审限内结案率97.06%，结案标的额6.72亿元，员额法官人均办案201件。

一、坚持除恶务尽，确保人民群众安居乐业

扫黑除恶专项斗争开展以来，县法院坚持“有黑扫黑、无黑除恶，无恶治乱”的方针，加强组织领导，树立铁案意识，成功审结全市首例恶势力团伙案和首例“保护伞”案，打响了全市扫黑除恶专项斗争第一枪。三年来由入额院领导担任审判长共审结涉恶涉霸涉伞案件15案48人，全部判处一年二个月至二十年不等的有期徒刑，使长期横行我县部分乡镇、称霸一方、欺压百姓的李婷婷、曹卫东等恶势力团伙和村霸受到了应有的法律制裁，全县社会治安形势得到明显好转，人民群众的安全感普遍提升。审判中，坚持“一案三查”，对审理中发现相关部门和工作人员失职渎职或管理漏洞的，依法发出司法建议17份，全部收到反馈并整改。

扫黑除恶及“六清”行动[②]开展以来，县法院提前部署，对所有涉恶案件被告人依法并处罚金、没收财产，判决追缴违法所得或责令退赔，并全部移送执行。建立涉恶案件财产执行台账，实行院领导包案督办、倒排工期、挂图作战，通过发布公告公开征集涉恶案件财产线索、敦促被告人家属代为履行、依法查扣冻结涉案财产，坚决做到有条件的案件黑财不漏一人、不漏一案。截至2020年底，已立案执行的18件涉恶财产案全部执结，到位标的83.14万元，标的到位率94.44%，位列全市法院第一、全省法院前列，圆满完成了“黑财清底”任务，彻底摧毁了黑恶势力再犯的经济基础。

二、坚持服务全县工作大局，全力推进平安渭源、法治渭源建设

全年共受理各类诉讼案件3107件，审结2896件，法定审限内结案率93.2%，结案标的额3.6亿元，平均审结天数37.27天。

贯彻宽严相济刑事政策，依法打击各类刑事犯罪。2020年共受理各类刑事案件142件，同比下降17.2%，审结142件，严厉打击侵犯群众生命财产安全犯罪，增强人民群众的安全感；审结非法集资、电信网络诈骗等案件9案9人，及时打击涉众型金融犯罪，保护好群众的“钱袋子”；审结贿赂案件2案2人，严惩发生在群众身边的腐败行为，深入推进反腐败工作。审判中，对主犯、累犯、无悔罪表现等情节的被告人依法从重判处，对有从犯、自首、立功、主动赔偿经济损失及认罪认罚情节的被告人，依法从宽处理或适用缓刑，年内适用缓刑93案106人；加强人权司法保障，落实刑事律师辩护全覆盖，为符合条件的31名被告人（公诉案件）指定了辩护人，切实保障了被告人获得辩护的权利。

弘扬社会主义核心价值观，依法调节各类民商事关系。坚持平等保护原则，严守契约精神，妥善审理涉企业及其他市场主体经营行为引发的合同纠纷案件548案，保护合法守约，制裁违法背约，营造了良好的法治化营商环境。及时受理金融纠纷案件，努力防范和化解金融风险，审结金融借款合同纠纷案件186件，标的1.69亿元。贯彻穿透式审判思维，防止虚假诉讼，治理民间借贷乱象，审结民间借贷纠纷案件466件，标的7681万元。弘扬社会主义家庭美德，着力做好感情修复工作，尽最大努力维护婚姻家庭稳定。

人民法院的一纸判决，不但决定着当事人之间的人身财产关系，而且对社会公众产生示范效应、引领社会风尚。对事关公民基本行为方式、基本道德准则的案件，充分考虑人民群众的朴素道德情感，明晰是非责任，避免法院判决背离社会主流价值观而引发道德风险。2020年，审结交通事故死者家属向无过错同饮者索赔案和儿童在自然河道溺亡家属索赔案，判决驳回原告的全部诉讼请求，拒绝“和稀泥”，坚决遏制“谁死伤谁有理”“谁闹谁有理”的不良倾向。

加强沟通协调，妥善解决行政争议。受理集中管辖的行政诉讼一审行政案件74件，审结73件。严格合法性审查标准，保障行政相对人合法权益，依法审查行政非诉案件16件。积极推行行政诉讼协调机制，通过诉前沟通、诉中协调方式，促使纠纷的实质性化解，促进政府依法规范行使职权，取得了较好的法律效果和社会效果。

延伸审判职能，推行“三函一书”制度。对审判执行中发现违法犯罪线索、公职人员违纪线索及需要联调机制化解的矛盾线索，及时向相关部门发出线索移送函，从源头上遏制违法犯罪的发生。2020年共向公安机关移送犯罪线索9件，已立案侦查6件；向纪委监委移送违纪线索4件，立案查处4件；向综治中心移送矛盾线索152件，成功调处5件。对于案件审理中发现的相关单位存在的工作疏漏、制度缺失、监管缺位等问题，及时向有关部门发出司法建议书，提出改进工作的对策措施。2020年，在民商事、行政案件审判中，共向相关部门发出司法建议书6份，全部得到整改和反馈。

三、坚持穷尽执行原则，切实保障胜诉当事人合法权益

全年共受理各类执行案件1855件，有财产可供执行的案件97.16%以上在法定期限内执结，终结本次执行程序合规率达到100%，执行信访案件办结率达到100%，执结率95.43%，到位标的1.04亿元，平均执结天数66.44天。

秉持善意文明执行理念，让司法既有力度又有温度。在办理执行涉企案件中，贯彻最高人民法院相关指导意见精神，严格失信惩戒机制的实施标准和程序，防止乱贴“老赖”标签，滥用“限高”措施。为服务保障“六稳”工作、落实“六保”任务，采取“执行和解”执行408件，“执行担保”执行229件，“活查封”执行114件，防止将暂时陷入困境的企业“一棒子打死”，帮助企业复工复产。

依法突出执行工作的强制性，加大涉民生案件执行力度。为保障涉民生案件申请人的合法权益，及时开辟绿色通道，开展涉民生案件专项执行活动，在专项活动中拘传35人、拘留19人、腾退房屋2处、查封房产57处、扣押车辆27台、发布失信名单573人次、限制高消费1076人次，共执结涉民生案件175案，执行到位金额436.7万元。对确无财产可供执行并符合司法救助条件的案件，对申请人通过“司法救助”③、“保险救助”④等方式给予救助，年内对审查符合救助条件的8案12名申请执行人发放司法救助金共44万元，保险救助金共8.51万元。

充分运用“互联网+”，提高执行效率。去年疫情发生以来，为了解决人难找，文书难送的问题，县法院全面实行网络财产查控、网络拍卖和电子送达，全年共完成网络查控案件1398件，查封冻结财产价值912万元，完成电子送达405次，对21案价值1206.5万元的涉案财产进行网上询价、网上拍卖，已成交5案126.91万元。

建立执行联动机制，发挥执行合力。与县公安局建立下落不明被执行人临控机制，由公安机关临控查找到长期外流躲避执行的被执行人8案5人，顺利执结案件6件；与定西市住房公积金管理中心渭源管理部建立住房公积金提取扣划机制，由公积金管理部门协助扣划住房公积金352万元，成功执结案件74件；与县发改局建立被执行人联合信用惩戒机制，将已纳入失信被执行人名单的103人信息嵌入信用中国系统予以惩戒，15人摄于该机制的威力自动履行了义务。

四、坚持放权和监督相统一，继续深化司法责任制改革

一年来，县法院积极探索司法责任制实施后院庭长对案件的监督方式和司法管理的新模式，在放开裁判文书审批的同时，加强程序性事项的审批和监督，确保了办案质量。

履行院庭长的监督职责，做到放权不放任。落实人民法院院庭长的权力清单和责任清单制度，明确院庭长依法行使职权的边界和责任，突出院庭长对“四类案件”⑤及审判公开、审限、评查、结案、归档等工作的监督管理职责，确保了全院审判执行规范化运行。同时，充分发挥入额院领导的示范指导作用，规定入额院领导及庭长主办疑难复杂案件及再审、发回重审案件并承担案件评查职责，2020年入额院领导主办案件217件，庭长、副庭长办理案件2638件，两者占到全院案件的58.9%。

建立类案协调机制，统一裁判标准。为解决类案协调问题，2020年，县法院推行了专业法官例会和类案强制检索制度，对类案一律提交审委会或专业法官会议讨论，且会前由承办法官提交类案检索报告。全年召开专业法官例会18次，法官提交类案检索报告24份，有效防止了“同案不同判”现象。

发挥审判管理职能，建立案件质效监测和评价体系。加强和充实审判管理部门工作力量，由审管办对全院审判执行的各项质效指标进行实时监测和督导，每两周发布一次全院审判执行动态，每月召开全院审判态势分析通报会，对审判态势进行通报，聚焦关键核心指标，分析问题、补齐短板，督促法官及时改进工作。全年召开工作推进会12次，发出通报24期、督办函35份。强化事后监督，确保案件监督无死角。成立由审判委员会委员组成的案件评查委员会开展专项评查和日常评查工作，年内评查案件4972件，通过评查发现案件瑕疵问题114处，全部进行了纠正；对评查发现程序违法可能影响当事人合法权益的一件民事案件，坚持有错必纠，通过启动再审程序进行了纠正。

通过坚持不懈抓司法管理和监督，全院审判质效得到明显提升。全年上诉案件140件，同比净下降55件，服判息诉率大幅度提升，案件发改率低于全市平均水平7个百分点，案件质量稳居全市基层法院前列，实现了良性循环。

五、坚持以人民为中心，不断满足人民群众对司法的新需求新期待

一年来，县法院立足实际和法院职能，着眼

群众司法需求，认真落实县委政法委和上级法院的安排部署，全力推进两个“一站式”[⑥]建设，为诉讼群众提供了更加优质高效的司法服务。

积极发挥审判职能，助力脱贫攻坚。全面落实诉讼费减缓免制度，为177案189名低保、五保、建档立卡等困难当事人减交诉讼费88.5万元，为27案54名困难当事人缓、免交诉讼费23.44万元。建立农民工工资案件绿色通道，2020年审结涉及农民工维权的劳务纠纷、劳动争议等案182件，标的1099万元，依法保障包括建档立卡户在内的务工群体的工资性收入得到及时兑现；全力化解涉农领域土地、权属等纠纷，审理涉农村产业结构调整、土地流转等纠纷55件，标的175万元，推进了产业扶贫和美丽乡村建设；妥善化解涉精准扶贫危房改造、易地安置建房施工纠纷案件47件，标的152万元，确保了住房安全目标的顺利实现。

创新新时代枫桥经验，着力推进“一站式”多元解纷机制建设。加强与县司法局、县公安局交通警察大队、县综治中心的工作衔接，建立特邀调解员库，落实人民调解员调解补贴，开通运行人民调解平台和道路交通事故一体化调解平台，实现民间纠纷案件多方参与和多元化解的工作格局。年内通过委派行业调解组织或人民调解组织调处232件，调解成功39件，调解率16.82%。组建调解速裁团队，对当事人不同意人民调解组织调处的，由调解速裁团队进行立案调解或速裁，年内共立案调处1155件，速裁377件，平均办案期限3.29天，真正实现了简案快审，繁案精审。

依托智慧法院建设，提供“一站式”诉讼服务。2020年9月以来，县法院开通并常态化运行12368诉讼服务热线[⑦]，畅通诉讼引导、诉讼咨询和涉诉信访渠道，全年通过12368热线答复群众法律咨询863人次，办结涉诉涉访事项106件；按照智慧法院建设要求，启用便民自助服务终端，开通移动微法院[⑧]、集中送达、网上交退费、网上诉讼保全、网上司法鉴定及跨域立案⑨协作系统，年内成功完成跨域立案44件，减少群众来回奔波之苦；建成6个在线音视频调解室及1个“云上法庭”，大力推广线上调解、线上开庭，年内线上调解、线上开庭成功审结案件88件，确保了疫情期间审判执行“不停摆”。

落实阳光司法，推进全流程司法公开。按照司法公开要求，依托办案系统，实现案件信息全流程公开，主动接受社会监督。年内通过互联网公开审判流程信息1427条、执行信息1441条，直播案件庭审1168场次，公布裁判文书1915份。高度重视人民陪审员工作，完成了29名人民陪审员的选任工作，修订了《渭源县人民法院规范人民陪审员参加审判活动的若干规定（试行）》，规范了人民陪审员参审活动，全年人民陪审员参审各类案件357件，陪审率达98.5%，进一步推进了司法民主。

加大宣传力度，传递司法正能量。积极顺应融媒体建设发展需求，建成了官方网站、公众号、抖音、微博和今日头条号为一体的自媒体宣传平台。2020年共发布各类原创稿件127篇，经中央、省、市级媒体刊登、转载稿件109篇。完成首部微电影《迷失的心灵》和原创MV《乡村法官》，展现了新时代法官的风采。积极开展“法院开放日”等活动，邀请中小学师生观摩和旁听审判，传播法治的力量，增进社会各界对法院法官的理解和支持。开展送法进学校、进军营、进社区等活动，43名法制副校长开展法制讲座80余场次，52名帮扶责任人在联系村开展普法宣传20余场次，受教育群众800多人次。积极开展巡回审判，以案讲法，年内对121案通过巡回审判方式在纠纷发生地开庭以案讲法，旁听群众1000多人次。

六、坚持全面从严治党从严治院，锻造过硬法院队伍

一年来，县法院坚持抓党建带队建促审判，充分发挥党组织的战斗堡垒作用和示范引领作用，教育干警旗帜鲜明讲政治，坚定理想信念，坚守法治信仰，严守政治纪律和政治规矩，建设忠诚、干净、担当的法院队伍。

强化政治理论学习，着力推进政治建设。以学习党的十九大和十九届二中、三中、四中、五中全会、中央全面依法治国会议精神、中央政法工作会议及习近平总书记系列重要讲话为核心内容，建立党组理论中心组和全院干警政治理论学习例会制度，开设干警学习夜校，实行“每周一课”政治理论集中学习。全年共组织集中政治理论学习25次，干警参加学习2600余人次。严格落实意识形态责任制，坚持守土有责、守土负责、守土尽责，切实维护司法领域意识形态安全。

扎实开展六项活动，建立长效机制。按照县委政法委和上级法院的安排部署，深入开展“守初心、担使命，集中排查整治执法司法突出问题”专项行动、“两个坚持专题教育”、“落实三项规定情况专项整治”等六项专项教育活动，县法院高度重视，成立领导小组，制定工作方案，在抓政治思想教育的同时，重点查摆了司法理念、司法作风等方面突出问题，针对个性的问题建立台账，由院领导包办督促进行了整改；针对共性的问题，按照专项行动完善制度机制要求，制定出台了《渭源县人民法院审限管理和审判监督办法（试行）》《渭源县人民法院聘用司法辅助人员管理办法（试行）》等四项制度，巩固了专项行动的成果，规范了司法行为，为全院各项工作的规范开展提供了有力的制度保障。

充分运用执纪监督四种形态，筑牢防腐之堤。召开党风廉政建设和反腐败工作会议，加强司法廉洁教育和警示教育，引导干警自觉抵制各种诱惑，提高自身免疫力。党组成员和各部门负责人签订党风廉政建设责任书，每位干警书写廉洁司法承诺书，做到要求清、责任明。以监督执纪为关键，有效运用“四种形态”，开展各类督查检查15次，发出通报12次，约谈干警80余人次；对两名违反单位制度干警和三名案件久拖不结的责任人扣发绩效工资，惩前毖后，预防同类问题再次发生。

人大的法律监督，是人民法院公正司法的重要保障，也是我们改进工作的动力。一年来，县法院牢固树立宪法意识，向人大常委会专题报告工作，主动接受人大及其常委会的监督，加强代表联络工作，认真办理代表意见建议，邀请人大代表、政协委员视察法院工作、旁听重点案件庭审，使代表、委员能够零距离接触审判执行、监督法院工作，有力推动了县法院各项工作的发展。在此，我代表县人民法院，对各位人大代表、政协委员长期以来对县法院工作的关注、监督和支持，表示衷心的感谢！

各位代表，过去的一年，面对繁重复杂的审判执行任务和新冠疫情的双重影响，县法院全院上下攻坚克难，砥砺前行，取得了较好成绩。2020年，3人获得最高人民法院授予的天平荣誉奖章，一人获得“全省优秀法官”称号、2篇法律文书获得全省法院优秀法律文书称号，微电影《迷失的心灵》和原创MV《乡村法官》均获得首届“陇原天平”杯全省法院优秀新闻作品三等奖，司法警察大队被授予“全市法院司法警察实战化训练年推进活动先进集体”称号，3人被县委、县政府授予“先进个人”称号。

在总结成绩的同时，我们也清醒地认识到，县法院工作还存在一些突出问题和困难：一是对新类型、疑难复杂案件研究不够，司法能力和司法水平有待进一步提升；二是多元解纷机制建设相对滞后，人民调解、行业调解、行政调解、诉讼调解的衔接还不够顺畅；三是涉诉财产变现难，执行效果不明显；四是监督措施还不完善，个别干警责任心不强，存在拖延办案问题。对于以上问题，我们将采取更加有力的措施，切实加以解决。

2021年工作要点

2021年，县法院工作的总体思路是，坚持以习近平新时代中国特色社会主义思想为指导，深入贯彻习近平法治思想，全面贯彻党的十九大和十九届二中、三中、四中、五中全会精神，认真贯彻中央全面依法治国会议精神和中央、省、市、县委及上级法院决策部署，准确把握进入新发展阶段、贯彻新发展理念、构建新发展格局对司法审判工作的新要求，更加注重系统观念、法治思维、强基导向，忠实履行审判职责，持续深化司法改革，锻造过硬法院队伍，以强化人民法庭建设、服务全面推进乡村振兴和基层社会治理为工作重点，奋力推动人民法院工作高质量发展，为我县全面建设社会主义现代化新征程开好局、起好步提供有力司法服务和保障。

一是深入学习贯彻习近平法治思想，始终坚持正确政治方向。深刻认识习近平法治思想的重大意义，牢牢把握党的领导是中国特色社会主义法治之魂，毫不动摇坚持党对司法工作的绝对领导，不断提高政治判断力、政治领悟力、政治执行力。要深入开展习近平法治思想研讨实践活动，坚决把习近平法治思想贯彻落实到人民法院工作全过程和各方面，努力把习近平法治思想转化为服务大局、司法为民、公正司法的生动实践。要坚持司法为民、公正司法，始终以人民呼声为第一信号，加强民生司法保障，努力让人民群众的获得感成色更足、幸福感更可持续、安全感更有保障。要紧紧围绕大局依法履职尽责，坚定不移贯彻新发展理念，围绕推动高质量发展、构建新发展格局，充分发挥职能作用，为实现经济行稳致远、社会安定和谐提供有力司法服务。

二是充分发挥保障职能，努力营造公平正义的法治环境。做好审判执行工作主责主业，紧紧围绕全县中心工作和大局，履职尽责。坚决贯彻党中央决策部署，常态化开展扫黑除恶斗争，持之以恒、坚定不移打击黑恶势力及其保护伞，让城乡更安宁，群众更安乐；继续从重从快打击高利转贷、非法经营、非法集资、网络电信诈骗等涉众型经济犯罪，防范和化解金融风险；从严惩处腐败犯罪，保持反腐高压态势，推进反腐败斗争深入开展。加大行政争议化解力度，监督和支持行政机关依法行政，促进治理体系、治理能力现代化。创新执行方式，完善内外联动执行体系，构建线上线下协同执行机制，坚决实现胜诉当事人合法权益；继续坚持善意文明执行理念，帮助企业化解危机、脱困重生。

三是正确实施民法典，培育和弘扬社会主义核心价值观。要加强民法典及配套司法解释的学习培训，做到融会贯通，为正确实施民法典打下坚实的理论基础。要弘扬社会主义核心价值观，以公正的裁判树立行为规则，引领社会风尚。要完善优化营商环境措施，贯彻平等、自愿、合法原则，加大民营企业产权保护力度，保障交易安全，确保市场主体创业创新活力持续释放，推动经济高质量发展。要通过大力开展民法典普法宣传工作，让民法典一系列新规定新概念新精神走到群众身边、走进群众心里。

四是持续推进智慧法院建设，不断提升司法服务质效。传承发展新时代"枫桥经验"，深入推进两个“一站式”及多元解纷机制，完善落实司法便民利民措施。积极推进多元解纷机制建设，建立诉调对接平台，完善“分调裁审”，实现简案快审，繁案精审，满足人民群众多元化司法需求。全面推行“自助立案”“网上立案”“跨域立案”及在线调解、在线开庭，不断提高诉讼服务的信息化智能化水平，让数据多跑路、群众少跑腿。

五是贯彻全面从严要求，着力打造过硬法院队伍。坚持把政治建设摆在首位，加强意识形态工作和政治理论学习教育，不断提高干警政治素质，努力打造忠诚干净担当的政治品格。不断深化司法责任制改革，加强干警理论培训和审判技能锻炼，提高队伍整体素质和司法能力，着力推进审判体系和审判能力现代化。落实全面从严治党责任，要以政法队伍教育整顿为契机，抓好法院队伍突出问题整治工作；坚持从严教育、从严管理、从严监督，不折不扣落实“三个规定”等铁规禁令，以零容忍态度严惩司法腐败，纯洁法院干部队伍，努力建设一支让党放心、让人民满意、忠诚可靠、清正廉洁的过硬法院队伍。

各位代表，行程万里风正劲，重任千钧再奋蹄。新的一年，我们要更加紧密地团结在以习近平同志为核心的党中央周围，在县委的正确领导下，在县人大及其常委会的监督下，在县政府、县政协和社会各界的关心支持下，认真贯彻落实好本次大会决议，围绕中心，服务大局，以更加饱满的热情、更加优良的作风、更加务实的态度，迎难而上，奋发有为，砥砺前行，为建设幸福美丽新渭源作出新的更大贡献。

《渭源县人民法院工作报告》有关说明

为了方便人大代表、政协委员更好地审议法院工作报告，现将报告中有关内容以图文形式予以释明。

一、报告涉及数据起止时间和数据图表

1.数据起止时间：本报告所有数据按2020年1月1日—12月31日统计。

2.2020年全院各类案件审（执）结构成图。

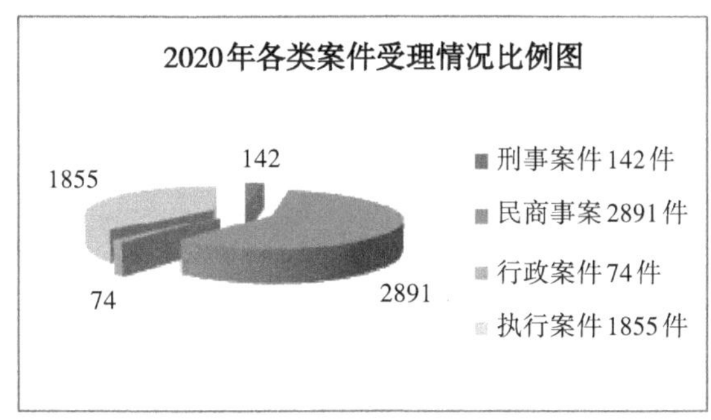

二、报告涉及专业术语注释

1.“六稳”“六保” ：“六稳”是指稳就业、稳金融、稳外贸、稳外资、稳投资、稳预期工作；“六保”是指保居民就业、保基本民生、保市场主体、保粮食能源安全、保产业链供应链稳定、保基层运转。2018年，面对复杂的内外部经济环境，中央经济工作会议首次提出“六稳”方针。2020年4月，在突如其来的疫情冲击、外部不确定性持续上升的情况下，中央又提出“六保”新任务。“六稳”是大局，“六保”是前提。从“六稳”到“六保”，体现了稳中求进、危中寻机的战略定力；彰显了稳住经济基本盘，兜住民生底线的深刻内涵。

2.“六清”行动：2020年是实现扫黑除恶专项斗争三年为期目标的决胜之年、收官之年。根据全国扫黑办的安排部署，2020年第二、三季度要重点在“清”字上下功夫，按照“清到底、清干净”的要求，深入开展“六清”行动，努力在2020年9月底拿出“线索清仓”“逃犯清零”“案件清结”“伞网清除”“黑财清底”“行业清源”六张“业绩清单”。

3.“司法救助”：这里的司法救助单指人民法院的国家司法救助，人民法院的国家司法救助工作是指在审判、执行过程中，对权利受到侵害但无法获得有效赔偿的当事人，由国家给予适当经济资助，帮助他们摆脱生活困境。它是一次性经济资助的应急措施，以解决符合条件特定案件当事人面临的急迫困难。

4.“保险救助”：以法院作为投保人，为那些官司胜诉而无法得到赔偿的当事人购买保险服务，由保险公司协助法院对这类申请执行救助的人员进行真实性调查，最终由保险公司发放救助金，该救助举措最大限度拓宽了司法救助的范围，提高了救助资金的额度，弥补了那些因执行不能或执行不到位而陷入生活窘境的申请执行人的经济损失，让执行工作更接地气、更温暖。

5.“四类案件”：是指涉及群体性纠纷的案件，疑难、复杂且在社会上有重大影响的案件，可能发生类案冲突的案件，可能发生违法审判的案件。

6.两个“一站式”：2019年8月1日，最高人民法院发布《关于建设一站式多元解纷机制、站式诉讼服务中心的意见》，全国各级法院着力推进“两个一站式”建设，充分运用信息化效能，

打造“智慧诉讼服务”新模式，推动导诉、立案、交退费、保全、庭审等全部诉讼服务网上办、掌上办，努力实现当事人诉讼“零跑腿”。着力建设一站式多元解纷机制，坚持“走出去”和“引进来”两个维度，主动发挥人民法院职能作用，为非诉讼方式解决纠纷提供司法保障，在诉讼服务中心建立类型多样的调解平台，引入各类调解人员，配备速裁团队，完善“分调裁审”机制，参与、推动、规范和保障党委领导下的诉源治理新模式。同时，推动建设应用在线调解平台，为当事人提供线上一站式解纷服务。

7. 12368诉讼服务热线：12368诉讼服务热线分为自动语音服务和人工服务两种方式。自动语音服务为社会公众与诉讼当事人提供24小时案件信息查询服务和诉讼咨询服务。人工热线服务，由座席员在工作日工作时间内提供“一对一”的在线服务。12368热线具有六项功能：1、案件查询，2、诉讼咨询，3、联系法官，4、诉讼投诉，5、违法违纪举报，6、意见建议。

8移动微法院：是一款可以让公众“打开微信打官司”的小程序。原被告均不用到庭审现场，通过移动微法院远程参与庭审。

9.跨域立案：当事人或诉讼代理人可以通过选择就近的人民法院诉讼服务中心向有管辖权的异地法院提交立案申请，人民法院为其提供相应的立案登记诉讼服务，立案后将案件移送异地法院进行审理，实现诉讼立案不再受地域限制，极大方便了当事人参与诉讼。

渭源县人民检察院工作报告

——2021年3月2日在渭源县第十六届人民代表大会第六次会议上

渭源县人民检察院检察长 赵金铸

各位代表：

现在，我代表渭源县人民检察院，向大会报告工作，请予审议，并请列席人员提出意见建议。

2020年工作回顾

2020年，县检察院在县委和上级检察机关的正确领导下，在县人大及其常委会的依法监督、县政府的大力支持和县政协的民主监督下，坚持以习近平新时代中国特色社会主义思想为指导，全面贯彻党的十九大和十九届二中、三中、四中、五中全会精神，落实以人民为中心的发展思想，主动对标最高人民检察院“讲政治、顾大局、谋发展、重自强”的总要求，以省检察院“六项重点工作”[①]为总抓手，认真落实县十六届人民代表大会第五次会议决议，切实增强“四个意识”、坚定“四个自信”、做到“两个维护”，忠实履行宪法法律赋予的法律监督职责，推进“四大检察”[②]“十大业务”[③]全面协调充分发展，为决胜全面小康和经济社会高质量发展提供了优质法治环境和司法保障。

一、坚持聚焦中心大局，着力服务经济社会发展

坚持把检察工作融入全县中心大局来谋划和推进，在服务全县经济社会高质量发展中守初心、担使命。

坚决维护国家政治安全和社会稳定。贯彻总体国家安全观，坚决维护国家安全和社会稳定。严厉打击放火、危险驾驶、交通肇事等危害公共安全犯罪84件84人，同比下降30%、31.15%；严厉打击故意杀人、故意伤害、强奸等侵犯公民人身权利犯罪52件54人，同比上升173.68%、134.78%；严厉打击抢劫、盗窃、诈骗等多发性侵财犯罪39件50人，同比上升69.56%、35.14%；严厉打击贩卖毒品、聚众赌博、寻衅滋事等妨害社会管理秩序犯罪16件55人，同比上升6.67%、41.03%。积极防范化解金融风险，落实最高人民检察院“三号检察建议”[④]，依法起诉集资诈骗涉众型经济犯罪1件1人，涉案金额148.446万元，有效遏制了此类犯罪的高发势头。

积极服务打赢脱贫攻坚战。严厉打击涉扶贫领域犯罪，办理拒不支付劳动报酬犯罪案件5件6人，依法惩治合同诈骗案件2件2人，有力保护了当事人合法权益，办理盗窃、抢劫、诈骗等影响脱贫攻坚犯罪案件6件6人，办理支持起诉案1件，挽回拖欠农民工工资30.47万元。落实司法救助政策，向3户建档立卡户发放救助金4.3万元，传递司法温度、检察温暖。全力落实帮扶责任，按照“因村派人精准”要求，选派18名干警与138户贫困户开展结对帮扶，全面完成了帮扶任务，帮扶户如期脱贫。为三个帮扶村解决拆危治乱经费、党建阵地建设经费4万元，组织干警通过线上线下相结合方式开展扶贫消费78人次，认购农副产品1.28万元。经常性开展党支部共建活动，班子成员带头深入帮扶村讲党课及宣讲党的十九届五中全会精神。

持续加强生态环境司法保护。深入贯彻落实习近平总书记生态文明思想以及两次视察甘肃时关于生态环境保护和黄河治理的指示精神，切实担负起服务生态环境保护的政治责任。受理生态环境和资源保护领域公益诉讼案件9件，发出诉前检察建议6件，均已整改到位；受理审查失火毁林案件3件，向法院提起刑事附带民事公益诉讼3件，法院支持全部诉求。对在“携手清四乱，保护母亲河”专项活动中办理的10件涉河公益诉讼案件整改情况，跟进监督、追踪回访，防止问题反弹。与政府职能部门联手协作、形成合力，对全县131万亩林地、86.32万亩草地、54.75万亩耕地、12条河流加强司法保护，切实履行渭河源生态环境保护的检察责任。

积极服务优化营商环境。全力服务保障“六稳”工作、“六保”任务落地见效，扎实开展“维护民企权益、优化营商环境”专项行动，制定《渭源县人民检察院关于充分发挥检察职能服务保障“六稳”“六保”的意见》，通过发放调查问卷、召开座谈会、法律政策宣讲、提供法律咨询等方式，深入县内127家民营企业实地调研，切实帮助企业解答涉法困惑，期间发放调查问卷500余份，排摸出问题线索14条，已全部办结并反馈于企业。审慎办理涉企犯罪案件，依法切实做到能不捕的不捕、能不诉的不诉，把司法办案对企业经营的负面影响降到最低程度，畅通涉企案件“绿色通道”，实行“优先受理、优先移送、快速办理”，全年办理涉民营企业起诉案件6件18人，依法提起公诉4件13人，存疑不起诉1件1人，相对不起诉1件4人。

深入推进扫黑除恶专项斗争。坚决贯彻落实中央和省市县委及上级检察机关各项决策部署，不断推进扫黑除恶专项斗争向纵深发展。院党组高度重视，先后召开15次会议研究、部署、推动扫黑除恶专项斗争，制定《渭源县人民检察院涉黑涉恶案件办理制度》《渭源县人民检察院涉黑涉恶线索研判管理制度》，牵头召开公检法联席会议4次，通过《扫黑除恶专项斗争中侦捕诉审工作衔接办法》，保证了扫黑除恶专项斗争的顺利开展。在办案中深挖黑恶势力犯罪根源，对办结的涉恶案件实行“一案一总结”“一案一分析”“一案一建议”，剖析重点行业领域监管漏洞，共制发检察建议18份，从源头遏制黑恶势力滋生蔓延。紧盯“六清”[5]目标，对2020年受理的涉恶案件2件3人，依法提起公诉1件2人，附条件不起诉1件1人，结案率100%，圆满完成了案件清结和线索清仓任务。

积极参与反腐败斗争和社会治理。认真贯彻中央关于反腐败斗争的部署，积极与监察机关有效衔接，依法严惩职务犯罪。对县监察委员会查办的职务犯罪案件提前介入调查4件，受理移送审查起诉职务犯罪4件4人，全部提起公诉，法院作出有罪判决4件4人。积极参与检察环节社会治理，通过司法办案，针对案件反映的倾向性、趋势性问题以及案发单位管理上的漏洞发出检察建议20份，把检察建议的督促落实作为检察机关推动国家治理体系和治理能力现代化过程中的有效实践。积极践行新时代“枫桥经验”，认真办理群众来信来访30件，通过释法说理，做到事了人和。充分落实“谁执法谁普法”责任制，深入开展法治宣传25场次，专题法治讲座15场次，集中宣讲民法典、扫黑除恶、禁毒、反邪教等知识，进一步提升广大人民群众的法治意识。

主动服务疫情防控大局。坚决贯彻习近平总书记重要指示和党中央决策部署，主动服务疫情防控大局。制定《渭源县人民检察院涉疫情防控刑事案件办理制度》，为统筹推进疫情防控常态化和经济社会发展提供司法保障，共受理审查批准逮捕涉疫情案件1件1人，依法不批准逮捕1件

1人，提前介入3件3人；审查起诉涉疫情案件2件2人，附条件不起诉1件1人。准确把握法律政策，正确适用“从重”“从严”“从快”规定，对情节轻微的涉疫犯罪落实从宽政策，依法不批准逮捕1人、不起诉1人。

二、坚持深耕主责主业，着力履行法定检察职责

坚持聚焦法律监督主责主业，努力发挥刑事、民事、行政、公益诉讼各项检察职能，在履职办案中守初心、担使命。

努力做优刑事检察工作。受理审查逮捕案件70件101人，同比下降4.1%、2.88%；批准逮捕55件70人，同比下降19.12%、27.84%；不批准逮捕15件31人，同比上升150%、287.5%，不捕率30.69%，同比上升23.08%。受理审查起诉案件202件265人，同比上升5.21%、11.34%；提起公诉145件195人，同比上升2.11%、4.84%；依法决定不起诉52件65人，同比上升36.84%、64.1%，不起诉率25.49%，同比上升8.08%；移送其他检察机关审查起诉3件3人，附条件不起诉2件2人。全年无错捕、错诉、撤回起诉及判无罪案件。强化侦查活动监督，监督公安机关立案1件，撤案1件；纠正漏诉2人，纠正遗漏罪行2人，纠正侦查活动违法6件；提前介入侦查22件，同比上升450%。加强刑事审判监督，检察长列席县法院审委会3次，提起抗诉1件1人，法院正在审理中。加强刑事执行检察监督，办理羁押必要性审查案件11件11人，建议变更强制措施9件9人。依法保障监管场所在押人员合法权益，加强社区矫正检察工作，针对看守所看管不当、司法所社区矫正监管不到位等问题发出检察建议2份、纠正违法通知书4份，看守所、司法局均在规定期限内及时整改并将结果回复我院。

努力做强民事检察工作。努力提高民事检察监督能力，不断提升监督质效。受理审查民事执行监督案件11件，其中审查后向县法院发出执行监督检察建议4件，法院均予采纳；终结审查3件；不支持监督申请4件。办理民事裁判监督案件3件，其中建议法院再审1件，法院采纳并已裁定再审，民事再审检察建议法院采纳率100%（全市采纳率75%）；向法院发出纠正违法检察建议1件，向定西市人民检察院提请抗诉1件。受理审判程序中违法行为的监督案件1件；办理民事支持起诉案件1件，县法院判决支持全部诉讼请求，判决被告张某平支付21名农民工工资30.47万元。

努力做实行政检察工作。充分发挥行政检察“一手托两家”的重要作用，探索开展行政违法行为检察监督工作，把监督重点放在事关改革稳定、民生权益、国家利益和公共利益等领域，促进依法行政，提高社会治理能力，助推法治政府建设。受理审查县市场监督管理局行政执法不规范监督案件4件，行政执行监督案件2件，发出检察建议6件，行政执行监督检察建议采纳率100%（全市采纳率83.33%）。如办理定西市人民检察院交办的“渭源县博爱医院使用假药山豆根案”等9条案件线索时，有针对性的发出检察建议，县市场监督管理局收到检察建议后高度重视，及时制定方案，按期加以整改，有效促进了依法行政，切实保护了当事人合法权益。

努力做好公益诉讼工作。认真践行公益代表神圣职责，切实维护社会公共利益。共受理审查行政公益诉讼案件15件，未立案1件，终结审查1件，发出诉前检察建议13件，均已整改落实到位。提起刑事附带民事公益诉讼案件3件，法院一审判决均支持全部诉讼请求。如在履职中发现S227渭五旅游公路清源镇张家湾村陡林社路段南侧堆积大量建筑垃圾，严重影响周边生态环境和旅游公路的施工，致使社会公共利益受到侵害，为保护公益及时发出诉前检察建议，督促彻底清除垃圾，既保护了生态环境，又保障了项目的顺利实施、维护了民营企业权益，实现了双赢多赢共赢效果。为深入贯彻习近平总书记在甘肃考察调研时关于加强文物保护的讲话精神及省委办公厅、省政府办公厅《关于加强文物保护利用改革的实施意见》，按照省检察院总体部署，制定了《国有文物保护检察公益诉讼专项监督活动实施方案》等5个实施方案，对渭源县国家级、省级、市级、县级46个文物保护单位全面实地现场调查，发现公益诉讼案件线索6件，立案审查6件，发出检察建议6件，助推文物保护工作依法有效开展。办理的《渭源县农村义务教育学校食堂食品安全案》被评为甘肃省2019年度十大公益诉讼典型案例在甘肃省政府新闻办发布，被最高人民检察院、中国政法大学评为2019年度全国十大检察公益诉讼优秀案例。

用心做好未成年人检察工作。严厉打击侵害未成年人权益的犯罪，对侵害未成年人权益的10名犯罪嫌疑人批准逮捕并依法提起公诉，提出了从重处罚的量刑建议。积极适用未成年人特殊保护政策，坚持“少捕、慎诉、少监禁”原则和教育感化挽救方针，对2件5人未成年人犯罪案件未批准逮捕，并根据犯罪情节、悔罪表现和社会调查结果，起诉1人、不起诉2人、附条件不起诉2件2人。跟进落实最高人民检察院“一号检察建议”⑥，最高人民检察院新闻办选派新闻团队于2020年10月23日赴我县开展第48次“走近一线检察官”⑦微直播活动，主题为《“一号检察建议”的渭源实践》，截至当日17时，微博总阅读量达8.6亿，讨论量102.8万。促进“法治进校园”活动制度化常态化，紧紧围绕校园食宿安全、校园欺凌、监管不力等问题，18名干警担任法治副校长开展法治宣讲18场次，为校园安全提供法治保障。

认真落实群众信访件件有回复制度。共办理信访案件30件，均做到了“7日内程序性回复、3个月内办理过程或结果答复”的工作要求。畅通群众诉求表达渠道，以12309检察服务中心为依托，为群众提供更加便捷高效的“一站式”服务，对符合条件的来信来访案件逐件录入、逐案分流、按时办结、全网运行，做到“件件有回复，事事有着落”。践行便民服务理念，做到不推诿、不超期，有力推动群众信访件件有回复制度落到实处，提高群众满意度。落实检察长接待日制度，实行轮流接访，保证每个工作日均有院领导值班接待来访群众。

三、坚持推进改革创新，着力巩固检察改革成果

认真落实全面深化司法责任制综合配套改革要求，在巩固深化检察改革中守初心、担使命。

全面推进认罪认罚从宽制度。贯彻“两高三部”⑧《关于适用认罪认罚从宽制度⑨的指导意见》，全面落实认罪认罚从宽制度，做到“可用尽用”、程序从简、实体从宽。2020年运用该程序办理案件179件226人，认罪认罚适用率91.87%（全省认罪认罚适用率87.08%、全市认罪认罚适用率85.88%），位居全市第一；确定性量刑建议提出率90.42%（全市提出率75.46%），位居全市第一，采纳率为88.08%。充分保障犯罪嫌疑人、被告人合法权益，签订认罪认罚具结书时值班律师或辩护人均在场，值班律师及辩护人共提供法律帮助179人，其中值班律师提供法律帮助169人，占94.41%。坚持以“案—件比”⑩提升办案质效，努力把每一个案件在检察环节做到极致，2020年全年“案—件比”为1∶1.16（全省“案—件比”1∶1.36、全市“案—件比”1∶1.28），考核排名全市第一。

狠抓“三个规定”落地见效。一是狠抓教育引导，多次召开党组会、院务会、中心组学习会，专题学习“三个规定”⑪及相关制度，统一思想认识，深刻认识执行“三个规定”的重大意义。党组书记以身作则，率先垂范，其他班子成员和部门负责人强化履行“一岗双责”，形成全院上下分级负责，逐级推动的工作格局，克服填报流于形式的问题。2020年，班子成员和部门负责人共填报有关事项41件，占总填报数的53.25%，有力发挥了带头和表率作用。二是狠抓督导检查，以“守初心、担使命，集中排查整治执法司法突出问题”专项行动为载体，对制度执行不严、不实的相关责任人进行提醒谈话、问责，对案件办理过程中违法干预、插手、过问情况进行监管，做到全程留痕、有据可查。三是狠抓制度执行，重点聚焦司法办案、干部选拔任用、项目安排、工程建设、监督执纪等方面，真正做到“一案一记录”“一月一报告”，逐步形成“有问必填”的行动自觉，杜绝了内部人员过问，减少了外部人员干预。

巩固深化检察体制改革成果。深化司法责任制综合配套改革，严格落实人财物省级统管制度，各项经费全部纳入省级财政预算。全面完成三类人员分类管理，形成检察官、检察辅助人员、司法行政人员分工负责、相互配合的管理体制，建立检察官、检察辅助人员司法档案，对办案过程全程监督管理。明确员额检察官职责权限，进一步完善权力清单，组建10个办案单元，每个办案单元均由检察官负责，突出检察官的主体地位，压实“谁办案谁负责、谁决定谁负责”的办案责任。落实捕诉一体化，做到谁批捕谁起诉，提高诉讼效率。坚持入额院领导带头办理重大疑难复杂案件，院领导全年办理案件55件，同比上升14.58%。全面落实检察官业绩考评，突出对办案质量和办案效果的评价，切实发挥业绩考评司法办案“指挥棒”“风向标”作用，全年开展检察官业绩考评4次。

四、自觉接受各界监督，着力促进检察权在阳光下行使

树立监督者更要接受监督的意识，牢记打铁必须自身硬，始终在人民监督下守初心、担使命。

主动接受人大监督。始终把检察工作置于县委领导之下，自觉接受人大及其常委会的监督，及时向县委和人大报告检察工作重大部署和重要事项。2020年，向县人大常委会专题报告了公益诉讼检察工作，并根据《甘肃省人民代表大会常务委员会关于加强检察公益诉讼工作的决定》要求，积极探索办理新领域公益诉讼案件，把人大代表及社会普遍关注的食品安全、河道排污等问题作为公益诉讼的重点。加强与人大代表的联系，自觉接受执法检查、评议、视察等，日常工作中坚持走访人大代表，面对面听取代表对检察工作的意见建议，为省市人大代表及部分县人大代表征订了《检察日报》，进一步畅通代表了解检察工作的渠道。积极听取人大代表建议，对代表在县十六届人民代表大会第五次会议期间提出的15条意见建议，逐条整改落实。全年邀请21名县人大代表视察检察工作、参与案件公开听证，获得监督、赢得支持，有力促进检察工作的改进。

自觉接受民主监督。主动向政协通报工作，积极征求对检察工作的民主监督意见，不断健全与各民主党派、工商联的沟通联系机制。联合县工商联共同举办了“服务‘六稳’‘六保’护航民企发展”为主题的检察开放日活动，邀请人大代表、政协委员、民营企业家、律师代表等20余人走进检察机关，深入听取意见建议，共同为民营企业排忧解难。注重委员对检察办案的实体监督，积极主动邀请政协委员参加拟不起诉案件、司法救助、公益诉讼案件听证会7次10件，主动将检察工作置于民主监督之下。

广泛接受社会监督。不断加大检务公开力度，以公开促公正，全年发布程序性信息304条、重要案件信息122条、法律文书191份，常态化开展检察开放日活动，邀请社会各界人士走进检察院，让人民群众更加充分地了解检察和监督检察。不断完善人民监督员制度，将全部检察业务纳入监督范围。主动接受新闻媒体舆论监督，不断健全涉检舆情及时采集处理反馈机制。完善值班律师制度，保障律师依法执业权利，构建良性互动检律关系，在办案中认真听取律师意见，共同维护司法公正，共听取辩护人与代理人意见26人次。

五、坚持党建统领，着力锻造过硬检察队伍

认真落实习近平总书记关于“四个铁一般”

的重要要求，深入贯彻检察官法，以过硬的本领守初心、担使命。

把党的政治建设摆在首位。坚持党对检察工作的绝对领导，确保正确政治方向。把深入学习贯彻习近平新时代中国特色社会主义思想和党的十九大及十九届二中、三中、四中、五中全会精神作为首要任务，持续巩固“不忘初心、牢记使命”主题教育成果，引导检察干警切实增强“四个意识”，坚定“四个自信”，做到“两个维护”，推动严格规范公正文明执法司法。严格落实《中国共产党政法工作条例》及省委实施细则，坚持重大事项、重大问题及时向县委和县委政法委请示汇报，坚持定期报告工作。积极贯彻上级院党组要求，选派1名业务骨干赴新疆和田地区援助工作。认真落实《中国共产党党组工作条例》《人民检察院检察委员会工作规则》和院党组议事规则，坚持民主集中制原则，重大事项、人事任免及重大疑难案件等分别提交党组会、检委会集体研究决定，全年召开党组会18次、检委会20次、检察长办公会8次。坚决落实意识形态工作责任制，全年专题研究意识形态工作2次，向县委专题报告意识形态工作2次。持续加强理论武装，共进行中心组学习12次、开展集中交流研讨4次，召开党员大会6次，讲党课6次，开展主题党日13次，集体学习45次。

坚持全面从严治检。认真落实全面从严治党主体责任和监督责任，保证政治生态清正、政治纪律严明。严格落实党风廉政建设责任制和“一岗双责”，专题研究部署党风廉政建设工作2次，层层签订《党风廉政建设责任书》《廉洁从检承诺书》和《保密责任书》，将党风廉政教育列入“三会一课”必学内容，推动廉洁自律深入人心。坚持把纪律规矩挺在前面，正确把握运用监督执纪“四种形态”，共进行预防提醒教育42次，谈心谈话94人次，开展检务督察9次，开展警示教育16次，教育干警坚守初心，锻造忠诚干净担当的政治品质。扎实开展“守初心、担使命，集中排查整治执法司法突出问题”专项行动，集中排查在执法司法理念、公信力、方式及能力等方面存在的突出问题14条，均进行了彻底整改。

狠抓素质能力提升。选派干警参加各级各类培训120人次，制定党组会、检委会会前学习制度等，实现培训学习全覆盖。扎实开展岗位练兵，通过知识竞赛、庭审观摩、技能考试等活动，有效提升干警的业务素能。鼓励干警用活用好“检答网”[13]，不断适应新时代办理新类型案件的新要求。加强法律政策研究，针对检察工作中的热点问题和典型案件，鼓励干警积极撰写调研文章10篇，案例分析3篇。加强检校共建，与甘肃政法大学签署检校共建协议，建立“甘肃政法大学实习实训基地”，实现刑事司法实践与刑法理论的良性互动。高度重视检察宣传工作，全年在《检察日报》《甘肃法制报》《定西日报》等各类纸质媒体发表宣传稿件89篇，在各级各类网络媒体发表作品386篇，通过“两微一端”发布原创信息441条，1名干警被评为全国检察机关宣传先进个人。

各位代表！一年来，县检察院各项成绩的取得，是县委正确领导，县人大及其常委会有力监督，县政府大力支持，县政协民主监督，各位人大代表和社会各界关心帮助的结果。我谨代表县检察院表示衷心的感谢和崇高的敬意！

与此同时，我们清醒地认识到，新时代渭源检察工作依然存在许多不足，面临不少困难和挑战。一是面对新形势新任务，检察理念还须更新，融入国家治理体系、促进经济社会发展还有不小差距。二是法律监督职能作用发挥不够充分，重配合协调轻监督制约。三是检察业务薄弱环节尚未有效补强，行政检察、民事检察仍是明显短板。四是落实检察体制改革配套措施还不够完善和有力。五是检察官能力水平不能适应新时代更高要求，办理民商事、金融、网络等案件能力尤显不足。对此，我们将采取有力措施，认真加以解决。

2021年检察工作安排

2021年，是“十四五”规划开局之年，也是中国共产党成立100周年，更是全面建设社会主义现代化国家征程的第一年。县检察院将坚定不移以习近平新时代中国特色社会主义思想为指导，以习近平法治思想为引领，深入贯彻党的十九大和十九届二中、三中、四中、五中全会精神，全面落实以人民为中心的发展思想，以高度的政治自觉、法治自觉、检察自觉，推动各项检察工作全面协调充分发展，为推进国家治理体系和治理能力现代化贡献检察力量。

一、以更高站位把牢政治方向

坚持党对检察工作的绝对领导，牢固树立“四个意识”、坚定“四个自信”、坚决做到“两个维护”，把坚持和加强党的绝对领导落实到“四大检察”“十大业务”中、落实到每一项具体检察工作中。从严落实重大事项请示报告制度，坚持检察工作重要情况、重大问题、重大敏感案件及时向县委和市检察院党组请示报告，确保中央、省市县委和上级院决策部署不折不扣贯彻落实。教育和引导全体检察人员正确认识党性和人民性的有机统一关系，正确处理讲政治和抓业务的辩证关系，切实把讲政治融入检察监督和办案业务工作中，努力在每一项检察工作、每一起司法案件中实现“三个效果”最大化最优化。

二、以更实举措服务中心大局

坚持把服务保障大局作为检察履职最重要的使命，找准服务和保障大局的切入点、发力点。要对标对表县委和政府工作大局及上级院服务大局的部署安排，全力维护国家政治安全和社会大局稳定，坚持总体国家安全观，推动扫黑除恶常态化；要助力巩固拓展脱贫成果，助推乡村振兴战略和“十四五”规划的实施；要促进优化营商法治环境，扎实做好“维护民企权益、优化营商环境”专项行动“提升年”各项工作；要深化生态环境司法保护，持续加大办案力度，常态化开展“携手清四乱，保护母亲河”专项行动，积极推进生态治理；要持续办好检察为民实事，护航未成年人健康成长，提高食品药品安全检察保障水平，持续推动落实最高人民检察院“四号检察建议”[14]；要积极参与反腐败斗争和社会治理。

三、以更高标准抓实检察办案

要坚持在办案中监督、在监督中办案，对照“做优、做强、做实、做好”的要求，扬优势、补短板、强弱项，统筹推进“四大检察”“十大业务”全面协调充分发展，充分发挥好刑事检察的惩治震慑作用，民事、行政、公益诉讼检察的维护保障作用。要深化落实认罪认罚从宽制度，全面贯彻“少捕慎诉少押”司法政策，加大对刑事立案、侦查、审判和执行活动的监督力度。要深化民事检察工作中的精准监督、类案监督，规范民事审判人员违法行为和民事执行违法监督，加大民事监督案件矛盾化解力度。要推动行政争议实质性化解，助推法治国家、法治政府和法治社会建设。要坚持稳数量、调结构、提质效、拓领域，把诉前实现维护公益目的作为最佳司法状态，充分发挥公共利益“守护人”作用，聚焦群众关心的问题、着眼行政机关棘手的难题，用公益诉讼当好县委政府的法治助手。要紧盯“进入全国中偏上水平”目标，以实实在在的“事实、行动、数据、案例”彰显“四大检察”“十大业务”工作成效。

四、以更大力度推进改革创新

持续深化巩固检察体制改革成果，把落实中央改革精神的“自选动作”落到实处，推进执法司法制约监督体系改革和建设，不断深化运用“案-件比”质量评价指标机制，构建以办案质量和效果为核心的考评管理体系，发挥好业绩考评的引领作用。加快完善检察官司法过错责任追究和案件倒查机制，推动权责明晰、制约有力、运行高效的检察权运行体系。不断完善工作责任体系，突出检察官“一岗双责”，探索以办案组作为政治建设最基本单元的长效机制，把政治建设延伸到办案一线，促进检察官履职尽责办好案。加强智慧检务建设和应用，全面启用桌面云系统，助力提升检察工作质效和司法公信力。

五、以更严要求加强队伍建设

全面加强党的政治建设，为检察工作创新发展提供坚强政治保障。深化巩固主题教育成果，把深入学习贯彻习近平法治思想作为首要政治任务来抓，对标对表、学思践悟，始终在思想上政治上行动上和党中央保持高度一致，和习近平总书记对依法治国全新部署保持高度一致。大力推进业务技能培训，培养检察干警专业能力、弘扬“司法工匠”精神，推动检察干警理念不断更新、队伍精气神不断提升、工作业绩稳中求进。坚持全面从严治党、从严治检不动摇，狠抓检察队伍理想信念培养，以政法队伍教育整顿为契机，始终把纪律规矩挺在前面，持之以恒正风肃纪，真正做到严管厚爱，努力打造“四个铁一般”的新时代过硬检察队伍。

各位代表！履职尽责方显使命担当，在新的一年，我们将只争朝夕，不负韶华，始终践行“为大局服务、为人民司法”的初心和使命。置身中华民族伟大复兴战略全局和世界百年未有之大变局，让我们将更加紧密团结在以习近平同志为核心的党中央周围，以习近平新时代中国特色社会主义思想为指导，全面贯彻习近平法治思想，认真落实本次会议要求，自觉接受人民监督，砥砺奋进、忠诚履职，为“十四五”规划开好局、起好步，为加快建设幸福美丽新渭源，努力开启全面建设社会主义现代化新征程提供有力法治保障！

《渭源县人民检察院工作报告》注释

1.“六项重点工作”：维护国家政治安全，服务保障脱贫攻坚，生态环境司法保护，服务优化营商环境，开展扫黑除恶专项斗争，参与反腐败斗争和社会治理。

2.“四大检察”：刑事检察、民事检察、行政检察、公益诉讼检察。

3.“十大业务”：普通刑事犯罪检察业务、重大刑事犯罪检察业务、职务犯罪检察业务、经济金融犯罪检察业务、刑事执行和司法人员职务犯罪检察业务、民事检察业务、行政检察业务、公益诉讼检察业务、未成年人检察业务、控告申诉检察业务。

4.“三号检察”建议：2019年最高人民检察院针对检察机关办理的金融违法犯罪对金融安全、社会稳定造成的影响，聚焦金融防范化解工作，向中央财经委发出的检察建议。

5.“六清”：“线索清仓”“逃犯清零”“案件清结”“伞网清除”“黑财清底”“行业清源”。

6.“一号检察建议”：2018年10月19日，最高人民检察院针对儿童和学生法治教育、预防性侵教育缺位等问题向教育部发出了历史上首份检察建议，简称“一号检察建议”。其核心内容为：建议进一步健全完善预防性侵害的制度机制；加强对校园预防性侵害相关制度落实情况的监督检查；依法严肃处理相关违法违纪人员等。

7.“走近一线检察官”：2020年10月23日，最高人民检察院新闻办与甘肃省人民检察院联合开展的第48次“走近一线检察官”微直播活动在甘肃省渭源县举办，此次微直播活动主题为“‘一号检察建议’的渭源实践”，聚焦我院如何保障农村学生食宿安全、杜绝校园欺凌，检察官回访寄宿学校、守护农村学生的履职故事。

8.“两高三部”：最高人民法院、最高人民检察院、公安部、国家安全部、司法部。

9.“认罪认罚从宽制度”：犯罪嫌疑人、被告人自愿如实供述自己的犯罪，对于指控犯罪事实没有异议，同意检察机关的量刑意见并签署具结书的案件，可以依法从宽处理。

10.“案—件比”：最高人民检察院提出的全新办案质量评价指标体系，是办案环节质量、效率、效果的直观反映。“案”是指发生的具体案件；“件”是指这些具体的案进入司法程序后所经历的有关诉讼环节统计出来的件；“案—件比”是指发生在人民群众身边的案，与案进入司法程序后所经历的有关诉讼环节统计出来的件相比，形成的一组对比关系。“案—件比”最理想的状态是1∶1。

11. “三个规定”：2015年3月，中共中央办公厅、国务院办公厅印发《领导干部干预司法活动、插手具体案件处理的记录、通报和责任追究规定》。2015年3月，中央政法委印发《司法机关内部人员过问案件的记录和责任追究规定》。2015年9月，“两高三部”印发《关于进一步规范司法人员与当事人、律师、特殊关系人、中介组织接触交往行为的若干规定》。以上三个文件统称“三个规定”。

12. “四个铁一般”：铁一般理想信念、铁一般责任担当、铁一般过硬本领、铁一般纪律作风。

13. “检答网”：根据基层检察官的建议，最高人民检察院于2018年10月上线的专用网络平台，专门为检察人员提供法律政策运用、答疑服务，是检察机关政治和业务建设的信息共享平台。

14. “四号检察建议”：2020年4月28日，最高人民检察院为推动有关部门重视窨井盖安全问题，消除公共安全隐患，向住房和城乡建设部发出“四号检察建议”，同时抄送工业和信息化部、公安部、司法部、交通运输部、国家能源局等相关单位。“四号检察建议”是最高检制发的第二份社会治理类检察建议，出发点在于推动城市基础设施安全建设，维护人民群众生命财产安全。

定西市地方志编纂委员会办公室

定志办函〔2021〕2号

定西市地方志编纂委员会办公室
关于同意《渭源年鉴(2021)》出版的批复

渭源县地方志编纂中心:

你中心关于《渭源年鉴(2021)》出版的请示(渭地志发〔2021〕28号)收悉，经研究，批复如下:

《渭源年鉴(2021)》框架结构基本合理，领属划分较为得当，记述层次清楚，内容要素规范统一，条目内容要素齐全，核心资料比较完整，图片安排较为合理，是一部较为成熟的地方综合年鉴。主题突出，指导思想正确，没有发现违反出版物规定的言论、观点和内容，同意出版印刷。

定西市地方志编纂委员会办公室

2021年7月5日